에듀윌과 함께 시작하면,
당신도 합격할 수 있습니다!

오랜 직장 생활을 마감하며 찾아온 앞날에 대한 막연한 두려움
에듀윌만 믿고 공부해 합격의 길에 올라선 50대 은퇴자

출산한지 얼마 안돼 독박 육아를 하며 시작한 도전!
새벽 2~3시까지 공부해 8개월 만에 동차 합격한 아기엄마

만년 가구기사 보조로 5년 넘게 일하다, 달리는 차 안에서도
포기하지 않고 공부해 이제는 새로운 일을 찾게 된 합격생

누구나 합격할 수 있습니다.
시작하겠다는 '다짐' 하나면 충분합니다.

마지막 페이지를 덮으면,

에듀윌과 함께
공인중개사 합격이 시작됩니다.

eduwill

15년간 베스트셀러 1위
에듀윌 공인중개사 교재

탄탄한 이론 학습! 기초입문서/기본서/핵심요약집

기초입문서(2종)

기본서(6종)

1차 핵심요약집+기출팩(1종)

출제경향 파악, 실전 엿보기! 단원별/회차별 기출문제집

단원별 기출문제집(6종)

회차별 기출문제집(2종)

다양한 문제로 합격점수 완성! 기출응용 예상문제집/실전모의고사

기출응용 예상문제집(6종)

실전모의고사(2종)

합격을 위한 비법 대공개! 합격서&부교재

이영방 합격서
부동산학개론

심정욱 합격서
민법 및 민사특별법

임선정 합격서
공인중개사법령 및 중개실무

김민석 합격서
부동산공시법

한영규 합격서
부동산세법

오시훈 합격서
부동산공법

신대운 합격서
쉬운민법

심정욱 핵심체크 OX
민법 및 민사특별법

오시훈 키워드 암기장
부동산공법

핵심 테마를 빠르게 공략하는 단기서

이영방 합격패스 계산문제
부동산학개론

심정욱 합격패스 암기노트
민법 및 민사특별법

임선정 그림 암기법
공인중개사법령 및 중개실무

김민석 테마별 한쪽정리
부동산공시법

오시훈 테마별 비교정리
부동산공법

시험 전, 이론&문제 한 권으로 완벽 정리! 필살키

이영방 필살키

심정욱 필살키

임선정 필살키

오시훈 필살키

김민석 필살키

한영규 필살키

신대운 필살키

더 많은
공인중개사 교재

공인중개사,
에듀윌을 선택해야 하는 이유

9년간 아무도 깨지 못한 기록
합격자 수 1위

합격을 위한 최강 라인업
1타 교수진

공인중개사

합격만 해도 연 최대 300만원 지급
성공 DREAM 지원금

업계 최대 규모의 전국구 네트워크
동문회

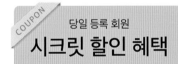
 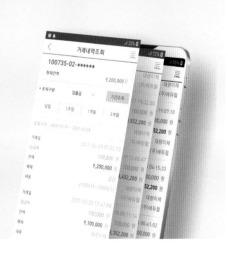

합격자 수 1위 에듀윌
7만 건이 넘는 후기

고○희 합격생

부알못, 육아맘도 딱 1년 만에 합격했어요.

저는 부동산에 관심이 전혀 없는 '부알못'이었는데, 부동산에 관심이 많은 남편의 권유로 공부를 시작했습니다. 남편 지인들이 에듀윌을 통해 많이 합격했고, '합격자 수 1위'라는 광고가 좋아 에듀윌을 선택하게 되었습니다. 교수님들이 커리큘럼대로만 하면 된다고 해서 믿고 따라갔는데 정말 반복 학습이 되더라고요. 아이 둘을 키우다 보니 낮에는 시간을 낼 수 없어서 밤에만 공부하는 게 쉽지 않아 포기하고 싶을 때도 있었지만 '에듀윌 지식인'을 통해 합격하신 선배님들과 함께 공부하는 동기들의 위로가 큰 힘이 되었습니다.

이○용 합격생

군복무 중에 에듀윌 커리큘럼만 믿고 공부해 합격

에듀윌이 합격자가 많기도 하고, 교수님이 많아 제가 원하는 강의를 고를 수 있는 점이 좋았습니다. 또, 커리큘럼이 잘 짜여 있어서 잘 따라만 가면 공부를 잘 할 수 있을 것 같아 에듀윌을 선택했습니다. 에듀윌의 커리큘럼대로 꾸준히 따라갔던 게 저만의 합격 비결인 것 같습니다.

안○원 합격생

5개월 만에 동차 합격, 낸 돈 그대로 돌려받았죠!

저는 야쿠르트 프레시매니저를 하다 60세에 도전하여 합격했습니다. 심화 과정부터 시작하다 보니 기본이 부족했는데, 교수님들이 하라는 대로 기본 과정과 책을 더 보면서 정리하며 따라갔던 게 주효했던 것 같습니다. 합격 후 100만 원 가까이 되는 큰 돈을 환급받아 남편이 주택관리사 공부를 한다고 해서 뒷받침해 줄 생각입니다. 저는 소공(소속 공인중개사)으로 활동을 하고 싶은 포부가 있어 최대 규모의 에듀윌 동문회 활동도 기대가 됩니다.

다음 합격의 주인공은 당신입니다!

더 많은
합격 비법

시작하는 방법은
말을 멈추고
즉시 행동하는 것이다.

– 월트 디즈니(Walt Disney)

2025

에듀윌 공인중개사

회차별 기출문제집 2차

공인중개사법령 및 중개실무 ㅣ
부동산공법 ㅣ 부동산공시법 ㅣ 부동산세법

이 책의 구성과 활용법

실제 시험 흐름 그대로! 기출문제편

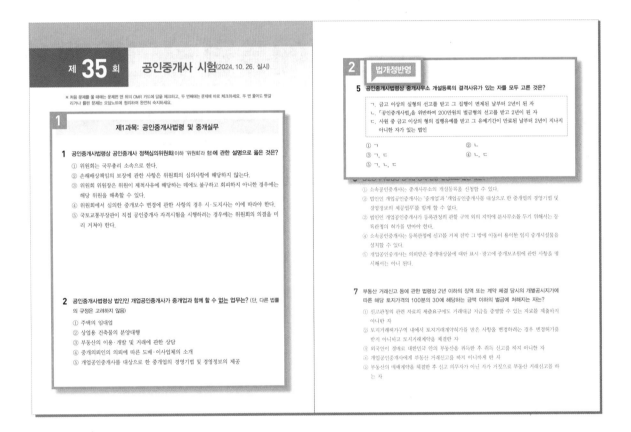

1 실전처럼 연습하는 최근 6개년 기출문제!

최근 6개년(제35회~제30회) 시험 문제를 단원별, 과목별로 쪼개지 않고 최신 회차부터 교시별로 구성하였습니다.
실제 시험 흐름 그대로 문제를 풀어보세요.

2 최신 개정법령 완벽 반영!

문제에 개정된 부분이 있는 경우 개정된 법령을 반영하여 수정하였습니다.
최신 개정법령이 반영된 기출문제를 통해 시험에 완벽하게 대비해보세요.

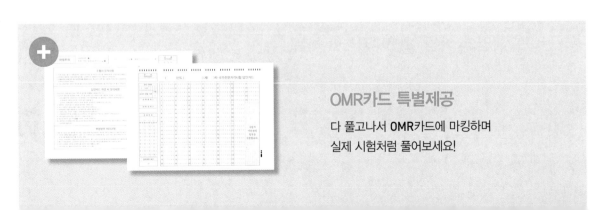

OMR카드 특별제공

다 풀고나서 OMR카드에 마킹하며
실제 시험처럼 풀어보세요!

실력을 UP시키는! 기출분석해설편

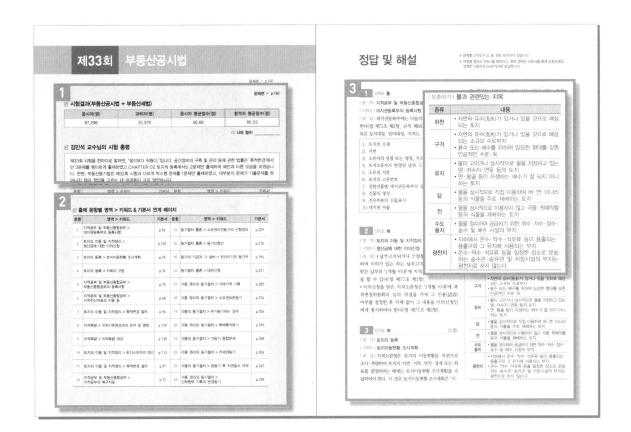

1 실제 시험결과와 총평으로 난이도 및 출제경향 확인!

회차별, 과목별 실제 시험결과를 통해 난이도를 파악하고, 나의 점수와 비교해보세요.
회차별 총평을 통해 출제경향도 파악할 수 있습니다.

2 출제 문항별 영역과 키워드, 기본서 연계 페이지까지 한눈에 확인!

각 문항별 영역과 키워드뿐만 아니라 기본서 연계 페이지도 한 곳에 모아 놓았습니다.
해당 키워드와 관련된 이론 추가 학습이 필요한 경우 기본서로 이론을 보충하세요.
(분류 기준에 따라 기본서 연계 페이지는 달라질 수 있습니다)

3 난이도 확인 및 개념 보충이 가능한 해설!

각 문항별 난이도를 확인하고 학습의 강약을 조절해보세요.
또한 보충하기를 통해 문제와 관련하여 알아두어야 할 개념을 정리하였습니다.

단원별 vs 회차별 기출문제집

2025 에듀윌 공인중개사 단원별 기출문제집		2025 에듀윌 공인중개사 회차별 기출문제집
1차: 10개년 (이상) 2차: 8개년 (이상)	수록회차	1차: 7개년 (제35회~제29회) 2차: 6개년 (제35회~제30회)
1달~2달	학습소요기간	7일
기본서 순서와 동일	문제배열	실제 시험과 동일
기본서 학습 흐름대로 문제를 풀며 이론 내용 점검	학습목표	회차별로 시간을 재면서 실전감각을 익히기 위함
문제 아래 해설 및 정답 수록	해설위치	문제편 / 해설편 분리
단원별 기본서 연계 페이지 수록	연계학습	키워드별 기본서 연계 페이지 수록
기본이론 학습과 함께 또는 학습 직후, 처음 문제풀이를 접하는 학습 중반부	권장학습시기	시험을 앞두고 배운 내용을 정리하는 마무리 시기

저자의 말

어떤 시험이든 출제경향의 파악은 시험공부의 방향을 제시해주는 방향타 역할을 합니다. 부동산학개론은 기출문제의 유형이 반복 출제되는 경향이 있습니다. 따라서 기출문제를 통한 출제경향의 파악과 문제유형에 대한 학습은 시행착오를 줄이고 학습효과를 극대화하여 여러분들을 단기간 합격이 가능하게 만들어줄 것입니다.

– 부동산학개론 이영방

회차별 기출문제집은 실제 시험과 동일하게 기출문제를 회차별로 수록하였습니다. 회차별로 시간을 재면서 풀어보면 실전감각을 익히는 데 도움이 될 것입니다. 아울러 본서를 통하여 회차별로 출제되는 문제가 어떤 문제이고, 어느 파트인지를 파악할 수 있고, 그 부분을 중점적으로 학습한다면 실력 향상에 도움이 될 것입니다. 문제풀이 시 가장 좋은 문제가 기출문제입니다. 본서를 통하여 많은 분들이 도움을 받았으면 합니다.

– 공인중개사법령 및 중개실무 임선정

공인중개사 시험에서 부동산공시법은 기출문제를 재구성하여 출제하는 비중이 높습니다. 기출문제는 수험생이 공부할 방향과 내용을 제시하고, 시험에 부합하게 공부하고 있는지를 점검할 수 있는 소중한 자료입니다. 기출문제는 앞서 공부한 사람들의 발자취이니 따라만 가도 합격의 길로 안내합니다.

– 부동산공시법 김민석

최근 시험의 출제경향은 정해진 시간 안에 법률적인 판단을 얼마만큼 빠르고 정확하게 하느냐를 테스트합니다. 또한 박스형 문제와 사례형 문제가 대폭 증가하여 실제 시험장에서 문제를 풀어내기가 만만치 않습니다. 따라서 회차별 기출문제집을 통해 시험 트렌드를 꼭 파악하시고, 합격서와 합격패스 암기노트를 통해 실력을 한층 더 향상시키시길 바랍니다.

– 민법 및 민사특별법 심정욱

단원별 기출문제집은 단원별로 핵심정리를 하면서 출제경향을 잡고, 중요한 지문을 선별할 수 있는 교재입니다. 반면 회차별 기출문제집은 실제 시험과 같이 시간 분배 연습을 하면서, 풀 수 있는 문제를 선별할 수 있는 연습을 할 수 있도록 구성하였습니다. 그렇기 때문에 회차별 기출문제집을 꼭 풀어보시는 것을 추천합니다.

– 부동산공법 오시훈

모든 시험에 있어 기출문제는 너무나 소중한 자료입니다. 추후 출제경향과 난이도를 예측할 수 있기 때문입니다. 특히 세법은 한해에도 여러 번 개정이 되기에 개정법령이 반영된 교재로 학습하는 것이 중요합니다. 실제 시험과 동일한 구성에 최신 개정법령이 반영된 회차별 기출문제집을 반복 학습함으로써 시험에 완벽 대비하시기 바랍니다.

– 부동산세법 한영규

차례

특별제공

1. 최근 3개년 기출문제 무료 해설특강 제공

에듀윌 공인중개사(land.eduwill.net) ⇨ 상단 메뉴 무료강의/자료 ⇨ 무료 자료 ⇨ 기출문제 해설특강 클릭

2. 실전처럼 연습이 가능한 OMR 카드 6회분 제공 교재 문제편 뒤쪽에 수록

3. 틀렸거나 헷갈렸던 문제를 따로 정리할 수 있는 나만의 오답노트(PDF) 제공

에듀윌 도서몰(book.eduwill.net) ⇨ 도서자료실 ⇨ 부가학습자료 ⇨ 교재명 검색 ⇨ 첨부파일 다운로드

2024년도 제35회 ~ 2019년도 제30회

공인중개사 2차 국가자격시험

교 시	문제형별	시험시간	시험과목
1교시	A	100분	❶ 공인중개사의 업무 및 부동산 거래신고에 관한 법령 및 중개실무 ❷ 부동산공법 중 부동산 중개에 관련되는 규정
2교시		50분	❶ 부동산공시에 관한 법령 및 부동산 관련 세법

수험번호		성 명	

[수험자 유의사항]

❶ 시험문제지는 **단일 형별(A형)**이며, 답안카드 형별 기재란에 표시된 형별(A형)을 확인하시기 바랍니다. 시험문제지의 **총면수, 문제번호 일련순서, 인쇄상태** 등을 확인하시고, 문제지 표지에 수험번호와 성명을 기재하시기 바랍니다.

❷ 답은 각 문제마다 요구하는 **가장 적합하거나 가까운 답 1개**만 선택하고, 답안카드 작성 시 시험문제지 **마킹착오**로 인한 불이익은 전적으로 **수험자에게 책임**이 있음을 알려드립니다.

❸ 답안카드는 국가전문자격 공통 표준형으로 문제번호가 1번부터 125번까지 인쇄되어 있습니다. 답안 마킹 시에는 반드시 **시험문제지의 문제번호와 동일한 번호**에 마킹하여야 합니다. (2차 1교시: 1번~80번/2교시: 1번~40번)

❹ 감독위원의 지시에 불응하거나 시험시간 종료 후 답안카드를 제출하지 않을 경우 불이익이 발생할 수 있음을 알려드립니다.

❺ 시험문제지는 시험 종료 후 가져가시기 바랍니다.

❻ 답안작성은 **시험 시행일 현재 시행되는 법령** 등을 적용하시기 바랍니다.

❼ 가답안 의견제시에 대한 개별회신 및 공고는 하지 않으며, **최종 정답 발표**로 갈음합니다.

❽ 시험 중 **중간 퇴실**은 불가합니다. 단, 부득이하게 퇴실할 경우 **시험 포기각서 제출 후 퇴실**은 가능하나 **재입실이 불가**하며, **해당시험은 무효처리됩니다**

※ 처음 문제를 풀 때에는 문제편 맨 뒤의 OMR 카드에 답을 체크하고, 두 번째에는 문제에 바로 체크하세요. 두 번 풀어도 헷갈리거나 틀린 문제는 오답노트에 정리하여 완전히 숙지하세요.

〈1교시〉

문제풀이 시작시각 ▶ _____ 시 _____ 분

제1과목: 공인중개사법령 및 중개실무

1 공인중개사법령상 공인중개사 정책심의위원회(이하 '위원회'라 함)에 관한 설명으로 옳은 것은?

① 위원회는 국무총리 소속으로 한다.
② 손해배상책임의 보장에 관한 사항은 위원회의 심의사항에 해당하지 않는다.
③ 위원회 위원장은 위원이 제척사유에 해당하는 데에도 불구하고 회피하지 아니한 경우에는 해당 위원을 해촉할 수 있다.
④ 위원회에서 심의한 중개보수 변경에 관한 사항의 경우 시·도지사는 이에 따라야 한다.
⑤ 국토교통부장관이 직접 공인중개사 자격시험을 시행하려는 경우에는 위원회의 의결을 미리 거쳐야 한다.

2 공인중개사법령상 법인인 개업공인중개사가 중개업과 함께 할 수 <u>없는</u> 업무는? (단, 다른 법률의 규정은 고려하지 않음)

① 주택의 임대업
② 상업용 건축물의 분양대행
③ 부동산의 이용·개발 및 거래에 관한 상담
④ 중개의뢰인의 의뢰에 따른 도배·이사업체의 소개
⑤ 개업공인중개사를 대상으로 한 중개업의 경영기법 및 경영정보의 제공

3 공인중개사법령상 개업공인중개사의 휴업의 신고 등에 관한 설명으로 <u>틀린</u> 것은?

① 법인인 개업공인중개사가 4개월간 분사무소의 휴업을 하려는 경우 휴업신고서에 그 분사무소설치 신고확인서를 첨부하여 분사무소의 휴업신고를 해야 한다.

② 개업공인중개사가 신고한 휴업기간을 변경하려는 경우 휴업기간 변경신고서에 중개사무소등록증을 첨부하여 등록관청에 미리 신고해야 한다.

③ 관할 세무서장이 「부가가치세법 시행령」에 따라 공인중개사법령상의 휴업신고서를 함께 받아 이를 해당 등록관청에 송부한 경우에는 휴업신고서가 제출된 것으로 본다.

④ 등록관청은 개업공인중개사가 대통령령으로 정하는 부득이한 사유가 없음에도 계속하여 6개월을 초과하여 휴업한 경우 중개사무소의 개설등록을 취소할 수 있다.

⑤ 개업공인중개사가 휴업한 중개업을 재개하고자 등록관청에 중개사무소재개신고를 한 경우 해당 등록관청은 반납받은 중개사무소등록증을 즉시 반환해야 한다.

4 공인중개사법령상 공인중개사인 개업공인중개사 甲과 그에 소속된 소속공인중개사 乙에 관한 설명으로 <u>틀린</u> 것을 모두 고른 것은?

> ㄱ. 甲과 乙은 실무교육을 받은 후 2년마다 등록관청이 실시하는 연수교육을 받아야 한다.
> ㄴ. 甲이 중개를 의뢰받아 乙의 중개행위로 중개가 완성되어 중개대상물 확인·설명서를 작성하는 경우 乙은 甲과 함께 그 확인·설명서에 서명 또는 날인하여야 한다.
> ㄷ. 乙이 甲과의 고용관계를 종료신고 후 1년 이내에 중개사무소의 개설등록을 신청한 경우 개설등록 후 1년 이내에 실무교육을 받아야 한다.

① ㄱ

② ㄴ

③ ㄱ, ㄷ

④ ㄴ, ㄷ

⑤ ㄱ, ㄴ, ㄷ

5 공인중개사법령상 고용인의 신고 등에 관한 설명으로 옳은 것은?

① 등록관청은 중개보조원의 고용신고를 받은 경우 이를 공인중개사협회에 통보하지 않아도 된다.

② 개업공인중개사는 소속공인중개사를 고용한 경우에는 소속공인중개사가 업무를 개시한 날부터 10일 이내에 등록관청에 신고하여야 한다.

③ 개업공인중개사가 고용할 수 있는 중개보조원의 수는 개업공인중개사와 소속공인중개사를 합한 수의 5배를 초과하여서는 아니 된다.

④ 개업공인중개사는 소속공인중개사와의 고용관계가 종료된 때에는 고용관계가 종료된 날부터 30일 이내에 등록관청에 신고하여야 한다.

⑤ 소속공인중개사에 대한 고용신고를 받은 등록관청은 공인중개사협회에게 그 소속공인중개사의 공인중개사 자격 확인을 요청하여야 한다.

6 공인중개사법령상 부동산거래질서교란행위에 해당하지 <u>않는</u> 것은?

① 공인중개사자격증 양도를 알선한 경우

② 중개보조원이 중개업무를 보조하면서 중개의뢰인에게 본인이 중개보조원이라는 사실을 미리 알리지 않은 경우

③ 개업공인중개사가 중개행위로 인한 손해배상책임을 보장하기 위하여 가입해야 하는 보증보험이나 공제에 가입하지 않은 경우

④ 개업공인중개사가 동일한 중개대상물에 대한 하나의 거래를 완성하면서 서로 다른 둘 이상의 거래계약서를 작성한 경우

⑤ 개업공인중개사가 거래당사자 쌍방을 대리한 경우

7 공인중개사법령상 개업공인중개사가 다음의 행위를 하기 위하여 법원에 등록해야 하는 것을 모두 고른 것은? (단, 법 제7638호 부칙 제6조 제2항은 고려하지 않음)

> ㄱ. 「민사집행법」에 의한 경매대상 부동산의 매수신청의 대리
> ㄴ. 「국세징수법」에 의한 공매대상 부동산의 입찰신청의 대리
> ㄷ. 중개행위에 사용할 인장의 변경
> ㄹ. 중개행위로 인한 손해배상책임을 보장하기 위한 보증보험의 가입

① ㄱ   ② ㄱ, ㄴ
③ ㄴ, ㄹ   ④ ㄱ, ㄴ, ㄷ
⑤ ㄱ, ㄷ, ㄹ

8 공인중개사법령상 소속공인중개사를 둔 개업공인중개사가 중개사무소 안의 보기 쉬운 곳에 게시하여야 하는 것을 모두 고른 것은?

> ㄱ. 소속공인중개사의 공인중개사자격증 원본
> ㄴ. 보증의 설정을 증명할 수 있는 서류
> ㄷ. 소속공인중개사의 고용신고서
> ㄹ. 개업공인중개사의 실무교육 수료확인증

① ㄱ, ㄴ
② ㄱ, ㄹ
③ ㄴ, ㄷ
④ ㄷ, ㄹ
⑤ ㄱ, ㄴ, ㄹ

9 공인중개사법령상 중개사무소의 개설등록에 관한 설명으로 틀린 것은?

① 금고 이상의 형의 집행유예를 받고 그 유예기간이 만료된 날부터 2년이 지나지 아니한 자는 개설등록을 할 수 없다.

② 공인중개사협회는 매월 중개사무소의 등록에 관한 사항을 중개사무소등록·행정처분 등 통지서에 기재하여 다음 달 10일까지 시·도지사에게 통보하여야 한다.

③ 외국에 주된 영업소를 둔 법인의 경우에는 「상법」상 외국회사 규정에 따른 영업소의 등기를 증명할 수 있는 서류를 제출하여야 한다.

④ 개설등록의 신청을 받은 등록관청은 개업공인중개사의 종별에 따라 구분하여 개설등록을 하고, 개설등록 신청을 받은 날부터 7일 이내에 등록신청인에게 서면으로 통지하여야 한다.

⑤ 공인중개사인 개업공인중개사가 법인인 개업공인중개사로 업무를 하고자 개설등록신청서를 다시 제출하는 경우 종전의 등록증은 이를 반납하여야 한다.

10 공인중개사법령상 개업공인중개사와 중개의뢰인의 중개계약에 관한 설명으로 <u>틀린</u> 것은?

① 일반중개계약은 계약서의 작성 없이도 체결할 수 있다.

② 전속중개계약을 체결하면서 유효기간을 3개월 미만으로 약정한 경우 그 유효기간은 3개월로 한다.

③ 전속중개계약을 체결한 개업공인중개사는 중개대상물의 권리자의 인적 사항에 관한 정보를 공개해서는 안 된다.

④ 중개의뢰인은 일반중개계약을 체결하면서 거래예정가격을 포함한 일반중개계약서의 작성을 요청할 수 있다.

⑤ 임대차에 대한 전속중개계약을 체결한 개업공인중개사는 중개의뢰인의 비공개 요청이 없어도 중개대상물의 공시지가를 공개하지 아니할 수 있다.

11 공인중개사법령상 부동산거래정보망의 지정 및 이용에 관한 설명으로 옳은 것은?

① 「전기통신사업법」의 규정에 의한 부가통신사업자가 아니어도 국토교통부령으로 정하는 요건을 갖추면 거래정보사업자로 지정받을 수 있다.

② 거래정보사업자로 지정받으려는 자는 공인중개사의 자격을 갖추어야 한다.

③ 거짓이나 그 밖의 부정한 방법으로 거래정보사업자로 지정받은 경우 그 지정은 무효이다.

④ 법인인 거래정보사업자의 해산으로 부동산거래정보망의 계속적인 운영이 불가능한 경우 국토교통부장관은 청문 없이 그 지정을 취소할 수 있다.

⑤ 부동산거래정보망에 정보가 공개된 중개대상물의 거래가 완성된 경우 개업공인중개사는 3개월 이내에 해당 거래정보사업자에게 이를 통보하여야 한다.

12 공인중개사법령상 개업공인중개사가 계약금등을 금융기관에 예치하도록 거래당사자에게 권고하는 경우 예치명의자가 될 수 <u>없는</u> 자는?

① 개업공인중개사

② 거래당사자 중 일방

③ 부동산거래계약의 이행을 보장하기 위하여 계약 관련 서류 및 계약금등을 관리하는 업무를 수행하는 전문회사

④ 국토교통부장관의 승인을 얻어 공제사업을 하는 공인중개사협회

⑤ 「은행법」에 따른 은행

13 공인중개사법령상 누구든지 시세에 부당한 영향을 줄 목적으로 개업공인중개사등의 업무를 방해해서는 <u>아니 되는</u> 행위를 모두 고른 것은?

> ㄱ. 중개의뢰인과 직접 거래를 하는 행위
> ㄴ. 안내문, 온라인 커뮤니티 등을 이용하여 특정 가격 이하로 중개를 의뢰하지 아니하도록 유도하는 행위
> ㄷ. 정당한 사유 없이 개업공인중개사등의 중개대상물에 대한 정당한 표시·광고행위를 방해하는 행위
> ㄹ. 단체를 구성하여 특정 중개대상물에 대하여 중개를 제한하거나 단체 구성원 이외의 자와 공동중개를 제한하는 행위

① ㄱ, ㄷ   ② ㄱ, ㄹ
③ ㄴ, ㄷ   ④ ㄱ, ㄴ, ㄹ
⑤ ㄴ, ㄷ, ㄹ

14 공인중개사법령상 다음의 행위를 한 자에 대하여 3년의 징역에 처할 수 있는 경우는?

① 거짓이나 그 밖의 부정한 방법으로 중개사무소의 개설등록을 한 경우
② 공인중개사가 다른 사람에게 자기의 성명을 사용하여 중개업무를 하게 한 경우
③ 등록관청의 관할구역 안에 2개의 중개사무소를 둔 경우
④ 개업공인중개사가 천막 그 밖에 이동이 용이한 임시 중개시설물을 설치한 경우
⑤ 공인중개사가 아닌 자로서 공인중개사 또는 이와 유사한 명칭을 사용한 경우

15 공인중개사법령상 중개보수 등에 관한 설명으로 <u>틀린</u> 것은?

① 개업공인중개사의 중개업무상 과실로 인하여 중개의뢰인간의 거래행위가 무효가 된 경우 개업공인중개사는 중개의뢰인으로부터 소정의 보수를 받을 수 없다.
② 주택의 중개에 대한 보수는 중개의뢰인 쌍방으로부터 각각 받되, 그 금액은 시·도의 조례로 정하는 요율한도 이내에서 중개의뢰인과 개업공인중개사가 서로 협의하여 결정한다.
③ 중개보수의 지급시기는 개업공인중개사와 중개의뢰인간의 약정에 따르되, 약정이 없을 때에는 중개대상물의 거래대금 지급이 완료된 날로 한다.
④ 중개대상물인 주택의 소재지와 중개사무소의 소재지가 다른 경우 중개보수는 중개대상물의 소재지를 관할하는 시·도의 조례에서 정한 기준에 따라야 한다.
⑤ 개업공인중개사는 중개의뢰인으로부터 중개대상물의 권리관계 등의 확인에 소요되는 실비를 받을 수 있다.

16 공인중개사법령상 개업공인중개사 업무정지의 기준에서 개별기준에 따른 업무정지기간이 6개월인 것은?

① 인장등록을 하지 않거나 등록하지 않은 인장을 사용한 경우

② 거래정보사업자에게 공개를 의뢰한 중개대상물의 거래가 완성된 사실을 그 거래정보사업 자에 통보하지 않은 경우

③ 부동산거래정보망에 중개대상물에 관한 정보를 거짓으로 공개한 경우

④ 중개대상물 확인·설명서를 보존기간 동안 보존하지 않은 경우

⑤ 법령상의 전속중개계약서 서식에 따르지 않고 전속중개계약을 체결한 경우

17 공인중개사법령상 공인중개사인 개업공인중개사의 중개사무소 개설등록 취소사유에 해당하지 않는 경우는?

① 중개대상물 확인·설명서를 교부하지 아니한 경우

② 거짓으로 중개사무소의 개설등록을 한 경우

③ 업무정지기간 중에 중개업무를 한 경우

④ 공인중개사인 개업공인중개사가 개업공인중개사인 법인의 사원·임원이 된 경우

⑤ 개업공인중개사가 사망한 경우

18 공인중개사법령상 공인중개사인 개업공인중개사의 중개사무소 개설등록 취소사유에 해당하지 않는 경우는?

① 중개대상물 확인·설명서를 교부하지 아니한 경우

② 거짓으로 중개사무소의 개설등록을 한 경우

③ 업무정지기간 중에 중개업무를 한 경우

④ 공인중개사인 개업공인중개사가 개업공인중개사인 법인의 사원·임원이 된 경우

⑤ 개업공인중개사가 사망한 경우

19 공인중개사법령상 개업공인중개사가 중개를 완성한 때에 작성하는 거래계약서에 기재하여야 하는 사항을 모두 고른 것은?

> ㄱ. 권리이전의 내용
> ㄴ. 물건의 인도일시
> ㄷ. 계약의 조건이나 기한이 있는 경우에는 그 조건 또는 기한
> ㄹ. 중개대상물 확인·설명서 교부일자

① ㄱ, ㄹ   ② ㄴ, ㄷ
③ ㄱ, ㄴ, ㄷ   ④ ㄱ, ㄴ, ㄹ
⑤ ㄱ, ㄴ, ㄷ, ㄹ

20 공인중개사법령상 중개대상물 확인·설명서[ⅠⅠ](비주거용 건축물)에서 개업공인중개사 기본 확인사항이 <u>아닌</u> 것은?

① 토지의 소재지, 면적 등 대상물건의 표시
② 소유권 외의 권리사항 등 등기부 기재사항
③ 관리비
④ 입지조건
⑤ 거래예정금액

21 공인중개사법령상 공인중개사협회의 업무에 해당하는 것을 모두 고른 것은?

> ㄱ. 회원의 윤리헌장 제정 및 그 실천에 관한 업무
> ㄴ. 부동산 정보제공에 관한 업무
> ㄷ. 인터넷을 이용한 중개대상물에 대한 표시·광고 모니터링 업무
> ㄹ. 회원의 품위유지를 위한 업무

① ㄱ, ㄹ   ② ㄴ, ㄷ
③ ㄱ, ㄴ, ㄷ   ④ ㄱ, ㄴ, ㄹ
⑤ ㄱ, ㄴ, ㄷ, ㄹ

22 부동산 거래신고 등에 관한 법령상 토지거래허가구역(이하 '허가구역'이라 함)의 지정에 관한 설명으로 옳은 것은?

① 허가구역이 둘 이상의 시·도의 관할구역에 걸쳐 있는 경우 해당 시·도지사가 공동으로 지정한다.

② 토지의 투기적인 거래 성행으로 지가가 급격히 상승하는 등의 특별한 사유가 있으면 7년 이내의 기간을 정하여 허가구역을 지정할 수 있다.

③ 허가구역의 지정은 시장·군수 또는 구청장이 허가구역 지정의 통지를 받은 날부터 5일 후에 그 효력이 발생한다.

④ 허가구역 지정에 관한 공고내용의 통지를 받은 시장·군수 또는 구청장은 지체 없이 그 공고내용을 관할 등기소의 장에게 통지해야 한다.

⑤ 허가구역 지정에 관한 공고내용의 통지를 받은 시장·군수 또는 구청장은 그 사실을 7일 이상 공고해야 하고, 그 공고내용을 30일간 일반이 열람할 수 있도록 해야 한다.

23 부동산 거래신고 등에 관한 법령상 부동산거래계약의 변경신고사항이 <u>아닌</u> 것은?

① 거래가격

② 공동매수의 경우 매수인의 추가

③ 거래 지분 비율

④ 거래대상 부동산의 면적

⑤ 거래 지분

24 부동산 거래신고 등에 관한 법령상 주택 임대차계약의 신고에 관한 설명으로 옳은 것은? (단, 다른 법률에 따른 신고의 의제는 고려하지 않음)

① A특별자치시 소재 주택으로서 보증금이 6천만원이고 월 차임이 30만원으로 임대차계약을 신규 체결한 경우 신고대상이다.

② B시 소재 주택으로서 보증금이 5천만원이고 월 차임이 40만원으로 임대차계약을 신규 체결한 경우 신고대상이 아니다.

③ 자연인 甲과 「지방공기업법」에 따른 지방공사 乙이 신고대상인 주택 임대차계약을 체결한 경우 甲과 乙은 관할 신고관청에 공동으로 신고하여야 한다.

④ C광역시 D군 소재 주택으로서 보증금이 1억원이고 월 차임이 100만원으로 신고된 임대차계약에서 보증금 및 차임의 증감 없이 임대차 기간만 연장하는 갱신계약은 신고대상이 아니다.

⑤ 개업공인중개사가 신고대상인 주택 임대차계약을 중개한 경우 해당 개업공인중개사가 신고하여야 한다.

25 부동산 거래신고 등에 관한 법령상 부동산 거래신고에 관한 설명으로 <u>틀린</u> 것은?

① 거래당사자 또는 개업공인중개사는 부동산거래계약 신고내용 중 거래 지분 비율이 잘못 기재된 경우 신고관청에 신고내용의 정정을 신청할 수 있다.

② 자연인 甲이 단독으로 「주택법」상 투기과열지구 외에 소재하는 주택을 실제 거래가격 6억 원으로 매수한 경우 입주 예정 시기 등 그 주택의 이용계획은 신고사항이다.

③ 법인이 주택의 매수자로서 거래계약을 체결한 경우 임대 등 주택의 이용계획은 신고사항이다.

④ 부동산의 매수인은 신고인이 부동산거래계약 신고필증을 발급받은 때에 「부동산등기 특별조치법」에 따른 검인을 받은 것으로 본다.

⑤ 개업공인중개사가 신고한 후 해당 거래계약이 해제된 경우 그 계약을 해제한 거래당사자는 해제가 확정된 날부터 30일 이내에 해당 신고관청에 단독으로 신고하여야 한다.

26 부동산 거래신고 등에 관한 법령상 외국인등의 대한민국 안의 부동산(이하 '국내 부동산'이라 함) 취득에 관한 설명으로 <u>틀린</u> 것은? (단, 상호주의에 따른 제한은 고려하지 않음)

① 정부간 기구는 외국인등에 포함된다.

② 외국의 법령에 따라 설립된 법인이 건축물의 신축으로 국내 부동산을 취득한 때에는 부동산을 취득한 날부터 60일 이내에 신고관청에 취득신고를 하여야 한다.

③ 외국인이 국내 부동산을 취득하는 교환계약을 체결하였을 때에는 계약체결일부터 60일 이내에 신고관청에 취득신고를 하여야 한다.

④ 외국인이 국내 부동산을 매수하기 위하여 체결한 매매계약은 부동산 거래신고의 대상이다.

⑤ 국내 부동산을 가지고 있는 대한민국국민이 외국인으로 변경된 경우 그 외국인이 해당 부동산을 계속보유하려는 때에는 외국인으로 변경된 날부터 6개월 이내에 신고관청에 계속보유신고를 하여야 한다.

27 부동산 거래신고 등에 관한 법령상 '허가구역 내 토지거래에 대한 허가'의 규정이 적용되지 <u>않는</u> 경우를 모두 고른 것은?

> ㄱ. 「부동산 거래신고 등에 관한 법률」에 따라 외국인이 토지취득의 허가를 받은 경우
> ㄴ. 「공익사업을 위한 토지 등의 취득 및 보상에 관한 법률」에 따라 토지를 환매하는 경우
> ㄷ. 「한국농어촌공사 및 농지관리기금법」에 따라 한국농어촌공사가 농지의 매매를 하는 경우

① ㄱ   ② ㄴ
③ ㄱ, ㄷ   ④ ㄴ, ㄷ
⑤ ㄱ, ㄴ, ㄷ

28 부동산 거래신고 등에 관한 법령상 부동산 거래신고의 대상이 <u>아닌</u> 것은?

① 「주택법」에 따른 조정대상지역에 소재하는 주택의 증여계약

② 「공공주택 특별법」에 따른 부동산의 공급계약

③ 토지거래허가를 받은 토지의 매매계약

④ 「택지개발촉진법」에 따른 부동산 공급계약을 통하여 부동산을 공급받는 자로 선정된 지위의 매매계약

⑤ 「빈집 및 소규모주택 정비에 관한 특례법」에 따른 사업시행계획인가로 취득한 입주자로 선정된 지위의 매매계약

29 甲의 저당권이 설정되어 있는 乙 소유의 X주택을 丙이 임차하려고 한다. 개업공인중개사가 중개의뢰인 丙에게 임대차계약 체결 후 발생할 수 있는 상황에 관하여 설명한 내용으로 옳은 것은? (다툼이 있으면 판례에 따름)

① 丙이 X주택을 인도받고 그 주소로 동거하는 자녀의 주민등록을 이전하면 대항력이 인정되지 않는다.

② 丙이 부동산임대차 등기를 한 때에도 X주택을 인도받고 주민등록의 이전을 하지 않으면 대항력이 인정되지 않는다.

③ 乙이 보증금반환채권을 담보하기 위하여 丙에게 전세권을 설정해 준 경우, 乙은 丙의 전세권을 양수한 선의의 제3자에게 연체차임의 공제 주장으로 대항할 수 있다.

④ 丙이 「주택임대차보호법」상 최우선변제권이 인정되는 소액임차인인 때에도 甲의 저당권이 실행되면 丙의 임차권은 소멸한다.

⑤ 丙이 임대차계약을 체결한 후 丁이 X주택에 저당권을 설정받았는데, 丁이 채권을 변제받지 못하자 X주택을 경매한 경우 甲의 저당권과 丙의 임차권은 매각으로 소멸하지 않는다.

30 개업공인중개사가 민사집행법에 따른 강제경매에 관하여 중개의뢰인에게 설명한 내용으로 <u>틀린</u> 것은?

① 법원이 경매절차를 개시하는 결정을 할 때에는 동시에 그 부동산의 압류를 명하여야 한다.

② 압류는 부동산에 대한 채무자의 관리·이용에 영향을 미치지 아니한다.

③ 제3자는 권리를 취득할 때에 경매신청 또는 압류가 있다는 것을 알았을 경우에도 압류에 대항할 수 있다.

④ 경매개시결정이 등기된 뒤에 가압류를 한 채권자는 배당요구를 할 수 있다.

⑤ 이해관계인은 매각대금이 모두 지급될 때까지 법원에 경매개시결정에 대한 이의신청을 할 수 있다.

31 개업공인중개사 甲은 공인중개사의 매수신청대리인 등록 등에 관한 규칙에 따라 매수신청대리인으로 등록한 후 乙과 매수신청대리에 관한 위임계약을 체결하였다. 이에 관한 설명으로 옳은 것은?

① 甲이 법인이고 분사무소를 1개 둔 경우 매수신청대리에 따른 손해배상책임을 보장하기 위하여 설정해야 하는 보증의 금액은 6억원 이상이다.

② 甲은 매수신청대리 사건카드에 乙에게서 위임받은 사건에 관한 사항을 기재하고 서명날인한 후 이를 3년간 보존해야 한다.

③ 甲은 매수신청대리 대상물에 대한 확인·설명 사항을 서면으로 작성하여 사건카드에 철하여 3년간 보존해야 하며 乙에게 교부할 필요는 없다.

④ 등기사항증명서는 甲이 乙에게 제시할 수 있는 매수신청대리 대상물에 대한 설명의 근거자료에 해당하지 않는다.

⑤ 甲이 중개사무소를 이전한 경우 14일 이내에 乙에게 통지하고 지방법원장에게 그 사실을 신고해야 한다.

32 개업공인중개사가 구분소유권의 목적인 건물을 매수하려는 중개의뢰인에게 집합건물의 소유 및 관리에 관한 법률에 관하여 설명한 내용으로 옳은 것은?

① 일부의 구분소유자만이 공용하도록 제공되는 것임이 명백한 공용부분도 구분소유자 전원의 공유에 속한다.

② 대지의 공유자는 그 대지에 구분소유권의 목적인 1동의 건물이 있을 때에도 그 건물 사용에 필요한 범위의 대지에 대해 분할을 청구할 수 있다.

③ 구분소유자는 공용부분을 개량하기 위해서 필요한 범위에서 다른 구분소유자의 전유부분의 사용을 청구할 수 있다.

④ 전유부분이 속하는 1동의 건물의 설치 또는 보전의 흠으로 인하여 다른 자에게 손해를 입힌 경우에는 그 흠은 전유부분에 존재하는 것으로 추정한다.

⑤ 대지사용권이 없는 구분소유자는 대지사용권자에게 대지사용권을 시가(時價)로 매도할 것을 청구할 수 있다.

33 개업공인중개사가 중개의뢰인에게 건물의 소유를 목적으로 한 토지임대차를 중개하면서 임대인을 상대로 지상건물에 대한 매수청구권을 행사할 수 있는 임차인에 대하여 설명하였다. 이에 해당하는 자를 모두 고른 것은? (다툼이 있으면 판례에 따르며, 특별한 사정은 고려하지 않음)

> ㄱ. 종전 임차인이 신축한 건물을 매수한 임차인
> ㄴ. 차임연체를 이유로 계약을 해지당한 임차인
> ㄷ. 건물을 신축하였으나 행정관청의 허가를 받지 않은 임차인
> ㄹ. 토지에 지상권이 설정된 경우 지상권자로부터 그 토지를 임차하여 건물을 신축한 임차인

① ㄱ, ㄴ   ② ㄴ, ㄷ
③ ㄷ, ㄹ   ④ ㄱ, ㄴ, ㄹ
⑤ ㄱ, ㄷ, ㄹ

34 개업공인중개사가 소유자 甲으로부터 X주택을 임차한 주택임대차보호법상 임차인 乙에게 임차권등기명령과 그에 따른 임차권등기에 대하여 설명한 내용으로 옳은 것을 모두 고른 것은? (다툼이 있으면 판례에 따름)

> ㄱ. 법원의 임차권등기명령이 甲에게 송달되어야 임차권등기명령을 집행할 수 있다.
> ㄴ. 乙이 임차권등기를 한 이후에 甲으로부터 X주택을 임차한 임차인은 최우선변제권을 가지지 못한다.
> ㄷ. 乙이 임차권등기를 한 이후 대항요건을 상실하더라도, 乙이 이미 취득한 대항력이나 우선변제권을 잃지 않는다.
> ㄹ. 乙이 임차권등기를 한 이후에는 이행지체에 빠진 甲의 보증금반환의무가 乙의 임차권등기말소의무보다 먼저 이행되어야 한다.

① ㄴ, ㄷ   ② ㄱ, ㄴ, ㄹ
③ ㄱ, ㄷ, ㄹ   ④ ㄴ, ㄷ, ㄹ
⑤ ㄱ, ㄴ, ㄷ, ㄹ

35 개업공인중개사가 X토지를 공유로 취득하고자 하는 甲, 乙에게 설명한 내용으로 옳은 것을 모두 고른 것은? (다툼이 있으면 판례에 따름)

> ㄱ. 甲의 지분이 1/2, 乙의 지분이 1/2인 경우, 乙과 협의 없이 X토지 전체를 사용·수익하는 甲에 대하여 乙은 X토지의 인도를 청구할 수 있다.
> ㄴ. 甲의 지분이 2/3, 乙의 지분이 1/3인 경우, 甲이 X토지를 임대하였다면 乙은 그 임대차의 무효를 주장할 수 없다.
> ㄷ. 甲의 지분이 1/3, 乙의 지분이 2/3인 경우, 乙은 甲의 동의 없이 X토지를 타인에게 매도할 수 없다.

① ㄱ
② ㄴ
③ ㄱ, ㄷ
④ ㄴ, ㄷ
⑤ ㄱ, ㄴ, ㄷ

36 甲이 乙로부터 乙 소유의 X주택을 2020.1. 매수하면서 그 소유권이전등기는 자신의 친구인 丙에게로 해 줄 것을 요구하였다(이에 대한 丙의 동의가 있었음). 乙로부터 X주택의 소유권이전등기를 받은 丙은 甲의 허락을 얻지 않고 X주택을 丁에게 임대하였고, 丁은 X주택을 인도받은 후 주민등록을 이전하였다. 그런데 丁은 임대차계약 체결 당시에 甲의 허락이 없었음을 알고 있었다. 이에 대하여 개업공인중개사가 丁에게 설명한 내용으로 <u>틀린</u> 것은? (다툼이 있으면 판례에 따름)

① 丙은 X주택의 소유권을 취득할 수 없다.
② 乙은 丙을 상대로 진정명의 회복을 위한 소유권이전등기를 청구할 수 있다.
③ 甲은 乙과의 매매계약을 기초로 乙에게 X주택의 소유권이전등기를 청구할 수 있다.
④ 丁은 甲 또는 乙에 대하여 임차권을 주장할 수 있다.
⑤ 丙은 丁을 상대로 임대차계약의 무효를 주장할 수 없지만, 甲은 그 계약의 무효를 주장할 수 있다.

37 개업공인중개사가 중개의뢰인에게 주택임대차보호법상 계약갱신요구권에 관하여 설명한 것으로 옳은 것은?

① 임차인은 최초의 임대차기간을 포함한 전체 임대차기간이 10년을 초과하지 아니하는 범위에서 계약갱신요구권을 행사할 수 있다.

② 임차인뿐만 아니라 임대인도 계약갱신요구권을 행사할 수 있다.

③ 임차인이 계약갱신요구권을 행사하여 임대차계약이 갱신된 경우 임차인은 언제든지 임대인에게 계약해지를 통지할 수 있다.

④ 임차인이 계약갱신요구권을 행사하여 임대차계약이 갱신된 경우 임대인은 차임을 증액할 수 없다.

⑤ 임차인이 계약갱신요구권을 행사하려는 경우 계약기간이 끝난 후 즉시 이를 행사하여야 한다.

38 개업공인중개사가 상가건물을 임차하려는 중개의뢰인 甲에게 상가건물 임대차보호법의 내용에 관하여 설명한 것으로 <u>틀린</u> 것은?

① 甲이 건물을 인도받고 「부가가치세법」에 따른 사업자 등록을 신청하면 그 다음 날부터 대항력이 생긴다.

② 확정일자는 건물의 소재지 관할 세무서장이 부여한다.

③ 임대차계약을 체결하려는 甲은 임대인의 동의를 받아 관할 세무서장에게 건물의 확정일자 부여일 등 관련 정보의 제공을 요청할 수 있다.

④ 甲이 거짓이나 그 밖의 부정한 방법으로 임차한 경우 임대인은 甲의 계약갱신요구를 거절할 수 있다.

⑤ 건물의 경매 시 甲은 환가대금에서 우선변제권에 따른 보증금을 지급받은 이후에 건물을 양수인에게 인도하면 된다.

39 개업공인중개사가 토지를 매수하려는 중개의뢰인에게 분묘기지권에 관하여 설명한 내용으로 옳은 것을 모두 고른 것은? (다툼이 있으면 판례에 따름)

> ㄱ. 분묘기지권을 시효취득한 사람은 시효취득한 때부터 지료를 지급할 의무가 발생한다.
> ㄴ. 특별한 사정이 없는 한 분묘기지권자가 분묘의 수호와 봉사를 계속하는 한 그 분묘가 존속하는 동안은 분묘기지권이 존속한다.
> ㄷ. 분묘기지권을 취득한 자는 그 분묘기지권의 등기 없이도 그 분묘가 설치된 토지의 매수인에게 대항할 수 있다.

① ㄴ   ② ㄱ, ㄴ
③ ㄱ, ㄷ   ④ ㄴ, ㄷ
⑤ ㄱ, ㄴ, ㄷ

40 토지를 매수하여 사설묘지를 설치하려는 중개의뢰인에게 개업공인중개사가 장사 등에 관한 법령에 관하여 설명한 내용으로 옳은 것은?

① 개인묘지를 설치하려면 그 묘지를 설치하기 전에 해당 묘지를 관할하는 시장등에게 신고해야 한다.
② 가족묘지를 설치하려면 해당 묘지를 관할하는 시장등의 허가를 받아야 한다.
③ 개인묘지나 가족묘지의 면적은 제한을 받지만, 분묘의 형태나 봉분의 높이는 제한을 받지 않는다.
④ 분묘의 설치기간은 원칙적으로 30년이지만, 개인묘지의 경우에는 3회에 한하여 그 기간을 연장할 수 있다.
⑤ 설치기간이 끝난 분묘의 연고자는 그 끝난 날부터 1개월 이내에 해당 분묘에 설치된 시설물을 철거하고 매장된 유골을 화장하거나 봉안해야 한다.

41 국토의 계획 및 이용에 관한 법령상 용어에 관한 설명으로 옳은 것은?

① 행정청이 설치하는 공동묘지는 '공공시설'에 해당한다.

② 성장관리계획구역에서의 난개발을 방지하고 계획적인 개발을 유도하기 위하여 수립하는 계획은 '공간재구조화계획'이다.

③ 자전거전용도로는 '기반시설'에 해당하지 않는다.

④ 지구단위계획구역의 지정에 관한 계획은 '도시·군기본계획'에 해당한다.

⑤ '기반시설부담구역'은 기반시설을 설치하기 곤란한 지역을 대상으로 지정한다.

42 국토의 계획 및 이용에 관한 법령상 지방자치단체의 장이 다른 법률에 따른 토지 이용에 관한 구역을 지정하는 경우에 관한 설명으로 **틀린** 것은?

① 지정하려는 구역의 면적이 $1km^2$ 미만인 경우 승인을 받지 않아도 된다.

② 농림지역에서 「수도법」에 따른 상수원보호구역을 지정하는 경우 국토교통부장관의 승인을 받아야 한다.

③ 지정하려는 구역이 도시·군기본계획에 반영된 경우에는 승인 없이 구역을 지정할 수 있다.

④ 승인을 받아 지정한 구역의 면적의 10%의 범위안에서 면적을 증감시키는 경우에는 따로 승인을 받지 않아도 된다.

⑤ 지정된 구역을 변경하거나 해제하려면 도시·군관리계획의 입안권자의 의견을 들어야 한다.

43 국토의 계획 및 이용에 관한 법령상 도시·군계획에 관한 설명으로 옳은 것은?

① 도시·군기본계획의 내용이 광역도시계획의 내용과 다를 때에는 도시·군기본계획의 내용이 우선한다.

② 도시·군기본계획의 수립권자가 생활권계획을 따로 수립한 때에는 해당 계획이 수립된 생활권에 대해서는 도시·군관리계획이 수립된 것으로 본다.

③ 시장·군수가 미리 지방의회의 의견을 들어 수립한 도시·군기본계획의 경우 도지사는 지방도시계획위원회의 심의를 거치지 않고, 해당 계획을 승인할 수 있다.

④ 주민은 공공청사의 설치에 관한 사항에 대하여 도시·군관리계획의 입안권자에게 그 계획의 입안을 제안할 수 있다.

⑤ 광역도시계획이나 도시·군기본계획을 수립할 때 도시·군관리계획을 함께 입안할 수 없다.

44 국토의 계획 및 이용에 관한 법령상 도시·군관리계획의 결정에 관한 설명으로 옳은 것은?

① 도시·군관리계획 결정의 효력은 지형도면을 고시한 날의 다음 날부터 발생한다.

② 시가화조정구역의 지정에 관한 도시·군관리계획 결정 당시 이미 사업에 착수한 자는 그 결정에도 불구하고 신고 없이 그 사업을 계속할 수 있다.

③ 국토교통부장관이 도시·군관리계획을 직접 입안한 경우에는 시·도지사가 지형도면을 작성하여야 한다.

④ 시장·군수가 입안한 지구단위계획의 수립에 관한 도시·군관리계획은 시장·군수의 신청에 따라 도지사가 결정한다.

⑤ 시·도지사는 국가계획과 관련되어 국토교통부장관이 입안하여 결정한 도시·군관리계획을 변경하려면 미리 국토교통부장관과 협의하여야 한다.

45 국토의 계획 및 이용에 관한 법령상 해당 구역으로 지정되면 건축법 제69조에 따른 특별건축구역으로 지정된 것으로 보는 구역을 모두 고른 것은?

ㄱ. 도시혁신구역	ㄴ. 복합용도구역
ㄷ. 시가화조정구역	ㄹ. 도시자연공원구역

① ㄱ   ② ㄱ, ㄴ

③ ㄷ, ㄹ   ④ ㄴ, ㄷ, ㄹ

⑤ ㄱ, ㄴ, ㄷ, ㄹ

46 국토의 계획 및 이용에 관한 법령상 도시·군계획시설(이하 '시설'이라 함)에 관한 설명으로 옳은 것은?

① 시설결정의 고시일부터 10년 이내에 실시계획의 인가만 있고, 시설사업이 진행되지 아니하는 경우 그 부지의 소유자는 그 토지의 매수를 청구할 수 있다.

② 공동구가 설치된 경우 쓰레기수송관은 공동구협의회의 심의를 거쳐야 공동구에 수용할 수 있다.

③ 「택지개발촉진법」에 따른 택지개발지구가 200만m²를 초과하는 경우에는 공동구를 설치하여야 한다.

④ 시설결정의 고시일부터 20년이 지날 때까지 시설사업이 시행되지 아니하는 경우 그 시설결정은 20년이 되는 날에 효력을 잃는다.

⑤ 시설결정의 고시일부터 10년 이내에 시설사업이 시행되지 아니하는 경우 그 부지 내에 건물만을 소유한 자도 시설결정 해제를 위한 도시·군관리계획 입안을 신청할 수 있다.

47 국토의 계획 및 이용에 관한 법령상 개발행위허가(이하 '허가'라 함)에 관한 설명으로 옳은 것은?

① 도시·군계획사업에 의하여 10층 이상의 건축물을 건축하려는 경우에는 허가를 받아야 한다.

② 건축물의 건축에 대한 허가를 받은 자가 그 건축을 완료하고 「건축법」에 따른 건축물의 사용승인을 받은 경우 허가권자의 준공검사를 받지 않아도 된다.

③ 허가를 받은 건축물의 연면적을 5% 범위에서 축소하려는 경우에는 허가권자에게 미리 신고하여야 한다.

④ 허가의 신청이 있는 경우 특별한 사유가 없으면 도시계획위원회의 심의 또는 기타 협의 기간을 포함하여 15일 이내에 허가 또는 불허가의 처분을 하여야 한다.

⑤ 국토교통부장관이 지구단위계획구역으로 지정된 지역에 대하여 허가의 제한을 연장하려면 중앙도시계획위원회의 심의를 거쳐야 한다.

48 국토의 계획 및 이용에 관한 법령상 용도지역에 관한 설명으로 옳은 것은?

① 용도지역은 토지를 경제적·효율적으로 이용하기 위하여 필요한 경우 서로 중복되게 지정할 수 있다.

② 용도지역은 필요한 경우, 도시·군기본계획으로 결정할 수 있다.

③ 주민은 상업지역에 산업·유통개발진흥지구를 지정하여 줄 것을 내용으로 하는 도시·군관리계획의 입안을 제안할 수 있다.

④ 바다인 공유수면의 매립구역이 둘 이상의 용도지역과 이웃하고 있는 경우 그 매립구역은 이웃하고 있는 가장 큰 용도지역으로 지정된 것으로 본다.

⑤ 관리지역에서 「농지법」에 따른 농업진흥지역으로 지정·고시된 지역은 「국토의 계획 및 이용에 관한 법률」에 따른 농림지역으로 결정·고시된 것으로 본다.

49 국토의 계획 및 이용에 관한 법령상 기반시설부담구역에 관한 설명으로 옳은 것은?

① 공원의 이용을 위하여 필요한 편의시설은 기반시설부담구역에 설치가 필요한 기반시설에 해당하지 않는다.

② 기반시설부담구역에서 기존 건축물을 철거하고 신축하는 경우에는 기존 건축물의 건축연면적을 포함하는 건축행위를 기반시설설치비용의 부과대상으로 한다.

③ 지구단위계획을 수립한 경우에는 기반시설설치계획을 수립한 것으로 본다.

④ 기반시설부담구역 내에서 신축된 「건축법 시행령」상의 종교집회장은 기반시설설치비용의 부과대상이다.

⑤ 기반시설부담구역으로 지정된 지역에 대해서는 개발행위허가의 제한을 연장할 수 없다.

50 국토의 계획 및 이용에 관한 법령상 개발진흥지구를 세분하여 지정할 수 있는 지구에 해당하지 <u>않는</u> 것은? (단, 조례는 고려하지 않음)

① 주거개발진흥지구
② 중요시설물개발진흥지구
③ 복합개발진흥지구
④ 특정개발진흥지구
⑤ 관광·휴양개발진흥지구

51 국토의 계획 및 이용에 관한 법령상 개발밀도관리구역에 관한 설명으로 <u>틀린</u> 것은?

① 개발밀도관리구역의 변경고시는 당해 지방자치단체의 공보에 게재하는 방법에 의한다.
② 개발밀도관리구역으로 지정될 수 있는 지역에 농림지역은 포함되지 않는다.
③ 개발밀도관리구역의 지정은 해당 지방자치단체에 설치된 지방도시계획위원회의 심의대상이다.
④ 개발밀도관리구역에서는 해당 용도지역에 적용되는 건폐율의 최대한도의 50% 범위에서 건폐율을 강화하여 적용한다.
⑤ 개발밀도관리구역은 기반시설부담구역으로 지정될 수 없다.

52 국토의 계획 및 이용에 관한 법령상 성장관리계획구역에서 30% 이하의 범위에서 성장관리계획으로 정하는 바에 따라 건폐율을 완화하여 적용할 수 있는 지역이 <u>아닌</u> 것은? (단, 조례는 고려하지 않음)

① 생산관리지역
② 생산녹지지역
③ 보전녹지지역
④ 자연녹지지역
⑤ 농림지역

53 도시개발법령상 환지방식의 도시개발사업에 대한 개발계획 수립에 필요한 동의자의 수를 산정하는 방법으로 옳은 것은?

① 도시개발구역의 토지면적을 산정하는 경우: 국공유지를 제외하고 산정할 것

② 1인이 둘 이상 필지의 토지를 단독으로 소유한 경우: 필지의 수에 관계없이 토지소유자를 1인으로 볼 것

③ 둘 이상 필지의 토지를 소유한 공유자가 동일한 경우: 공유자 각각을 토지소유자 1인으로 볼 것

④ 1필지의 토지소유권을 여럿이 공유하는 경우: 「집합건물의 소유 및 관리에 관한 법률」에 따른 구분소유자인지 여부와 관계없이 다른 공유자의 동의를 받은 대표공유자 1인을 해당 토지소유자로 볼 것

⑤ 도시개발구역의 지정이 제안된 후부터 개발계획이 수립되기 전까지의 사이에 토지 소유자가 변경된 경우: 변경된 토지소유자의 동의서를 기준으로 할 것

54 도시개발법령상 수용 또는 사용방식으로 시행하는 도시개발사업의 시행자로 지정될 수 <u>없는</u> 자는?

① 「한국철도공사법」에 따른 한국철도공사

② 지방자치단체

③ 「지방공기업법」에 따라 설립된 지방공사

④ 도시개발구역의 국공유지를 제외한 토지면적의 3분의 2 이상을 소유한 자

⑤ 도시개발구역의 토지소유자가 도시개발을 위하여 설립한 조합

55 도시개발법령상 한국토지주택공사가 발행하려는 토지상환채권의 발행계획에 포함되어야 하는 사항이 <u>아닌</u> 것은?

① 보증기관 및 보증의 내용

② 토지가격의 추산방법

③ 상환대상지역 또는 상환대상토지의 용도

④ 토지상환채권의 발행가액 및 발행시기

⑤ 토지상환채권의 발행총액

56 도시개발법령상 환지방식에 의한 사업 시행에 관한 설명으로 <u>틀린</u> 것은?

① 행정청이 아닌 시행자가 환지계획을 작성하여 인가를 신청하려는 경우 토지소유자와 임차권자등에게 환지계획의 기준 및 내용 등을 알려야 한다.

② 「집합건물의 소유 및 관리에 관한 법률」에 따른 대지사용권에 해당하는 토지지분은 분할환지할 수 없다.

③ 환지예정지가 지정되면 종전의 토지의 소유자는 환지예정지 지정의 효력발생일부터 환지처분이 공고되는 날까지 종전의 토지를 사용할 수 없다.

④ 도시개발사업으로 임차권의 목적인 토지의 이용이 방해를 받아 종전의 임대료가 불합리하게 된 경우라도, 환지처분이 공고된 날의 다음 날부터는 임대료 감액을 청구할 수 없다.

⑤ 도시개발사업의 시행으로 행사할 이익이 없어진 지역권은 환지처분이 공고된 날이 끝나는 때에 소멸한다.

57 도시개발법령상 도시개발사업 조합에 관한 설명으로 옳은 것은?

① 조합을 설립하려면 도시개발구역의 토지소유자 10명 이상이 정관을 작성하여 지정권자에게 조합설립의 인가를 받아야 한다.

② 조합이 설립인가를 받은 사항 중 청산에 관한 사항을 변경하려는 경우에는 지정권자에게 신고하여야 한다.

③ 다른 조합원으로부터 해당 도시개발구역에 그가 가지고 있는 토지소유권 전부를 이전받은 조합원은 정관으로 정하는 바에 따라 본래의 의결권과는 별도로 그 토지소유권을 이전한 조합원의 의결권을 승계할 수 있다.

④ 조합은 총회의 권한을 대행하게 하기 위하여 대의원회를 두어야 한다.

⑤ 조합의 임원으로 선임된 자가 금고 이상의 형을 선고받으면 그 날부터 임원의 자격을 상실한다.

58 도시개발법령상 도시개발구역지정 이후 지정권자가 도시개발사업의 시행방식을 변경할 수 있는 경우를 모두 고른 것은? (단, 시행자는 국가이며, 시행방식 변경을 위한 다른 요건은 모두 충족됨)

> ㄱ. 수용 또는 사용방식에서 전부 환지방식으로의 변경
> ㄴ. 수용 또는 사용방식에서 혼용방식으로의 변경
> ㄷ. 혼용방식에서 전부 환지방식으로의 변경
> ㄹ. 전부 환지방식에서 혼용방식으로의 변경

① ㄱ, ㄷ   ② ㄱ, ㄹ
③ ㄴ, ㄹ   ④ ㄱ, ㄴ, ㄷ
⑤ ㄴ, ㄷ, ㄹ

59 도시 및 주거환경정비법령상 '토지등소유자'에 해당하지 <u>않는</u> 자는?

① 주거환경개선사업 정비구역에 위치한 건축물의 소유자
② 재개발사업 정비구역에 위치한 토지의 지상권자
③ 재개발사업 정비구역에 위치한 건축물의 소유자
④ 재건축사업 정비구역에 위치한 건축물 및 그 부속토지의 소유자
⑤ 재건축사업 정비구역에 위치한 건축물 부속토지의 지상권자

60 도시 및 주거환경정비법령상 임대주택 및 주택규모별 건설비율에 관한 규정의 일부이다. ( )에 들어갈 숫자로 옳은 것은?

> 정비계획의 입안권자는 주택수급의 안정과 저소득 주민의 입주기회 확대를 위하여 정비사업으로 건설하는 주택에 대하여 다음 각 호의 구분에 따른 범위에서 국토교통부장관이 정하여 고시하는 임대주택 및 주택규모별 건설비율 등을 정비계획에 반영하여야 한다.
> 1. 「주택법」에 따른 국민주택규모의 주택이 전체 세대수의 100분의 (ㄱ) 이하에서 대통령령으로 정하는 범위
> 2. 공공임대주택 및 「민간임대주택에 관한 특별법」에 따른 민간임대주택이 전체 세대수 또는 전체 연면적의 100분의 (ㄴ) 이하에서 대통령령으로 정하는 범위

① ㄱ: 80, ㄴ: 20   ② ㄱ: 80, ㄴ: 30
③ ㄱ: 80, ㄴ: 50   ④ ㄱ: 90, ㄴ: 30
⑤ ㄱ: 90, ㄴ: 50

61 도시 및 주거환경정비법령상 정비사업의 시행방법으로 허용되지 <u>않는</u> 것은?

① 주거환경개선사업: 환지로 공급하는 방법

② 주거환경개선사업: 인가받은 관리처분계획에 따라 주택 및 부대시설·복리시설을 건설하여 공급하는 방법

③ 재개발사업: 인가받은 관리처분계획에 따라 건축물을 건설하여 공급하는 방법

④ 재개발사업: 환지로 공급하는 방법

⑤ 재건축사업: 「국토의 계획 및 이용에 관한 법률」에 따른 일반주거지역인 정비구역에서 인가받은 관리처분계획에 따라 「건축법」에 따른 공동주택 외 건축물을 건설하여 공급하는 방법

62 도시 및 주건환경정비법령상 조합설립 등에 관한 설명으로 옳은 것은?

① 재개발조합이 조합설립인가를 받은 날부터 3년 이내에 사업시행계획인가를 신청하지 아니한 때에는 시장·군수등은 직접 정비사업을 시행할 수 있다.

② 재개발사업의 추진위원회가 조합을 설립하려면 토지등소유자의 3분의 2 이상 및 토지면적의 2분의 1 이상의 토지소유자의 동의를 받아야 한다.

③ 토지등소유자가 30인 미만인 경우 토지등소유자는 조합을 설립하지 아니하고 재개발사업을 시행할 수 있다.

④ 조합은 재개발조합설립인가를 받은 때에도 토지등소유자에게 그 내용을 통지하지 아니한다.

⑤ 추진위원회는 조합설립인가 후 지체 없이 추정분담금에 관한 정보를 토지등소유자에게 제공하여야 한다.

63 도시 및 주거환경정비법령상 사업시행계획의 통합심의에 관한 설명으로 옳은 것은?

① 「경관법」에 따른 경관 심의는 통합심의 대상이 아니다.

② 시장·군수등은 특별한 사유가 없으면 통합심의 결과를 반영하여 사업시행계획을 인가하여야 한다.

③ 통합심의를 거친 경우 해당 사항에 대한 조정 또는 재정을 거친 것으로 보지 아니한다.

④ 통합심의위원회 위원장은 위원 중에서 호선한다.

⑤ 사업시행자는 통합심의를 신청할 수 없다.

64 도시 및 주거환경정비법령상 사업시행자가 관리처분계획이 인가·고시된 다음 날부터 90일 이내에 손실보상 협의를 하여야 하는 토지등소유자를 모두 고른 것은? (단, 분양신청기간 종료일의 다음 날부터 협의를 시작할 수 있음)

> ㄱ. 분양신청기간 내에 분양신청을 하지 아니한 자
> ㄴ. 인가된 관리처분계획에 따라 분양대상에서 제외된 자
> ㄷ. 분양신청기간 종료 후에 분양신청을 철회한 자

① ㄱ
② ㄱ, ㄴ
③ ㄱ, ㄷ
④ ㄴ, ㄷ
⑤ ㄱ, ㄴ, ㄷ

65 주택법령상 '기간시설'에 해당하지 <u>않는</u> 것은?

① 전기시설
② 통신시설
③ 상하수도
④ 어린이놀이터
⑤ 지역난방시설

66 주택법령상 사업계획의 승인 등에 관한 설명으로 <u>틀린</u> 것은?

① 승인받은 사업계획 중 공공시설 설치계획의 변경이 필요한 경우에는 사업계획승인권자로부터 변경승인을 받지 않아도 된다.
② 주택건설사업계획에는 부대시설 및 복리시설의 설치에 관한 계획 등이 포함되어야 한다.
③ 주택건설사업을 시행하려는 자는 전체 세대수가 600세대 이상인 주택단지를 공구별로 분할하여 주택을 건설·공급할 수 있다.
④ 주택건설사업계획의 승인을 받으려는 한국토지주택공사는 해당 주택건설대지의 소유권을 확보하지 않아도 된다.
⑤ 사업주체는 입주자 모집공고를 한 후 사업계획변경승인을 받은 경우에는 14일 이내에 문서로 입주예정자에게 그 내용을 통보하여야 한다.

67 주택법령상 수직증축형 리모델링의 허용 요건에 관한 규정의 일부이다. (   )에 들어갈 숫자로 옳은 것은?

> 시행령 제13조 ① 법 제2조 제25호 다목 1)에서 '대통령령으로 정하는 범위'란 다음 각 호의 구분에 따른 범위를 말한다.
> 1. 수직으로 증축하는 행위(이하 '수직증축형 리모델링'이라 한다)의 대상이 되는 기존 건축물의 층수가 (ㄱ)층 이상인 경우: (ㄴ)개 층
> 2. 수직증축형 리모델링의 대상이 되는 기존 건축물의 층수가 (ㄷ)층 이하인 경우: (ㄹ)개 층

① ㄱ: 10, ㄴ: 3, ㄷ: 9, ㄹ: 2
② ㄱ: 10, ㄴ: 4, ㄷ: 9, ㄹ: 3
③ ㄱ: 15, ㄴ: 3, ㄷ: 14, ㄹ: 2
④ ㄱ: 15, ㄴ: 4, ㄷ: 14, ㄹ: 3
⑤ ㄱ: 20, ㄴ: 5, ㄷ: 19, ㄹ: 4

`법개정반영`

68 주택법령상 주택의 건설에 관한 설명으로 옳은 것은? (단, 조례는 고려하지 않음)

① 하나의 건축물에는 단지형 연립주택 또는 단지형 다세대주택과 아파트형 주택을 함께 건축할 수 없다.
② 국토교통부장관이 적정한 주택수급을 위하여 필요하다고 인정하는 경우, 고용자가 건설하는 주택에 대하여 국민주택규모로 건설하게 할 수 있는 비율은 주택의 75% 이하이다.
③ 「주택법」에 따라 건설사업자로 간주하는 등록사업자는 주택건설사업계획승인을 받은 주택의 건설공사를 시공할 수 없다.
④ 장수명 주택의 인증기준·인증절차 및 수수료 등은 「주택공급에 관한 규칙」으로 정한다.
⑤ 국토교통부장관은 바닥충격음 성능등급을 인정받은 제품이 인정받은 내용과 다르게 판매·시공한 경우에 해당하면 그 인정을 취소하여야 한다.

69 주택법령상 사전방문 등에 관한 설명으로 **틀린** 것은?

① 사전방문한 입주예정자가 보수공사 등 적절한 조치를 요청한 사항이 하자가 아니라고 판단하는 사업주체는 사용검사권자에게 하자 여부를 확인해줄 것을 요청할 수 있다.

② 사업주체는 사전방문을 주택공급계약에 따라 정한 입주지정기간 시작일 60일 전까지 1일 이상 실시해야 한다.

③ 사업주체가 사전방문을 실시하려는 경우, 사용검사권자에 대한 사전방문계획의 제출은 사전방문기간 시작일 1개월 전까지 해야 한다.

④ 사용검사권자는 사업주체로부터 하자 여부의 확인 요청을 받은 날부터 7일 이내에 하자 여부를 확인하여 해당 사업주체에게 통보해야 한다.

⑤ 보수공사 등의 조치계획을 수립한 사업주체는 사전방문기간의 종료일부터 7일 이내에 사용검사권자에게 해당 조치계획을 제출해야 한다.

70 주택법령상 입주자저축에 관한 설명으로 **틀린** 것은?

① 입주자저축정보를 제공하는 입주자저축취급기관의 장은 입주자저축정보의 명의인이 요구하더라도 입주자저축정보의 제공사실을 통보하지 아니할 수 있다.

② 국토교통부장관으로부터 「주택법」에 따라 입주자저축정보의 제공 요청을 받은 입주자저축취급기관의 장은 「금융실명거래 및 비밀보장에 관한 법률」에도 불구하고 입주자저축정보를 제공하여야 한다.

③ '입주자저축'이란 국민주택과 민영주택을 공급받기 위하여 가입하는 주택청약종합저축을 말한다.

④ 국토교통부장관은 입주자저축의 납입방식·금액 및 조건등에 필요한 사항에 관한 국토교통부령을 제정하거나 개정할 때에는 기획재정부장관과 미리 협의해야 한다.

⑤ 입주자저축은 한 사람이 한 계좌만 가입할 수 있다.

71 주택법령상 주택공급에 관한 규칙으로 정하는 사항을 모두 고른 것은?

> ㄱ. 법 제54조에 따른 주택의 공급
> ㄴ. 법 제57조에 따른 분양가격 산정방식
> ㄷ. 법 제60조에 따른 견본주택의 건축기준
> ㄹ. 법 제65조 제5항에 따른 입주자자격 제한

① ㄱ, ㄴ, ㄷ
② ㄱ, ㄴ, ㄹ
③ ㄱ, ㄷ, ㄹ
④ ㄴ, ㄷ, ㄹ
⑤ ㄱ, ㄴ, ㄷ, ㄹ

72 건축법령상 건축물의 '대수선'에 해당하지 <u>않는</u> 것은? (단, 건축물의 증축·개축 또는 재축에 해당하지 않음)

① 보를 두 개 변경하는 것
② 기둥을 세 개 수선하는 것
③ 내력벽의 벽면적을 $30m^2$ 수선하는 것
④ 특별피난계단을 변경하는 것
⑤ 다세대주택의 세대 간 경계벽을 증설하는 것

73 건축법령상 대지의 조경 등의 조치를 하지 아니할 수 있는 건축물이 <u>아닌</u> 것은? (단, 가설건축물은 제외하고, 건축법령상 특례, 기타 강화·완화조건 및 조례는 고려하지 않음)

① 녹지지역에 건축하는 건축물
② 면적 4천m^2인 대지에 건축하는 공장
③ 연면적의 합계가 1천m^2인 공장
④ 「국토의 계획 및 이용에 관한 법률」에 따라 지정된 관리지역(지구단위계획구역으로 지정된 지역이 아님)의 건축물
⑤ 주거지역에 건축하는 연면적의 합계가 1천500m^2인 물류시설

74 건축법령상 공개공지등에 관한 설명으로 옳은 것은? (단, 건축법령상 특례, 기타 강화·완화조건은 고려하지 않음)

① 노후 산업단지의 정비가 필요하다고 인정되어 지정·공고된 지역에는 공개공지등을 설치할 수 없다.
② 공개공지는 필로티의 구조로 설치할 수 없다.
③ 공개공지등을 설치할 때에는 모든 사람들이 환경친화적으로 편리하게 이용할 수 있도록 긴 의자 또는 조경시설 등 건축조례로 정하는 시설을 설치해야 한다.
④ 공개공지등에는 건축조례로 정하는 바에 따라 연간 최장 90일의 기간 동안 주민들을 위한 문화행사를 열거나 판촉활동을 할 수 있다.
⑤ 울타리나 담장 등 시설의 설치 또는 출입구의 폐쇄 등을 통하여 공개공지등의 출입을 제한한 경우 지체 없이 관할 시장·군수·구청장에게 신고하여야 한다.

75 건축법령상 건축물 안전영향평가에 관한 설명으로 옳은 것은?

① 초고층 건축물에 대하여는 건축허가 이후 지체 없이 건축물 안전영향평가를 실시하여야 한다.

② 안전영향평가기관은 안전영향평가를 의뢰받은 날부터 30일 이내에 안전영향평가 결과를 허가권자에게 제출하여야 하며, 이 기간은 연장될 수 없다.

③ 건축물 안전영향평가 결과는 도시계획위원회의 심의를 거쳐 확정된다.

④ 허가권자는 안전영향평가에 대한 심의 결과 및 안전영향평가 내용을 일간신문에 게재하는 방법으로 공개하여야 한다.

⑤ 안전영향평가를 실시하여야 하는 건축물이 다른 법률에 따라 구조안전과 인접 대지의 안전에 미치는 영향 등을 평가받은 경우에는 안전영향평가의 해당 항목을 평가받은 것으로 본다.

76 건축법령상 건축허가 제한 등에 관한 설명으로 옳은 것은?

① 도지사는 지역계획에 특히 필요하다고 인정하더라도 허가받은 건축물의 착공을 제한할 수 없다.

② 시장·군수·구청장이 건축허가를 제한하려는 경우에는 주민의견을 청취한 후 도시계획위원회의 심의를 거쳐야 한다.

③ 건축허가를 제한하는 경우 제한기간은 2년 이내로 하며, 1회에 한하여 1년 이내의 범위에서 제한기간을 연장할 수 있다.

④ 건축허가를 제한하는 경우 국토교통부장관은 제한 목적·기간 등을 상세하게 정하여 지체 없이 공고하여야 한다.

⑤ 건축허가를 제한한 경우 허가권자는 즉시 국토교통부장관에게 보고하여야 하며, 보고를 받은 국토교통부장관은 제한 내용이 지나치다고 인정하면 직권으로 이를 해제하여야 한다.

77 건축법령상 건축물의 마감재료 등에 관한 규정의 일부이다. (   )에 들어갈 내용으로 옳은 것은?

> 대통령령으로 정하는 용도 및 규모의 건축물의 벽, 반자, 지붕(반자가 없는 경우에 한정한다) 등 내부의 (ㄱ)는 (ㄴ)에 지장이 없는 재료로 하되,「실내공기질 관리법」제5조 및 제6조에 따른 (ㄷ) 유지기준 및 권고기준을 고려하고 관계 중앙행정기관의 장과 협의하여 국토교통부령으로 정하는 기준에 따른 것이어야 한다.

① ㄱ: 난연재료, ㄴ: 방화, ㄷ: 공기청정
② ㄱ: 완충재료, ㄴ: 내진, ㄷ: 실내공기질
③ ㄱ: 완충재료, ㄴ: 내진, ㄷ: 공기청정
④ ㄱ: 마감재료, ㄴ: 방화, ㄷ: 실내공기질
⑤ ㄱ: 마감재료, ㄴ: 내진, ㄷ: 실내공기질

78 건축법령상 건축허가 대상 건축물로서 내진능력을 공개하여야 하는 건축물에 해당하지 <u>않는</u> 것은? (단, 소규모건축구조기준을 적용한 건축물이 아님)

① 높이가 13m인 건축물
② 처마높이가 9m인 건축물
③ 기둥과 기둥 사이의 거리가 10m인 건축물
④ 건축물의 용도 및 규모를 고려한 중요도가 높은 건축물로서 국토교통부령으로 정하는 건축물
⑤ 국가적 문화유산으로 보존할 가치가 있는 것으로 문화체육관광부령으로 정하는 건축물

79 농지법령상 농지의 타용도 일시사용신고를 할 수 있는 용도에 해당하지 <u>않는</u> 것은? (단, 일시사용기간은 6개월 이내이며, 신고의 다른 요건은 충족한 것으로 봄)

① 썰매장으로 사용하는 경우
② 지역축제장으로 사용하는 경우
③ 해당 농지에서 허용되는 주목적사업을 위하여 물건을 매설하는 경우
④ 해당 농지에서 허용되는 주목적사업을 위하여 현장 사무소를 설치하는 경우
⑤ 「전기사업법」상 전기사업을 영위하기 위한 목적으로 「신에너지 및 재생에너지 개발·이용·보급 촉진법」에 따른 태양에너지 발전설비를 설치하는 경우

80 농지법령상 농지를 농축산물 생산시설의 부지로 사용할 경우 '농지의 전용'으로 보지 <u>않는</u> 것을 모두 고른 것은?

ㄱ. 연면적 33m²인 농막

ㄴ. 연면적 33m²인 간이저온저장고

ㄷ. 저장 용량이 200톤인 간이액비저장조

---

① ㄱ

② ㄴ

③ ㄱ, ㄷ

④ ㄴ, ㄷ

⑤ ㄱ, ㄴ, ㄷ

문제풀이 종료시각 ▶ _____ 시 _____ 분

정답 및 해설 ▶ p.8

〈2교시〉

제1과목: 부동산공시법 & 부동산세법

1 공간정보의 구축 및 관리 등에 관한 법령상 지적소관청은 토지의 이동 등으로 토지의 표시 변경에 관한 등기를 할 필요가 있는 경우에는 지체 없이 관할 등기관서에 그 등기를 촉탁하여야 한다. 이 경우 등기촉탁의 대상이 <u>아닌</u> 것은?

① 지목변경   ② 지번변경   ③ 신규등록

④ 축척변경   ⑤ 합병

2 공간정보의 구축 및 관리 등에 관한 법령상 지목의 구분 및 설정방법 등에 관한 설명으로 <u>틀린</u> 것은?

① 필지마다 하나의 지목을 설정하여야 한다.

② 1필지가 둘 이상의 용도로 활용되는 경우에는 주된 용도에 따라 지목을 설정하여야 한다.

③ 토지가 일시적 또는 임시적인 용도로 사용될 때에는 그 용도에 따라 지목을 변경하여야 한다.

④ 물을 상시적으로 이용하지 않고 닥나무·묘목·관상수 등의 식물을 주로 재배하는 토지의 지목은 '전'으로 한다.

⑤ 물을 상시적으로 직접 이용하여 벼·연(蓮)·미나리·왕골 등의 식물을 주로 재배하는 토지의 지목은 '답'으로 한다.

3 공간정보의 구축 및 관리 등에 관한 법령상 지상경계 및 지상경계점등록부 등에 관한 설명으로 <u>틀린</u> 것은?

① 지적공부에 등록된 경계점을 지상에 복원하는 경우에는 지상경계점등록부를 작성·관리하여야 한다.

② 토지의 지상경계는 둑, 담장이나 그 밖에 구획의 목표가 될 만한 구조물 및 경계점표지 등으로 구분한다.

③ 지상경계의 구획을 형성하는 구조물 등의 소유자가 다른 경우에는 그 소유권에 따라 지상경계를 결정한다.

④ 경계점 좌표는 경계점좌표등록부 시행지역의 지상경계점등록부의 등록사항이다.

⑤ 토지의 소재, 지번, 공부상 지목과 실제 토지이용 지목, 경계점의 사진 파일은 지상경계점등록부의 등록사항이다.

4 공간정보의 구축 및 관리 등에 관한 법령상 등록전환에 따른 지번부여 시 그 지번부여지역의 최종 본번의 다음 순번부터 본번으로 하여 순차적으로 지번을 부여할 수 있는 경우에 해당하는 것을 모두 고른 것은?

> ㄱ. 대상토지가 여러 필지로 되어 있는 경우
> ㄴ. 대상토지가 그 지번부여지역의 최종 지번의 토지에 인접하여 있는 경우
> ㄷ. 대상토지가 이미 등록된 토지와 멀리 떨어져 있어서 등록된 토지의 본번에 부번을 부여하는 것이 불합리한 경우

① ㄱ
② ㄱ, ㄴ
③ ㄱ, ㄷ
④ ㄴ, ㄷ
⑤ ㄱ, ㄴ, ㄷ

5 공간정보의 구축 및 관리 등에 관한 법령상 경계점좌표등록부가 있는 지역의 토지분할을 위하여 면적을 정할 때의 기준에 대한 내용이다. (   )에 들어갈 내용으로 옳은 것은? (단, 다른 조건은 고려하지 아니함)

> • 분할 후 각 필지의 면적합계가 분할 전 면적보다 많은 경우에는 구하려는 (ㄱ)부터 순차적으로 버려서 정하되, 분할 전 면적에 증감이 없도록 할 것
> • 분할 후 각 필지의 면적합계가 분할 전 면적보다 적은 경우에는 구하려는 (ㄴ)부터 순차적으로 올려서 정하되, 분할 전 면적에 증감이 없도록 할 것

① ㄱ: 끝자리의 숫자가 작은 것,　　ㄴ: 끝자리의 숫자가 큰 것
② ㄱ: 끝자리의 다음 숫자가 작은 것, ㄴ: 끝자리의 다음 숫자가 큰 것
③ ㄱ: 끝자리의 숫자가 큰 것,　　ㄴ: 끝자리의 숫자가 작은 것
④ ㄱ: 끝자리의 다음 숫자가 큰 것, ㄴ: 끝자리의 다음 숫자가 작은 것
⑤ ㄱ: 끝자리의 숫자가 큰 것,　　ㄴ: 끝자리의 다음 숫자가 작은 것

6 공간정보의 구축 및 관리 등에 관한 법령상 합병 신청을 할 수 없는 경우에 관한 내용으로 틀린 것은? (단, 다른 조건은 고려하지 아니함)

① 합병하려는 토지의 지목이 서로 다른 경우
② 합병하려는 토지의 소유자별 공유지분이 다른 경우
③ 합병하려는 토지의 지번부여지역이 서로 다른 경우
④ 합병하려는 토지의 소유자에 대한 소유권이전등기 연월일이 서로 다른 경우
⑤ 합병하려는 토지의 지적도 축척이 서로 다른 경우

7 공간정보의 구축 및 관리 등에 관한 법령상 지적소관청이 지적공부의 등록사항을 직권으로 조사·측량하여 정정할 수 있는 경우로 <u>틀린</u> 것은?

① 연속지적도가 잘못 작성된 경우

② 지적공부의 작성 또는 재작성 당시 잘못 정리된 경우

③ 토지이동정리 결의서의 내용과 다르게 정리된 경우

④ 지적도 및 임야도에 등록된 필지가 면적의 증감 없이 경계의 위치만 잘못된 경우

⑤ 지방지적위원회 또는 중앙지적위원회의 의결서 사본을 받은 지적소관청이 그 내용에 따라 지적공부의 등록사항을 정정하여야 하는 경우

8 공간정보의 구축 및 관리 등에 관한 법령상 지목을 '잡종지'로 정할 수 있는 기준에 대한 내용으로 <u>틀린</u> 것은? (단, 원상회복을 조건으로 돌을 캐내는 곳 또는 흙을 파내는 곳으로 허가된 토지는 제외함)

① 공항시설 및 항만시설 부지

② 변전소, 송신소, 수신소 및 송유시설 등의 부지

③ 도축장, 쓰레기처리장 및 오물처리장 등의 부지

④ 모래·바람 등을 막기 위하여 설치된 방사제·방파제 등의 부지

⑤ 갈대밭, 실외에 물건을 쌓아두는 곳, 돌을 캐내는 곳, 흙을 파내는 곳, 야외시장 및 공동우물

9 공간정보의 구축 및 관리 등에 관한 법령상 지적도와 임야도의 축척 중에서 공통된 것으로 옳은 것은?

① 1/1,200, 1/2,400 ② 1/1,200, 1/3,000

③ 1/2,400, 1/3,000 ④ 1/2,400, 1/6,000

⑤ 1/3,000, 1/6,000

10 공간정보의 구축 및 관리 등에 관한 법령상 지적공부와 등록사항의 연결이 옳은 것은?

① 토지대장 – 지목, 면적, 경계

② 경계점좌표등록부 – 지번, 토지의 고유번호, 지적도면의 번호

③ 공유지연명부 – 지번, 지목, 소유권 지분

④ 대지권등록부 – 좌표, 건물의 명칭, 대지권 비율

⑤ 지적도 – 삼각점 및 지적기준점의 위치, 도곽선(圖廓線)과 그 수치, 부호 및 부호도

11 공간정보의 구축 및 관리 등에 관한 법령상 지적공부의 복구에 관한 관계 자료에 해당하는 것을 모두 고른 것은?

> ㄱ. 측량 결과도
> ㄴ. 법원의 확정판결서 정본 또는 사본
> ㄷ. 토지(건물)등기사항증명서 등 등기사실을 증명하는 서류
> ㄹ. 지적소관청이 작성하거나 발행한 지적공부의 등록내용을 증명하는 서류

① ㄱ, ㄴ   ② ㄴ, ㄷ

③ ㄷ, ㄹ   ④ ㄴ, ㄷ, ㄹ

⑤ ㄱ, ㄴ, ㄷ, ㄹ

12 공간정보의 구축 및 관리 등에 관한 법령상 축척변경에 관한 설명으로 옳은 것은?

① 도시개발사업 등의 시행지역에 있는 토지로서 그 사업 시행에서 제외된 토지의 축척변경을 하는 경우 축척변경위원회의 심의 및 시·도지사 또는 대도시 시장의 승인을 받아야 한다.

② 지적소관청은 시·도지사 또는 대도시 시장으로부터 축척변경 승인을 받았을 때에는 지체 없이 축척변경의 목적, 시행지역 및 시행기간, 축척변경의 시행에 관한 세부계획, 축척변경의 시행에 따른 청산금액의 내용, 축척변경의 시행에 따른 토지소유자 등의 협조에 관한 사항을 15일 이상 공고하여야 한다.

③ 지적소관청은 축척변경에 관한 측량을 한 결과 측량 전에 비하여 면적의 증감이 있는 경우에는 그 증감면적에 대하여 청산을 하여야 한다. 다만, 토지소유자 3분의 2 이상이 청산하지 아니하기로 합의하여 서면으로 제출한 경우에는 그러하지 아니하다.

④ 지적소관청은 청산금을 내야 하는 자가 납부고지를 받은 날부터 1개월 이내에 청산금에 관한 이의신청을 하지 아니하고, 고지를 받은 날부터 3개월 이내에 지적소관청에 청산금을 내지 아니하면 「지방행정제재·부과금 징수 등에 관한 법률」에 따라 징수할 수 있다.

⑤ 청산금의 납부 및 지급이 완료되었을 때에는 지적소관청은 지체 없이 축척변경의 확정공고를 하여야 하며, 확정공고 사항에는 토지의 소재 및 지역명, 축척변경 지번별조서, 청산금 조서, 지적도의 축척이 포함되어야 한다.

13 다음 중 등기원인에 약정이 있더라도 등기기록에 기록할 수 <u>없는</u> 사항은?

① 지상권의 존속기간
② 지역권의 지료
③ 전세권의 위약금
④ 임차권의 차임지급시기
⑤ 저당권부 채권의 이자지급장소

14 등기권리자와 등기의무자가 공동으로 등기신청을 해야 하는 것은? (단, 판결 등 집행권원에 의한 등기신청은 제외함)

① 소유권보존등기의 말소등기를 신청하는 경우
② 법인의 합병으로 인한 포괄승계에 따른 등기를 신청하는 경우
③ 등기명의인표시의 경정등기를 신청하는 경우
④ 토지를 수용한 사업시행자가 수용으로 인한 소유권이전등기를 신청하는 경우
⑤ 변제로 인한 피담보채권의 소멸에 의해 근저당권설정등기의 말소등기를 신청하는 경우

15 등기소에 제공해야 하는 부동산등기의 신청정보와 첨부정보에 관한 설명으로 <u>틀린</u> 것은?

① 등기원인을 증명하는 정보가 등기절차의 인수를 명하는 집행력 있는 판결인 경우, 승소한 등기의무자는 등기신청 시 등기필정보를 제공할 필요가 없다.
② 대리인에 의하여 등기를 신청한 경우, 신청정보의 내용으로 대리인의 성명과 주소를 제공해야 한다.
③ 매매를 원인으로 소유권이전등기를 신청하는 경우, 등기의무자의 주소 또는 사무소 소재지를 증명하는 정보를 제공해야 한다.
④ 등기상 이해관계 있는 제3자의 승낙이 필요한 경우, 이를 증명하는 정보 또는 이에 대항할 수 있는 재판이 있음을 증명하는 정보를 첨부정보로 제공해야 한다.
⑤ 첨부정보가 외국어로 작성된 경우에는 그 번역문을 붙여야 한다.

16 등기신청의 각하사유로서 '사건이 등기할 것이 아닌 경우'를 모두 고른 것은?

> ㄱ. 구분건물의 전유부분과 대지사용권의 분리처분 금지에 위반한 등기를 신청한 경우
> ㄴ. 농지를 전세권설정의 목적으로 하는 등기를 신청한 경우
> ㄷ. 공동상속인 중 일부가 자신의 상속지분만에 대한 상속등기를 신청한 경우
> ㄹ. 소유권 외의 권리가 등기되어 있는 일반건물에 대해 멸실등기를 신청한 경우

① ㄱ, ㄴ   ② ㄴ, ㄹ
③ ㄷ, ㄹ   ④ ㄱ, ㄴ, ㄷ
⑤ ㄱ, ㄴ, ㄷ, ㄹ

17 진정명의회복을 위한 소유권이전등기에 관한 설명으로 옳은 것을 모두 고른 것은?

> ㄱ. 진정명의회복을 원인으로 하는 소유권이전등기를 신청하는 경우, 그 신청정보에 등기원인일자는 기재하지 않는다.
> ㄴ. 토지거래허가의 대상이 되는 토지에 관하여 진정명의회복을 원인으로 하는 소유권이전등기를 신청하는 경우에는 토지거래허가증을 첨부해야 한다.
> ㄷ. 진정명의회복을 위한 소유권이전등기청구소송에서 승소확정판결을 받은 자는 그 판결을 등기원인으로 하여 현재 등기명의인의 소유권이전등기에 대하여 말소등기를 신청할 수는 없다.

① ㄱ   ② ㄴ
③ ㄱ, ㄷ   ④ ㄴ, ㄷ
⑤ ㄱ, ㄴ, ㄷ

18 부동산등기에 관한 설명으로 옳은 것은?

① 유증으로 인한 소유권이전등기는 상속등기를 거치지 않으면 유증자로부터 직접 수증자 명의로 신청할 수 없다.

② 유증으로 인한 소유권이전등기 신청이 상속인의 유류분을 침해하는 내용인 경우에는 등기관은 이를 수리할 수 없다.

③ 상속재산분할심판에 따른 상속인의 소유권이전등기는 법정상속분에 따른 상속등기를 거치지 않으면 할 수 없다.

④ 상속등기 경료 전의 상속재산분할협의에 따라 상속등기를 신청하는 경우, 등기원인일자는 '협의분할일'로 한다.

⑤ 권리의 변경등기는 그 등기로 등기상 이해관계 있는 제3자의 권리가 침해되는 경우, 그 제3자의 승낙 또는 이에 대항할 수 있는 재판이 있음을 증명하는 정보의 제공이 없으면 부기등기로 할 수 없다.

19 환매특약등기에 관한 설명으로 <u>틀린</u> 것은?

① 매매로 인한 소유권이전등기의 신청과 환매특약등기의 신청은 동시에 하여야 한다.

② 환매등기의 경우 매도인이 아닌 제3자를 환매권리자로 하는 환매등기를 할 수 있다.

③ 환매특약등기에 처분금지적 효력은 인정되지 않는다.

④ 매매목적물의 소유권의 일부 지분에 대한 환매권을 보류하는 약정을 맺은 경우, 환매특약 등기 신청은 할 수 없다.

⑤ 환매기간은 등기원인에 그 사항이 정하여져 있는 경우에만 기록한다.

20 임차권등기에 관한 설명으로 옳은 것을 모두 고른 것은?

> ㄱ. 임차권설정등기가 마쳐진 후 임대차 기간 중 임대인의 동의를 얻어 임차물을 전대하는 경우, 그 전대등기는 부기등기의 방법으로 한다.
>
> ㄴ. 임차권등기명령에 의한 주택임차권등기가 마쳐진 경우, 그 등기에 기초한 임차권이전등기를 할 수 있다.
>
> ㄷ. 미등기 주택에 대하여 임차권등기명령에 의한 등기촉탁이 있는 경우, 등기관은 직권으로 소유권보존등기를 한 후 주택임차권등기를 해야 한다.

① ㄱ   ② ㄴ

③ ㄱ, ㄷ   ④ ㄴ, ㄷ

⑤ ㄱ, ㄴ, ㄷ

21 부동산의 공동저당의 등기에 관한 설명으로 옳은 것을 모두 고른 것은?

> ㄱ. 공동저당의 설정등기를 신청하는 경우, 각 부동산에 관한 권리의 표시를 신청정보의 내용으로 등기소에 제공해야 한다.
>
> ㄴ. 등기관이 공동저당의 설정등기를 하는 경우, 각 부동산의 등기기록 중 해당 등기의 끝부분에 공동담보라는 뜻의 기록을 해야 한다.
>
> ㄷ. 등기관이 공동저당의 설정등기를 하는 경우, 공동저당의 목적이 된 부동산이 3개일 때에는 등기관은 공동담보목록을 전자적으로 작성해야 한다.

① ㄱ   ② ㄷ

③ ㄱ, ㄴ   ④ ㄴ, ㄷ

⑤ ㄱ, ㄴ, ㄷ

22 X토지에 관하여 A등기청구권보전을 위한 가등기 이후, B‑C의 순서로 각 등기가 적법하게 마쳐졌다. B등기가 직권말소의 대상인 것은? (A, B, C등기는 X를 목적으로 함)

	A	B	C
①	전세권설정	가압류등기	전세권설정본등기
②	임차권설정	저당권설정등기	임차권설정본등기
③	저당권설정	소유권이전등기	저당권설정본등기
④	소유권이전	저당권설정등기	소유권이전본등기
⑤	지상권설정	가압류등기	지상권설정본등기

23 등기의 촉탁에 관한 설명으로 **틀린** 것은?

① 관공서가 상속재산에 대해 체납처분으로 인한 압류등기를 촉탁하는 경우, 상속인을 갈음하여 상속으로 인한 권리이전의 등기를 함께 촉탁할 수 없다.

② 법원의 촉탁으로 실행되어야 할 등기가 신청된 경우, 등기관은 그 등기신청을 각하해야 한다.

③ 법원은 수탁자 해임의 재판을 한 경우, 지체 없이 신탁원부 기록의 변경등기를 등기소에 촉탁하여야 한다.

④ 관공서가 등기를 촉탁하는 경우 우편으로 그 촉탁서를 제출할 수 있다.

⑤ 촉탁에 따른 등기절차는 법률에 다른 규정이 없는 경우에는 신청에 따른 등기에 관한 규정을 준용한다.

24 가등기에 관한 설명으로 옳은 것은? (다툼이 있으면 판례에 따름)

① 소유권이전등기청구권 보전을 위한 가등기에 기한 본등기가 경료된 경우, 본등기에 의한 물권변동의 효력은 가등기한 때로 소급하여 발생한다.

② 소유권이전등기청구권 보전을 위한 가등기가 마쳐진 부동산에 처분금지가처분등기가 된 후 본등기가 이루어진 경우, 그 본등기로 가처분채권자에게 대항할 수 있다.

③ 정지조건부의 지상권설정청구권을 보전하기 위해서는 가등기를 할 수 없다.

④ 가등기된 소유권이전등기청구권이 양도된 경우, 그 가등기상의 권리의 이전등기를 가등기에 대한 부기등기 형식으로 경료할 수 없다.

⑤ 소유권이전등기청구권 보전을 위한 가등기가 있으면 소유권이전등기를 청구할 어떤 법률관계가 있다고 추정된다.

25 국세기본법령 및 지방세기본법령상 조세채권과 일반채권의 우선관계에 관한 설명으로 <u>틀린</u> 것은? (단, 납세의무자의 신고는 적법한 것으로 가정함)

① 취득세의 법정기일은 과세표준과 세액을 신고한 경우 그 신고일이다.

② 토지를 양도한 거주자가 양도소득세 과세표준과 세액을 예정신고한 경우 양도소득세의 법정기일은 그 예정신고일이다.

③ 법정기일 전에 전세권이 설정된 사실은 양도소득세의 경우 부동산등기부 등본 또는 공증인의 증명으로 증명한다.

④ 주택의 직전 소유자가 국세의 체납 없이 전세권이 설정된 주택을 양도하였으나, 양도 후 현재 소유자의 소득세가 체납되어 해당 주택의 매각으로 그 매각금액에서 소득세를 강제징수하는 경우 그 소득세는 해당 주택의 전세권담보채권에 우선한다.

⑤ 「주택임대차보호법」 제8조가 적용되는 임대차관계에 있는 주택을 매각하여 그 매각금액에서 지방세를 강제징수하는 경우에는 임대차에 관한 보증금 중 일정액으로서 같은 법에 따라 임차인이 우선하여 변제받을 수 있는 금액에 관한 채권이 지방세에 우선한다.

26 국세기본법령 및 지방세기본법령상 국세 또는 지방세 징수권의 소멸시효에 관한 설명으로 옳은 것은?

① 가산세를 제외한 국세가 10억원인 경우 국세징수권은 5년 동안 행사하지 아니하면 소멸시효가 완성된다.

② 가산세를 제외한 지방세가 1억원인 경우 지방세징수권은 7년 동안 행사하지 아니하면 소멸시효가 완성된다.

③ 가산세를 제외한 지방세가 5천만원인 경우 지방세징수권은 5년 동안 행사하지 아니하면 소멸시효가 완성된다.

④ 납세의무자가 양도소득세를 확정신고하였으나 정부가 경정하는 경우, 국세징수권을 행사할 수 있는 때는 납세의무자가 확정신고한 법정신고납부기한의 다음 날이다.

⑤ 납세의무자가 취득세를 신고하였으나 지방자치단체의 장이 경정하는 경우, 납세고지한 세액에 대한 지방세징수권을 행사할 수 있는 때는 그 납세고지서에 따른 납부기한의 다음 날이다.

27 종합부동산세법령상 주택에 대한 과세에 관한 설명으로 옳은 것은?

① 「신탁법」제2조에 따른 수탁자의 명의로 등기된 신탁주택의 경우에는 수탁자가 종합부동산세를 납부할 의무가 있으며, 이 경우 수탁자가 신탁주택을 소유한 것으로 본다.

② 법인이 2주택을 소유한 경우 종합부동산세의 세율은 1천분의 50을 적용한다.

③ 거주자 甲이 2024년부터 보유한 3주택(주택 수 계산에서 제외되는 주택은 없음) 중 2주택을 2025.6.17.에 양도하고 동시에 소유권이전등기를 한 경우, 甲의 2025년도 주택분 종합부동산세액은 3주택 이상을 소유한 경우의 세율을 적용하여 계산한다.

④ 신탁주택의 수탁자가 종합부동산세를 체납한 경우 그 수탁자의 다른 재산에 대하여 강제징수하여도 징수할 금액에 미치지 못할 때에는 해당 주택의 위탁자가 종합부동산세를 납부할 의무가 있다.

⑤ 공동명의 1주택자인 경우 주택에 대한 종합부동산세의 과세표준은 주택의 시가를 합산한 금액에서 11억원을 공제한 금액에 100분의 50을 한도로 공정시장가액비율을 곱한 금액으로 한다.

28 종합부동산세법령상 토지에 대한 과세에 관한 설명으로 옳은 것은?

① 토지분 재산세의 납세의무자로서 종합합산과세대상 토지의 공시가격을 합한 금액이 5억원인 자는 종합부동산세를 납부할 의무가 있다.

② 토지분 재산세의 납세의무자로서 별도합산과세대상 토지의 공시가격을 합한 금액이 80억원인 자는 종합부동산세를 납부할 의무가 있다.

③ 토지에 대한 종합부동산세는 종합합산과세대상, 별도합산과세대상 그리고 분리과세대상으로 구분하여 과세한다.

④ 종합합산과세대상인 토지에 대한 종합부동산세의 과세 표준은 해당 토지의 공시가격을 합산한 금액에서 5억원을 공제한 금액에 100분의 50을 한도로 공정시장가액비율을 곱한 금액으로 한다.

⑤ 별도합산과세대상인 토지의 과세표준 금액에 대하여 해당 과세대상 토지의 토지분 재산세로 부관된 세액(지방세법에 따라 가감조정된 세율이 적용된 경우에는 그 세율이 적용된 세액, 같은 법에 따라 세부담 상한을 적용받은 경우에는 그 상한을 적용받은 세액을 말한다)은 토지분 별도합산세액에서 이를 공제한다.

29 지방세법령상 취득세의 취득당시가액에 관한 설명으로 옳은 것은? (단, 주어진 조건 외에는 고려하지 않음)

① 건축물을 교환으로 취득하는 경우에는 교환으로 이전받는 건축물의 시가표준액과 이전하는 건축물의 시가표준액 중 낮은 가액을 취득당시가액으로 한다.

② 상속에 따른 건축물 무상취득의 경우에는 「지방세법」 제4조에 따른 시가표준액을 취득당시가액으로 한다.

③ 대물변제에 따른 건축물 취득의 경우에는 대물변제액(대물변제액 외의 추가로 지급한 금액이 있는 경우에는 그 금액을 제외한다)을 취득당시가액으로 한다.

④ 법인이 아닌 자가 건축물을 건축하여 취득하는 경우로서 사실상 취득가격을 확인할 수 없는 경우에는 시가인정액을 취득당시가액으로 한다.

⑤ 법인이 아닌 자가 건축물을 매매로 승계취득하는 경우에는 그 건축물을 취득하기 위하여 「공인중개사법」에 따른 공인중개사에게 지급한 중개보수를 취득당시가액에 포함한다.

30 지방세법령상 취득세에 관한 설명으로 틀린 것은? (단, 지방세특례제한법령은 고려하지 않음)

① 대한민국 정부기관의 취득에 대하여 과세하는 외국정부의 취득에 대해서는 취득세를 부과한다.

② 토지의 지목을 사실상 변경함으로써 그 가액이 증가한 경우에는 취득으로 본다.

③ 국가에 귀속의 반대급부로 영리법인이 국가 소유의 부동산을 무상으로 양여받는 경우에는 취득세를 부과하지 아니한다.

④ 영리법인이 취득한 임시흥행장의 존속기간이 1년을 초과하는 경우에는 취득세를 부과한다.

⑤ 신탁(신탁법에 따른 신탁으로서 신탁등기가 병행되는 것만 해당한다)으로 인한 신탁재산의 취득 중 주택조합등과 조합원 간의 부동산 취득에 대해서는 취득세를 부과한다.

31 지방세법령상 부동산 취득에 대한 취득세의 표준세율로 옳은 것을 모두 고른 것은? (단, 조례에 의한 세율조정, 지방세관계법령상 특례 및 감면은 고려하지 않음)

> ㄱ. 상속으로 인한 농지의 취득: 1천분의 23
> ㄴ. 법인의 합병으로 인한 농지 외의 토지 취득: 1천분의 40
> ㄷ. 공유물의 분할로 인한 취득: 1천분의 17
> ㄹ. 매매로 인한 농지 외의 토지 취득: 1천분의 19

① ㄱ, ㄴ   ② ㄴ, ㄷ
③ ㄷ, ㄹ   ④ ㄱ, ㄴ, ㄷ
⑤ ㄴ, ㄷ, ㄹ

32 소득세법령상 거주자의 부동산과 관련된 사업소득에 관한 설명으로 옳은 것은?

① 해당 과세기간의 종합소득금액이 있는 거주자(종합소득과세표준이 없거나 결손금이 있는 거주자를 포함한다)는 그 종합소득 과세표준을 그 과세기간의 다음 연도 5월 1일부터 5월 31일까지 대통령령으로 정하는 바에 따라 납세지 관할 세무서장에게 신고하여야 하며, 해당 과세기간에 분리과세 주택임대소득이 있는 경우에도 이를 적용한다.

② 공장재단을 대여하는 사업은 부동산임대업에 해당되지 않는다.

③ 해당 과세기간의 주거용 건물임대업을 제외한 부동산임대업에서 발생한 결손금은 그 과세기간의 종합소득 과세표준을 계산할 때 공제한다.

④ 「공익사업을 위한 토지 등의 취득 및 보상에 관한 법률」 제4조에 따른 공익사업과 관련하여 지역권을 설정함으로써 발생하는 소득은 부동산업에서 발생하는 소득에 해당한다.

⑤ 사업소득에 부동산임대업에서 발생한 소득이 포함되어 있는 사업자는 그 소득별로 구분하지 않고 회계처리하여야 한다.

33 지방세법령상 재산세 과세기준일 현재 납세의무자로 <u>틀린</u> 것은?

① 공부상에 개인 등의 명의로 등재되어 있는 사실상의 종중재산으로 종중소유임을 신고하지 아니하였을 경우: 종중

② 상속이 개시된 재산으로서 상속등기가 이행되지 아니하고 사실상의 소유자를 신고하지 아니하였을 경우: 행정안전부령으로 정하는 주된 상속자

③ 「도시 및 주거환경정비법」에 따른 정비사업(재개발사업만 해당한다)의 시행에 따른 환지계획에서 일정한 토지를 환지로 정하지 아니하고 체비지로 정한 경우: 사업시행자

④ 「채무자 회생 및 파산에 관한 법률」에 따른 파산선고 이후 파산종결의 결정까지 파산재단에 속하는 재산의 경우: 공부상 소유자

⑤ 지방자치단체와 재산세 과세대상 재산을 연부(年賦)로 매매계약을 체결하고 그 재산의 사용권을 무상으로 받은 경우: 그 매수계약자

34 지방세법령상 재산세의 물납에 관한 설명으로 옳은 것을 모두 고른 것은?

> ㄱ. 지방자치단체의 장은 재산세의 납부세액이 1천만원을 초과하는 경우에는 납세의무자의 신청을 받아 해당 지방자치단체의 관할구역에 있는 부동산에 대하여만 대통령령으로 정하는 바에 따라 물납을 허가할 수 있다.
> ㄴ. 시장·군수·구청장은 법령에 따라 불허가 통지를 받은 납세의무자가 그 통지를 받은 날부터 10일 이내에 해당 시·군·구의 관할구역에 있는 부동산으로서 관리·처분이 가능한 다른 부동산으로 변경신청하는 경우에는 변경하여 허가할 수 있다.
> ㄷ. 물납을 허가하는 부동산의 가액은 물납 허가일 현재의 시가로 한다.

① ㄱ
② ㄷ
③ ㄱ, ㄴ
④ ㄴ, ㄷ
⑤ ㄱ, ㄴ, ㄷ

35 지방세법령상 재산세에 관한 설명으로 옳은 것은? (단, 주어진 조건 외에는 고려하지 않음)

① 특별시 지역에서 「국토의 계획 및 이용에 관한 법률」에 따라 지정된 주거지역의 대통령령으로 정하는 공장용 건축물의 표준세율은 초과누진세율이다.
② 수탁자 명의로 등기·등록된 신탁재산의 수탁자는 과세기준일부터 15일 이내에 그 소재지를 관할하는 지방자치단체의 장에게 그 사실을 알 수 있는 증거자료를 갖추어 신고하여야 한다.
③ 주택의 토지와 건물소유자가 다를 경우 해당 주택에 대한 세율을 적용할 때 해당 주택의 토지와 건물의 가액을 소유자별로 구분계산한 과세표준에 세율을 적용한다.
④ 주택의 재산세로서 해당 연도에 부과할 세액이 20만원 이하인 경우에는 납기를 9월 16일부터 9월 30일까지로 하여 한꺼번에 부과·징수할 수 있다.
⑤ 지방자치단체의 장은 과세대상의 누락으로 이미 부과한 재산세액을 변경하여야 할 사유가 발생하여도 수시로 부과·징수할 수 없다.

36 다음 자료를 기초로 할 때 소득세법령상 국내 토지A에 대한 양도소득세에 관한 설명으로 옳은 것은? (단, 甲, 乙, 丙은 모두 거주자임)

- 甲은 2019.6.20. 토지A를 3억원에 취득하였으며, 2021.5.15. 토지A에 대한 자본적 지출로 5천만원을 지출하였다.
- 乙은 2023.7.1. 직계존속인 甲으로부터 토지A를 증여받아 2023.7.25. 소유권이전등기를 마쳤다(토지A의 증여 당시 시가는 6억원임).
- 乙은 2025.10.20. 토지A를 甲 또는 乙과 특수관계가 없는 丙에게 10억원에 양도하였다.
- 토지A는 법령상 협의매수 또는 수용된 적이 없으며, 「소득세법」 제97조의2 양도소득의 필요경비 계산 특례(이월과세)를 적용하여 계산한 양도소득 결정세액이 이를 적용하지 않고 계산한 양도소득 결정세액보다 크다고 가정한다.

---

① 양도차익 계산 시 양도가액에서 공제할 취득가액은 6억원이다.

② 양도차익 계산 시 甲이 지출한 자본적 지출액 5천만원은 양도가액에서 공제할 수 없다.

③ 양도차익 계산 시 乙이 납부하였거나 납부할 증여세 상당액이 있는 경우 양도차익을 한도로 필요경비에 산입한다.

④ 장기보유특별공제액 계산 및 세율 적용 시 보유기간은 乙의 취득일로부터 양도일까지의 기간으로 한다.

⑤ 甲과 乙은 양도소득세에 대하여 연대납세의무를 진다.

37 소득세법령상 다음의 국내자산 중 양도소득세 과세대상에 해당하는 것을 모두 고른 것은? (단, 비과세와 감면은 고려하지 않음)

ㄱ. 토지 및 건물과 함께 양도하는 「개발제한구역의 지정 및 관리에 관한 특별조치법」에 따른 이축권(해당 이축권 가액을 대통령령으로 정하는 방법에 따라 별도로 평가하여 신고하지 않음)

ㄴ. 조합원입주권

ㄷ. 지역권

ㄹ. 부동산매매계약을 체결한 자가 계약금만 지급한 상태에서 양도하는 권리

---

① ㄱ, ㄷ

② ㄴ, ㄹ

③ ㄱ, ㄴ, ㄹ

④ ㄴ, ㄷ, ㄹ

⑤ ㄱ, ㄴ, ㄷ, ㄹ

38 소득세법령상 거주자의 국내자산 양도에 대한 양도소득세에 관한 설명으로 옳은 것은?

① 부담부증여의 채무액에 해당하는 부분으로 양도로 보는 경우에는 그 양도일이 속하는 달의 말일부터 2개월 이내에 양도소득세를 신고하여야 한다.

② 토지를 매매하는 거래당사자가 매매계약서의 거래가액을 실지거래가액과 다르게 적은 경우에는 해당 자산에 대하여 「소득세법」에 따른 양도소득세의 비과세에 관한 규정을 적용할 때, 비과세 받을 세액에서 '비과세에 관한 규정을 적용하지 아니하였을 경우와 양도소득 산출세액'과 '매매계약서의 거래가액과 실지거래가액과의 차액' 중 큰 금액을 뺀다.

③ 사업상의 형편으로 인하여 세대전원이 다른 시·군으로 주거를 이전하게 되어 6개월 거주한 주택을 양도하는 경우 보유기간 및 거주기간의 제한을 받지 아니하고 양도소득세가 비과세된다.

④ 토지의 양도로 발생한 양도차손은 동일한 과세기간에 전세권의 양도로 발생한 양도소득금액에서 공제할 수 있다.

⑤ 상속받은 주택과 상속개시 당시 보유한 일반주택을 국내에 각각 1개씩 소유한 1세대가 상속받은 주택을 양도하는 경우에는 국내에 1개의 주택을 소유하고 있는 것으로 보아 1세대 1주택 비과세 규정을 적용한다.

법개정반영

39 소득세법령상 거주자가 2025년에 양도한 국외자산의 양도소득세에 관한 설명으로 **틀린** 것은? (단, 거주자는 해당 국외자산 양도일까지 계속 5년 이상 국내에 주소를 두고 있으며, 국외 외화차입에 의한 취득은 없음)

① 국외자산의 양도에 대한 양도소득이 있는 거주자는 양도소득 기본공제는 적용받을 수 있으나 장기보유특별공제는 적용받을 수 없다.

② 국외 부동산을 양도하여 발생한 양도차손은 동일한 과세기간에 국내 부동산을 양도하여 발생한 양도소득금액에서 통산할 수 있다.

③ 국외 양도자산이 부동산임차권인 경우 등기 여부와 관계없이 양도소득세가 과세된다.

④ 국외자산의 양도가액은 그 자산의 양도 당시의 실지거래가액으로 한다. 다만, 양도 당시의 실지거래가액을 확인할 수 없는 경우에는 양도자산이 소재하는 국가의 양도 당시 현황을 반영한 시가에 따르되, 시가를 산정하기 어려울 때에는 그 자산의 종류, 규모, 거래상황 등을 고려하여 대통령으로 정하는 방법에 따른다.

⑤ 국외 양도자산이 양도 당시 거주자가 소유한 유일한 주택으로서 보유기간이 2년 이상인 경우에도 1세대 1주택 비과세 규정을 적용받을 수 없다.

40 다음 자료를 기초로 할 때 소득세법령상 거주자 甲의 확정신고 시 신고할 건물과 토지B의 양도소득과세표준을 각각 계산하면? (단, 아래 자산 외의 양도자산은 없고, 양도소득과세표준 예정신고는 모두 하지 않았으며, 감면소득금액은 없다고 가정함)

구분	건물(주택 아님)	토지A	토지B
양도차익(차손)	15,000,000원	(20,000,000원)	25,000,000원
양도일자	2025.3.10.	2025.5.20.	2025.6.25.
보유기간	1년 8개월	4년 3개월	3년 5개월

※ 위 자산은 모두 국내에 있으며 등기됨
※ 토지A, 토지B는 비사업용 토지 아님
※ 장기보유특별공제율은 6%로 가정함

	건물	토지B
①	0원	16,000,000원
②	0원	18,500,000원
③	11,600,000원	5,000,000원
④	12,500,000원	3,500,000원
⑤	12,500,000원	1,000,000원

문제풀이 종료시각 ▶ _____ 시 _____ 분

정답 및 해설 ▶ p.26

※ 처음 문제를 풀 때에는 문제편 맨 뒤의 OMR 카드에 답을 체크하고, 두 번째에는 문제에 바로 체크하세요. 두 번 풀어도 헷갈리거나 틀린 문제는 오답노트에 정리하여 완전히 숙지하세요.

〈1교시〉

문제풀이 시작시각 ▶ _____ 시 _____ 분

제1과목: 공인중개사법령 및 중개실무

1 공인중개사법령상 금지되는 행위를 모두 고른 것은? (단, 다른 법령의 규정은 고려하지 않음)

> ㄱ. 법인인 개업공인중개사가 중개업과 함께 주택의 분양대행을 겸업하는 행위
> ㄴ. 다른 사람의 중개사무소등록증을 양수하여 이를 사용하는 행위
> ㄷ. 공인중개사로 하여금 그의 공인중개사자격증을 다른 사람에게 대여하도록 알선하는 행위

① ㄴ
② ㄱ, ㄴ
③ ㄱ, ㄷ
④ ㄴ, ㄷ
⑤ ㄱ, ㄴ, ㄷ

2 공인중개사법령상 공인중개사 정책심의위원회(이하 '위원회'라 함)에 관한 설명으로 **틀린** 것은?

① 위원은 위원장이 임명하거나 위촉한다.
② 심의사항에는 중개보수 변경에 관한 사항이 포함된다.
③ 위원회에서 심의한 사항 중 공인중개사의 자격취득에 관한 사항의 경우 시·도지사는 이에 따라야 한다.
④ 위원장 1명을 포함하여 7명 이상 11명 이내의 위원으로 구성한다.
⑤ 위원이 속한 법인이 해당 안건의 당사자의 대리인이었던 경우 그 위원은 위원회의 심의·의결에서 제척된다.

3 공인중개사법령상 용어에 관한 설명으로 옳은 것은?

① 중개대상물을 거래당사자 간에 교환하는 행위는 '중개'에 해당한다.

② 다른 사람의 의뢰에 의하여 중개를 하는 경우는 그에 대한 보수를 받지 않더라도 '중개업'에 해당한다.

③ 개업공인중개사인 법인의 임원으로서 공인중개사인 자가 중개업무를 수행하는 경우에는 '개업공인중개사'에 해당한다.

④ 공인중개사가 개업공인중개사에 소속되어 개업공인중개사의 중개업무와 관련된 단순한 업무를 보조하는 경우에는 '중개보조원'에 해당한다.

⑤ 공인중개사자격을 취득한 자는 중개사무소의 개설등록 여부와 관계없이 '공인중개사'에 해당한다.

4 공인중개사법령상 중개사무소의 설치에 관한 설명으로 <u>틀린</u> 것은?

① 개업공인중개사는 그 등록관청의 관할구역 안에 1개의 중개사무소만을 둘 수 있다.

② 개업공인중개사는 이동이 용이한 임시 중개시설물을 설치하여서는 아니 된다.

③ 주된 사무소의 소재지가 속한 군에는 분사무소를 설치할 수 없다.

④ 법인이 아닌 개업공인중개사가 그 관할구역 외의 지역에 분사무소를 설치하기 위해서는 등록관청에 신고하여야 한다.

⑤ 분사무소 설치신고를 받은 등록관청은 그 신고내용이 적합한 경우에는 신고확인서를 교부하여야 한다.

5 공인중개사법령상 법인의 중개사무소 개설등록의 기준으로 <u>틀린</u> 것은? (단, 다른 법령의 규정은 고려하지 않음)

① 대표자는 공인중개사일 것

② 대표자를 포함한 임원 또는 사원(합명회사 또는 합자회사의 무한책임사원을 말함)의 3분의 1 이상은 공인중개사일 것

③ 「상법」상 회사인 경우 자본금은 5천만원 이상일 것

④ 대표자, 임원 또는 사원(합명회사 또는 합자회사의 무한책임사원을 말함) 전원이 실무교육을 받았을 것

⑤ 분사무소를 설치하려는 경우 분사무소의 책임자가 실무교육을 받았을 것

6 공인중개사법령상 중개대상물에 해당하는 것을 모두 고른 것은? (다툼이 있으면 판례에 따름)

> ㄱ. 근저당권이 설정되어 있는 피담보채권
> ㄴ. 아직 완성되기 전이지만 동·호수가 특정되어 분양계약이 체결된 아파트
> ㄷ. 「입목에 관한 법률」에 따른 입목
> ㄹ. 점포 위치에 따른 영업상의 이점 등 무형의 재산적 가치

① ㄱ, ㄹ   ② ㄴ, ㄷ

③ ㄴ, ㄹ   ④ ㄱ, ㄴ, ㄷ

⑤ ㄱ, ㄷ, ㄹ

7 공인중개사법령상 개업공인중개사의 고용인에 관한 설명으로 옳은 것은?

① 중개보조원의 업무상 행위는 그를 고용한 개업공인중개사의 행위로 보지 아니한다.

② 소속공인중개사를 고용하려는 개업공인중개사는 고용 전에 미리 등록관청에 신고해야 한다.

③ 개업공인중개사는 중개보조원과의 고용관계가 종료된 때에는 고용관계가 종료된 날부터 10일 이내에 등록관청에 신고하여야 한다.

④ 개업공인중개사가 소속공인중개사의 고용신고를 할 때에는 해당 소속공인중개사의 실무교육 수료확인증을 제출하여야 한다.

⑤ 개업공인중개사는 외국인을 중개보조원으로 고용할 수 없다.

8 공인중개사법령상 중개사무소의 개설등록을 위한 제출서류에 관한 설명으로 <u>틀린</u> 것은?

① 공인중개사자격증 사본을 제출하여야 한다.

② 사용승인을 받았으나 건축물대장에 기재되지 아니한 건물에 중개사무소를 확보하였을 경우에는 건축물대장 기재가 지연되는 사유를 적은 서류를 제출하여야 한다.

③ 여권용 사진을 제출하여야 한다.

④ 실무교육을 위탁받은 기관이 실무교육 수료 여부를 등록관청이 전자적으로 확인할 수 있도록 조치한 경우에는 실무교육의 수료확인증 사본을 제출하지 않아도 된다.

⑤ 외국에 주된 영업소를 둔 법인의 경우에는 「상법」상 외국회사 규정에 따른 영업소의 등기를 증명할 수 있는 서류를 제출하여야 한다.

9 공인중개사법령상 개업공인중개사의 부동산중개업 휴업 또는 폐업에 관한 설명으로 옳은 것을 모두 고른 것은?

> ㄱ. 분사무소의 폐업신고를 하는 경우 분사무소설치 신고확인서를 첨부해야 한다.
> ㄴ. 임신은 6개월을 초과하여 휴업할 수 있는 사유에 해당한다.
> ㄷ. 업무정지처분을 받고 부동산중개업 폐업신고를 한 개업공인중개사는 업무정지기간이 지나지 아니하더라도 중개사무소 개설등록을 할 수 있다.

① ㄴ   ② ㄱ, ㄴ   ③ ㄱ, ㄷ
④ ㄴ, ㄷ   ⑤ ㄱ, ㄴ, ㄷ

10 공인중개사법령상 인장등록 등에 관한 설명으로 틀린 것은?

① 개업공인중개사는 중개사무소 개설등록 후에도 업무를 개시하기 전이라면 중개행위에 사용할 인장을 등록할 수 있다.

② 소속공인중개사의 인장등록은 소속공인중개사에 대한 고용신고와 같이 할 수 있다.

③ 분사무소에서 사용할 인장의 경우에는 「상업등기규칙」에 따라 법인의 대표자가 보증하는 인장을 등록할 수 있다.

④ 소속공인중개사가 등록하여야 할 인장의 크기는 가로·세로 각각 7mm 이상 30mm 이내이어야 한다.

⑤ 소속공인중개사가 등록한 인장을 변경한 경우에는 변경일부터 10일 이내에 그 변경된 인장을 등록해야 한다.

11 공인중개사법령상 개업공인중개사의 중개사무소 이전신고 등에 관한 설명으로 틀린 것은?

① 개업공인중개사가 중개사무소를 등록관청의 관할지역 외의 지역으로 이전한 경우에는 이전 후의 중개사무소를 관할하는 시장·군수 또는 구청장에게 신고하여야 한다.

② 개업공인중개사가 등록관청에 중개사무소의 이전사실을 신고한 경우에는 지체 없이 사무소의 간판을 철거하여야 한다.

③ 분사무소의 이전신고를 하려는 경우에는 주된 사무소의 소재지를 관할하는 등록관청에 중개사무소이전신고서를 제출해야 한다.

④ 업무정지기간 중에 있는 개업공인중개사는 중개사무소의 이전신고를 하는 방법으로 다른 개업공인중개사의 중개사무소를 공동으로 사용할 수 없다.

⑤ 공인중개사인 개업공인중개사가 중개사무소이전신고서를 제출할 때 중개사무소등록증을 첨부하지 않아도 된다.

12 공인중개사법령상 중개의뢰인 甲과 개업공인중개사 乙의 중개계약에 관한 설명으로 옳은 것은?

① 甲의 요청에 따라 乙이 일반중개계약서를 작성한 경우 그 계약서를 3년간 보존해야 한다.

② 일반중개계약은 표준이 되는 서식이 정해져 있다.

③ 전속중개계약은 법령이 정하는 계약서에 의하여야 하며, 乙이 서명 및 날인하되 소속공인중개사가 있는 경우 소속공인중개사가 함께 서명 및 날인해야 한다.

④ 전속중개계약의 유효기간은 甲과 乙이 별도로 정하더라도 3개월을 초과할 수 없다.

⑤ 전속중개계약을 체결한 甲이 그 유효기간 내에 스스로 발견한 상대방과 거래한 경우 중개보수에 해당하는 금액을 乙에게 위약금으로 지급해야 한다.

13 부동산 거래신고 등에 관한 법령상 부동산거래계약 신고서의 작성방법으로 틀린 것은?

① 관련 필지 등 기재사항이 복잡한 경우에는 다른 용지에 작성하여 간인 처리한 후 첨부한다.

② '거래대상'의 '종류' 중 '공급계약'은 시행사 또는 건축주등이 최초로 부동산을 공급(분양)하는 계약을 말한다.

③ '계약대상 면적'란에는 실제 거래면적을 계산하여 적되, 집합건축물이 아닌 건축물의 경우 건축물면적은 연면적을 적는다.

④ '거래대상'의 '종류' 중 '임대주택 분양전환'은 법인이 아닌 임대주택사업자가 임대기한이 완료되어 분양전환하는 주택인 경우에 ∨표시를 한다.

⑤ 전매계약(분양권, 입주권)의 경우 '물건별 거래가격'란에는 분양가격, 발코니 확장 등 선택비용 및 추가 지급액 등을 각각 적되, 각각의 비용에 대한 부가가치세가 있는 경우 이를 포함한 금액으로 적는다.

14 공인중개사법령상 개업공인중개사 甲의 중개대상물 확인·설명에 관한 설명으로 **틀린** 것은? (다툼이 있으면 판례에 따름)

① 甲은 중개가 완성되어 거래계약서를 작성하는 때에 중개대상물 확인·설명서를 작성하여 거래당사자에게 교부해야 한다.

② 甲은 중개대상물에 근저당권이 설정된 경우, 실제의 피담보채무액을 조사·확인하여 설명할 의무가 있다.

③ 甲은 중개대상물의 범위 외의 물건이나 권리 또는 지위를 중개하는 경우에도 선량한 관리자의 주의로 권리관계 등을 조사·확인하여 설명할 의무가 있다.

④ 甲은 자기가 조사·확인하여 설명할 의무가 없는 사항이라도 중개의뢰인이 계약을 맺을지를 결정하는 데 중요한 것이라면 그에 관해 그릇된 정보를 제공해서는 안 된다.

⑤ 甲이 성실·정확하게 중개대상물의 확인·설명을 하지 않거나 설명의 근거자료를 제시하지 않은 경우 500만원 이하의 과태료 부과사유에 해당한다.

15 공인중개사법령상 공인중개사인 개업공인중개사 甲의 손해배상책임의 보장에 관한 설명으로 **틀린** 것은?

① 甲은 업무를 시작하기 전에 손해배상책임을 보장하기 위한 조치를 하여야 한다.

② 甲은 2억원 이상의 금액을 보장하는 보증보험 또는 공제에 가입하거나 공탁을 해야 한다.

③ 甲은 보증보험금·공제금 또는 공탁금으로 손해배상을 한 때에는 15일 이내에 보증보험 또는 공제에 다시 가입하거나 공탁금 중 부족하게 된 금액을 보전해야 한다.

④ 甲이 손해배상책임을 보장하기 위한 조치를 이행하지 아니하고 업무를 개시한 경우는 업무정지사유에 해당하지 않는다.

⑤ 甲은 자기의 중개사무소를 다른 사람의 중개행위의 장소로 제공함으로써 거래당사자에게 재산상의 손해를 발생하게 한 때에는 그 손해를 배상할 책임이 있다.

16 공인중개사법령상 중개사무소의 명칭 및 등록증 등의 게시에 관한 설명으로 <u>틀린</u> 것은?

① 공인중개사인 개업공인중개사는 공인중개사자격증 원본을 해당 중개사무소 안의 보기 쉬운 곳에 게시하여야 한다.

② 개업공인중개사는 「부가가치세법 시행령」에 따른 사업자등록증을 해당 중개사무소 안의 보기 쉬운 곳에 게시하여야 한다.

③ 법인인 개업공인중개사는 그 사무소의 명칭에 '공인중개사사무소' 또는 '부동산중개'라는 문자를 사용하여야 한다.

④ 법인인 개업공인중개사의 분사무소에 옥외광고물을 설치하는 경우 분사무소설치 신고확인서에 기재된 책임자의 성명을 표기하여야 한다.

⑤ 법 제7638호 부칙 제6조 제2항에 따른 개업공인중개사는 그 사무소의 명칭에 '공인중개사사무소' 및 '부동산중개'라는 문자를 사용하여서는 아니 된다.

17 공인중개사법령상 개업공인중개사등의 교육 등에 관한 설명으로 옳은 것은?

① 폐업신고 후 400일이 지난 날 중개사무소의 개설등록을 다시 신청하려는 자는 실무교육을 받지 않아도 된다.

② 중개보조원의 직무수행에 필요한 직업윤리에 대한 교육시간은 5시간이다.

③ 시·도지사는 연수교육을 실시하려는 경우 실무교육 또는 연수교육을 받은 후 2년이 되기 2개월 전까지 연수교육의 일시·장소·내용 등을 대상자에게 통지하여야 한다.

④ 부동산중개 및 경영실무에 대한 교육시간은 36시간이다.

⑤ 시·도지사가 부동산 거래사고 예방을 위한 교육을 실시하려는 경우에는 교육일 7일 전까지 교육일시·교육장소 및 교육내용을 교육대상자에게 통지하여야 한다.

18 공인중개사법령상 계약금등을 예치하는 경우 예치명의자가 될 수 있는 자를 모두 고른 것은?

> ㄱ. 「보험업법」에 따른 보험회사
> ㄴ. 「자본시장과 금융투자업에 관한 법률」에 따른 투자중개업자
> ㄷ. 「자본시장과 금융투자업에 관한 법률」에 따른 신탁업자
> ㄹ. 「한국지방재정공제회법」에 따른 한국지방재정공제회

① ㄱ   ② ㄱ, ㄷ

③ ㄱ, ㄴ, ㄷ   ④ ㄴ, ㄷ, ㄹ

⑤ ㄱ, ㄴ, ㄷ, ㄹ

19 공인중개사법령상 규정 위반으로 과태료가 부과되는 경우 과태료 부과기준에서 정하는 금액이 가장 적은 경우는?

① 휴업한 중개업의 재개신고를 하지 않은 경우
② 중개사무소등록증을 게시하지 않은 경우
③ 중개사무소의 이전신고를 하지 않은 경우
④ 연수교육을 정당한 사유 없이 받지 않은 기간이 50일인 경우
⑤ 손해배상책임의 보장에 관한 사항을 설명하지 않은 경우

20 A시에 중개사무소를 둔 개업공인중개사가 A시에 소재하는 주택(부속토지 포함)에 대하여 아래와 같이 매매와 임대차계약을 동시에 중개하였다. 공인중개사법령상 개업공인중개사가 甲으로부터 받을 수 있는 중개보수의 최고한도액은?

〈계약에 관한 사항〉

1. 계약당사자: 甲(매도인, 임차인)과 乙(매수인, 임대인)
2. 매매계약
   1) 매매대금: 2억 5천만원
   2) 매매계약에 대하여 합의된 중개보수: 160만원
3. 임대차계약
   1) 임대보증금: 1천만원
   2) 월차임: 30만원
   3) 임대기간: 2년

〈A시 중개보수 조례 기준〉

1. 거래금액 2억원 이상 9억원 미만(매매·교환): 상한요율 0.4%
2. 거래금액 5천만원 미만(임대차 등): 상한요율 0.5%(한도액 20만원)

---

① 100만원   ② 115만 5천원
③ 120만원   ④ 160만원
⑤ 175만 5천원

21 공인중개사법령상 소속공인중개사에게 금지되는 행위를 모두 고른 것은?

> ㄱ. 공인중개사 명칭을 사용하는 행위
> ㄴ. 중개대상물에 대한 표시·광고를 하는 행위
> ㄷ. 중개대상물의 매매를 업으로 하는 행위
> ㄹ. 시세에 부당한 영향을 줄 목적으로 온라인 커뮤니티 등을 이용하여 특정 가격 이하로 중개를 의뢰하지 아니하도록 유도함으로써 개업공인중개사의 업무를 방해하는 행위

① ㄱ, ㄴ   ② ㄴ, ㄹ
③ ㄷ, ㄹ   ④ ㄴ, ㄷ, ㄹ
⑤ ㄱ, ㄴ, ㄷ, ㄹ

제34회

22 공인중개사법령상 소속공인중개사의 규정 위반행위 중 자격정지 기준이 6개월에 해당하는 것을 모두 고른 것은?

> ㄱ. 2 이상의 중개사무소에 소속된 경우
> ㄴ. 거래계약서에 서명·날인을 하지 아니한 경우
> ㄷ. 등록하지 아니한 인장을 사용한 경우
> ㄹ. 확인·설명의 근거자료를 제시하지 아니한 경우

① ㄱ   ② ㄱ, ㄷ
③ ㄴ, ㄷ   ④ ㄱ, ㄴ, ㄹ
⑤ ㄴ, ㄷ, ㄹ

23 공인중개사법령상 행정제재처분효과의 승계 등에 관한 설명으로 옳은 것은?

① 폐업신고한 개업공인중개사의 중개사무소에 다른 개업공인중개사가 중개사무소를 개설등록한 경우 그 지위를 승계한다.
② 중개대상물에 관한 정보를 거짓으로 공개한 사유로 행한 업무정지처분의 효과는 그 처분에 대한 불복기간이 지난 날부터 1년간 다시 중개사무소의 개설등록을 한 자에게 승계된다.
③ 폐업신고 전의 위반행위에 대한 행정처분이 업무정지에 해당하는 경우로서 폐업기간이 6개월인 경우 재등록 개업공인중개사에게 그 위반행위에 대해서 행정처분을 할 수 없다.
④ 재등록 개업공인중개사에 대하여 폐업신고 전의 업무정지에 해당하는 위반행위를 이유로 행정처분을 할 때 폐업기간과 폐업의 사유는 고려하지 않는다.
⑤ 개업공인중개사가 2022.4.1. 과태료부과처분을 받은 후 폐업신고를 하고 2023.3.2. 다시 중개사무소의 개설등록을 한 경우 그 처분의 효과는 승계된다.

24 공인중개사법령상 공인중개사의 자격취소 등에 관한 설명으로 <u>틀린</u> 것은?

① 공인중개사의 자격취소처분은 청문을 거쳐 중개사무소의 개설등록증을 교부한 시·도지사가 행한다.

② 공인중개사가 자격정지처분을 받은 기간 중에 법인인 개업공인중개사의 임원이 되는 경우 시·도지사는 그 자격을 취소하여야 한다.

③ 자격취소처분을 받아 공인중개사자격증을 반납하려는 자는 그 처분을 받은 날부터 7일 이내에 반납해야 한다.

④ 시·도지사는 공인중개사의 자격취소처분을 한 때에는 5일 이내에 이를 국토교통부장관과 다른 시·도지사에게 통보해야 한다.

⑤ 분실로 인하여 공인중개사자격증을 반납할 수 없는 자는 자격증 반납을 대신하여 그 이유를 기재한 사유서를 시·도지사에게 제출하여야 한다.

25 공인중개사법령상 공인중개사협회(이하 '협회'라 함) 및 공제사업에 관한 설명으로 옳은 것은?

① 협회는 총회의 의결내용을 10일 이내에 시·도지사에게 보고하여야 한다.

② 협회는 매 회계연도 종료 후 3개월 이내에 공제사업 운용실적을 일간신문에 공시하거나 협회의 인터넷 홈페이지에 게시해야 한다.

③ 협회의 창립총회를 개최할 경우 특별자치도에서는 10인 이상의 회원이 참여하여야 한다.

④ 공제규정에는 책임준비금의 적립비율을 공제료 수입액의 100분의 5 이상으로 정한다.

⑤ 협회는 공제사업을 다른 회계와 구분하여 별도의 회계로 관리하여야 한다.

26 공인중개사법령상 중개대상물 확인·설명서[I](주거용 건축물)의 작성방법으로 옳은 것을 모두 고른 것은?

> ㄱ. 임대차의 경우 '취득 시 부담할 조세의 종류 및 세율'은 적지 않아도 된다.
> ㄴ. '환경조건'은 중개대상물에 대해 개업공인중개사가 매도(임대)의뢰인에게 자료를 요구하여 확인한 사항을 적는다.
> ㄷ. 중개대상물에 법정지상권이 있는지 여부는 '실제 권리관계 또는 공시되지 않은 물건의 권리사항'란에 개업공인중개사가 직접 확인한 사항을 적는다.

① ㄱ   ② ㄱ, ㄴ

③ ㄱ, ㄷ   ④ ㄴ, ㄷ

⑤ ㄱ, ㄴ, ㄷ

27 공인중개사의 매수신청대리인 등록 등에 관한 규칙에 따른 개업공인중개사의 매수신청대리에 관한 설명으로 옳은 것은? (다툼이 있으면 판례에 따름)

① 미등기건물은 매수신청대리의 대상물이 될 수 없다.

② 공유자의 우선매수신고에 따라 차순위매수신고인으로 보게 되는 경우 그 차순위매수신고인의 지위를 포기하는 행위는 매수신청대리권의 범위에 속하지 않는다.

③ 소속공인중개사도 매수신청대리인으로 등록할 수 있다.

④ 매수신청대리인이 되려면 관할 지방자치단체의 장에게 매수신청대리인 등록을 하여야 한다.

⑤ 개업공인중개사는 매수신청대리행위를 함에 있어서 매각장소 또는 집행법원에 직접 출석하여야 한다.

28 부동산 거래신고 등에 관한 법령상 토지거래계약을 허가받은 자가 그 토지를 허가받은 목적대로 이용하지 않을 수 있는 예외사유가 <u>아닌</u> 것은? (단, 그 밖의 사유로 시·군·구도시계획위원회가 인정한 경우는 고려하지 않음)

① 「건축법 시행령」에 따른 제1종 근린생활시설인 건축물을 취득하여 실제로 이용하는 자가 해당 건축물의 일부를 임대하는 경우

② 「건축법 시행령」에 따른 단독주택 중 다중주택인 건축물을 취득하여 실제로 이용하는 자가 해당 건축물의 일부를 임대하는 경우

③ 「산업집적활성화 및 공장설립에 관한 법률」에 따른 공장을 취득하여 실제로 이용하는 자가 해당 공장의 일부를 임대하는 경우

④ 「건축법 시행령」에 따른 제2종 근린생활시설인 건축물을 취득하여 실제로 이용하는 자가 해당 건축물의 일부를 임대하는 경우

⑤ 「건축법 시행령」에 따른 공동주택 중 다세대주택인 건축물을 취득하여 실제로 이용하는 자가 해당 건축물의 일부를 임대하는 경우

29 甲이 서울특별시에 있는 자기 소유의 주택에 대해 임차인 乙과 보증금 3억원의 임대차계약을 체결하는 경우, 부동산 거래신고 등에 관한 법률에 따른 신고에 관한 설명으로 옳은 것을 모두 고른 것은? (단, 甲과 乙은 자연인임)

> ㄱ. 보증금이 증액되면 乙이 단독으로 신고해야 한다.
> ㄴ. 乙이 「주민등록법」에 따라 전입신고를 하는 경우 주택 임대차계약의 신고를 한 것으로 본다.
> ㄷ. 임대차계약서를 제출하면서 신고를 하고 접수가 완료되면 「주택임대차보호법」에 따른 확정일자가 부여된 것으로 본다.

① ㄱ
② ㄴ
③ ㄱ, ㄴ
④ ㄴ, ㄷ
⑤ ㄱ, ㄴ, ㄷ

30 개업공인중개사가 묘지를 설치하고자 토지를 매수하려는 중개의뢰인에게 장사 등에 관한 법령에 관하여 설명한 내용으로 틀린 것은?

① 가족묘지는 가족당 1개소로 제한하되, 그 면적은 $100m^2$ 이하여야 한다.
② 개인묘지란 1기의 분묘 또는 해당 분묘에 매장된 자와 배우자 관계였던 자의 분묘를 같은 구역 안에 설치하는 묘지를 말한다.
③ 법인묘지에는 폭 4m 이상의 도로와 그 도로로부터 각 분묘로 통하는 충분한 진출입로를 설치하여야 한다.
④ 화장한 유골을 매장하는 경우 매장 깊이는 지면으로부터 30cm 이상이어야 한다.
⑤ 「민법」에 따라 설립된 사단법인은 법인묘지의 설치허가를 받을 수 없다.

31 부동산 거래신고 등에 관한 법령상 부동산 매매계약의 거래신고에 관한 설명으로 틀린 것은? (단, 거래당사자는 모두 자연인이고, 공동중개는 고려하지 않음)

① 신고할 때는 실제 거래가격을 신고해야 한다.
② 거래당사자 간 직접 거래의 경우 매도인이 거래신고를 거부하면 매수인이 단독으로 신고할 수 있다.
③ 거래신고 후에 매도인이 매매계약을 취소하면 매도인이 단독으로 취소를 신고해야 한다.
④ 개업공인중개사가 매매계약의 거래계약서를 작성·교부한 경우에는 그 개업공인중개사가 신고를 해야 한다.
⑤ 개업공인중개사가 매매계약을 신고한 경우에 그 매매계약이 해제되면 그 개업공인중개사가 해제를 신고할 수 있다.

32 매수신청대리인으로 등록한 개업공인중개사가 X부동산에 대한 민사집행법상 경매절차에서 매수신청대리의 위임인에게 설명한 내용으로 **틀린** 것은? (다툼이 있으면 판례에 따름)

① 최선순위의 전세권자는 배당요구 없이도 우선변제를 받을 수 있으며, 이 때 전세권은 매각으로 소멸한다.

② X부동산에 대한 경매개시결정의 기입등기 전에 유치권을 취득한 자는 경매절차의 매수인에게 자기의 유치권으로 대항할 수 있다.

③ 최선순위의 지상권은 경매절차의 매수인이 인수한다.

④ 후순위 저당권자의 신청에 의한 경매라 하여도 선순위 저당권자의 저당권은 매각으로 소멸한다.

⑤ 집행법원은 배당요구의 종기를 첫 매각기일 이전으로 정한다.

33 부동산 거래신고 등에 관한 법령상 국내 토지를 외국인이 취득하는 것에 관한 설명이다. ( )에 들어갈 숫자로 옳은 것은? (단, 상호주의에 따른 제한은 고려하지 않음)

- 외국인이 토지를 매수하는 계약을 체결하면 계약체결일부터 (ㄱ)일 이내에 신고해야 한다.
- 외국인이 토지를 증여받는 계약을 체결하면 계약체결일부터 (ㄴ)일 이내에 신고해야 한다.
- 외국인이 토지를 상속받으면 취득일부터 (ㄷ)개월 이내에 신고해야 한다.

① ㄱ: 30, ㄴ: 30, ㄷ: 3
② ㄱ: 30, ㄴ: 30, ㄷ: 6
③ ㄱ: 30, ㄴ: 60, ㄷ: 6
④ ㄱ: 60, ㄴ: 30, ㄷ: 3
⑤ ㄱ: 60, ㄴ: 60, ㄷ: 6

34 부동산 거래신고 등에 관한 법령상 토지거래허가구역 내의 토지매매에 관한 설명으로 옳은 것을 모두 고른 것은? (단, 법령상 특례는 고려하지 않으며, 다툼이 있으면 판례에 따름)

ㄱ. 허가를 받지 아니하고 체결한 매매계약은 그 효력이 발생하지 않는다.
ㄴ. 허가를 받기 전에 당사자는 매매계약상 채무불이행을 이유로 계약을 해제할 수 있다.
ㄷ. 매매계약의 확정적 무효에 일부 귀책사유가 있는 당사자도 그 계약의 무효를 주장할 수 있다.

① ㄱ
② ㄴ
③ ㄱ, ㄷ
④ ㄴ, ㄷ
⑤ ㄱ, ㄴ, ㄷ

35 부동산 거래신고 등에 관한 법령상 포상금의 지급에 관한 설명으로 <u>틀린</u> 것을 모두 고른 것은?

> ㄱ. 가명으로 신고하여 신고인을 확인할 수 없는 경우에는 포상금을 지급하지 아니할 수 있다.
>
> ㄴ. 신고관청에 포상금지급신청서가 접수된 날부터 1개월 이내에 포상금을 지급하여야 한다.
>
> ㄷ. 신고관청은 하나의 위반행위에 대하여 2명 이상이 각각 신고한 경우에는 포상금을 균등하게 배분하여 지급한다.

① ㄱ   ② ㄱ, ㄴ
③ ㄱ, ㄷ   ④ ㄴ, ㄷ
⑤ ㄱ, ㄴ, ㄷ

36 개업공인중개사가 집합건물을 매수하려는 의뢰인에게 집합건물의 소유 및 관리에 관한 법률에 관하여 설명한 것으로 <u>틀린</u> 것은? (다툼이 있으면 판례에 따름)

① 전유부분이란 구분소유권의 목적인 건물부분을 말한다.

② 소유자가 기존 건물에 증축을 하고 기존 건물에 마쳐진 등기를 증축한 건물의 현황과 맞추어 1동의 건물로서 증축으로 인한 건물표시변경등기를 마친 경우, 그 증축부분에 대해서는 구분소유권이 성립하지 않는다.

③ 구분소유자는 건물의 관리 및 사용에 관하여 구분소유자 공동의 이익에 어긋나는 행위를 하여서는 아니 된다.

④ 일부의 구분소유자만이 공용하도록 제공되는 것임이 명백한 공용부분은 그들 구분소유자의 공유에 속한다.

⑤ 일부공용부분의 관리에 관한 사항 중 구분소유자 전원에게 이해관계가 있는 사항은 그것을 공용하는 구분소유자만의 집회결의로써 결정한다.

37 개업공인중개사가 주택임대차보호법의 적용에 관하여 설명한 내용으로 **틀린** 것을 모두 고른 것은? (다툼이 있으면 판례에 따름)

> ㄱ. 주택의 미등기 전세계약에 관하여는 「주택임대차보호법」을 준용한다.
> ㄴ. 주거용 건물에 해당하는지 여부는 임대차목적물의 공부상의 표시만을 기준으로 정하여야 한다.
> ㄷ. 임차권등기 없이 우선변제청구권이 인정되는 소액임차인의 소액보증금반환채권은 배당요구가 필요한 배당요구채권에 해당하지 않는다.

① ㄱ
② ㄴ
③ ㄱ, ㄷ
④ ㄴ, ㄷ
⑤ ㄱ, ㄴ, ㄷ

38 개업공인중개사가 중개의뢰인에게 분묘가 있는 토지에 관하여 설명한 내용으로 **틀린** 것을 모두 고른 것은? (다툼이 있으면 판례에 따름)

> ㄱ. 토지소유자의 승낙에 의하여 성립하는 분묘기지권의 경우 성립 당시 토지소유자와 분묘의 수호·관리자가 지료 지급의무의 존부에 관하여 약정을 하였다면 그 약정의 효력은 분묘기지의 승계인에게 미치지 않는다.
> ㄴ. 분묘기지권은 지상권 유사의 관습상 물권이다.
> ㄷ. 「장사 등에 관한 법률」 시행일(2001.1.13.) 이후 토지소유자의 승낙 없이 설치한 분묘에 대해서 분묘기지권의 시효취득을 주장할 수 있다.

① ㄱ
② ㄷ
③ ㄱ, ㄷ
④ ㄴ, ㄷ
⑤ ㄱ, ㄴ, ㄷ

39 부동산 거래신고 등에 관한 법령상 토지거래허가구역 등에 관한 설명으로 **틀린** 것은? (단, 거래 당사자는 모두 대한민국 국적의 자연인임)

① 허가구역의 지정은 그 지정을 공고한 날부터 7일 후에 그 효력이 발생한다.

② 허가구역에 있는 토지거래에 대한 처분에 이의가 있는 자는 그 처분을 받은 날부터 1개월 이내에 시장·군수 또는 구청장에게 이의를 신청할 수 있다.

③ 허가구역에 있는 토지에 관하여 사용대차계약을 체결하는 경우에는 토지거래허가를 받을 필요가 없다.

④ 허가관청은 허가신청서를 받은 날부터 15일 이내에 허가 또는 불허가처분을 하여야 한다.

⑤ 허가신청에 대하여 불허가처분을 받은 자는 그 통지를 받은 날부터 1개월 이내에 시장·군수 또는 구청장에게 해당 토지에 관한 권리의 매수를 청구할 수 있다.

40 2023.10.7. 甲은 친구 乙과 X부동산에 대하여 乙을 명의수탁자로 하는 명의신탁약정을 체결하였다. 개업공인중개사가 이에 관하여 설명한 내용으로 옳은 것을 모두 고른 것은? (다툼이 있으면 판례에 따름)

ㄱ. 甲과 乙 사이의 명의신탁약정은 무효이다.

ㄴ. X부동산의 소유자가 甲이라면, 명의신탁약정에 기하여 甲에서 乙로 소유권이전등기가 마쳐졌다는 이유만으로 당연히 불법원인급여에 해당한다고 볼 수 없다.

ㄷ. X부동산의 소유자가 丙이고 계약명의신탁이라면, 丙이 그 약정을 알았더라도 丙으로부터 소유권이전등기를 마친 乙은 유효하게 소유권을 취득한다.

---

① ㄱ

② ㄴ

③ ㄷ

④ ㄱ, ㄴ

⑤ ㄱ, ㄴ, ㄷ

41 국토의 계획 및 이용에 관한 법령상 개발행위허가에 관한 설명으로 <u>틀린</u> 것은?

① 농림지역에 물건을 1개월 이상 쌓아놓는 행위는 개발행위허가의 대상이 아니다.

② 「사방사업법」에 따른 사방사업을 위한 개발행위에 대하여 허가를 하는 경우 중앙도시계획위원회와 지방도시계획위원회의 심의를 거치지 아니한다.

③ 일정 기간 동안 개발행위허가를 제한할 수 있는 대상지역에 지구단위계획구역은 포함되지 않는다.

④ 기반시설부담구역으로 지정된 지역에 대해서는 중앙도시계획위원회나 지방도시계획위원회의 심의를 거치지 아니하고 개발행위허가의 제한을 연장할 수 있다.

⑤ 개발행위허가의 제한을 연장하는 경우 그 연장 기간은 2년을 넘을 수 없다.

42 국토의 계획 및 이용에 관한 법령상 개발행위허가 시 개발행위 규모의 제한을 받지 않는 경우에 해당하지 <u>않는</u> 것은?

① 지구단위계획으로 정한 가구 및 획지의 범위 안에서 이루어지는 토지의 형질변경으로서 당해 형질변경과 그와 관련된 기반시설의 설치가 동시에 이루어지는 경우

② 해당 개발행위가 「농어촌정비법」에 따른 농어촌정비사업으로 이루어지는 경우

③ 건축물의 건축, 공작물의 설치 또는 지목의 변경을 수반하지 아니하고 시행하는 토지복원사업

④ 「환경친화적 자동차의 개발 및 보급 촉진에 관한 법률」에 따른 수소연료공급시설의 설치를 수반하는 경우

⑤ 해당 개발행위가 「국방·군사시설 사업에 관한 법률」에 따른 국방·군사시설사업으로 이루어지는 경우

43 국토의 계획 및 이용에 관한 법령상 시·도지사가 복합용도지구를 지정할 수 있는 용도지역에 해당하는 것을 모두 고른 것은?

ㄱ. 준주거지역	ㄴ. 근린상업지역
ㄷ. 일반공업지역	ㄹ. 계획관리지역
ㅁ. 일반상업지역	

① ㄱ, ㄴ   ② ㄷ, ㄹ

③ ㄱ, ㄴ, ㄷ   ④ ㄷ, ㄹ, ㅁ

⑤ ㄱ, ㄴ, ㄹ, ㅁ

44 국토의 계획 및 이용에 관한 법령상 지구단위계획구역의 지정에 관한 설명으로 옳은 것은? (단, 조례는 고려하지 않음)

① 「산업입지 및 개발에 관한 법률」에 따른 준산업단지에 대하여는 지구단위계획구역을 지정할 수 없다.

② 도시지역 내 복합적인 토지 이용을 증진시킬 필요가 있는 지역으로서 지구단위계획구역을 지정할 수 있는 지역에 일반공업지역은 해당하지 않는다.

③ 「택지개발촉진법」에 따라 지정된 택지개발지구에서 시행되는 사업이 끝난 후 5년이 지나면 해당 지역은 지구단위계획구역으로 지정하여야 한다.

④ 도시지역 외의 지역을 지구단위계획구역으로 지정하려면 지정하려는 구역 면적의 3분의 2 이상이 계획관리지역이어야 한다.

⑤ 농림지역에 위치한 산업·유통개발진흥지구는 지구단위계획구역으로 지정할 수 있는 대상 지역에 포함되지 않는다.

법개정반영

45 국토의 계획 및 이용에 관한 법령상 주민이 도시·군관리계획의 입안권자에게 그 입안을 제안할 수 있는 사항이 아닌 것은?

① 도시·군계획시설 입체복합구역의 지정 및 변경과 도시·군계획시설 입체복합구역의 건축제한·건폐율·용적률·높이 등에 관한 사항

② 지구단위계획구역의 지정 및 변경과 지구단위계획의 수립 및 변경에 관한 사항

③ 기반시설의 설치·정비 또는 개량에 관한 사항

④ 산업·유통개발진흥지구의 변경에 관한 사항

⑤ 시가화조정구역의 지정 및 변경에 관한 사항

46 국토의 계획 및 이용에 관한 법령상 도시·군관리계획결정의 실효에 관한 설명이다. (   )에 들어갈 공통된 숫자로 옳은 것은?

> 지구단위계획(주민이 입안을 제안한 것에 한정한다)에 관한 도시·군관리계획결정의 고시일부터 (   )년 이내에 「국토의 계획 및 이용에 관한 법률」 또는 다른 법률에 따라 허가·인가·승인 등을 받아 사업이나 공사에 착수하지 아니하면 그 (   )년이 된 날의 다음 날에 그 지구단위계획에 관한 도시·군관리계획결정은 효력을 잃는다.

① 2   ② 3
③ 5   ④ 10
⑤ 20

47 국토의 계획 및 이용에 관한 법령상 용도지구에 관한 설명이다. (   )에 들어갈 내용으로 옳은 것은?

> • 집단취락지구: (ㄱ) 안의 취락을 정비하기 위하여 필요한 지구
> • 복합개발진흥지구: 주거기능, (ㄴ)기능, 유통·물류기능 및 관광·휴양기능 중 2 이상의 기능을 중심으로 개발·정비할 필요가 있는 지구

① ㄱ: 개발제한구역,　ㄴ: 공업
② ㄱ: 자연취락지구,　ㄴ: 상업
③ ㄱ: 개발제한구역,　ㄴ: 상업
④ ㄱ: 관리지역,　　　ㄴ: 공업
⑤ ㄱ: 관리지역,　　　ㄴ: 교통

48 국토의 계획 및 이용에 관한 법령상 개발밀도관리구역에 관한 설명으로 <u>틀린</u> 것은?

① 도시·군계획시설사업의 시행자인 시장 또는 군수는 개발밀도관리구역에 관한 기초조사를 하기 위하여 필요하면 타인의 토지에 출입할 수 있다.

② 개발밀도관리구역의 지정기준, 개발밀도관리구역의 관리 등에 관하여 필요한 사항은 대통령령으로 정하는 바에 따라 국토교통부장관이 정한다.

③ 개발밀도관리구역에서는 해당 용도지역에 적용되는 용적률의 최대한도의 50퍼센트 범위에서 용적률을 강화하여 적용한다.

④ 시장 또는 군수는 개발밀도관리구역을 지정하거나 변경하려면 해당 지방자치단체에 설치된 지방도시계획위원회의 심의를 거쳐야 한다.

⑤ 기반시설을 설치하거나 그에 필요한 용지를 확보하게 하기 위하여 개발밀도관리구역에 기반시설부담구역을 지정할 수 있다.

49 국토의 계획 및 이용에 관한 법령상 시·군·구도시계획위원회의 업무를 모두 고른 것은?

> ㄱ. 도시·군관리계획과 관련하여 시장·군수 또는 구청장이 자문하는 사항에 대한 조언
> ㄴ. 시범도시사업계획의 수립에 관하여 시장·군수·구청장이 자문하는 사항에 대한 조언
> ㄷ. 시장 또는 군수가 결정하는 도시·군관리계획의 심의

① ㄱ   ② ㄷ

③ ㄱ, ㄴ   ④ ㄴ, ㄷ

⑤ ㄱ, ㄴ, ㄷ

50 국토의 계획 및 이용에 관한 법령상 도시·군계획시설사업 시행을 위한 타인의 토지에의 출입 등에 관한 설명으로 옳은 것은?

① 타인의 토지에 출입하려는 행정청인 사업시행자는 출입하려는 날의 7일 전까지 그 토지의 소유자·점유자 또는 관리인에게 그 일시와 장소를 알려야 한다.

② 토지의 소유자·점유자 또는 관리인의 동의 없이 타인의 토지를 재료 적치장 또는 임시통로 로 일시 사용한 사업시행자는 사용한 날부터 14일 이내에 시장 또는 군수의 허가를 받아야 한다.

③ 토지 점유자가 승낙하지 않는 경우에도 사업시행자는 시장 또는 군수의 허가를 받아 일몰 후에 울타리로 둘러싸인 타인의 토지에 출입할 수 있다.

④ 토지에의 출입에 따라 손실을 입은 자가 보상에 관하여 국토교통부장관에게 조정을 신청하 지 아니하는 경우에는 관할 토지수용위원회에 재결을 신청할 수 없다.

⑤ 사업시행자가 행정청인 경우라도 허가를 받지 아니하면 타인의 토지에 출입할 수 없다.

51 국토의 계획 및 이용에 관한 법령상 도시·군계획시설사업의 시행에 관한 설명으로 옳은 것은?

① 「도시 및 주거환경정비법」에 따라 도시·군관리계획의 결정이 의제되는 경우에는 해당 도 시·군계획시설결정의 고시일부터 3개월 이내에 도시·군계획시설에 대하여 단계별 집행계 획을 수립하여야 한다.

② 5년 이내에 시행하는 도시·군계획시설사업은 단계별 집행계획 중 제1단계 집행계획에 포 함되어야 한다.

③ 한국토지주택공사가 도시·군계획시설사업의 시행자로 지정을 받으려면 토지소유자 총수 의 3분의 2 이상에 해당하는 자의 동의를 얻어야 한다.

④ 국토교통부장관은 국가계획과 관련되거나 그 밖에 특히 필요하다고 인정되는 경우에는 관 계 특별시장·광역시장·특별자치시장·특별자치도지사·시장 또는 군수의 의견을 들어 직 접 도시·군계획시설사업을 시행할 수 있다.

⑤ 사업시행자는 도시·군계획시설사업 대상시설을 둘 이상으로 분할하여 도시·군계획시설사 업을 시행하여서는 아니 된다.

52 도시개발법령상 환지설계를 평가식으로 하는 경우 다음 조건에서 환지계획에 포함되어야 하는 비례율은? (단, 제시된 조건 이외의 다른 조건은 고려하지 않음)

> - 총사업비: 250억원
> - 환지 전 토지·건축물의 평가액 합계: 500억원
> - 도시개발사업으로 조성되는 토지·건축물의 평가액의 합계: 1,000억원

① 100%
② 125%
③ 150%
④ 200%
⑤ 250%

53 도시개발법령상 원형지의 공급과 개발에 관한 설명으로 옳은 것은?

① 원형지를 공장 부지로 직접 사용하는 원형지개발자의 선정은 경쟁입찰의 방식으로 하며, 경쟁입찰이 2회 이상 유찰된 경우에는 수의계약의 방법으로 할 수 있다.

② 지정권자는 원형지의 공급을 승인할 때 용적률 등 개발밀도에 관한 이행조건을 붙일 수 없다.

③ 원형지 공급가격은 원형지의 감정가격과 원형지에 설치한 기반시설 공사비의 합산 금액을 기준으로 시·도의 조례로 정한다.

④ 원형지개발자인 지방자치단체는 10년의 범위에서 대통령령으로 정하는 기간 안에는 원형지를 매각할 수 없다.

⑤ 원형지개발자가 공급받은 토지의 전부를 시행자의 동의 없이 제3자에게 매각하는 경우 시행자는 원형지개발자에 대한 시정요구 없이 원형지 공급계약을 해제할 수 있다.

54 도시개발법령상 도시개발사업 조합에 관한 설명으로 옳은 것을 모두 고른 것은?

> ㄱ. 금고 이상의 형을 선고받고 그 형의 집행유예기간 중에 있는 자는 조합의 임원이 될 수 없다.
> ㄴ. 조합이 조합 설립의 인가를 받은 사항 중 공고방법을 변경하려는 경우 지정권자로부터 변경인가를 받아야 한다.
> ㄷ. 조합장 또는 이사의 자기를 위한 조합과의 계약이나 소송에 관하여는 대의원회가 조합을 대표한다.
> ㄹ. 의결권을 가진 조합원의 수가 50인 이상인 조합은 총회의 권한을 대행하게 하기 위하여 대의원회를 둘 수 있으며, 대의원회에 두는 대의원의 수는 의결권을 가진 조합원 총수의 100분의 10 이상으로 한다.

① ㄱ, ㄷ
② ㄱ, ㄹ
③ ㄴ, ㄷ
④ ㄱ, ㄴ, ㄹ
⑤ ㄴ, ㄷ, ㄹ

55 도시개발법령상 도시개발사업의 시행자인 지방자치단체가 주택법 제4조에 따른 주택건설사업자 등으로 하여금 대행하게 할 수 있는 도시개발사업의 범위에 해당하지 <u>않는</u> 것은?

① 실시설계
② 부지조성공사
③ 기반시설공사
④ 조성된 토지의 분양
⑤ 토지상환채권의 발행

56 도시개발법령상 개발계획에 따라 도시개발구역을 지정한 후에 개발계획에 포함시킬 수 있는 사항은?

① 환경보전계획
② 보건의료계획 및 복지시설의 설치계획
③ 원형지로 공급될 대상 토지 및 개발 방향
④ 임대주택건설계획 등 세입자 등의 주거 및 생활 안정 대책
⑤ 도시개발구역을 둘 이상의 사업시행지구로 분할하여 도시개발사업을 시행하는 경우 그 분할에 관한 사항

57 도시개발법령상 환지방식에 의한 사업시행에서의 청산금에 관한 설명으로 <u>틀린</u> 것은?

① 시행자는 토지소유자의 동의에 따라 환지를 정하지 아니하는 토지에 대하여는 환지처분 전이라도 청산금을 교부할 수 있다.

② 토지소유자의 신청에 따라 환지대상에서 제외한 토지에 대하여는 청산금을 교부하는 때에 청산금을 결정할 수 없다.

③ 청산금을 받을 권리나 징수할 권리를 5년간 행사하지 아니하면 시효로 소멸한다.

④ 청산금은 대통령령으로 정하는 바에 따라 이자를 붙여 분할징수하거나 분할교부할 수 있다.

⑤ 행정청이 아닌 시행자가 군수에게 청산금의 징수를 위탁한 경우 그 시행자는 군수가 징수한 금액의 100분의 4에 해당하는 금액을 해당 군에 지급하여야 한다.

58 도시 및 주거환경정비법령상 정비기반시설에 해당하지 <u>않는</u> 것은? (단, 주거환경개선사업을 위하여 지정·고시된 정비구역이 아님)

① 녹지
② 공공공지
③ 공용주차장
④ 소방용수시설
⑤ 공동으로 사용하는 구판장

59 도시 및 주거환경정비법령상 토지등소유자에 대한 분양신청의 통지 및 분양공고 양자에 공통으로 포함되어야 할 사항을 모두 고른 것은? (단, 토지등소유자 1인이 시행하는 재개발사업은 제외하고, 조례는 고려하지 않음)

ㄱ. 분양을 신청하지 아니한 자에 대한 조치
ㄴ. 토지등소유자 외의 권리자의 권리신고방법
ㄷ. 분양신청서
ㄹ. 분양대상자별 분담금의 추산액

① ㄱ
② ㄱ, ㄴ
③ ㄴ, ㄷ
④ ㄷ, ㄹ
⑤ ㄱ, ㄴ, ㄹ

60 도시 및 주거환경정비법령상 조합의 정관을 변경하기 위하여 총회에서 조합원 3분의 2 이상의 찬성을 요하는 사항이 <u>아닌</u> 것은?

① 정비구역의 위치 및 면적
② 조합의 비용부담 및 조합의 회계
③ 정비사업비의 부담 시기 및 절차
④ 청산금의 징수·지급의 방법 및 절차
⑤ 시공자·설계자의 선정 및 계약서에 포함될 내용

61 도시 및 주거환경정비법령상 공동구의 설치 및 관리비용에 관한 설명으로 옳은 것은?

① 공동구점용예정자가 부담할 공동구의 설치에 드는 비용의 부담비율은 공동구의 권리지분 비율을 고려하여 시장·군수등이 정한다.
② 공동구의 설치로 인한 보상비용은 공동구의 설치비용에 포함되지 않는다.
③ 사업시행자로부터 공동구의 설치비용 부담금의 납부통지를 받은 공동구점용예정자는 공동 구의 설치공사가 착수되기 전에 부담금액의 3분의 1 이상을 납부하여야 한다.
④ 공동구 관리비용은 반기별로 산출하여 부과한다.
⑤ 시장·군수등은 필요한 경우 공동구 관리비용을 분할하여 분기별로 납부하게 할 수 있다.

62 도시 및 주거환경정비법령상 조합의 임원에 관한 설명으로 <u>틀린</u> 것은?

① 조합임원의 임기만료 후 6개월 이상 조합임원이 선임되지 아니한 경우에는 시장·군수등이 조합임원 선출을 위한 총회를 소집할 수 있다.
② 조합임원이 결격사유에 해당하게 되어 당연 퇴임한 경우 그가 퇴임 전에 관여한 행위는 그 효력을 잃는다.
③ 총회에서 요청하여 시장·군수등이 전문조합관리인을 선정한 경우 전문조합관리인이 업무 를 대행할 임원은 당연 퇴임한다.
④ 조합장이 아닌 조합임원은 대의원이 될 수 없다.
⑤ 대의원회는 임기 중 궐위된 조합장을 보궐 선임할 수 없다.

63 도시 및 주거환경정비법령상 소규모 토지 등의 소유자에 대한 토지임대부 분양주택 공급에 관한 내용이다. (   )에 들어갈 숫자로 옳은 것은? (단, 조례는 고려하지 않음)

> 국토교통부장관, 시·도지사, 시장, 군수, 구청장 또는 토지주택공사등은 정비구역에 세입자와 다음의 어느 하나에 해당하는 자의 요청이 있는 경우에는 인수한 재개발임대주택의 일부를 「주택법」에 따른 토지임대부 분양주택으로 전환하여 공급하여야 한다.
> 1. 면적이 (ㄱ)제곱미터 미만의 토지를 소유한 자로서 건축물을 소유하지 아니한 자
> 2. 바닥면적이 (ㄴ)제곱미터 미만의 사실상 주거를 위하여 사용하는 건축물을 소유한 자로서 토지를 소유하지 아니한 자

① ㄱ: 90, ㄴ: 40
② ㄱ: 90, ㄴ: 50
③ ㄱ: 90, ㄴ: 60
④ ㄱ: 100, ㄴ: 40
⑤ ㄱ: 100, ㄴ: 50

64 주택법령상 조정대상지역의 지정기준의 일부이다. (   )에 들어갈 숫자로 옳은 것은?

> 조정대상지역지정직전월부터 소급하여 6개월간의 평균 주택가격상승률이 마이너스 (ㄱ)퍼센트 이하인 지역으로서 다음에 해당하는 지역
> • 조정대상지역지정직전월부터 소급하여 (ㄴ)개월 연속 주택매매거래량이 직전 연도의 같은 기간보다 (ㄷ)퍼센트 이상 감소한 지역
> • 조정대상지역지정직전월부터 소급하여 (ㄴ)개월간의 평균 미분양주택(주택법 제15조 제1항에 따른 사업계획승인을 받아 입주자를 모집했으나 입주자가 선정되지 않은 주택을 말한다)의 수가 직전 연도의 같은 기간보다 2배 이상인 지역

① ㄱ: 1, ㄴ: 3, ㄷ: 20
② ㄱ: 1, ㄴ: 3, ㄷ: 30
③ ㄱ: 1, ㄴ: 6, ㄷ: 30
④ ㄱ: 3, ㄴ: 3, ㄷ: 20
⑤ ㄱ: 3, ㄴ: 6, ㄷ: 20

65 주택법령상 주택의 사용검사 등에 관한 설명으로 <u>틀린</u> 것은?

① 하나의 주택단지의 입주자를 분할 모집하여 전체 단지의 사용검사를 마치기 전에 입주가 필요한 경우에는 공사가 완료된 주택에 대하여 동별로 사용검사를 받을 수 있다.

② 사용검사는 사용검사 신청일부터 15일 이내에 하여야 한다.

③ 사업주체는 건축물의 동별로 공사가 완료된 경우로서 사용검사권자의 임시사용승인을 받은 경우에는 사용검사를 받기 전에 주택을 사용하게 할 수 있다.

④ 사업주체가 파산 등으로 사용검사를 받을 수 없는 경우에는 해당 주택의 시공을 보증한 자, 해당 주택의 시공자 또는 입주예정자는 사용검사를 받을 수 있다.

⑤ 무단거주가 아닌 입주예정자가 사업주체의 파산 등으로 사용검사를 받을 때에는 입주예정자의 대표회의가 사용검사권자에게 사용검사를 신청할 때 하자보수보증금을 예치하여야 한다.

66 주택법령상 지역주택조합의 조합원을 모집하기 위하여 모집주체가 광고를 하는 경우 광고에 포함되어야 하는 내용에 해당하는 것을 모두 고른 것은?

> ㄱ. 조합의 명칭 및 사무소의 소재지 ㄴ. 조합원의 자격기준에 관한 내용
> ㄷ. 조합설립 인가일 ㄹ. 조합원 모집 신고 수리일

① ㄱ, ㄴ, ㄷ   ② ㄱ, ㄴ, ㄹ

③ ㄱ, ㄷ, ㄹ   ④ ㄴ, ㄷ, ㄹ

⑤ ㄱ, ㄴ, ㄷ, ㄹ

67 주택법령상 공동주택관리법에 따른 행위의 허가를 받거나 신고를 하고 설치하는 세대구분형 공동주택이 충족하여야 하는 요건에 해당하는 것을 모두 고른 것은? (단, 조례는 고려하지 않음)

> ㄱ. 하나의 세대가 통합하여 사용할 수 있도록 세대 간에 연결문 또는 경량구조의 경계벽 등을 설치할 것
> ㄴ. 구분된 공간의 세대수는 기존 세대를 포함하여 2세대 이하일 것
> ㄷ. 세대별로 구분된 각각의 공간마다 별도의 욕실, 부엌과 구분 출입문을 설치할 것
> ㄹ. 구조, 화재, 소방 및 피난안전 등 관계 법령에서 정하는 안전 기준을 충족할 것

① ㄱ, ㄴ, ㄷ   ② ㄱ, ㄴ, ㄹ

③ ㄱ, ㄷ, ㄹ   ④ ㄴ, ㄷ, ㄹ

⑤ ㄱ, ㄴ, ㄷ, ㄹ

68 주택법령상 주택건설사업자 등에 관한 설명으로 옳은 것은?

① 「공익법인의 설립·운영에 관한 법률」에 따라 주택건설사업을 목적으로 설립된 공익법인이 연간 20호 이상의 단독주택 건설사업을 시행하려는 경우 국토교통부장관에게 등록하여야 한다.

② 세대수를 증가하는 리모델링주택조합이 그 구성원의 주택을 건설하는 경우에는 국가와 공동으로 사업을 시행할 수 있다.

③ 고용자가 그 근로자의 주택을 건설하는 경우에는 대통령령으로 정하는 바에 따라 등록사업자와 공동으로 사업을 시행하여야 한다.

④ 국토교통부장관은 등록사업자가 타인에게 등록증을 대여한 경우에는 1년 이내의 기간을 정하여 영업의 정지를 명할 수 있다.

⑤ 영업정지 처분을 받은 등록사업자는 그 처분 전에 사업계획승인을 받은 사업을 계속 수행할 수 없다.

69 주택법령상 용어에 관한 설명으로 <u>틀린</u> 것은?

① 「건축법 시행령」에 따른 다세대주택은 공동주택에 해당한다.

② 「건축법 시행령」에 따른 오피스텔은 준주택에 해당한다.

③ 주택단지에 해당하는 토지가 폭 8미터 이상인 도시계획예정도로로 분리된 경우, 분리된 토지를 각각 별개의 주택단지로 본다.

④ 주택에 딸린 자전거보관소는 복리시설에 해당한다.

⑤ 도로·상하수도·전기시설·가스시설·통신시설·지역난방시설은 기간시설(基幹施設)에 해당한다.

70 주택법령상 리모델링에 관한 설명으로 <u>틀린</u> 것은? (단, 조례는 고려하지 않음)

① 세대수 증가형 리모델링으로 인한 도시과밀, 이주수요 집중 등을 체계적으로 관리하기 위하여 수립하는 계획을 리모델링 기본계획이라 한다.

② 리모델링에 동의한 소유자는 리모델링 결의를 한 리모델링주택조합이나 소유자 전원의 동의를 받은 입주자대표회의가 시장·군수·구청장에게 리모델링 허가신청서를 제출하기 전까지 서면으로 동의를 철회할 수 있다.

③ 특별시장·광역시장 및 대도시의 시장은 리모델링 기본계획을 수립하거나 변경한 때에는 이를 지체 없이 해당 지방자치단체의 공보에 고시하여야 한다.

④ 수직증축형 리모델링의 설계자는 국토교통부장관이 정하여 고시하는 구조기준에 맞게 구조설계도서를 작성하여야 한다.

⑤ 대수선인 리모델링을 하려는 자는 시장·군수·구청장에게 안전진단을 요청하여야 한다.

71 건축법령상 건축선과 대지의 면적에 관한 설명이다. (   )에 들어갈 내용으로 옳은 것은?
(단, 허가권자의 건축선의 별도지정, 건축법 제3조에 따른 적용제외, 건축법령상 특례 및 조례는 고려하지 않음)

> 「건축법」 제2조 제1항 제11호에 따른 소요너비에 못 미치는 너비의 도로인 경우에는 그 중심선으로부터 그 (ㄱ)을 건축선으로 하되, 그 도로의 반대쪽에 하천이 있는 경우에는 그 하천이 있는 쪽의 도로경계선에서 (ㄴ)을 건축선으로 하며, 그 건축선과 도로 사이의 대지면적은 건축물의 대지면적 산정 시 (ㄷ)한다.

	ㄱ	ㄴ	ㄷ
①	소요너비에 해당하는 수평거리만큼 물러난 선	소요너비에 해당하는 수평거리의 선	제외
②	소요너비의 2분의 1의 수평거리만큼 물러난 선	소요너비의 2분의 1의 수평거리의 선	제외
③	소요너비의 2분의 1의 수평거리만큼 물러난 선	소요너비에 해당하는 수평거리의 선	제외
④	소요너비의 2분의 1의 수평거리만큼 물러난 선	소요너비에 해당하는 수평거리의 선	포함
⑤	소요너비에 해당하는 수평거리만큼 물러난 선	소요너비의 2분의 1의 수평거리의 선	포함

72 건축법령상 건축협정구역에서 건축하는 건축물에 대하여 완화하여 적용할 수 있는 건축기준 중 건축위원회의 심의와 국토의 계획 및 이용에 관한 법률에 따른 지방도시계획위원회의 심의를 통합하여 거쳐야 하는 것은?

① 건축물의 용적률
② 건축물의 건폐율
③ 건축물의 높이제한
④ 대지의 조경면적
⑤ 일조 등의 확보를 위한 건축물의 높이제한

73 甲은 A도 B시에 소재하는 자동차영업소로만 쓰는 건축물(사용승인을 받은 건축물로서 같은 건축물에 해당 용도로 쓰는 바닥면적의 합계가 500m²임)의 용도를 전부 노래연습장으로 용도변경하려고 한다. 건축법령상 이에 관한 설명으로 옳은 것은? (단, 제시된 조건 이외의 다른 조건이나 제한, 건축법령상 특례 및 조례는 고려하지 않음)

① 甲은 건축물 용도변경에 관하여 B시장의 허가를 받아야 한다.
② 甲은 B시장에게 건축물 용도변경에 관하여 신고를 하여야 한다.
③ 甲은 용도변경한 건축물을 사용하려면 B시장의 사용승인을 받아야 한다.
④ 甲은 B시장에게 건축물대장 기재내용의 변경을 신청하여야 한다.
⑤ 甲의 건축물에 대한 용도변경을 위한 설계는 건축사가 아니면 할 수 없다.

74 건축법령상 건축허가를 받은 건축물의 착공신고 시 허가권자에 대하여 구조안전 확인서류의 제출이 필요한 대상 건축물의 기준으로 옳은 것을 모두 고른 것은? (단, 표준설계도서에 따라 건축하는 건축물이 아니며, 건축법령상 특례는 고려하지 않음)

┌───┐
│ ㄱ. 건축물의 높이: 13미터 이상   │
│ ㄴ. 건축물의 처마높이: 7미터 이상   │
│ ㄷ. 건축물의 기둥과 기둥 사이의 거리: 10미터 이상   │
└───┘

① ㄱ   ② ㄴ
③ ㄱ, ㄷ   ④ ㄴ, ㄷ
⑤ ㄱ, ㄴ, ㄷ

75 건축법령상 건축물로부터 바깥쪽으로 나가는 출구를 설치하여야 하는 건축물이 <u>아닌</u> 것은? (단, 건축물은 해당 용도로 쓰는 바닥면적의 합계가 300제곱미터 이상으로 승강기를 설치하여야 하는 건축물이 아니며, 건축법령상 특례는 고려하지 않음)

① 전시장
② 무도학원
③ 동물 전용의 장례식장
④ 인터넷컴퓨터게임시설 제공업소
⑤ 업무시설 중 국가 또는 지방자치단체의 청사

76 건축법령상 지상 11층, 지하 3층인 하나의 건축물이 다음 조건을 갖추고 있는 경우 건축물의 용적률은? (단, 제시된 조건 이외의 다른 조건이나 제한 및 건축법령상 특례는 고려하지 않음)

> • 대지면적은 1,500m²임
> • 각 층의 바닥면적은 1,000m²로 동일함
> • 지상 1층 중 500m²는 건축물의 부속용도인 주차장으로, 나머지 500m²는 제2종 근린생활시설로 사용함
> • 지상 2층에서 11층까지는 업무시설로 사용함
> • 지하 1층은 제1종 근린생활시설로, 지하 2층과 지하 3층은 주차장으로 사용함

① 660%   ② 700%
③ 800%   ④ 900%
⑤ 1,100%

77 건축법령상 대지에 공개공지 또는 공개공간을 설치하여야 하는 건축물은? (단, 건축물의 용도로 쓰는 바닥면적의 합계는 5천 제곱미터 이상이며, 건축법령상 특례 및 조례는 고려하지 않음)

① 일반주거지역에 있는 초등학교
② 준주거지역에 있는 「농수산물 유통 및 가격안정에 관한 법률」에 따른 농수산물유통시설
③ 일반상업지역에 있는 관망탑
④ 자연녹지지역에 있는 「청소년활동진흥법」에 따른 유스호스텔
⑤ 준공업지역에 있는 여객용 운수시설

78 농지법령상 농지를 임대하거나 무상사용하게 할 수 있는 요건 중 일부이다. (   )에 들어갈 숫자로 옳은 것은?

> • (ㄱ)세 이상인 농업인이 거주하는 시·군에 있는 소유 농지 중에서 자기의 농업경영에 이용한 기간이 (ㄴ)년이 넘은 농지
> • (ㄷ)월 이상의 국외여행으로 인하여 일시적으로 농업경영에 종사하지 아니하게 된 자가 소유하고 있는 농지

① ㄱ: 55, ㄴ: 3, ㄷ: 3
② ㄱ: 60, ㄴ: 3, ㄷ: 5
③ ㄱ: 60, ㄴ: 5, ㄷ: 3
④ ㄱ: 65, ㄴ: 4, ㄷ: 5
⑤ ㄱ: 65, ㄴ: 5, ㄷ: 1

79 농지법령상 농지소유자가 소유 농지를 위탁경영할 수 있는 경우가 <u>아닌</u> 것은?

① 선거에 따른 공직취임으로 자경할 수 없는 경우
② 「병역법」에 따라 징집 또는 소집된 경우
③ 농업법인이 청산 중인 경우
④ 농지이용증진사업 시행계획에 따라 위탁경영하는 경우
⑤ 농업인이 자기 노동력이 부족하여 농작업의 전부를 위탁하는 경우

※ 법령개정으로 삭제한 문제가 있어 제34회는 79문제가 되었습니다.

문제풀이 종료시각 ▶ _____ 시 _____ 분

정답 및 해설 ▶ p.40

〈2교시〉

문제풀이 시작시각 ▶ _____ 시 _____ 분

제1과목: 부동산공시법 & 부동산세법

1 공간정보의 구축 및 관리 등에 관한 법령상 지적측량수행자가 지적측량 의뢰를 받은 때 그 다음 날까지 지적소관청에 제출하여야 하는 것으로 옳은 것은?

① 지적측량 수행계획서   ② 지적측량 의뢰서
③ 토지이동현황 조사계획서   ④ 토지이동 정리결의서
⑤ 지적측량 결과서

2 공간정보의 구축 및 관리 등에 관한 법령상 도시개발사업 등의 시행자가 그 사업의 착수·변경 및 완료 사실을 지적소관청에 신고하여야 하는 사업으로 틀린 것은?

① 「공공주택 특별법」에 따른 공공주택지구 조성사업
② 「도시 및 주거환경정비법」에 따른 정비사업
③ 「택지개발촉진법」에 따른 택지개발사업
④ 「지역개발 및 지원에 관한 법률」에 따른 지역개발사업
⑤ 「지적재조사에 관한 특별법」에 따른 지적재조사사업

3 공간정보의 구축 및 관리 등에 관한 법령상 지목의 구분으로 옳은 것은?

① 온수·약수·석유류 등을 일정한 장소로 운송하는 송수관·송유관 및 저장시설의 부지는 '광천지'로 한다.
② 일반 공중의 종교의식을 위하여 예배·법요·설교·제사 등을 하기 위한 교회·사찰·향교 등 건축물의 부지와 이에 접속된 부속시설물의 부지는 '사적지'로 한다.
③ 자연의 유수(流水)가 있거나 있을 것으로 예상되는 토지는 '구거'로 한다.
④ 제조업을 하고 있는 공장시설물의 부지와 같은 구역에 있는 의료시설 등 부속시설물의 부지는 '공장용지'로 한다.
⑤ 일반 공중의 보건·휴양 및 정서생활에 이용하기 위한 시설을 갖춘 토지로서 「국토의 계획 및 이용에 관한 법률」에 따라 공원 또는 녹지로 결정·고시된 토지는 '체육용지'로 한다.

4 공간정보의 구축 및 관리 등에 관한 법령상 지적도의 축척이 600분의 1인 지역에서 신규등록할 1필지의 면적을 측정한 값이 145.450m²인 경우 토지대장에 등록하는 면적의 결정으로 옳은 것은?

① 145m²
② 145.4m²
③ 145.45m²
④ 145.5m²
⑤ 146m²

5 공간정보의 구축 및 관리 등에 관한 법령상 대지권등록부와 경계점좌표등록부의 공통 등록사항을 모두 고른 것은?

ㄱ. 지번	ㄴ. 소유자의 성명 또는 명칭
ㄷ. 토지의 소재	ㄹ. 토지의 고유번호
ㅁ. 지적도면의 번호	

① ㄱ, ㄷ, ㄹ
② ㄷ, ㄹ, ㅁ
③ ㄱ, ㄴ, ㄷ, ㄹ
④ ㄱ, ㄴ, ㄷ, ㅁ
⑤ ㄱ, ㄴ, ㄹ, ㅁ

6 공간정보의 구축 및 관리 등에 관한 법령상 지적소관청이 토지소유자에게 지적정리 등을 통지하여야 하는 시기에 대한 설명이다. (   )에 들어갈 내용으로 옳은 것은?

- 토지의 표시에 관한 변경등기가 필요하지 아니한 경우: (ㄱ)에 등록한 날부터 (ㄴ) 이내
- 토지의 표시에 관한 변경등기가 필요한 경우: 그 (ㄷ)를 접수한 날부터 (ㄹ) 이내

① ㄱ: 등기완료의 통지서, ㄴ: 15일, ㄷ: 지적공부,   ㄹ: 7일
② ㄱ: 등기완료의 통지서, ㄴ: 7일, ㄷ: 지적공부,   ㄹ: 15일
③ ㄱ: 지적공부,   ㄴ: 7일, ㄷ: 등기완료의 통지서, ㄹ: 15일
④ ㄱ: 지적공부,   ㄴ: 10일, ㄷ: 등기완료의 통지서, ㄹ: 15일
⑤ ㄱ: 지적공부,   ㄴ: 15일, ㄷ: 등기완료의 통지서, ㄹ: 7일

7 공간정보의 구축 및 관리 등에 관한 법령상 지적삼각보조점성과의 등본을 발급받으려는 경우 그 신청기관으로 옳은 것은?

① 시·도지사
② 시·도지사 또는 지적소관청
③ 지적소관청
④ 지적소관청 또는 한국국토정보공사
⑤ 한국국토정보공사

8 공간정보의 구축 및 관리 등에 관한 법령상 지적소관청은 축척변경에 따른 청산금의 납부 및 지급이 완료되었을 때 지체 없이 축척변경의 확정공고를 하여야 한다. 이 경우 확정공고에 포함되어야 할 사항으로 **틀린** 것은?

① 토지의 소재 및 지역명
② 축척변경 지번별 조서
③ 청산금 조서
④ 지적도의 축척
⑤ 지역별 제곱미터당 금액조서

9 공간정보의 구축 및 관리 등에 관한 법령상 중앙지적위원회의 구성 및 회의 등에 관한 설명으로 옳은 것을 모두 고른 것은?

> ㄱ. 중앙지적위원회의 간사는 국토교통부의 지적업무 담당 공무원 중에서 지적업무 담당 국장이 임명하며, 회의 준비, 회의록 작성 및 회의 결과에 따른 업무 등 중앙지적위원회의 서무를 담당한다.
> ㄴ. 중앙지적위원회의 회의는 재적위원 과반수의 출석으로 개의(開議)하고, 출석위원 과반수의 찬성으로 의결한다.
> ㄷ. 중앙지적위원회는 관계인을 출석하게 하여 의견을 들을 수 있으며, 필요하면 현지조사를 할 수 있다.
> ㄹ. 위원장이 중앙지적위원회의 회의를 소집할 때에는 회의 일시·장소 및 심의 안건을 회의 7일 전까지 각 위원에게 서면으로 통지하여야 한다.

① ㄱ, ㄴ
② ㄴ, ㄷ
③ ㄱ, ㄴ, ㄷ
④ ㄱ, ㄷ, ㄹ
⑤ ㄴ, ㄷ, ㄹ

10 공간정보의 구축 및 관리 등에 관한 법령상 지적측량의 측량기간 및 검사기간에 대한 설명이다. ( )에 들어갈 내용으로 옳은 것은? (단, 지적측량 의뢰인과 지적측량수행자가 서로 합의하여 따로 기간을 정하는 경우는 제외함)

> 지적측량의 측량기간은 (ㄱ)일로 하며, 측량검사기간은 (ㄴ)일로 한다. 다만, 지적기준점을 설치하여 측량 또는 측량검사를 하는 경우 지적기준점이 15점 이하인 경우에는 (ㄷ)일을, 15점을 초과하는 경우에는 (ㄹ)일에 15점을 초과하는 (ㅁ)점마다 1일을 가산한다.

① ㄱ: 4, ㄴ: 4, ㄷ: 4, ㄹ: 4, ㅁ: 3
② ㄱ: 5, ㄴ: 4, ㄷ: 4, ㄹ: 4, ㅁ: 4
③ ㄱ: 5, ㄴ: 4, ㄷ: 4, ㄹ: 5, ㅁ: 3
④ ㄱ: 5, ㄴ: 4, ㄷ: 5, ㄹ: 5, ㅁ: 4
⑤ ㄱ: 6, ㄴ: 5, ㄷ: 5, ㄹ: 5, ㅁ: 3

11 공간정보의 구축 및 관리 등에 관한 법령상 지적소관청은 축척변경 확정공고를 하였을 때에는 지체 없이 축척변경에 따라 확정된 사항을 지적공부에 등록하여야 한다. 이 경우 토지대장에 등록하는 기준으로 옳은 것은?

① 축척변경 확정측량 결과도에 따른다.
② 청산금납부고지서에 따른다.
③ 토지이동현황 조사계획서에 따른다.
④ 확정공고된 축척변경 지번별 조서에 따른다.
⑤ 축척변경 시행계획에 따른다.

12 공간정보의 구축 및 관리 등에 관한 법령상 지상경계점등록부의 등록사항으로 틀린 것은?

① 지적도면의 번호
② 토지의 소재
③ 공부상 지목과 실제 토지이용 지목
④ 경계점의 사진 파일
⑤ 경계점표지의 종류 및 경계점 위치

13 등기신청에 관한 설명으로 <u>틀린</u> 것은?

① 정지조건이 붙은 유증을 원인으로 소유권이전등기를 신청하는 경우, 조건성취를 증명하는 서면을 첨부하여야 한다.

② 사립대학이 부동산을 기증받은 경우, 학교 명의로 소유권이전등기를 할 수 있다.

③ 법무사는 매매계약에 따른 소유권이전등기를 매도인과 매수인 쌍방을 대리하여 신청할 수 있다.

④ 법인 아닌 사단인 종중이 건물을 매수한 경우, 종중의 대표자는 종중 명의로 소유권이전등기를 신청할 수 있다.

⑤ 채권자대위권에 의한 등기신청의 경우, 대위채권자는 채무자의 등기신청권을 자기의 이름으로 행사한다.

14 부동산등기법상 등기할 수 <u>없는</u> 것을 모두 고른 것은?

ㄱ. 분묘기지권	ㄴ. 전세권저당권
ㄷ. 주위토지통행권	ㄹ. 구분지상권

① ㄱ, ㄷ ② ㄴ, ㄹ
③ ㄱ, ㄴ, ㄷ ④ ㄱ, ㄷ, ㄹ
⑤ ㄴ, ㄷ, ㄹ

15 등기한 권리의 순위에 관한 설명으로 <u>틀린</u> 것은? (다툼이 있으면 판례에 따름)

① 부동산에 대한 가압류등기와 저당권설정등기 상호 간의 순위는 접수번호에 따른다.

② 2번 저당권이 설정된 후 1번 저당권 일부이전의 부기등기가 이루어진 경우, 배당에 있어서 그 부기등기가 2번 저당권에 우선한다.

③ 위조된 근저당권해지증서에 의해 1번 근저당권등기가 말소된 후 2번 근저당권이 설정된 경우, 말소된 1번 근저당권등기가 회복되더라도 2번 근저당권이 우선한다.

④ 가등기 후에 제3자 명의의 소유권이전등기가 이루어진 경우, 가등기에 기한 본등기가 이루어지면 본등기는 제3자 명의 등기에 우선한다.

⑤ 집합건물 착공 전의 나대지에 대하여 근저당권이 설정된 경우, 그 근저당권등기는 집합건물을 위한 대지권등기에 우선한다.

16 등기신청을 위한 첨부정보에 관한 설명으로 옳은 것을 모두 고른 것은?

> ㄱ. 토지에 대한 표시변경등기를 신청하는 경우, 등기원인을 증명하는 정보로서 토지대장정
>   보를 제공하면 된다.
> ㄴ. 매매를 원인으로 소유권이전등기를 신청하는 경우, 등기의무자의 주소를 증명하는 정보
>   도 제공하여야 한다.
> ㄷ. 상속등기를 신청하면서 등기원인을 증명하는 정보로서 상속인 전원이 참여한 공정증서에
>   의한 상속재산분할협의서를 제공하는 경우, 상속인들의 인감증명을 제출할 필요가 없다.
> ㄹ. 농지에 대한 소유권이전등기를 신청하는 경우, 등기원인을 증명하는 정보가 집행력 있는
>   판결인 때에는 특별한 사정이 없는 한 농지취득자격증명을 첨부하지 않아도 된다.

① ㄱ, ㄴ   ② ㄷ, ㄹ
③ ㄱ, ㄴ, ㄷ   ④ ㄱ, ㄷ, ㄹ
⑤ ㄴ, ㄷ, ㄹ

17 등기관이 용익권의 등기를 하는 경우에 관한 설명으로 옳은 것은?

① 1필 토지 전부에 지상권설정등기를 하는 경우, 지상권설정의 범위를 기록하지 않는다.
② 지역권의 경우, 승역지의 등기기록에 설정의 목적, 범위 등을 기록할 뿐, 요역지의 등기기
   록에는 지역권에 관한 등기사항을 기록하지 않는다.
③ 전세권의 존속기간이 만료된 경우, 그 전세권설정등기를 말소하지 않고 동일한 범위를 대
   상으로 하는 다른 전세권설정등기를 할 수 있다.
④ 2개의 목적물에 하나의 전세권설정계약으로 전세권설정등기를 하는 경우, 공동전세목록을
   작성하지 않는다.
⑤ 차임이 없이 보증금의 지급만을 내용으로 하는 채권적 전세의 경우, 임차권설정등기기록에
   차임 및 임차보증금을 기록하지 않는다.

18 등기관이 근저당권등기를 하는 경우에 관한 설명으로 **틀린** 것은?

① 채무자의 성명, 주소 및 주민등록번호를 등기기록에 기록하여야 한다.

② 채무자가 수인인 경우라도 채무자별로 채권최고액을 구분하여 기록할 수 없다.

③ 신청정보의 채권최고액이 외국통화로 표시된 경우, 외화표시금액을 채권최고액으로 기록한다.

④ 선순위근저당권의 채권최고액을 감액하는 변경등기는 그 저당목적물에 관한 후순위권리자의 승낙서가 첨부되지 않더라도 할 수 있다.

⑤ 수용으로 인한 소유권이전등기를 하는 경우, 특별한 사정이 없는 한 그 부동산의 등기기록 중 근저당권등기는 직권으로 말소하여야 한다.

19 가등기에 관한 설명으로 **틀린** 것은?

① 가등기로 보전하려는 등기청구권이 해제조건부인 경우에는 가등기를 할 수 없다.

② 소유권이전청구권 가등기는 주등기의 방식으로 한다.

③ 가등기는 가등기권리자와 가등기의무자가 공동으로 신청할 수 있다.

④ 가등기에 기한 본등기를 금지하는 취지의 가처분등기의 촉탁이 있는 경우, 등기관은 이를 각하하여야 한다.

⑤ 소유권이전청구권 가등기에 기하여 본등기를 하는 경우, 등기관은 그 가등기를 말소하는 표시를 하여야 한다.

법개정반영

20 등기관의 처분에 대한 이의신청에 관한 설명으로 **틀린** 것은?

① 등기신청인이 아닌 제3자는 등기신청의 각하결정에 대하여 이의신청을 할 수 없다.

② 이의신청은 대법원규칙으로 정하는 바에 따라 결정 또는 처분을 한 등기관이 속한 관할 지방법원에 이의신청서를 제출하거나 전산정보처리조직을 이용하여 이의신청정보를 보내는 방법으로 한다.

③ 이의신청기간에는 제한이 없으므로 이의의 이익이 있는 한 언제라도 이의신청을 할 수 있다.

④ 등기관의 처분 시에 주장하거나 제출하지 아니한 새로운 사실을 근거로 이의신청을 할 수 없다.

⑤ 등기관의 처분에 대한 이의신청이 있더라도 그 부동산에 대한 다른 등기신청은 수리된다.

21 부동산등기법 제29조 제2호의 '사건이 등기할 것이 아닌 경우'에 해당하는 것을 모두 고른 것은? (다툼이 있으면 판례에 따름)

> ㄱ. 위조한 개명허가서를 첨부한 등기명의인 표시변경등기신청
> ㄴ. 「하천법」상 하천에 대한 지상권설정등기신청
> ㄷ. 법령에 근거가 없는 특약사항의 등기신청
> ㄹ. 일부지분에 대한 소유권보존등기신청

① ㄱ
② ㄱ, ㄴ
③ ㄷ, ㄹ
④ ㄴ, ㄷ, ㄹ
⑤ ㄱ, ㄴ, ㄷ, ㄹ

22 구분건물의 등기에 관한 설명으로 **틀린** 것은?

① 대지권의 표시에 관한 사항은 전유부분의 등기기록 표제부에 기록하여야 한다.
② 토지전세권이 대지권인 경우에 대지권이라는 뜻의 등기가 되어 있는 토지의 등기기록에는 특별한 사정이 없는 한 저당권설정등기를 할 수 없다.
③ 대지권의 변경이 있는 경우, 구분건물의 소유권의 등기명의인은 1동의 건물에 속하는 다른 구분건물의 소유권의 등기명의인을 대위하여 대지권변경등기를 신청할 수 있다.
④ 1동의 건물에 속하는 구분건물 중 일부만에 관하여 소유권보존등기를 신청하는 경우에는 나머지 구분건물의 표시에 관한 등기를 동시에 신청하여야 한다.
⑤ 집합건물의 규약상 공용부분이라는 뜻을 정한 규약을 폐지한 경우, 그 공용부분의 취득자는 소유권이전등기를 신청하여야 한다.

23 소유권등기에 관한 설명으로 <u>틀린</u> 것은? (다툼이 있으면 판례에 따름)

① 미등기 건물의 건축물대장상 소유자로부터 포괄유증을 받은 자는 자기 명의로 소유권보존등기를 신청할 수 있다.

② 미등기 부동산이 전전양도된 경우, 최후의 양수인이 소유권보존등기를 한 때에도 그 등기가 결과적으로 실질적 법률관계에 부합된다면, 특별한 사정이 없는 한 그 등기는 무효라고 볼 수 없다.

③ 미등기 토지에 대한 소유권을 군수의 확인에 의해 증명한 자는 그 토지에 대한 소유권보존등기를 신청할 수 있다.

④ 특정유증을 받은 자로서 아직 소유권등기를 이전받지 않은 자는 직접 진정명의회복을 원인으로 한 소유권이전등기를 청구할 수 없다.

⑤ 부동산 공유자의 공유지분 포기에 따른 등기는 해당 지분에 관하여 다른 공유자 앞으로 소유권이전등기를 하는 형태가 되어야 한다.

24 등기필정보에 관한 설명으로 옳은 것은?

① 등기필정보는 아라비아 숫자와 그 밖의 부호의 조합으로 이루어진 일련번호와 비밀번호로 구성한다.

② 법정대리인이 등기를 신청하여 본인이 새로운 권리자가 된 경우, 등기필정보는 특별한 사정이 없는 한 본인에게 통지된다.

③ 등기절차의 인수를 명하는 판결에 따라 승소한 등기의무자가 단독으로 등기를 신청하는 경우, 등기필정보를 등기소에 제공할 필요가 없다.

④ 등기권리자의 채권자가 등기권리자를 대위하여 등기신청을 한 경우, 등기필정보는 그 대위채권자에게 통지된다.

⑤ 등기명의인의 포괄승계인은 등기필정보의 실효신고를 할 수 없다.

25 국세기본법령상 국세의 부과제척기간에 관한 설명으로 옳은 것은?

① 납세자가 「조세범 처벌법」에 따른 사기나 그 밖의 부정한 행위로 종합소득세를 포탈하는 경우(역외거래 제외) 그 국세를 부과할 수 있는 날부터 15년을 부과제척기간으로 한다.

② 지방국세청장은 「행정소송법」에 따른 소송에 대한 판결이 확정된 경우 그 판결이 확정된 날부터 2년이 지나기 전까지 경정이나 그 밖에 필요한 처분을 할 수 있다.

③ 세무서장은 「감사원법」에 따른 심사청구에 대한 결정에 의하여 명의대여 사실이 확인되는 경우에는 당초의 부과처분을 취소하고 그 결정이 확정된 날부터 1년 이내에 실제로 사업을 경영한 자에게 경정이나 그 밖에 필요한 처분을 할 수 있다.

④ 종합부동산세의 경우 부과제척기간의 기산일은 과세표준과 세액에 대한 신고기한의 다음 날이다.

⑤ 납세자가 법정신고기한까지 과세표준신고서를 제출하지 아니한 경우(역외거래 제외)에는 해당 국세를 부과할 수 있는 날부터 10년을 부과제척기간으로 한다.

26 국세 및 지방세의 연대납세의무에 관한 설명으로 옳은 것은?

① 공동주택의 공유물에 관계되는 지방자치단체의 징수금은 공유자가 연대하여 납부할 의무를 진다.

② 공동으로 소유한 자산에 대한 양도소득금액을 계산하는 경우에는 해당 자산을 공동으로 소유하는 공유자가 그 양도소득세를 연대하여 납부할 의무를 진다.

③ 공동사업에 관한 소득금액을 계산하는 경우(주된 공동사업자에게 합산과세되는 경우 제외)에는 해당 공동사업자가 그 종합소득세를 연대하여 납부할 의무를 진다.

④ 상속으로 인하여 단독주택을 상속인이 공동으로 취득하는 경우에는 상속인 각자가 상속받는 취득물건을 취득한 것으로 보고, 공동상속인이 그 취득세를 연대하여 납부할 의무를 진다.

⑤ 어느 연대납세의무자에 대하여 소멸시효가 완성된 때에도 다른 연대납세의무자의 납세의무에는 영향을 미치지 아니한다.

27 지방세법령상 취득세에 관한 설명으로 <u>틀린</u> 것은?

① 건축물 중 조작 설비에 속하는 부분으로서 그 주체구조부와 하나가 되어 건축물로서의 효용가치를 이루고 있는 것에 대하여는 주체구조부 취득자 외의 자가 가설한 경우에도 주체구조부의 취득자가 함께 취득한 것으로 본다.

② 「도시개발법」에 따른 환지방식에 의한 도시개발사업의 시행으로 토지의 지목이 사실상 변경됨으로써 그 가액이 증가한 경우에는 그 환지계획에 따라 공급되는 환지는 사업시행자가, 체비지 또는 보류지는 조합원이 각각 취득한 것으로 본다.

③ 경매를 통하여 배우자의 부동산을 취득하는 경우에는 유상으로 취득한 것으로 본다.

④ 형제자매인 증여자의 채무를 인수하는 부동산의 부담부증여의 경우에는 그 채무액에 상당하는 부분은 부동산을 유상으로 취득하는 것으로 본다.

⑤ 부동산의 승계취득은 「민법」등 관계 법령에 따른 등기를 하지 아니한 경우라도 사실상 취득하면 취득한 것으로 보고 그 부동산의 양수인을 취득자로 한다.

법개정반영

28 지방세기본법령 및 지방세법령상 취득세 납세의무의 성립에 관한 설명으로 <u>틀린</u> 것은?

① 상속으로 인한 취득의 경우에는 상속개시일이 납세의무의 성립시기이다.

② 부동산의 증여계약으로 인한 취득에 있어서 소유권이전등기를 하지 않고 취득일부터 취득일이 속하는 달의 말일부터 3개월 이내에 공증받은 공정증서로 계약이 해제된 사실이 입증되는 경우에는 취득한 것으로 보지 않는다.

③ 유상승계취득의 경우 사실상의 잔금지급일과 등기일 또는 등록일 중 빠른 날이 납세의무의 성립시기이다.

④ 「민법」에 따른 이혼 시 재산분할로 인한 부동산 취득의 경우에는 취득물건의 등기일이 납세의무의 성립시기이다.

⑤ 「도시 및 주거환경정비법」에 따른 재건축조합이 재건축사업을 하면서 조합원으로부터 취득하는 토지 중 조합원에게 귀속되지 아니하는 토지를 취득하는 경우에는 같은 법에 따른 준공인가 고시일의 다음 날이 납세의무의 성립시기이다.

29 종합부동산세법령상 주택의 과세표준 계산과 관련한 내용으로 **틀린** 것은? (단, 2025년 납세의무 성립분임)

① 대통령령으로 정하는 1세대 1주택자(공동명의 1주택자 제외)의 경우 주택에 대한 종합부동산세의 과세표준은 납세의무자별로 주택의 공시가격을 합산한 금액에서 12억원을 공제한 금액에 100분의 60을 곱한 금액으로 한다. 다만, 그 금액이 영보다 작은 경우에는 영으로 본다.

② 대통령령으로 정하는 다가구 임대주택으로서 임대기간, 주택의 수, 가격, 규모 등을 고려하여 대통령령으로 정하는 주택은 과세표준 합산의 대상이 되는 주택의 범위에 포함되지 아니하는 것으로 본다.

③ 1주택(주택의 부속토지만을 소유한 경우는 제외)과 다른 주택의 부속토지(주택의 건물과 부속토지의 소유자가 다른 경우의 그 부속토지)를 함께 소유하고 있는 경우는 1세대 1주택자로 본다.

④ 혼인으로 인한 1세대 2주택의 경우 납세의무자가 해당 연도 9월 16일부터 9월 30일까지 관할 세무서장에게 합산배제를 신청하면 1세대 1주택자로 본다.

⑤ 2주택을 소유하여 1천분의 27의 세율이 적용되는 법인의 경우 주택에 대한 종합부동산세의 과세표준은 납세의무자별로 주택의 공시가격을 합산한 금액에서 0원을 공제한 금액에 100분의 60을 곱한 금액으로 한다. 다만, 그 금액이 영보다 작은 경우에는 영으로 본다.

30 종합부동산세법령상 종합부동산세의 부과·징수에 관한 내용으로 **틀린** 것은?

① 관할 세무서장은 납부하여야 할 종합부동산세의 세액을 결정하여 해당 연도 12월 1일부터 12월 15일까지 부과·징수한다.

② 종합부동산세를 신고납부방식으로 납부하고자 하는 납세의무자는 종합부동산세의 과세표준과 세액을 관할 세무서장이 결정하기 전인 해당 연도 11월 16일부터 11월 30일까지 관할 세무서장에게 신고하여야 한다.

③ 관할 세무서장은 종합부동산세로 납부하여야 할 세액이 250만원을 초과하는 경우에는 대통령령으로 정하는 바에 따라 그 세액의 일부를 납부기한이 지난 날부터 6개월 이내에 분납하게 할 수 있다.

④ 관할 세무서장은 납세의무자가 과세기준일 현재 1세대 1주택자가 아닌 경우 주택분 종합부동산세액의 납부유예를 허가할 수 없다.

⑤ 관할 세무서장은 주택분 종합부동산세액의 납부가 유예된 납세의무자가 해당 주택을 타인에게 양도하거나 증여하는 경우에는 그 납부유예 허가를 취소하여야 한다.

31 지방세법령상 재산세의 표준세율에 관한 설명으로 <u>틀린</u> 것은? (단, 지방세관계법령상 감면 및 특례는 고려하지 않음)

① 법령에서 정하는 고급선박 및 고급오락장용 건축물의 경우 고급선박의 표준세율이 고급오락장용 건축물의 표준세율보다 높다.

② 특별시 지역에서 「국토의 계획 및 이용에 관한 법률」과 그 밖의 관계 법령에 따라 지정된 주거지역 및 해당 지방자치단체의 조례로 정하는 지역의 대통령령으로 정하는 공장용 건축물의 표준세율은 과세표준의 1천분의 5이다.

③ 주택(법령으로 정하는 1세대 1주택 아님)의 경우 표준세율은 최저 1천분의 1에서 최고 1천분의 4까지 4단계 초과누진세율로 적용한다.

④ 항공기의 표준세율은 1천분의 3으로 법령에서 정하는 고급선박을 제외한 그 밖의 선박의 표준세율과 동일하다.

⑤ 지방자치단체의 장은 특별한 재정수요나 재해 등의 발생으로 재산세의 세율 조정이 불가피하다고 인정되는 경우 조례로 정하는 바에 따라 표준세율의 100분의 50의 범위에서 가감할 수 있다. 다만, 가감한 세율은 해당 연도를 포함하여 3년간 적용한다.

32 지방세법령상 재산세의 부과·징수에 관한 설명으로 <u>틀린</u> 것은?

① 주택에 대한 재산세의 경우 해당 연도에 부과·징수할 세액의 2분의 1은 매년 7월 16일부터 7월 31일까지, 나머지 2분의 1은 9월 16일부터 9월 30일까지를 납기로 한다. 다만, 해당 연도에 부과할 세액이 20만원 이하인 경우에는 조례로 정하는 바에 따라 납기를 9월 16일부터 9월 30일까지로 하여 한꺼번에 부과·징수할 수 있다.

② 재산세는 관할 지방자치단체의 장이 세액을 산정하여 보통징수의 방법으로 부과·징수한다.

③ 재산세를 징수하려면 토지, 건축물, 주택, 선박 및 항공기로 구분한 납세고지서에 과세표준과 세액을 적어 늦어도 납기개시 5일 전까지 발급하여야 한다.

④ 재산세의 과세기준일은 매년 6월 1일로 한다.

⑤ 고지서 1장당 재산세로 징수할 세액이 2천원 미만인 경우에는 해당 재산세를 징수하지 아니한다.

33 지방세법령상 등록에 대한 등록면허세가 비과세되는 경우로 <u>틀린</u> 것은?

① 지방자치단체조합이 자기를 위하여 받는 등록

② 무덤과 이에 접속된 부속시설물의 부지로 사용되는 토지로서 지적공부상 지목이 묘지인 토지에 관한 등기

③ 「채무자 회생 및 파산에 관한 법률」 제6조 제3항에 따른 촉탁 등기

④ 대한민국 정부기관의 등록에 대하여 과세하는 외국정부의 등록

⑤ 등기 담당 공무원의 착오로 인한 주소 등의 단순한 표시변경 등기

34 지방세법령상 등록에 대한 등록면허세에 관한 설명으로 <u>틀린</u> 것은? (단, 지방세관계법령상 감면 및 특례는 고려하지 않음)

① 같은 등록에 관계되는 재산이 둘 이상의 지방자치단체에 걸쳐 있어 등록면허세를 지방자치단체별로 부과할 수 없을 때에는 등록관청 소재지를 납세지로 한다.

② 지방자치단체의 장은 조례로 정하는 바에 따라 등록면허세의 세율을 부동산 등기에 따른 표준세율의 100분의 50의 범위에서 가감할 수 있다.

③ 주택의 토지와 건축물을 한꺼번에 평가하여 토지나 건축물에 대한 과세표준이 구분되지 아니하는 경우에는 한꺼번에 평가한 개별주택가격을 토지나 건축물의 가액비율로 나눈 금액을 각각 토지와 건축물의 과세표준으로 한다.

④ 부동산의 등록에 대한 등록면허세의 과세표준은 등록자가 신고한 당시의 가액으로 하고, 신고가 없거나 신고가액이 시가표준액보다 많은 경우에는 시가표준액으로 한다.

⑤ 채권자대위자는 납세의무자를 대위하여 부동산의 등기에 대한 등록면허세를 신고납부할 수 있다.

법개정반영

35 주택임대사업자인 거주자 甲의 국내주택 임대현황(A, B, C 각 주택의 임대기간: 2025.1.1. ~2025.12.31.)을 참고하여 계산한 주택임대에 따른 2025년 귀속 사업소득의 총수입금액은? (단, 법령에 따른 적격증명서류를 수취·보관하고 있고, 기획재정부령으로 정하는 이자율은 연 4%로 가정하며 주어진 조건 이외에는 고려하지 않음)

구분(주거전용면적)	보증금	월세*	기준시가
A주택(85m²)	3억원	5십만원	5억원
B주택(40m²)	1억원	–	2억원
C주택(109m²)	5억원	1백만원	7억원

* 월세는 매월 수령하기로 약정한 금액임

① 0원
② 16,800,000원
③ 18,000,000원
④ 32,400,000원
⑤ 54,000,000원

36 소득세법령상 양도소득세의 양도 또는 취득시기에 관한 내용으로 틀린 것은?

① 대금을 청산한 날이 분명하지 아니한 경우에는 등기부·등록부 또는 명부 등에 기재된 등기·등록접수일 또는 명의개서일

② 상속에 의하여 취득한 자산에 대하여는 그 상속이 개시된 날

③ 대금을 청산하기 전에 소유권이전등기를 한 경우에는 등기부에 기재된 등기접수일

④ 자기가 건설한 건축물로서 건축허가를 받지 아니하고 건축하는 건축물에 있어서는 그 사실상의 사용일

⑤ 완성되지 아니한 자산을 양도한 경우로서 해당 자산의 대금을 청산한 날까지 그 목적물이 완성되지 아니한 경우에는 해당 자산의 대금을 청산한 날

37 소득세법령상 거주자의 양도소득과세표준에 적용되는 세율에 관한 내용으로 옳은 것은? (단, 국내소재 자산을 2025년에 양도한 경우로서 주어진 자산 외에 다른 자산은 없으며, 비과세와 감면은 고려하지 않음)

① 보유기간이 6개월인 등기된 상가건물: 100분의 40

② 보유기간이 10개월인 「소득세법」에 따른 분양권: 100분의 70

③ 보유기간이 1년 6개월인 등기된 상가건물: 100분의 30

④ 보유기간이 1년 10개월인 「소득세법」에 따른 조합원입주권: 100분의 70

⑤ 보유기간이 2년 6개월인 「소득세법」에 따른 분양권: 100분의 50

38 소득세법령상 거주자의 양도소득세 과세대상은 모두 몇 개인가? (단, 국내소재 자산을 양도한 경우임)

- 전세권
- 등기되지 않은 부동산임차권
- 사업에 사용하는 토지 및 건물과 함께 양도하는 영업권
- 토지 및 건물과 함께 양도하는 「개발제한구역의 지정 및 관리에 관한 특별조치법」에 따른 이축권(해당 이축권의 가액을 대통령령으로 정하는 방법에 따라 별도로 평가하여 신고함)

① 0개   ② 1개

③ 2개   ④ 3개

⑤ 4개

39 소득세법령상 거주자의 양도소득세 비과세에 관한 설명으로 틀린 것은? (단, 국내소재 자산을 양도한 경우임)

① 파산선고에 의한 처분으로 발생하는 소득은 비과세된다.

② 「지적재조사에 관한 특별법」에 따른 경계의 확정으로 지적공부상의 면적이 감소되어 같은 법에 따라 지급받는 조정금은 비과세된다.

③ 건설사업자가 「도시개발법」에 따라 공사용역 대가로 취득한 체비지를 토지구획환지처분공고 전에 양도하는 토지는 양도소득세 비과세가 배제되는 미등기양도자산에 해당하지 않는다.

④ 「도시개발법」에 따른 도시개발사업이 종료되지 아니하여 토지 취득등기를 하지 아니하고 양도하는 토지는 양도소득세 비과세가 배제되는 미등기양도자산에 해당하지 않는다.

⑤ 국가가 소유하는 토지와 분합하는 농지로서 분합하는 쌍방 토지가액의 차액이 가액이 큰 편의 4분의 1을 초과하는 경우 분합으로 발생하는 소득은 비과세된다.

법개정반영

40 소득세법령상 1세대 1주택자인 거주자 甲이 2025년 양도한 국내소재 A주택(조정대상지역이 아니며 등기됨)에 대한 양도소득과세표준은? (단, 2025년에 A주택 외 양도한 자산은 없으며, 법령에 따른 적격증명서류를 수취·보관하고 있고 주어진 조건 이외에는 고려하지 않음)

구분	기준시가	실지거래가액
양도 시	18억원	25억원
취득 시	13억 5천만원	19억 5천만원
추가 사항	• 양도비 및 자본적 지출액: 5천만원 • 보유기간 및 거주기간: 각각 5년 • 장기보유특별공제율: 보유기간별 공제율과 거주기간별 공제율은 각각 20%	

① 153,500,000원   ② 156,000,000원

③ 195,500,000원   ④ 260,000,000원

⑤ 500,000,000원

문제풀이 종료시각 ▶ _____ 시 _____ 분

정답 및 해설 ▶ p.59

※ 처음 문제를 풀 때에는 문제편 맨 뒤의 OMR 카드에 답을 체크하고, 두 번째에는 문제에 바로 체크하세요. 두 번 풀어도 헷갈리거나 틀린 문제는 오답노트에 정리하여 완전히 숙지하세요.

〈1교시〉

문제풀이 시작시각 ▶ _____ 시 _____ 분

제1과목: 공인중개사법령 및 중개실무

1 공인중개사법령상 용어의 설명으로 **틀린** 것은?

① 중개는 중개대상물에 대하여 거래당사자 간의 매매·교환·임대차 그 밖의 권리의 득실변경에 관한 행위를 알선하는 것을 말한다.

② 개업공인중개사는 이 법에 의하여 중개사무소의 개설등록을 한 자를 말한다.

③ 중개업은 다른 사람의 의뢰에 의하여 일정한 보수를 받고 중개를 업으로 행하는 것을 말한다.

④ 개업공인중개사인 법인의 사원 또는 임원으로서 공인중개사인 자는 소속공인중개사에 해당하지 않는다.

⑤ 중개보조원은 공인중개사가 아닌 자로서 개업공인중개사에 소속되어 개업공인중개사의 중개업무와 관련된 단순한 업무를 보조하는 자를 말한다.

2 공인중개사법령상 중개대상물에 해당하는 것을 모두 고른 것은? (다툼이 있으면 판례에 따름)

> ㄱ. 동·호수가 특정되어 분양계약이 체결된 아파트분양권
> ㄴ. 기둥과 지붕 그리고 주벽이 갖추어진 신축 중인 미등기상태의 건물
> ㄷ. 아파트 추첨기일에 신청하여 당첨되면 아파트의 분양예정자로 선정될 수 있는 지위인 입주권
> ㄹ. 주택이 철거될 경우 일정한 요건 하에 택지개발지구 내에 이주자택지를 공급받을 지위인 대토권

① ㄱ, ㄴ   ② ㄴ, ㄷ

③ ㄷ, ㄹ   ④ ㄱ, ㄴ, ㄹ

⑤ ㄱ, ㄴ, ㄷ, ㄹ

3 공인중개사법령상 공인중개사 정책심의위원회의 공인중개사 업무에 관한 심의사항에 해당하는 것을 모두 고른 것은?

> ㄱ. 공인중개사의 시험 등 공인중개사의 자격취득에 관한 사항
> ㄴ. 부동산중개업의 육성에 관한 사항
> ㄷ. 중개보수 변경에 관한 사항
> ㄹ. 손해배상책임의 보장 등에 관한 사항

① ㄱ   ② ㄴ, ㄷ
③ ㄴ, ㄹ   ④ ㄱ, ㄷ, ㄹ
⑤ ㄱ, ㄴ, ㄷ, ㄹ

4 공인중개사법령상 공인중개사자격증에 관한 설명으로 **틀린** 것은?

① 시·도지사는 공인중개사자격 시험합격자의 결정 공고일부터 2개월 이내에 시험합격자에게 공인중개사자격증을 교부해야 한다.
② 공인중개사자격증의 재교부를 신청하는 자는 재교부신청서를 자격증을 교부한 시·도지사에게 제출해야 한다.
③ 공인중개사자격증의 재교부를 신청하는 자는 해당 지방자치단체의 조례로 정하는 바에 따라 수수료를 납부해야 한다.
④ 공인중개사는 유·무상 여부를 불문하고 자기의 공인중개사자격증을 양도해서는 아니 된다.
⑤ 공인중개사가 아닌 자로서 공인중개사 명칭을 사용한 자는 1년 이하의 징역 또는 1천만원 이하의 벌금에 처한다.

법개정반영

5 공인중개사법령상 중개사무소 개설등록의 결격사유가 있는 자를 모두 고른 것은?

> ㄱ. 금고 이상의 실형의 선고를 받고 그 집행이 면제된 날부터 2년이 된 자
> ㄴ. 「공인중개사법」을 위반하여 200만원의 벌금형의 선고를 받고 2년이 된 자
> ㄷ. 사원 중 금고 이상의 형의 집행유예를 받고 그 유예기간이 만료된 날부터 2년이 지나지
> 아니한 자가 있는 법인

① ㄱ
② ㄴ
③ ㄱ, ㄷ
④ ㄴ, ㄷ
⑤ ㄱ, ㄴ, ㄷ

6 공인중개사법령상 중개업 등에 관한 설명으로 옳은 것은?

① 소속공인중개사는 중개사무소의 개설등록을 신청할 수 있다.
② 법인인 개업공인중개사는 '중개업'과 '개업공인중개사를 대상으로 한 중개업의 경영기법 및 경영정보의 제공업무'를 함께 할 수 없다.
③ 법인인 개업공인중개사가 등록관청의 관할 구역 외의 지역에 분사무소를 두기 위해서는 등록관청의 허가를 받아야 한다.
④ 소속공인중개사는 등록관청에 신고를 거쳐 천막 그 밖에 이동이 용이한 임시 중개시설물을 설치할 수 있다.
⑤ 개업공인중개사는 의뢰받은 중개대상물에 대한 표시·광고에 중개보조원에 관한 사항을 명시해서는 아니 된다.

7 부동산 거래신고 등에 관한 법령상 2년 이하의 징역 또는 계약 체결 당시의 개별공시지가에 따른 해당 토지가격의 100분의 30에 해당하는 금액 이하의 벌금에 처해지는 자는?

① 신고관청의 관련 자료의 제출요구에도 거래대금 지급을 증명할 수 있는 자료를 제출하지 아니한 자
② 토지거래허가구역 내에서 토지거래계약허가를 받은 사항을 변경하려는 경우 변경허가를 받지 아니하고 토지거래계약을 체결한 자
③ 외국인이 경매로 대한민국 안의 부동산을 취득한 후 취득 신고를 하지 아니한 자
④ 개업공인중개사에게 부동산 거래신고를 하지 아니하게 한 자
⑤ 부동산의 매매계약을 체결한 후 신고 의무자가 아닌 자가 거짓으로 부동산 거래신고를 하는 자

8 공인중개사법령상 개업공인중개사의 일반중개계약과 전속중개계약에 관한 설명으로 옳은 것은?

① 일반중개계약은 중개의뢰인이 중개대상물의 중개를 의뢰하기 위해 특정한 개업공인중개사를 정하여 그 개업공인중개사에 한정하여 중개대상물을 중개하도록 하는 계약을 말한다.

② 개업공인중개사가 일반중개계약을 체결한 때에는 중개의뢰인이 비공개를 요청하지 않은 경우, 부동산거래정보망에 해당 중개대상물에 관한 정보를 공개해야 한다.

③ 개업공인중개사가 일반중개계약을 체결한 때에는 중개의뢰인에게 2주일에 1회 이상 중개업무 처리상황을 문서로 통지해야 한다.

④ 개업공인중개사가 국토교통부령으로 정하는 전속중개계약서에 의하지 아니하고 전속중개계약을 체결한 행위는 업무정지 사유에 해당하지 않는다.

⑤ 표준서식인 일반중개계약서와 전속중개계약서에는 개업공인중개사가 중개보수를 과다수령 시 그 차액의 환급을 공통적으로 규정하고 있다.

9 공인중개사법령상 중개대상물 확인·설명서[Ⅱ](비주거용 건축물)에서 개업공인중개사의 기본 확인사항이 아닌 것은?

① 소재지, 면적 등 대상물건의 표시에 관한 사항

② 소유권 외의 권리사항

③ 비선호시설(1km 이내)의 유무에 관한 사항

④ 관리주체 등 관리에 관한 사항

⑤ 소유권에 관한 사항

10 공인중개사법령상 중개보수의 제한에 관한 설명으로 옳은 것을 모두 고른 것은? (다툼이 있으면 판례에 따름)

> ㄱ. 공인중개사법령상 중개보수 제한 규정들은 공매 대상 부동산 취득의 알선에 대해서는 적용되지 않는다.
> ㄴ. 공인중개사법령에서 정한 한도를 초과하는 부동산 중개보수 약정은 한도를 초과하는 범위 내에서 무효이다.
> ㄷ. 개업공인중개사는 중개대상물에 대한 거래계약이 완료되지 않을 경우에도 중개의뢰인과 중개행위에 상응하는 보수를 지급하기로 약정할 수 있고, 이 경우 공인중개사법령상 중개보수 제한 규정들이 적용된다.

① ㄱ
② ㄷ
③ ㄱ, ㄴ
④ ㄴ, ㄷ
⑤ ㄱ, ㄴ, ㄷ

11 공인중개사법령상 (   )에 들어갈 숫자가 큰 것부터 작은 것 순으로 옳게 나열된 것은?

> • 개업공인중개사가 공제금으로 손해배상을 한 때에는 (ㄱ)일 이내에 공제에 다시 가입해야 한다.
> • 개업공인중개사가 등록한 인장을 변경한 경우 변경일부터 (ㄴ)일 이내에 그 변경된 인장을 등록관청에 등록해야 한다.
> • 개업공인중개사는 중개사무소를 이전한 때에는 이전한 날부터 (ㄷ)일 이내에 국토교통부령으로 정하는 바에 따라 등록관청에 이전사실을 신고해야 한다.

① ㄱ - ㄷ - ㄴ
② ㄴ - ㄱ - ㄷ
③ ㄴ - ㄷ - ㄱ
④ ㄷ - ㄱ - ㄴ
⑤ ㄷ - ㄴ - ㄱ

12 공인중개사법령상 개업공인중개사의 거래계약서 작성 등에 관한 설명으로 옳은 것은?

① 개업공인중개사가 국토교통부장관이 정하는 거래계약서 표준서식을 사용하지 아니한 경우, 시·도지사는 그 자격을 취소해야 한다.

② 중개대상물 확인·설명서 교부일자는 거래계약서에 기재해야 하는 사항이다.

③ 하나의 거래계약에 대하여 서로 다른 둘 이상의 거래계약서를 작성한 경우, 시·도지사는 3개월의 범위 안에서 그 업무를 정지해야 한다.

④ 중개행위를 한 소속공인중개사가 거래계약서를 작성하는 경우, 그 소속공인중개사가 거래계약서에 서명 및 날인하여야 하며 개업공인중개사는 서명 및 날인의무가 없다.

⑤ 거래계약서가 「전자문서 및 전자거래 기본법」에 따른 공인전자문서센터에 보관된 경우 3년간 그 사본을 보존해야 한다.

13 공인중개사법령상 등록관청이 중개사무소의 개설등록을 취소하여야 하는 사유로 명시되지 않은 것은?

① 개업공인중개사가 업무정지기간 중에 중개업무를 한 경우

② 개인인 개업공인중개사가 사망한 경우

③ 개업공인중개사가 이중으로 중개사무소의 개설등록을 한 경우

④ 개업공인중개사가 천막 그 밖에 이동이 용이한 임시 중개시설물을 설치한 경우

⑤ 개업공인중개사가 최근 1년 이내에 이 법에 의하여 2회 이상 업무정지처분을 받고 다시 업무정지처분에 해당하는 행위를 한 경우

14 공인중개사법령상 거래정보사업자의 지정을 취소할 수 있는 사유에 해당하는 것을 모두 고른 것은?

> ㄱ. 거짓 등 부정한 방법으로 지정을 받은 경우
> ㄴ. 정당한 사유 없이 지정받은 날부터 1년 이내에 부동산거래정보망을 설치·운영하지 아니한 경우
> ㄷ. 개업공인중개사로부터 공개를 의뢰받은 중개대상물의 내용과 다르게 부동산거래정보망에 정보를 공개한 경우
> ㄹ. 부동산거래정보망의 이용 및 정보제공방법 등에 관한 운영규정을 위반하여 부동산거래정보망을 운영한 경우

① ㄱ, ㄴ   ② ㄴ, ㄷ

③ ㄷ, ㄹ   ④ ㄱ, ㄷ, ㄹ

⑤ ㄱ, ㄴ, ㄷ, ㄹ

15 공인중개사법령상 3년 이하의 징역 또는 3천만원 이하의 벌금에 처해지는 개업공인중개사등의 행위가 <u>아닌</u> 것은?

① 관계 법령에서 양도가 금지된 부동산의 분양과 관련 있는 증서의 매매를 중개하는 행위
② 법정 중개보수를 초과하여 수수하는 행위
③ 중개의뢰인과 직접 거래를 하는 행위
④ 거래당사자 쌍방을 대리하는 행위
⑤ 단체를 구성하여 특정 중개대상물에 대하여 중개를 제한하는 행위

16 공인중개사법령상 공인중개사협회(이하 '협회'라 함)의 공제사업에 관한 설명으로 <u>틀린</u> 것은?

① 협회는 공제사업을 다른 회계와 구분하여 별도의 회계로 관리해야 한다.
② 공제규정에서 정하는 책임준비금의 적립비율은 공제료 수입액의 100분의 20 이상으로 한다.
③ 국토교통부장관은 협회의 자산상황이 불량하여 공제 가입자의 권익을 해칠 우려가 있다고 인정하면 자산예탁 기관의 변경을 명할 수 있다.
④ 국토교통부장관은 협회의 자산상황이 불량하여 중개사고 피해자의 권익을 해칠 우려가 있다고 인정하면 불건전한 자산에 대한 적립금의 보유를 명할 수 있다.
⑤ 협회는 대통령령으로 정하는 바에 따라 매년도의 공제사업 운용실적을 일간신문·협회보 등을 통하여 공제계약자에게 공시해야 한다.

17 공인중개사법령상 중개보수 등에 관한 설명으로 옳은 것은?

① 개업공인중개사의 과실로 인하여 중개의뢰인 간의 거래행위가 취소된 경우에도 개업공인중개사는 중개업무에 관하여 중개의뢰인으로부터 소정의 보수를 받는다.

② 개업공인중개사는 권리를 이전하고자 하는 중개의뢰인으로부터 중개대상물의 권리관계 등의 확인에 소요되는 실비를 받을 수 없다.

③ 개업공인중개사는 권리를 취득하고자 하는 중개의뢰인으로부터 계약금등의 반환채무이행보장에 소요되는 실비를 받을 수 없다.

④ 개업공인중개사의 중개보수의 지급시기는 개업공인중개사와 중개의뢰인 간의 약정에 따르되, 약정이 없을 때에는 중개대상물의 거래대금 지급이 완료된 날로 한다.

⑤ 주택 외의 중개대상물의 중개에 대한 보수는 시·도의 조례로 정한다.

18 공인중개사법령상 행정제재처분효과의 승계 등에 관한 설명으로 옳은 것을 모두 고른 것은?

> ㄱ. 폐업신고 전에 개업공인중개사에게 한 업무정지처분의 효과는 그 처분일부터 2년간 재등록 개업공인중개사에게 승계된다.
>
> ㄴ. 폐업기간이 2년을 초과한 재등록 개업공인중개사에 대해 폐업신고 전의 중개사무소 업무정지사유에 해당하는 위반행위를 이유로 행정처분을 할 수 없다.
>
> ㄷ. 폐업신고 전에 개업공인중개사에게 한 과태료부과처분의 효과는 그 처분일부터 10개월된 때에 재등록을 한 개업공인중개사에게 승계된다.
>
> ㄹ. 폐업기간이 3년 6개월이 지난 재등록 개업공인중개사에게 폐업신고 전의 중개사무소 개설등록 취소사유에 해당하는 위반행위를 이유로 개설등록취소처분을 할 수 없다.

① ㄱ

② ㄱ, ㄹ

③ ㄴ, ㄷ

④ ㄴ, ㄷ, ㄹ

⑤ ㄱ, ㄴ, ㄷ, ㄹ

19 공인중개사법령상 법인이 중개사무소를 개설하려는 경우 개설등록 기준에 부합하는 것을 모두 고른 것은? (단, 다른 법률의 규정은 고려하지 않음)

> ㄱ. 대표자가 공인중개사이다.
> ㄴ. 건축물대장(건축법에 따른 가설건축물대장은 제외)에 기재된 건물에 전세로 중개사무소를 확보하였다.
> ㄷ. 중개사무소를 개설하려는 법인이 자본금 5천만원 이상인 「협동조합 기본법」상 사회적 협동조합이다.

① ㄱ   ② ㄷ
③ ㄱ, ㄴ   ④ ㄴ, ㄷ
⑤ ㄱ, ㄴ, ㄷ

20 공인중개사법령상 포상금을 지급받을 수 있는 신고 또는 고발의 대상을 모두 고른 것은?

> ㄱ. 중개대상물의 매매를 업으로 하는 행위를 한 자
> ㄴ. 공인중개사자격증을 다른 사람으로부터 대여받은 자
> ㄷ. 해당 중개대상물의 거래상의 중요사항에 관하여 거짓된 언행으로 중개의뢰인의 판단을 그르치게 하는 행위를 한 자

① ㄱ   ② ㄴ
③ ㄱ, ㄷ   ④ ㄴ, ㄷ
⑤ ㄱ, ㄴ, ㄷ

법개정반영

21 공인중개사법령상 공인중개사의 자격취소에 관한 설명으로 틀린 것은?

① 시·도지사는 공인중개사가 이 법을 위반하여 300만원 이상 벌금형의 선고를 받은 경우에는 그 자격을 취소해야 한다.
② 공인중개사의 자격이 취소된 자는 공인중개사자격증을 교부한 시·도지사에게 반납해야 한다.
③ 시·도지사는 공인중개사의 자격취소처분을 한 때에는 5일 이내에 이를 국토교통부장관과 다른 시·도지사에게 통보하여야 한다.
④ 시·도지사는 공인중개사의 자격을 취소하고자 하는 경우에는 청문을 실시해야 한다.
⑤ 시·도지사는 공인중개사가 부정한 방법으로 공인중개사의 자격을 취득한 경우에는 그 자격을 취소해야 한다.

22 부동산 거래신고 등에 관한 법령에 대한 설명이다. (   )에 들어갈 숫자는? (단, 국토교통부장관 또는 시·도지사가 따로 정하여 공고한 경우와 종전 규정에 따라 공고된 면제대상 토지면적 기준은 고려하지 않음)

> 경제 및 지가의 동향과 거래단위면적 등을 종합적으로 고려하여 「국토의 계획 및 이용에 관한 법률」에 따른 도시지역 중 아래의 세부 용도지역별 면적 이하의 토지에 대한 토지거래계약허가는 필요하지 아니하다.
> • 주거지역: (ㄱ)m²
> • 상업지역: (ㄴ)m²
> • 공업지역: (ㄷ)m²
> • 녹지지역: (ㄹ)m²

① ㄱ: 60,   ㄴ: 100,   ㄷ: 100,   ㄹ: 200
② ㄱ: 60,   ㄴ: 150,   ㄷ: 150,   ㄹ: 200
③ ㄱ: 180,   ㄴ: 180,   ㄷ: 660,   ㄹ: 500
④ ㄱ: 180,   ㄴ: 200,   ㄷ: 660,   ㄹ: 200
⑤ ㄱ: 180,   ㄴ: 250,   ㄷ: 500,   ㄹ: 1천

23 부동산 거래신고 등에 관한 법령상 부동산정보체계의 관리 대상 정보로 명시된 것을 모두 고른 것은?

> ㄱ. 부동산 거래계약 등 부동산거래 관련 정보
> ㄴ. 「부동산등기 특별조치법」 제3조에 따른 검인 관련 정보
> ㄷ. 중개사무소의 개설등록에 관한 정보
> ㄹ. 토지거래계약의 허가 관련 정보

① ㄱ, ㄷ
② ㄴ, ㄹ
③ ㄱ, ㄴ, ㄹ
④ ㄴ, ㄷ, ㄹ
⑤ ㄱ, ㄴ, ㄷ, ㄹ

24 부동산 거래신고 등에 관한 법령상 외국인의 부동산 취득 등에 관한 설명으로 옳은 것은? (단, 상호주의에 따른 제한은 고려하지 않음)

① 「자연환경보전법」에 따른 생태·경관보전지역에서 외국인이 토지취득의 허가를 받지 아니하고 체결한 토지취득계약은 유효하다.

② 외국인이 건축물의 신축을 원인으로 대한민국 안의 부동산을 취득한 때에는 신고관청으로부터 부동산 취득의 허가를 받아야 한다.

③ 외국인이 취득하려는 토지가 토지거래허가구역과 「문화유산의 보존 및 활용에 관한 법률」에 따른 지정문화유산과 이를 위한 보호물 또는 보호구역에 있으면 토지거래계약허가와 토지취득허가를 모두 받아야 한다.

④ 대한민국 안의 부동산을 가지고 있는 대한민국국민이 외국인으로 변경된 경우 그 외국인이 해당 부동산을 계속 보유하려는 경우에는 부동산 보유의 허가를 받아야 한다.

⑤ 외국인으로부터 「자연환경보전법」에 따른 생태·경관보전지역 내의 토지취득 허가 신청서를 받은 신고관청은 신청서를 받은 날부터 15일 이내에 허가 또는 불허가 처분을 해야 한다.

25 부동산 거래신고 등에 관한 법령상 이행강제금에 관한 설명이다. (   )에 들어갈 숫자로 옳은 것은?

> 시장·군수는 토지거래계약허가를 받아 토지를 취득한 자가 당초의 목적대로 이용하지 아니하고 방치한 경우 그에 대하여 상당한 기간을 정하여 토지의 이용 의무를 이행하도록 명할 수 있다. 그 의무의 이행기간은 (ㄱ)개월 이내로 정하여야 하며, 그 정해진 기간 내에 이행되지 않은 경우, 토지 취득가액의 100분의 (ㄴ)에 상당하는 금액의 이행강제금을 부과한다.

① ㄱ: 3, ㄴ: 7 ② ㄱ: 3, ㄴ: 10

③ ㄱ: 6, ㄴ: 7 ④ ㄱ: 6, ㄴ: 10

⑤ ㄱ: 12, ㄴ: 15

26 부동산 거래신고 등에 관한 법령상 토지거래허가구역 등에 관한 설명으로 <u>틀린</u> 것은?

① 시장·군수 또는 구청장은 공익사업용 토지에 대해 토지거래계약에 관한 허가신청이 있는 경우, 한국토지주택공사가 그 매수를 원하는 경우에는 한국토지주택공사를 선매자(先買者)로 지정하여 그 토지를 협의 매수하게 할 수 있다.

② 국토교통부장관 또는 시·도지사는 허가구역의 지정 사유가 없어졌다고 인정되면 지체 없이 허가구역의 지정을 해제해야 한다.

③ 토지거래허가신청에 대해 불허가처분을 받은 자는 그 통지를 받은 날부터 1개월 이내에 시장·군수 또는 구청장에게 해당 토지에 관한 권리의 매수를 청구할 수 있다.

④ 허가구역의 지정은 허가구역의 지정을 공고한 날의 다음 날부터 그 효력이 발생한다.

⑤ 토지거래허가를 받으려는 자는 그 허가신청서에 계약내용과 그 토지의 이용계획, 취득자금 조달계획 등을 적어 시장·군수 또는 구청장에게 제출해야 한다.

제 33 회

27 부동산 거래신고 등에 관한 법령상 외국인등에 해당되는 것을 모두 고른 것은?

> ㄱ. 국제연합의 전문기구
> ㄴ. 대한민국의 국적을 보유하고 있지 아니한 개인
> ㄷ. 외국의 법령에 따라 설립된 법인
> ㄹ. 비정부 간 국제기구
> ㅁ. 외국 정부

① ㄱ, ㄴ   ② ㄴ, ㄷ, ㅁ

③ ㄱ, ㄴ, ㄷ, ㅁ   ④ ㄱ, ㄷ, ㄹ, ㅁ

⑤ ㄱ, ㄴ, ㄷ, ㄹ, ㅁ

28 부동산 거래신고 등에 관한 법령상 토지거래허가 등에 관한 설명으로 옳은 것은 모두 몇 개 인가?

> - 농지에 대하여 토지거래계약허가를 받은 경우에는 「농지법」에 따른 농지전용허가를 받은 것으로 본다.
> - 국세의 체납처분을 하는 경우에는 '허가구역 내 토지거래에 대한 허가'의 규정을 적용한다.
> - 시장·군수는 토지 이용 의무기간이 지난 후에도 이행강제금을 부과할 수 있다.
> - 토지의 소유권자에게 부과된 토지 이용에 관한 의무는 그 토지에 관한 소유권의 변동과 동시에 그 승계인에게 이전한다.

① 0개   ② 1개
③ 2개   ④ 3개
⑤ 4개

29 개업공인중개사가 중개의뢰인에게 부동산 실권리자명의 등기에 관한 법률의 내용에 관하여 설명한 것으로 옳은 것을 모두 고른 것은? (다툼이 있으면 판례에 따름)

> ㄱ. 부동산의 위치와 면적을 특정하여 2인 이상이 구분소유하기로 하는 약정을 하고 그 구분 소유자의 공유로 등기한 경우, 그 등기는 「부동산 실권리자명의 등기에 관한 법률」 위반 으로 무효이다.
> ㄴ. 배우자 명의로 부동산에 관한 물권을 등기한 경우 조세 포탈, 강제집행의 면탈 또는 법령상 제한의 회피를 목적으로 하지 아니하는 경우 그 등기는 유효하다.
> ㄷ. 명의신탁자가 계약의 당사자가 되는 3자간 등기명의신탁이 무효인 경우 명의신탁자는 매도인을 대위하여 명의수탁자 명의의 등기의 말소를 청구할 수 있다.

① ㄱ   ② ㄴ
③ ㄱ, ㄷ   ④ ㄴ, ㄷ
⑤ ㄱ, ㄴ, ㄷ

30 매수신청대리인으로 등록한 개업공인중개사가 매수신청대리 위임인에게 민사집행법의 내용에 관하여 설명한 것으로 **틀린** 것은? (다툼이 있으면 판례에 따름)

① 후순위 저당권자가 경매신청을 하면 매각부동산 위의 모든 저당권은 매각으로 소멸된다.

② 전세권 및 등기된 임차권은 저당권·압류채권·가압류채권에 대항할 수 없는 경우에는 매각으로 소멸된다.

③ 유치권자는 유치권이 성립된 목적물을 경매로 매수한 자에 대하여 그 피담보채권의 변제를 청구할 수 있다.

④ 최선순위 전세권은 그 전세권자가 배당요구를 하면 매각으로 소멸된다.

⑤ 매수인은 매각대금을 다 낸 때에 매각의 목적인 권리를 취득한다.

31 개업공인중개사가 중개의뢰인에게 상가건물 임대차보호법의 내용에 관하여 설명한 것으로 옳은 것을 모두 고른 것은?

> ㄱ. 대통령령으로 정하는 보증금액을 초과하는 임대차인 경우에도 「상가건물 임대차보호법」 상 권리금에 관한 규정이 적용된다.
> ㄴ. 임차인이 2기의 차임액에 해당하는 금액에 이르도록 차임을 연체한 사실이 있는 경우, 임대인은 임차인의 계약갱신요구를 거절할 수 있다.
> ㄷ. 임대인의 동의를 받고 전대차계약을 체결한 전차인은 임차인의 계약갱신요구권 행사기간 이내에 임차인을 대위하여 임대인에게 계약갱신요구권을 행사할 수 있다.

① ㄱ
② ㄴ
③ ㄱ, ㄷ
④ ㄴ, ㄷ
⑤ ㄱ, ㄴ, ㄷ

32 개업공인중개사가 중개의뢰인에게 주택임대차보호법의 내용에 관하여 설명한 것으로 <u>틀린</u> 것은? (단, 임차인은 자연인임)

① 「주택임대차보호법」은 주거용 건물의 임대차에 적용되며, 그 임차주택의 일부가 주거 외의 목적으로 사용되는 경우에도 적용된다.

② 임차인의 계약갱신요구권의 행사를 통해 갱신되는 임대차의 존속기간은 2년으로 본다.

③ 임차인은 임차주택에 대한 경매신청의 등기 전에 대항요건을 갖추지 않은 경우에도 보증금 중 일정액에 대해서는 다른 담보물권자보다 우선하여 변제받을 권리가 있다.

④ 임차인이 대항력을 갖춘 경우 임차주택의 양수인은 임대인의 지위를 승계한 것으로 본다.

⑤ 임차권등기명령의 집행에 따른 임차권등기를 마친 임차인은 이후 대항요건을 상실하더라도 이미 취득한 대항력 또는 우선변제권을 상실하지 아니한다.

33 개업공인중개사가 주택의 임대차를 중개하면서 중개대상물 확인·설명서[I](주거용 건축물)를 작성하는 경우 제외하거나 생략할 수 있는 것을 모두 고른 것은?

> ㄱ. 취득 시 부담할 조세의 종류 및 세율
> ㄴ. 개별공시지가(m²당) 및 건물(주택)공시가격
> ㄷ. 다가구주택 확인서류 제출 여부
> ㄹ. 건축물의 방향

① ㄱ, ㄴ
② ㄱ, ㄷ
③ ㄷ, ㄹ
④ ㄱ, ㄴ, ㄹ
⑤ ㄴ, ㄷ, ㄹ

34 중개의뢰인 甲과 개업공인중개사 乙은 공인중개사법령에 따른 전속중개계약을 체결하고 전속중개계약서를 작성하였다. 이에 관한 설명으로 <u>틀린</u> 것은?

① 甲과 乙이 전속중개계약의 유효기간을 4개월로 약정한 것은 유효하다.

② 乙은 전속중개계약서를 3년 동안 보존해야 한다.

③ 甲은 乙이 공인중개사법령상의 중개대상물 확인·설명 의무를 이행하는 데 협조해야 한다.

④ 전속중개계약에 정하지 않은 사항에 대하여는 甲과 乙이 합의하여 별도로 정할 수 있다.

⑤ 전속중개계약의 유효기간 내에 甲이 스스로 발견한 상대방과 거래한 경우, 甲은 乙에게 지급해야 할 중개보수 전액을 위약금으로 지급해야 한다.

35 개업공인중개사 甲은 공인중개사의 매수신청대리인 등록 등에 관한 규칙에 따라 매수신청대리인으로 등록하였다. 이에 관한 설명으로 옳은 것을 모두 고른 것은?

> ㄱ. 甲은 「공장 및 광업재단 저당법」에 따른 광업재단에 대한 매수신청대리를 할 수 있다.
> ㄴ. 甲의 중개사무소 개설등록이 취소된 경우 시·도지사는 매수신청대리인 등록을 취소해야 한다.
> ㄷ. 중개사무소 폐업신고로 甲의 매수신청대리인 등록이 취소된 경우 3년이 지나지 아니하면 甲은 다시 매수신청대리인 등록을 할 수 없다.

① ㄱ
② ㄴ
③ ㄱ, ㄷ
④ ㄴ, ㄷ
⑤ ㄱ, ㄴ, ㄷ

36 개업공인중개사가 아파트를 매수하려는 의뢰인에게 집합건물의 소유 및 관리에 관한 법률의 내용에 관하여 설명한 것으로 옳은 것은?

① 전유부분이 속하는 1동의 건물의 설치 또는 보존의 흠으로 인하여 다른 자에게 손해를 입힌 경우, 그 흠은 공용부분에 존재하는 것으로 추정한다.

② 구분소유자는 그 전유부분을 개량하기 위하여 필요한 범위에서 다른 구분소유자의 전유부분의 사용을 청구할 수 없다.

③ 공용부분의 공유자가 공용부분에 관하여 다른 공유자에 대하여 가지는 채권은 그 특별승계인에 대하여 행사할 수 없다.

④ 대지 위에 구분소유권의 목적인 건물이 속하는 1동의 건물이 있을 때에는 그 대지의 공유자는 그 건물 사용에 필요한 범위의 대지에 대하여 분할을 청구할 수 있다.

⑤ 공용부분에 대한 공유자의 지분은 그가 가지는 전유부분의 처분에 따르지 않는다.

37 개업공인중개사가 주택을 임차하려는 중개의뢰인과 일반중개계약을 체결하면서 공인중개사법령상 표준서식인 일반중개계약서를 작성할 때 기재할 사항은?

① 소유자 및 등기명의인
② 은행융자·권리금·제세공과금 등
③ 중개의뢰 금액
④ 희망지역
⑤ 거래규제 및 공법상 제한사항

38 A시에 중개사무소를 둔 개업공인중개사 甲은 B시에 소재하는 乙 소유의 오피스텔(건축법령상 업무시설로 전용면적 80m²이고, 상·하수도 시설이 갖추어진 전용입식 부엌, 전용수세식 화장실 및 목욕시설을 갖춤)에 대하여, 이를 매도하려는 乙과 매수하려는 丙의 의뢰를 받아 매매계약을 중개하였다. 이 경우 공인중개사법령상 甲이 받을 수 있는 중개보수 및 실비에 관한 설명으로 옳은 것을 모두 고른 것은?

> ㄱ. 甲이 乙로부터 받을 수 있는 실비는 A시가 속한 시·도의 조례에서 정한 기준에 따른다.
> ㄴ. 甲이 丙으로부터 받을 수 있는 중개보수의 상한요율은 거래금액의 1천분의 5이다.
> ㄷ. 甲은 乙과 丙으로부터 각각 중개보수를 받을 수 있다.
> ㄹ. 주택(부속토지 포함)의 중개에 대한 보수 및 실비 규정을 적용한다.

① ㄹ
② ㄱ, ㄷ
③ ㄴ, ㄹ
④ ㄱ, ㄴ, ㄷ
⑤ ㄱ, ㄴ, ㄷ, ㄹ

39 부동산 거래신고 등에 관한 법령상 부동산거래계약 신고서 작성에 관한 설명으로 틀린 것은?

① 거래당사자가 외국인인 경우 거래당사자의 국적을 반드시 적어야 한다.

② '계약대상 면적'란에는 실제 거래면적을 계산하여 적되, 건축물 면적은 집합건축물의 경우 전용면적을 적는다.

③ '종전 부동산'란은 입주권 매매의 경우에만 작성한다.

④ '계약의 조건 및 참고사항'란은 부동산 거래계약 내용에 계약조건이나 기한을 붙인 경우, 거래와 관련한 참고내용이 있을 경우에 적는다.

⑤ 거래대상의 종류가 공급계약(분양)인 경우 물건별 거래가격 및 총 실제거래가격에 부가가치세를 제외한 금액을 적는다.

40 개업공인중개사가 분묘가 있는 토지를 매수하려는 의뢰인에게 분묘기지권에 관해 설명한 것으로 옳은 것은? (다툼이 있으면 판례에 따름)

① 분묘기지권의 존속기간은 지상권의 존속기간에 대한 규정이 유추적용되어 30년으로 인정된다.

② 「장사 등에 관한 법률」이 시행되기 전에 설치된 분묘의 경우 그 법의 시행 후에는 분묘기지권의 시효취득이 인정되지 않는다.

③ 자기 소유 토지에 분묘를 설치한 사람이 분묘이장의 특약 없이 토지를 양도함으로써 분묘기지권을 취득한 경우, 특별한 사정이 없는 한 분묘기지권이 성립한 때부터 지료지급의무가 있다.

④ 분묘기지권을 시효로 취득한 사람은 토지소유자의 지료지급청구가 있어도 지료지급의무가 없다.

⑤ 분묘가 멸실된 경우 유골이 존재하여 분묘의 원상회복이 가능한 일시적인 멸실에 불과하여도 분묘기지권은 소멸한다.

41 국토의 계획 및 이용에 관한 법령상 용도지역·용도지구·용도구역에 관한 설명으로 옳은 것은? (단, 조례는 고려하지 않음)

① 대도시 시장은 유통상업지역에 복합용도지구를 지정할 수 있다.

② 대도시 시장은 재해의 반복 발생이 우려되는 지역에 대해서는 특정용도제한지구를 지정하여야 한다.

③ 용도지역 안에서의 건축물의 용도·종류 및 규모의 제한에 대한 규정은 도시·군계획시설에 대해서도 적용된다.

④ 공유수면의 매립목적이 그 매립구역과 이웃하고 있는 용도지역의 내용과 다른 경우 그 매립준공구역은 이와 이웃하고 있는 용도지역으로 지정된 것으로 본다.

⑤ 「택지개발촉진법」에 따른 택지개발지구로 지정·고시된 지역은 「국토의 계획 및 이용에 관한 법률」에 따른 도시지역으로 결정·고시된 것으로 본다.

42 국토의 계획 및 이용에 관한 법령상 개발행위허가에 관한 설명으로 옳은 것은? (단, 조례는 고려하지 않음)

① 「사방사업법」에 따른 사방사업을 위한 개발행위를 허가하려면 지방도시계획위원회의 심의를 거쳐야 한다.

② 토지의 일부가 도시·군계획시설로 지형도면 고시가 된 당해 토지의 분할은 개발행위허가를 받아야 한다.

③ 국토교통부장관은 개발행위로 인하여 주변의 환경이 크게 오염될 우려가 있는 지역에서 개발행위허가를 제한하고자 하는 경우 중앙도시계획위원회의 심의를 거쳐야 한다.

④ 시·도지사는 기반시설부담구역으로 지정된 지역에 대해서는 10년간 개발행위허가를 제한할 수 있다.

⑤ 토지 분할을 위한 개발행위허가를 받은 자는 그 개발행위를 마치면 시·도지사의 준공검사를 받아야 한다.

43 국토의 계획 및 이용에 관한 법령상 성장관리계획에 관한 설명으로 옳은 것은? (단, 조례, 기타 강화·완화조건은 고려하지 않음)

① 시장 또는 군수는 공업지역 중 향후 시가화가 예상되는 지역의 전부 또는 일부에 대하여 성장관리계획구역을 지정할 수 있다.

② 성장관리계획구역 내 생산녹지지역에서는 30% 이하의 범위에서 성장관리계획으로 정하는 바에 따라 건폐율을 완화하여 적용할 수 있다.

③ 성장관리계획구역 내 보전관리지역에서는 125% 이하의 범위에서 성장관리계획으로 정하는 바에 따라 용적률을 완화하여 적용할 수 있다.

④ 시장 또는 군수는 성장관리계획구역을 지정할 때에는 도시·군관리계획의 결정으로 하여야 한다.

⑤ 시장 또는 군수는 성장관리계획구역을 지정하려면 성장관리계획구역안을 7일간 일반이 열람할 수 있도록 해야 한다.

44 국토의 계획 및 이용에 관한 법령상 개발행위허가를 받은 자가 행정청인 경우 개발행위에 따른 공공시설의 귀속에 관한 설명으로 옳은 것은? (단, 다른 법률은 고려하지 않음)

① 개발행위허가를 받은 자가 새로 공공시설을 설치한 경우, 새로 설치된 공공시설은 그 시설을 관리할 관리청에 무상으로 귀속된다.

② 개발행위로 용도가 폐지되는 공공시설은 새로 설치한 공공시설의 설치비용에 상당하는 범위에서 개발행위허가를 받은 자에게 무상으로 양도할 수 있다.

③ 공공시설의 관리청이 불분명한 경우 하천에 대하여는 국토교통부장관을 관리청으로 본다.

④ 관리청에 귀속되거나 개발행위허가를 받은 자에게 양도될 공공시설은 준공검사를 받음으로써 관리청과 개발행위허가를 받은 자에게 각각 귀속되거나 양도된 것으로 본다.

⑤ 개발행위허가를 받은 자는 국토교통부장관의 허가를 받아 그에게 귀속된 공공시설의 처분으로 인한 수익금을 도시·군계획사업 외의 목적에 사용할 수 있다.

45 국토의 계획 및 이용에 관한 법령상 광역계획권에 관한 설명으로 옳은 것은?

① 광역계획권이 둘 이상의 도의 관할 구역에 걸쳐 있는 경우, 해당 도지사들은 공동으로 광역 계획권을 지정하여야 한다.

② 광역계획권이 하나의 도의 관할 구역에 속하여 있는 경우, 도지사는 국토교통부장관과 공 동으로 광역계획권을 지정 또는 변경하여야 한다.

③ 도지사가 광역계획권을 지정하려면 관계 중앙행정기관의 장의 의견을 들은 후 중앙도시 계획위원회의 심의를 거쳐야 한다.

④ 국토교통부장관이 광역계획권을 변경하려면 관계 시·도지사, 시장 또는 군수의 의견을 들 은 후 지방도시계획위원회의 심의를 거쳐야 한다.

⑤ 중앙행정기관의 장, 시·도지사, 시장 또는 군수는 국토교통부장관이나 도지사에게 광역계 획권의 지정 또는 변경을 요청할 수 있다.

46 국토의 계획 및 이용에 관한 법령상 도시계획위원회에 관한 설명으로 옳은 것은?

① 시·군·구에는 지방도시계획위원회를 두지 않는다.

② 중앙도시계획위원회가 분과위원회에 위임하는 사항에 대한 모든 심의는 중앙도시계획위원 회의 심의로 본다.

③ 국토교통부장관이 해당 도시·군계획시설에 대한 도시·군관리계획 결정권자에게 도시·군 계획시설 결정의 해제를 권고하려는 경우에는 중앙도시계획위원회의 심의를 거쳐야 한다.

④ 중앙도시계획위원회 회의록의 공개는 열람하는 방법으로 하며 사본을 제공할 수는 없다.

⑤ 시장 또는 군수가 성장관리계획구역을 지정하려면 시·도지사의 의견을 들은 후 중앙도시 계획위원회의 심의를 거쳐야 한다.

47 국토의 계획 및 이용에 관한 법령상 시가화조정구역 안에서 특별시장·광역시장·특별자치시장·특별자치도지사·시장 또는 군수의 허가를 받아 할 수 있는 행위에 해당하지 **않는** 것은?
(단, 도시·군계획사업은 고려하지 않음)

① 농업·임업 또는 어업을 영위하는 자가 관리용 건축물로서 기존 관리용 건축물의 면적을 제외하고 33m²를 초과하는 것을 건축하는 행위

② 주택의 증축(기존 주택의 면적을 포함하여 100m² 이하에 해당하는 면적의 증축을 말한다)

③ 마을공동시설로서 정자 등 간이휴게소의 설치

④ 마을공동시설로서 농로·제방 및 사방시설의 설치

⑤ 마을공동시설로서 농기계수리소 및 농기계용 유류판매소(개인소유의 것을 포함한다)의 설치

48 국토의 계획 및 이용에 관한 법령상 개발행위에 따른 기반시설의 설치에 관한 설명으로 **틀린** 것은? (단, 조례는 고려하지 않음)

① 개발밀도관리구역에서는 해당 용도지역에 적용되는 용적률의 최대한도의 50% 범위에서 강화하여 적용한다.

② 기반시설의 설치가 필요하다고 인정하는 지역으로서, 해당 지역의 전년도 개발행위허가 건수가 전전년도 개발행위허가 건수보다 20% 이상 증가한 지역에 대하여는 기반시설부담구역으로 지정하여야 한다.

③ 기반시설부담구역이 지정되면 기반시설설치계획을 수립하여야 하며, 이를 도시·군관리계획에 반영하여야 한다.

④ 기반시설설치계획은 기반시설부담구역의 지정고시일부터 3년이 되는 날까지 수립하여야 한다.

⑤ 기반시설설치비용의 관리 및 운용을 위하여 기반시설부담구역별로 특별회계를 설치하여야 한다.

49 국토의 계획 및 이용에 관한 법령상 도시지역에서 미리 도시·군관리계획으로 결정하지 않고 설치할 수 있는 시설을 모두 고른 것은?

> ㄱ. 광장(건축물부설광장은 제외한다)
> ㄴ. 대지면적이 500m² 미만인 도축장
> ㄷ. 폐기물처리 및 재활용시설 중 재활용시설
> ㄹ. 「고등교육법」에 따른 방송대학·통신대학 및 방송통신대학

① ㄱ   ② ㄱ, ㄹ

③ ㄴ, ㄷ   ④ ㄴ, ㄷ, ㄹ

⑤ ㄱ, ㄴ, ㄷ, ㄹ

50 국토의 계획 및 이용에 관한 법령상 토지에의 출입에 관한 규정의 일부이다. ( )에 들어갈 내용을 바르게 나열한 것은?

> 제130조【토지에의 출입 등】① 국토교통부장관, 시·도지사, 시장 또는 군수나 도시·군계획 시설사업의 시행자는 다음 각 호의 행위를 하기 위하여 필요하면 타인의 토지에 출입하거 나 타인의 토지를 재료 적치장 또는 임시통로로 일시 사용할 수 있으며, 특히 필요한 경우 에는 나무, 흙, 돌, 그 밖의 장애물을 변경하거나 제거할 수 있다.
> 1. 〈 생략 〉
> 2. (ㄱ), (ㄴ) 및 제67조 제4항에 따른 기반시설설치계획에 관한 기초조사
> 〈 이하 생략 〉

① ㄱ: 기반시설부담구역, ㄴ: 성장관리계획구역

② ㄱ: 성장관리계획구역, ㄴ: 시가화조정구역

③ ㄱ: 시가화조정구역, ㄴ: 기반시설부담구역

④ ㄱ: 개발밀도관리구역, ㄴ: 시가화조정구역

⑤ ㄱ: 개발밀도관리구역, ㄴ: 기반시설부담구역

51 국토의 계획 및 이용에 관한 법령상 시장 또는 군수가 도시·군기본계획의 승인을 받으려 할 때, 도시·군기본계획안에 첨부하여야 할 서류에 해당하는 것은?

① 기초조사 결과
② 청문회의 청문조서
③ 해당 시·군 및 도의 의회의 심의·의결 결과
④ 해당 시·군 및 도의 지방도시계획위원회의 심의 결과
⑤ 관계 중앙행정기관의 장과의 협의 및 중앙도시계획위원회의 심의에 필요한 서류

52 국토의 계획 및 이용에 관한 법령상 용도지역별 용적률의 최대한도에 관한 내용이다. (   )에 들어갈 숫자를 바르게 나열한 것은? (단, 조례, 기타 강화·완화조건은 고려하지 않음)

- 주거지역: (ㄱ)% 이하
- 계획관리지역: (ㄴ)% 이하
- 농림지역: (ㄷ)% 이하

① ㄱ: 400, ㄴ: 150, ㄷ: 80
② ㄱ: 400, ㄴ: 200, ㄷ: 80
③ ㄱ: 500, ㄴ: 100, ㄷ: 80
④ ㄱ: 500, ㄴ: 100, ㄷ: 100
⑤ ㄱ: 500, ㄴ: 150, ㄷ: 100

53 도시개발법령상 지방공기업법에 따라 설립된 지방공사가 단독으로 토지상환채권을 발행하는 경우에 관한 설명으로 옳은 것은?

① 「은행법」에 따른 은행으로부터 지급보증을 받은 경우에만 토지상환채권을 발행할 수 있다.
② 토지상환채권의 발행규모는 그 토지상환채권으로 상환할 토지·건축물이 해당 도시개발사업으로 조성되는 분양토지 또는 분양건축물 면적의 2분의 1을 초과하지 아니하도록 하여야 한다.
③ 토지상환채권은 이전할 수 없다.
④ 토지가격의 추산방법은 토지상환채권의 발행계획에 포함되지 않는다.
⑤ 토지등의 매수대금 일부의 지급을 위하여 토지상환채권을 발행할 수 없다.

54 도시개발법령상 환지처분에 관한 설명으로 <u>틀린</u> 것은?

① 도시개발구역의 토지소유자나 이해관계인은 환지방식에 의한 도시개발사업 공사 관계 서류의 공람기간에 시행자에게 의견서를 제출할 수 있다.

② 환지를 정하거나 그 대상에서 제외한 경우 그 과부족분(過不足分)은 금전으로 청산하여야 한다.

③ 시행자는 지정권자에 의한 준공검사를 받은 경우에는 90일 이내에 환지처분을 하여야 한다.

④ 시행자가 환지처분을 하려는 경우에는 환지계획에서 정한 사항을 토지소유자에게 알리고 관보 또는 공보에 의해 이를 공고하여야 한다.

⑤ 환지계획에서 정하여진 환지는 그 환지처분이 공고된 날의 다음 날부터 종전의 토지로 본다.

55 도시개발법령상 국토교통부장관이 도시개발구역을 지정할 수 있는 경우에 해당하지 <u>않는</u> 것은?

① 국가가 도시개발사업을 실시할 필요가 있는 경우

② 관계 중앙행정기관의 장이 요청하는 경우

③ 한국토지주택공사 사장이 20만m²의 규모로 국가계획과 밀접한 관련이 있는 도시개발구역의 지정을 제안하는 경우

④ 천재지변, 그 밖의 사유로 인하여 도시개발사업을 긴급하게 할 필요가 있는 경우

⑤ 도시개발사업이 필요하다고 인정되는 지역이 둘 이상의 도의 행정구역에 걸치는 경우에 도시개발구역을 지정할 자에 관하여 관계 도지사 간에 협의가 성립되지 아니하는 경우

56 도시개발법령상 도시개발사업 조합에 관한 설명으로 <u>틀린</u> 것은?

① 조합은 그 주된 사무소의 소재지에서 등기를 하면 성립한다.

② 주된 사무소의 소재지를 변경하려면 지정권자로부터 변경인가를 받아야 한다.

③ 조합설립의 인가를 신청하려면 해당 도시개발구역의 토지면적의 3분의 2 이상에 해당하는 토지소유자와 그 구역의 토지소유자 총수의 2분의 1 이상의 동의를 받아야 한다.

④ 조합의 조합원은 도시개발구역의 토지소유자로 한다.

⑤ 조합의 설립인가를 받은 조합의 대표자는 설립인가를 받은 날부터 30일 이내에 주된 사무소의 소재지에서 설립등기를 하여야 한다.

57 도시개발법령상 도시개발사업 시행자로 지정될 수 있는 자에 해당하지 <u>않는</u> 것은?

① 국가

② 「한국부동산원법」에 따른 한국부동산원

③ 「한국수자원공사법」에 따른 한국수자원공사

④ 「한국관광공사법」에 따른 한국관광공사

⑤ 「지방공기업법」에 따라 설립된 지방공사

58 도시개발법령상 환지방식으로 시행하는 도시개발사업 개발계획의 경미한 변경에 관한 규정의 일부이다. ( )에 들어갈 숫자를 바르게 나열한 것은?

> 제7조【개발계획의 경미한 변경】① 법 제4조 제4항 후단에서 "대통령령으로 정하는 경미한 사항의 변경"이란 개발계획을 변경하는 경우로서 다음 각 호에 해당하는 경우를 제외한 경우를 말한다.
> 1. 환지방식을 적용하는 지역의 면적 변경이 다음 각 목의 어느 하나에 해당하는 경우
>   가. 〈생략〉
>   나. 제외되는 토지의 면적이 종전 환지방식이 적용되는 면적의 100분의 (ㄱ) 이상인 경우
>   다. 편입 또는 제외되는 면적이 각각 (ㄴ)만m² 이상인 경우
>   라. 토지의 편입이나 제외로 인하여 환지방식이 적용되는 면적이 종전보다 100분의 (ㄷ) 이상 증감하는 경우
> 　　　　　　　　　　　　　　　　　〈 이하 생략 〉

① ㄱ: 5,　ㄴ: 1,　ㄷ: 5

② ㄱ: 5,　ㄴ: 1,　ㄷ: 10

③ ㄱ: 5,　ㄴ: 3,　ㄷ: 5

④ ㄱ: 10,　ㄴ: 3,　ㄷ: 10

⑤ ㄱ: 10,　ㄴ: 5,　ㄷ: 10

59 도시 및 주거환경정비법령상 사업시행자가 국민주택규모 주택을 건설하여야 하는 경우 그 주택의 공급 및 인수에 관한 설명으로 **틀린** 것은?

① 사업시행자는 건설한 국민주택규모 주택을 국토교통부장관, 시·도지사, 시장·군수·구청장 또는 토지주택공사등에 공급하여야 한다.

② 사업시행자는 인수자에게 공급해야 하는 국민주택규모 주택을 공개추첨의 방법으로 선정해야 한다.

③ 선정된 국민주택규모 주택을 공급하는 경우에는 시·도지사, 시장·군수·구청장 순으로 우선하여 인수할 수 있다.

④ 인수자에게 공급하는 국민주택규모 주택의 부속토지는 인수자에게 기부채납한 것으로 본다.

⑤ 시·도지사 및 시장·군수·구청장이 국민주택규모 주택을 인수할 수 없는 경우 한국토지주택공사가 인수하여야 한다.

60 도시 및 주거환경정비법령상 조합의 임원에 관한 설명으로 **틀린** 것은?

① 토지등소유자의 수가 100인을 초과하는 경우 조합에 두는 이사의 수는 5명 이상으로 한다.

② 조합임원의 임기는 3년 이하의 범위에서 정관으로 정하되, 연임할 수 있다.

③ 조합장이 아닌 조합임원은 대의원이 될 수 있다.

④ 조합임원은 같은 목적의 정비사업을 하는 다른 조합의 임원 또는 직원을 겸할 수 없다.

⑤ 시장·군수등이 전문조합관리인을 선정한 경우 전문조합관리인이 업무를 대행할 임원은 당연 퇴임한다.

61 도시 및 주거환경정비법령상 분양신청을 하지 아니한 자 등에 대한 조치에 관한 설명이다. ( )에 들어갈 내용을 바르게 나열한 것은?

> • 분양신청을 하지 아니한 토지등소유자가 있는 경우 사업시행자는 관리처분계획이 인가·고시된 다음 날부터 (ㄱ)일 이내에 그 자와 토지, 건축물 또는 그 밖의 권리의 손실보상에 관한 협의를 하여야 한다.
> • 위 협의가 성립되지 아니하면 사업시행자는 그 기간의 만료일 다음 날부터 (ㄴ)일 이내에 수용재결을 신청하거나 매도청구소송을 제기하여야 한다.

① ㄱ: 60, ㄴ: 30 ② ㄱ: 60, ㄴ: 60
③ ㄱ: 60, ㄴ: 90 ④ ㄱ: 90, ㄴ: 60
⑤ ㄱ: 90, ㄴ: 90

62 도시 및 주거환경정비법령상 조합설립추진위원회가 운영에 필요한 사항 중 추진위원회 구성에 동의한 토지등소유자에게 등기우편으로 통지하여야 하는 사항에 해당하는 것은?

① 재건축사업정비계획 입안을 위한 안전진단의 결과
② 조합설립 동의서에 포함되는 사항으로서 정비사업비의 분담기준
③ 토지등소유자의 부담액 범위를 포함한 개략적인 사업시행계획서
④ 정비사업전문관리업자의 선정에 관한 사항
⑤ 추진위원회 위원의 선정에 관한 사항

63 도시 및 주거환경정비법령상 한국토지주택공사가 단독으로 정비사업을 시행하는 경우에 작성하는 시행규정에 포함하여야 하는 사항이 <u>아닌</u> 것은? (단, 조례는 고려하지 않음)

① 토지등소유자 전체회의
② 토지등소유자의 권리·의무
③ 토지 및 건축물에 관한 권리의 평가방법
④ 정비사업의 시행연도 및 시행방법
⑤ 공고·공람 및 통지의 방법

64 도시 및 주거환경정비법령상 시장·군수등이 아닌 사업시행자가 시행하는 정비사업의 정비계획에 따라 설치되는 도시·군계획시설 중 그 건설에 드는 비용을 시장·군수등이 부담할 수 있는 시설을 모두 고른 것은?

ㄱ. 공원	ㄴ. 공공공지
ㄷ. 공동구	ㄹ. 공용주차장

① ㄱ
② ㄴ, ㄷ
③ ㄷ, ㄹ
④ ㄱ, ㄴ, ㄷ
⑤ ㄱ, ㄴ, ㄷ, ㄹ

65 주택법령상 도시형 생활주택으로서 아파트형 주택의 요건에 해당하는 것을 모두 고른 것은?

> ㄱ. 세대별 주거전용면적은 국민주택규모일 것
> ㄴ. 세대별로 독립된 주거가 가능하도록 욕실 및 부엌을 설치할 것
> ㄷ. 지하층에는 세대를 설치하지 아니할 것

① ㄱ   ② ㄴ
③ ㄱ, ㄷ   ④ ㄱ, ㄴ
⑤ ㄱ, ㄴ, ㄷ

66 주택법령상 주택상환사채에 관한 설명으로 옳은 것은?

① 법인으로서 자본금이 3억원인 등록사업자는 주택상환사채를 발행할 수 있다.
② 발행 조건은 주택상환사채권에 적어야 하는 사항에 포함된다.
③ 주택상환사채를 발행하려는 자는 주택상환사채발행계획을 수립하여 시·도지사의 승인을 받아야 한다.
④ 주택상환사채는 액면으로 발행하고, 할인의 방법으로는 발행할 수 없다.
⑤ 주택상환사채는 무기명증권(無記名證券)으로 발행한다.

67 주택법령상 토지임대부 분양주택에 관한 설명으로 옳은 것은?

① 토지임대부 분양주택의 토지에 대한 임대차기간은 50년 이내로 한다.
② 토지임대부 분양주택의 토지에 대한 임대차기간을 갱신하기 위해서는 토지임대부 분양주택 소유자의 3분의 2 이상이 계약갱신을 청구하여야 한다.
③ 토지임대료를 보증금으로 전환하여 납부하는 경우, 그 보증금을 산정할 때 적용되는 이자율은 「은행법」에 따른 은행의 3년 만기 정기예금 평균이자율 이상이어야 한다.
④ 토지임대부 분양주택을 공급받은 자는 전매제한기간이 지나기 전에 시·도지사에게 해당 주택의 매입을 신청할 수 있다.
⑤ 토지임대료는 분기별 임대료를 원칙으로 한다.

68 주택법령상 징역 또는 벌금의 부과 대상자는?

① 지방자치단체의 장이 관계 공무원으로 하여금 사업장에 출입하여 필요한 검사를 하게 한 경우 그 검사를 방해한 자
② 공동주택 품질점검단의 점검에 따르지 아니한 사업주체
③ 주택조합의 임원으로서 다른 주택조합의 발기인을 겸직한 자
④ 국토교통부장관이 거주의무자의 실제 거주 여부를 확인하기 위하여 소속 공무원으로 하여금 분양가상한제 적용주택에 출입하여 조사하게 한 경우 그 조사를 기피한 자
⑤ 공동주택 품질점검단의 점검결과에 따라 사용검사권자로부터 보수·보강 등의 조치명령을 받았으나 이를 이행하지 아니한 사업주체

69 주택법령상 분양가상한제 적용주택에 관한 설명으로 옳은 것을 모두 고른 것은?

> ㄱ. 도시형 생활주택은 분양가상한제 적용주택에 해당하지 않는다.
> ㄴ. 토지임대부 분양주택의 분양가격은 택지비와 건축비로 구성된다.
> ㄷ. 사업주체는 분양가상한제 적용주택으로서 공공택지에서 공급하는 주택에 대하여 입주자 모집공고에 분양가격을 공시해야 하는데, 간접비는 공시해야 하는 분양가격에 포함되지 않는다.

① ㄱ
② ㄱ, ㄴ
③ ㄱ, ㄷ
④ ㄴ, ㄷ
⑤ ㄱ, ㄴ, ㄷ

70 주택법령상 리모델링에 관한 설명으로 옳은 것은? (단, 조례는 고려하지 않음)

① 대수선은 리모델링에 포함되지 않는다.
② 공동주택의 리모델링은 동별로 할 수 있다.
③ 주택단지 전체를 리모델링하고자 주택조합을 설립하기 위해서는 주택단지 전체의 구분소유자와 의결권의 각 과반수의 결의가 필요하다.
④ 공동주택 리모델링의 허가는 시·도지사가 한다.
⑤ 리모델링주택조합 설립에 동의한 자로부터 건축물을 취득하였더라도 리모델링주택조합 설립에 동의한 것으로 보지 않는다.

71 주택법령상 시·도지사에게 위임한 국토교통부장관의 권한이 <u>아닌</u> 것은?

① 주택건설사업의 등록

② 주택건설사업자의 등록말소

③ 사업계획승인을 받아 시행하는 주택건설사업을 완료한 경우의 사용검사

④ 사업계획승인을 받아 시행하는 주택건설사업을 완료한 경우의 임시사용승인

⑤ 주택건설사업자의 영업의 정지

72 건축법령상 안전영향평가기관이 안전영향평가를 실시할 때 검토하여야 하는 사항에 해당하지 <u>않는</u> 것은? (단, 기타 국토교통부장관이 필요하다고 인정하는 사항은 고려하지 않음)

① 해당 건축물에 적용된 설계기준 및 하중의 적정성

② 해당 건축물의 하중저항시스템의 해석 및 설계의 적정성

③ 지반조사 방법 및 지내력(地耐力) 산정결과의 적정성

④ 굴착공사에 따른 지하수위 변화 및 지반 안전성에 관한 사항

⑤ 해당 건축물의 안전영향평가를 위하여 지방건축위원회가 결정하는 사항

73 건축법령상 대지 안의 피난 및 소화에 필요한 통로 설치에 관한 규정의 일부이다. (   )에 들어갈 숫자를 바르게 나열한 것은?

> 제41조【대지 안의 피난 및 소화에 필요한 통로 설치】① 건축물의 대지 안에는 그 건축물 바깥쪽으로 통하는 주된 출구와 지상으로 통하는 피난계단 및 특별피난계단으로부터 도로 또는 공지(…생 략…)로 통하는 통로를 다음 각 호의 기준에 따라 설치하여야 한다.
> 1. 통로의 너비는 다음 각 목의 구분에 따른 기준에 따라 확보할 것
>   가. 단독주택: 유효 너비 (ㄱ)m 이상
>   나. 바닥면적의 합계가 (ㄴ)m² 이상인 문화 및 집회시설, 종교시설, 의료시설, 위락시설 또는 장례시설: 유효 너비 (ㄷ)m 이상
>   다. 그 밖의 용도로 쓰는 건축물: 유효 너비 (ㄹ)m 이상
> 〈 이하 생략 〉

① ㄱ: 0.9, ㄴ: 300, ㄷ: 1, ㄹ: 1.5

② ㄱ: 0.9, ㄴ: 500, ㄷ: 3, ㄹ: 1.5

③ ㄱ: 1,   ㄴ: 300, ㄷ: 1, ㄹ: 1.5

④ ㄱ: 1,   ㄴ: 500, ㄷ: 3, ㄹ: 1.2

⑤ ㄱ: 1.5, ㄴ: 300, ㄷ: 3, ㄹ: 1.2

74 건축법령상 제1종 근린생활시설에 해당하는 것은? (단, 동일한 건축물 안에서 당해 용도에 쓰이는 바닥면적의 합계는 1,000m²임)

① 극장
② 서점
③ 탁구장
④ 파출소
⑤ 산후조리원

75 건축법령상 결합건축을 할 수 있는 지역·구역에 해당하지 <u>않는</u> 것은? (단, 조례는 고려하지 않음)

① 「국토의 계획 및 이용에 관한 법률」에 따라 지정된 상업지역
② 「역세권의 개발 및 이용에 관한 법률」에 따라 지정된 역세권개발구역
③ 건축협정구역
④ 특별가로구역
⑤ 리모델링활성화구역

76 건축법령상 특별건축구역에서 국가가 건축하는 건축물에 적용하지 아니할 수 있는 사항을 모두 고른 것은? (단, 건축법령상 특례 및 조례는 고려하지 않음)

> ㄱ. 「건축법」 제42조 대지의 조경에 관한 사항
> ㄴ. 「건축법」 제44조 대지와 도로의 관계에 관한 사항
> ㄷ. 「건축법」 제57조 대지의 분할 제한에 관한 사항
> ㄹ. 「건축법」 제58조 대지 안의 공지에 관한 사항

① ㄱ, ㄴ
② ㄱ, ㄷ
③ ㄱ, ㄹ
④ ㄴ, ㄷ
⑤ ㄷ, ㄹ

77 건축법령상 건축물의 면적 등의 산정방법에 관한 설명으로 <u>틀린</u> 것은? (단, 건축법령상 특례는 고려하지 않음)

① 공동주택으로서 지상층에 설치한 조경시설의 면적은 바닥면적에 산입하지 않는다.

② 지하주차장의 경사로의 면적은 건축면적에 산입한다.

③ 태양열을 주된 에너지원으로 이용하는 주택의 건축면적은 건축물의 외벽 중 내측 내력벽의 중심선을 기준으로 한다.

④ 용적률을 산정할 때에는 지하층의 면적은 연면적에 산입하지 않는다.

⑤ 층의 구분이 명확하지 아니한 건축물의 높이는 4m마다 하나의 층으로 보고 그 층수를 산정한다.

78 건축법령상 건축허가대상 건축물을 건축하려는 자가 건축 관련 입지와 규모의 사전결정 통지를 받은 경우에 허가를 받은 것으로 볼 수 있는 것을 모두 고른 것은? (단, 미리 관계 행정기관의 장과 사전결정에 관하여 협의한 것을 전제로 함)

ㄱ. 「농지법」 제34조에 따른 농지전용허가
ㄴ. 「하천법」 제33조에 따른 하천점용허가
ㄷ. 「국토의 계획 및 이용에 관한 법률」 제56조에 따른 개발행위허가
ㄹ. 도시지역 외의 지역에서 「산지관리법」 제14조에 따른 보전산지에 대한 산지전용허가

① ㄱ, ㄴ   ② ㄷ, ㄹ
③ ㄱ, ㄴ, ㄷ   ④ ㄴ, ㄷ, ㄹ
⑤ ㄱ, ㄴ, ㄷ, ㄹ

79 농지법령상 농지는 자기의 농업경영에 이용하거나 이용할 자가 아니면 소유하지 못함이 원칙이다. 그 예외에 해당하지 <u>않는</u> 것은?

① 8년 이상 농업경영을 하던 사람이 이농한 후에도 이농 당시 소유 농지 중 1만m²를 계속 소유하면서 농업경영에 이용되도록 하는 경우

② 농림축산식품부장관과 협의를 마치고 「공익사업을 위한 토지 등의 취득 및 보상에 관한 법률」에 따라 농지를 취득하여 소유하면서 농업경영에 이용되도록 하는 경우

③ 「공유수면 관리 및 매립에 관한 법률」에 따라 매립농지를 취득하여 소유하면서 농업경영에 이용되도록 하는 경우

④ 주말·체험영농을 하려고 농업진흥지역 내의 농지를 소유하는 경우

⑤ 「초·중등교육법」 및 「고등교육법」에 따른 학교가 그 목적사업을 수행하기 위하여 필요한 연구지·실습지로 쓰기 위하여 농림축산식품부령으로 정하는 바에 따라 농지를 취득하여 소유하는 경우

80 농지법령상 농지대장에 관한 설명으로 <u>틀린</u> 것은?

① 농지대장은 모든 농지에 대해 필지별로 작성하는 것은 아니다.

② 농지대장에 적을 사항을 전산정보처리조직으로 처리하는 경우 그 농지대장 파일은 농지대장으로 본다.

③ 시·구·읍·면의 장은 관할 구역 안에 있는 농지가 농지전용허가로 농지에 해당하지 않게 된 경우에는 그 농지대장을 따로 편철하여 10년간 보존해야 한다.

④ 농지소유자 또는 임차인은 농지의 임대차계약이 체결된 경우 그날부터 60일 이내에 시·구·읍·면의 장에게 농지대장의 변경을 신청하여야 한다.

⑤ 농지대장의 열람은 해당 시·구·읍·면의 사무소 안에서 관계 공무원의 참여하에 해야 한다.

문제풀이 종료시각 ▶ _____ 시 _____ 분

정답 및 해설 ▶ p.70

〈2교시〉

문제풀이 시작시각 ▶ _____ 시 _____ 분

제1과목: 부동산공시법 & 부동산세법

1 공간정보의 구축 및 관리 등에 관한 법령상 대지권등록부의 등록사항만으로 나열된 것이 <u>아닌</u> 것은?

① 지번, 지목

② 토지의 소재, 토지의 고유번호

③ 대지권 비율, 전유부분(專有部分)의 건물표시

④ 소유권 지분, 토지소유자가 변경된 날과 그 원인

⑤ 건물의 명칭, 집합건물별 대지권등록부의 장번호

2 공간정보의 구축 및 관리 등에 관한 법령상 축척변경에 따른 청산금에 관한 이의신청에 대한 설명이다. (   )에 들어갈 내용으로 옳은 것은?

> • 납부고지되거나 수령통지된 청산금에 관하여 이의가 있는 자는 납부고지 또는 수령통지를 받은 날부터 (ㄱ)에 지적소관청에 이의신청을 할 수 있다.
> • 이의신청을 받은 지적소관청은 (ㄴ)에 축척변경위원회의 심의·의결을 거쳐 그 인용(認容) 여부를 결정한 후 지체 없이 그 내용을 이의신청인에게 통지하여야 한다.

① ㄱ: 15일 이내,   ㄴ: 2개월 이내

② ㄱ: 1개월 이내,   ㄴ: 2개월 이내

③ ㄱ: 1개월 이내,   ㄴ: 1개월 이내

④ ㄱ: 2개월 이내,   ㄴ: 1개월 이내

⑤ ㄱ: 2개월 이내,   ㄴ: 15일 이내

3 공간정보의 구축 및 관리 등에 관한 법령상 토지의 조사·등록에 관한 설명이다. (   )에 들어갈 내용으로 옳은 것은?

> 지적소관청은 토지의 이동현황을 직권으로 조사·측량하여 토지의 지번·지목·면적·경계 또는 좌표를 결정하려는 때에는 토지이동현황 조사계획을 수립하여야 한다. 이 경우 토지이동현황 조사계획은 (ㄱ)별로 수립하되, 부득이한 사유가 있는 때에는 (ㄴ)별로 수립할 수 있다.

① ㄱ: 시·군·구, ㄴ: 읍·면·동
② ㄱ: 시·군·구, ㄴ: 시·도
③ ㄱ: 읍·면·동, ㄴ: 시·군·구
④ ㄱ: 읍·면·동, ㄴ: 시·도
⑤ ㄱ: 시·도,   ㄴ: 시·군·구

4 공간정보의 구축 및 관리 등에 관한 법령상 지목의 구분에 관한 설명으로 옳은 것은?

① 온수·약수·석유류 등을 일정한 장소로 운송하는 송수관·송유관 및 저장시설의 부지는 '광천지'로 한다.
② 사과·배·밤·호두·귤나무 등 과수류를 집단적으로 재배하는 토지와 이에 접속된 주거용 건축물의 부지는 '과수원'으로 한다.
③ 종교용지에 있는 유적·고적·기념물 등을 보호하기 위하여 구획된 토지는 '사적지'로 한다.
④ 물을 정수하여 공급하기 위한 취수·저수·도수(導水)·정수·송수 및 배수 시설의 부지 및 이에 접속된 부속시설물의 부지는 '수도용지'로 한다.
⑤ 교통 운수를 위하여 일정한 궤도 등의 설비와 형태를 갖추어 이용되는 토지와 이에 접속된 차고·발전시설 등 부속시설물의 부지는 '도로'로 한다.

5 공간정보의 구축 및 관리 등에 관한 법령상 부동산종합공부의 등록사항에 해당하지 <u>않는</u> 것은?

① 토지의 이용 및 규제에 관한 사항: 「토지이용규제 기본법」 제10조에 따른 토지이용계획확인서의 내용
② 건축물의 표시와 소유자에 관한 사항(토지에 건축물이 있는 경우만 해당한다): 「건축법」 제38조에 따른 건축물대장의 내용
③ 토지의 표시와 소유자에 관한 사항: 「공간정보의 구축 및 관리 등에 관한 법률」에 따른 지적공부의 내용
④ 부동산의 가격에 관한 사항: 「부동산 가격공시에 관한 법률」 제10조에 따른 개별공시지가, 같은 법 제16조, 제17조 및 제18조에 따른 개별주택가격 및 공동주택가격 공시내용
⑤ 부동산의 효율적 이용과 토지의 적성에 관한 종합적 관리·운영을 위하여 필요한 사항: 「국토의 계획 및 이용에 관한 법률」 제20조 및 제27조에 따른 토지적성평가서의 내용

6 공간정보의 구축 및 관리 등에 관한 법령상 지적전산자료의 이용 또는 활용에 관한 승인신청을 받은 국토교통부장관, 시·도지사 또는 지적소관청이 심사하여야 하는 사항이 <u>아닌</u> 것은?

① 개인의 사생활 침해 여부
② 지적전산코드 지정의 적정 여부
③ 자료의 목적 외 사용 방지 및 안전관리대책
④ 신청한 사항의 처리가 전산정보처리조직으로 가능한지 여부
⑤ 신청한 사항의 처리가 지적업무수행에 지장을 주지 않는지 여부

7 공간정보의 구축 및 관리 등에 관한 법령상 축척변경에 관한 설명으로 <u>틀린</u> 것은?

① 축척변경에 관한 사항을 심의·의결하기 위하여 지적소관청에 축척변경위원회를 둔다.
② 축척변경위원회의 위원장은 위원 중에서 지적소관청이 지명한다.
③ 지적소관청은 축척변경에 관한 측량을 완료하였을 때에는 축척변경 신청일 현재의 지적공부상의 면적과 측량 후의 면적을 비교하여 그 변동사항을 표시한 토지이동현황 조사서를 작성하여야 한다.
④ 지적소관청은 청산금의 결정을 공고한 날부터 20일 이내에 토지소유자에게 청산금의 납부고지 또는 수령통지를 하여야 한다.
⑤ 청산금의 납부 및 지급이 완료되었을 때에는 지적소관청은 지체 없이 축척변경의 확정공고를 하여야 한다.

8 공간정보의 구축 및 관리 등에 관한 법령상 지적측량의 의뢰, 지적기준점성과의 보관·열람 및 등본 발급 등에 관한 설명으로 옳은 것은?

① 지적삼각보조점성과 및 지적도근점성과를 열람하거나 등본을 발급받으려는 자는 지적측량 수행자에게 신청하여야 한다.

② 지적측량을 의뢰하려는 자는 지적측량 의뢰서에 의뢰 사유를 증명하는 서류를 첨부하여 지적소관청에 제출하여야 한다.

③ 시·도지사나 지적소관청은 지적기준점성과와 그 측량기록을 보관하고 일반인이 열람할 수 있도록 하여야 한다.

④ 지적소관청이 지적측량 의뢰를 받은 때에는 측량기간, 측량일자 및 측량 수수료 등을 적은 지적측량 수행계획서를 그 다음 날까지 지적측량수행자에게 제출하여야 한다.

⑤ 지적측량 의뢰인과 지적측량수행자가 서로 합의하여 따로 기간을 정하는 경우에는 그 기간에 따르되, 전체 기간의 4분의 1은 측량기간으로, 전체 기간의 4분의 3은 측량검사기간으로 본다.

9 공간정보의 구축 및 관리 등에 관한 법령상 지적측량을 실시하여야 하는 경우로 틀린 것은?

① 지적기준점을 정하는 경우

② 경계점을 지상에 복원하는 경우

③ 지상건축물 등의 현황을 지형도에 표시하는 경우

④ 바다가 된 토지의 등록을 말소하는 경우로서 측량을 할 필요가 있는 경우

⑤ 지적공부의 등록사항을 정정하는 경우로서 측량을 할 필요가 있는 경우

10 공간정보의 구축 및 관리 등에 관한 법령상 토지소유자의 정리에 관한 설명이다. ( )에 들어갈 내용으로 옳은 것은?

> 지적공부에 등록된 토지소유자의 변경사항은 등기관서에서 등기한 것을 증명하는 등기필증, 등기완료통지서, 등기사항증명서 또는 등기관서에서 제공한 등기전산정보자료에 따라 정리한다. 다만, (ㄱ)하는 토지의 소유자는 (ㄴ)이(가) 직접 조사하여 등록한다.

① ㄱ: 축척변경, ㄴ: 등기관　　　　② ㄱ: 축척변경, ㄴ: 시·도지사

③ ㄱ: 신규등록, ㄴ: 등기관　　　　④ ㄱ: 신규등록, ㄴ: 지적소관청

⑤ ㄱ: 등록전환, ㄴ: 시·도지사

11 공간정보의 구축 및 관리 등에 관한 법령상 축척변경 신청에 관한 설명이다. (   )에 들어갈 내용으로 옳은 것은?

> 축척변경을 신청하는 토지소유자는 축척변경 사유를 적은 신청서에 축척변경 시행지역의 토지소유자 (   )의 동의서를 첨부하여 지적소관청에 제출하여야 한다.

① 2분의 1 이상　　　　　　② 3분의 2 이상
③ 4분의 1 이상　　　　　　④ 5분의 2 이상
⑤ 5분의 3 이상

12 공간정보의 구축 및 관리 등에 관한 법령상 지적공부의 복구에 관한 관계 자료가 <u>아닌</u> 것은?

① 지적측량 의뢰서
② 지적공부의 등본
③ 토지이동정리 결의서
④ 법원의 확정판결서 정본 또는 사본
⑤ 지적소관청이 작성하거나 발행한 지적공부의 등록내용을 증명하는 서류

13 매매를 원인으로 한 토지소유권이전등기를 신청하는 경우에 부동산등기규칙상 신청정보의 내용으로 등기소에 제공해야 하는 사항으로 옳은 것은?

① 등기권리자의 등기필정보
② 토지의 표시에 관한 사항 중 면적
③ 토지의 표시에 관한 사항 중 표시번호
④ 신청인이 법인인 경우에 그 대표자의 주민등록번호
⑤ 대리인에 의하여 등기를 신청하는 경우에 그 대리인의 주민등록번호

14 등기신청인에 관한 설명 중 옳은 것을 모두 고른 것은?

> ㄱ. 부동산표시의 변경이나 경정의 등기는 소유권의 등기명의인이 단독으로 신청한다.
> ㄴ. 채권자가 채무자를 대위하여 등기신청을 하는 경우, 채무자가 등기신청인이 된다.
> ㄷ. 대리인이 방문하여 등기신청을 대리하는 경우, 그 대리인은 행위능력자임을 요하지 않는다.
> ㄹ. 부동산에 관한 근저당권설정등기의 말소등기를 함에 있어 근저당권 설정 후 소유권이 제3자에게 이전된 경우, 근저당권설정자 또는 제3취득자는 근저당권자와 공동으로 그 말소등기를 신청할 수 있다.

① ㄱ, ㄷ
② ㄴ, ㄹ
③ ㄱ, ㄷ, ㄹ
④ ㄴ, ㄷ, ㄹ
⑤ ㄱ, ㄴ, ㄷ, ㄹ

15 전산이기된 등기부 등에 관한 설명으로 <u>틀린</u> 것은?

① 등기부는 영구(永久)히 보존해야 한다.
② 등기부는 법관이 발부한 영장에 의하여 압수하는 경우에는 대법원규칙으로 정하는 보관·관리 장소 밖으로 옮길 수 있다.
③ 등기관이 등기를 마쳤을 때는 등기부부본자료를 작성해야 한다.
④ 등기원인을 증명하는 정보에 대하여는 이해관계 있는 부분만 열람을 청구할 수 있다.
⑤ 등기관이 등기기록의 전환을 위해 등기기록에 등기된 사항을 새로운 등기기록에 옮겨 기록한 때에는 종전 등기기록을 폐쇄해야 한다.

16 등기신청에 관한 설명으로 **틀린** 것은? (다툼이 있으면 판례에 따름)

① 상속인이 상속포기를 할 수 있는 기간 내에는 상속인의 채권자가 대위권을 행사하여 상속등기를 신청할 수 없다.

② 가등기를 마친 후에 가등기권자가 사망한 경우, 그 상속인은 상속등기를 할 필요 없이 상속을 증명하는 서면을 첨부하여 가등기의무자와 공동으로 본등기를 신청할 수 있다.

③ 건물이 멸실된 경우, 그 건물소유권의 등기명의인이 1개월 이내에 멸실등기신청을 하지 않으면 그 건물대지의 소유자가 그 건물소유권의 등기명의인을 대위하여 멸실등기를 신청할 수 있다.

④ 피상속인으로부터 그 소유의 부동산을 매수한 매수인이 등기신청을 하지 않고 있던 중 상속이 개시된 경우, 상속인은 신분을 증명할 수 있는 서류를 첨부하여 피상속인으로부터 바로 매수인 앞으로 소유권이전등기를 신청할 수 있다.

⑤ 1동의 건물에 속하는 구분건물 중 일부만에 관하여 소유권보존등기를 신청하면서 나머지 구분건물의 표시에 관한 등기를 동시에 신청하는 경우, 구분건물의 소유자는 1동에 속하는 다른 구분건물의 소유자를 대위하여 그 건물의 표시에 관한 등기를 신청할 수 있다.

17 2022년에 체결된 부동산 거래신고 등에 관한 법률 제3조 제1항 제1호의 부동산 매매계약의 계약서를 등기원인증서로 하는 소유권이전등기에 관한 설명으로 **틀린** 것은?

① 신청인은 위 법률에 따라 신고한 거래가액을 신청정보의 내용으로 등기소에 제공해야 한다.

② 신청인은 시장·군수 또는 구청장이 제공한 거래계약신고필증정보를 첨부정보로서 등기소에 제공해야 한다.

③ 신고 관할관청이 같은 거래부동산이 2개 이상인 경우, 신청인은 매매목록을 첨부정보로서 등기소에 제공해야 한다.

④ 거래부동산이 1개라 하더라도 여러 명의 매도인과 여러 명의 매수인 사이의 매매계약인 경우에는 매매목록을 첨부정보로서 등기소에 제공해야 한다.

⑤ 등기관은 거래가액을 등기기록 중 갑구의 등기원인란에 기록하는 방법으로 등기한다.

18 대장은 편성되어 있으나 미등기인 부동산의 소유권보존등기에 관한 설명으로 **틀린** 것은?

① 등기관이 보존등기를 할 때에는 등기원인과 그 연월일을 기록해야 한다.

② 대장에 최초 소유자로 등록된 자의 상속인은 보존등기를 신청할 수 있다.

③ 수용으로 인하여 소유권을 취득하였음을 증명하는 자는 미등기토지에 대한 보존등기를 신청할 수 있다.

④ 군수의 확인에 의해 미등기건물에 대한 자기의 소유권을 증명하는 자는 보존등기를 신청할 수 있다.

⑤ 등기관이 법원의 촉탁에 따라 소유권의 처분제한의 등기를 할 때는 직권으로 보존등기를 한다.

19 부기로 하는 등기로 옳은 것은?

① 부동산멸실등기

② 공유물 분할금지의 약정등기

③ 소유권이전등기

④ 토지분필등기

⑤ 부동산의 표시변경등기 등 표제부의 등기

20 환매특약의 등기에 관한 설명으로 **틀린** 것은?

① 매매비용을 기록해야 한다.

② 매수인이 지급한 대금을 기록해야 한다.

③ 환매특약등기는 매매로 인한 소유권이전등기가 마쳐진 후에 신청해야 한다.

④ 환매기간은 등기원인에 그 사항이 정하여져 있는 경우에만 기록한다.

⑤ 환매에 따른 권리취득의 등기를 한 경우, 등기관은 특별한 사정이 없는 한 환매특약의 등기를 직권으로 말소해야 한다.

21 가등기에 관한 설명으로 옳은 것은?

① 가등기명의인은 그 가등기의 말소를 단독으로 신청할 수 없다.

② 가등기의무자는 가등기명의인의 승낙을 받더라도 가등기의 말소를 단독으로 신청할 수 없다.

③ 가등기권리자는 가등기를 명하는 법원의 가처분명령이 있더라도 단독으로 가등기를 신청할 수 없다.

④ 하나의 가등기에 관하여 여러 사람의 가등기권자가 있는 경우, 그중 일부의 가등기권자는 공유물보존행위에 준하여 가등기 전부에 관한 본등기를 신청할 수 없다.

⑤ 가등기목적물의 소유권이 가등기 후에 제3자에게 이전된 경우, 가등기에 의한 본등기신청의 등기의무자는 그 제3자이다.

22 전세권 등기에 관한 설명으로 **틀린** 것은? (다툼이 있으면 판례에 따름)

① 전세권 설정등기를 하는 경우, 등기관은 전세금을 기록해야 한다.

② 전세권의 사용·수익 권능을 배제하고 채권담보만을 위해 전세권을 설정한 경우, 그 전세권 설정등기는 무효이다.

③ 집합건물에 있어서 특정 전유부분의 대지권에 대하여는 전세권설정등기를 할 수가 없다.

④ 전세권의 목적인 범위가 건물의 일부로서 특정 층 전부인 경우에는 전세권설정등기 신청서에 그 층의 도면을 첨부해야 한다.

⑤ 乙 명의의 전세권등기와 그 전세권에 대한 丙 명의의 가압류가 순차로 마쳐진 甲 소유 부동산에 대하여 乙 명의의 전세권등기를 말소하라는 판결을 받았다고 하더라도 그 판결에 의하여 전세권말소등기를 신청할 때에는 丙의 승낙서 또는 丙에게 대항할 수 있는 재판의 등본을 첨부해야 한다.

23 토지에 대한 소유권이전청구권보전 가등기에 기하여 소유권이전의 본등기를 한 경우, 그 가등기 후 본등기 전에 마쳐진 등기 중 등기관의 직권말소 대상이 <u>아닌</u> 것은?

① 지상권설정등기

② 지역권설정등기

③ 저당권설정등기

④ 임차권설정등기

⑤ 해당 가등기상 권리를 목적으로 하는 가압류등기

24 부동산등기법상 신탁등기에 관한 설명으로 <u>틀린</u> 것은?

① 수익자는 수탁자를 대위하여 신탁등기를 신청할 수 있다.

② 신탁등기의 말소등기는 수탁자가 단독으로 신청할 수 있다.

③ 신탁가등기는 소유권이전청구권보전을 위한 가등기와 동일한 방식으로 신청하되, 신탁원부 작성을 위한 정보를 첨부정보로서 제공해야 한다.

④ 여러 명의 수탁자 중 1인의 임무종료로 인한 합유명의인 변경등기를 한 경우에는 등기관은 직권으로 신탁원부 기록을 변경해야 한다.

⑤ 법원이 신탁관리인 선임의 재판을 한 경우, 그 신탁관리인은 지체 없이 신탁원부 기록의 변경등기를 신청해야 한다.

25 지방세기본법상 이의신청과 심판청구에 관한 설명으로 옳은 것을 모두 고른 것은?

> ㄱ. 통고처분은 이의신청 또는 심판청구의 대상이 되는 처분에 포함된다.
> ㄴ. 이의신청인은 신청 금액이 8백만원인 경우에는 그의 배우자를 대리인으로 선임할 수 있다.
> ㄷ. 보정기간은 결정기간에 포함하지 아니한다.
> ㄹ. 이의신청을 거치지 아니하고 바로 심판청구를 할 수는 없다.

① ㄱ
② ㄴ
③ ㄱ, ㄹ
④ ㄴ, ㄷ
⑤ ㄷ, ㄹ

26 지방세기본법상 서류의 송달에 관한 설명으로 틀린 것은?

① 연대납세의무자에게 납세의 고지에 관한 서류를 송달할 때에는 연대납세의무자 모두에게 각각 송달하여야 한다.

② 기한을 정하여 납세고지서를 송달하였더라도 서류가 도달한 날부터 10일이 되는 날에 납부기한이 되는 경우 지방자치단체의 징수금의 납부기한은 해당 서류가 도달한 날부터 14일이 지난 날로 한다.

③ 납세관리인이 있을 때에는 납세의 고지와 독촉에 관한 서류는 그 납세관리인의 주소 또는 영업소에 송달한다.

④ 교부에 의한 서류송달의 경우에 송달할 장소에서 서류를 송달받아야 할 자를 만나지 못하였을 때에는 그의 사용인으로서 사리를 분별할 수 있는 사람에게 서류를 송달할 수 있다.

⑤ 서류송달을 받아야 할 자의 주소 또는 영업소가 분명하지 아니한 경우에는 서류의 주요 내용을 공고한 날부터 14일이 지나면 서류의 송달이 된 것으로 본다.

27 지방세법상 재산세 과세대상의 구분에 있어 주거용과 주거 외의 용도를 겸하는 건물 등에 관한 설명으로 옳은 것을 모두 고른 것은?

> ㄱ. 1동(棟)의 건물이 주거와 주거 외의 용도로 사용되고 있는 경우에는 주거용으로 사용되는 부분만을 주택으로 본다.
> ㄴ. 1구(構)의 건물이 주거와 주거 외의 용도로 사용되고 있는 경우 주거용으로 사용되는 면적이 전체의 100분의 60인 경우에는 주택으로 본다.
> ㄷ. 주택의 부속토지의 경계가 명백하지 아니한 경우에는 그 주택의 바닥면적의 10배에 해당하는 토지를 주택의 부속토지로 한다.

① ㄱ   ② ㄷ
③ ㄱ, ㄴ   ④ ㄴ, ㄷ
⑤ ㄱ, ㄴ, ㄷ

28 지방세법상 재산세에 관한 설명으로 **틀린** 것은? (단, 주어진 조건 외에는 고려하지 않음)

① 재산세 과세기준일 현재 공부상에 개인 등의 명의로 등재되어 있는 사실상의 종중재산으로서 종중소유임을 신고하지 아니하였을 때에는 공부상 소유자는 재산세를 납부할 의무가 있다.

② 지방자치단체가 1년 이상 공용으로 사용하는 재산에 대하여는 소유권의 유상이전을 약정한 경우로서 그 재산을 취득하기 전에 미리 사용하는 경우 재산세를 부과하지 아니한다.

③ 재산세 과세기준일 현재 소유권의 귀속이 분명하지 아니하여 사실상의 소유자를 확인할 수 없는 경우에는 그 사용자가 재산세를 납부할 의무가 있다.

④ 재산세의 납기는 토지의 경우 매년 9월 16일부터 9월 30일까지이며, 건축물의 경우 매년 7월 16일부터 7월 31일까지이다.

⑤ 재산세의 납기에도 불구하고 지방자치단체의 장은 과세대상 누락, 위법 또는 착오 등으로 인하여 이미 부과한 세액을 변경하거나 수시부과하여야 할 사유가 발생하면 수시로 부과·징수할 수 있다.

29 종합부동산세법상 주택에 대한 과세 및 납세지에 관한 설명으로 옳은 것은?

① 납세의무자가 법인(단, 법령이 정한 공익법인등에 해당하지 아니함)이며 3주택 이상을 소유한 경우 소유한 주택 수에 따라 과세표준에 1.2% ~ 6%의 세율을 적용하여 계산한 금액을 주택분 종합부동산세액으로 한다.

② 납세의무자가 법인으로 보지 않는 단체인 경우 주택에 대한 종합부동산세 납세지는 해당 주택의 소재지로 한다.

③ 과세표준 합산의 대상에 포함되지 않는 주택을 보유한 납세의무자는 해당 연도 10월 16일부터 10월 31일까지 관할 세무서장에게 해당 주택의 보유현황을 신고하여야 한다.

④ 종합부동산세 과세대상 1세대 1주택자로서 과세기준일 현재 해당 주택을 12년 보유한 자의 보유기간별 세액공제에 적용되는 공제율은 100분의 50이다.

⑤ 과세기준일 현재 주택분 재산세의 납세의무자는 종합부동산세를 납부할 의무가 있다.

30 종합부동산세법상 토지 및 주택에 대한 과세와 부과·징수에 관한 설명으로 옳은 것은?

① 종합합산과세대상인 토지에 대한 종합부동산세의 세액은 과세표준에 1% ~ 5%의 세율을 적용하여 계산한 금액으로 한다.

② 종합부동산세로 납부해야 할 세액이 200만원인 경우 관할 세무서장은 그 세액의 일부를 납부기한이 지난 날부터 6개월 이내에 분납하게 할 수 있다.

③ 관할 세무서장이 종합부동산세를 징수하려면 납부기간 개시 5일 전까지 주택분과 토지분을 합산한 과세표준과 세액을 납부고지서에 기재하여 발급하여야 한다.

④ 종합부동산세를 신고납부방식으로 납부하고자 하는 납세의무자는 종합부동산세의 과세표준과 세액을 해당 연도 12월 1일부터 12월 15일까지 관할 세무서장에게 신고하여야 한다.

⑤ 별도합산과세대상인 토지에 대한 종합부동산세의 세액은 과세표준에 0.5% ~ 0.8%의 세율을 적용하여 계산한 금액으로 한다.

31 다음은 거주자 甲이 소유하고 있는 상가건물 임대에 관한 자료이다. 부동산임대업의 사업소득을 장부에 기장하여 신고하는 경우 2025년도 부동산임대업의 총수입금액은? (단, 법령에 따른 적격증명서류를 수취·보관하고 있으며, 주어진 조건 이외에는 고려하지 않음)

> - 임대기간: 2025.1.1. ~ 2026.12.31.
> - 임대계약 내용: 월임대료 1,000,000원
>   임대보증금 500,000,000원
> - 임대부동산(취득일자: 2024.1.23.)
>   - 건물 취득가액: 200,000,000원
>   - 토지 취득가액: 300,000,000원
> - 기획재정부령으로 정하는 이자율: 연 6%
> - 임대보증금 운용수익: 수입이자 1,000,000원
>   유가증권처분이익 2,000,000원

① 18,000,000원   ② 29,000,000원
③ 30,000,000원   ④ 39,000,000원
⑤ 40,000,000원

32 거주자 甲의 매매(양도일: 2025.5.1.)에 의한 등기된 토지 취득 및 양도에 관한 다음의 자료를 이용하여 양도소득세 과세표준을 계산하면? (단, 법령에 따른 적격증명서류를 수취·보관하고 있으며, 주어진 조건 이외에는 고려하지 않음)

항목	기준시가	실지거래가액
양도가액	40,000,000원	67,000,000원
취득가액	35,000,000원	42,000,000원
추가사항	• 양도비용: 4,000,000원 • 보유기간: 2년	

① 18,500,000원   ② 19,320,000원
③ 19,740,000원   ④ 21,000,000원
⑤ 22,500,000원

33 소득세법상 거주자의 양도소득세 신고납부에 관한 설명으로 옳은 것은?

① 건물을 신축하고 그 취득일부터 3년 이내에 양도하는 경우로서 감정가액을 취득가액으로 하는 경우에는 그 감정가액의 100분의 3에 해당하는 금액을 양도소득 결정세액에 가산한다.

② 공공사업의 시행자에게 수용되어 발생한 양도소득세액이 2천만원을 초과하는 경우 납세의무자는 물납을 신청할 수 있다.

③ 과세표준 예정신고와 함께 납부하는 때에는 산출세액에서 납부할 세액의 100분의 5에 상당하는 금액을 공제한다.

④ 예정신고납부할 세액이 1천5백만원인 자는 그 세액의 100분의 50의 금액을 납부기한이 지난 후 2개월 이내에 분할납부할 수 있다.

⑤ 납세의무자가 법정신고기한까지 양도소득세의 과세표준신고를 하지 아니한 경우(부정행위로 인한 무신고는 제외)에는 그 무신고납부세액의 100분의 20을 곱한 금액을 가산세로 한다.

법개정반영

34 거주자 甲은 2019.10.20. 취득한 토지(취득가액 1억원, 등기함)를 동생인 거주자 乙(특수관계인임)에게 2024.10.1. 증여(시가 3억원, 등기함)하였다. 乙은 해당 토지를 2025.6.30. 특수관계가 없는 丙에게 양도(양도가액 10억원)하였다. 양도소득은 乙에게 실질적으로 귀속되지 아니하고, 乙의 증여세와 양도소득세를 합한 세액이 甲이 직접 양도하는 경우로 보아 계산한 양도소득세보다 적은 경우에 해당한다. 소득세법상 양도소득세 납세의무에 관한 설명으로 <u>틀린</u> 것은?

① 乙이 납부한 증여세는 양도차익 계산 시 필요경비에 산입한다.

② 양도차익 계산 시 취득가액은 甲의 취득 당시를 기준으로 한다.

③ 양도소득세에 대해서는 甲과 乙이 연대하여 납세의무를 진다.

④ 甲은 양도소득세 납세의무자이다.

⑤ 양도소득세 계산 시 보유기간은 甲의 취득일부터 乙의 양도일까지의 기간으로 한다.

35 지방세법상 취득세의 부과·징수에 관한 설명으로 옳은 것은?

① 취득세의 징수는 보통징수의 방법으로 한다.

② 상속으로 취득세 과세물건을 취득한 자는 상속개시일부터 60일 이내에 산출한 세액을 신고하고 납부하여야 한다.

③ 신고·납부기한 이내에 재산권과 그 밖의 권리의 취득·이전에 관한 사항을 공부에 등기하거나 등록(등재 포함)하려는 경우에는 등기 또는 등록 신청서를 등기·등록관서에 접수하는 날까지 취득세를 신고·납부하여야 한다.

④ 취득세 과세물건을 취득한 후에 그 과세물건이 중과세율의 적용대상이 되었을 때에는 중과세율을 적용하여 산출한 세액에서 이미 납부한 세액(가산세 포함)을 공제한 금액을 세액으로 하여 신고·납부하여야 한다.

⑤ 법인의 취득당시가액을 증명할 수 있는 장부가 없는 경우 지방자치단체의 장은 그 산출된 세액의 100분의 20을 징수하여야 할 세액에 가산한다.

36 소득세법상 부동산임대업에서 발생한 소득에 관한 설명으로 틀린 것은?

① 해당 과세기간의 주거용 건물 임대업을 제외한 부동산임대업에서 발생한 결손금은 그 과세기간의 종합소득과세표준을 계산할 때 공제하지 않는다.

② 사업소득에 부동산임대업에서 발생한 소득이 포함되어 있는 사업자는 그 소득별로 구분하여 회계처리하여야 한다.

③ 3주택(주택 수에 포함되지 않는 주택 제외) 이상을 소유한 거주자가 주택과 주택부수토지를 임대(주택부수토지만 임대하는 경우 제외)한 경우에는 법령으로 정하는 바에 따라 계산한 금액(간주임대료)을 총수입금액에 산입한다.

④ 간주임대료 계산 시 3주택 이상 여부 판정에 있어 주택 수에 포함되지 않는 주택이란 주거의 용도로만 쓰이는 면적이 1호 또는 1세대당 $40m^2$ 이하인 주택으로서 해당 과세기간의 기준시가가 2억원 이하인 주택을 말한다.

⑤ 해당 과세기간에 분리과세 주택임대소득이 있는 거주자(종합소득과세표준이 없거나 결손금이 있는 거주자 포함)는 그 종합소득과세표준을 그 과세기간의 다음 연도 5월 1일부터 5월 31일까지 신고하여야 한다.

37 지방세법상 등록에 대한 등록면허세에 관한 설명으로 <u>틀린</u> 것은?

① 채권금액으로 과세액을 정하는 경우에 일정한 채권금액이 없을 때에는 채권의 목적이 된 것의 가액 또는 처분의 제한의 목적이 된 금액을 그 채권금액으로 본다.

② 같은 채권의 담보를 위하여 설정하는 둘 이상의 저당권을 등록하는 경우에는 이를 하나의 등록으로 보아 그 등록에 관계되는 재산을 처음 등록하는 등록관청 소재지를 납세지로 한다.

③ 부동산 등기에 대한 등록면허세의 납세지가 분명하지 아니한 경우에는 등록관청 소재지를 납세지로 한다.

④ 지상권 등기의 경우에는 특별징수의무자가 징수할 세액을 납부기한까지 부족하게 납부하면 특별징수의무자에게 과소납부분 세액의 100분의 1을 가산세로 부과한다.

⑤ 지방자치단체의 장은 채권자대위자의 부동산의 등기에 대한 등록면허세 신고납부가 있는 경우 납세의무자에게 그 사실을 즉시 통보하여야 한다.

38 소득세법상 거주자의 양도소득세 징수와 환급에 관한 설명으로 옳은 것은?

① 과세기간별로 이미 납부한 확정신고세액이 관할 세무서장이 결정한 양도소득 총결정세액을 초과한 경우 다른 국세에 충당할 수 없다.

② 양도소득 과세표준과 세액을 결정 또는 경정한 경우 관할 세무서장이 결정한 양도소득 총결정세액이 이미 납부한 확정신고세액을 초과할 때에는 그 초과하는 세액을 해당 거주자에게 알린 날부터 30일 이내에 징수한다.

③ 양도소득세 과세대상 건물을 양도한 거주자는 부담부증여의 채무액을 양도로 보는 경우 예정신고 없이 확정신고를 하여야 한다.

④ 양도소득세 납세의무의 확정은 납세의무자의 신고에 의하지 않고 관할 세무서장의 결정에 의한다.

⑤ 이미 납부한 확정신고세액이 관할 세무서장이 결정한 양도소득 총결정세액을 초과할 때에는 해당 결정일부터 90일 이내에 환급해야 한다.

39 소득세법 시행령 제155조 '1세대 1주택의 특례'에 관한 조문의 내용이다. (   )에 들어갈 숫자로 옳은 것은?

- 영농의 목적으로 취득한 귀농주택으로서 수도권 밖의 지역 중 면지역에 소재하는 주택과 일반주택을 국내에 각각 1개씩 소유하고 있는 1세대가 귀농주택을 취득한 날부터 (ㄱ)년 이내에 일반주택을 양도하는 경우에는 국내에 1개의 주택을 소유하고 있는 것으로 보아 제154조 제1항을 적용한다.
- 취학 등 부득이한 사유로 취득한 수도권 밖에 소재하는 주택과 일반주택을 국내에 각각 1개씩 소유하고 있는 1세대가 부득이한 사유가 해소된 날부터 (ㄴ)년 이내에 일반주택을 양도하는 경우에는 국내에 1개의 주택을 소유하고 있는 것으로 보아 제154조 제1항을 적용한다.
- 1주택을 보유하는 자가 1주택을 보유하는 자와 혼인함으로써 1세대가 2주택을 보유하게 되는 경우 혼인한 날부터 (ㄷ)년 이내에 먼저 양도하는 주택은 이를 1세대 1주택으로 보아 제154조 제1항을 적용한다.

---

① ㄱ: 2, ㄴ: 2, ㄷ: 5   ② ㄱ: 2, ㄴ: 3, ㄷ: 10

③ ㄱ: 3, ㄴ: 2, ㄷ: 5   ④ ㄱ: 5, ㄴ: 3, ㄷ: 5

⑤ ㄱ: 5, ㄴ: 3, ㄷ: 10

40 지방세법상 취득세에 관한 설명으로 옳은 것은?

① 건축물 중 부대설비에 속하는 부분으로서 그 주체구조부와 하나가 되어 건축물로서의 효용가치를 이루고 있는 것에 대하여는 주체구조부 취득자 외의 자가 가설한 경우에도 주체구조부의 취득자가 함께 취득한 것으로 본다.

② 세대별 소유주택 수에 따른 중과세율을 적용함에 있어 주택으로 재산세를 과세하는 오피스텔(2025년 취득)은 해당 오피스텔을 소유한 자의 주택 수에 가산하지 아니한다.

③ 납세의무자가 토지의 지목을 사실상 변경한 후 산출세액에 대한 신고를 하지 아니하고 그 토지를 매각하는 경우에는 산출세액에 100분의 80을 가산한 금액을 세액으로 하여 징수한다.

④ 공사현장사무소 등 임시건축물의 취득에 대하여는 그 존속기간에 관계없이 취득세를 부과하지 아니한다.

⑤ 토지를 취득한 자가 취득한 날부터 1년 이내에 그에 인접한 토지를 취득한 경우 그 취득가액이 100만원일 때에는 취득세를 부과하지 아니한다.

문제풀이 종료시각 ▶ _____ 시 _____ 분

정답 및 해설 ▶ p.94

잘 시작하는 것은 중요합니다.
잘 마무리하는 것은 더 중요합니다.

– 조정민, 『인생은 선물이다』, 두란노

※ 처음 문제를 풀 때에는 문제편 맨 뒤의 OMR 카드에 답을 체크하고, 두 번째에는 문제에 바로 체크하세요. 두 번 풀어도 헷갈리거나 틀린 문제는 오답노트에 정리하여 완전히 숙지하세요.

〈1교시〉

문제풀이 시작시각 ▶ _____ 시 _____ 분

제1과목: 공인중개사법령 및 중개실무

1 공인중개사법령상 중개대상물에 해당하는 것은? (다툼이 있으면 판례에 따름)

① 토지에서 채굴되지 않은 광물
② 영업상 노하우 등 무형의 재산적 가치
③ 토지로부터 분리된 수목
④ 지목(地目)이 양어장인 토지
⑤ 주택이 철거될 경우 일정한 요건하에 택지개발지구 내 이주자택지를 공급받을 수 있는 지위

2 공인중개사법령상 공인중개사 정책심의위원회(이하 '위원회'라 함)에 관한 설명으로 옳은 것을 모두 고른 것은?

> ㄱ. 위원회는 중개보수 변경에 관한 사항을 심의할 수 있다.
> ㄴ. 위원회는 위원장 1명을 포함하여 7명 이상 11명 이내의 위원으로 구성한다.
> ㄷ. 위원장은 국토교통부장관이 된다.
> ㄹ. 위원장이 부득이한 사유로 직무를 수행할 수 없을 때에는 위원 중에서 호선된 자가 그 직무를 대행한다.

① ㄱ, ㄴ
② ㄱ, ㄷ
③ ㄷ, ㄹ
④ ㄱ, ㄴ, ㄷ
⑤ ㄱ, ㄴ, ㄹ

3 2020.10.1. 甲과 乙은 甲 소유의 X토지에 관해 매매계약을 체결하였다. 乙과 丙은 농지법상 농지소유제한을 회피할 목적으로 명의신탁약정을 하였다. 그 후 甲은 乙의 요구에 따라 丙 명의로 소유권이전등기를 마쳐주었다. 그 사정을 아는 개업공인중개사가 X토지의 매수의뢰인에게 설명한 내용으로 옳은 것을 모두 고른 것은? (다툼이 있으면 판례에 따름)

> ㄱ. 甲이 丙 명의로 마쳐준 소유권이전등기는 유효하다.
> ㄴ. 乙은 丙을 상대로 매매대금 상당의 부당이득반환청구권을 행사할 수 있다.
> ㄷ. 乙은 甲을 대위하여 丙 명의의 소유권이전등기의 말소를 청구할 수 있다.

① ㄱ   ② ㄴ
③ ㄷ   ④ ㄱ, ㄴ
⑤ ㄴ, ㄷ

4 분묘가 있는 토지에 관하여 개업공인중개사가 중개의뢰인에게 설명한 내용으로 **틀린** 것은? (다툼이 있으면 판례에 따름)

① 분묘기지권은 등기사항증명서를 통해 확인할 수 없다.

② 분묘기지권은 분묘의 설치 목적인 분묘의 수호와 제사에 필요한 범위 내에서 분묘 기지 주위의 공지를 포함한 지역에까지 미친다.

③ 분묘기지권이 인정되는 경우 분묘가 멸실되었더라도 유골이 존재하여 분묘의 원상회복이 가능하고 일시적인 멸실에 불과하다면 분묘기지권은 소멸하지 않는다.

④ 분묘기지권에는 그 효력이 미치는 범위 안에서 새로운 분묘를 설치할 권능은 포함되지 않는다.

⑤ 甲이 자기 소유 토지에 분묘를 설치한 후 그 토지를 乙에게 양도하면서 분묘를 이장하겠다는 특약을 하지 않음으로써 甲이 분묘기지권을 취득한 경우, 특별한 사정이 없는 한 甲은 분묘의 기지에 대한 토지사용의 대가로서 지료를 지급할 의무가 없다.

5 공인중개사법령상 중개대상물의 표시·광고 및 모니터링에 관한 설명으로 <u>틀린</u> 것은?

① 개업공인중개사는 의뢰받은 중개대상물에 대하여 표시·광고를 하려면 개업공인중개사, 소속공인중개사 및 중개보조원에 관한 사항을 명시해야 한다.

② 개업공인중개사는 중개대상물이 존재하지 않아서 실제로 거래를 할 수 없는 중개대상물에 대한 광고와 같은 부당한 표시·광고를 해서는 안 된다.

③ 개업공인중개사는 중개대상물의 가격 등 내용을 과장되게 하는 부당한 표시·광고를 해서는 안 된다.

④ 국토교통부장관은 인터넷을 이용한 중개대상물에 대한 표시·광고의 규정준수 여부에 관하여 기본 모니터링과 수시 모니터링을 할 수 있다.

⑤ 국토교통부장관은 인터넷 표시·광고 모니터링 업무 수행에 필요한 전문인력과 전담조직을 갖췄다고 국토교통부장관이 인정하는 단체에게 인터넷 표시·광고 모니터링 업무를 위탁할 수 있다.

6 개업공인중개사가 집합건물의 매매를 중개하면서 설명한 내용으로 <u>틀린</u> 것은? (다툼이 있으면 판례에 따름)

① 아파트 지하실은 특별한 사정이 없는 한 구분소유자 전원의 공용부분으로, 따로 구분소유의 목적이 될 수 없다.

② 전유부분이 주거 용도로 분양된 경우, 구분소유자는 정당한 사유 없이 그 부분을 주거 외의 용도로 사용해서는 안 된다.

③ 구분소유자는 구조상 구분소유자 전원의 공용에 제공된 건물 부분에 대한 공유지분을 그가 가지는 전유부분과 분리하여 처분할 수 없다.

④ 규약으로써 달리 정한 경우에도 구분소유자는 그가 가지는 전유부분과 분리하여 대지사용권을 처분할 수 없다.

⑤ 일부의 구분소유자만이 공용하도록 제공되는 것임이 명백한 공용부분은 그들 구분소유자의 공유에 속한다.

7 공인중개사법령상 개업공인중개사의 고용인에 관한 설명으로 <u>틀린</u> 것은?

① 개업공인중개사는 중개보조원과 고용관계가 종료된 경우 그 종료일부터 10일 이내에 등록관청에 신고해야 한다.

② 소속공인중개사의 고용신고를 받은 등록관청은 공인중개사자격증을 발급한 시·도지사에게 그 소속공인중개사의 공인중개사 자격 확인을 요청해야 한다.

③ 중개보조원뿐만 아니라 소속공인중개사의 업무상 행위는 그를 고용한 개업공인중개사의 행위로 본다.

④ 개업공인중개사는 중개보조원을 고용한 경우, 등록관청에 신고한 후 업무개시 전까지 등록관청이 실시하는 직무교육을 받도록 해야 한다.

⑤ 중개보조원의 고용신고를 받은 등록관청은 그 사실을 공인중개사협회에 통보해야 한다.

8 공인중개사법령상 중개사무소의 명칭 및 등록증 등의 게시에 관한 설명으로 <u>틀린</u> 것은? (다툼이 있으면 판례에 따름)

① 법인인 개업공인중개사의 분사무소에는 분사무소설치신고확인서 원본을 게시해야 한다.

② 소속공인중개사가 있는 경우 그 소속공인중개사의 공인중개사자격증 원본도 게시해야 한다.

③ 개업공인중개사가 아닌 자가 '부동산중개'라는 명칭을 사용한 경우, 3년 이하의 징역 또는 3천만원 이하의 벌금에 처한다.

④ 무자격자가 자신의 명함에 '부동산뉴스 대표'라는 명칭을 기재하여 사용하였다면 공인중개사와 유사한 명칭을 사용한 것에 해당한다.

⑤ 공인중개사인 개업공인중개사가 「옥외광고물 등의 관리와 옥외광고산업 진흥에 관한 법률」에 따른 옥외광고물을 설치하는 경우, 중개사무소등록증에 표기된 개업공인중개사의 성명을 표기해야 한다.

9 공인중개사법령상 중개사무소 개설등록에 관한 설명으로 옳은 것을 모두 고른 것은?

> ㄱ. 피특정후견인은 중개사무소의 등록을 할 수 없다.
> ㄴ. 금고 이상의 형의 집행유예를 받고 그 유예기간이 만료된 날부터 2년이 지나지 아니한 자는 중개사무소의 등록을 할 수 없다.
> ㄷ. 자본금이 5천만원 이상인 「협동조합 기본법」상 사회적 협동조합은 중개사무소의 등록을 할 수 있다.

① ㄱ
② ㄴ
③ ㄱ, ㄴ
④ ㄱ, ㄷ
⑤ ㄴ, ㄷ

10 공인중개사법령상 법인인 개업공인중개사의 업무범위에 해당하지 <u>않는</u> 것은? (단, 다른 법령의 규정은 고려하지 않음)

① 주택의 임대관리
② 부동산 개발에 관한 상담 및 주택의 분양대행
③ 개업공인중개사를 대상으로 한 공제업무의 대행
④ 「국세징수법」상 공매대상 부동산에 대한 취득의 알선
⑤ 중개의뢰인의 의뢰에 따른 이사업체의 소개

11 공인중개사법령상 '중개대상물의 확인·설명사항'과 '전속중개계약에 따라 부동산거래정보망에 공개해야 할 중개대상물에 관한 정보'에 공통으로 규정된 것을 모두 고른 것은?

> ㄱ. 공법상의 거래규제에 관한 사항
> ㄴ. 벽면 및 도배의 상태
> ㄷ. 일조·소음의 환경조건
> ㄹ. 취득 시 부담해야 할 조세의 종류와 세율

① ㄱ, ㄴ
② ㄷ, ㄹ
③ ㄱ, ㄴ, ㄷ
④ ㄴ, ㄷ, ㄹ
⑤ ㄱ, ㄴ, ㄷ, ㄹ

12 매수신청대리인으로 등록한 개업공인중개사 甲이 매수신청대리 위임인 乙에게 공인중개사의 매수신청대리인 등록 등에 관한 규칙에 관하여 설명한 내용으로 **틀린** 것은? (단, 위임에 관하여 특별한 정함이 없음)

① 甲의 매수신고액이 차순위이고 최고가매수신고액에서 그 보증액을 뺀 금액을 넘는 때에만 甲은 차순위매수신고를 할 수 있다.

② 甲은 乙을 대리하여 입찰표를 작성·제출할 수 있다.

③ 甲의 입찰로 乙이 최고가매수신고인이나 차순위매수신고인이 되지 않은 경우, 甲은 「민사집행법」에 따라 매수신청의 보증을 돌려 줄 것을 신청할 수 있다.

④ 乙의 甲에 대한 보수의 지급시기는 당사자 간 약정이 없으면 매각허가결정일로 한다.

⑤ 甲은 기일입찰의 방법에 의한 매각기일에 매수신청대리행위를 할 때 집행법원이 정한 매각장소 또는 집행법원에 직접 출석해야 한다.

13 전자문서 및 전자거래 기본법에 따른 공인전자문서센터에 보관된 경우, 공인중개사법령상 개업공인중개사가 원본, 사본 또는 전자문서를 보존기간 동안 보존해야 할 의무가 면제된다고 명시적으로 규정된 것을 모두 고른 것은?

> ㄱ. 중개대상물 확인·설명서
> ㄴ. 손해배상책임보장에 관한 증서
> ㄷ. 소속공인중개사 고용신고서
> ㄹ. 거래계약서

① ㄱ   ② ㄱ, ㄹ
③ ㄴ, ㄷ   ④ ㄴ, ㄷ, ㄹ
⑤ ㄱ, ㄴ, ㄷ, ㄹ

14 공인중개사법령상 거래정보사업자지정대장 서식에 기재되는 사항이 **아닌** 것은?

① 지정 번호 및 지정 연월일

② 상호 또는 명칭 및 대표자의 성명

③ 주된 컴퓨터설비의 내역

④ 전문자격자의 보유에 관한 사항

⑤ 「전기통신사업법」에 따른 부가통신사업자번호

15 공인중개사법령상 손해배상책임의 보장에 관한 설명으로 <u>틀린</u> 것은?

① 개업공인중개사는 중개가 완성된 때에는 거래당사자에게 손해배상책임의 보장기간을 설명해야 한다.

② 개업공인중개사는 고의로 거래당사자에게 손해를 입힌 경우에는 재산상의 손해뿐만 아니라 비재산적 손해에 대해서도 공인중개사법령상 손해배상책임보장규정에 의해 배상할 책임이 있다.

③ 개업공인중개사가 자기의 중개사무소를 다른 사람의 중개행위의 장소로 제공하여 거래당사자에게 재산상의 손해를 발생하게 한 때에는 그 손해를 배상할 책임이 있다.

④ 법인인 개업공인중개사가 분사무소를 두는 경우 분사무소마다 추가로 2억원 이상의 손해배상책임의 보증설정을 해야 하나 보장금액의 상한은 없다.

⑤ 지역농업협동조합이 「농업협동조합법」에 의해 부동산중개업을 하는 경우 보증기관에 설정하는 손해배상책임보증의 최저보장금액은 개업공인중개사의 최저보장금액과 다르다.

16 공인중개사법령상 공인중개사인 개업공인중개사가 중개사무소를 등록관청의 관할 지역 내로 이전한 경우에 관한 설명으로 <u>틀린</u> 것을 모두 고른 것은?

> ㄱ. 중개사무소를 이전한 날부터 10일 이내에 신고해야 한다.
> ㄴ. 등록관청이 이전신고를 받은 경우, 중개사무소등록증에 변경사항만을 적어 교부할 수 없고 재교부해야 한다.
> ㄷ. 이전신고를 할 때 중개사무소등록증을 제출하지 않아도 된다.
> ㄹ. 건축물대장에 기재되지 않은 건물로 이전신고를 하는 경우, 건축물대장 기재가 지연되는 사유를 적은 서류도 제출해야 한다.

① ㄱ, ㄴ   ② ㄱ, ㄹ

③ ㄴ, ㄷ   ④ ㄷ, ㄹ

⑤ ㄴ, ㄷ, ㄹ

17 공인중개사법령상 중개업의 휴업 및 재개신고 등에 관한 설명으로 옳은 것은?

① 개업공인중개사가 3개월의 휴업을 하려는 경우 등록관청에 신고해야 한다.

② 개업공인중개사가 6개월을 초과하여 휴업을 할 수 있는 사유는 취학, 질병으로 인한 요양, 징집으로 인한 입영에 한한다.

③ 개업공인중개사가 휴업기간 변경신고를 하려면 중개사무소등록증을 휴업기간변경신고서에 첨부하여 제출해야 한다.

④ 재개신고는 휴업기간 변경신고와 달리 전자문서에 의한 신고를 할 수 없다.

⑤ 재개신고를 받은 등록관청은 반납을 받은 중개사무소등록증을 즉시 반환해야 한다.

18 공인중개사법령상 개업공인중개사가 지체 없이 사무소의 간판을 철거해야 하는 사유를 모두 고른 것은?

> ㄱ. 등록관청에 중개사무소의 이전사실을 신고한 경우
> ㄴ. 등록관청에 폐업사실을 신고한 경우
> ㄷ. 중개사무소의 개설등록 취소처분을 받은 경우
> ㄹ. 등록관청에 6개월을 초과하는 휴업신고를 한 경우

① ㄹ   ② ㄱ, ㄷ
③ ㄴ, ㄷ   ④ ㄱ, ㄴ, ㄷ
⑤ ㄱ, ㄴ, ㄷ, ㄹ

19 공인중개사법령상 중개행위 등에 관한 설명으로 옳은 것은? (다툼이 있으면 판례에 따름)

① 중개행위에 해당하는지 여부는 개업공인중개사의 행위를 객관적으로 보아 판단할 것이 아니라 개업공인중개사의 주관적 의사를 기준으로 판단해야 한다.

② 임대차계약을 알선한 개업공인중개사가 계약 체결 후에도 목적물의 인도 등 거래당사자의 계약상 의무의 실현에 관여함으로써 계약상 의무가 원만하게 이행되도록 주선할 것이 예정되어 있는 경우, 그러한 개업공인중개사의 행위는 사회통념상 중개행위의 범주에 포함된다.

③ 소속공인중개사는 자신의 중개사무소 개설등록을 신청할 수 있다.

④ 개업공인중개사는 거래계약서를 작성하는 경우 거래계약서에 서명하거나 날인하면 된다.

⑤ 개업공인중개사가 국토교통부장관이 정한 거래계약서 표준서식을 사용하지 않는 경우 과태료부과처분을 받게 된다.

20 부동산 거래신고 등에 관한 법령상 벌금 또는 과태료의 부과기준이 '계약 체결 당시의 개별공시지가에 따른 해당 토지가격' 또는 '해당 부동산등의 취득가액'의 비율 형식으로 규정된 경우가 <u>아닌</u> 것은?

① 토지거래허가구역 안에서 허가 없이 토지거래계약을 체결한 경우
② 외국인이 부정한 방법으로 허가를 받아 토지취득계약을 체결한 경우
③ 토지거래허가구역 안에서 속임수나 그 밖의 부정한 방법으로 토지거래계약허가를 받은 경우
④ 부동산매매계약을 체결한 거래당사자가 그 실제 거래가격을 거짓으로 신고한 경우
⑤ 부동산매매계약을 체결한 후 신고 의무자가 아닌 자가 거짓으로 부동산 거래신고를 한 경우

21 개업공인중개사 甲, 乙, 丙에 대한 공인중개사법 제40조(행정제재처분효과의 승계 등)의 적용에 관한 설명으로 옳은 것을 모두 고른 것은?

> ㄱ. 甲이 2020.11.16. 「공인중개사법」에 따른 과태료부과처분을 받았으나 2020.12.16. 폐업신고를 하였다가 2021.10.15. 다시 중개사무소의 개설등록을 하였다면, 위 과태료부과처분의 효과는 승계된다.
>
> ㄴ. 乙이 2020.8.1. 국토교통부령으로 정하는 전속중개계약서에 의하지 않고 전속중개계약을 체결한 후, 2020.9.1. 폐업신고를 하였다가 2021.10.1. 다시 중개사무소의 개설등록을 하였다면, 등록관청은 업무정지처분을 할 수 있다.
>
> ㄷ. 丙이 2018.8.5. 다른 사람에게 자기의 상호를 사용하여 중개업무를 하게 한 후, 2018.9.5. 폐업신고를 하였다가 2021.10.5. 다시 중개사무소의 개설등록을 하였다면, 등록관청은 개설등록을 취소해야 한다.

① ㄱ
② ㄱ, ㄴ
③ ㄱ, ㄷ
④ ㄴ, ㄷ
⑤ ㄱ, ㄴ, ㄷ

22 개업공인중개사 甲의 중개로 乙과 丙은 丙 소유의 주택에 관하여 임대차계약(이하 '계약'이라 함)을 체결하려 한다. 주택임대차보호법의 적용에 관한 甲의 설명으로 <u>틀린</u> 것은? (임차인 乙은 자연인임)

① 乙과 丙이 임대차기간을 2년 미만으로 정한다면 乙은 그 임대차기간이 유효함을 주장할 수 없다.

② 계약이 묵시적으로 갱신되면 임대차의 존속기간은 2년으로 본다.

③ 계약이 묵시적으로 갱신되면 乙은 언제든지 丙에게 계약해지를 통지할 수 있고, 丙이 그 통지를 받은 날부터 3개월이 지나면 해지의 효력이 발생한다.

④ 乙이 丙에게 계약갱신요구권을 행사하여 계약이 갱신되면, 갱신되는 임대차의 존속기간은 2년으로 본다.

⑤ 乙이 丙에게 계약갱신요구권을 행사하여 계약이 갱신된 경우 乙은 언제든지 丙에게 계약해지를 통지할 수 있다.

23 공인중개사법령상 공인중개사 자격의 취소사유에 해당하는 것을 모두 고른 것은?

ㄱ. 부정한 방법으로 공인중개사의 자격을 취득한 경우
ㄴ. 다른 사람에게 자기의 공인중개사자격증을 대여한 경우
ㄷ. 「공인중개사법」에 따라 공인중개사 자격정지처분을 받고 그 자격정지기간 중에 중개업무를 행한 경우

① ㄱ
② ㄷ
③ ㄱ, ㄴ
④ ㄴ, ㄷ
⑤ ㄱ, ㄴ, ㄷ

24 공인중개사법의 내용으로 ( )에 들어갈 숫자를 바르게 나열한 것은?

> • 등록관청은 개업공인중개사가 최근 (ㄱ)년 이내에 이 법에 의하여 (ㄴ)회 이상 업무정지처분을 받고 다시 업무정지처분에 해당하는 행위를 한 경우에는 중개사무소의 개설등록을 취소하여야 한다.
> • 금고 이상의 실형의 선고를 받고 그 집행이 종료(집행이 종료된 것으로 보는 경우를 포함한다)되거나 집행이 면제된 날부터 (ㄷ)년이 지나지 아니한 자는 중개사무소의 개설등록을 할 수 없다.
> • 중개행위와 관련된 손해배상책임을 보장하기 위하여 이 법에 따라 공탁한 공탁금은 개업공인중개사가 폐업한 날부터 (ㄹ)년 이내에는 회수할 수 없다.

① ㄱ: 1, ㄴ: 2, ㄷ: 1, ㄹ: 3
② ㄱ: 1, ㄴ: 2, ㄷ: 3, ㄹ: 3
③ ㄱ: 1, ㄴ: 3, ㄷ: 3, ㄹ: 1
④ ㄱ: 2, ㄴ: 3, ㄷ: 1, ㄹ: 1
⑤ ㄱ: 2, ㄴ: 3, ㄷ: 3, ㄹ: 3

`법개정반영`

25 공인중개사법령상 중개사무소 개설등록을 취소하여야 하는 사유에 해당하는 것을 모두 고른 것은?

> ㄱ. 개업공인중개사인 법인이 해산한 경우
> ㄴ. 개업공인중개사가 거짓으로 중개사무소 개설등록을 한 경우
> ㄷ. 개업공인중개사가 이중으로 중개사무소 개설등록을 한 경우
> ㄹ. 개업공인중개사가 개설등록 후 금고 이상의 형의 집행유예를 받고 그 유예기간이 만료된 후 2년이 경과하지 아니한 경우

① ㄱ, ㄴ, ㄷ
② ㄱ, ㄴ, ㄹ
③ ㄱ, ㄷ, ㄹ
④ ㄴ, ㄷ, ㄹ
⑤ ㄱ, ㄴ, ㄷ, ㄹ

26 공인중개사법령상 개업공인중개사의 보증설정 등에 관한 설명으로 옳은 것은?

① 개업공인중개사가 보증설정신고를 할 때 등록관청에 제출해야 할 증명서류는 전자문서로 제출할 수 없다.

② 보증기관이 보증사실을 등록관청에 직접 통보한 경우라도 개업공인중개사는 등록관청에 보증설정신고를 해야 한다.

③ 보증을 다른 보증으로 변경하려면 이미 설정된 보증의 효력이 있는 기간이 지난 후에 다른 보증을 설정해야 한다.

④ 보증변경신고를 할 때 손해배상책임보증 변경신고서 서식의 '보증'란에 '변경 후 보증내용'을 기재한다.

⑤ 개업공인중개사가 보증보험금으로 손해배상을 한 때에는 그 보증보험의 금액을 보전해야 하며 다른 공제에 가입할 수 없다.

27 공인중개사법령상 공인중개사협회(이하 '협회'라 함)에 관한 설명으로 **틀린** 것은?

① 협회는 시·도지사로부터 위탁을 받아 실무교육에 관한 업무를 할 수 있다.

② 협회는 공제사업을 하는 경우 책임준비금을 다른 용도로 사용하려면 국토교통부장관의 승인을 얻어야 한다.

③ 협회는 「공인중개사법」에 따른 협회의 설립목적을 달성하기 위한 경우에도 부동산 정보제공에 관한 업무를 수행할 수 없다.

④ 협회에 관하여 「공인중개사법」에 규정된 것 외에는 「민법」 중 사단법인에 관한 규정을 적용한다.

⑤ 협회는 공제사업을 다른 회계와 구분하여 별도의 회계로 관리해야 한다.

28 공인중개사법령상 포상금을 지급받을 수 있는 신고 또는 고발의 대상이 <u>아닌</u> 것은?

① 중개사무소의 개설등록을 하지 않고 중개업을 한 자

② 부정한 방법으로 중개사무소의 개설등록을 한 자

③ 공인중개사자격증을 다른 사람으로부터 양수받은 자

④ 개업공인중개사로서 부당한 이익을 얻을 목적으로 거짓으로 거래가 완료된 것처럼 꾸미는 등 중개대상물의 시세에 부당한 영향을 줄 우려가 있는 행위를 한 자

⑤ 개업공인중개사로서 중개의뢰인과 직접 거래를 한 자

29 공인중개사법령상 개업공인중개사에 대한 업무정지처분을 할 수 있는 사유에 해당하는 것을 모두 고른 것은?

> ㄱ. 부동산거래정보망에 중개대상물에 관한 정보를 거짓으로 공개한 경우
> ㄴ. 거래당사자에게 교부해야 하는 중개대상물 확인·설명서를 교부하지 않은 경우
> ㄷ. 거래당사자에게 교부해야 하는 거래계약서를 적정하게 작성·교부하지 않은 경우
> ㄹ. 해당 중개대상물의 거래상의 중요사항에 관하여 거짓된 언행으로 중개의뢰인의 판단을 그르치게 하는 행위를 한 경우

① ㄱ, ㄷ   ② ㄴ, ㄹ

③ ㄱ, ㄴ, ㄷ   ④ ㄴ, ㄷ, ㄹ

⑤ ㄱ, ㄴ, ㄷ, ㄹ

30 공인중개사법령상 소속공인중개사로서 업무를 수행하는 기간 동안 발생한 사유 중 자격정지사유로 규정되어 있지 <u>않은</u> 것은?

① 둘 이상의 중개사무소에 소속된 경우

② 성실·정확하게 중개대상물의 확인·설명을 하지 않은 경우

③ 등록관청에 등록하지 않은 인장을 사용하여 중개행위를 한 경우

④ 「공인중개사법」을 위반하여 징역형의 선고를 받은 경우

⑤ 중개대상물의 매매를 업으로 하는 행위를 한 경우

31 공인중개사법령상 개업공인중개사의 행위 중 과태료 부과대상이 <u>아닌</u> 것은?

① 중개대상물의 거래상의 중요사항에 관해 거짓된 언행으로 중개의뢰인의 판단을 그르치게 한 경우

② 휴업신고에 따라 휴업한 중개업을 재개하면서 등록관청에 그 사실을 신고하지 않은 경우

③ 중개대상물에 관한 권리를 취득하려는 중개의뢰인에게 해당 중개대상물의 권리관계를 성실·정확하게 확인·설명하지 않은 경우

④ 인터넷을 이용하여 중개대상물에 대한 표시·광고를 하면서 중개대상물의 종류별로 가격 및 거래형태를 명시하지 않은 경우

⑤ 연수교육을 정당한 사유 없이 받지 않은 경우

32 부동산 거래신고 등에 관한 법령상 신고포상금 지급대상에 해당하는 위반행위를 모두 고른 것은?

> ㄱ. 부동산 매매계약의 거래당사자가 부동산의 실제 거래가격을 거짓으로 신고하는 행위
> ㄴ. 부동산 매매계약에 관하여 개업공인중개사에게 신고를 하지 않도록 요구하는 행위
> ㄷ. 토지거래계약허가를 받아 취득한 토지를 허가받은 목적대로 이용하지 않는 행위
> ㄹ. 부동산 매매계약에 관하여 부동산의 실제 거래가격을 거짓으로 신고하도록 조장하는 행위

① ㄱ, ㄷ   ② ㄱ, ㄹ

③ ㄴ, ㄹ   ④ ㄱ, ㄴ, ㄷ

⑤ ㄴ, ㄷ, ㄹ

33 공인중개사법령상 중개사무소의 설치에 관한 설명으로 <u>틀린</u> 것은?

① 법인이 아닌 개업공인중개사는 그 등록관청의 관할 구역 안에 1개의 중개사무소만 둘 수 있다.

② 다른 법률의 규정에 따라 중개업을 할 수 있는 법인의 분사무소에는 공인중개사를 책임자로 두지 않아도 된다.

③ 개업공인중개사가 중개사무소를 공동으로 사용하려면 중개사무소의 개설등록 또는 이전신고를 할 때 그 중개사무소를 사용할 권리가 있는 다른 개업공인중개사의 승낙서를 첨부해야 한다.

④ 법인인 개업공인중개사가 분사무소를 두려는 경우 소유·전세·임대차 또는 사용대차 등의 방법으로 사용권을 확보해야 한다.

⑤ 법인인 개업공인중개사가 그 등록관청의 관할 구역 외의 지역에 둘 수 있는 분사무소는 시·도별로 1개소를 초과할 수 없다.

34 甲이 건축법 시행령에 따른 단독주택을 매수하는 계약을 체결하였을 때, 부동산 거래신고 등에 관한 법령에 따라 甲 본인이 그 주택에 입주할지 여부를 신고해야 하는 경우를 모두 고른 것은? (甲, 乙, 丙은 자연인이고, 丁은 지방공기업법상 지방공단임)

> ㄱ. 甲이 「주택법」상 투기과열지구에 소재하는 乙 소유의 주택을 실제 거래가격 3억원으로 매수하는 경우
> ㄴ. 甲이 「주택법」상 '투기과열지구 또는 조정대상지역' 외의 장소에 소재하는 丙 소유의 주택을 실제 거래가격 5억원으로 매수하는 경우
> ㄷ. 甲이 「주택법」상 투기과열지구에 소재하는 丁 소유의 주택을 실제 거래가격 10억원으로 매수하는 경우

① ㄱ   ② ㄴ   ③ ㄱ, ㄴ
④ ㄱ, ㄷ   ⑤ ㄴ, ㄷ

35 개업공인중개사 甲이 A도 B시 소재의 X주택에 관한 乙과 丙 간의 임대차계약 체결을 중개하면서 부동산 거래신고 등에 관한 법률에 따른 주택임대차계약의 신고에 관하여 설명한 내용의 일부이다. (　　)에 들어갈 숫자를 바르게 나열한 것은? (X주택은 주택임대차보호법의 적용대상이며, 乙과 丙은 자연인임)

> 보증금이 (ㄱ)천만원을 초과하거나 월차임이 (ㄴ)만원을 초과하는 주택임대차계약을 신규로 체결한 계약당사자는 그 보증금 또는 차임 등을 임대차계약의 체결일부터 (ㄷ)일 이내에 주택 소재지를 관할하는 신고관청에 공동으로 신고해야 한다.

① ㄱ: 3, ㄴ: 30, ㄷ: 60   ② ㄱ: 3, ㄴ: 50, ㄷ: 30
③ ㄱ: 6, ㄴ: 30, ㄷ: 30   ④ ㄱ: 6, ㄴ: 30, ㄷ: 60
⑤ ㄱ: 6, ㄴ: 50, ㄷ: 60

36 공인중개사법령상 벌칙 부과대상 행위 중 피해자의 명시한 의사에 반하여 벌하지 않는 경우는?

① 거래정보사업자가 개업공인중개사로부터 의뢰받은 내용과 다르게 중개대상물의 정보를 부동산거래정보망에 공개한 경우
② 개업공인중개사가 그 업무상 알게 된 비밀을 누설한 경우
③ 개업공인중개사가 중개의뢰인으로부터 법령으로 정한 보수를 초과하여 금품을 받은 경우
④ 시세에 부당한 영향을 줄 목적으로 개업공인중개사에게 중개대상물을 시세보다 현저하게 높게 표시·광고하도록 강요하는 방법으로 개업공인중개사의 업무를 방해한 경우
⑤ 개업공인중개사가 단체를 구성하여 단체 구성원 이외의 자와 공동중개를 제한한 경우

37 부동산 거래신고 등에 관한 법령상 외국인등의 부동산 취득에 관한 설명으로 옳은 것을 모두 고른 것은? (단, 법 제7조에 따른 상호주의는 고려하지 않음)

> ㄱ. 대한민국의 국적을 보유하고 있지 않은 개인이 이사 등 임원의 2분의 1 이상인 법인은 외국인등에 해당한다.
> ㄴ. 외국인등이 건축물의 개축을 원인으로 대한민국 안의 부동산을 취득한 때에도 부동산 취득신고를 해야 한다.
> ㄷ. 「군사기지 및 군사시설 보호법」에 따른 군사기지 및 군사시설 보호구역 안의 토지는 외국인등이 취득할 수 없다.
> ㄹ. 외국인등이 허가 없이 「자연환경보전법」에 따른 생태·경관보전지역 안의 토지를 취득하는 계약을 체결한 경우 그 계약은 효력이 발생하지 않는다.

① ㄱ, ㄷ   ② ㄱ, ㄹ

③ ㄱ, ㄴ, ㄹ   ④ ㄴ, ㄷ, ㄹ

⑤ ㄱ, ㄴ, ㄷ, ㄹ

38 부동산 거래신고 등에 관한 법령상 토지거래계약허가를 받아 취득한 토지를 허가받은 목적대로 이용하고 있지 않은 경우 시장·군수·구청장이 취할 수 있는 조치가 <u>아닌</u> 것은?

① 과태료를 부과할 수 있다.

② 토지거래계약허가를 취소할 수 있다.

③ 3개월 이내의 기간을 정하여 토지의 이용 의무를 이행하도록 문서로 명할 수 있다.

④ 해당 토지에 관한 토지거래계약 허가신청이 있을 때 국가, 지방자치단체, 한국토지주택공사가 그 토지의 매수를 원하면 이들 중에서 매수할 자를 지정하여 협의 매수하게 할 수 있다.

⑤ 해당 토지를 직접 이용하지 않고 임대하고 있다는 이유로 이행명령을 했음에도 정해진 기간에 이행되지 않은 경우, 토지 취득가액의 100분의 7에 상당하는 금액의 이행강제금을 부과한다.

39 부동산 거래신고 등에 관한 법령상 토지거래허가에 관한 내용으로 옳은 것은?

① 토지거래허가구역의 지정은 지정을 공고한 날부터 3일 후에 효력이 발생한다.

② 토지거래허가구역의 지정 당시 국토교통부장관 또는 시·도지사가 따로 정하여 공고하지 않은 경우, 「국토의 계획 및 이용에 관한 법률」에 따른 도시지역 중 녹지지역 안의 300m² 면적의 토지거래계약에 관하여는 허가가 필요 없다.

③ 토지거래계약을 허가받은 자는 대통령령으로 정하는 사유가 있는 경우 외에는 토지 취득일부터 10년간 그 토지를 허가받은 목적대로 이용해야 한다.

④ 허가받은 목적대로 토지를 이용하지 않았음을 이유로 이행강제금 부과처분을 받은 자가 시장·군수·구청장에게 이의를 제기하려면 그 처분을 고지받은 날부터 60일 이내에 해야 한다.

⑤ 토지거래허가신청에 대해 불허가처분을 받은 자는 그 통지를 받은 날부터 1개월 이내에 시장·군수·구청장에게 해당 토지에 관한 권리의 매수를 청구할 수 있다.

40 부동산 거래신고 등에 관한 법령상 토지거래허가구역(이하 '허가구역'이라 함)에 관한 설명으로 옳은 것은?

① 시·도지사는 법령의 개정으로 인해 토지이용에 대한 행위제한이 강화되는 지역을 허가구역으로 지정할 수 있다.

② 토지의 투기적인 거래 성행으로 지가가 급격히 상승하는 등의 특별한 사유가 있으면 5년을 넘는 기간으로 허가구역을 지정할 수 있다.

③ 허가구역 지정의 공고에는 허가구역에 대한 축척 5만분의 1 또는 2만5천분의 1의 지형도가 포함되어야 한다.

④ 허가구역을 지정한 시·도지사는 지체 없이 허가구역지정에 관한 공고내용을 관할 등기소의 장에게 통지해야 한다.

⑤ 허가구역 지정에 이의가 있는 자는 그 지정이 공고된 날부터 1개월 내에 시장·군수·구청장에게 이의를 신청할 수 있다.

제2과목: 부동산공법

41 국토의 계획 및 이용에 관한 법령상 광역도시계획에 관한 설명으로 <u>틀린</u> 것은?

① 광역도시계획의 수립기준은 국토교통부장관이 정한다.

② 광역계획권이 같은 도의 관할 구역에 속하여 있는 경우 관할 도지사가 광역도시계획을 수립하여야 한다.

③ 시·도지사, 시장 또는 군수는 광역도시계획을 수립하거나 변경하려면 미리 관계 시·도, 시 또는 군의 의회와 관계 시장 또는 군수의 의견을 들어야 한다.

④ 시장 또는 군수가 기초조사정보체계를 구축한 경우에는 등록된 정보의 현황을 5년마다 확인하고 변동사항을 반영하여야 한다.

⑤ 광역계획권을 지정한 날부터 3년이 지날 때까지 관할 시장 또는 군수로부터 광역도시계획의 승인 신청이 없는 경우 관할 도지사가 광역도시계획을 수립하여야 한다.

42 국토의 계획 및 이용에 관한 법령상 도시·군기본계획에 관한 설명으로 <u>틀린</u> 것은?

① 「수도권정비계획법」에 의한 수도권에 속하고 광역시와 경계를 같이하지 아니한 시로서 인구 20만명 이하인 시는 도시·군기본계획을 수립하지 아니할 수 있다.

② 도시·군기본계획에는 기후변화 대응 및 에너지절약에 관한 사항에 대한 정책 방향이 포함되어야 한다.

③ 광역도시계획이 수립되어 있는 지역에 대하여 수립하는 도시·군기본계획은 그 광역도시계획에 부합되어야 한다.

④ 시장 또는 군수는 5년마다 관할 구역의 도시·군기본계획에 대하여 타당성을 전반적으로 재검토하여 정비하여야 한다.

⑤ 특별시장·광역시장·특별자치시장 또는 특별자치도지사는 도시·군기본계획을 변경하려면 관계 행정기관의 장(국토교통부장관을 포함)과 협의한 후 지방도시계획위원회의 심의를 거쳐야 한다.

43 국토의 계획 및 이용에 관한 법령상 도시·군계획시설에 관한 설명으로 **틀린** 것은? (단, 조례는 고려하지 않음)

① 도시·군계획시설 부지의 매수의무자인 지방공사는 도시·군계획시설채권을 발행하여 그 대금을 지급할 수 있다.

② 도시·군계획시설 부지의 매수의무자는 매수하기로 결정한 토지를 매수결정을 알린 날부터 2년 이내에 매수하여야 한다.

③ 200만m²를 초과하는 「도시개발법」에 따른 도시개발구역에서 개발사업을 시행하는 자는 공동구를 설치하여야 한다.

④ 국가계획으로 설치하는 광역시설은 그 광역시설의 설치·관리를 사업종목으로 하여 다른 법률에 따라 설립된 법인이 설치·관리할 수 있다.

⑤ 도시·군계획시설채권의 상환기간은 10년 이내로 한다.

44 국토의 계획 및 이용에 관한 법령상 도시·군관리계획에 관한 설명으로 **틀린** 것은?

① 국토교통부장관은 국가계획과 관련된 경우 직접 도시·군관리계획을 입안할 수 있다.

② 주민은 산업·유통개발진흥지구의 지정에 관한 사항에 대하여 도시·군관리계획의 입안권자에게 도시·군관리계획의 입안을 제안할 수 있다.

③ 도시·군관리계획으로 입안하려는 지구단위계획구역이 상업지역에 위치하는 경우에는 재해취약성분석을 하지 아니할 수 있다.

④ 도시·군관리계획 결정의 효력은 지형도면을 고시한 다음 날부터 발생한다.

⑤ 인접한 특별시·광역시·특별자치시·특별자치도·시 또는 군의 관할 구역에 대한 도시·군관리계획은 관계 특별시장·광역시장·특별자치시장·특별자치도지사·시장 또는 군수가 협의하여 공동으로 입안하거나 입안할 자를 정한다.

45 국토의 계획 및 이용에 관한 법령상 지구단위계획구역과 지구단위계획에 관한 설명으로 **틀린** 것은? (단, 조례는 고려하지 않음)

① 지구단위계획이 수립되어 있는 지구단위계획구역에서 공사기간 중 이용하는 공사용 가설건축물을 건축하려면 그 지구단위계획에 맞게 하여야 한다.

② 지구단위계획은 해당 용도지역의 특성을 고려하여 수립한다.

③ 시장 또는 군수가 입안한 지구단위계획구역의 지정·변경에 관한 도시·군관리계획은 시장 또는 군수가 직접 결정한다.

④ 지구단위계획구역 및 지구단위계획은 도시·군관리계획으로 결정한다.

⑤ 「관광진흥법」에 따라 지정된 관광단지의 전부 또는 일부에 대하여 지구단위계획구역을 지정할 수 있다.

46 국토의 계획 및 이용에 관한 법령상 개발행위에 따른 공공시설등의 귀속에 관한 설명으로 **틀린** 것은?

① 개발행위허가를 받은 행정청이 기존의 공공시설에 대체되는 공공시설을 설치한 경우에는 새로 설치된 공공시설은 그 시설을 관리할 관리청에 무상으로 귀속된다.

② 개발행위허가를 받은 행정청은 개발행위가 끝나 준공 검사를 마친 때에는 해당 시설의 관리청에 공공시설의 종류와 토지의 세목을 통지하여야 한다.

③ 개발행위허가를 받은 자가 행정청이 아닌 경우 개발행위허가를 받은 자가 새로 설치한 공공시설은 그 시설을 관리할 관리청에 무상으로 귀속된다.

④ 개발행위허가를 받은 행정청이 기존의 공공시설에 대체되는 공공시설을 설치한 경우에는 종래의 공공시설은 그 행정청에게 무상으로 귀속된다.

⑤ 개발행위허가를 받은 자가 행정청이 아닌 경우 개발행위로 용도가 폐지되는 공공시설은 개발행위허가를 받은 자에게 무상으로 귀속된다.

47 국토의 계획 및 이용에 관한 법령상 개발행위에 따른 기반시설의 설치에 관한 설명으로 옳은 것은? (단, 조례는 고려하지 않음)

① 시장 또는 군수가 개발밀도관리구역을 변경하는 경우 관할 지방도시계획위원회의 심의를 거치지 않아도 된다.

② 기반시설부담구역의 지정고시일부터 2년이 되는 날까지 기반시설설치계획을 수립하지 아니하면 그 2년이 되는 날에 기반시설부담구역의 지정은 해제된 것으로 본다.

③ 시장 또는 군수는 기반시설설치비용 납부의무자가 지방자치단체로부터 건축허가를 받은 날부터 3개월 이내에 기반시설설치비용을 부과하여야 한다.

④ 시장 또는 군수는 개발밀도관리구역에서는 해당 용도지역에 적용되는 용적률의 최대한도의 50% 범위에서 용적률을 강화하여 적용한다.

⑤ 기반시설설치비용 납부의무자는 사용승인 신청 후 7일까지 그 비용을 내야 한다.

48 국토의 계획 및 이용에 관한 법령상 성장관리계획구역을 지정할 수 있는 지역이 <u>아닌</u> 것은?

① 녹지지역　　　　　　　　　　② 관리지역
③ 주거지역　　　　　　　　　　④ 자연환경보전지역
⑤ 농림지역

49 국토의 계획 및 이용에 관한 법령상 시가화조정구역에 관한 설명으로 옳은 것은?

① 시가화조정구역은 도시지역과 그 주변지역의 무질서한 시가화를 방지하고 계획적·단계적인 개발을 도모하기 위하여 시·도지사가 도시·군기본계획으로 결정하여 지정하는 용도구역이다.

② 시가화유보기간은 5년 이상 20년 이내의 기간이다.

③ 시가화유보기간이 끝나면 국토교통부장관 또는 시·도지사는 이를 고시하여야 하고, 시가화조정구역 지정 결정은 그 고시일 다음 날부터 그 효력을 잃는다.

④ 공익상 그 구역 안에서의 사업시행이 불가피한 것으로서 주민의 요청에 의하여 시·도지사가 시가화조정구역의 지정목적 달성에 지장이 없다고 인정한 도시·군계획사업은 시가화조정구역에서 시행할 수 있다.

⑤ 시가화조정구역에서 입목의 벌채, 조림, 육림 행위는 허가 없이 할 수 있다.

50 국토의 계획 및 이용에 관한 법령상 도시·군계획시설사업에 관한 설명으로 **틀린** 것은?

① 도시·군계획시설은 기반시설 중 도시·군관리계획으로 결정된 시설이다.

② 도시·군계획시설사업이 같은 도의 관할 구역에 속하는 둘 이상의 시 또는 군에 걸쳐 시행되는 경우에는 국토교통부장관이 시행자를 정한다.

③ 한국토지주택공사는 도시·군계획시설사업 대상 토지소유자 동의 요건을 갖추지 않아도 도시·군계획시설사업의 시행자로 지정을 받을 수 있다.

④ 도시·군계획시설사업 실시계획에는 사업의 착수예정일 및 준공예정일도 포함되어야 한다.

⑤ 도시·군계획시설사업 실시계획 인가 내용과 다르게 도시·군계획시설사업을 하여 토지의 원상회복 명령을 받은 자가 원상회복을 하지 아니하면 「행정대집행법」에 따른 행정대집행에 따라 원상회복을 할 수 있다.

51 국토의 계획 및 이용에 관한 법령상 기반시설의 종류와 그 해당 시설의 연결이 **틀린** 것은?

① 교통시설 – 차량 검사 및 면허시설

② 공간시설 – 녹지

③ 유통·공급시설 – 방송·통신시설

④ 공공·문화체육시설 – 학교

⑤ 보건위생시설 – 폐기물처리 및 재활용시설

52 국토의 계획 및 이용에 관한 법령상 용도지역별 용적률의 최대한도가 큰 순서대로 나열한 것은? (단, 조례 기타 강화·완화조건은 고려하지 않음)

ㄱ. 근린상업지역	ㄴ. 준공업지역
ㄷ. 준주거지역	ㄹ. 보전녹지지역
ㅁ. 계획관리지역	

① ㄱ － ㄴ － ㄷ － ㄹ － ㅁ

② ㄱ － ㄷ － ㄴ － ㅁ － ㄹ

③ ㄴ － ㅁ － ㄱ － ㄹ － ㄷ

④ ㄷ － ㄱ － ㄹ － ㄴ － ㅁ

⑤ ㄷ － ㄴ － ㄱ － ㅁ － ㄹ

53 도시개발법령상 도시개발구역을 지정할 수 있는 자를 모두 고른 것은?

ㄱ. 시·도지사	ㄴ. 대도시 시장
ㄷ. 국토교통부장관	ㄹ. 한국토지주택공사

① ㄱ
② ㄴ, ㄹ
③ ㄷ, ㄹ
④ ㄱ, ㄴ, ㄷ
⑤ ㄱ, ㄴ, ㄷ, ㄹ

54 도시개발법령상 토지등의 수용 또는 사용의 방식에 따른 사업시행에 관한 설명으로 옳은 것은?

① 도시개발사업을 시행하는 지방자치단체는 도시개발구역지정 이후 그 시행방식을 혼용방식에서 수용 또는 사용방식으로 변경할 수 있다.

② 도시개발사업을 시행하는 정부출연기관이 그 사업에 필요한 토지를 수용하려면 사업대상 토지면적의 3분의 2 이상에 해당하는 토지를 소유하고 토지소유자 총수의 2분의 1 이상에 해당하는 자의 동의를 받아야 한다.

③ 도시개발사업을 시행하는 공공기관은 토지상환채권을 발행할 수 없다.

④ 원형지를 공급받아 개발하는 지방공사는 원형지에 대한 공사완료 공고일부터 5년이 지난 시점이라면 해당 원형지를 매각할 수 있다.

⑤ 원형지가 공공택지 용도인 경우 원형지개발자의 선정은 추첨의 방법으로 할 수 있다.

55 도시개발법령상 환지방식에 의한 사업시행에 관한 설명으로 <u>틀린</u> 것은?

① 도시개발사업을 입체 환지방식으로 시행하는 경우에는 환지계획에 건축계획이 포함되어야 한다.

② 시행자는 토지면적의 규모를 조정할 특별한 필요가 있으면 면적이 넓은 토지는 그 면적을 줄여서 환지를 정하거나 환지 대상에서 제외할 수 있다.

③ 도시개발구역 지정권자가 정한 기준일의 다음 날부터 단독주택이 다세대주택으로 전환되는 경우 시행자는 해당 건축물에 대하여 금전으로 청산하거나 환지 지정을 제한할 수 있다.

④ 시행자는 환지예정지를 지정한 경우에 해당 토지를 사용하거나 수익하는 데에 장애가 될 물건이 그 토지에 있으면 그 토지의 사용 또는 수익을 시작할 날을 따로 정할 수 있다.

⑤ 시행자는 환지를 정하지 아니하기로 결정된 토지소유자나 임차권자등에게 날짜를 정하여 그날부터 해당 토지 또는 해당 부분의 사용 또는 수익을 정지시킬 수 있다.

56 도시개발법령상 도시개발채권에 관한 설명으로 옳은 것은?

① 「국토의 계획 및 이용에 관한 법률」에 따른 공작물의 설치허가를 받은 자는 도시개발채권을 매입하여야 한다.

② 도시개발채권의 이율은 기획재정부장관이 국채·공채 등의 금리와 특별회계의 상황 등을 고려하여 정한다.

③ 도시개발채권을 발행하려는 시·도지사는 기획재정부장관의 승인을 받은 후 채권의 발행총액 등을 공고하여야 한다.

④ 도시개발채권의 상환기간은 5년보다 짧게 정할 수는 없다.

⑤ 도시개발사업을 공공기관이 시행하는 경우 해당 공공기관의 장은 시·도지사의 승인을 받아 도시개발채권을 발행할 수 있다.

57 도시개발법령상 도시개발구역에서 허가를 받아야 할 행위로 명시되지 <u>않은</u> 것은?

① 토지의 합병   ② 토석의 채취

③ 죽목의 식재   ④ 공유수면의 매립

⑤ 「건축법」에 따른 건축물의 용도변경

58 도시개발법령상 도시개발구역 지정권자가 속한 기관에 종사하는 자로부터 제공받은 미공개정보를 지정목적 외로 사용하여 1억 5천만원 상당의 재산상 이익을 얻은 자에게 벌금을 부과하는 경우 그 상한액은?

① 1억 5천만원   ② 4억 5천만원

③ 5억원   ④ 7억 5천만원

⑤ 10억원

59 도시 및 주거환경정비법령상 다음의 정의에 해당하는 정비사업은?

> 도시저소득 주민이 집단거주하는 지역으로서 정비기반시설이 극히 열악하고 노후·불량건축물이 과도하게 밀집한 지역의 주거환경을 개선하거나 단독주택 및 다세대주택이 밀집한 지역에서 정비기반시설과 공동이용시설 확충을 통하여 주거환경을 보전·정비·개량하기 위한 사업

① 주거환경개선사업   ② 재건축사업

③ 공공재건축사업   ④ 재개발사업

⑤ 공공재개발사업

60 도시 및 주거환경정비법령상 조합총회의 의결사항 중 대의원회가 대행할 수 <u>없는</u> 사항을 모두 고른 것은?

> ㄱ. 조합임원의 해임
> ㄴ. 사업완료로 인한 조합의 해산
> ㄷ. 정비사업비의 변경
> ㄹ. 정비사업전문관리업자의 선정 및 변경

① ㄱ, ㄴ, ㄷ   ② ㄱ, ㄴ, ㄹ

③ ㄱ, ㄷ, ㄹ   ④ ㄴ, ㄷ, ㄹ

⑤ ㄱ, ㄴ, ㄷ, ㄹ

61 도시 및 주거환경정비법령상 공공재개발사업에 관한 설명이다. (   )에 들어갈 내용과 숫자를 바르게 나열한 것은?

> 정비계획의 입안권자가 정비구역의 지정권자에게 공공재개발사업 예정구역 지정을 신청한 경우 지방도시계획위원회는 (ㄱ)부터 (ㄴ)일 이내에 심의를 완료해야 한다. 다만, (ㄴ)일 이내에 심의를 완료할 수 없는 정당한 사유가 있다고 판단되는 경우에는 심의기간을 (ㄷ)일의 범위에서 한 차례 연장할 수 있다.

① ㄱ: 신청일,   ㄴ: 20, ㄷ: 20
② ㄱ: 신청일,   ㄴ: 30, ㄷ: 20
③ ㄱ: 신청일,   ㄴ: 30, ㄷ: 30
④ ㄱ: 신청일 다음 날, ㄴ: 20, ㄷ: 20
⑤ ㄱ: 신청일 다음 날, ㄴ: 30, ㄷ: 30

62 도시 및 주거환경정비법령상 관리처분계획 등에 관한 설명으로 옳은 것은? (단, 조례는 고려하지 않음)

① 지분형주택의 규모는 주거전용면적 $60m^2$ 이하인 주택으로 한정한다.
② 분양신청기간의 연장은 30일의 범위에서 한 차례만 할 수 있다.
③ 같은 세대에 속하지 아니하는 3명이 1토지를 공유한 경우에는 3주택을 공급하여야 한다.
④ 조합원 10분의 1 이상이 관리처분계획인가 신청이 있은 날부터 30일 이내에 관리처분계획의 타당성 검증을 요청한 경우 시장·군수등은 이에 따라야 한다.
⑤ 시장·군수등은 정비구역에서 면적이 $100m^2$의 토지를 소유한 자로서 건축물을 소유하지 아니한 자의 요청이 있는 경우에는 인수한 임대주택의 일부를 「주택법」에 따른 토지임대부 분양주택으로 전환하여 공급하여야 한다.

63 도시 및 주거환경정비법령상 정비사업의 시행에 관한 설명으로 옳은 것은?

① 세입자의 세대수가 토지등소유자의 3분의 1에 해당하는 경우 시장·군수등은 토지주택공사 등을 주거환경개선사업 시행자로 지정하기 위해서는 세입자의 동의를 받아야 한다.

② 재개발사업은 토지등소유자가 30인인 경우에는 토지등소유자가 직접 시행할 수 있다.

③ 재건축사업 추진위원회가 구성승인을 받은 날부터 2년이 되었음에도 조합설립인가를 신청 하지 아니한 경우 시장·군수등이 직접 시행할 수 있다.

④ 조합설립추진위원회는 토지등소유자의 수가 200인인 경우 5명 이상의 이사를 두어야 한다.

⑤ 주민대표회의는 토지등소유자의 과반수의 동의를 받아 구성하며, 위원장과 부위원장 각 1명 과 1명 이상 3명 이하의 감사를 둔다.

64 도시 및 주거환경정비법령상 청산금 및 비용부담 등에 관한 설명으로 옳은 것은?

① 청산금을 징수할 권리는 소유권 이전고시일부터 3년간 행사하지 아니하면 소멸한다.

② 정비구역의 국유·공유재산은 정비사업 외의 목적으로 매각되거나 양도될 수 없다.

③ 청산금을 지급받을 자가 받기를 거부하더라도 사업시행자는 그 청산금을 공탁할 수는 없다.

④ 시장·군수등이 아닌 사업시행자는 부과금을 체납하는 자가 있는 때에는 지방세체납처분의 예에 따라 부과·징수할 수 있다.

⑤ 국가 또는 지방자치단체는 토지임대부 분양주택을 공급받는 자에게 해당 공급비용의 전부 를 융자할 수는 없다.

65 주택법령상 한국토지주택공사가 우선 매입하는 분양가상한제 적용주택의 매입금액에 관한 설명 이다. ( )에 들어갈 숫자를 바르게 나열한 것은?

> 공공택지 외의 택지에서 건설·공급되는 주택의 분양가격이 인근지역주택매매가격의 80% 이상 100% 미만이고 보유기간이 3년 이상 4년 미만인 경우: 매입비용의 (ㄱ)%에 인근지 역주택매매가격의 (ㄴ)%를 더한 금액

① ㄱ: 25, ㄴ: 50   ② ㄱ: 25, ㄴ: 75

③ ㄱ: 50, ㄴ: 50   ④ ㄱ: 50, ㄴ: 75

⑤ ㄱ: 75, ㄴ: 25

66 주택법령상 주택단지가 일정한 시설로 분리된 토지는 각각 별개의 주택단지로 본다. 그 시설에 해당하지 <u>않는</u> 것은?

① 철도

② 폭 20m의 고속도로

③ 폭 10m의 일반도로

④ 폭 20m의 자동차전용도로

⑤ 폭 10m의 도시계획예정도로

67 주택법령상 용어에 관한 설명으로 옳은 것을 모두 고른 것은?

> ㄱ. 주택에 딸린 「건축법」에 따른 건축설비는 복리시설에 해당한다.
> ㄴ. 300세대인 국민주택규모의 단지형 다세대주택은 도시형 생활주택에 해당한다.
> ㄷ. 민영주택은 국민주택을 제외한 주택을 말한다.

① ㄱ   ② ㄷ

③ ㄱ, ㄴ   ④ ㄴ, ㄷ

⑤ ㄱ, ㄴ, ㄷ

`법개정반영`

68 주택법령상 투기과열지구의 지정 기준에 관한 설명이다. (   )에 들어갈 숫자와 내용을 바르게 나열한 것은?

> • 투기과열지구로 지정하는 날이 속하는 달의 바로 전 달(이하 '투기과열지구지정직전월')부터 소급하여 주택공급이 있었던 (ㄱ)개월 동안 해당 지역에서 공급되는 주택의 월별 평균 청약경쟁률이 모두 5대 1을 초과하였거나 국민주택규모 주택의 월별 평균 청약경쟁률이 모두 (ㄴ)대 1을 초과한 곳
> • 투기과열지구지정직전월의 (ㄷ)이 전 달보다 30% 이상 감소하여 주택공급이 위축될 우려가 있는 곳

① ㄱ: 2, ㄴ: 10, ㄷ: 주택분양실적

② ㄱ: 2, ㄴ: 10, ㄷ: 건축허가실적

③ ㄱ: 2, ㄴ: 20, ㄷ: 건축허가실적

④ ㄱ: 3, ㄴ: 10, ㄷ: 주택분양계획

⑤ ㄱ: 3, ㄴ: 20, ㄷ: 건축허가실적

69 주택법령상 사업계획승인 등에 관한 설명으로 **틀린** 것은? (단, 다른 법률에 따른 사업은 제외함)

① 주택건설사업을 시행하려는 자는 전체 세대수가 600세대 이상의 주택단지를 공구별로 분할하여 주택을 건설·공급할 수 있다.

② 사업계획승인권자는 착공신고를 받은 날부터 20일 이내에 신고수리 여부를 신고인에게 통지하여야 한다.

③ 사업계획승인권자는 사업계획승인의 신청을 받았을 때에는 정당한 사유가 없으면 신청받은 날부터 60일 이내에 사업주체에게 승인 여부를 통보하여야 한다.

④ 사업주체는 사업계획승인을 받은 날부터 1년 이내에 공사를 착수하여야 한다.

⑤ 사업계획에는 부대시설 및 복리시설의 설치에 관한 계획 등이 포함되어야 한다.

70 주택법령상 주택상환사채의 납입금이 사용될 수 있는 용도로 명시된 것을 모두 고른 것은?

> ㄱ. 주택건설자재의 구입
> ㄴ. 택지의 구입 및 조성
> ㄷ. 주택조합 운영비에의 충당
> ㄹ. 주택조합 가입 청약철회자의 가입비 반환

① ㄱ, ㄴ   ② ㄱ, ㄹ

③ ㄷ, ㄹ   ④ ㄱ, ㄴ, ㄷ

⑤ ㄴ, ㄷ, ㄹ

71 주택법령상 주택공급과 관련하여 금지되는 공급질서 교란행위에 해당하는 것을 모두 고른 것은?

> ㄱ. 주택을 공급받을 수 있는 조합원 지위의 상속
> ㄴ. 입주자저축증서의 저당
> ㄷ. 공공사업의 시행으로 인한 이주대책에 따라 주택을 공급받을 수 있는 지위의 매매
> ㄹ. 주택을 공급받을 수 있는 증서로서 시장·군수·구청장이 발행한 무허가건물 확인서의 증여

① ㄱ, ㄴ   ② ㄱ, ㄹ

③ ㄷ, ㄹ   ④ ㄱ, ㄴ, ㄷ

⑤ ㄴ, ㄷ, ㄹ

72 건축법령상 특수구조 건축물의 특례에 관한 설명으로 옳은 것은? (단, 건축법령상 다른 특례 및 조례는 고려하지 않음)

① 건축 공사현장 안전관리 예치금에 관한 규정을 강화하여 적용할 수 있다.

② 대지의 조경에 관한 규정을 변경하여 적용할 수 있다.

③ 한쪽 끝은 고정되고 다른 끝은 지지되지 아니한 구조로 된 차양이 외벽(외벽이 없는 경우에는 외곽 기둥을 말함)의 중심선으로부터 3m 이상 돌출된 건축물은 특수구조 건축물에 해당한다.

④ 기둥과 기둥 사이의 거리(기둥의 중심선 사이의 거리를 말함)가 15m인 건축물은 특수구조 건축물로서 건축물 내진등급의 설정에 관한 규정을 강화하여 적용할 수 있다.

⑤ 특수구조 건축물을 건축하려는 건축주는 건축허가 신청 전에 허가권자에게 해당 건축물의 구조안전에 관하여 지방건축위원회의 심의를 신청하여야 한다.

73 건축주 甲은 수면 위에 건축물을 건축하고자 한다. 건축법령상 그 건축물의 대지의 범위를 설정하기 곤란한 경우 甲이 허가권자에게 완화 적용을 요청할 수 없는 기준은? (단, 다른 조건과 조례는 고려하지 않음)

① 대지의 조경   ② 공개공지등의 확보

③ 건축물의 높이 제한   ④ 대지의 안전

⑤ 건축물 내진등급의 설정

법개정반영

74 건축법령상 건축허가 제한에 관한 설명으로 옳은 것은?

① 국방, 「국가유산기본법」에 따른 국가유산의 보존 또는 국민경제를 위하여 특히 필요한 경우 주무부장관은 허가권자의 건축허가를 제한할 수 있다.

② 지역계획을 위하여 특히 필요한 경우 도지사는 특별자치시장의 건축허가를 제한할 수 있다.

③ 건축허가를 제한하는 경우 건축허가 제한기간은 2년 이내로 하며, 1회에 한하여 1년 이내의 범위에서 제한 기간을 연장할 수 있다.

④ 시·도지사가 건축허가를 제한하는 경우에는 「토지이용규제 기본법」에 따라 주민의견을 청취하거나 건축위원회의 심의를 거쳐야 한다.

⑤ 국토교통부장관은 건축허가를 제한하는 경우 제한 목적·기간, 대상 건축물의 용도와 대상 구역의 위치·면적·경계를 지체 없이 공고하여야 한다.

75 건축주 甲은 A도 B시에서 연면적이 100m²이고 2층인 건축물을 대수선하고자 건축법 제14조에 따른 신고(이하 '건축신고')를 하려고 한다. 건축법령상 이에 관한 설명으로 옳은 것은? (단, 건축법령상 특례 및 조례는 고려하지 않음)

① 甲이 대수선을 하기 전에 B시장에게 건축신고를 하면 건축허가를 받은 것으로 본다.

② 건축신고를 한 甲이 공사시공자를 변경하려면 B시장에게 허가를 받아야 한다.

③ B시장은 건축신고의 수리 전에 건축물 안전영향평가를 실시하여야 한다.

④ 건축신고를 한 甲이 신고일부터 6개월 이내에 공사에 착수하지 아니하면 그 신고의 효력은 없어진다.

⑤ 건축신고를 한 甲은 건축물의 공사가 끝난 후 사용승인 신청 없이 건축물을 사용할 수 있다.

76 건축법령상 건축물대장에 건축물과 그 대지의 현황 및 건축물의 구조내력에 관한 정보를 적어서 보관하고 이를 지속적으로 정비하여야 하는 경우를 모두 고른 것은? (단, 가설건축물은 제외함)

> ㄱ. 허가권자가 건축물의 사용승인서를 내준 경우
> ㄴ. 건축허가 또는 건축신고 대상 건축물 외의 건축물의 공사가 끝난 후 기재 요청이 있는 경우
> ㄷ. 「집합건물의 소유 및 관리에 관한 법률」에 따른 건축물대장의 신규등록 신청이 있는 경우

① ㄱ   ② ㄴ

③ ㄱ, ㄷ   ④ ㄴ, ㄷ

⑤ ㄱ, ㄴ, ㄷ

77 건축법령상 특별건축구역에 관한 설명으로 옳은 것은?

① 국토교통부장관은 지방자치단체가 국제행사 등을 개최하는 지역의 사업구역을 특별건축구역으로 지정할 수 있다.

②「도로법」에 따른 접도구역은 특별건축구역으로 지정될 수 없다.

③ 특별건축구역에서의 건축기준의 특례사항은 지방자치단체가 건축하는 건축물에는 적용되지 않는다.

④ 특별건축구역에서「주차장법」에 따른 부설주차장의 설치에 관한 규정은 개별 건축물마다 적용하여야 한다.

⑤ 특별건축구역을 지정한 경우에는「국토의 계획 및 이용에 관한 법률」에 따른 용도지역·지구·구역의 지정이 있는 것으로 본다.

78 건축법령상 건축등과 관련된 분쟁으로서 건축분쟁전문위원회의 조정 및 재정의 대상이 되는 것은? (단, 건설산업기본법 제69조에 따른 조정의 대상이 되는 분쟁은 고려하지 않음)

① '건축주'와 '건축신고수리자' 간의 분쟁
② '공사시공자'와 '건축지도원' 간의 분쟁
③ '건축허가권자'와 '공사감리자' 간의 분쟁
④ '관계전문기술자'와 '해당 건축물의 건축 등으로 피해를 입은 인근주민' 간의 분쟁
⑤ '건축허가권자'와 '해당 건축물의 건축 등으로 피해를 입은 인근주민' 간의 분쟁

79 농지법령상 농지취득자격증명을 발급받지 아니하고 농지를 취득할 수 있는 경우가 <u>아닌</u> 것은?

① 시효의 완성으로 농지를 취득하는 경우
② 공유 농지의 분할로 농지를 취득하는 경우
③ 농업법인의 합병으로 농지를 취득하는 경우
④ 국가나 지방자치단체가 농지를 소유하는 경우
⑤ 주말·체험영농을 하려고 농업진흥지역 외의 농지를 소유하는 경우

80 농지법령상 유휴농지에 대한 대리경작자의 지정에 관한 설명으로 옳은 것은?

① 지력의 증진이나 토양의 개량·보전을 위하여 필요한 기간 동안 휴경하는 농지에 대하여도 대리경작자를 지정할 수 있다.
② 대리경작자 지정은 유휴농지를 경작하려는 농업인 또는 농업법인의 신청이 있을 때에만 할 수 있고, 직권으로는 할 수 없다.
③ 대리경작자가 경작을 게을리하는 경우에는 대리경작 기간이 끝나기 전이라도 대리경작자 지정을 해지할 수 있다.
④ 대리경작 기간은 3년이고, 이와 다른 기간을 따로 정할 수 없다.
⑤ 농지 소유권자를 대신할 대리경작자만 지정할 수 있고, 농지 임차권자를 대신할 대리경작자를 지정할 수는 없다.

문제풀이 종료시각 ▶ _____ 시 _____ 분

정답 및 해설 ▶ p.106

〈2교시〉

문제풀이 시작시각 ▶ _____ 시 _____ 분

제1과목: 부동산공시법 & 부동산세법

1 공간정보의 구축 및 관리 등에 관한 법령상 지상 경계의 결정기준으로 옳은 것은? (단, 지상 경계의 구획을 형성하는 구조물 등의 소유자가 다른 경우는 제외함)

① 연접되는 토지 간에 높낮이 차이가 있는 경우: 그 구조물 등의 하단부

② 공유수면매립지의 토지 중 제방 등을 토지에 편입하여 등록하는 경우: 그 경사면의 하단부

③ 도로·구거 등의 토지에 절토(땅깎기)된 부분이 있는 경우: 바깥쪽 어깨부분

④ 토지가 해면 또는 수면에 접하는 경우: 최소만조위 또는 최소만수위가 되는 선

⑤ 연접되는 토지 간에 높낮이 차이가 없는 경우: 그 구조물 등의 상단부

2 공간정보의 구축 및 관리 등에 관한 법령상 지상건축물 등의 현황을 지적도 및 임야도에 등록된 경계와 대비하여 표시하는 지적측량은?

① 등록전환측량　　　　　　　　② 신규등록측량

③ 지적현황측량　　　　　　　　④ 경계복원측량

⑤ 토지분할측량

3 공간정보의 구축 및 관리 등에 관한 법령상 임야도의 축척에 해당하는 것을 모두 고른 것은?

ㄱ. 1/2,000	ㄴ. 1/2,400	ㄷ. 1/3,000
ㄹ. 1/6,000	ㅁ. 1/50,000	

① ㄱ, ㄷ　　　　　　　　　　② ㄷ, ㄹ

③ ㄱ, ㄴ, ㅁ　　　　　　　　④ ㄴ, ㄷ, ㄹ

⑤ ㄴ, ㄷ, ㄹ, ㅁ

4 공간정보의 구축 및 관리 등에 관한 법령상 지목의 구분에 관한 설명으로 틀린 것은?

① 바닷물을 끌어들여 소금을 채취하기 위하여 조성된 토지와 이에 접속된 제염장(製鹽場) 등 부속시설물의 부지는 '염전'으로 한다. 다만, 천일제염 방식으로 하지 아니하고 동력으로 바닷물을 끌어들여 소금을 제조하는 공장시설물의 부지는 제외한다.

② 저유소(貯油所) 및 원유저장소의 부지와 이에 접속된 부속시설물의 부지는 '주유소용지'로 한다. 다만, 자동차·선박·기차 등의 제작 또는 정비공장 안에 설치된 급유·송유시설 등의 부지는 제외한다.

③ 물이 고이거나 상시적으로 물을 저장하고 있는 댐·저수지·소류지(沼溜地)·호수·연못 등의 토지와 물을 상시적으로 직접 이용하여 연(蓮)·왕골 등의 식물을 주로 재배하는 토지는 '유지'로 한다.

④ 일반 공중의 보건·휴양 및 정서생활에 이용하기 위한 시설을 갖춘 토지로서 「국토의 계획 및 이용에 관한 법률」에 따라 공원 또는 녹지로 결정·고시된 토지는 '공원'으로 한다.

⑤ 용수(用水) 또는 배수(排水)를 위하여 일정한 형태를 갖춘 인공적인 수로·둑 및 그 부속시설물의 부지와 자연의 유수(流水)가 있거나 있을 것으로 예상되는 소규모 수로부지는 '구거'로 한다.

5 공간정보의 구축 및 관리 등에 관한 법령상 지적도 및 임야도의 등록사항을 모두 고른 것은?

> ㄱ. 토지의 소재
> ㄴ. 좌표에 의하여 계산된 경계점 간의 거리(경계점좌표등록부를 갖춰 두는 지역으로 한정)
> ㄷ. 삼각점 및 지적기준점의 위치
> ㄹ. 건축물 및 구조물 등의 위치
> ㅁ. 도곽선(圖廓線)과 그 수치

① ㄱ, ㄷ, ㄹ   ② ㄴ, ㄷ, ㅁ

③ ㄴ, ㄹ, ㅁ   ④ ㄱ, ㄴ, ㄷ, ㅁ

⑤ ㄱ, ㄴ, ㄷ, ㄹ, ㅁ

6 공간정보의 구축 및 관리 등에 관한 법령상 지적측량의 적부심사 등에 관한 설명으로 옳은 것은?

① 지적측량 적부심사청구를 받은 지적소관청은 30일 이내에 다툼이 되는 지적측량의 경위 및 그 성과, 해당 토지에 대한 토지이동 및 소유권 변동 연혁, 해당 토지 주변의 측량기준점, 경계, 주요 구조물 등 현황 실측도를 조사하여 지방지적위원회에 회부하여야 한다.

② 지적측량 적부심사청구를 회부받은 지방지적위원회는 부득이한 경우가 아닌 경우 그 심사청구를 회부받은 날부터 90일 이내에 심의·의결하여야 한다.

③ 지방지적위원회는 부득이한 경우에 심의기간을 해당 지적위원회의 의결을 거쳐 60일 이내에서 한 번만 연장할 수 있다.

④ 시·도지사는 지방지적위원회의 지적측량 적부심사 의결서를 받은 날부터 7일 이내에 지적측량 적부심사 청구인 및 이해관계인에게 그 의결서를 통지하여야 한다.

⑤ 의결서를 받은 자가 지방지적위원회의 의결에 불복하는 경우에는 그 의결서를 받은 날부터 90일 이내에 시·도지사를 거쳐 중앙지적위원회에 재심사를 청구할 수 있다.

7 공간정보의 구축 및 관리 등에 관한 법령상 토지의 이동이 있을 때 토지소유자의 신청이 없어 지적소관청이 토지의 이동현황을 직권으로 조사·측량하여 토지의 지번·지목·면적·경계 또는 좌표를 결정하기 위해 수립하는 계획은?

① 토지이동현황 조사계획   ② 토지조사계획
③ 토지등록계획   ④ 토지조사·측량계획
⑤ 토지조사·등록계획

8 공간정보의 구축 및 관리 등에 관한 법령상 공유지연명부와 대지권등록부의 공통 등록사항을 모두 고른 것은?

ㄱ. 지번
ㄴ. 소유권 지분
ㄷ. 소유자의 성명 또는 명칭, 주소 및 주민등록번호
ㄹ. 토지의 고유번호
ㅁ. 토지소유자가 변경된 날과 그 원인

① ㄱ, ㄴ, ㄷ   ② ㄱ, ㄴ, ㄹ, ㅁ
③ ㄱ, ㄷ, ㄹ, ㅁ   ④ ㄴ, ㄷ, ㄹ, ㅁ
⑤ ㄱ, ㄴ, ㄷ, ㄹ, ㅁ

9 공간정보의 구축 및 관리 등에 관한 법령상 토지소유자 등 이해관계인이 지적측량수행자에게 지적측량을 의뢰하여야 하는 경우가 <u>아닌</u> 것을 모두 고른 것은? (단, 지적측량을 할 필요가 있는 경우임)

> ㄱ. 지적측량성과를 검사하는 경우
> ㄴ. 토지를 등록전환하는 경우
> ㄷ. 축척을 변경하는 경우
> ㄹ. 「지적재조사에 관한 특별법」에 따른 지적재조사사업에 따라 토지의 이동이 있는 경우

① ㄱ, ㄴ   ② ㄱ, ㄹ

③ ㄷ, ㄹ   ④ ㄱ, ㄴ, ㄷ

⑤ ㄴ, ㄷ, ㄹ

10 공간정보의 구축 및 관리 등에 관한 법령상 축척변경위원회의 구성에 관한 내용이다. ( )에 들어갈 사항으로 옳은 것은?

> 축척변경위원회는 (ㄱ) 이상 10명 이하의 위원으로 구성하되, 위원의 2분의 1 이상을 토지 소유자로 하여야 한다. 이 경우 그 축척변경 시행지역의 토지소유자가 (ㄴ) 이하일 때에는 토지소유자 전원을 위원으로 위촉하여야 한다. 위원장은 위원 중에서 (ㄷ)이 지명한다.

① ㄱ: 3명, ㄴ: 3명, ㄷ: 지적소관청

② ㄱ: 5명, ㄴ: 5명, ㄷ: 지적소관청

③ ㄱ: 5명, ㄴ: 5명, ㄷ: 국토교통부장관

④ ㄱ: 7명, ㄴ: 7명, ㄷ: 지적소관청

⑤ ㄱ: 7명, ㄴ: 7명, ㄷ: 국토교통부장관

11 공간정보의 구축 및 관리 등에 관한 법령상 부동산종합공부에 관한 설명으로 **틀린** 것은?

① 지적소관청은 「건축법」 제38조에 따른 건축물대장의 내용에서 건축물의 표시와 소유자에 관한 사항(토지에 건축물이 있는 경우만 해당)을 부동산종합공부에 등록하여야 한다.

② 지적소관청은 「부동산등기법」 제48조에 따른 부동산의 권리에 관한 사항을 부동산종합공부에 등록하여야 한다.

③ 지적소관청은 부동산의 효율적 이용과 부동산과 관련된 정보의 종합적 관리·운영을 위하여 부동산종합공부를 관리·운영한다.

④ 지적소관청은 부동산종합공부를 영구히 보존하여야 하며, 부동산종합공부의 멸실 또는 훼손에 대비하여 이를 별도로 복제하여 관리하는 정보관리체계를 구축하여야 한다.

⑤ 부동산종합공부를 열람하려는 자는 지적소관청이나 읍·면·동의 장에게 신청할 수 있으며, 부동산종합공부 기록사항의 전부 또는 일부에 관한 증명서를 발급받으려는 자는 시·도지사에게 신청하여야 한다.

12 공간정보의 구축 및 관리 등에 관한 법령상 지적공부의 보존 등에 관한 설명으로 옳은 것을 모두 고른 것은?

> ㄱ. 지적서고는 지적사무를 처리하는 사무실과 연접(連接)하여 설치하여야 한다.
> ㄴ. 지적소관청은 천재지변이나 그 밖에 이에 준하는 재난을 피하기 위하여 필요한 경우에는 지적공부를 해당 청사 밖으로 반출할 수 있다.
> ㄷ. 지적공부를 정보처리시스템을 통하여 기록·저장한 경우 관할 시·도지사, 시장·군수 또는 구청장은 그 지적공부를 지적정보관리체계에 영구히 보존하여야 한다.
> ㄹ. 카드로 된 토지대장·임야대장 등은 200장 단위로 바인더(binder)에 넣어 보관하여야 한다.

① ㄱ, ㄷ ② ㄴ, ㄹ
③ ㄷ, ㄹ ④ ㄱ, ㄴ, ㄷ
⑤ ㄱ, ㄴ, ㄹ

13 관공서의 촉탁등기에 관한 설명으로 <u>틀린</u> 것은?

① 관공서가 경매로 인하여 소유권이전등기를 촉탁하는 경우, 등기기록과 대장상의 부동산의 표시가 부합하지 않은 때에는 그 등기촉탁을 수리할 수 없다.

② 관공서가 등기를 촉탁하는 경우 우편에 의한 등기촉탁도 할 수 있다.

③ 등기의무자인 관공서가 등기권리자의 청구에 의하여 등기를 촉탁하는 경우, 등기의무자의 권리에 관한 등기필정보를 제공할 필요가 없다.

④ 등기권리자인 관공서가 부동산 거래의 주체로서 등기를 촉탁할 수 있는 경우라도 등기의무자와 공동으로 등기를 신청할 수 있다.

⑤ 촉탁에 따른 등기절차는 법률에 다른 규정이 없는 경우에는 신청에 따른 등기에 관한 규정을 준용한다.

14 단독으로 등기신청할 수 있는 것을 모두 고른 것은? (단, 판결 등 집행권원에 의한 신청은 제외함)

> ㄱ. 가등기명의인의 가등기말소등기 신청
> ㄴ. 토지를 수용한 한국토지주택공사의 소유권이전등기 신청
> ㄷ. 근저당권의 채권최고액을 감액하는 근저당권자의 변경등기 신청
> ㄹ. 포괄유증을 원인으로 하는 수증자의 소유권이전등기 신청

① ㄱ   ② ㄱ, ㄴ
③ ㄴ, ㄷ   ④ ㄱ, ㄷ, ㄹ
⑤ ㄴ, ㄷ, ㄹ

15 부동산등기법상 등기의 당사자능력에 관한 설명으로 <u>틀린</u> 것은?

① 법인 아닌 사단(社團)은 그 사단 명의로 대표자가 등기를 신청할 수 있다.

② 시설물로서의 학교는 학교 명의로 등기할 수 없다.

③ 행정조직인 읍, 면은 등기의 당사자능력이 없다.

④ 「민법」상 조합을 채무자로 표시하여 조합재산에 근저당권설정등기를 할 수 있다.

⑤ 외국인은 법령이나 조약의 제한이 없는 한 자기 명의로 등기신청을 하고 등기명의인이 될 수 있다.

16 2021년에 사인(私人) 간 토지소유권이전등기 신청 시, 등기원인을 증명하는 서면에 검인을 받아야 하는 경우를 모두 고른 것은?

ㄱ. 임의경매   ㄴ. 진정명의회복
ㄷ. 공유물분할합의   ㄹ. 양도담보계약
ㅁ. 명의신탁해지약정

---

① ㄱ, ㄴ   ② ㄱ, ㄷ
③ ㄴ, ㄹ   ④ ㄷ, ㅁ
⑤ ㄷ, ㄹ, ㅁ

17 소유권에 관한 등기의 설명으로 옳은 것을 모두 고른 것은?

ㄱ. 공유물분할금지약정이 등기된 부동산의 경우에 그 약정상 금지기간 동안에는 그 부동산의 소유권 일부에 관한 이전등기를 할 수 없다.
ㄴ. 2020년에 체결된 부동산매매계약서를 등기원인을 증명하는 정보로 하여 소유권이전등기를 신청하는 경우에는 거래가액을 신청정보의 내용으로 제공하여야 한다.
ㄷ. 거래가액을 신청정보의 내용으로 제공하는 경우, 1개의 부동산에 관한 여러 명의 매도인과 여러 명의 매수인 사이의 매매계약인 때에는 매매목록을 첨부정보로 제공하여야 한다.
ㄹ. 공유물분할금지약정이 등기된 경우, 그 약정의 변경등기는 공유자 중 1인이 단독으로 신청할 수 있다.

---

① ㄱ, ㄴ   ② ㄱ, ㄷ
③ ㄴ, ㄷ   ④ ㄴ, ㄹ
⑤ ㄷ, ㄹ

18 甲은 乙과 乙 소유 A건물 전부에 대해 전세금 5억원, 기간 2년으로 하는 전세권설정계약을 체결하고 공동으로 전세권설정등기를 신청하였다. 이에 관한 설명으로 <u>틀린</u> 것은?

① 등기관은 전세금을 기록하여야 한다.

② 등기관은 존속기간을 기록하여야 한다.

③ 전세권설정등기가 된 후, 전세금반환채권의 일부 양도를 원인으로 한 전세권 일부이전등기 를 할 때에 등기관은 양도액을 기록한다.

④ 전세권설정등기가 된 후에 건물전세권의 존속기간이 만료되어 법정갱신이 된 경우, 甲은 존 속기간 연장을 위한 변경등기를 하지 않아도 그 전세권에 대한 저당권설정등기를 할 수 있다.

⑤ 전세권설정등기가 된 후에 甲과 丙이 A건물의 일부에 대한 전전세계약에 따라 전전세등기 를 신청하는 경우, 그 부분을 표시한 건물도면을 첨부정보로 등기소에 제공하여야 한다.

19 乙은 甲에 대한 동일한 채무의 담보를 위해 자신 소유의 A와 B부동산에 甲 명의의 저당권설정 등기를 하였다. 그 후 A부동산에는 丙 명의의 후순위 저당권설정등기가 되었다. 이에 관한 설 명으로 <u>틀린</u> 것은?

① 乙이 甲에 대한 동일한 채무를 담보하기 위해 추가로 C부동산에 대한 저당권설정등기를 신청한 경우, 등기관은 C부동산의 저당권설정등기 및 A와 B부동산의 저당권설정등기의 끝부분에 공동담보라는 뜻을 기록하여야 한다.

② 丙이 乙의 채무의 일부를 甲에게 변제하여 그 대위변제를 이유로 저당권 일부이전등기가 신청된 경우, 등기관은 변제액을 기록하여야 한다.

③ 乙이 변제하지 않아 甲이 우선 A부동산을 경매하여 변제받은 경우, 丙은 후순위저당권자로 서 대위등기를 할 때 '甲이 변제받은 금액'과 '매각대금'을 신청정보의 내용으로 제공하여야 한다.

④ 甲에 대한 乙의 채무가 증액되어 C, D 및 E부동산이 담보로 추가된 경우, 이때 공동담보목 록은 전자적으로 작성하고 1년마다 그 번호를 새로 부여하여야 한다.

⑤ 丙이 후순위저당권자로서 대위등기를 할 경우, 甲이 등기의무자가 되고 丙이 등기권리자가 되어 공동으로 신청하여야 한다.

20 부동산등기에 관한 설명으로 **틀린** 것은?

① 건물소유권의 공유지분 일부에 대하여는 전세권설정등기를 할 수 없다.

② 구분건물에 대하여는 전유부분마다 부동산고유번호를 부여한다.

③ 폐쇄한 등기기록에 대해서는 등기사항의 열람은 가능하지만 등기사항증명서의 발급은 청구할 수 없다.

④ 전세금을 증액하는 전세권변경등기는 등기상 이해관계 있는 제3자의 승낙 또는 이에 대항할 수 있는 재판의 등본이 없으면 부기등기가 아닌 주등기로 해야 한다.

⑤ 등기관이 부기등기를 할 때에는 주등기 또는 부기등기의 순위번호에 가지번호를 붙여서 하여야 한다.

21 환매특약등기의 등기사항인 것을 모두 고른 것은?

ㄱ. 채권최고액	ㄴ. 이자지급시기
ㄷ. 매매비용	ㄹ. 매수인이 지급한 대금

① ㄱ, ㄴ   ② ㄱ, ㄹ

③ ㄴ, ㄷ   ④ ㄴ, ㄹ

⑤ ㄷ, ㄹ

22 가등기에 관한 설명으로 **틀린** 것은?

① 가등기권리자는 가등기를 명하는 법원의 가처분명령이 있는 경우에는 단독으로 가등기를 신청할 수 있다.

② 근저당권 채권최고액의 변경등기청구권을 보전하기 위해 가등기를 할 수 있다.

③ 가등기를 한 후 본등기의 신청이 있을 때에는 가등기의 순위번호를 사용하여 본등기를 하여야 한다.

④ 임차권설정등기청구권보전 가등기에 의한 본등기를 한 경우 가등기 후 본등기 전에 마쳐진 저당권설정등기는 직권말소의 대상이 아니다.

⑤ 등기관이 소유권이전등기청구권보전 가등기에 의한 본등기를 한 경우, 가등기 후 본등기 전에 마쳐진 해당 가등기상 권리를 목적으로 하는 가처분등기는 직권으로 말소한다.

23 등기의 효력에 관한 설명으로 **틀린** 것은? (다툼이 있으면 판례에 따름)

① 등기관이 등기를 마친 경우 그 등기는 접수한 때부터 효력이 발생한다.

② 소유권이전등기청구권 보전을 위한 가등기에 기한 본등기가 된 경우 소유권이전의 효력은 본등기 시에 발생한다.

③ 사망자 명의의 신청으로 마쳐진 이전등기에 대해서는 그 등기의 무효를 주장하는 자가 현재의 실체관계와 부합하지 않음을 증명할 책임이 있다.

④ 소유권이전등기청구권 보전을 위한 가등기권리자는 그 본등기를 명하는 판결이 확정된 경우라도 가등기에 기한 본등기를 마치기 전 가등기만으로는 가등기된 부동산에 경료된 무효인 중복소유권보존등기의 말소를 청구할 수 없다.

⑤ 폐쇄된 등기기록에 기록되어 있는 등기사항에 관한 경정등기는 할 수 없다.

24 부동산등기법상 신탁등기에 관한 설명으로 옳은 것을 모두 고른 것은?

> ㄱ. 법원이 신탁 변경의 재판을 한 경우 수탁자는 지체 없이 신탁원부 기록의 변경등기를 신청하여야 한다.
> ㄴ. 신탁재산이 수탁자의 고유재산이 되었을 때에는 그 뜻의 등기를 주등기로 하여야 한다.
> ㄷ. 등기관이 신탁재산에 속하는 부동산에 관한 권리에 대하여 수탁자의 변경으로 인한 이전등기를 할 경우에는 직권으로 그 부동산에 관한 신탁원부 기록의 변경등기를 하여야 한다.
> ㄹ. 수익자가 수탁자를 대위하여 신탁등기를 신청하는 경우에는 해당 부동산에 관한 권리의 설정등기의 신청과 동시에 하여야 한다.

① ㄱ, ㄴ

② ㄴ, ㄷ

③ ㄷ, ㄹ

④ ㄱ, ㄴ, ㄹ

⑤ ㄱ, ㄷ, ㄹ

25 지방세법상 취득세에 관한 설명으로 **틀린** 것은?

① 「도시 및 주거환경정비법」에 따른 재건축조합이 재건축 사업을 하면서 조합원으로부터 취득하는 토지 중 조합원에게 귀속되지 아니하는 토지를 취득하는 경우에는 같은 법에 따른 소유권이전 고시일의 다음 날에 그 토지를 취득한 것으로 본다.

② 취득세 과세물건을 취득한 후에 그 과세물건이 중과세율의 적용대상이 되었을 때에는 취득한 날부터 60일 이내에 중과세율을 적용하여 산출한 세액에서 이미 납부한 세액(가산세 포함)을 공제한 금액을 신고하고 납부하여야 한다.

③ 대한민국 정부기관의 취득에 대하여 과세하는 외국정부의 취득에 대해서는 취득세를 부과한다.

④ 상속으로 인한 취득의 경우에는 상속개시일에 취득한 것으로 본다.

⑤ 부동산의 취득은 「민법」 등 관계 법령에 따른 등기·등록 등을 하지 아니한 경우라도 사실상 취득하면 취득한 것으로 본다.

26 소득세법상 미등기양도자산(미등기양도제외자산 아님)인 상가건물의 양도에 관한 내용으로 **옳은** 것을 모두 고른 것은?

> ㄱ. 양도소득세율은 양도소득 과세표준의 100분의 70
> ㄴ. 장기보유특별공제 적용 배제
> ㄷ. 필요경비 개산공제 적용 배제
> ㄹ. 양도소득기본공제 적용 배제

① ㄱ, ㄴ, ㄷ   ② ㄱ, ㄴ, ㄹ

③ ㄱ, ㄷ, ㄹ   ④ ㄴ, ㄷ, ㄹ

⑤ ㄱ, ㄴ, ㄷ, ㄹ

27 지방세법상 취득세 납세의무에 관한 설명으로 옳은 것은?

① 토지의 지목을 사실상 변경함으로써 그 가액이 증가한 경우에는 취득으로 보지 아니한다.

② 상속회복청구의 소에 의한 법원의 확정판결에 의하여 특정 상속인이 당초 상속분을 초과하여 취득하게 되는 재산가액은 상속분이 감소한 상속인으로부터 증여받아 취득한 것으로 본다.

③ 권리의 이전이나 행사에 등기 또는 등록이 필요한 부동산을 직계존속과 서로 교환한 경우에는 무상으로 취득한 것으로 본다.

④ 증여로 인한 승계취득의 경우 해당 취득물건을 등기·등록하더라도 취득일부터 취득일이 속하는 달의 말일부터 3개월 이내에 공증받은 공정증서에 의하여 계약이 해제된 사실이 입증되는 경우에는 취득한 것으로 보지 아니한다.

⑤ 증여자가 배우자 또는 직계존비속이 아닌 경우 증여자의 채무를 인수하는 부담부증여의 경우에는 그 채무액에 상당하는 부분은 부동산등을 유상으로 취득하는 것으로 본다.

28 지방세법상 다음에 적용되는 재산세의 표준세율이 가장 높은 것은? (단, 재산세 도시지역분은 제외하고, 지방세관계법에 따른 특례는 고려하지 않음)

① 과세표준이 5천만원인 종합합산과세대상 토지

② 과세표준이 2억원인 별도합산과세대상 토지

③ 과세표준이 1억원인 광역시의 군지역에서 「농지법」에 따른 농업법인이 소유하는 농지로서 과세기준일 현재 실제 영농에 사용되고 있는 농지

④ 과세표준이 5억원인 「수도권정비계획법」에 따른 과밀억제권역 외의 읍·면 지역의 공장용 건축물

⑤ 과세표준이 1억 5천만원인 주택(1세대 1주택에 해당되지 않음)

29 지방세법상 재산세에 관한 설명으로 <u>틀린</u> 것은? (단, 주어진 조건 외에는 고려하지 않음)

① 토지에 대한 재산세의 과세표준은 시가표준액에 공정시장가액비율(100분의 70)을 곱하여 산정한 가액으로 한다.

② 지방자치단체가 1년 이상 공용으로 사용하는 재산으로서 유료로 사용하는 경우에는 재산세를 부과한다.

③ 재산세 물납신청을 받은 시장·군수·구청장이 물납을 허가하는 경우 물납을 허가하는 부동산의 가액은 물납 허가일 현재의 시가로 한다.

④ 주택의 토지와 건물 소유자가 다를 경우 해당 주택에 대한 세율을 적용할 때 해당 주택의 토지와 건물의 가액을 합산한 과세표준에 주택의 세율을 적용한다.

⑤ 주택에 대해서는 세부담의 상한 규정을 적용하지 아니한다.

30 지방세법상 시가표준액에 관한 설명으로 옳은 것을 모두 고른 것은?

> ㄱ. 토지의 시가표준액은 세목별 납세의무의 성립 시기 당시 「부동산 가격공시에 관한 법률」에 따른 개별공시지가가 공시된 경우 개별공시지가로 한다.
> ㄴ. 건축물의 시가표준액은 소득세법령에 따라 매년 1회 국세청장이 산정, 고시하는 건물신축가격기준액에 행정안전부장관이 정한 기준을 적용하여 국토교통부장관이 결정한 가액으로 한다.
> ㄷ. 공동주택의 시가표준액은 공동주택가격이 공시되지 아니한 경우에는 지역별·단지별·면적별·층별 특성 및 거래가격을 고려하여 행정안전부장관이 정하는 기준에 따라 국토교통부장관이 산정한 가액으로 한다.

① ㄱ

② ㄱ, ㄴ

③ ㄱ, ㄷ

④ ㄴ, ㄷ

⑤ ㄱ, ㄴ, ㄷ

31 거주자인 개인 乙은 甲이 소유한 부동산(시가 6억원)에 전세기간 2년, 전세보증금 3억원으로 하는 전세계약을 체결하고, 전세권 설정등기를 하였다. 지방세법상 등록면허세에 관한 설명으로 옳은 것은?

① 과세표준은 6억원이다.

② 표준세율은 전세보증금의 1천분의 8이다.

③ 납부세액은 6천원이다.

④ 납세의무자는 乙이다.

⑤ 납세지는 甲의 주소지이다.

32 거주자인 개인 甲이 乙로부터 부동산을 취득하여 보유하고 있다가 丙에게 양도하였다. 甲의 부동산 관련 조세의 납세의무에 관한 설명으로 <u>틀린</u> 것은? (단, 주어진 조건 외에는 고려하지 않음)

① 甲이 乙로부터 증여받은 것이라면 그 계약일에 취득세 납세의무가 성립한다.

② 甲이 乙로부터 부동산을 취득 후 재산세 과세기준일까지 등기하지 않았다면 재산세와 관련하여 乙은 부동산 소재지 관할 지방자치단체의 장에게 소유권변동사실을 신고할 의무가 있다.

③ 甲이 종합부동산세를 신고납부방식으로 납부하고자 하는 경우 과세표준과 세액을 해당 연도 12월 1일부터 12월 15일까지 관할 세무서장에게 신고하는 때에 종합부동산세 납세의무는 확정된다.

④ 甲이 乙로부터 부동산을 40만원에 취득한 경우 등록면허세 납세의무가 있다.

⑤ 양도소득세의 예정신고만으로 甲의 양도소득세 납세의무가 확정되지 아니한다.

33 거주자인 개인 甲은 국내에 주택 2채(다가구주택 아님) 및 상가건물 1채를 각각 보유하고 있다. 甲의 2025년 귀속 재산세 및 종합부동산세에 관한 설명으로 틀린 것은? (단, 甲의 주택은 종합부동산세법상 합산배제주택에 해당하지 아니하며, 지방세관계법상 재산세 특례 및 감면은 없음)

① 甲의 주택에 대한 재산세는 주택별로 표준세율을 적용한다.

② 甲의 상가건물에 대한 재산세는 시가표준액에 법령이 정하는 공정시장가액비율을 곱하여 산정한 가액을 과세표준으로 하여 비례세율로 과세한다.

③ 甲의 주택분 종합부동산세액의 결정세액은 주택분 종합부동산세액에서 '(주택의 공시가격 합산액 − 9억원) × 종합부동산세 공정시장가액비율 × 재산세 표준세율'의 산식에 따라 산정한 재산세액을 공제하여 계산한다.

④ 甲의 상가건물에 대해서는 종합부동산세를 과세하지 아니한다.

⑤ 甲의 주택에 대한 종합부동산세는 甲이 보유한 주택의 공시가격을 합산한 금액에서 9억원을 공제한 금액에 공정시장가액비율을 곱한 금액(영보다 작은 경우는 영)을 과세표준으로 하여 누진세율로 과세한다.

34 종합부동산세법상 1세대 1주택자에 관한 설명으로 옳은 것은?

① 과세기준일 현재 세대원 중 1인과 그 배우자만이 공동으로 1주택을 소유하고 해당 세대원 및 다른 세대원이 다른 주택을 소유하지 아니한 경우 신청하지 않더라도 공동명의 1주택자를 해당 1주택에 대한 납세의무자로 한다.

② 합산배제 신고한 「근현대문화유산의 보존 및 활용에 관한 법률」에 따른 등록문화유산에 해당하는 주택은 1세대가 소유한 주택 수에서 제외한다.

③ 1세대가 일반 주택과 합산배제 신고한 임대주택을 각각 1채씩 소유한 경우 해당 일반 주택에 그 주택소유자가 실제 거주하지 않더라도 1세대 1주택자에 해당한다.

④ 1세대 1주택자는 주택의 공시가격을 합산한 금액에서 9억원을 공제한 금액에 공정시장가액비율을 곱한 금액을 과세표준으로 한다.

⑤ 1세대 1주택자에 대하여는 주택분 종합부동산세 산출세액에서 소유자의 연령과 주택 보유 기간에 따른 공제액을 공제율 합계 100분의 70의 범위에서 중복하여 공제한다.

35 2025년 귀속 토지분 종합부동산세에 관한 설명으로 옳은 것은? (단, 감면과 비과세와 지방세특례제한법 또는 조세특례제한법은 고려하지 않음)

① 재산세 과세대상 중 분리과세대상 토지는 종합부동산세 과세대상이다.

② 종합부동산세의 분납은 허용되지 않는다.

③ 종합부동산세의 물납은 허용되지 않는다.

④ 납세자에게 부정행위가 없으며 특례제척기간에 해당하지 않는 경우 원칙적으로 납세의무 성립일부터 3년이 지나면 종합부동산세를 부과할 수 없다.

⑤ 별도합산과세대상인 토지의 재산세로 부과된 세액이 세부담 상한을 적용받는 경우 그 상한을 적용받기 전의 세액을 별도합산과세대상 토지분 종합부동산세액에서 공제한다.

36 다음은 거주자 甲의 상가건물 양도소득세 관련 자료이다. 이 경우 양도차익은? (단, 양도차익을 최소화하는 방향으로 필요경비를 선택하고, 부가가치세는 고려하지 않음)

(1) 취득 및 양도 내역

구분	실지거래가액	기준시가	거래일자
양도 당시	5억원	4억원	2025.4.30.
취득 당시	확인 불가능	2억원	2024.3.7.

(2) 자본적 지출액 및 소개비: 2억 6천만원(세금계산서 수취함)

(3) 주어진 자료 외에는 고려하지 않는다.

① 2억원

② 2억 4천만원

③ 2억 4천4백만원

④ 2억 5천만원

⑤ 2억 6천만원

37 소득세법상 양도소득세 과세대상 자산의 양도 또는 취득의 시기로 <u>틀린</u> 것은?

① 「도시개발법」에 따라 교부받은 토지의 면적이 환지처분에 의한 권리면적보다 증가 또는 감소된 경우: 환지처분의 공고가 있은 날

② 기획재정부령이 정하는 장기할부조건의 경우: 소유권이전등기(등록 및 명의개서를 포함) 접수일·인도일 또는 사용수익일 중 빠른 날

③ 건축허가를 받지 않고 자기가 건설한 건축물의 경우: 그 사실상의 사용일

④ 「민법」 제245조 제1항의 규정에 따라 부동산의 소유권을 취득하는 경우: 당해 부동산의 점유를 개시한 날

⑤ 대금을 청산한 날이 분명하지 아니한 경우: 등기부·등록부 또는 명부 등에 기재된 등기·등록접수일 또는 명의개서일

`법개정반영`

38 거주자 甲은 2018년에 국외에 1채의 주택을 미화 1십만 달러(취득자금 중 일부 외화 차입)에 취득하였고, 2025년에 동 주택을 미화 2십만 달러에 양도하였다. 이 경우 소득세법상 설명으로 <u>틀린</u> 것은? (단, 甲은 해당 자산의 양도일까지 계속 5년 이상 국내에 주소를 둠)

① 甲의 국외주택에 대한 양도차익은 양도가액에서 취득가액과 필요경비개산공제를 차감하여 계산한다.

② 甲의 국외주택 양도로 발생하는 소득이 환율변동으로 인하여 외화차입금으로부터 발생하는 환차익을 포함하고 있는 경우에는 해당 환차익을 양도소득의 범위에서 제외한다.

③ 甲의 국외주택 양도에 대해서는 해당 과세기간의 양도소득금액에서 연 250만원을 공제한다.

④ 甲은 국외주택을 3년 이상 보유하였음에도 불구하고 장기보유특별공제액은 공제하지 아니한다.

⑤ 甲은 국외주택의 양도에 대하여 양도소득세의 납세의무가 있다.

39 소득세법상 미등기양도제외자산을 모두 고른 것은?

> ㄱ. 양도소득세 비과세요건을 충족한 1세대 1주택으로서 「건축법」에 따른 건축허가를 받지
>   아니하여 등기가 불가능한 자산
> ㄴ. 법원의 결정에 의하여 양도 당시 그 자산의 취득에 관한 등기가 불가능한 자산
> ㄷ. 「도시개발법」에 따른 도시개발사업이 종료되지 아니하여 토지 취득등기를 하지 아니하
>   고 양도하는 토지

① ㄱ   ② ㄴ
③ ㄱ, ㄴ   ④ ㄴ, ㄷ
⑤ ㄱ, ㄴ, ㄷ

법개정반영

40 소득세법상 배우자 간 증여재산의 이월과세에 관한 설명으로 옳은 것은?

① 이월과세를 적용하는 경우 거주자가 배우자로부터 증여받은 자산에 대하여 납부한 증여세
   를 필요경비에 산입하지 아니한다.
② 이월과세를 적용받은 자산의 보유기간은 증여한 배우자가 그 자산을 증여한 날을 취득일로
   본다.
③ 거주자가 양도일부터 소급하여 10년 이내에 그 배우자(양도 당시 사망으로 혼인관계가 소멸된
   경우 포함)로부터 증여받은 토지를 양도할 경우에 이월과세를 적용한다.
④ 거주자가 사업인정고시일부터 소급하여 2년 이전에 배우자로부터 증여받은 경우로서 「공
   익사업을 위한 토지 등의 취득 및 보상에 관한 법률」에 따라 수용된 경우에는 이월과세를
   적용하지 아니한다.
⑤ 이월과세를 적용하여 계산한 양도소득결정세액이 이월과세를 적용하지 않고 계산한 양도
   소득결정세액보다 적은 경우에 이월과세를 적용한다.

문제풀이 종료시각 ▶ ＿＿＿ 시 ＿＿＿ 분

정답 및 해설 ▶ p.128

※ 처음 문제를 풀 때에는 문제편 맨 뒤의 OMR 카드에 답을 체크하고, 두 번째에는 문제에 바로 체크하세요. 두 번 풀어도 헷갈리거나 틀린 문제는 오답노트에 정리하여 완전히 숙지하세요.

〈1교시〉

문제풀이 시작시각 ▶ _____ 시 _____ 분

제1과목: 공인중개사법령 및 중개실무

1 공인중개사법령상 내용으로 옳은 것은?

① 중개보조원은 중개대상물에 관한 확인·설명의무가 있다.

② 소속공인중개사는 그 소속 개업공인중개사인 법인의 임원이 될 수 없다.

③ 외국인은 공인중개사가 될 수 없다.

④ 개업공인중개사가 성실·정확하게 중개대상물의 확인·설명을 하지 않은 경우 과태료 처분 사유에 해당한다.

⑤ 토지이용계획은 주거용 건축물 매매계약의 중개의뢰를 받은 개업공인중개사가 확인·설명해야 할 사항에 포함되지 않는다.

2 공인중개사법령상 중개사무소의 개설등록에 관한 설명으로 옳은 것은? (단, 다른 법률의 규정은 고려하지 않음)

① 합명회사가 개설등록을 하려면 사원 전원이 실무교육을 받아야 한다.

② 자본금이 1,000만원 이상인 「협동조합 기본법」상 협동조합은 개설등록을 할 수 있다.

③ 합명회사가 개설등록을 하려면 대표자는 공인중개사이어야 하며, 대표자를 포함하여 임원 또는 사원의 3분의 1 이상이 공인중개사이어야 한다.

④ 법인 아닌 사단은 개설등록을 할 수 있다.

⑤ 개설등록을 하려면 소유권에 의하여 사무소의 사용권을 확보하여야 한다.

3 공인중개사법령상 중개사무소 개설등록의 결격사유를 모두 고른 것은?

> ㄱ. 파산선고를 받고 복권되지 아니한 자
> ㄴ. 피특정후견인
> ㄷ. 공인중개사자격이 취소된 후 3년이 지나지 아니한 임원이 있는 법인
> ㄹ. 개업공인중개사인 법인의 해산으로 중개사무소 개설등록이 취소된 후 3년이 지나지 않은 경우 그 법인의 대표이었던 자

① ㄱ
② ㄱ, ㄷ
③ ㄴ, ㄷ
④ ㄴ, ㄹ
⑤ ㄱ, ㄷ, ㄹ

4 공인중개사법령상 중개대상에 해당하는 것을 모두 고른 것은? (다툼이 있으면 판례에 따름)

> ㄱ. 「공장 및 광업재단 저당법」에 따른 공장재단
> ㄴ. 영업용 건물의 영업시설·비품 등 유형물이나 거래처, 신용 등 무형의 재산적 가치
> ㄷ. 가압류된 토지
> ㄹ. 토지의 정착물인 미등기 건축물

① ㄱ
② ㄱ, ㄴ
③ ㄱ, ㄷ, ㄹ
④ ㄴ, ㄷ, ㄹ
⑤ ㄱ, ㄴ, ㄷ, ㄹ

5 공인중개사법령상 공인중개사 등에 관한 설명으로 **틀린** 것은?

① 공인중개사의 자격이 취소된 후 3년이 지나지 아니한 자는 중개보조원이 될 수 없다.
② 공인중개사는 자기의 공인중개사자격증을 무상으로도 대여해서는 안 된다.
③ 자격정지처분을 받은 날부터 6개월이 지난 공인중개사는 법인인 개업공인중개사의 임원이 될 수 있다.
④ 다른 사람에게 자기의 성명을 사용하여 중개업무를 하게 한 경우에는 자격정지처분사유에 해당한다.
⑤ 공인중개사가 아닌 자는 공인중개사 또는 이와 유사한 명칭을 사용하지 못한다.

6 공인중개사법령상 법인인 개업공인중개사가 겸업할 수 있는 것을 모두 고른 것은? (단, 다른 법률의 규정은 고려하지 않음)

> ㄱ. 주택용지의 분양대행
> ㄴ. 주상복합 건물의 분양 및 관리의 대행
> ㄷ. 부동산의 거래에 관한 상담 및 금융의 알선
> ㄹ. 「국세징수법」상 공매대상 동산에 대한 입찰신청의 대리
> ㅁ. 법인인 개업공인중개사를 대상으로 한 중개업의 경영기법 제공

① ㄱ, ㄴ   ② ㄴ, ㅁ

③ ㄷ, ㄹ   ④ ㄱ, ㄴ, ㅁ

⑤ ㄴ, ㄷ, ㄹ, ㅁ

7 공인중개사법령상 분사무소의 설치에 관한 설명으로 옳은 것은?

① 군(郡)에 주된 사무소가 설치된 경우 동일 군(郡)에 분사무소를 둘 수 있다.

② 개업공인중개사가 분사무소를 설치하기 위해서는 등록관청으로부터 인가를 받아야 한다.

③ 공인중개사인 개업공인중개사는 분사무소를 설치할 수 없다.

④ 다른 법률의 규정에 따라 중개업을 할 수 있는 법인의 분사무소에도 공인중개사를 책임자로 두어야 한다.

⑤ 분사무소의 책임자인 공인중개사는 등록관청이 실시하는 실무교육을 받아야 한다.

8 공인중개사법령상 법인인 개업공인중개사의 중개사무소등록증 원본 또는 사본이 첨부되어야 하는 경우에 해당하지 <u>않는</u> 것은?

① 중개사무소 이전신고

② 중개사무소 폐업신고

③ 분사무소 설치신고

④ 분사무소 폐업신고

⑤ 3개월을 초과하는 중개사무소 휴업신고

9 공인중개사법령상 인장등록 등에 관한 설명으로 옳은 것은?

① 중개보조원은 중개업무를 보조하기 위해 인장등록을 하여야 한다.

② 개업공인중개사가 등록한 인장을 변경한 경우 변경일부터 10일 이내에 그 변경된 인장을 등록관청에 등록하면 된다.

③ 분사무소에서 사용할 인장은 분사무소 소재지 시장·군수 또는 구청장에게 등록해야 한다.

④ 분사무소에서 사용할 인장은 「상업등기규칙」에 따라 신고한 법인의 인장이어야 하고, 「상업등기규칙」에 따른 인감증명서의 제출로 갈음할 수 없다.

⑤ 법인의 소속공인중개사가 등록하지 아니한 인장을 사용한 경우, 6개월의 범위 안에서 자격정지처분을 받을 수 있다.

10 공인중개사법령상 중개사무소 명칭에 관한 설명으로 옳은 것은?

① 공인중개사인 개업공인중개사는 그 사무소의 명칭에 '공인중개사사무소' 또는 '부동산중개'라는 문자를 사용하여야 한다.

② 공인중개사가 중개사무소의 개설등록을 하지 않은 경우, 그 사무소에 '공인중개사사무소'라는 명칭을 사용할 수 없지만, '부동산중개'라는 명칭은 사용할 수 있다.

③ 공인중개사인 개업공인중개사가 관련 법령에 따른 옥외광고물을 설치하는 경우, 중개사무소등록증에 표기된 개업공인중개사의 성명을 표기할 필요는 없다.

④ 중개사무소 개설등록을 하지 않은 공인중개사가 '부동산중개'라는 명칭을 사용한 경우, 국토교통부장관은 그 명칭이 사용된 간판 등의 철거를 명할 수 있다.

⑤ 개업공인중개사가 의뢰받은 중개대상물에 대하여 표시·광고를 하려는 경우, 중개사무소의 명칭은 명시하지 않아도 된다.

11 공인중개사법령상 개업공인중개사가 의뢰받은 중개대상물에 대하여 표시·광고를 하는 경우에 관한 설명으로 옳은 것은?

① 중개보조원이 있는 경우 개업공인중개사의 성명과 함께 중개보조원의 성명을 명시할 수 있다.

② 중개대상물에 대한 표시·광고를 위하여 대통령령으로 정해진 사항의 구체적인 표시·광고 방법은 국토교통부장관이 정하여 고시한다.

③ 중개대상물의 내용을 사실과 다르게 거짓으로 표시·광고한 자를 신고한 자는 포상금 지급 대상이다.

④ 인터넷을 이용하여 표시·광고를 하는 경우 중개사무소에 관한 사항은 명시하지 않아도 된다.

⑤ 인터넷을 이용한 중개대상물의 표시·광고 모니터링 업무 수탁 기관은 기본계획서에 따라 6개 월마다 기본 모니터링 업무를 수행한다.

법개정반영

12 공인중개사법령상 개업공인중개사가 중개사무소 안의 보기 쉬운 곳에 게시해야 하는 것은?

① 개업공인중개사의 실무교육 수료확인증 원본

② 소속공인중개사가 있는 경우 소속공인중개사의 실무교육 수료확인증 사본

③ 사업자등록증

④ 소속공인중개사가 있는 경우 소속공인중개사의 공인중개사자격증 사본

⑤ 분사무소의 경우 분사무소설치신고확인서 사본

13 공인중개사법령상 법인인 개업공인중개사가 등록관청 관할 지역 외의 지역으로 중개사무소 또는 분사무소를 이전하는 경우에 관한 설명으로 옳은 것은?

① 중개사무소 이전신고를 받은 등록관청은 그 내용이 적합한 경우, 중개사무소등록증의 변경 사항을 기재하여 교부하거나 중개사무소등록증을 재교부하여야 한다.

② 건축물대장에 기재되지 않은 건물에 중개사무소를 확보한 경우, 건축물대장의 기재가 지연 된 사유를 적은 서류는 첨부할 필요가 없다.

③ 중개사무소 이전신고를 하지 않은 경우 과태료 부과대상이 아니다.

④ 분사무소 이전신고는 이전한 날부터 10일 이내에 이전할 분사무소의 소재지를 관할하는 등 록관청에 하면 된다.

⑤ 등록관청은 분사무소의 이전신고를 받은 때에는 지체 없이 그 분사무소의 이전 전 및 이전 후의 소재지를 관할하는 시장·군수 또는 구청장에게 이를 통보하여야 한다.

14 공인중개사법령상 개업공인중개사의 휴업과 폐업 등에 관한 설명으로 <u>틀린</u> 것은?

① 폐업신고 전의 개업공인중개사에 대하여 위반행위를 사유로 행한 업무정지처분의 효과는 폐업일부터 1년간 다시 개설등록을 한 자에게 승계된다.

② 개업공인중개사가 폐업신고를 한 후 1년 이내에 소속공인중개사로 고용신고되는 경우, 그 소속공인중개사는 실무교육을 받지 않아도 된다.

③ 손해배상책임의 보장을 위한 공탁금은 개업공인중개사가 폐업한 날부터 3년 이내에는 회수할 수 없다.

④ 분사무소는 주된 사무소와 별도로 휴업할 수 있다.

⑤ 중개업의 폐업신고는 수수료 납부사항이 아니다.

15 공인중개사법령상 개업공인중개사가 거래계약서를 작성하는 경우에 관한 설명으로 <u>틀린</u> 것은? (다툼이 있으면 판례에 따름)

① 개업공인중개사는 중개가 완성된 때에만 거래계약서를 작성·교부하여야 한다.

② 개업공인중개사는 거래계약서에 서명 및 날인하여야 한다.

③ 중개대상물 확인·설명서 교부일자는 거래계약서의 필수 기재사항에 해당한다.

④ 개업공인중개사의 거래계약서 보존기간(공인전자문서센터에 보관된 경우는 제외함)은 5년이다.

⑤ 개업공인중개사가 하나의 거래계약에 대하여 서로 다른 둘 이상의 거래계약서를 작성한 경우, 등록관청은 중개사무소의 개설등록을 취소하여야 한다.

16 공인중개사법령상 개업공인중개사 甲의 손해배상책임의 보장에 관한 설명으로 <u>틀린</u> 것은?

① 甲은 업무를 개시하기 전에 손해배상책임을 보장하기 위하여 보증보험 또는 공제에 가입하거나 공탁을 해야 한다.

② 甲이 설정한 보증을 다른 보증으로 변경하려는 경우 이미 설정한 보증의 효력이 있는 기간 중에 다른 보증을 설정하여야 한다.

③ 甲이 보증보험 또는 공제에 가입한 경우 보증기간의 만료로 다시 보증을 설정하려면, 그 보증기간 만료일까지 다시 보증을 설정하여야 한다.

④ 甲이 손해배상책임을 보장하기 위한 조치를 이행하지 아니하고 업무를 개시한 경우 등록관청은 개설등록을 취소할 수 있다.

⑤ 甲이 공제금으로 손해배상을 한 때에는 30일 이내에 공제에 다시 가입하여야 한다.

17 공인중개사인 개업공인중개사 甲의 소속공인중개사 乙의 중개행위로 중개가 완성되었다. 공인중개사법령상 이에 관한 설명으로 <u>틀린</u> 것은?

① 乙의 업무상 행위는 甲의 행위로 본다.

② 중개대상물 확인·설명서에는 甲과 乙이 함께 서명 및 날인하여야 한다.

③ 乙은 甲의 위임을 받아 부동산거래계약 신고서의 제출을 대행할 수 있다.

④ 乙의 중개행위가 금지행위에 해당하여 乙이 징역형의 선고를 받았다는 이유로 甲도 해당 조(條)에 규정된 징역형을 선고받는다.

⑤ 甲은 거래당사자에게 손해배상책임의 보장에 관한 사항을 설명하고 관계 증서의 사본을 교부하거나 관계 증서에 관한 전자문서를 제공하여야 한다.

18 乙이 개업공인중개사 甲에게 중개를 의뢰하여 거래계약이 체결된 경우 공인중개사법령상 중개보수에 관한 설명으로 <u>틀린</u> 것은? (다툼이 있으면 판례에 따름)

① 甲의 고의와 과실 없이 乙의 사정으로 거래계약이 해제된 경우라도 甲은 중개보수를 받을 수 있다.

② 주택의 중개보수는 국토교통부령으로 정하는 범위 안에서 시·도의 조례로 정하고, 주택 외의 중개대상물의 중개보수는 국토교통부령으로 정한다.

③ 甲이 중개보수 산정에 관한 지방자치단체의 조례를 잘못 해석하여 법정 한도를 초과한 중개보수를 받은 경우 「공인중개사법」 제33조의 금지행위에 해당하지 않는다.

④ 법정한도를 초과하는 甲과 乙의 중개보수 약정은 그 한도를 초과하는 범위 내에서 무효이다.

⑤ 중개보수의 지급시기는 甲과 乙의 약정이 없을 때에는 중개대상물의 거래대금 지급이 완료된 날이다.

19 공인중개사법령상 개업공인중개사등의 금지행위에 해당하지 <u>않는</u> 것은?

① 무등록 중개업을 영위하는 자인 사실을 알면서 그를 통하여 중개를 의뢰받는 행위

② 부동산의 매매를 중개한 개업공인중개사가 해당 부동산을 다른 개업공인중개사의 중개를 통하여 임차한 행위

③ 자기의 중개의뢰인과 직접 거래를 하는 행위

④ 제3자에게 부당한 이익을 얻게 할 목적으로 거짓으로 거래가 완료된 것처럼 꾸미는 등 중개대상물의 시세에 부당한 영향을 줄 우려가 있는 행위

⑤ 단체를 구성하여 단체 구성원 이외의 자와 공동중개를 제한하는 행위

20 공인중개사법령상 거래정보사업자의 지정취소사유에 해당하는 것을 모두 고른 것은?

> ㄱ. 부동산거래정보망의 이용 및 정보제공방법 등에 관한 운영규정을 변경하고도 국토교통부장관의 승인을 받지 않고 부동산거래정보망을 운영한 경우
>
> ㄴ. 개업공인중개사로부터 공개를 의뢰받지 아니한 중개대상물 정보를 부동산거래정보망에 공개한 경우
>
> ㄷ. 정당한 사유 없이 지정받은 날부터 6개월 이내에 부동산거래정보망을 설치하지 아니한 경우
>
> ㄹ. 개인인 거래정보사업자가 사망한 경우
>
> ㅁ. 부동산거래정보망의 이용 및 정보제공방법 등에 관한 운영규정을 위반하여 부동산거래정보망을 운영한 경우

① ㄱ, ㄴ   ② ㄷ, ㄹ
③ ㄱ, ㄴ, ㅁ   ④ ㄱ, ㄴ, ㄹ, ㅁ
⑤ ㄱ, ㄴ, ㄷ, ㄹ, ㅁ

21 공인중개사법령상 개업공인중개사등의 교육에 관한 설명으로 옳은 것은? (단, 다른 법률의 규정은 고려하지 않음)

① 중개사무소 개설등록을 신청하려는 법인의 공인중개사가 아닌 사원은 실무교육 대상이 아니다.

② 개업공인중개사가 되려는 자의 실무교육시간은 26시간 이상 32시간 이하이다.

③ 중개보조원이 받는 실무교육에는 부동산 중개 관련 법·제도의 변경사항이 포함된다.

④ 국토교통부장관, 시·도지사, 등록관청은 개업공인중개사등에 대한 부동산거래사고 예방 등의 교육을 위하여 교육 관련 연구에 필요한 비용을 지원할 수 있다.

⑤ 소속공인중개사는 2년마다 국토교통부장관이 실시하는 연수교육을 받아야 한다.

22 공인중개사법령상 과태료의 부과대상자와 부과기관이 바르게 연결된 것을 모두 고른 것은?

> ㄱ. 부동산거래정보망의 이용 및 정보제공방법 등에 관한 운영규정의 내용을 위반하여 부동산거래정보망을 운영한 거래정보사업자 – 국토교통부장관
> ㄴ. 공인중개사법령에 따른 보고의무를 위반하여 보고를 하지 아니한 거래정보사업자 – 국토교통부장관
> ㄷ. 중개사무소등록증을 게시하지 아니한 개업공인중개사 – 등록관청
> ㄹ. 공인중개사자격이 취소된 자로 공인중개사자격증을 반납하지 아니한 자 – 등록관청
> ㅁ. 중개사무소 개설등록이 취소된 자로 중개사무소등록증을 반납하지 아니한 자 – 시·도지사

① ㄱ, ㄷ
② ㄱ, ㄴ, ㄷ
③ ㄴ, ㄹ, ㅁ
④ ㄱ, ㄴ, ㄷ, ㄹ
⑤ ㄱ, ㄴ, ㄷ, ㄹ, ㅁ

23 공인중개사법령상 부동산거래정보망을 설치·운영할 자로 지정받기 위한 요건의 일부이다. (   )에 들어갈 내용으로 옳은 것은?

> • 부동산거래정보망의 가입·이용신청을 한 (ㄱ)의 수가 500명 이상이고 (ㄴ)개 이상의 특별시·광역시·도 및 특별자치도에서 각각 (ㄷ)인 이상의 (ㄱ)가 가입·이용신청을 하였을 것
> • 정보처리기사 1명 이상을 확보할 것
> • 공인중개사 (ㄹ)명 이상을 확보할 것

① ㄱ: 공인중개사,   ㄴ: 2, ㄷ: 20, ㄹ: 1
② ㄱ: 공인중개사,   ㄴ: 3, ㄷ: 20, ㄹ: 3
③ ㄱ: 개업공인중개사, ㄴ: 2, ㄷ: 20, ㄹ: 3
④ ㄱ: 개업공인중개사, ㄴ: 2, ㄷ: 30, ㄹ: 1
⑤ ㄱ: 개업공인중개사, ㄴ: 3, ㄷ: 30, ㄹ: 1

24 공인중개사법령상 공인중개사의 자격취소사유와 소속공인중개사의 자격정지사유에 관한 구분으로 옳은 것을 모두 고른 것은?

> ㄱ. 다른 사람에게 자기의 성명을 사용하여 중개업무를 하게 한 경우 – 취소사유
> ㄴ. 「공인중개사법」을 위반하여 징역형의 집행유예를 받은 경우 – 취소사유
> ㄷ. 거래계약서를 작성할 때 거래금액 등 거래 내용을 거짓으로 기재한 경우 – 정지사유
> ㄹ. 중개대상물의 매매를 업으로 하는 경우 – 정지사유

① ㄱ
② ㄱ, ㄹ
③ ㄷ, ㄹ
④ ㄱ, ㄴ, ㄷ
⑤ ㄱ, ㄴ, ㄷ, ㄹ

25 공인중개사법령상 벌금부과기준에 해당하는 자를 모두 고른 것은?

> ㄱ. 중개사무소 개설등록을 하지 아니하고 중개업을 한 공인중개사
> ㄴ. 거짓으로 중개사무소의 개설등록을 한 자
> ㄷ. 등록관청의 관할 구역 안에 두 개의 중개사무소를 개설등록한 개업공인중개사
> ㄹ. 임시 중개시설물을 설치한 개업공인중개사
> ㅁ. 중개대상물이 존재하지 않아서 거래할 수 없는 중개대상물을 광고한 개업공인중개사

① ㄱ
② ㄱ, ㄴ
③ ㄴ, ㄷ, ㅁ
④ ㄱ, ㄴ, ㄷ, ㄹ
⑤ ㄱ, ㄴ, ㄷ, ㄹ, ㅁ

26 부동산 거래신고 등에 관한 법령상 이행강제금에 관한 설명으로 옳은 것은?

① 이행명령은 구두 또는 문서로 하며 이행기간은 3개월 이내로 정하여야 한다.

② 토지거래계약허가를 받아 토지를 취득한 자가 당초의 목적대로 이용하지 아니하고 방치하여 이행명령을 받고도 정하여진 기간에 이를 이행하지 아니한 경우, 시장·군수 또는 구청장은 토지 취득가액의 100분의 10에 상당하는 금액의 이행강제금을 부과한다.

③ 이행강제금 부과처분에 불복하는 경우 이의를 제기할 수 있으나, 그에 관한 명문의 규정을 두고 있지 않다.

④ 이행명령을 받은 자가 그 명령을 이행하는 경우 새로운 이행강제금의 부과를 즉시 중지하며, 명령을 이행하기 전에 부과된 이행강제금도 징수할 수 없다.

⑤ 최초의 이행명령이 있었던 날을 기준으로 1년에 두 번씩 그 이행명령이 이행될 때까지 반복하여 이행강제금을 부과·징수할 수 있다.

27 부동산 거래신고 등에 관한 법령상 외국인등의 부동산 취득등에 관한 설명으로 옳은 것을 모두 고른 것은?

> ㄱ. 국제연합도 외국인등에 포함된다.
> ㄴ. 외국인등이 대한민국 안의 부동산에 대한 매매계약을 체결하였을 때에는 계약체결일부터 60일 이내에 신고관청에 신고하여야 한다.
> ㄷ. 외국인이 상속으로 대한민국 안의 부동산을 취득한 때에는 부동산을 취득한 날부터 1년 이내에 신고관청에 신고하여야 한다.
> ㄹ. 외국인이 「수도법」에 따른 상수원보호구역에 있는 토지를 취득하려는 경우 토지취득계약을 체결하기 전에 신고관청으로부터 토지취득의 허가를 받아야 한다.

① ㄱ

② ㄱ, ㄹ

③ ㄴ, ㄷ

④ ㄱ, ㄴ, ㄹ

⑤ ㄱ, ㄴ, ㄷ, ㄹ

28 부동산 거래신고 등에 관한 법령상 토지거래허가구역에 관한 설명으로 옳은 것은?

① 국토교통부장관은 토지의 투기적인 거래가 성행하는 지역에 대해서는 7년의 기간을 정하여 토지거래계약에 관한 허가구역을 지정할 수 있다.

② 시·도지사가 토지거래허가구역을 지정하려면 시·도도시계획위원회의 심의를 거쳐 인접 시·도지사의 의견을 들어야 한다.

③ 시·도지사가 토지거래허가구역을 지정한 때에는 이를 공고하고 그 공고내용을 국토교통부장관, 시장·군수 또는 구청장에게 통지하여야 한다.

④ 허가구역의 지정은 허가구역의 지정을 공고한 날부터 3일 후에 효력이 발생한다.

⑤ 「국토의 계획 및 이용에 관한 법률」에 따른 도시지역 중 주거지역의 경우 $600m^2$ 이하의 토지에 대해서는 토지거래계약허가가 면제된다.

29 공인중개사법령상 공인중개사인 개업공인중개사 甲의 중개사무소 폐업 및 재등록에 관한 설명으로 옳은 것은?

① 甲이 중개사무소를 폐업하고자 하는 경우, 국토교통부장관에게 미리 신고하여야 한다.

② 甲이 폐업 사실을 신고하고 중개사무소 간판을 철거하지 아니한 경우, 과태료 부과처분을 받을 수 있다.

③ 甲이 공인중개사법령 위반으로 2019.2.8. 1개월의 업무정지처분을 받았으나 2019.7.1. 폐업신고를 하였다가 2019.12.11. 다시 중개사무소 개설등록을 한 경우, 종전의 업무정지 처분의 효과는 승계되지 않고 소멸한다.

④ 甲이 공인중개사법령 위반으로 2019.1.8. 1개월의 업무정지처분에 해당하는 행위를 하였으나 2019.3.5. 폐업신고를 하였다가 2019.12.5. 다시 중개사무소 개설등록을 한 경우, 종전의 위반행위에 대하여 1개월의 업무정지처분을 받을 수 있다.

⑤ 甲이 공인중개사법령 위반으로 2018.2.5. 등록취소처분에 해당하는 행위를 하였으나 2018. 3.6. 폐업신고를 하였다가 2020.10.16. 다시 중개사무소 개설등록을 한 경우, 그에게 종전의 위반행위에 대한 등록취소처분을 할 수 없다.

30 개업공인중개사 甲은 소속공인중개사 乙과 중개보조원 丙을 고용하고자 한다. 공인중개사법령상 이에 관한 설명으로 옳은 것을 모두 고른 것은?

> ㄱ. 丙은 외국인이어도 된다.
> ㄴ. 乙에 대한 고용신고를 받은 등록관청은 乙의 직무교육 수료 여부를 확인하여야 한다.
> ㄷ. 甲은 乙의 업무개시 후 10일 이내에 등록관청에 고용신고를 하여야 한다.

① ㄱ
② ㄱ, ㄴ
③ ㄱ, ㄷ
④ ㄴ, ㄷ
⑤ ㄱ, ㄴ, ㄷ

31 A주식회사는 공장부지를 확보하기 위하여 그 직원 甲과 명의신탁약정을 맺고, 甲은 2020. 6.19. 개업공인중개사 乙의 중개로 丙 소유 X토지를 매수하여 2020.8.20. 甲 명의로 등기하였다. 이에 관한 설명으로 <u>틀린</u> 것은? (다툼이 있으면 판례에 따름)

① A와 甲 사이의 명의신탁약정은 丙의 선의, 악의를 묻지 아니하고 무효이다.

② 丙이 甲에게 소유권이전등기를 할 때 비로소 A와 甲 사이의 명의신탁약정 사실을 알게 된 경우 X토지의 소유자는 丙이다.

③ A는 甲에게 X토지의 소유권이전등기를 청구할 수 없다.

④ 甲이 X토지를 丁에게 처분하고 소유권이전등기를 한 경우 丁은 유효하게 소유권을 취득한다.

⑤ A와 甲의 명의신탁약정을 丙이 알지 못한 경우, 甲은 X토지의 소유권을 취득한다.

32 개업공인중개사 甲의 중개로 乙은 丙 소유의 서울특별시 소재 X상가건물에 대하여 보증금 10억원에 1년 기간으로 丙과 임대차계약을 체결하였다. 乙은 X건물을 인도받아 2020.3.10. 사업자등록을 신청하였으며 2020.3.13. 임대차계약서상의 확정일자를 받았다. 이 사례에서 상가건물 임대차보호법령의 적용에 관한 甲의 설명으로 <u>틀린</u> 것은?

① 乙은 2020.3.11. 대항력을 취득한다.

② 乙은 2020.3.13. 보증금에 대한 우선변제권을 취득한다.

③ 丙은 乙이 임대차기간 만료되기 6개월 전부터 1개월 전까지 사이에 계약갱신을 요구할 경우, 정당한 사유 없이 거절하지 못한다.

④ 乙의 계약갱신요구권은 최초의 임대차기간을 포함한 전체 임대차기간이 10년을 초과하지 아니하는 범위에서만 행사할 수 있다.

⑤ 乙의 계약갱신요구권에 의하여 갱신되는 임대차는 전 임대차와 동일한 조건으로 다시 계약된 것으로 본다.

33 개업공인중개사 甲의 중개로 丙은 2018.10.17. 乙 소유의 용인시 소재 X주택에 대하여 보증금 5,000만원에 2년 기간으로 乙과 임대차계약을 체결하고, 계약 당일 주택의 인도와 주민등록 이전, 임대차계약증서상의 확정일자를 받았다. 丙이 임차권등기명령을 신청하는 경우 주택임대차보호법령의 적용에 관한 甲의 설명으로 옳은 것은?

① 丙은 임차권등기명령 신청서에 신청의 취지와 이유를 적어야 하지만, 임차권등기의 원인이 된 사실을 소명할 필요는 없다.

② 丙이 임차권등기와 관련하여 든 비용은 乙에게 청구할 수 있으나, 임차권등기명령 신청과 관련하여 든 비용은 乙에게 청구할 수 없다.

③ 임차권등기명령의 집행에 따른 임차권등기를 마치면 丙은 대항력을 유지하지만 우선변제권은 유지하지 못한다.

④ 임차권등기명령의 집행에 따른 임차권등기 후에 丙이 주민등록을 서울특별시로 이전한 경우 대항력을 상실한다.

⑤ 임차권등기명령의 집행에 따라 임차권등기가 끝난 X주택을 임차한 임차인 丁은 소액보증금에 관한 최우선변제를 받을 권리가 없다.

34 공인중개사법령상 일반중개계약서와 전속중개계약서의 서식에 공통으로 기재된 사항이 <u>아닌</u> 것은?

① 첨부서류로서 중개보수 요율표

② 계약의 유효기간

③ 개업공인중개사의 중개업무 처리상황에 대한 통지의무

④ 중개대상물의 확인·설명에 관한 사항

⑤ 개업공인중개사가 중개보수를 과다 수령한 경우 차액 환급

35 부동산 거래신고 등에 관한 법령상 부동산 매매계약에 관한 신고사항 및 신고서의 작성에 관한 설명으로 옳은 것은?

① 「국토의 계획 및 이용에 관한 법률」에 따른 개발제한사항은 신고사항에 포함되지 않는다.

② 「주택법」에 따라 지정된 투기과열지구에 소재하는 주택으로서 실제 거래가격이 3억원 이상인 주택의 거래계약을 체결한 경우 신고서를 제출할 때 매수인과 매도인이 공동으로 서명 및 날인한 자금조달·입주계획서를 함께 제출하여야 한다.

③ 부동산거래계약 신고서의 물건별 거래가격란에 발코니 확장 등 선택비용에 대한 기재란은 없다.

④ 부동산거래계약 신고서를 작성할 때 건축물의 면적은 집합건축물의 경우 연면적을 적고, 그 밖의 건축물의 경우 전용면적을 적는다.

⑤ 개업공인중개사가 거짓으로 부동산거래계약 신고서를 작성하여 신고한 경우에는 벌금형 부과사유가 된다.

36 매수신청대리인으로 등록한 개업공인중개사가 매수신청대리 위임인에게 민사집행법에 따른 부동산경매에 관하여 설명한 내용으로 틀린 것은?

① 매수인은 매각 대상 부동산에 경매개시결정의 기입등기가 마쳐진 후 유치권을 취득한 자에게 그 유치권으로 담보하는 채권을 변제할 책임이 있다.

② 차순위매수신고는 그 신고액이 최고가매수신고액에서 그 보증액을 뺀 금액을 넘는 때에만 할 수 있다.

③ 매수인은 매각대금을 다 낸 때에 매각의 목적인 권리를 취득한다.

④ 재매각절차에서는 전(前)의 매수인은 매수신청을 할 수 없으며 매수신청의 보증을 돌려 줄 것을 요구하지 못한다.

⑤ 후순위 저당권자가 경매신청을 하였더라도 매각부동산 위의 모든 저당권은 매각으로 소멸된다.

37 공인중개사의 매수신청대리인 등록 등에 관한 규칙에 따라 甲은 매수신청대리인으로 등록하였다. 이에 관한 설명으로 **틀린** 것은?

① 甲이 매수신청대리의 위임을 받은 경우 「민사집행법」의 규정에 따라 차순위매수신고를 할 수 있다.

② 甲은 매수신청대리권의 범위에 해당하는 대리행위를 할 때 매각장소 또는 집행법원에 직접 출석해야 한다.

③ 매수신청대리 보수의 지급시기는 甲과 매수신청인의 약정이 없을 때에는 매각대금의 지급기한일로 한다.

④ 甲이 중개사무소를 이전한 경우 그 날부터 10일 이내에 관할 지방법원장에게 그 사실을 신고하여야 한다.

⑤ 甲이 매수신청대리 업무의 정지처분을 받을 수 있는 기간은 1개월 이상 6개월 이하이다.

38 공인중개사법령상 개업공인중개사가 확인·설명하여야 할 사항 중 중개대상물 확인·설명서 [Ⅰ](주거용 건축물), [Ⅱ](비주거용 건축물), [Ⅲ](토지), [Ⅳ](입목·광업재단·공장재단) 서식에 공통적으로 기재되어 있는 것을 모두 고른 것은?

> ㄱ. 권리관계(등기부 기재사항)
> ㄴ. 비선호시설
> ㄷ. 거래예정금액
> ㄹ. 환경조건(일조량·소음)
> ㅁ. 실제 권리관계 또는 공시되지 않은 물건의 권리사항

① ㄱ, ㄴ   ② ㄴ, ㄹ

③ ㄱ, ㄷ, ㅁ   ④ ㄱ, ㄷ, ㄹ, ㅁ

⑤ ㄱ, ㄴ, ㄷ, ㄹ, ㅁ

39 A시에 중개사무소를 둔 개업공인중개사 甲은 B시에 소재하는 乙 소유의 건축물(그중 주택의 면적은 3분의 1임)에 대하여 乙과 丙 사이의 매매계약과 동시에 乙을 임차인으로 하는 임대차계약을 중개하였다. 이 경우 甲이 받을 수 있는 중개보수에 관한 설명으로 옳은 것을 모두 고른 것은?

> ㄱ. 甲은 乙과 丙으로부터 각각 중개보수를 받을 수 있다.
> ㄴ. 甲은 B시가 속한 시·도의 조례에서 정한 기준에 따라 중개보수를 받아야 한다.
> ㄷ. 중개보수를 정하기 위한 거래금액의 계산은 매매계약에 관한 거래금액만을 적용한다.
> ㄹ. 주택의 중개에 대한 보수 규정을 적용한다.

① ㄷ
② ㄱ, ㄷ
③ ㄴ, ㄹ
④ ㄱ, ㄴ, ㄷ
⑤ ㄱ, ㄴ, ㄹ

40 부동산 거래신고 등에 관한 법령상 부동산 거래신고에 관한 설명으로 옳은 것은?

① 부동산매매계약을 체결한 경우 거래당사자는 거래계약의 체결일부터 3개월 이내에 신고관청에 단독 또는 공동으로 신고하여야 한다.

② 「주택법」에 따라 지정된 조정대상지역에 소재하는 주택으로서 실제 거래가격이 5억원이고, 매수인이 국가인 경우 국가는 매도인과 공동으로 실제 거래가격 등을 신고하여야 한다.

③ 권리대상인 부동산 소재지를 관할하는 특별자치도 행정시의 시장은 부동산 거래신고의 신고관청이 된다.

④ 개업공인중개사가 거래계약서를 작성·교부한 경우에는 거래당사자 또는 해당 개업공인중개사가 신고할 수 있다.

⑤ 부동산 거래계약을 신고하려는 개업공인중개사는 부동산거래계약 신고서에 서명 또는 날인하여 관할 등록관청에 제출하여야 한다.

제2과목: 부동산공법

41 국토의 계획 및 이용에 관한 법령상 광역도시계획에 관한 설명으로 **틀린** 것은?

① 도지사는 시장 또는 군수가 협의를 거쳐 요청하는 경우에는 단독으로 광역도시계획을 수립할 수 있다.

② 광역도시계획의 수립기준은 국토교통부장관이 정한다.

③ 광역도시계획의 수립을 위한 공청회는 광역계획권 단위로 개최하되, 필요한 경우에는 광역계획권을 여러 개의 지역으로 구분하여 개최할 수 있다.

④ 국토교통부장관은 광역도시계획을 수립하였을 때에는 직접 그 내용을 공고하고 일반이 열람할 수 있도록 하여야 한다.

⑤ 광역도시계획을 공동으로 수립하는 시·도지사는 그 내용에 관하여 서로 협의가 되지 아니하면 공동이나 단독으로 국토교통부장관에게 조정을 신청할 수 있다.

42 국토의 계획 및 이용에 관한 법령상 공업기능 및 유통·물류기능을 중심으로 개발·정비할 필요가 있는 용도지구는?

① 복합용도지구
② 주거개발진흥지구
③ 산업·유통개발진흥지구
④ 관광·휴양개발진흥지구
⑤ 특정개발진흥지구

43 국토의 계획 및 이용에 관한 법령상 기반시설을 유발하는 시설에서 제외되는 건축물에 해당하지 **않는** 것은?

① 「유아교육법」에 따른 사립유치원

② 「도시재정비 촉진을 위한 특별법」에 따라 공급하는 임대주택

③ 상업지역에 설치하는 「농수산물 유통 및 가격안정에 관한 법률」에 따른 농수산물집하장

④ 주한 국제기구 소유의 건축물

⑤ 「택지개발촉진법」에 따른 택지개발지구에서 지구단위계획을 수립하여 개발하는 토지에 건축하는 건축물

44 국토의 계획 및 이용에 관한 법률상 도시·군관리계획의 결정에 관한 설명으로 <u>틀린</u> 것은?

① 시장 또는 군수가 입안한 지구단위계획구역의 지정·변경에 관한 도시·군관리계획은 시장 또는 군수가 직접 결정한다.

② 개발제한구역의 지정에 관한 도시·군관리계획은 국토교통부장관이 결정한다.

③ 시·도지사가 지구단위계획을 결정하려면 「건축법」에 따라 시·도에 두는 건축위원회와 도시계획위원회가 공동으로 하는 심의를 거쳐야 한다.

④ 국토교통부장관은 관계 중앙행정기관의 장의 요청이 없어도 국가안전보장상 기밀을 지켜야 할 필요가 있다고 인정되면 중앙도시계획위원회의 심의를 거치지 않고 도시·군관리계획을 결정할 수 있다.

⑤ 도시·군관리계획 결정의 효력은 지형도면을 고시한 날부터 발생한다.

45 국토의 계획 및 이용에 관한 법령상 청문을 하여야 하는 경우를 모두 고른 것은? (단, 다른 법령에 따른 청문은 고려하지 않음)

> ㄱ. 개발행위허가의 취소
> ㄴ. 「국토의 계획 및 이용에 관한 법률」 제63조에 따른 개발행위허가의 제한
> ㄷ. 실시계획인가의 취소

① ㄱ   ② ㄴ

③ ㄱ, ㄴ   ④ ㄱ, ㄷ

⑤ ㄴ, ㄷ

46 국토의 계획 및 이용에 관한 법령상 자연취락지구 안에서 건축할 수 있는 건축물에 해당하지 <u>않는</u> 것은? (단, 4층 이하의 건축물이고, 조례는 고려하지 않음)

① 동물 전용의 장례식장   ② 단독주택

③ 도축장   ④ 마을회관

⑤ 한의원

47 국토의 계획 및 이용에 관한 법령상 사업시행자가 공동구를 설치하여야 하는 지역 등을 모두 고른 것은? (단, 지역 등의 규모는 200만m²를 초과함)

> ㄱ. 「공공주택 특별법」에 따른 공공주택지구
> ㄴ. 「도시 및 주거환경정비법」에 따른 정비구역
> ㄷ. 「산업입지 및 개발에 관한 법률」에 따른 일반산업단지
> ㄹ. 「도청이전을 위한 도시건설 및 지원에 관한 특별법」에 따른 도청이전신도시

① ㄱ, ㄴ, ㄷ   ② ㄱ, ㄴ, ㄹ

③ ㄱ, ㄷ, ㄹ   ④ ㄴ, ㄷ, ㄹ

⑤ ㄱ, ㄴ, ㄷ, ㄹ

48 국토의 계획 및 이용에 관한 법령상 도시·군기본계획에 관한 설명으로 틀린 것은?

① 시장 또는 군수는 인접한 시 또는 군의 관할 구역을 포함하여 도시·군기본계획을 수립하려면 미리 그 시장 또는 군수와 협의하여야 한다.

② 도시·군기본계획 입안일부터 5년 이내에 토지적성평가를 실시한 경우에는 토지적성평가를 하지 아니할 수 있다.

③ 시장 또는 군수는 도시·군기본계획을 수립하려면 미리 그 시 또는 군 의회의 의견을 들어야 한다.

④ 시장 또는 군수는 도시·군기본계획을 변경하려면 도지사와 협의한 후 지방도시계획위원회의 심의를 거쳐야 한다.

⑤ 시장 또는 군수는 5년마다 관할 구역의 도시·군기본계획에 대하여 타당성을 전반적으로 재검토하여 정비하여야 한다.

49 국토의 계획 및 이용에 관한 법령상 개발행위허가의 기준에 해당하지 <u>않는</u> 것은? (단, 관련 인·허가 등의 의제는 고려하지 않음)

① 자금조달계획이 목적사업의 실현에 적합하도록 수립되어 있을 것

② 도시·군계획으로 경관계획이 수립되어 있는 경우에는 그에 적합할 것

③ 공유수면매립의 경우 매립 목적이 도시·군계획에 적합할 것

④ 토지의 분할 및 물건을 쌓아놓는 행위에 입목의 벌채가 수반되지 아니할 것

⑤ 도시·군계획조례로 정하는 도로의 너비에 관한 기준에 적합할 것

법개정반영

50 국토의 계획 및 이용에 관한 법령상 성장관리계획에 관한 설명으로 옳은 것을 모두 고른 것은?

> ㄱ. 기반시설의 배치와 규모에 관한 사항은 성장관리계획에 포함되지 않는다.
> ㄴ. 「국토의 계획 및 이용에 관한 법률」 제58조에 따른 시가화 용도지역은 성장관리계획의 수립 대상지역이 아니다.
> ㄷ. 계획관리지역에서 경관계획을 포함하는 성장관리계획을 수립한 경우에는 50% 이하의 범위에서 조례로 건폐율을 정할 수 있다.

① ㄱ   ② ㄴ

③ ㄱ, ㄷ   ④ ㄴ, ㄷ

⑤ ㄱ, ㄴ, ㄷ

51 국토의 계획 및 이용에 관한 법률 조문의 일부이다. (　　)에 들어갈 숫자로 옳은 것은?

> 제68조【기반시설설치비용의 부과대상 및 산정기준】① 기반시설부담구역에서 기반시설설치비용의 부과대상인 건축행위는 제2조 제20호에 따른 시설로서 (　　)m²(기존 건축물의 연면적을 포함한다)를 초과하는 건축물의 신축·증축 행위로 한다.

① 100   ② 200

③ 300   ④ 400

⑤ 500

52 도시개발법령상 환지방식에 의한 사업시행에 관한 설명으로 <u>틀린</u> 것은?

① 지정권자는 도시개발사업을 환지방식으로 시행하려고 개발계획을 수립할 때에 시행자가 지방자치단체이면 토지소유자의 동의를 받을 필요가 없다.

② 시행자는 체비지의 용도로 환지예정지가 지정된 경우에는 도시개발사업에 드는 비용을 충당하기 위하여 이를 처분할 수 있다.

③ 도시개발구역의 토지에 대한 지역권은 도시개발사업의 시행으로 행사할 이익이 없어지면 환지처분이 공고된 날이 끝나는 때에 소멸한다.

④ 지방자치단체가 도시개발사업의 전부를 환지방식으로 시행하려고 할 때에는 도시개발사업의 시행규정을 작성하여야 한다.

⑤ 행정청이 아닌 시행자가 인가받은 환지계획의 내용 중 종전 토지의 합필 또는 분필로 환지명세가 변경되는 경우에는 변경인가를 받아야 한다.

53 도시개발법령상 도시개발사업의 실시계획에 관한 설명으로 <u>틀린</u> 것은?

① 시행자가 작성하는 실시계획에는 지구단위계획이 포함되어야 한다.

② 지정권자인 국토교통부장관이 실시계획을 작성하는 경우 시·도지사 또는 대도시 시장의 의견을 미리 들어야 한다.

③ 지정권자가 시행자가 아닌 경우 시행자는 작성된 실시계획에 관하여 지정권자의 인가를 받아야 한다.

④ 고시된 실시계획의 내용 중 「국토의 계획 및 이용에 관한 법률」에 따라 도시·군관리계획으로 결정하여야 하는 사항이 종전에 도시·군관리계획으로 결정된 사항에 저촉되면 종전에 도시·군관리계획으로 결정된 사항이 우선하여 적용된다.

⑤ 실시계획의 인가에 의해 「주택법」에 따른 사업계획의 승인은 의제될 수 있다.

54 도시개발법령상 도시개발조합에 관한 설명으로 옳은 것은?

① 도시개발구역의 토지소유자가 미성년자인 경우에는 조합의 조합원이 될 수 없다.

② 조합원은 보유토지의 면적과 관계없는 평등한 의결권을 가지므로, 공유 토지의 경우 공유자별로 의결권이 있다.

③ 조합은 도시개발사업 전부를 환지방식으로 시행하는 경우에 도시개발사업의 시행자가 될 수 있다.

④ 조합설립의 인가를 신청하려면 해당 도시개발구역의 토지면적의 2분의 1 이상에 해당하는 토지소유자와 그 구역의 토지소유자 총수의 3분의 2 이상의 동의를 받아야 한다.

⑤ 토지소유자가 조합설립인가 신청에 동의하였다면 이후 조합설립인가의 신청 전에 그 동의를 철회하였더라도 그 토지소유자는 동의자 수에 포함된다.

55 도시개발법령상 도시개발구역 지정의 해제에 관한 규정 내용이다. (   )에 들어갈 숫자를 바르게 나열한 것은?

> 도시개발구역을 지정한 후 개발계획을 수립하는 경우에는 아래에 규정된 날의 다음 날에 도시개발구역의 지정이 해제된 것으로 본다.
> - 도시개발구역이 지정·고시된 날부터 (ㄱ)년이 되는 날까지 개발계획을 수립·고시하지 아니하는 경우에는 그 (ㄱ)년이 되는 날. 다만, 도시개발구역의 면적이 330만m² 이상인 경우에는 5년으로 한다.
> - 개발계획을 수립·고시한 날부터 (ㄴ)년이 되는 날까지 실시계획 인가를 신청하지 아니하는 경우에는 그 (ㄴ)년이 되는 날. 다만, 도시개발구역의 면적이 330만m² 이상인 경우에는 (ㄷ)년으로 한다.

① ㄱ: 2, ㄴ: 3, ㄷ: 3
② ㄱ: 2, ㄴ: 3, ㄷ: 5
③ ㄱ: 3, ㄴ: 2, ㄷ: 3
④ ㄱ: 3, ㄴ: 2, ㄷ: 5
⑤ ㄱ: 3, ㄴ: 3, ㄷ: 5

56 도시개발법령상 도시개발조합 총회의 의결사항 중 대의원회가 총회의 권한을 대행할 수 있는 사항은?

① 정관의 변경
② 개발계획의 수립
③ 조합장의 선임
④ 환지예정지의 지정
⑤ 조합의 합병에 관한 사항

57 도시개발법령상 도시개발사업의 비용부담 등에 관한 설명으로 옳은 것을 모두 고른 것은?

> ㄱ. 지정권자가 시행자가 아닌 경우 도시개발구역의 통신시설의 설치는 특별한 사유가 없으
> 면 준공검사 신청일까지 끝내야 한다.
> ㄴ. 전부 환지방식으로 사업을 시행하는 경우 전기시설의 지중선로설치를 요청한 사업시행
> 자와 전기공급자는 각각 2분의 1의 비율로 그 설치비용을 부담한다.
> ㄷ. 지정권자인 시행자는 그가 시행한 사업으로 이익을 얻는 시·도에 비용의 전부 또는 일
> 부를 부담시킬 수 있다.

① ㄱ   ② ㄴ
③ ㄱ, ㄷ   ④ ㄴ, ㄷ
⑤ ㄱ, ㄴ, ㄷ

58 도시 및 주거환경정비법령상 공사완료에 따른 조치 등에 관한 설명으로 **틀린** 것을 모두 고른
것은?

> ㄱ. 정비사업의 효율적인 추진을 위하여 필요한 경우에는 해당 정비사업에 관한 공사가 전부
> 완료되기 전이라도 완공된 부분은 준공인가를 받아 대지 또는 건축물별로 분양받을 자에
> 게 소유권을 이전할 수 있다.
> ㄴ. 준공인가에 따라 정비구역의 지정이 해제되면 조합도 해산된 것으로 본다.
> ㄷ. 정비사업에 관하여 소유권의 이전고시가 있은 날부터는 대지 및 건축물에 관한 등기가
> 없더라도 저당권 등의 다른 등기를 할 수 있다.

① ㄱ   ② ㄴ
③ ㄱ, ㄴ   ④ ㄱ, ㄷ
⑤ ㄴ, ㄷ

59 도시 및 주거환경정비법령상 시장·군수가 정비구역 지정을 위하여 직접 정비계획을 입안하는
경우 조사·확인하여야 하는 사항으로 명시되어 있지 <u>않은</u> 것은? (단, 조례는 고려하지 않음)

① 주민 또는 산업의 현황
② 관계 중앙행정기관의 장의 의견
③ 건축물의 소유현황
④ 토지 및 건축물의 가격
⑤ 정비구역 및 주변지역의 교통상황

60 도시 및 주거환경정비법령상 조합설립인가를 받기 위한 동의에 관하여 ( )에 들어갈 내용을 바르게 나열한 것은?

> • 재개발사업의 추진위원회가 조합을 설립하려면 토지등소유자의 (ㄱ) 이상 및 토지면적의 (ㄴ) 이상의 토지소유자의 동의를 받아야 한다.
> • 재건축사업의 추진위원회가 조합을 설립하려는 경우 주택단지가 아닌 지역이 정비구역에 포함된 때에는 주택단지가 아닌 지역의 토지 또는 건축물 소유자의 (ㄷ) 이상 및 토지면적의 (ㄹ) 이상의 토지소유자의 동의를 받아야 한다.

① ㄱ: 4분의 3, ㄴ: 2분의 1, ㄷ: 4분의 3, ㄹ: 3분의 2
② ㄱ: 4분의 3, ㄴ: 3분의 1, ㄷ: 4분의 3, ㄹ: 2분의 1
③ ㄱ: 4분의 3, ㄴ: 2분의 1, ㄷ: 3분의 2, ㄹ: 2분의 1
④ ㄱ: 2분의 1, ㄴ: 3분의 1, ㄷ: 2분의 1, ㄹ: 3분의 2
⑤ ㄱ: 2분의 1, ㄴ: 3분의 1, ㄷ: 4분의 3, ㄹ: 2분의 1

61 도시 및 주거환경정비법령상 관리처분계획에 따른 처분 등에 관한 설명으로 틀린 것은?

① 정비사업의 시행으로 조성된 대지 및 건축물은 관리처분계획에 따라 처분 또는 관리하여야 한다.
② 사업시행자는 정비사업의 시행으로 건설된 건축물을 관리처분계획에 따라 토지등소유자에게 공급하여야 한다.
③ 환지를 공급하는 방법으로 시행하는 주거환경개선사업의 사업시행자가 정비구역에 주택을 건설하는 경우 주택의 공급 방법에 관하여 「주택법」에도 불구하고 시장·군수등의 승인을 받아 따로 정할 수 있다.
④ 사업시행자는 분양신청을 받은 후 잔여분이 있는 경우에는 사업시행계획으로 정하는 목적을 위하여 그 잔여분을 조합원 또는 토지등소유자 이외의 자에게 분양할 수 있다.
⑤ 조합이 재개발임대주택의 인수를 요청하는 경우 국토교통부장관이 우선하여 인수하여야 한다.

62 도시 및 주거환경정비법령상 주민대표회의 등에 관한 설명으로 **틀린** 것은?

① 토지등소유자가 시장·군수등 또는 토지주택공사등의 사업시행을 원하는 경우에는 정비구역 지정·고시 후 주민대표회의를 구성하여야 한다.

② 주민대표회의는 위원장을 포함하여 5명 이상 25명 이하로 구성한다.

③ 주민대표회의는 토지등소유자의 과반수의 동의를 받아 구성한다.

④ 주민대표회의에는 위원장과 부위원장 각 1명과 1명 이상 3명 이하의 감사를 둔다.

⑤ 상가세입자는 사업시행자가 건축물의 철거의 사항에 관하여 시행규정을 정하는 때에 의견을 제시할 수 없다.

63 도시 및 주거환경정비법령상 재건축사업의 사업시행자가 작성하여야 하는 사업시행계획서에 포함되어야 하는 사항이 **아닌** 것은? (단, 조례는 고려하지 않음)

① 토지이용계획(건축물배치계획을 포함한다)

② 정비기반시설 및 공동이용시설의 설치계획

③ 「도시 및 주거환경정비법」 제10조(임대주택 및 주택규모별 건설비율)에 따른 임대주택의 건설계획

④ 세입자의 주거 및 이주 대책

⑤ 임시거주시설을 포함한 주민이주대책

64 주택법령상 주택상환사채에 관한 설명으로 **틀린** 것은?

① 한국토지주택공사는 주택상환사채를 발행할 수 있다.

② 주택상환사채는 기명증권으로 한다.

③ 사채권자의 명의변경은 취득자의 성명과 주소를 사채원부에 기록하는 방법으로 한다.

④ 주택상환사채를 발행한 자는 발행조건에 따라 주택을 건설하여 사채권자에게 상환하여야 한다.

⑤ 등록사업자의 등록이 말소된 경우에는 등록사업자가 발행한 주택상환사채도 효력을 상실한다.

65 주택법령상 공동주택의 리모델링에 관한 설명으로 **틀린** 것은? (단, 조례는 고려하지 않음)

① 입주자대표회의가 리모델링하려는 경우에는 리모델링 설계개요, 공사비, 소유자의 비용분담 명세가 적혀 있는 결의서에 주택단지 소유자 전원의 동의를 받아야 한다.

② 공동주택의 입주자가 공동주택을 리모델링하려고 하는 경우에는 시장·군수·구청장의 허가를 받아야 한다.

③ 사업비에 관한 사항은 세대수가 증가되는 리모델링을 하는 경우 수립하여야 하는 권리변동계획에 포함되지 않는다.

④ 증축형 리모델링을 하려는 자는 시장·군수·구청장에게 안전진단을 요청하여야 한다.

⑤ 수직증축형 리모델링의 대상이 되는 기존 건축물의 층수가 12층인 경우에는 2개 층까지 증축할 수 있다.

66 주택법령상 용어에 관한 설명으로 옳은 것은?

① 「건축법 시행령」에 따른 다중생활시설은 '준주택'에 해당하지 않는다.

② 주택도시기금으로부터 자금을 지원받아 건설되는 1세대당 주거전용면적 84m²인 주택은 '국민주택'에 해당한다.

③ '간선시설'이란 도로·상하수도·전기시설·가스시설·통신시설·지역난방시설 등을 말한다.

④ 방범설비는 '복리시설'에 해당한다.

⑤ 주민공동시설은 '부대시설'에 해당한다.

67 주택법령상 주택건설사업자 등에 관한 설명으로 옳은 것을 모두 고른 것은?

> ㄱ. 한국토지주택공사가 연간 10만m² 이상의 대지조성사업을 시행하려는 경우에는 대지조성사업의 등록을 하여야 한다.
> ㄴ. 세대수를 증가하는 리모델링주택조합이 그 구성원의 주택을 건설하는 경우에는 등록사업자와 공동으로 사업을 시행할 수 없다.
> ㄷ. 주택건설공사를 시공할 수 있는 등록사업자가 최근 3년간 300세대 이상의 공동주택을 건설한 실적이 있는 경우에는 주택으로 쓰는 층수가 7개 층인 주택을 건설할 수 있다.

① ㄱ   ② ㄷ

③ ㄱ, ㄴ   ④ ㄴ, ㄷ

⑤ ㄱ, ㄴ, ㄷ

68 주택법령상 지역주택조합이 설립인가를 받은 후 조합원을 신규로 가입하게 할 수 있는 경우와 결원의 범위에서 충원할 수 있는 경우 중 어느 하나에도 해당하지 <u>않는</u> 것은?

① 조합원이 사망한 경우
② 조합원이 무자격자로 판명되어 자격을 상실하는 경우
③ 조합원 수가 주택건설 예정 세대수를 초과하지 아니하는 범위에서 조합원 추가모집의 승인을 받은 경우
④ 조합원의 탈퇴 등으로 조합원 수가 주택건설 예정 세대수의 60%가 된 경우
⑤ 사업계획승인의 과정에서 주택건설 예정 세대수가 변경되어 조합원 수가 변경된 세대수의 40%가 된 경우

69 주택법령상 주택의 감리자에 관한 설명으로 옳은 것을 모두 고른 것은?

> ㄱ. 사업계획승인권자는 감리자가 업무수행 중 위반 사항이 있음을 알고도 묵인한 경우 그 감리자에 대하여 2년의 범위에서 감리업무의 지정을 제한할 수 있다.
> ㄴ. 설계도서가 해당 지형 등에 적합한지에 대한 확인은 감리자의 업무에 해당한다.
> ㄷ. 감리자는 업무를 수행하면서 위반 사항을 발견하였을 때에는 지체 없이 시공자 및 사업주체에게 위반 사항을 시정할 것을 통지하고, 7일 이내에 사업계획승인권자에게 그 내용을 보고하여야 한다.

① ㄱ
② ㄴ
③ ㄱ, ㄴ
④ ㄱ, ㄷ
⑤ ㄴ, ㄷ

70 주택법령상 사업계획의 승인 등에 관한 설명으로 옳은 것을 모두 고른 것은? (단, 다른 법률에 따른 사업은 제외함)

> ㄱ. 대지조성사업계획승인을 받으려는 자는 사업계획승인신청서에 조성한 대지의 공급계획서를 첨부하여 사업계획승인권자에게 제출하여야 한다.
> ㄴ. 등록사업자는 동일한 규모의 주택을 대량으로 건설하려는 경우에는 시·도지사에게 주택의 형별로 표본설계도서를 작성·제출하여 승인을 받을 수 있다.
> ㄷ. 지방공사가 사업주체인 경우 건축물의 설계와 용도별 위치를 변경하지 아니하는 범위에서의 건축물의 배치조정은 사업계획변경승인을 받지 않아도 된다.

① ㄱ   ② ㄱ, ㄴ
③ ㄱ, ㄷ   ④ ㄴ, ㄷ
⑤ ㄱ, ㄴ, ㄷ

71 건축법령상 대지면적이 2천m²인 대지에 건축하는 경우 조경 등의 조치를 하여야 하는 건축물은? (단, 건축법령상 특례규정 및 조례는 고려하지 않음)

① 상업지역에 건축하는 물류시설
② 2층의 공장
③ 도시·군계획시설에서 허가를 받아 건축하는 가설건축물
④ 녹지지역에 건축하는 기숙사
⑤ 연면적의 합계가 1천m²인 축사

72 건축법령상 건축협정에 관한 설명으로 옳은 것은? (단, 조례는 고려하지 않음)

① 해당 지역의 토지 또는 건축물의 소유자 전원이 합의하면 지상권자가 반대하는 경우에도 건축협정을 체결할 수 있다.

② 건축협정 체결 대상 토지가 둘 이상의 시·군·구에 걸치는 경우에는 관할 시·도지사에게 건축협정의 인가를 받아야 한다.

③ 협정체결자는 인가받은 건축협정을 변경하려면 협정체결자 과반수의 동의를 받아 건축협정인가권자에게 신고하여야 한다.

④ 건축협정을 폐지하려면 협정체결자 전원의 동의를 받아 건축협정인가권자의 인가를 받아야 한다.

⑤ 건축협정에서 달리 정하지 않는 한, 건축협정이 공고된 후에 건축협정구역에 있는 토지에 관한 권리를 협정체결자로부터 이전받은 자도 건축협정에 따라야 한다.

73 건축법령상 용어에 관한 설명으로 옳은 것은?

① 건축물을 이전하는 것은 '건축'에 해당한다.

② '고층건축물'에 해당하려면 건축물의 층수가 30층 이상이고 높이가 120m 이상이어야 한다.

③ 건축물이 천재지변으로 멸실된 경우 그 대지에 종전 규모보다 연면적의 합계를 늘려 건축물을 다시 축조하는 것은 '재축'에 해당한다.

④ 건축물의 내력벽을 해체하여 같은 대지의 다른 위치로 옮기는 것은 '이전'에 해당한다.

⑤ 기존 건축물이 있는 대지에서 건축물의 내력벽을 증설하여 건축면적을 늘리는 것은 '대수선'에 해당한다.

74 甲은 A도 B군에서 숙박시설로 사용승인을 받은 바닥면적의 합계가 3천m²인 건축물의 용도를 변경하려고 한다. 건축법령상 이에 관한 설명으로 틀린 것은?

① 의료시설로 용도를 변경하려는 경우에는 용도변경 신고를 하여야 한다.

② 종교시설로 용도를 변경하려는 경우에는 용도변경 허가를 받아야 한다.

③ 甲이 바닥면적의 합계 1천m²의 부분에 대해서만 업무시설로 용도를 변경하는 경우에는 사용승인을 받지 않아도 된다.

④ A도지사는 도시·군계획에 특히 필요하다고 인정하면 B군수의 용도변경허가를 제한할 수 있다.

⑤ B군수는 甲이 판매시설과 위락시설의 복수 용도로 용도변경 신청을 한 경우 지방건축위원회의 심의를 거쳐 이를 허용할 수 있다.

75 甲은 A광역시 B구에서 20층의 연면적 합계가 5만m²인 허가대상 건축물을 신축하려고 한다. 건축법령상 이에 관한 설명으로 **틀린** 것은? (단, 건축법령상 특례규정은 고려하지 않음)

① 甲은 B구청장에게 건축허가를 받아야 한다.

② 甲이 건축허가를 받은 경우에도 해당 대지를 조성하기 위해 높이 5m의 옹벽을 축조하려면 따로 공작물 축조신고를 하여야 한다.

③ 甲이 건축허가를 받은 이후에 공사시공자를 변경하는 경우에는 B구청장에게 신고하여야 한다.

④ 甲이 건축허가를 받은 경우에도 A광역시장은 지역계획에 특히 필요하다고 인정하면 甲의 건축물의 착공을 제한할 수 있다.

⑤ 공사감리자는 필요하다고 인정하면 공사시공자에게 상세시공도면을 작성하도록 요청할 수 있다.

76 건축법령상 건축물의 면적 등의 산정방법으로 옳은 것은?

① 공동주택으로서 지상층에 설치한 생활폐기물 보관시설의 면적은 바닥면적에 산입한다.

② 지하층에 설치한 기계실, 전기실의 면적은 용적률을 산정할 때 연면적에 산입한다.

③ 「건축법」상 건축물의 높이 제한 규정을 적용할 때, 건축물의 1층 전체에 필로티가 설치되어 있는 경우 건축물의 높이는 필로티의 층고를 제외하고 산정한다.

④ 건축물의 층고는 방의 바닥구조체 윗면으로부터 위층 바닥구조체의 아랫면까지의 높이로 한다.

⑤ 건축물이 부분에 따라 그 층수가 다른 경우에는 그중 가장 많은 층수와 가장 적은 층수를 평균하여 반올림한 수를 그 건축물의 층수로 본다.

77 건축법령상 신고대상 가설건축물인 전시를 위한 견본주택을 축조하는 경우에 관한 설명으로 옳은 것을 모두 고른 것은? (단, 건축법령상 특례규정은 고려하지 않음)

> ㄱ. 「건축법」 제44조(대지와 도로의 관계)는 적용된다.
> ㄴ. 견본주택의 존치기간은 해당 주택의 분양완료일까지이다.
> ㄷ. 견본주택이 2층 이상인 경우 공사감리자를 지정하여야 한다.

① ㄱ   ② ㄷ
③ ㄱ, ㄴ   ④ ㄴ, ㄷ
⑤ ㄱ, ㄴ, ㄷ

78 농지법령상 농업진흥지역을 지정할 수 <u>없는</u> 지역은?

① 특별시의 녹지지역   ② 특별시의 관리지역
③ 광역시의 관리지역   ④ 광역시의 농림지역
⑤ 군의 자연환경보전지역

79 농지법령상 농지의 임대차에 관한 설명으로 <u>틀린</u> 것은? (단, 농업경영을 하려는 자에게 임대하는 경우를 전제로 함)

① 60세 이상 농업인은 자신이 거주하는 시·군에 있는 소유 농지 중에서 자기의 농업경영에 이용한 기간이 5년이 넘은 농지를 임대할 수 있다.
② 농지를 임차한 임차인이 그 농지를 정당한 사유 없이 농업경영에 사용하지 아니할 때에는 시장·군수·구청장은 임대차의 종료를 명할 수 있다.
③ 임대차계약은 그 등기가 없는 경우에도 임차인이 농지소재지를 관할하는 시·구·읍·면의 장의 확인을 받고, 해당 농지를 인도받은 경우에는 그 다음 날부터 제3자에 대하여 효력이 생긴다.
④ 농지의 임차인이 농작물의 재배시설로서 비닐하우스를 설치한 농지의 임대차기간은 10년 이상으로 하여야 한다.
⑤ 농지임대차조정위원회에서 작성한 조정안을 임대차계약 당사자가 수락한 때에는 이를 당사자 간에 체결된 계약의 내용으로 본다.

※ 법령개정으로 삭제한 문제가 있어 제31회는 79문제가 되었습니다.

문제풀이 종료시각 ▶ _____ 시 _____ 분

정답 및 해설 ▶ p.138

문제풀이 시작시각 ▶ _____ 시 _____ 분

제1과목: 부동산공시법 & 부동산세법

1 공간정보의 구축 및 관리 등에 관한 법령상 지적공부의 보존 및 보관방법에 등에 관한 설명으로 **틀린** 것은? (단, 정보처리시스템을 통하여 기록·저장된 지적공부는 제외함)

① 지적소관청은 해당 청사에 지적서고를 설치하고 그 곳에 지적공부를 영구히 보존하여야 한다.

② 국토교통부장관의 승인을 받은 경우 지적공부를 해당 청사 밖으로 반출할 수 있다.

③ 지적서고는 지적사무를 처리하는 사무실과 연접(連接)하여 설치하여야 한다.

④ 지적도면은 지번부여지역별로 도면번호순으로 보관하되, 각 장별로 보호대에 넣어야 한다.

⑤ 카드로 된 토지대장·임야대장·공유지연명부·대지권등록부 및 경계점좌표등록부는 100장 단위로 바인더(binder)에 넣어 보관하여야 한다.

2 공간정보의 구축 및 관리 등에 관한 법령상 지적공부와 등록사항이 옳은 것은?

① 토지대장 – 경계와 면적

② 임야대장 – 건축물 및 구조물 등의 위치

③ 공유지연명부 – 소유권 지분과 토지의 이동사유

④ 대지권등록부 – 대지권 비율과 지목

⑤ 토지대장·임야대장·공유지연명부·대지권등록부 – 토지소유자가 변경된 날과 그 원인

3 공간정보의 구축 및 관리 등에 관한 법령상 지목을 잡종지로 정할 수 있는 것으로만 나열한 것은? (단, 원상회복을 조건으로 돌을 캐내는 곳 또는 흙을 파내는 곳으로 허가된 토지는 제외함)

① 변전소, 송신소, 수신소 및 지하에서 석유류 등이 용출되는 용출구(湧出口)와 그 유지(維持)에 사용되는 부지

② 여객자동차터미널, 자동차운전학원 및 폐차장 등 자동차와 관련된 독립적인 시설물을 갖춘 부지

③ 갈대밭, 실외에 물건을 쌓아두는 부지, 산림 및 원야(原野)를 이루고 있는 암석지·자갈땅·모래땅·황무지 등의 토지

④ 공항·항만시설 부지 및 물건 등을 보관하거나 저장하기 위하여 독립적으로 설치된 보관시설물의 부지

⑤ 도축장, 쓰레기처리장, 오물처리장 및 일반 공중의 위락·휴양 등에 적합한 시설물을 종합적으로 갖춘 야영장·식물원 등의 토지

4 공간정보의 구축 및 관리 등에 관한 법령상 지적소관청이 축척변경 시행공고를 할 때 공고하여야 할 사항으로 틀린 것은?

① 축척변경의 목적, 시행지역 및 시행기간
② 축척변경의 시행에 관한 세부계획
③ 축척변경의 시행자 선정 및 평가방법
④ 축척변경의 시행에 따른 청산방법
⑤ 축척변경의 시행에 따른 토지소유자 등의 협조에 관한 사항

5 공간정보의 구축 및 관리 등에 관한 법령상 지적공부의 복구 및 복구절차 등에 관한 설명으로 틀린 것은?

① 지적소관청(정보처리시스템에 의하여 기록·저장된 지적공부의 경우에는 시·도지사, 시장·군수 또는 구청장)은 지적공부의 전부 또는 일부가 멸실되거나 훼손된 경우에는 지체 없이 이를 복구하여야 한다.

② 지적공부를 복구할 때에는 멸실·훼손 당시의 지적공부와 가장 부합된다고 인정되는 관계 자료에 따라 토지의 표시에 관한 사항을 복구하여야 한다. 다만, 소유자에 관한 사항은 부동산등기부나 법원의 확정판결에 따라 복구하여야 한다.

③ 지적공부의 등본, 개별공시지가 자료, 측량신청서 및 측량준비도, 법원의 확정판결서 정본 또는 사본은 지적공부의 복구자료이다.

④ 지적소관청은 조사된 복구자료 중 토지대장·임야대장 및 공유지연명부의 등록 내용을 증명하는 서류 등에 따라 지적복구자료 조사서를 작성하고, 지적도면의 등록 내용을 증명하는 서류 등에 따라 복구자료도를 작성하여야 한다.

⑤ 복구자료도에 따라 측정한 면적과 지적복구자료 조사서의 조사된 면적의 증감이 오차의 허용범위를 초과하거나 복구자료도를 작성할 복구자료가 없는 경우에는 복구측량을 하여야 한다.

6 공간정보의 구축 및 관리 등에 관한 법령상 등록전환을 할 때 임야대장의 면적과 등록전환될 면적의 차이가 오차의 허용범위를 초과하는 경우 처리방법으로 옳은 것은?

① 지적소관청이 임야대장의 면적 또는 임야도의 경계를 직권으로 정정하여야 한다.

② 지적소관청이 시·도지사의 승인을 받아 허용범위를 초과하는 면적을 등록전환 면적으로 결정하여야 한다.

③ 지적측량수행자가 지적소관청의 승인을 받아 허용범위를 초과하는 면적을 등록전환 면적으로 결정하여야 한다.

④ 지적측량수행자가 토지소유자와 합의한 면적을 등록전환 면적으로 결정하여야 한다.

⑤ 지적측량수행자가 임야대장의 면적 또는 임야도의 경계를 직권으로 정정하여야 한다.

7 공간정보의 구축 및 관리 등에 관한 법령상 지목을 도로로 정할 수 <u>없는</u> 것은? (단, 아파트·공장 등 단일용도의 일정한 단지 안에 설치된 통로 등은 제외함)

① 일반 공중(公衆)의 교통 운수를 위하여 보행이나 차량운행에 필요한 일정한 설비 또는 형태를 갖추어 이용되는 토지

② 「도로법」 등 관계 법령에 따라 도로로 개설된 토지

③ 고속도로의 휴게소 부지

④ 2필지 이상에 진입하는 통로로 이용되는 토지

⑤ 교통 운수를 위하여 일정한 궤도 등의 설비와 형태를 갖추어 이용되는 토지

8 공간정보의 구축 및 관리 등에 관한 법령상 중앙지적위원회의 심의·의결사항으로 <u>틀린</u> 것은?

① 측량기술자 중 지적기술자의 양성에 관한 사항

② 지적측량기술의 연구·개발 및 보급에 관한 사항

③ 지적재조사 기본계획의 수립 및 변경에 관한 사항

④ 지적 관련 정책 개발 및 업무 개선 등에 관한 사항

⑤ 지적기술자의 업무정지 처분 및 징계요구에 관한 사항

9 다음은 공간정보의 구축 및 관리 등에 관한 법령상 도시개발사업 등 시행지역의 토지이동 신청 특례에 관한 설명이다. ( ) 안에 들어갈 내용으로 옳은 것은?

> • 「도시개발법」에 따른 도시개발사업, 「농어촌정비법」에 따른 농어촌정비사업 등의 사업시행자는 그 사업의 착수·변경 및 완료 사실을 (ㄱ)에(게) 신고하여야 한다.
> • 도시개발사업 등의 착수·변경 또는 완료 사실의 신고는 그 사유가 발생한 날부터 (ㄴ) 이내에 하여야 한다.

① ㄱ: 시·도지사, ㄴ: 15일

② ㄱ: 시·도지사, ㄴ: 30일

③ ㄱ: 시·도지사, ㄴ: 60일

④ ㄱ: 지적소관청, ㄴ: 15일

⑤ ㄱ: 지적소관청, ㄴ: 30일

10 다음은 공간정보의 구축 및 관리 등에 관한 법령상 등록사항 정정 대상토지에 대한 대장의 열람 또는 등본의 발급에 관한 설명이다. (   )에 들어갈 내용으로 옳은 것은?

> 지적소관청은 등록사항 정정 대상토지에 대한 대장을 열람하게 하거나 등본을 발급하는 때에는 (ㄱ)라고 적은 부분을 흑백의 반전(反轉)으로 표시하거나 (ㄴ)(으)로 적어야 한다.

① ㄱ: 지적불부합지,   ㄴ: 붉은색
② ㄱ: 지적불부합지,   ㄴ: 굵은 고딕체
③ ㄱ: 지적불부합지,   ㄴ: 담당자의 자필(自筆)
④ ㄱ: 등록사항 정정 대상토지, ㄴ: 붉은색
⑤ ㄱ: 등록사항 정정 대상토지, ㄴ: 굵은 고딕체

11 공간정보의 구축 및 관리 등에 관한 법령상 지적소관청이 지체 없이 축척변경의 확정공고를 하여야 하는 때로 옳은 것은?

① 청산금의 납부 및 지급이 완료되었을 때
② 축척변경을 위한 측량이 완료되었을 때
③ 축척변경에 관한 측량에 따라 필지별 증감 면적의 산정이 완료되었을 때
④ 축척변경에 관한 측량에 따라 변동사항을 표시한 축척변경 지번별 조서 작성이 완료되었을 때
⑤ 축척변경에 따라 확정된 사항이 지적공부에 등록되었을 때

12 공간정보의 구축 및 관리 등에 관한 법령상 지적기준점성과와 지적기준점성과의 열람 및 등본 발급 신청기관의 연결이 옳은 것은?

① 지적삼각점성과 − 시·도지사 또는 지적소관청
② 지적삼각보조점성과 − 시·도지사 또는 지적소관청
③ 지적삼각보조점성과 − 지적소관청 또는 한국국토정보공사
④ 지적도근점성과 − 시·도지사 또는 한국국토정보공사
⑤ 지적도근점성과 − 지적소관청 또는 한국국토정보공사

13 채권자 甲이 채권자대위권에 의하여 채무자 乙을 대위하여 등기신청하는 경우에 관한 설명으로 옳은 것을 모두 고른 것은?

> ㄱ. 乙에게 등기신청권이 없으면 甲은 대위등기를 신청할 수 없다.
> ㄴ. 대위등기신청에서는 乙이 등기신청인이다.
> ㄷ. 대위등기를 신청할 때 대위원인을 증명하는 정보를 첨부하여야 한다.
> ㄹ. 대위신청에 따른 등기를 한 경우, 등기관은 乙에게 등기완료의 통지를 하여야 한다.

① ㄱ, ㄴ   ② ㄱ, ㄷ
③ ㄴ, ㄹ   ④ ㄱ, ㄷ, ㄹ
⑤ ㄴ, ㄷ, ㄹ

14 부동산등기에 관한 설명으로 옳은 것은?

① 저당권부채권에 대한 질권의 설정등기는 할 수 없다.
② 등기기록 중 다른 구(區)에서 한 등기 상호간의 등기한 권리의 순위는 순위번호에 따른다.
③ 대표자가 있는 법인 아닌 재단에 속하는 부동산의 등기에 관하여는 그 대표자를 등기권리자 또는 등기의무자로 한다.
④ 甲이 그 소유 부동산을 乙에게 매도하고 사망한 경우, 甲의 단독상속인 丙은 등기의무자로서 甲과 乙의 매매를 원인으로 하여 甲으로부터 乙로의 이전등기를 신청할 수 있다.
⑤ 구분건물로서 그 대지권의 변경이 있는 경우에는 구분건물의 소유권의 등기명의인은 1동의 건물에 속하는 다른 구분건물의 소유권의 등기명의인을 대위하여 그 변경등기를 신청할 수 없다.

15 부동산등기에 관한 설명으로 옳은 것을 모두 고른 것은?

> ㄱ. 국가 및 지방자치단체에 해당하지 않는 등기권리자는 재결수용으로 인한 소유권이전등 기를 단독으로 신청할 수 있다.
> ㄴ. 등기관은 재결수용으로 인한 소유권이전등기를 하는 경우에 그 부동산을 위하여 존재하는 지역권의 등기를 직권으로 말소하여야 한다.
> ㄷ. 관공서가 공매처분을 한 경우에 등기권리자의 청구를 받으면 지체 없이 공매처분으로 인한 권리 이전의 등기를 등기소에 촉탁하여야 한다.
> ㄹ. 등기 후 등기사항에 변경이 생겨 등기와 실체관계가 일치하지 않을 때는 경정등기를 신청하여야 한다.

① ㄱ, ㄷ ② ㄱ, ㄹ
③ ㄴ, ㄷ ④ ㄱ, ㄴ, ㄹ
⑤ ㄴ, ㄷ, ㄹ

16 절차법상 등기권리자와 등기의무자를 옳게 설명한 것을 모두 고른 것은?

> ㄱ. 甲 소유로 등기된 토지에 설정된 乙 명의의 근저당권을 丙에게 이전하는 등기를 신청하는 경우, 등기의무자는 乙이다.
> ㄴ. 甲에서 乙로, 乙에서 丙으로 순차로 소유권이전등기가 이루어졌으나 乙 명의의 등기가 원인무효임을 이유로 甲이 丙을 상대로 丙 명의의 등기 말소를 명하는 확정판결을 얻은 경우, 그 판결에 따른 등기에 있어서 등기권리자는 甲이다.
> ㄷ. 채무자 甲에서 乙로 소유권이전등기가 이루어졌으나 甲의 채권자 丙이 등기원인이 사해 행위임을 이유로 그 소유권이전등기의 말소판결을 받은 경우, 그 판결에 따른 등기에 있어서 등기권리자는 甲이다.

① ㄴ ② ㄷ
③ ㄱ, ㄴ ④ ㄱ, ㄷ
⑤ ㄴ, ㄷ

17 소유권에 관한 등기의 설명으로 옳은 것을 모두 고른 것은?

> ㄱ. 등기관이 소유권보존등기를 할 때에는 등기원인의 연월일을 기록한다.
> ㄴ. 등기관이 미등기부동산에 대하여 법원의 촉탁에 따라 소유권의 처분제한의 등기를 할 때에는 직권으로 소유권보존등기를 한다.
> ㄷ. 등기관이 소유권의 일부에 관한 이전등기를 할 때에는 이전되는 지분을 기록하여야 하고, 그 등기원인에 분할금지약정이 있을 때에는 그 약정에 관한 사항도 기록하여야 한다.

① ㄱ   ② ㄴ
③ ㄱ, ㄴ   ④ ㄱ, ㄷ
⑤ ㄴ, ㄷ

18 용익권에 관한 등기에 대한 설명으로 **틀린** 것은?

① 시효완성을 이유로 통행지역권을 취득하기 위해서는 그 등기가 되어야 한다.
② 승역지에 지역권설정등기를 한 경우, 요역지의 등기기록에는 그 승역지를 기록할 필요가 없다.
③ 임대차 차임지급시기에 관한 약정이 있는 경우, 임차권등기에 이를 기록하지 않더라도 임차권등기는 유효하다.
④ 1필 토지의 일부에 대해 지상권설정등기를 신청하는 경우, 그 일부를 표시한 지적도를 첨부정보로서 등기소에 제공하여야 한다.
⑤ 전세금반환채권의 일부 양도를 원인으로 하는 전세권일부이전등기의 신청은 전세권 소멸의 증명이 없는 한, 전세권 존속기간 만료 전에는 할 수 없다.

19 권리에 관한 등기의 설명으로 틀린 것은?

① 등기부 표제부의 등기사항인 표시번호는 등기부 갑구(甲區), 을구(乙區)의 필수적 등기사항이 아니다.

② 등기부 갑구(甲區)의 등기사항 중 권리자가 2인 이상인 경우에는 권리자별 지분을 기록하여야 하고, 등기할 권리가 합유인 경우에는 그 뜻을 기록하여야 한다.

③ 권리의 변경등기는 등기상 이해관계가 있는 제3자의 승낙이 없는 경우에도 부기로 등기할수 있다.

④ 등기의무자의 소재불명으로 공동신청할 수 없을 때 등기권리자는 「민사소송법」에 따라 공시최고를 신청할 수 있고, 이에 따라 제권판결이 있으면 등기권리자는 그 사실을 증명하여 단독으로 등기말소를 신청할 수 있다.

⑤ 등기관이 토지소유권의 등기명의인 표시변경등기를 하였을 때에는 지체 없이 그 사실을 지적소관청에 알려야 한다.

20 부동산등기에 관한 설명으로 틀린 것은?

① 규약에 따라 공용부분으로 등기된 후 그 규약이 폐지된 경우, 그 공용부분 취득자는 소유권이전등기를 신청하여야 한다.

② 등기할 건물이 구분건물인 경우에 등기관은 1동 건물의 등기기록의 표제부에는 소재와 지번, 건물명칭 및 번호를 기록하고, 전유부분의 등기기록의 표제부에는 건물번호를 기록하여야 한다.

③ 존재하지 아니하는 건물에 대한 등기가 있을 때 그 소유권의 등기명의인은 지체 없이 그 건물의 멸실등기를 신청하여야 한다.

④ 같은 지번 위에 1개의 건물만 있는 경우에는 건물의 등기기록의 표제부에 건물번호를 기록하지 않는다.

⑤ 부동산환매특약은 등기능력이 인정된다.

21 등기관의 결정 또는 처분에 대한 이의에 관한 설명으로 <u>틀린</u> 것을 모두 고른 것은?

> ㄱ. 이의에는 집행정지의 효력이 있다.
>
> ㄴ. 이의신청자는 새로운 사실을 근거로 이의신청을 할 수 있다.
>
> ㄷ. 등기관의 결정에 이의가 있는 자는 그 결정 또는 처분을 한 등기관이 속한 지방법원에 이의신청을 할 수 있다.
>
> ㄹ. 등기관은 이의가 이유 없다고 인정하면 이의신청일로부터 3일 이내에 의견을 붙여 이의신청서 또는 이의신청정보를 이의신청자에게 보내야 한다.

① ㄱ, ㄷ   ② ㄴ, ㄹ

③ ㄱ, ㄴ, ㄹ   ④ ㄱ, ㄷ, ㄹ

⑤ ㄴ, ㄷ, ㄹ

22 가등기에 관한 설명으로 <u>틀린</u> 것은?

① 가등기권리자는 가등기의무자의 승낙이 있는 경우에 단독으로 가등기를 신청할 수 있다.

② 가등기명의인은 단독으로 가등기의 말소를 신청할 수 있다.

③ 가등기의무자는 가등기명의인의 승낙을 받아 단독으로 가등기의 말소를 신청할 수 있다.

④ 부동산소유권이전의 청구권이 정지조건부인 경우에 그 청구권을 보전하기 위해 가등기를 할 수 있다.

⑤ 가등기를 명하는 가처분명령은 가등기권리자의 주소지를 관할하는 지방법원이 할 수 있다.

23 근저당권등기에 관한 설명으로 옳은 것은?

① 근저당권의 약정된 존속기간은 등기사항이 아니다.

② 피담보채권의 변제기는 등기사항이 아니다.

③ 지연배상액은 등기하였을 경우에 한하여 근저당권에 의해 담보된다.

④ 1번 근저당권의 채권자가 여러 명인 경우, 그 근저당권설정등기의 채권최고액은 각 채권자별로 구분하여 기재한다.

⑤ 채권자가 등기절차에 협력하지 아니한 채무자를 피고로 하여 등기절차의 이행을 명하는 확정판결을 받은 경우, 채권자는 채무자와 공동으로 근저당권설정등기를 신청하여야 한다.

24 신탁법에 따른 신탁의 등기에 관한 설명으로 옳은 것은?

① 수익자는 수탁자를 대위하여 신탁등기를 신청할 수 없다.

② 신탁등기의 말소등기는 수탁자가 단독으로 신청할 수 없다.

③ 하나의 부동산에 대해 수탁자가 여러 명인 경우, 등기관은 그 신탁부동산이 합유인 뜻을 기록하여야 한다.

④ 신탁재산에 속한 권리가 이전됨에 따라 신탁재산에 속하지 아니하게 된 경우, 신탁등기의 말소신청은 신탁된 권리의 이전등기가 마쳐진 후에 별도로 하여야 한다.

⑤ 위탁자와 수익자가 합의로 적법하게 수탁자를 해임함에 따라 수탁자의 임무가 종료된 경우, 신수탁자는 단독으로 신탁재산인 부동산에 관한 권리이전등기를 신청할 수 없다.

25 지방세법상 2025년 재산세의 과세표준과 세율에 관한 설명으로 옳은 것을 모두 고른 것은? (단, 법령에 따른 재산세의 경감은 고려하지 않음)

> ㄱ. 지방자치단체의 장은 조례로 정하는 바에 따라 표준세율의 100분의 50의 범위에서 가감할 수 있으며, 가감한 세율은 해당 연도부터 3년간 적용한다.
> ㄴ. 법령이 정한 고급오락장용 토지의 표준세율은 1천분의 40이다.
> ㄷ. 주택의 과세표준은 법령에 따른 시가표준액에 공정시장가액비율(시가표준액의 100분의 60)을 곱하여 산정한 가액으로 한다(단, 1세대 1주택에 해당하지 아니함).

① ㄱ   ② ㄷ   ③ ㄱ, ㄴ
④ ㄴ, ㄷ   ⑤ ㄱ, ㄴ, ㄷ

26 지방세법상 재산세의 과세대상 및 납세의무자에 관한 설명으로 옳은 것은? (단, 비과세는 고려하지 않음)

① 「신탁법」에 따른 신탁재산에 속하는 종합합산과세대상 토지는 위탁자의 토지와 합산한다.
② 토지와 주택에 대한 재산세 과세대상은 종합합산과세대상, 별도합산과세대상 및 분리과세대상으로 구분한다.
③ 국가가 선수금을 받아 조성하는 매매용 토지로서 사실상 조성이 완료된 토지의 사용권을 무상으로 받은 자는 재산세를 납부할 의무가 없다.
④ 주택 부속토지의 경계가 명백하지 아니한 경우 그 주택의 바닥면적의 20배에 해당하는 토지를 주택의 부속토지로 한다.
⑤ 재산세 과세대상인 건축물의 범위에는 주택을 포함한다.

법개정반영

27 지방세법상 재산세의 부과·징수에 관한 설명으로 옳은 것은 모두 몇 개인가? (단, 비과세는 고려하지 않음)

> - 재산세의 과세기준일은 매년 6월 1일로 한다.
> - 토지의 재산세 납기는 매년 7월 16일부터 7월 31일까지이다.
> - 지방자치단체의 장은 재산세의 납부할 세액이 500만원 이하인 경우 250만원을 초과하는 금액은 납부기한이 지난 날부터 3개월 이내에 분할납부하게 할 수 있다.
> - 재산세는 관할 지방자치단체의 장이 세액을 산정하여 특별징수의 방법으로 부과·징수한다.

① 0개 ② 1개
③ 2개 ④ 3개
⑤ 4개

법개정반영

28 소득세법상 거주자의 국내자산 양도소득세 계산에 관한 설명으로 옳은 것은?

① 부동산에 관한 권리의 양도로 발생한 양도차손은 토지의 양도에서 발생한 양도소득금액에서 공제할 수 없다.

② 양도일부터 소급하여 10년 이내에 그 배우자로부터 증여받은 토지의 양도차익을 계산할 때 그 증여받은 토지에 대하여 납부한 증여세는 양도가액에서 공제할 필요경비에 산입하지 아니한다.

③ 취득원가에 현재가치할인차금이 포함된 양도자산의 보유기간 중 사업소득금액 계산 시 필요경비로 산입한 현재가치할인차금상각액은 양도차익을 계산할 때 양도가액에서 공제할 필요경비로 본다.

④ 특수관계인에게 증여한 자산에 대해 증여자인 거주자에게 양도소득세가 과세되는 경우 수증자가 부담한 증여세 상당액은 양도가액에서 공제할 필요경비에 산입한다.

⑤ 거주자가 특수관계인과의 거래(시가와 거래가액의 차액이 5억원임)에 있어서 토지를 시가에 미달하게 양도함으로써 조세의 부담을 부당히 감소시킨 것으로 인정되는 때에는 그 양도가액을 시가에 의하여 계산한다.

29 소득세법상 거주자의 양도소득과 관련된 다음 자료에 의한 양도소득세 감면액은? (단, 조세특례제한법은 고려하지 않음)

• 양도소득 과세표준	20,000,000원
• 감면대상 양도소득금액	7,500,000원
• 양도소득기본공제	2,500,000원
• 양도소득 산출세액	10,000,000원
• 감면율	50%

① 1,250,000원   ② 1,875,000원

③ 2,500,000원   ④ 3,750,000원

⑤ 5,000,000원

30 소득세법상 거주자의 국내 토지에 대한 양도소득 과세표준 및 세액의 신고·납부에 관한 설명으로 **틀린** 것은?

① 법령에 따른 부담부증여의 채무액에 해당하는 부분으로서 양도로 보는 경우 그 양도일이 속하는 달의 말일부터 3개월 이내에 양도소득 과세표준을 납세지 관할 세무서장에게 신고하여야 한다.

② 예정신고납부를 하는 경우 예정신고 산출세액에서 감면 세액을 빼고 수시부과세액이 있을 때에는 이를 공제하지 아니한 세액을 납부한다.

③ 예정신고납부할 세액이 2천만원을 초과하는 때에는 그 세액의 100분의 50 이하의 금액을 납부기한이 지난 후 2개월 이내에 분할납부할 수 있다.

④ 당해 연도에 누진세율의 적용대상 자산에 대한 예정신고를 2회 이상 한 자가 법령에 따라 이미 신고한 양도소득금액과 합산하여 신고하지 아니한 경우에는 양도소득 과세표준의 확정신고를 하여야 한다.

⑤ 양도차익이 없거나 양도차손이 발생한 경우에도 양도소득 과세표준의 예정신고를 하여야 한다.

31 지방세기본법 및 지방세법상 용어의 정의에 관한 설명으로 **틀린** 것은?

① '보통징수'란 지방세를 징수할 때 편의상 징수할 여건이 좋은 자로 하여금 징수하게 하고 그 징수한 세금을 납부하게 하는 것을 말한다.

② 취득세에서 사용하는 용어 중 '부동산'이란 토지 및 건축물을 말한다.

③ '세무공무원'이란 지방자치단체의 장 또는 지방세의 부과·징수 등에 관한 사무를 위임받은 공무원을 말한다.

④ '납세자'란 납세의무자(연대납세의무자와 제2차 납세의무자 및 보증인 포함)와 특별징수의무자를 말한다.

⑤ '지방자치단체의 징수금'이란 지방세 및 체납처분비를 말한다.

32 소득세법상 거주자(해당 국외자산 양도일까지 계속 5년 이상 국내에 주소를 두고 있음)가 2025년에 양도한 국외자산의 양도소득세에 관한 설명으로 **틀린** 것은? (단, 국외 외화차입에 의한 취득은 없음)

① 국외에 있는 부동산에 관한 권리로서 미등기양도자산의 양도로 발생하는 소득은 양도소득의 범위에 포함된다.

② 국외토지의 양도에 대한 양도소득세를 계산하는 경우에는 장기보유특별공제액은 공제하지 아니한다.

③ 양도 당시의 실지거래가액이 확인되더라도 외국정부의 평가가액을 양도가액으로 먼저 적용한다.

④ 해당 과세기간에 다른 자산의 양도가 없을 경우 국외토지의 양도에 대한 양도소득이 있는 거주자에 대해서는 해당 과세기간의 양도소득금액에서 연 250만원을 공제한다.

⑤ 국외토지의 양도소득에 대하여 해당 외국에서 과세를 하는 경우로서 법령이 정한 그 국외자산 양도소득세액을 납부하였거나 납부할 것이 있을 때에는 외국납부세액의 세액공제방법과 필요경비 산입방법 중 하나를 선택하여 적용할 수 있다.

33 지방세법상 2025년 납세의무가 성립하는 지역자원시설세에 관한 설명으로 <u>틀린</u> 것은?

① 지방자치단체의 장은 조례로 정하는 바에 따라 소방분 지역자원시설세의 세율을 표준세율의 100분의 50의 범위에서 가감할 수 있다.

② 소방분 지역자원시설세 과세대상은 건축물, 선박이다.

③ 주거용이 아닌 4층 이상 10층 이하의 건축물 등 법령으로 정하는 화재위험 건축물에 대해서는 법령에 따른 표준세율에 따라 산출한 금액의 100분의 200을 세액으로 한다.

④ 「지방세법」에 따라 재산세가 비과세되는 건축물에 대하여도 소방분 지역자원시설세는 부과된다.

⑤ 지하자원이 과세대상인 경우 납세지는 광업권이 등록된 토지의 소재지이다. 다만, 광업권이 등록된 토지가 둘 이상의 지방자치단체에 걸쳐 있는 경우에는 광업권이 등록된 토지의 면적에 따라 안분한다.

34 소득세법상 거주자의 국내 소재 1세대 1주택인 고가주택과 그 양도소득세에 관한 설명으로 <u>틀린</u> 것은?

① 거주자가 2023년 취득 후 계속 거주한 법령에 따른 고가주택을 2025년 5월에 양도하는 경우 장기보유특별공제의 대상이 되지 않는다.

② '고가주택'이란 기준시가 12억원을 초과하는 주택을 말한다.

③ 법령에 따른 고가주택에 해당하는 자산의 장기보유특별공제액은 「소득세법」 제95조 제2항에 따른 장기보유특별공제액에 '양도가액에서 12억원을 차감한 금액이 양도가액에서 차지하는 비율'을 곱하여 산출한다.

④ 법령에 따른 고가주택에 해당하는 자산의 양도차익은 「소득세법」 제95조 제1항에 따른 양도차익에 '양도가액에서 12억원을 차감한 금액이 양도가액에서 차지하는 비율'을 곱하여 산출한다.

⑤ 「건축법 시행령」 [별표 1]에 의한 다가구주택을 구획된 부분별로 양도하지 아니하고 하나의 매매단위로 양도하여 단독주택으로 보는 다가구주택의 경우에는 그 전체를 하나의 주택으로 보아 법령에 따른 고가주택 여부를 판단한다.

법개정반영

35 지방세법상 부동산등기에 대한 등록면허세의 과세표준과 표준세율로서 <u>틀린</u> 것은? (단, 부동산 등기에 대한 표준세율을 적용하여 산출한 세액이 그 밖의 등기 또는 등록세율보다 크다고 가정하며, 중과세 및 비과세와 지방세특례제한법은 고려하지 않음)

① 소유권 보존: 부동산가액의 1천분의 8
② 가처분(저당권에 관련됨): 부동산가액의 1천분의 2
③ 지역권 설정: 요역지가액의 1천분의 2
④ 전세권 이전: 전세금액의 1천분의 2
⑤ 상속으로 인한 소유권 이전: 부동산가액의 1천분의 8

법개정반영

36 지방세법상 취득세에 관한 설명으로 옳은 것은?

① 국가 및 외국정부의 취득에 대해서는 취득세를 부과한다.
② 토지의 지목변경에 따른 취득은 토지의 지목이 사실상 변경된 날을 취득일로 본다.
③ 국가가 취득세 과세물건을 매각하면 매각일부터 60일 이내에 지방자치단체의 장에게 신고하여야 한다.
④ 법인이 아닌 자가 건축물을 건축하여 취득하는 경우의 과세표준은 언제나 시가표준액으로 한다.
⑤ 토지를 취득한 자가 그 취득한 날부터 1년 이내에 그에 인접한 토지를 취득한 경우 그 전후의 취득에 관한 토지의 취득을 1건의 토지 취득으로 보아 취득세에 대한 면세점을 적용한다.

37 지방세법상 등록면허세에 관한 설명으로 옳은 것은?

① 지방자치단체의 장은 등록면허세의 세율을 표준세율의 100분의 60의 범위에서 가감할 수 있다.
② 등록 당시에 감가상각의 사유로 가액이 달라진 경우 그 가액에 대한 증명 여부에 관계없이 변경 전 가액을 과세표준으로 한다.
③ 부동산 등록에 대한 신고가 없는 경우 취득 당시 시가표준액의 100분의 110을 과세표준으로 한다.
④ 지목이 묘지인 토지의 등록에 대하여 등록면허세를 부과한다.
⑤ 부동산등기에 대한 등록면허세의 납세지는 부동산 소재지로 하며, 납세지가 분명하지 아니한 경우에는 등록관청 소재지로 한다.

38 소득세법상 거주자의 부동산과 관련된 사업소득에 관한 설명으로 옳은 것은?

① 국외에 소재하는 주택의 임대소득은 주택 수에 관계없이 과세하지 아니한다.

② 「공익사업을 위한 토지 등의 취득 및 보상에 관한 법률」에 따른 공익사업과 관련하여 지역권을 대여함으로써 발생하는 소득은 부동산업에서 발생하는 소득으로 한다.

③ 부동산임대업에서 발생하는 사업소득의 납세지는 부동산 소재지로 한다.

④ 국내에 소재하는 논·밭을 작물 생산에 이용하게 함으로써 발생하는 사업소득은 소득세를 과세하지 아니한다.

⑤ 주거용 건물 임대업에서 발생한 결손금은 종합소득 과세표준을 계산할 때 공제하지 아니한다.

제 31 회

39 종합부동산세법상 종합부동산세에 관한 설명으로 **틀린** 것은? (단, 감면 및 비과세와 지방세특례제한법 또는 조세특례제한법은 고려하지 않음)

① 종합부동산세의 과세기준일은 매년 6월 1일로 한다.

② 종합부동산세의 납세의무자가 비거주자인 개인으로서 국내사업장이 없고 국내원천소득이 발생하지 아니하는 1주택을 소유한 경우 그 주택 소재지를 납세지로 정한다.

③ 과세기준일 현재 토지분 재산세의 납세의무자로서 국내에 소재하는 종합합산과세대상 토지의 공시가격을 합한 금액이 5억원을 초과하는 자는 해당 토지에 대한 종합부동산세를 납부할 의무가 있다.

④ 종합합산과세대상 토지의 재산세로 부과된 세액이 세부담 상한을 적용받는 경우 그 상한을 적용받기 전의 세액을 종합합산과세대상 토지분 종합부동산세액에서 공제한다.

⑤ 관할 세무서장은 종합부동산세를 징수하고자 하는 때에는 납세고지서에 주택 및 토지로 구분한 과세표준과 세액을 기재하여 납부기간 개시 5일 전까지 발부하여야 한다.

40 지방세법상 취득세 또는 등록면허세의 신고·납부에 관한 설명으로 옳은 것은? (단, 비과세 및 지방세특례제한법은 고려하지 않음)

① 상속으로 취득세 과세물건을 취득한 자는 상속개시일로부터 6개월 이내에 과세표준과 세액을 신고·납부하여야 한다.

② 취득세 과세물건을 취득한 후 중과세 대상이 되었을 때에는 표준세율을 적용하여 산출한 세액에서 이미 납부한 세액(가산세 포함)을 공제한 금액을 세액으로 하여 신고·납부하여야 한다.

③ 지목변경으로 인한 취득세 납세의무자가 신고를 하지 아니하고 매각하는 경우 산출세액에 100분의 80을 가산한 금액을 세액으로 하여 징수한다.

④ 등록을 하려는 자가 등록면허세 신고의무를 다하지 않고 산출세액을 등록 전까지 납부한 경우 「지방세기본법」에 따른 무신고가산세를 부과한다.

⑤ 등기·등록관서의 장은 등기 또는 등록 후에 등록면허세가 납부되지 아니하였거나 납부부족액을 발견한 경우에는 다음 달 10일까지 납세지를 관할하는 시장·군수·구청장에게 통보하여야 한다.

문제풀이 종료시각 ▶ _____ 시 _____ 분

정답 및 해설 ▶ p.158

※ 처음 문제를 풀 때에는 문제편 맨 뒤의 OMR 카드에 답을 체크하고, 두 번째에는 문제에 바로 체크하세요. 두 번 풀어도 헷갈리거나 틀린 문제는 오답노트에 정리하여 완전히 숙지하세요.

〈1교시〉

문제풀이 시작시각 ▶ _____ 시 _____ 분

제1과목: 공인중개사법령 및 중개실무

1 공인중개사법령에 관한 내용으로 **틀린** 것은? (다툼이 있으면 판례에 따름)

① 개업공인중개사에 소속된 공인중개사로서 중개업무를 수행하거나 개업공인중개사의 중개업무를 보조하는 자는 소속공인중개사이다.

② 개업공인중개사인 법인의 사원으로서 중개업무를 수행하는 공인중개사는 소속공인중개사이다.

③ 무등록 중개업자에게 중개를 의뢰한 거래당사자는 무등록 중개업자의 중개행위에 대하여 무등록 중개업자와 공동정범으로 처벌된다.

④ 개업공인중개사는 다른 개업공인중개사의 중개보조원 또는 개업공인중개사인 법인의 사원·임원이 될 수 없다.

⑤ 거래당사자 간 지역권의 설정과 취득을 알선하는 행위는 중개에 해당한다.

2 공인중개사법령상 중개사무소 개설등록의 결격사유에 해당하지 <u>않는</u> 자는?

① 「공인중개사법」을 위반하여 200만원의 벌금형의 선고를 받고 3년이 지나지 아니한 자

② 금고 이상의 실형의 선고를 받고 그 집행이 종료되거나 집행이 면제된 날부터 3년이 지나지 아니한 자

③ 공인중개사의 자격이 취소된 후 3년이 지나지 아니한 자

④ 업무정지처분을 받은 개업공인중개사인 법인의 업무정지의 사유가 발생한 당시의 사원 또는 임원이었던 자로서 해당 개업공인중개사에 대한 업무정지기간이 지나지 아니한 자

⑤ 공인중개사의 자격이 정지된 자로서 자격정지기간 중에 있는 자

3 공인중개사법령상 공인중개사자격시험 등에 관한 설명으로 옳은 것은?

① 국토교통부장관이 직접 시험을 시행하려는 경우에는 미리 공인중개사 정책심의위원회의 의결을 거치지 않아도 된다.

② 공인중개사자격증의 재교부를 신청하는 자는 재교부신청서를 국토교통부장관에게 제출해야 한다.

③ 국토교통부장관은 공인중개사시험의 합격자에게 공인중개사자격증을 교부해야 한다.

④ 시험시행기관장은 시험에서 부정한 행위를 한 응시자에 대하여는 그 시험을 무효로 하고, 그 처분이 있은 날부터 5년간 시험응시자격을 정지한다.

⑤ 시험시행기관장은 시험을 시행하려는 때에는 시험시행에 관한 개략적인 사항을 전년도 12월 31일까지 일간신문, 관보, 방송 중 하나 이상에 공고하고, 인터넷 홈페이지 등에도 이를 공고해야 한다.

4 공인중개사법령상 중개대상물에 해당하지 <u>않는</u> 것을 모두 고른 것은?

ㄱ. 미채굴광물	ㄴ. 온천수
ㄷ. 금전채권	ㄹ. 점유

① ㄱ, ㄴ   ② ㄷ, ㄹ

③ ㄱ, ㄴ, ㄹ   ④ ㄴ, ㄷ, ㄹ

⑤ ㄱ, ㄴ, ㄷ, ㄹ

5 공인중개사법령상 중개사무소의 설치 등에 관한 설명으로 <u>틀린</u> 것은?

① 개업공인중개사는 그 등록관청의 관할 구역 안에 1개의 중개사무소만을 둘 수 있다.

② 개업공인중개사는 천막 그 밖에 이동이 용이한 임시 중개시설물을 설치하여서는 아니 된다.

③ 법인이 아닌 개업공인중개사는 분사무소를 둘 수 없다.

④ 개업공인중개사는 등록관청의 관할 구역 외의 지역에 있는 중개대상물을 중개할 수 없다.

⑤ 법인인 개업공인중개사는 등록관청에 신고하고 그 관할 구역 외의 지역에 분사무소를 둘 수 있다.

6 공인중개사법령상 '공인중개사협회'(이하 '협회'라 함)에 관한 설명으로 옳은 것은?

① 협회는 영리사업으로서 회원 간의 상호부조를 목적으로 공제사업을 할 수 있다.

② 협회는 총회의 의결내용을 지체 없이 등록관청에 보고하고 등기하여야 한다.

③ 협회가 그 지부 또는 지회를 설치한 때에는 그 지부는 시·도지사에게, 지회는 등록관청에 신고하여야 한다.

④ 협회는 개업공인중개사에 대한 행정제재처분의 부과와 집행의 업무를 할 수 있다.

⑤ 협회는 부동산 정보제공에 관한 업무를 직접 수행할 수 없다.

7 공인중개사법령상 인장등록 등에 관한 설명으로 틀린 것은?

① 법인인 개업공인중개사의 인장등록은 「상업등기규칙」에 따른 인감증명서의 제출로 갈음한다.

② 소속공인중개사가 등록하지 아니한 인장을 중개행위에 사용한 경우, 등록관청은 1년의 범위 안에서 업무의 정지를 명할 수 있다.

③ 인장의 등록은 중개사무소 개설등록신청과 같이 할 수 있다.

④ 소속공인중개사의 인장등록은 소속공인중개사에 대한 고용신고와 같이 할 수 있다.

⑤ 개업공인중개사가 등록한 인장을 변경한 경우, 변경일부터 7일 이내에 그 변경된 인장을 등록관청에 등록하여야 한다.

8 공인중개사법령상 '공인중개사 정책심의위원회'(이하 '심의위원회'라 함)에 관한 설명으로 틀린 것은?

① 국토교통부에 심의위원회를 둘 수 있다.

② 심의위원회는 위원장 1명을 포함하여 7명 이상 11명 이내의 위원으로 구성한다.

③ 심의위원회의 위원이 해당 안건에 대하여 자문을 한 경우 심의위원회의 심의·의결에서 제척된다.

④ 심의위원회의 위원장이 부득이한 사유로 직무를 수행할 수 없을 때에는 부위원장이 그 직무를 대행한다.

⑤ 심의위원회의 회의는 재적위원 과반수의 출석으로 개의(開議)하고, 출석위원 과반수의 찬성으로 의결한다.

9 공인중개사법령상 법인인 개업공인중개사가 겸업할 수 있는 것을 모두 고른 것은? (단, 다른 법률의 규정은 고려하지 않음)

> ㄱ. 상업용 건축물 및 주택의 분양대행
> ㄴ. 부동산의 이용·개발 및 거래에 관한 상담
> ㄷ. 개업공인중개사를 대상으로 한 중개업의 경영기법 및 경영정보의 제공
> ㄹ. 중개의뢰인의 의뢰에 따른 도배·이사업체의 소개 등 주거이전에 부수되는 용역의 알선

① ㄱ, ㄴ
② ㄱ, ㄷ
③ ㄱ, ㄷ, ㄹ
④ ㄴ, ㄷ, ㄹ
⑤ ㄱ, ㄴ, ㄷ, ㄹ

10 공인중개사법령상 개업공인중개사의 고용인에 관한 설명으로 틀린 것은? (다툼이 있으면 판례에 따름)

① 중개보조원의 업무상 행위는 그를 고용한 개업공인중개사의 행위로 본다.
② 개업공인중개사는 중개보조원과의 고용관계가 종료된 때에는 고용관계가 종료된 날부터 14일 이내에 등록관청에 신고하여야 한다.
③ 중개보조원이 중개업무와 관련된 행위를 함에 있어서 과실로 거래당사자에게 손해를 입힌 경우, 그를 고용한 개업공인중개사뿐만 아니라 중개보조원도 손해배상책임이 있다.
④ 개업공인중개사가 소속공인중개사를 고용한 경우에는 개업공인중개사 및 소속공인중개사의 공인중개사자격증 원본을 중개사무소에 게시하여야 한다.
⑤ 중개보조원의 고용신고는 전자문서에 의해서도 할 수 있다.

11 공인중개사법령상 개업공인중개사가 의뢰받은 중개대상물에 대하여 표시·광고를 하려는 경우 '중개사무소, 개업공인중개사에 관한 사항'으로서 명시해야 하는 것을 모두 고른 것은?

ㄱ. 중개사무소의 연락처	ㄴ. 중개사무소의 명칭
ㄷ. 소속공인중개사의 성명	ㄹ. 개업공인중개사의 성명

① ㄱ, ㄴ ② ㄴ, ㄷ
③ ㄷ, ㄹ ④ ㄱ, ㄴ, ㄹ
⑤ ㄱ, ㄷ, ㄹ

12 공인중개사법령상 중개대상물의 확인·설명에 관한 내용으로 옳은 것은? (다툼이 있으면 판례에 따름)

① 개업공인중개사는 선량한 관리자의 주의로 중개대상물의 권리관계 등을 조사·확인하여 중개의뢰인에게 설명할 의무가 있다.
② 2명의 개업공인중개사가 공동중개한 경우 중개대상물 확인·설명서에는 공동중개한 개업공인중개사 중 1인만 서명·날인하면 된다.
③ 개업공인중개사는 중개대상물에 대한 확인·설명을 중개가 완성된 후 해야 한다.
④ 중개보조원은 중개의뢰인에게 중개대상물의 확인·설명의무를 진다.
⑤ 개업공인중개사는 중개대상물 확인·설명서를 작성하여 거래당사자에게 교부하고 그 원본을 5년간 보존하여야 한다.

13 공인중개사법령상 부동산거래정보망의 지정 및 이용에 관한 설명으로 틀린 것은?

① 국토교통부장관은 부동산거래정보망을 설치·운영할 자를 지정할 수 있다.
② 부동산거래정보망을 설치·운영할 자로 지정을 받을 수 있는 자는 「전기통신사업법」의 규정에 의한 부가통신사업자로서 국토교통부령으로 정하는 요건을 갖춘 자이다.
③ 거래정보사업자는 지정받은 날부터 3개월 이내에 부동산거래정보망의 이용 및 정보제공방법 등에 관한 운영규정을 정하여 국토교통부장관의 승인을 얻어야 한다.
④ 거래정보사업자가 부동산거래정보망의 이용 및 정보제공방법 등에 관한 운영규정을 변경하고자 하는 경우 국토교통부장관의 승인을 얻어야 한다.
⑤ 거래정보사업자는 개업공인중개사로부터 공개를 의뢰받은 중개대상물의 정보를 개업공인중개사에 따라 차별적으로 공개할 수 있다.

14 공인중개사법령상 금지행위에 관한 설명으로 옳은 것은?

① 법인인 개업공인중개사의 사원이 중개대상물의 매매를 업으로 하는 것은 금지되지 않는다.

② 개업공인중개사가 거래당사자 쌍방을 대리하는 것은 금지되지 않는다.

③ 개업공인중개사가 중개의뢰인과 직접 거래를 하는 행위는 금지된다.

④ 법인인 개업공인중개사의 임원이 중개의뢰인과 직접 거래를 하는 것은 금지되지 않는다.

⑤ 중개보조원이 중개의뢰인과 직접 거래를 하는 것은 금지되지 않는다.

15 공인중개사법령상 개업공인중개사의 휴업과 폐업 등에 관한 설명으로 <u>틀린</u> 것은?

① 부동산중개업 휴업 신고서의 서식에 있는 '개업공인중개사의 종별'란에는 법인, 공인중개사, 법 제7638호 부칙 제6조 제2항에 따른 개업공인중개사가 있다.

② 개업공인중개사가 부동산중개업 폐업 신고서를 작성하는 경우에는 폐업기간, 부동산중개업 휴업 신고서를 작성하는 경우에는 휴업기간을 기재하여야 한다.

③ 중개사무소의 개설등록 후 업무를 개시하지 않은 개업공인중개사라도 3개월을 초과하는 휴업을 하고자 하는 때에는 부동산중개업 휴업 신고서에 중개사무소등록증을 첨부하여 등록관청에 미리 신고하여야 한다.

④ 개업공인중개사가 등록관청에 폐업사실을 신고한 경우에는 지체 없이 사무소의 간판을 철거하여야 한다.

⑤ 개업공인중개사가 취학을 하는 경우 6개월을 초과하여 휴업을 할 수 있다.

16 공인중개사법령상 계약금등의 반환채무이행의 보장 등에 관한 설명으로 <u>틀린</u> 것은?

① 개업공인중개사는 거래의 안전을 보장하기 위하여 필요하다고 인정하는 경우, 계약금등을 예치하도록 거래당사자에게 권고할 수 있다.

② 예치대상은 계약금·중도금 또는 잔금이다.

③ 「보험업법」에 따른 보험회사는 계약금등의 예치명의자가 될 수 있다.

④ 개업공인중개사는 거래당사자에게 「공인중개사법」에 따른 공제사업을 하는 자의 명의로 계약금등을 예치하도록 권고할 수 없다.

⑤ 개업공인중개사는 계약금등을 자기 명의로 금융기관 등에 예치하는 경우 자기 소유의 예치금과 분리하여 관리될 수 있도록 하여야 한다.

17 중개의뢰인 甲은 자신 소유의 X부동산에 대한 임대차계약을 위해 개업공인중개사 乙과 전속중개계약을 체결하였다. X부동산에 기존 임차인 丙, 저당권자 丁이 있는 경우 乙이 부동산거래정보망 또는 일간신문에 공개해야만 하는 중개대상물에 관한 정보를 모두 고른 것은?
(단, 중개의뢰인이 비공개 요청을 하지 않음)

> ㄱ. 丙의 성명
> ㄴ. 丁의 주소
> ㄷ. X부동산의 공시지가
> ㄹ. X부동산에 대한 일조(日照)·소음·진동 등 환경조건

① ㄹ
② ㄱ, ㄴ
③ ㄷ, ㄹ
④ ㄱ, ㄴ, ㄹ
⑤ ㄱ, ㄴ, ㄷ, ㄹ

18 공인중개사법령상 조례가 정하는 바에 따라 수수료를 납부해야 하는 경우를 모두 고른 것은?

> ㄱ. 분사무소설치신고확인서의 재교부 신청
> ㄴ. 국토교통부장관이 시행하는 공인중개사자격시험 응시
> ㄷ. 중개사무소의 개설등록 신청
> ㄹ. 분사무소설치의 신고

① ㄱ, ㄴ
② ㄱ, ㄴ, ㄹ
③ ㄱ, ㄷ, ㄹ
④ ㄴ, ㄷ, ㄹ
⑤ ㄱ, ㄴ, ㄷ, ㄹ

19 무주택자인 甲이 주택을 물색하여 매수하기 위해 개업공인중개사인 乙과 일반중개계약을 체결하고자 한다. 이 경우 공인중개사법령상 표준서식인 일반중개계약서에 기재하는 항목을 모두 고른 것은?

> ㄱ. 소유자 및 등기명의인   ㄴ. 희망지역
> ㄷ. 취득 희망가격   ㄹ. 거래규제 및 공법상 제한사항

① ㄷ
② ㄱ, ㄴ
③ ㄴ, ㄷ
④ ㄷ, ㄹ
⑤ ㄱ, ㄴ, ㄷ

20 공인중개사법령상 중개사무소 개설등록의 절대적 취소사유가 <u>아닌</u> 것은?

① 개업공인중개사인 법인이 해산한 경우

② 자격정지처분을 받은 소속공인중개사로 하여금 자격정지기간 중에 중개업무를 하게 한 경우

③ 거짓이나 그 밖의 부정한 방법으로 중개사무소의 개설등록을 한 경우

④ 법인이 아닌 개업공인중개사가 파산선고를 받고 복권되지 아니한 경우

⑤ 공인중개사법령을 위반하여 둘 이상의 중개사무소를 둔 경우

21 공인중개사법 시행령 제30조(협회의 설립)의 내용이다. (   )에 들어갈 숫자를 올바르게 나열한 것은?

• 공인중개사협회를 설립하고자 하는 때에는 발기인이 작성하여 서명·날인한 정관에 대하여 회원 (ㄱ)인 이상이 출석한 창립총회에서 출석한 회원 과반수의 동의를 얻어 국토교통부장관의 설립인가를 받아야 한다.

• 창립총회에는 서울특별시에서는 (ㄴ)인 이상, 광역시·도 및 특별자치도에서는 각각 (ㄷ)인 이상의 회원이 참여하여야 한다.

---

① ㄱ: 300, ㄴ: 50, ㄷ: 20　　　　② ㄱ: 300, ㄴ: 100, ㄷ: 50

③ ㄱ: 600, ㄴ: 50, ㄷ: 20　　　　④ ㄱ: 600, ㄴ: 100, ㄷ: 20

⑤ ㄱ: 800, ㄴ: 50, ㄷ: 50

22 공인중개사법령상 중개업무를 수행하는 소속공인중개사의 자격정지사유에 해당하지 <u>않는</u> 것은?

① 고객을 위하여 거래내용에 부합하는 동일한 거래계약서를 4부 작성한 경우

② 둘 이상의 중개사무소에 소속된 경우

③ 고객의 요청에 의해 거래계약서에 거래금액을 거짓으로 기재한 경우

④ 권리를 취득하고자 하는 중개의뢰인에게 중개가 완성되기 전까지 등기사항증명서 등 확인·설명의 근거자료를 제시하지 않은 경우

⑤ 법인의 분사무소의 책임자가 서명 및 날인하였기에 해당 중개행위를 한 소속공인중개사가 확인·설명서에 서명 및 날인을 하지 않은 경우

23 공인중개사법령상 공제사업에 관한 설명으로 <u>틀린</u> 것은?

① 공인중개사협회는 공제사업을 하고자 하는 때에는 공제규정을 제정하여 국토교통부장관의 승인을 얻어야 한다.

② 금융감독원의 원장은 국토교통부장관의 요청이 있는 경우에는 공제사업에 관하여 조사 또는 검사를 할 수 있다.

③ 공인중개사협회는 책임준비금을 다른 용도로 사용하고자 하는 경우에는 국토교통부장관의 승인을 얻어야 한다.

④ 책임준비금의 적립비율은 공제사고 발생률 및 공제금 지급액 등을 종합적으로 고려하여 정하되, 공제료 수입액의 100분의 10 이상으로 정한다.

⑤ 공인중개사협회는 회계연도 종료 후 6개월 이내에 매년도의 공제사업 운용실적을 일간신문·협회보 등을 통하여 공제계약자에게 공시하여야 한다.

법개정반영

24 공인중개사법령상 공인중개사의 자격취소에 관한 설명으로 옳은 것은?

① 공인중개사의 자격취소처분은 공인중개사의 현주소지를 관할하는 시장·군수·구청장이 행한다.

② 시·도지사는 공인중개사의 자격취소처분을 한 때에는 5일 이내에 이를 국토교통부장관과 다른 시·도지사에게 통보하여야 한다.

③ 자격취소사유가 발생한 경우에는 청문을 실시하지 않아도 해당 공인중개사의 자격을 취소할 수 있다.

④ 공인중개사의 자격이 취소된 자는 공인중개사자격증을 7일 이내에 한국산업인력공단에 반납하여야 한다.

⑤ 공인중개사자격이 취소되었으나 공인중개사자격증을 분실 등의 사유로 반납할 수 없는 자는 신규발급절차를 거쳐 발급된 공인중개사자격증을 반납하여야 한다.

25 공인중개사법령상 포상금 지급에 관한 설명으로 옳은 것은?

① 포상금은 1건당 150만원으로 한다.

② 검사가 신고사건에 대하여 기소유예의 결정을 한 경우에는 포상금을 지급하지 않는다.

③ 포상금의 지급에 소요되는 비용 중 시·도에서 보조할 수 있는 비율은 100분의 50 이내로 한다.

④ 포상금지급신청서를 제출받은 등록관청은 그 사건에 관한 수사기관의 처분내용을 조회한 후 포상금의 지급을 결정하고, 그 결정일로부터 1개월 이내에 포상금을 지급하여야 한다.

⑤ 등록관청은 하나의 사건에 대하여 2건 이상의 신고가 접수된 경우, 공동으로 신고한 것이 아니면 포상금을 균등하게 배분하여 지급한다.

26 다음 중 공인중개사법령상 과태료를 부과할 경우 과태료의 부과기준에서 정하는 과태료 금액이 가장 큰 경우는?

① 공제업무의 개선명령을 이행하지 않은 경우

② 휴업한 중개업의 재개신고를 하지 않은 경우

③ 중개사무소의 이전신고를 하지 않은 경우

④ 중개사무소등록증을 게시하지 않은 경우

⑤ 휴업기간의 변경신고를 하지 않은 경우

법개정반영

27 부동산 거래신고 등에 관한 법령상 외국인등의 부동산 취득 등에 관한 특례에 대한 설명으로 옳은 것은? (단, 헌법과 법률에 따라 체결된 조약의 이행에 필요한 경우는 고려하지 않음)

① 국제연합의 전문기구가 경매로 대한민국 안의 부동산등을 취득한 때에는 부동산등을 취득한 날부터 3개월 이내에 신고관청에 신고하여야 한다.

② 외국인등이 상가건물 등 임대차계약을 체결하는 경우 계약체결일로부터 6개월 이내에 신고관청에 신고하여야 한다.

③ 특별자치시장은 외국인등이 신고한 부동산등의 취득·계속보유 신고내용을 매 분기 종료일부터 1개월 이내에 직접 국토교통부장관에게 제출하여야 한다.

④ 외국인등의 토지거래 허가신청서를 받은 신고관청은 신청서를 받은 날부터 30일 이내에 허가 또는 불허가 처분을 하여야 한다.

⑤ 외국인등이 법원의 확정판결로 대한민국 안의 부동산등을 취득한 때에는 신고하지 않아도 된다.

28 부동산 거래신고 등에 관한 법령상 토지거래계약 불허가처분 토지에 대하여 매수청구를 받은 경우, 매수할 자로 지정될 수 있는 자를 모두 고른 것은?

> ㄱ. 지방자치단체
> ㄴ. 「한국은행법」에 따른 한국은행
> ㄷ. 「지방공기업법」에 따른 지방공사
> ㄹ. 「한국석유공사법」에 따른 한국석유공사
> ㅁ. 「항만공사법」에 따른 항만공사
> ㅂ. 「한국관광공사법」에 따른 한국관광공사

① ㄴ, ㅁ   ② ㄱ, ㄹ, ㅂ

③ ㄴ, ㄷ, ㅁ   ④ ㄱ, ㄹ, ㅁ, ㅂ

⑤ ㄱ, ㄴ, ㄷ, ㄹ, ㅁ, ㅂ

제30회

29 부동산 거래신고 등에 관한 법령상 신고포상금에 관한 설명으로 옳은 것은?

① 포상금의 지급에 드는 비용은 국고로 충당한다.

② 해당 위반행위에 관여한 자가 신고한 경우라도 신고포상금은 지급하여야 한다.

③ 익명으로 고발하여 고발인을 확인할 수 없는 경우에는 해당 신고포상금은 국고로 환수한다.

④ 부동산등의 거래가격을 신고하지 않은 자를 수사기관이 적발하기 전에 수사기관에 1건 고발한 경우 1천 5백만원의 신고포상금을 받을 수 있다.

⑤ 신고관청 또는 허가관청으로부터 포상금 지급 결정을 통보받은 신고인은 포상금을 받으려면 국토교통부령으로 정하는 포상금 지급신청서를 작성하여 신고관청 또는 허가관청에 제출하여야 한다.

30 부동산 거래신고 등에 관한 법령상 이행강제금에 대하여 개업공인중개사가 중개의뢰인에게 설명한 내용으로 옳은 것은?

① 군수는 최초의 의무이행위반이 있었던 날을 기준으로 1년에 한 번씩 그 이행명령이 이행될 때까지 반복하여 이행강제금을 부과·징수할 수 있다.

② 시장은 토지의 이용 의무기간이 지난 후에도 이행명령위반에 대해서는 이행강제금을 반복하여 부과할 수 있다.

③ 시장·군수 또는 구청장은 이행명령을 받은 자가 그 명령을 이행하는 경우라도 명령을 이행하기 전에 이미 부과된 이행강제금은 징수하여야 한다.

④ 토지거래계약허가를 받아 토지를 취득한 자가 직접 이용하지 아니하고 임대한 경우에는 토지 취득가액의 100분의 20에 상당하는 금액을 이행강제금으로 부과한다.

⑤ 이행강제금 부과처분을 받은 자가 국토교통부장관에게 이의를 제기하려는 경우에는 부과처분을 고지받은 날부터 14일 이내에 하여야 한다.

31 X대지에 Y건물이 있고, X대지와 Y건물은 동일인의 소유이다. 개업공인중개사가 Y건물에 대해서만 매매를 중개하면서 중개의뢰인에게 설명한 내용으로 옳은 것을 모두 고른 것은? (다툼이 있으면 판례에 따름)

> ㄱ. Y건물에 대한 철거특약이 없는 경우, Y건물이 건물로서의 요건을 갖추었다면 무허가건물이라도 관습상의 법정지상권이 인정된다.
> ㄴ. 관습상의 법정지상권이 성립한 후 Y건물을 증축하더라도 구 건물을 기준으로 관습상의 법정지상권은 인정된다.
> ㄷ. Y건물 취득 시 Y건물을 위해 X대지에 대한 임대차계약을 체결하더라도 관습상의 법정지상권을 포기한 것은 아니다.
> ㄹ. 대지소유자가 Y건물만을 매도하여 관습상의 법정지상권이 인정되면 Y건물 매수인은 대지소유자에게 지료를 지급할 의무가 없다.

① ㄱ, ㄴ   ② ㄴ, ㄷ   ③ ㄷ, ㄹ
④ ㄱ, ㄴ, ㄹ   ⑤ ㄱ, ㄷ, ㄹ

32 부동산 거래신고 등에 관한 법령상 부동산거래계약 신고내용의 정정신청사항이 <u>아닌</u> 것은?

① 거래대상 건축물의 종류   ② 개업공인중개사의 성명·주소
③ 거래대상 부동산의 면적   ④ 거래 지분 비율
⑤ 거래당사자의 전화번호

33 법원은 X부동산에 대하여 담보권 실행을 위한 경매절차를 개시하는 결정을 내렸고, 최저매각 가격을 1억원으로 정하였다. 기일입찰로 진행되는 이 경매에서 매수신청을 하고자 하는 중개 의뢰인 甲에게 개업공인중개사가 설명한 내용으로 옳은 것은?

① 甲이 1억 2천만원에 매수신청을 하려는 경우, 법원에서 달리 정함이 없으면 1천 2백만원을 보증금액으로 제공하여야 한다.

② 최고가 매수신고를 한 사람이 2명인 때에는 법원은 그 2명뿐만 아니라 모든 사람에게 다시 입찰하게 하여야 한다.

③ 甲이 다른 사람과 동일한 금액으로 최고가 매수신고를 하여 다시 입찰하는 경우, 전의 입찰 가격에 못미치는 가격으로 입찰하여 매수할 수 있다.

④ 1억 5천만원의 최고가 매수신고인이 있는 경우, 법원에서 보증금액을 달리 정하지 않았다면 甲이 차순위 매수신고를 하기 위해서는 신고액이 1억 4천만원을 넘어야 한다.

⑤ 甲이 차순위 매수신고인인 경우 매각기일이 종결되면 즉시 매수신청의 보증을 돌려줄 것을 신청할 수 있다.

34 개업공인중개사가 선순위 저당권이 설정되어 있는 서울시 소재 상가건물(상가건물 임대차보호법이 적용됨)에 대해 임대차기간 2018.10.1.부터 1년, 보증금 5천만원, 월차임 100만원으로 임대차를 중개하면서 임대인 甲과 임차인 乙에게 설명한 내용으로 옳은 것은?

① 乙의 연체차임액이 200만원에 이르는 경우 甲은 계약을 해지할 수 있다.

② 차임 또는 보증금의 감액이 있은 후 1년 이내에는 다시 감액을 하지 못한다.

③ 甲이 2019.4.1.부터 2019.8.31. 사이에 乙에게 갱신거절 또는 조건 변경의 통지를 하지 않은 경우, 2019.10.1. 임대차계약이 해지된 것으로 본다.

④ 상가건물에 대한 경매개시 결정등기 전에 乙이 건물의 인도와 「부가가치세법」에 따른 사업 자등록을 신청한 때에는, 보증금 5천만원을 선순위 저당권자보다 우선변제 받을 수 있다.

⑤ 乙이 임대차의 등기 및 사업자등록을 마치지 못한 상태에서 2019.1.5. 甲이 상가건물을 丙에게 매도한 경우, 丙의 상가건물 인도청구에 대하여 乙은 대항할 수 없다.

35 개업공인중개사가 묘소가 설치되어 있는 임야를 중개하면서 중개의뢰인에게 설명한 내용으로 **틀린** 것은? (다툼이 있으면 판례에 따름)

① 분묘가 1995년에 설치되었다 하더라도 「장사 등에 관한 법률」이 2001년에 시행되었기 때문에 분묘기지권을 시효취득할 수 없다.

② 암장되어 있어 객관적으로 인식할 수 있는 외형을 갖추고 있지 않은 묘소에는 분묘기지권이 인정되지 않는다.

③ 아직 사망하지 않은 사람을 위한 장래의 묘소인 경우 분묘기지권이 인정되지 않는다.

④ 분묘기지권이 시효취득된 경우 시효취득자는 토지소유자가 분묘기지에 관한 지료를 청구하면 그 청구한 날부터 지료를 지급할 의무가 있다.

⑤ 분묘기지권의 효력이 미치는 지역의 범위 내라고 할지라도 기존의 분묘 외에 새로운 분묘를 신설할 권능은 포함되지 않는다.

36 甲은 乙과 乙 소유의 X부동산의 매매계약을 체결하고, 친구 丙과의 명의신탁약정에 따라 乙로부터 바로 丙 명의로 소유권이전등기를 하였다. 이와 관련하여 개업공인중개사가 甲과 丙에게 설명한 내용으로 옳은 것을 모두 고른 것은? (다툼이 있으면 판례에 따름)

> ㄱ. 甲과 丙 간의 약정이 조세포탈, 강제집행의 면탈 또는 법령상 제한의 회피를 목적으로 하지 않은 경우 명의신탁약정 및 그 등기는 유효하다.
> ㄴ. 丙이 X부동산을 제3자에게 처분한 경우 丙은 甲과의 관계에서 횡령죄가 성립하지 않는다.
> ㄷ. 甲과 乙 사이에 매매계약은 유효하므로 甲은 乙을 상대로 소유권이전등기를 청구할 수 있다.
> ㄹ. 丙이 소유권을 취득하고 甲은 丙에게 대금 상당의 부당이득반환청구권을 행사할 수 있다.

① ㄱ, ㄷ   ② ㄱ, ㄹ

③ ㄴ, ㄷ   ④ ㄱ, ㄴ, ㄹ

⑤ ㄴ, ㄷ, ㄹ

37 甲 소유의 X주택에 대하여 임차인 乙이 주택의 인도를 받고 2019.6.3. 10:00에 확정일자를 받으면서 주민등록을 마쳤다. 그런데 甲의 채권자 丙이 같은 날 16:00에, 다른 채권자 丁은 다음 날 16:00에 X주택에 대해 근저당권설정등기를 마쳤다. 임차인 乙에게 개업공인중개사가 설명한 내용으로 옳은 것은? (다툼이 있으면 판례에 따름)

① 丁이 근저당권을 실행하여 X주택이 경매로 매각된 경우, 乙은 매수인에 대하여 임차권으로 대항할 수 있다.

② 丙 또는 丁 누구든 근저당권을 실행하여 X주택이 경매로 매각된 경우, 매각으로 인하여 乙의 임차권은 소멸한다.

③ 乙은 X주택의 경매 시 경매법원에 배당요구를 하면 丙과 丁보다 우선하여 보증금 전액을 배당받을 수 있다.

④ X주택이 경매로 매각된 후 乙이 우선변제권 행사로 보증금을 반환받기 위해서는 X주택을 먼저 법원에 인도하여야 한다.

⑤ X주택에 대해 乙이 집행권원을 얻어 강제경매를 신청하였더라도 우선변제권을 인정받기 위해서는 배당요구의 종기까지 별도로 배당요구를 하여야 한다.

38 부동산 전자계약에 관한 설명으로 옳은 것은?

① 시·도지사는 부동산거래의 계약·신고·허가·관리 등의 업무와 관련된 정보체계를 구축·운영하여야 한다.

② 부동산 거래계약의 신고를 하는 경우 전자인증의 방법으로 신분을 증명할 수 없다.

③ 정보처리시스템을 이용하여 주택임대차계약을 체결하였더라도 해당 주택의 임차인은 정보처리시스템을 통하여 전자계약증서에 확정일자 부여를 신청할 수 없다.

④ 개업공인중개사가 부동산거래계약시스템을 통하여 부동산 거래계약을 체결한 경우 부동산 거래계약이 체결된 때에 부동산거래계약 신고서를 제출한 것으로 본다.

⑤ 거래계약서 작성 시 확인·설명사항이 「전자문서 및 전자거래 기본법」에 따른 공인전자문서센터에 보관된 경우라도 개업공인중개사는 확인·설명사항을 서면으로 작성하여 보존하여야 한다.

39 부동산 거래신고 등에 관한 법령상 부동산 거래신고의 대상이 되는 계약이 <u>아닌</u> 것은?

① 「주택법」에 따라 공급된 주택의 매매계약

② 「택지개발촉진법」에 따라 공급된 토지의 임대차계약

③ 「도시개발법」에 따른 부동산에 대한 공급계약

④ 「체육시설의 설치·이용에 관한 법률」에 따라 등록된 시설이 있는 건물의 매매계약

⑤ 「도시 및 주거환경정비법」에 따른 관리처분계약의 인가로 취득한 입주자로 선정된 지위의 매매계약

40 부동산 거래신고 등에 관한 법령상 부동산 거래신고에 관한 설명으로 옳은 것은? (다툼이 있으면 판례에 따름)

① 개업공인중개사가 거래계약서를 작성·교부한 경우 거래당사자는 60일 이내에 부동산 거래신고를 하여야 한다.

② 소속공인중개사 및 중개보조원은 부동산 거래신고를 할 수 있다.

③ 「지방공기업법」에 따른 지방공사와 개인이 매매계약을 체결한 경우 양 당사자는 공동으로 신고하여야 한다.

④ 거래대상 부동산의 공법상 거래규제 및 이용제한에 관한 사항은 부동산거래계약 신고서의 기재사항이다.

⑤ 매매대상 토지 중 공장부지로 편입되지 아니할 부분의 토지를 매도인에게 원가로 반환한다는 조건을 당사자가 약정한 경우 그 사항은 신고사항이다.

41 국토의 계획 및 이용에 관한 법령상 광역시의 기반시설부담구역에 관한 설명으로 <u>틀린</u> 것은?

① 기반시설부담구역이 지정되면 광역시장은 대통령령으로 정하는 바에 따라 기반시설설치계획을 수립하여야 하며, 이를 도시·군관리계획에 반영하여야 한다.

② 기반시설부담구역의 지정은 해당 광역시에 설치된 지방도시계획위원회의 심의대상이다.

③ 광역시장은 「국토의 계획 및 이용에 관한 법률」의 개정으로 인하여 행위 제한이 완화되는 지역에 대하여는 이를 기반시설부담구역으로 지정할 수 없다.

④ 지구단위계획을 수립한 경우에는 기반시설설치계획을 수립한 것으로 본다.

⑤ 기반시설부담구역의 지정고시일부터 1년이 되는 날까지 광역시장이 기반시설설치계획을 수립하지 아니하면 그 1년이 되는 날의 다음 날에 기반시설부담구역의 지정은 해제된 것으로 본다.

42 국토의 계획 및 이용에 관한 법령상 주민이 도시·군관리계획의 입안을 제안하는 경우에 관한 설명으로 <u>틀린</u> 것은?

① 도시·군관리계획의 입안을 제안받은 자는 제안자와 협의하여 제안된 도시·군관리계획의 입안 및 결정에 필요한 비용의 전부 또는 일부를 제안자에게 부담시킬 수 있다.

② 제안서에는 도시·군관리계획도서뿐만 아니라 계획설명서도 첨부하여야 한다.

③ 도시·군관리계획의 입안을 제안받은 자는 그 처리 결과를 제안자에게 알려야 한다.

④ 산업·유통개발진흥지구의 지정 및 변경에 관한 사항은 입안제안의 대상에 해당하지 않는다.

⑤ 도시·군관리계획의 입안을 제안하려는 자가 토지소유자의 동의를 받아야 하는 경우 국·공유지는 동의 대상 토지면적에서 제외된다.

제30회

43 국토의 계획 및 이용에 관한 법령상 개발행위허가에 관한 설명으로 옳은 것은? (단, 다른 법령은 고려하지 않음)

① 재해복구를 위한 응급조치로서 공작물의 설치를 하려는 자는 도시·군계획사업에 의한 행위가 아닌 한 개발행위허가를 받아야 한다.

② 국가나 지방자치단체가 시행하는 개발행위에도 이행보증금을 예치하게 하여야 한다.

③ 환경오염 방지조치를 할 것을 조건으로 개발행위허가를 하려는 경우에는 미리 개발행위허가를 신청한 자의 의견을 들어야 한다.

④ 개발행위허가를 받은 자가 행정청인 경우, 그가 기존의 공공시설에 대체되는 공공시설을 설치하면 기존의 공공시설은 대체되는 공공시설의 설치비용에 상당하는 범위 안에서 개발행위허가를 받은 자에게 무상으로 양도될 수 있다.

⑤ 개발행위허가를 받은 자가 행정청이 아닌 경우, 개발행위로 용도가 폐지되는 공공시설은 개발행위허가를 받은 자에게 전부 무상으로 귀속된다.

법개정반영

44 국토의 계획 및 이용에 관한 법령상 아래 내용을 뜻하는 용어는?

> 도시·군계획 수립 대상지역의 일부에 대하여 토지이용을 합리화하고 그 기능을 증진시키며 미관을 개선하고 양호한 환경을 확보하며, 그 지역을 체계적·계획적으로 관리하기 위하여 수립하는 도시·군관리계획

① 일부관리계획
② 지구단위계획
③ 도시·군기본계획
④ 시가화조정구역계획
⑤ 성장관리계획

45 국토의 계획 및 이용에 관한 법령상 시장 또는 군수가 주민의 의견을 들어야 하는 경우로 명시되어 있지 <u>않은</u> 것은? (단, 국토교통부장관이 따로 정하는 경우는 고려하지 않음)

① 광역도시계획을 수립하려는 경우
② 성장관리계획을 수립하려는 경우
③ 시범도시사업계획을 수립하려는 경우
④ 기반시설부담구역을 지정하려는 경우
⑤ 개발밀도관리구역을 지정하려는 경우

46 국토의 계획 및 이용에 관한 법령상 국가 또는 지방자치단체가 자연취락지구 안의 주민의 생활편익과 복지증진 등을 위하여 시행하거나 지원할 수 있는 사업만을 모두 고른 것은?

> ㄱ. 어린이놀이터·마을회관의 설치
> ㄴ. 쓰레기처리장·하수처리시설의 개량
> ㄷ. 하천정비 등 재해방지를 위한 시설의 설치
> ㄹ. 주택의 개량

① ㄱ, ㄴ, ㄷ   ② ㄱ, ㄴ, ㄹ
③ ㄱ, ㄷ, ㄹ   ④ ㄴ, ㄷ, ㄹ
⑤ ㄱ, ㄴ, ㄷ, ㄹ

47 국토의 계획 및 이용에 관한 법령상 용도지역별 용적률의 최대한도가 다음 중 가장 큰 것은?
(단, 조례 등 기타 강화·완화조건은 고려하지 않음)

① 제1종 전용주거지역   ② 제3종 일반주거지역
③ 준주거지역   ④ 일반공업지역
⑤ 준공업지역

48 국토의 계획 및 이용에 관한 법령상 도시·군계획시설에 관한 설명이다. (   )에 들어갈 내용을 바르게 나열한 것은?

> 도시·군계획시설 결정이 고시된 도시·군계획시설에 대하여 그 고시일부터 (ㄱ)년이 지날 때까지 그 시설의 설치에 관한 도시·군계획시설사업이 시행되지 아니하는 경우 그 도시·군계획시설 결정은 그 고시일부터 (ㄱ)년이 (ㄴ)에 그 효력을 잃는다.

① ㄱ: 10, ㄴ: 되는 날
② ㄱ: 20, ㄴ: 되는 날
③ ㄱ: 10, ㄴ: 되는 날의 다음 날
④ ㄱ: 15, ㄴ: 되는 날의 다음 날
⑤ ㄱ: 20, ㄴ: 되는 날의 다음 날

49 국토의 계획 및 이용에 관한 법령상 제3종 일반주거지역 안에서 도시·군계획조례가 정하는 바에 의하여 건축할 수 있는 건축물은? (단, 건축물의 종류는 건축법 시행령 별표 1에 규정된 용도별 건축물의 종류에 따름)

① 제2종 근린생활시설 중 단란주점
② 의료시설 중 격리병원
③ 문화 및 집회시설 중 관람장
④ 위험물저장 및 처리시설 중 액화가스 취급소·판매소
⑤ 업무시설로서 그 용도에 쓰이는 바닥면적의 합계가 4,000m²인 것

50 국토의 계획 및 이용에 관한 법령상 용도지구와 그 세분(細分)이 바르게 연결된 것만을 모두 고른 것은? (단, 조례는 고려하지 않음)

> ㄱ. 보호지구 – 역사문화환경보호지구, 중요시설물보호지구, 생태계보호지구
> ㄴ. 방재지구 – 자연방재지구, 시가지방재지구, 특정개발방재지구
> ㄷ. 경관지구 – 자연경관지구, 주거경관지구, 시가지경관지구
> ㄹ. 취락지구 – 자연취락지구, 농어촌취락지구, 집단취락지구

① ㄱ   ② ㄹ
③ ㄱ, ㄷ   ④ ㄴ, ㄹ
⑤ ㄷ, ㄹ

51 국토의 계획 및 이용에 관한 법령상 건축물별 기반시설유발계수가 다음 중 가장 큰 것은?

① 단독주택
② 장례시설
③ 관광휴게시설
④ 제2종 근린생활시설
⑤ 비금속 광물제품 제조공장

52 국토의 계획 및 이용에 관한 법률상 용어의 정의에 관한 조문의 일부이다. (   )에 들어갈 내용을 바르게 나열한 것은?

> '(ㄱ)'(이)란 토지의 이용 및 건축물의 용도·건폐율·용적률·높이 등에 대한 (ㄴ)의 제한을 강화하거나 완화하여 적용함으로써 (ㄴ)의 기능을 증진시키고 경관·안전 등을 도모하기 위하여 도시·군관리계획으로 결정하는 지역을 말한다.

① ㄱ: 용도지구, ㄴ: 용도지역
② ㄱ: 용도지구, ㄴ: 용도구역
③ ㄱ: 용도지역, ㄴ: 용도지구
④ ㄱ: 용도지구, ㄴ: 용도지역 및 용도구역
⑤ ㄱ: 용도지역, ㄴ: 용도구역 및 용도지구

53 도시개발법령상 도시개발구역의 지정에 관한 설명으로 옳은 것은? (단, 특례는 고려하지 않음)

① 대도시 시장은 직접 도시개발구역을 지정할 수 없고, 도지사에게 그 지정을 요청하여야 한다.
② 도시개발사업이 필요하다고 인정되는 지역이 둘 이상의 도의 행정구역에 걸치는 경우에는 해당 면적이 더 넓은 행정구역의 도지사가 도시개발구역을 지정하여야 한다.
③ 천재지변으로 인하여 도시개발사업을 긴급하게 할 필요가 있는 경우 국토교통부장관이 도시개발구역을 지정할 수 있다.
④ 도시개발구역의 총 면적이 1만m² 미만인 경우 둘 이상의 사업시행지구로 분할하여 지정할 수 있다.
⑤ 자연녹지지역에서 도시개발구역을 지정한 이후 도시개발사업의 계획을 수립하는 것은 허용되지 아니한다.

54 도시개발법령상 지정권자가 '도시개발구역 전부를 환지방식으로 시행하는 도시개발사업'을 '지방자치단체의 장이 집행하는 공공시설에 관한 사업'과 병행하여 시행할 필요가 있다고 인정하는 경우, 이 도시개발사업의 시행자로 지정될 수 <u>없는</u> 자는? (단, 지정될 수 있는 자가 도시개발구역의 토지소유자는 아니며, 다른 법령은 고려하지 않음)

① 국가

② 지방자치단체

③ 「지방공기업법」에 따른 지방공사

④ 「한국토지주택공사법」에 따른 한국토지주택공사

⑤ 「자본시장과 금융투자업에 관한 법률」에 따른 신탁업자 중 「주식회사 등의 외부감사에 관한 법률」 제4조에 따른 외부감사의 대상이 되는 자

55 도시개발법령상 환지방식에 의한 도시개발사업의 시행에 관한 설명으로 옳은 것은?

① 시행자는 준공검사를 받은 후 60일 이내에 지정권자에게 환지처분을 신청하여야 한다.

② 도시개발구역이 2 이상의 환지계획구역으로 구분되는 경우에도 사업비와 보류지는 도시개발구역 전체를 대상으로 책정하여야 하며, 환지계획구역별로는 책정할 수 없다.

③ 도시개발구역에 있는 조성토지등의 가격은 개별공시지가로 한다.

④ 환지 예정지가 지정되어도 종전 토지의 임차권자는 환지처분 공고일까지 종전 토지를 사용·수익할 수 있다.

⑤ 환지 계획에는 필지별로 된 환지 명세와 필지별과 권리별로 된 청산 대상 토지 명세가 포함되어야 한다.

56 도시개발법령상 도시개발사업의 시행자인 국가 또는 지방자치단체가 주택법에 따른 주택건설사업자에게 대행하게 할 수 있는 도시개발사업의 범위에 해당하는 것만을 모두 고른 것은?

ㄱ. 실시설계	ㄴ. 기반시설공사
ㄷ. 부지조성공사	ㄹ. 조성된 토지의 분양

① ㄱ, ㄴ, ㄷ

② ㄱ, ㄴ, ㄹ

③ ㄱ, ㄷ, ㄹ

④ ㄴ, ㄷ, ㄹ

⑤ ㄱ, ㄴ, ㄷ, ㄹ

57 도시개발법령상 도시개발사업의 시행방식에 관한 설명으로 옳은 것은?

① 분할 혼용방식은 수용 또는 사용 방식이 적용되는 지역과 환지방식이 적용되는 지역을 사업시행지구별로 분할하여 시행하는 방식이다.

② 계획적이고 체계적인 도시개발 등 집단적인 조성과 공급이 필요한 경우에는 환지방식으로 정하여야 하며, 다른 시행방식에 의할 수 없다.

③ 도시개발구역지정 이후에는 도시개발사업의 시행방식을 변경할 수 없다.

④ 시행자는 도시개발사업의 시행방식을 토지등을 수용 또는 사용하는 방식, 환지방식 또는 이를 혼용하는 방식 중에서 정하여 국토교통부장관의 허가를 받아야 한다.

⑤ 지방자치단체가 도시개발사업의 전부를 환지방식으로 시행하려고 할 때에는 도시개발사업에 관한 규약을 정하여야 한다.

58 도시개발법령상 수용 또는 사용의 방식에 따른 사업 시행에 관한 설명으로 옳은 것은?

① 「지방공기업법」에 따라 설립된 지방공사가 시행자인 경우 토지소유자 전원의 동의 없이는 도시개발사업에 필요한 토지등을 수용하거나 사용할 수 없다.

② 지방자치단체가 시행자인 경우 지급보증 없이 토지상환채권을 발행할 수 있다.

③ 지정권자가 아닌 시행자는 조성토지등을 공급받거나 이용하려는 자로부터 지정권자의 승인 없이 해당 대금의 전부 또는 일부를 미리 받을 수 있다.

④ 원형지의 면적은 도시개발구역 전체 토지면적의 3분의 1을 초과하여 공급될 수 있다.

⑤ 공공용지가 아닌 조성토지등의 공급은 수의계약의 방법에 의하여야 한다.

법개정반영

59 도시 및 주거환경정비법령상 정비사업의 시행에 관한 설명으로 옳은 것은?

① 조합의 정관에는 정비구역의 위치 및 면적이 포함되어야 한다.

② 조합설립인가 후 시장·군수등이 토지주택공사등을 사업시행자로 지정·고시한 때에는 그 고시일에 조합설립인가가 취소된 것으로 본다.

③ 조합은 명칭에 '정비사업조합'이라는 문자를 사용하지 않아도 된다.

④ 조합장이 자기를 위하여 조합과 소송을 할 때에는 이사가 조합을 대표한다.

⑤ 재건축사업을 하는 정비구역에서 건축물을 건설하여 공급하는 경우 주택, 부대시설 및 복리시설을 제외한 건축물(공동주택 외 건축물)은 「국토의 계획 및 이용에 관한 법률」에 따른 준주거지역 및 상업지역 이외의 지역에서 공동주택 외 건축물을 건설할 수 있다.

60 도시 및 주거환경정비법령상 비용의 부담 등에 관한 설명으로 <u>틀린</u> 것은?

① 정비사업비는 「도시 및 주거환경정비법」 또는 다른 법령에 특별한 규정이 있는 경우를 제외하고는 사업시행자가 부담한다.

② 지방자치단체는 시장·군수등이 아닌 사업시행자가 시행하는 정비사업에 드는 비용에 대해 융자를 알선할 수는 있으나 직접적으로 보조할 수는 없다.

③ 정비구역의 국유·공유재산은 사업시행자 또는 점유자 및 사용자에게 다른 사람에 우선하여 수의계약으로 매각될 수 있다.

④ 시장·군수등이 아닌 사업시행자는 부과금 또는 연체료를 체납하는 자가 있는 때에는 시장·군수등에게 그 부과·징수를 위탁할 수 있다.

⑤ 사업시행자는 정비사업을 시행하는 지역에 전기·가스 등의 공급시설을 설치하기 위하여 공동구를 설치하는 경우에는 다른 법령에 따라 그 공동구에 수용될 시설을 설치할 의무가 있는 자에게 공동구의 설치에 드는 비용을 부담시킬 수 있다.

61 도시 및 주거환경정비법령상 분양공고에 포함되어야 할 사항으로 명시되지 <u>않은</u> 것은? (단, 토지등소유자 1인이 시행하는 재개발사업은 제외하고, 조례는 고려하지 않음)

① 분양신청자격
② 분양신청방법
③ 분양신청기간 및 장소
④ 분양대상자별 분담금의 추산액
⑤ 분양대상 대지 또는 건축물의 내역

62 도시 및 주거환경정비법령상 도시·주거환경정비기본계획을 변경할 때 지방의회의 의견청취를 생략할 수 있는 경우가 <u>아닌</u> 것은?

① 공동이용시설에 대한 설치계획을 변경하는 경우
② 정비사업의 계획기간을 단축하는 경우
③ 사회복지시설 및 주민문화시설 등에 대한 설치계획을 변경하는 경우
④ 구체적으로 명시된 정비예정구역 면적의 25%를 변경하는 경우
⑤ 정비사업의 시행을 위하여 필요한 재원조달에 관한 사항을 변경하는 경우

63 도시 및 주거환경정비법령상 조합총회의 소집에 관한 규정 내용이다. (　　)에 들어갈 숫자를 바르게 나열한 것은?

> • 정관의 기재사항 중 조합임원의 권리·의무·보수·선임방법·변경 및 해임에 관한 사항을 변경하기 위한 총회의 경우는 조합원 (ㄱ)분의 1 이상의 요구로 조합장이 소집한다.
> • 총회를 소집하려는 자는 총회가 개최되기 (ㄴ)일 전까지 회의 목적·안건·일시 및 장소를 정하여 조합원에게 통지하여야 한다.

① ㄱ: 3, ㄴ: 7 　　　② ㄱ: 5, ㄴ: 7
③ ㄱ: 5, ㄴ: 10 　　　④ ㄱ: 10, ㄴ: 7
⑤ ㄱ: 10, ㄴ: 10

64 도시 및 주거환경정비법령상 도시·주거환경정비기본계획의 수립 및 정비구역의 지정에 관한 설명으로 <u>틀린</u> 것은?

① 기본계획의 수립권자는 기본계획을 수립하려는 경우에는 14일 이상 주민에게 공람하여 의견을 들어야 한다.
② 기본계획의 수립권자는 기본계획을 수립한 때에는 지체 없이 이를 해당 지방자치단체의 공보에 고시하고 일반인이 열람할 수 있도록 하여야 한다.
③ 정비구역의 지정권자는 정비구역의 진입로 설치를 위하여 필요한 경우에는 진입로 지역과 그 인접지역을 포함하여 정비구역을 지정할 수 있다.
④ 정비구역에서는 「주택법」에 따른 지역주택조합의 조합원을 모집해서는 아니 된다.
⑤ 정비구역에서 이동이 쉽지 아니한 물건을 14일 동안 쌓아두기 위해서는 시장·군수등의 허가를 받아야 한다.

65 주택법령상 용어에 관한 설명으로 옳은 것은?

① '주택단지'에 해당하는 토지가 폭 8m 이상인 도시계획예정도로로 분리된 경우, 분리된 토지를 각각 별개의 주택단지로 본다.
② '단독주택'에는 「건축법 시행령」에 따른 다가구주택이 포함되지 않는다.
③ '공동주택'에는 「건축법 시행령」에 따른 아파트, 연립주택, 기숙사 등이 포함된다.
④ '주택'이란 세대의 구성원이 장기간 독립된 주거생활을 할 수 있는 구조로 된 건축물의 전부 또는 일부를 말하며, 그 부속토지는 제외한다.
⑤ 주택단지에 딸린 어린이놀이터, 근린생활시설, 유치원, 주민운동시설, 지역난방공급시설 등은 '부대시설'에 포함된다.

66 주택법령상 지역주택조합의 설립인가신청을 위하여 제출하여야 하는 서류에 해당하지 <u>않는</u> 것은?

① 조합장선출동의서

② 조합원의 동의를 받은 정산서

③ 조합원 전원이 자필로 연명한 조합규약

④ 조합원 자격이 있는 자임을 확인하는 서류

⑤ 해당 주택건설대지의 80% 이상에 해당하는 토지의 사용권원을 확보하였음을 증명하는 서류

67 주택법령상 주거정책심의위원회의 심의를 거치도록 규정되어 있는 것만을 모두 고른 것은?

> ㄱ. 「주택법」 제20조에 따라 시장·군수·구청장의 요청을 받아 국토교통부장관이 임대주택 의 인수자를 지정하는 경우
>
> ㄴ. 「주택법」 제58조에 따라 국토교통부장관이 분양가상한제 적용 지역을 지정하는 경우
>
> ㄷ. 「주택법」 제63조에 따라 국토교통부장관이 투기과열지구의 지정을 해제하는 경우

① ㄴ

② ㄱ, ㄴ

③ ㄱ, ㄷ

④ ㄴ, ㄷ

⑤ ㄱ, ㄴ, ㄷ

68 주택법령상 주택건설사업계획승인에 관한 설명으로 <u>틀린</u> 것은?

① 사업계획에는 부대시설 및 복리시설의 설치에 관한 계획 등이 포함되어야 한다.

② 주택단지의 전체 세대수가 500세대인 주택건설사업을 시행하려는 자는 주택단지를 공구별 로 분할하여 주택을 건설·공급할 수 있다.

③ 「한국토지주택공사법」에 따른 한국토지주택공사는 동일한 규모의 주택을 대량으로 건설하 려는 경우에는 국토교통부장관에게 주택의 형별(型別)로 표본설계도서를 작성·제출하여 승 인을 받을 수 있다.

④ 사업계획승인권자는 사업계획을 승인할 때 사업주체가 제출하는 사업계획에 해당 주택건설 사업과 직접적으로 관련이 없거나 과도한 기반시설의 기부채납을 요구하여서는 아니 된다.

⑤ 사업계획승인권자는 사업계획승인의 신청을 받았을 때에는 정당한 사유가 없으면 신청받 은 날부터 60일 이내에 사업주체에게 승인 여부를 통보하여야 한다.

69 주택법상 사용검사 후 매도청구 등에 관한 조문의 일부이다. (   )에 들어갈 숫자를 바르게 나열한 것은?

> 「주택법」 제62조 【사용검사 후 매도청구 등】
> ① ~ ③ 〈생략〉
> ④ 제1항에 따라 매도청구를 하려는 경우에는 해당 토지의 면적이 주택단지 전체 대지 면적의 (ㄱ)% 미만이어야 한다.
> ⑤ 제1항에 따른 매도청구의 의사표시는 실소유자가 해당 토지 소유권을 회복한 날부터 (ㄴ)년 이내에 해당 실소유자에게 송달되어야 한다.
> ⑥ 〈생략〉

① ㄱ: 5, ㄴ: 1   ② ㄱ: 5, ㄴ: 2
③ ㄱ: 5, ㄴ: 3   ④ ㄱ: 10, ㄴ: 1
⑤ ㄱ: 10, ㄴ: 2

70 주택법상 청문을 하여야 하는 처분이 <u>아닌</u> 것은? (단, 다른 법령에 따른 청문은 고려하지 않음)

① 공업화주택의 인정취소   ② 주택조합의 설립인가취소
③ 주택건설 사업계획승인의 취소   ④ 공동주택 리모델링허가의 취소
⑤ 주택건설사업의 등록말소

법개정반영

71 주택법령상 사업계획승인권자가 사업주체의 신청을 받아 공사의 착수기간을 연장할 수 있는 경우가 <u>아닌</u> 것은? (단, 공사에 착수하지 못할 다른 부득이한 사유는 고려하지 않음)

① 사업계획승인의 조건으로 부과된 사항을 이행함에 따라 공사착수가 지연되는 경우
② 공공택지의 개발·조성을 위한 계획에 포함된 기반시설의 설치 지연으로 공사착수가 지연되는 경우
③ 「매장유산 보호 및 조사에 관한 법률」에 따라 국가유산청장의 매장유산 발굴허가를 받은 경우
④ 해당 사업시행지에 대한 소유권 분쟁을 사업주체가 소송 외의 방법으로 해결하는 과정에서 공사착수가 지연되는 경우
⑤ 사업주체에게 책임이 없는 불가항력적인 사유로 인하여 공사착수가 지연되는 경우

72 건축법령상 건축허가 대상 건축물을 건축하려는 자가 허가권자의 사전결정통지를 받은 경우 그 허가를 받은 것으로 볼 수 있는 것만을 모두 고른 것은?

> ㄱ. 「국토의 계획 및 이용에 관한 법률」 제56조에 따른 개발행위허가
> ㄴ. 「산지관리법」 제15조의2에 따른 도시지역 안의 보전산지에 대한 산지일시사용허가
> ㄷ. 「산지관리법」 제14조에 따른 농림지역 안의 보전산지에 대한 산지전용허가
> ㄹ. 「농지법」 제34조에 따른 농지전용허가

① ㄱ, ㄴ   ② ㄱ, ㄴ, ㄹ
③ ㄱ, ㄷ, ㄹ   ④ ㄴ, ㄷ, ㄹ
⑤ ㄱ, ㄴ, ㄷ, ㄹ

73 건축법령상 건축민원전문위원회에 관한 설명으로 틀린 것은? (단, 조례는 고려하지 않음)

① 도지사는 건축위원회의 심의 등을 효율적으로 수행하기 위하여 필요하면 자신이 설치하는 건축위원회에 건축민원전문위원회를 두어 운영할 수 있다.
② 건축민원전문위원회가 위원회에 출석하게 하여 의견을 들을 수 있는 자는 신청인과 허가권 자에 한한다.
③ 건축민원전문위원회에 질의민원의 심의를 신청하려는 자는 문서에 의할 수 없는 특별한 사정이 있는 경우에는 구술로도 신청할 수 있다.
④ 건축민원전문위원회는 심의에 필요하다고 인정하면 위원 또는 사무국의 소속 공무원에게 관계 서류를 열람하게 하거나 관계 사업장에 출입하여 조사하게 할 수 있다.
⑤ 건축민원전문위원회는 건축법령의 운영 및 집행에 관한 민원을 심의할 수 있다.

74 건축법령상 건축공사현장 안전관리 예치금에 관한 조문의 내용이다. (   )에 들어갈 내용을 바르게 나열한 것은? (단, 적용 제외는 고려하지 않음)

> 허가권자는 연면적이 (ㄱ)m² 이상인 건축물로서 해당 지방자치단체의 조례로 정하는 건축물에 대하여는 착공신고를 하는 건축주에게 장기간 건축물의 공사현장이 방치되는 것에 대비하여 미리 미관 개선과 안전관리에 필요한 비용을 건축공사비의 (ㄴ)%의 범위에서 예치하게 할 수 있다.

① ㄱ: 1천, ㄴ: 1   ② ㄱ: 1천, ㄴ: 3
③ ㄱ: 1천, ㄴ: 5   ④ ㄱ: 3천, ㄴ: 3
⑤ ㄱ: 3천, ㄴ: 5

75 건축법령상 국가가 소유한 대지의 지상 여유공간에 구분지상권을 설정하여 시설을 설치하려는 경우, 허가권자가 구분지상권자를 건축주로 보고 구분지상권이 설정된 부분을 대지로 보아 건축허가를 할 수 있는 시설에 해당하는 것은?

① 수련시설 중 「청소년활동 진흥법」에 따른 유스호스텔
② 제2종 근린생활시설 중 다중생활시설
③ 제2종 근린생활시설 중 노래연습장
④ 문화 및 집회시설 중 공연장
⑤ 업무시설 중 오피스텔

76 건축법령상 철도의 선로 부지(敷地)에 있는 시설로서 건축법의 적용을 받지 않는 건축물만을 모두 고른 것은? (단, 건축법령 이외의 특례는 고려하지 않음)

ㄱ. 플랫폼
ㄴ. 운전보안시설
ㄷ. 철도 선로의 아래를 가로지르는 보행시설
ㄹ. 해당 철도사업용 급수(給水)·급탄(給炭) 및 급유(給油) 시설

① ㄱ, ㄴ, ㄷ   ② ㄱ, ㄴ, ㄹ
③ ㄱ, ㄷ, ㄹ   ④ ㄴ, ㄷ, ㄹ
⑤ ㄱ, ㄴ, ㄷ, ㄹ

법개정반영

77 건축법령상 대지를 조성하기 위하여 건축물과 분리하여 공작물을 축조하려는 경우, 특별자치시장·특별자치도지사 또는 시장·군수·구청장에게 신고하여야 하는 공작물에 해당하지 않는 것은? (단, 공용건축물에 대한 특례는 고려하지 않음)

① 상업지역에 설치하는 높이 8m의 통신용 철탑
② 높이 4m의 옹벽
③ 높이 8m의 굴뚝
④ 바닥면적 40m²의 지하대피호
⑤ 높이 4m의 장식탑

78 건축법령상 결합건축을 하고자 하는 건축주가 건축허가를 신청할 때 결합건축협정서에 명시하여야 하는 사항이 <u>아닌</u> 것은?

① 결합건축 대상 대지의 용도지역
② 결합건축협정서를 체결하는 자가 자연인인 경우 성명, 주소 및 생년월일
③ 결합건축협정서를 체결하는 자가 법인인 경우 지방세 납세증명서
④ 결합건축 대상 대지별 건축계획서
⑤ 「국토의 계획 및 이용에 관한 법률」 제78조에 따라 조례로 정한 용적률과 결합건축으로 조정되어 적용되는 대지별 용적률

79 농지법령상 농지에 해당하는 것만을 모두 고른 것은?

> ㄱ. 대통령령으로 정하는 다년생식물 재배지로 실제로 이용되는 토지(초지법에 따라 조성된 초지 등 대통령령으로 정하는 토지는 제외)
> ㄴ. 관상용 수목의 묘목을 조경목적으로 식재한 재배지로 실제로 이용되는 토지
> ㄷ. 「공간정보의 구축 및 관리 등에 관한 법률」에 따른 지목이 답(畓)이고 농작물 경작지로 실제로 이용되는 토지의 개량시설에 해당하는 양·배수시설의 부지

① ㄱ   ② ㄱ, ㄴ
③ ㄱ, ㄷ   ④ ㄴ, ㄷ
⑤ ㄱ, ㄴ, ㄷ

80 농지법령상 농지의 소유자가 소유농지를 위탁경영할 수 <u>없는</u> 경우만을 모두 고른 것은?

> ㄱ. 과수를 가지치기 또는 열매솎기, 재배관리 및 수확하는 농작업에 1년 중 4주간을 직접 종사하는 경우
> ㄴ. 6개월간 대한민국 전역을 일주하는 여행 중인 경우
> ㄷ. 선거에 따른 공직취임으로 자경할 수 없는 경우

① ㄱ   ② ㄴ
③ ㄱ, ㄴ   ④ ㄴ, ㄷ
⑤ ㄱ, ㄴ, ㄷ

문제풀이 종료시각 ▶ _____ 시 _____ 분

정답 및 해설 ▶ p.169

〈2교시〉

제1과목: 부동산공시법 & 부동산세법

1 공간정보의 구축 및 관리 등에 관한 법령상 물이 고이거나 상시적으로 물을 저장하고 있는 저수지·호수 등의 토지와 연·왕골 등이 자생하는 배수가 잘 되지 아니하는 토지의 지목 구분은?

① 유지(溜池)   ② 양어장

③ 구거   ④ 답

⑤ 유원지

2 공간정보의 구축 및 관리 등에 관한 법령상 지적측량 적부심사에 대한 재심사와 지적분야 측량기술자의 양성에 관한 사항을 심의·의결하기 위하여 설치한 위원회는?

① 축척변경위원회   ② 중앙지적위원회

③ 토지수용위원회   ④ 경계결정위원회

⑤ 지방지적위원회

3 공간정보의 구축 및 관리 등에 관한 법령상 지적소관청이 토지의 이동에 따라 지상 경계를 새로 정한 경우에 경계점 위치 설명도와 경계점표지의 종류 등을 등록하여 관리하는 장부는?

① 토지이동조사부   ② 부동산종합공부

③ 경계점좌표등록부   ④ 지상경계점등록부

⑤ 토지이동정리결의서

4 공간정보의 구축 및 관리 등에 관한 법령상 지적공부에 등록된 토지가 지형의 변화 등으로 바다로 된 토지의 등록말소 및 회복 등에 관한 설명으로 틀린 것은?

① 지적소관청은 지적공부에 등록된 토지가 지형의 변화 등으로 바다로 된 경우로서 원상으로 회복할 수 없는 경우에는 지적공부에 등록된 토지소유자에게 지적공부의 등록말소 신청을 하도록 통지하여야 한다.

② 지적소관청은 바다로 된 토지의 등록말소 신청에 의하여 토지의 표시변경에 관한 등기를 할 필요가 있는 경우에는 지체 없이 관할 등기관서에 그 등기를 촉탁하여야 한다.

③ 지적소관청이 직권으로 지적공부의 등록사항을 말소한 후 지형의 변화 등으로 다시 토지가 된 경우에 토지로 회복등록을 하려면 그 지적측량성과 및 등록 말소 당시의 지적공부 등 관계 자료에 따라야 한다.

④ 지적소관청으로부터 지적공부의 등록말소 신청을 하도록 통지를 받은 토지소유자가 통지를 받은 날부터 60일 이내에 등록말소 신청을 하지 아니하면, 지적소관청은 직권으로 그 지적공부의 등록사항을 말소하여야 한다.

⑤ 지적소관청이 직권으로 지적공부의 등록사항을 말소하거나 회복등록하였을 때에는 그 정리 결과를 토지소유자 및 해당 공유수면의 관리청에 통지하여야 한다.

5 공간정보의 구축 및 관리 등에 관한 법령상 축척변경위원회의 구성과 회의 등에 관한 설명으로 옳은 것을 모두 고른 것은?

> ㄱ. 축척변경위원회의 회의는 위원장을 포함한 재적위원 과반수의 출석으로 개의하고 출석위원 과반수의 찬성으로 의결한다.
> ㄴ. 축척변경위원회는 5명 이상 15명 이하의 위원으로 구성하되, 위원의 3분의 2 이상을 토지소유자로 하여야 한다. 이 경우 그 축척변경 시행지역의 토지소유자가 5명 이하일 때에는 토지소유자 전원을 위원으로 위촉하여야 한다.
> ㄷ. 위원은 해당 축척변경 시행지역의 토지소유자로서 지역 사정에 정통한 사람과 지적에 관하여 전문지식을 가진 사람 중에서 지적소관청이 위촉한다.

① ㄱ
② ㄴ
③ ㄱ, ㄷ
④ ㄴ, ㄷ
⑤ ㄱ, ㄴ, ㄷ

6 공간정보의 구축 및 관리 등에 관한 법령상 지적공부의 열람 및 등본 발급, 부동산종합공부의 등록사항 및 열람·증명서 발급 등에 관한 설명으로 <u>틀린</u> 것은?

① 정보처리시스템을 통하여 기록·저장된 지적공부(지적도 및 임야도는 제외한다)를 열람하거나 그 등본을 발급받으려는 경우에는 시·도지사, 시장·군수 또는 구청장이나 읍·면·동의 장에게 신청할 수 있다.

② 지적소관청은 부동산종합공부에 「공간정보의 구축 및 관리 등에 관한 법률」에 따른 지적공부의 내용에서 토지의 표시와 소유자에 관한 사항을 등록하여야 한다.

③ 부동산종합공부를 열람하거나 부동산종합공부의 기록사항에 관한 증명서를 발급하려는 자는 지적공부·부동산종합공부 열람·발급 신청서(전자문서로 된 신청서를 포함한다)를 지적소관청 또는 읍·면·동장에게 제출하여야 한다.

④ 지적소관청은 부동산종합공부에 「토지이용규제 기본법」 제10조에 따른 토지이용계획확인서의 내용에서 토지의 이용 및 규제에 관한 사항을 등록하여야 한다.

⑤ 지적소관청은 부동산종합공부에 「건축법」 제38조에 따른 건축물대장의 내용에서 건축물의 표시와 소유자에 관한 사항(토지에 건축물이 있는 경우만 해당한다)을 등록하여야 한다.

7 공간정보의 구축 및 관리 등에 관한 법령상 지적소관청이 지적공부의 등록사항에 잘못이 있는지를 직권으로 조사·측량하여 정정할 수 있는 경우를 모두 고른 것은?

> ㄱ. 지적공부의 작성 또는 재작성 당시 잘못 정리된 경우
> ㄴ. 지적도에 등록된 필지의 경계가 지상 경계와 일치하지 않아 면적의 증감이 있는 경우
> ㄷ. 측량 준비 파일과 다르게 정리된 경우
> ㄹ. 지적공부의 등록사항이 잘못 입력된 경우

① ㄷ
② ㄹ
③ ㄱ, ㄹ
④ ㄴ, ㄷ
⑤ ㄱ, ㄷ, ㄹ

8 공간정보의 구축 및 관리 등에 관한 법령상 지적도의 축척이 600분의 1인 지역에서 신규등록할 1필지의 면적을 계산한 값이 0.050m²이었다. 토지대장에 등록하는 면적의 결정으로 옳은 것은?

① 0.01m²
② 0.05m²
③ 0.1m²
④ 0.5m²
⑤ 1.0m²

9 공간정보의 구축 및 관리 등에 관한 법령상 도시개발사업 등 시행지역의 토지이동 신청에 관한 특례의 설명으로 **틀린** 것은?

① 「도시개발법」에 따른 도시개발사업의 착수를 지적소관청에 신고하려는 자는 도시개발사업 등의 착수(시행)·변경·완료 신고서에 사업인가서, 지번별조서, 사업계획도를 첨부하여야 한다.

② 「농어촌정비법」에 따른 농어촌정비사업의 사업시행자가 지적소관청에 토지의 이동을 신청한 경우 토지의 이동은 토지의 형질변경 등의 공사가 착수(시행)된 때에 이루어진 것으로 본다.

③ 「도시 및 주거환경정비법」에 따른 정비사업의 착수·변경 또는 완료 사실의 신고는 그 사유가 발생한 날부터 15일 이내에 하여야 한다.

④ 「주택법」에 따른 주택건설사업의 시행자가 파산 등의 이유로 토지의 이동 신청을 할 수 없을 때에는 그 주택의 시공을 보증한 자 또는 입주예정자 등이 신청할 수 있다.

⑤ 「택지개발촉진법」에 따른 택지개발사업의 사업시행자가 지적소관청에 토지의 이동을 신청한 경우, 신청 대상 지역이 환지를 수반하는 경우에는 지적소관청에 신고한 사업완료 신고로써 이를 갈음할 수 있다. 이 경우 사업완료신고서에 택지개발 사업시행자가 토지의 이동 신청을 갈음한다는 뜻을 적어야 한다.

10 공간정보의 구축 및 관리 등에 관한 법령상 지적측량을 실시하여야 하는 경우를 모두 고른 것은?

> ㄱ. 토지소유자가 지적소관청에 신규등록 신청을 하기 위하여 측량을 할 필요가 있는 경우
> ㄴ. 지적소관청이 지적공부의 일부가 멸실되어 이를 복구하기 위하여 측량을 할 필요가 있는 경우
> ㄷ. 「지적재조사에 관한 특별법」에 따른 지적재조사사업에 따라 토지의 이동이 있어 측량을 할 필요가 있는 경우
> ㄹ. 토지소유자가 지적소관청에 바다가 된 토지에 대하여 지적공부의 등록말소를 신청하기 위하여 측량을 할 필요가 있는 경우

① ㄱ, ㄴ, ㄷ   ② ㄱ, ㄴ, ㄹ

③ ㄱ, ㄷ, ㄹ   ④ ㄴ, ㄷ, ㄹ

⑤ ㄱ, ㄴ, ㄷ, ㄹ

11 공간정보의 구축 및 관리 등에 관한 법령상 지목을 지적도에 등록하는 때에 표기하는 부호로서 옳은 것은?

① 광천지 – 천
② 공장용지 – 공
③ 유원지 – 유
④ 제방 – 제
⑤ 도로 – 로

12 공간정보의 구축 및 관리 등에 관한 법령상 토지의 합병 및 지적공부의 정리 등에 관한 설명으로 <u>틀린</u> 것은?

① 합병에 따른 면적은 따로 지적측량을 하지 않고 합병 전 각 필지의 면적을 합산하여 합병 후 필지의 면적으로 결정한다.
② 토지소유자가 합병 전의 필지에 주거·사무실 등의 건축물이 있어서 그 건축물이 위치한 지번을 합병 후의 지번으로 신청할 때에는 그 지번을 합병 후의 지번으로 부여하여야 한다.
③ 합병에 따른 경계는 따로 지적측량을 하지 않고 합병 전 각 필지의 경계 중 합병으로 필요 없게 된 부분을 말소하여 합병 후 필지의 경계로 결정한다.
④ 지적소관청은 토지소유자의 합병신청에 의하여 토지의 이동이 있는 경우에는 지적공부를 정리하여야 하며, 이 경우에는 토지이동정리결의서를 작성하여야 한다.
⑤ 토지소유자는 도로, 제방, 하천, 구거, 유지의 토지로서 합병하여야 할 토지가 있으면 그 사유가 발생한 날부터 90일 이내에 지적소관청에 합병을 신청하여야 한다.

13 등기권리자와 등기의무자에 대한 설명으로 <u>틀린</u> 것은?

① 실체법상 등기권리자와 절차법상 등기권리자는 일치하지 않는 경우도 있다.
② 실체법상 등기권리자는 실체법상 등기의무자에 대해 등기신청에 협력할 것을 요구할 권리를 가진 자이다.
③ 절차법상 등기의무자에 해당하는지 여부는 등기기록상 형식적으로 판단해야 하고, 실체법상 권리의무에 대해서는 고려해서는 안 된다.
④ 甲이 자신의 부동산에 설정해준 乙 명의의 저당권설정등기를 말소하는 경우 甲이 절차법상 등기권리자에 해당한다.
⑤ 부동산이 甲 → 乙 → 丙으로 매도되었으나 등기명의가 甲에게 남아 있어 丙이 乙을 대위하여 소유권이전등기를 신청하는 경우, 丙은 절차법상 등기권리자에 해당한다.

14 등기관이 등기신청을 각하해야 하는 경우를 모두 고른 것은?

> ㄱ. 일부지분에 대한 소유권보존등기를 신청한 경우
> ㄴ. 농지를 전세권의 목적으로 하는 등기를 신청한 경우
> ㄷ. 법원의 촉탁으로 실행되어야 할 등기를 신청한 경우
> ㄹ. 공동상속인 중 일부가 자신의 상속지분만에 대한 상속등기를 신청한 경우
> ㅁ. 저당권을 피담보채권과 분리하여 다른 채권의 담보로 하는 등기를 신청한 경우

① ㄱ, ㄴ, ㅁ   ② ㄱ, ㄷ, ㄹ
③ ㄱ, ㄷ, ㄹ, ㅁ   ④ ㄴ, ㄷ, ㄹ, ㅁ
⑤ ㄱ, ㄴ, ㄷ, ㄹ, ㅁ

15 등기필정보에 관한 설명으로 틀린 것은?

① 승소한 등기의무자가 단독으로 등기를 신청한 경우, 등기필정보를 등기권리자에게 통지하지 않아도 된다.
② 등기관이 새로운 권리에 관한 등기를 마친 경우, 원칙적으로 등기필정보를 작성하여 등기권리자에게 통지하여야 한다.
③ 등기권리자가 등기필정보를 분실한 경우, 관할 등기소에 재교부를 신청할 수 있다.
④ 승소한 등기의무자가 단독으로 권리에 관한 등기를 신청하는 경우, 그의 등기필정보를 등기소에 제공해야 한다.
⑤ 등기관이 법원의 촉탁에 따라 가압류등기를 하기 위해 직권으로 소유권보존등기를 한 경우, 소유자에게 등기필정보를 통지하지 않는다.

16 甲이 그 소유의 부동산을 乙에게 매도한 경우에 관한 설명으로 틀린 것은?

① 乙이 부동산에 대한 소유권을 취득하기 위해서는 소유권이전등기를 해야 한다.
② 乙은 甲의 위임을 받더라도 그의 대리인으로서 소유권이전등기를 신청할 수 없다.
③ 乙이 소유권이전등기신청에 협조하지 않는 경우, 甲은 乙에게 등기신청에 협조할 것을 소구(訴求)할 수 있다.
④ 甲이 소유권이전등기신청에 협조하지 않는 경우, 乙은 승소판결을 받아 단독으로 소유권이전등기를 신청할 수 있다.
⑤ 소유권이전등기가 마쳐지면, 乙은 등기신청을 접수한 때 부동산에 대한 소유권을 취득한다.

17 가등기에 관한 설명으로 **틀린** 것은? (다툼이 있으면 판례에 따름)

① 소유권보존등기를 위한 가등기는 할 수 없다.

② 소유권이전청구권이 장래에 확정될 것인 경우, 가등기를 할 수 있다.

③ 가등기된 권리의 이전등기가 제3자에게 마쳐진 경우, 그 제3자가 본등기의 권리자가 된다.

④ 가등기권리자가 여럿인 경우, 그중 1인이 공유물보존행위에 준하여 가등기 전부에 관한 본등기를 신청할 수 있다.

⑤ 가등기권리자가 가등기에 의한 본등기로 소유권이전등기를 하지 않고 별도의 소유권이전등기를 한 경우, 그 가등기 후에 본등기와 저촉되는 중간등기가 없다면 가등기에 의한 본등기를 할 수 없다.

18 수용으로 인한 등기에 관한 설명으로 **옳은** 것을 모두 고른 것은?

> ㄱ. 수용으로 인한 소유권이전등기는 토지수용위원회의 재결서를 등기원인증서로 첨부하여 사업시행자가 단독으로 신청할 수 있다.
> ㄴ. 수용으로 인한 소유권이전등기신청서에 등기원인은 토지수용으로, 그 연월일은 수용의 재결일을 기재해야 한다.
> ㄷ. 수용으로 인한 등기신청 시 농지취득자격증명을 첨부해야 한다.
> ㄹ. 등기권리자의 단독신청에 따라 수용으로 인한 소유권이전등기를 하는 경우, 등기관은 그 부동산을 위해 존재하는 지역권의 등기를 직권으로 말소해서는 안 된다.
> ㅁ. 수용으로 인한 소유권이전등기가 된 후 토지수용위원회의 재결이 실효된 경우, 그 소유권이전등기의 말소등기는 원칙적으로 공동신청에 의한다.

① ㄱ, ㄴ, ㄷ
② ㄱ, ㄷ, ㄹ
③ ㄱ, ㄹ, ㅁ
④ ㄴ, ㄷ, ㅁ
⑤ ㄴ, ㄹ, ㅁ

19 합유등기에 관한 설명으로 **틀린** 것은?

① 「민법」상 조합의 소유인 부동산을 등기한 경우, 조합원 전원의 명의로 합유등기를 한다.

② 합유등기를 하는 경우, 합유자의 이름과 각자의 지분비율이 기록되어야 한다.

③ 2인의 합유자 중 1인이 사망한 경우, 잔존 합유자는 그의 단독소유로 합유명의인 변경등기를 신청할 수 있다.

④ 합유자 중 1인이 다른 합유자 전원의 동의를 얻어 합유지분을 처분하는 경우, 지분이전등기를 신청할 수 없다.

⑤ 공유자 전원이 그 소유관계를 합유로 변경하는 경우, 변경계약을 등기원인으로 변경등기를 신청해야 한다.

20 등기신청의 각하결정에 대한 이의신청에 따라 관할 법원이 한 기록명령에 의하여 등기를 할 수 있는 경우는?

① 소유권이전등기의 기록명령이 있었으나 그 기록명령에 따른 등기 전에 제3자 명의로 저당권등기가 되어 있는 경우

② 권리이전등기의 기록명령이 있었으나 그 기록명령에 따른 등기 전에 제3자 명의로 권리이전등기가 되어 있는 경우

③ 말소등기의 기록명령이 있었으나 그 기록명령에 따른 등기 전에 등기상 이해관계인이 발생한 경우

④ 등기관이 기록명령에 따른 등기를 하기 위해 신청인에게 첨부정보를 다시 등기소에 제공할 것을 명령했으나 신청인이 이에 응하지 않은 경우

⑤ 전세권설정등기의 기록명령이 있었으나 그 기록명령에 따른 등기 전에 동일한 부분에 전세권등기가 되어 있는 경우

21 소유권보존등기에 관한 설명으로 틀린 것은?

① 토지에 대한 소유권보존등기의 경우, 등기원인과 그 연월일을 기록해야 한다.

② 토지에 대한 기존의 소유권보존등기를 말소하지 않고는 그 토지에 대한 소유권보존등기를 할 수 없다.

③ 군수의 확인에 의해 미등기건물이 자기의 소유임을 증명하는 자는 소유권보존등기를 신청할 수 있다.

④ 건물소유권보존등기를 신청하는 경우, 건물의 표시를 증명하는 첨부정보를 제공해야 한다.

⑤ 미등기주택에 대해 임차권등기명령에 의한 등기촉탁이 있는 경우, 등기관은 직권으로 소유권보존등기를 한 후 임차권등기를 해야 한다.

22 부기등기를 하는 경우가 아닌 것은?

① 환매특약등기

② 권리소멸약정등기

③ 전세권을 목적으로 하는 저당권설정등기

④ 저당부동산의 저당권 실행을 위한 경매개시결정등기

⑤ 등기상 이해관계 있는 제3자의 승낙이 있는 경우, 권리의 변경등기

23 저당권등기에 관한 설명으로 옳은 것은?

① 변제기는 저당권설정등기의 필요적 기록사항이다.

② 동일한 채권에 관해 2개 부동산에 저당권설정등기를 할 때는 공동담보목록을 작성해야 한다.

③ 채권의 일부에 대하여 양도로 인한 저당권 일부이전등기를 할 때 양도액을 기록해야 한다.

④ 일정한 금액을 목적으로 하지 않는 채권을 담보하는 저당권설정의 등기는 채권평가액을 기록할 필요가 없다.

⑤ 공동저당 부동산 중 일부의 매각대금을 먼저 배당하여 경매부동산의 후순위 저당권자가 대위등기를 할 때, 매각대금을 기록하는 것이 아니라 선순위 저당권자가 변제받은 금액을 기록해야 한다.

24 공유에 관한 등기에 대한 설명으로 옳은 것은? (다툼이 있으면 판례에 따름)

① 미등기부동산의 공유자 중 1인은 전체 부동산에 대한 소유권보존등기를 신청할 수 없다.

② 공유자 중 1인의 지분포기로 인한 소유권이전등기는 지분을 포기한 공유자가 단독으로 신청한다.

③ 등기된 공유물 분할금지기간 약정을 갱신하는 경우, 공유자 중 1인이 단독으로 변경을 신청할 수 있다.

④ 건물의 특정부분이 아닌 공유지분에 대한 전세권설정등기를 할 수 있다.

⑤ 1필지의 토지 일부를 특정하여 구분소유하기로 하고 1필지 전체에 공유지분등기를 마친 경우, 대외관계에서는 1필지 전체에 공유관계가 성립한다.

법개정반영

25 국내 소재 부동산의 보유단계에서 부담할 수 있는 세목은 모두 몇 개인가?

• 농어촌특별세   • 지방교육세
• 개인지방소득세   • 소방분 지역자원시설세

① 0개   ② 1개
③ 2개   ④ 3개
⑤ 4개

법개정반영

26 지방세기본법상 이의신청·심판청구에 관한 설명으로 틀린 것은?

① 「지방세기본법」에 따른 과태료의 부과처분을 받은 자는 이의신청 또는 심판청구를 할 수 없다.

② 심판청구는 그 처분의 집행에 효력이 미치지 아니하지만 압류한 재산에 대하여는 심판청구의 결정이 있는 날부터 30일까지 그 공매처분을 보류할 수 있다.

③ 지방세에 관한 불복 시 불복청구인은 이의신청을 거친 후에만 심판청구를 하여야 한다.

④ 이의신청인은 신청금액이 2천만원 미만인 경우에는 그의 배우자, 4촌 이내의 혈족 또는 그의 배우자의 4촌 이내의 혈족을 대리인으로 선임할 수 있다.

⑤ 심사청구가 이유 없다고 인정될 때에는 청구를 기각하는 결정을 한다.

27 법정기일 전에 저당권의 설정을 등기한 사실이 등기사항증명서(부동산등기부 등본)에 따라 증명되는 재산을 매각하여 그 매각금액에서 국세 또는 지방세를 징수하는 경우, 그 재산에 대하여 부과되는 다음의 국세 또는 지방세 중 저당권에 따라 담보된 채권에 우선하여 징수하는 것은 모두 몇 개인가? (단, 가산금은 고려하지 않음)

• 종합부동산세 • 취득세에 부가되는 지방교육세
• 등록면허세 • 부동산임대에 따른 종합소득세
• 소방분 지역자원시설세

① 1개   ② 2개
③ 3개   ④ 4개
⑤ 5개

28 지방세법상 취득의 시기에 관한 설명으로 틀린 것은?

① 상속으로 인한 취득의 경우: 상속개시일
② 유상승계취득의 경우: 사실상 잔금일을 원칙으로 하되, 사실상의 잔금지급일을 확인할 수 없는 경우에는 그 계약상의 잔금지급일
③ 건축물(주택 아님)을 건축하여 취득하는 경우로서 사용승인서를 내주기 전에 임시사용승인을 받은 경우: 그 임시사용승인일과 사실상의 사용일 중 빠른 날
④ 「민법」 제839조의2에 따른 재산분할로 인한 취득의 경우: 취득물건의 등기일 또는 등록일
⑤ 관계 법령에 따라 매립으로 토지를 원시취득하는 경우: 취득물건의 등기일

29 지방세법상 취득세가 부과되지 않는 것은?

① 「주택법」에 따른 공동주택의 개수(건축법에 따른 대수선은 제외)로 인한 취득 중 개수로 인한 취득 당시 주택의 시가표준액이 9억원 이하인 경우
② 형제간에 부동산을 상호 교환한 경우
③ 직계존속으로부터 거주하는 주택을 증여받은 경우
④ 파산선고로 인하여 처분되는 부동산을 취득한 경우
⑤ 「주택법」에 따른 주택조합이 해당 조합원용으로 조합주택용 부동산을 취득한 경우

30 지방세법상 재산세 표준세율이 초과누진세율로 되어 있는 재산세 과세대상을 모두 고른 것은?

> ㄱ. 별도합산과세대상 토지
> ㄴ. 분리과세대상 토지
> ㄷ. 광역시(군 지역은 제외) 지역에서 「국토의 계획 및 이용에 관한 법률」과 그 밖의 관계 법령에 따라 지정된 주거지역의 대통령령으로 정하는 공장용 건축물
> ㄹ. 주택

① ㄱ, ㄴ   ② ㄱ, ㄷ

③ ㄱ, ㄹ   ④ ㄴ, ㄷ

⑤ ㄷ, ㄹ

31 지방세법상 재산세 비과세 대상에 해당하는 것은? (단, 주어진 조건 외에는 고려하지 않음)

① 지방자치단체가 1년 이상 공용으로 사용하는 재산으로서 유료로 사용하는 재산
② 「한국농어촌공사 및 농지관리기금법」에 따라 설립된 한국농어촌공사가 같은 법에 따라 농가에 공급하기 위하여 소유하는 농지
③ 「공간정보의 구축 및 관리 등에 관한 법률」에 따른 제방으로서 특정인이 전용하는 제방
④ 「군사기지 및 군사시설 보호법」에 따른 군사기지 및 군사시설 보호구역 중 통제보호구역에 있는 전·답
⑤ 「산림자원의 조성 및 관리에 관한 법률」에 따라 지정된 채종림·시험림

32 지방세법상 2025년에 납세의무가 성립하는 재산세에 관한 설명으로 옳은 것은?

① 건축물에 대한 재산세의 납기는 매년 9월 16일에서 9월 30일이다.
② 재산세의 과세대상 물건이 공부상 등재현황과 사실상의 현황이 다른 경우에는 공부상 등재현황에 따라 재산세를 부과하는 것이 원칙이다.
③ 주택에 대한 재산세는 납세의무자별로 해당 지방자치단체의 관할 구역에 있는 주택의 과세표준을 합산하여 주택의 세율을 적용한다.
④ 지방자치단체의 장은 재산세의 납부세액(재산세 도시지역분 포함)이 1천만원을 초과하는 경우에는 납세의무자의 신청을 받아 해당 지방자치단체의 관할 구역에 있는 부동산에 대하여만 대통령령으로 정하는 바에 따라 물납을 허가할 수 있다.
⑤ 주택에 대한 재산세의 과세표준은 시가표준액의 100분의 70으로 한다.

33 지방세법상 등록면허세에 관한 설명으로 **틀린** 것은?

① 부동산등기에 대한 등록면허세의 납세지는 부동산 소재지이다.

② 등록을 하려는 자가 법정신고기한까지 등록면허세 산출세액을 신고하지 않은 경우로서 등록 전까지 그 산출세액을 납부한 때에도 「지방세기본법」에 따른 무신고가산세가 부과된다.

③ 등기 담당 공무원의 착오로 인한 지번의 오기에 대한 경정등기에 대해서는 등록면허세를 부과하지 아니한다.

④ 채권금액으로 과세액을 정하는 경우에 일정한 채권금액이 없을 때에는 채권의 목적이 된 것의 가액 또는 처분의 제한의 목적이 된 금액을 그 채권금액으로 본다.

⑤ 「한국은행법」 및 「한국수출입은행법」에 따른 은행업을 영위하기 위하여 대도시에서 법인을 설립함에 따른 등기를 한 법인이 그 등기일부터 2년 이내에 업종변경이나 업종 추가가 없는 때에는 등록면허세의 세율을 중과하지 아니한다.

법개정반영

34 소득세법상 거주자가 국내에 있는 자산을 양도한 경우 양도소득 과세표준에 적용되는 세율로 **틀린** 것은? (단, 해당 자산은 2025년 10월 중에 양도한 것이며, 주어진 자산이나 조건 또는 보유기간 등 그 밖의 사항은 고려하지 않고 답지항의 세액이 누진세율에 의한 세액보다 큼)

① 보유기간이 1년 이상 2년 미만인 등기된 상업용 건물: 100분의 40

② 보유기간이 1년 미만인 조합원입주권: 100분의 70

③ 거주자가 양도한 1년 미만 보유한 주택 분양권: 100분의 50

④ 양도소득 과세표준이 1,400만원 이하인 등기된 비사업용 토지(지정지역에 있지 않음): 100분의 16

⑤ 미등기건물(미등기양도 제외 자산 아님): 100분의 70

35 소득세법상 국내에 있는 자산의 기준시가 산정에 관한 설명으로 <u>틀린</u> 것은?

① 개발사업 등으로 지가가 급등하거나 급등우려가 있는 지역으로서 국세청장이 지정한 지역에 있는 토지의 기준시가는 배율방법에 따라 평가한 가액으로 한다.

② 상업용 건물에 대한 새로운 기준시가가 고시되기 전에 취득 또는 양도하는 경우에는 직전의 기준시가에 의한다.

③ 「민사집행법」에 따른 저당권실행을 위하여 토지가 경매되는 경우의 그 경락가액이 개별공시지가보다 낮은 경우에는 그 차액을 개별공시지가에서 차감하여 양도 당시 기준시가를 계산한다(단, 지가 급등 지역 아님).

④ 부동산을 취득할 수 있는 권리에 대한 기준시가는 양도자산의 종류를 고려하여 취득일 또는 양도일까지 납입한 금액으로 한다.

⑤ 국세청장이 지정하는 지역에 있는 오피스텔의 기준시가는 건물의 종류, 규모, 거래상황, 위치 등을 고려하여 매년 1회 이상 국세청장이 토지와 건물에 대하여 일괄하여 산정·고시하는 가액으로 한다.

법개정반영

36 거주자 甲은 국내에 있는 양도소득세 과세대상 X토지를 2016년 시가 1억원에 매수하여 2025년 배우자 乙에게 증여하였다. X토지에는 甲의 금융기관 차입금 5천만원에 대한 저당권이 설정되어 있었으며 乙이 이를 인수한 사실은 채무부담계약서에 의하여 확인되었다. X토지의 증여가액과 증여 시 상속세 및 증여세법에 따라 평가한 가액(시가)은 각각 2억원이었다. 다음 중 <u>틀린</u> 것은?

① 배우자 간 부담부증여로서 수증자에게 인수되지 아니한 것으로 추정되는 채무액은 부담부증여의 채무액에 해당하는 부분에서 제외한다.

② 乙이 인수한 채무 5천만원에 해당하는 부분은 양도로 본다.

③ 양도로 보는 부분의 취득가액은 2천5백만원이다.

④ 양도로 보는 부분의 양도가액은 5천만원이다.

⑤ 甲이 X토지와 증여가액(시가) 2억원인 양도소득세 과세대상에 해당하지 않는 Y자산을 함께 乙에게 부담부증여하였다면 乙이 인수한 채무 5천만원에 해당하는 부분은 모두 X토지에 대한 양도로 본다.

37 소득세법상 농지에 관한 설명으로 <u>틀린</u> 것은?

① 농지란 논밭이나 과수원으로서 지적공부의 지목과 관계없이 실제로 경작에 사용되는 토지를 말하며, 농지의 경영에 직접 필요한 농막, 퇴비사, 양수장, 지소(池沼), 농도(農道) 및 수로(水路) 등에 사용되는 토지를 포함한다.

② 「국토의 계획 및 이용에 관한 법률」에 따른 주거지역·상업지역·공업지역 외에 있는 농지(환지 예정지 아님)를 경작상 필요에 의하여 교환함으로써 발생한 소득은 쌍방 토지가액의 차액이 가액이 큰 편의 4분의 1 이하이고 새로이 취득한 농지를 3년 이상 농지소재지에 거주하면서 경작하는 경우 비과세한다.

③ 농지로부터 직선거리 30km 이내에 있는 지역에 사실상 거주하는 자가 그 소유농지에서 농작업의 2분의 1 이상을 자기의 노동력에 의하여 경작하는 경우 비사업용 토지에서 제외한다(단, 농지는 도시지역 외에 있으며, 소유기간 중 재촌과 자경에 변동이 없고 농업에서 발생한 소득 이외에 다른 소득은 없음).

④ 「국토의 계획 및 이용에 관한 법률」에 따른 개발제한구역에 있는 농지는 비사업용 토지에 해당한다(단, 소유기간 중 개발제한구역 지정·변경은 없음).

⑤ 비사업용 토지에 해당하는지 여부를 판단함에 있어 농지의 판정은 소득세법령상 규정이 있는 경우를 제외하고 사실상의 현황에 의하며 사실상의 현황이 분명하지 아니한 경우에는 공부상의 등재현황에 의한다.

법개정반영

38 거주자 甲이 국외에 있는 양도소득세 과세대상 X토지를 양도함으로써 소득이 발생하였다. 다음 중 <u>틀린</u> 것은? (단, 해당 과세기간에 다른 자산의 양도는 없음)

① 甲이 X토지의 양도일까지 계속 5년 이상 국내에 주소 또는 거소를 둔 경우에만 해당 양도소득에 대한 납세의무가 있다.

② 甲이 국외에서 외화를 차입하여 X토지를 취득한 경우 환율변동으로 인하여 외화차입금으로부터 발생한 환차익은 양도소득의 범위에서 제외한다.

③ X토지의 양도가액은 양도 당시의 실지거래가액으로 하는 것이 원칙이다.

④ X토지에 대한 양도차익에서 장기보유특별공제액을 공제한다.

⑤ X토지에 대한 양도소득금액에서 양도소득기본공제로 250만원을 공제할 수 있다.

39 2025년 귀속 종합부동산세에 관한 설명으로 틀린 것은?

① 과세기준일 현재 토지분 재산세의 납세의무자로서 「자연공원법」에 따라 지정된 공원자연 환경지구의 임야를 소유하는 자는 토지에 대한 종합부동산세를 납부할 의무가 있다.

② 주택분 종합부동산세 납세의무자가 1세대 1주택자에 해당하는 경우의 주택분 종합부동산 세액 계산 시 연령에 따른 세액공제와 보유기간에 따른 세액공제는 공제율 합계 100분의 80의 범위에서 중복하여 적용할 수 있다.

③ 「근현대문화유산의 보존 및 활용에 관한 법률」에 따른 등록문화유산에 해당하는 주택은 과 세표준 합산의 대상이 되는 주택의 범위에 포함되지 않는 것으로 본다.

④ 관할 세무서장은 종합부동산세로 납부하여야 할 세액이 400만원인 경우 최대 150만원의 세액을 납부기한이 지난 날부터 6개월 이내에 분납하게 할 수 있다.

⑤ 주택분 종합부동산세액을 계산할 때 1주택을 여러 사람이 공동으로 매수하여 소유한 경우 공동 소유자 각자가 그 주택을 소유한 것으로 본다.

※ 법령개정으로 삭제한 문제가 있어 제30회는 39문제가 되었습니다.

문제풀이 종료시각 ▶ _____ 시 _____ 분

정답 및 해설 ▶ p.190

삶의 순간순간이
아름다운 마무리이며
새로운 시작이어야 한다.

– 법정 스님

memo

memo

memo

2025 에듀윌 공인중개사 2차 회차별 기출문제집

발 행 일	2025년 6월 9일 초판
편 저 자	임선정, 오시훈, 김민석, 한영규
펴 낸 이	양형남
펴 낸 곳	(주)에듀윌
I S B N	979-11-360-3772-5
등록번호	제25100-2002-000052호
주 소	08378 서울특별시 구로구 디지털로34길 55
	코오롱싸이언스밸리 2차 3층

www.eduwill.net

대표전화 1600-6700

여러분의 작은 소리
에듀윌은 크게 듣겠습니다.

본 교재에 대한 여러분의 목소리를 들려주세요.
공부하시면서 어려웠던 점, 궁금한 점,
칭찬하고 싶은 점, 개선할 점, 어떤 것이라도 좋습니다.

에듀윌은 여러분께서 나누어 주신 의견을
통해 끊임없이 발전하고 있습니다.

에듀윌 도서몰 book.eduwill.net
• 부가학습자료 및 정오표: 에듀윌 도서몰 → 도서자료실
• 교재 문의: 에듀윌 도서몰 → 문의하기 → 교재(내용, 출간) / 주문 및 배송

1	① ② ③ ④ ⑤	21	① ② ③ ④ ⑤	41	① ② ③ ④ ⑤	61	① ② ③ ④ ⑤	81	① ② ③ ④ ⑤	101	① ② ③ ④ ⑤	121	① ② ③ ④ ⑤
2	① ② ③ ④ ⑤	22	① ② ③ ④ ⑤	42	① ② ③ ④ ⑤	62	① ② ③ ④ ⑤	82	① ② ③ ④ ⑤	102	① ② ③ ④ ⑤	122	① ② ③ ④ ⑤
3	① ② ③ ④ ⑤	23	① ② ③ ④ ⑤	43	① ② ③ ④ ⑤	63	① ② ③ ④ ⑤	83	① ② ③ ④ ⑤	103	① ② ③ ④ ⑤	123	① ② ③ ④ ⑤
4	① ② ③ ④ ⑤	24	① ② ③ ④ ⑤	44	① ② ③ ④ ⑤	64	① ② ③ ④ ⑤	84	① ② ③ ④ ⑤	104	① ② ③ ④ ⑤	124	① ② ③ ④ ⑤
5	① ② ③ ④ ⑤	25	① ② ③ ④ ⑤	45	① ② ③ ④ ⑤	65	① ② ③ ④ ⑤	85	① ② ③ ④ ⑤	105	① ② ③ ④ ⑤	125	① ② ③ ④ ⑤
6	① ② ③ ④ ⑤	26	① ② ③ ④ ⑤	46	① ② ③ ④ ⑤	66	① ② ③ ④ ⑤	86	① ② ③ ④ ⑤	106	① ② ③ ④ ⑤		
7	① ② ③ ④ ⑤	27	① ② ③ ④ ⑤	47	① ② ③ ④ ⑤	67	① ② ③ ④ ⑤	87	① ② ③ ④ ⑤	107	① ② ③ ④ ⑤		
8	① ② ③ ④ ⑤	28	① ② ③ ④ ⑤	48	① ② ③ ④ ⑤	68	① ② ③ ④ ⑤	88	① ② ③ ④ ⑤	108	① ② ③ ④ ⑤		
9	① ② ③ ④ ⑤	29	① ② ③ ④ ⑤	49	① ② ③ ④ ⑤	69	① ② ③ ④ ⑤	89	① ② ③ ④ ⑤	109	① ② ③ ④ ⑤		
10	① ② ③ ④ ⑤	30	① ② ③ ④ ⑤	50	① ② ③ ④ ⑤	70	① ② ③ ④ ⑤	90	① ② ③ ④ ⑤	110	① ② ③ ④ ⑤		
11	① ② ③ ④ ⑤	31	① ② ③ ④ ⑤	51	① ② ③ ④ ⑤	71	① ② ③ ④ ⑤	91	① ② ③ ④ ⑤	111	① ② ③ ④ ⑤		
12	① ② ③ ④ ⑤	32	① ② ③ ④ ⑤	52	① ② ③ ④ ⑤	72	① ② ③ ④ ⑤	92	① ② ③ ④ ⑤	112	① ② ③ ④ ⑤		
13	① ② ③ ④ ⑤	33	① ② ③ ④ ⑤	53	① ② ③ ④ ⑤	73	① ② ③ ④ ⑤	93	① ② ③ ④ ⑤	113	① ② ③ ④ ⑤		
14	① ② ③ ④ ⑤	34	① ② ③ ④ ⑤	54	① ② ③ ④ ⑤	74	① ② ③ ④ ⑤	94	① ② ③ ④ ⑤	114	① ② ③ ④ ⑤		
15	① ② ③ ④ ⑤	35	① ② ③ ④ ⑤	55	① ② ③ ④ ⑤	75	① ② ③ ④ ⑤	95	① ② ③ ④ ⑤	115	① ② ③ ④ ⑤		
16	① ② ③ ④ ⑤	36	① ② ③ ④ ⑤	56	① ② ③ ④ ⑤	76	① ② ③ ④ ⑤	96	① ② ③ ④ ⑤	116	① ② ③ ④ ⑤		
17	① ② ③ ④ ⑤	37	① ② ③ ④ ⑤	57	① ② ③ ④ ⑤	77	① ② ③ ④ ⑤	97	① ② ③ ④ ⑤	117	① ② ③ ④ ⑤		
18	① ② ③ ④ ⑤	38	① ② ③ ④ ⑤	58	① ② ③ ④ ⑤	78	① ② ③ ④ ⑤	98	① ② ③ ④ ⑤	118	① ② ③ ④ ⑤		
19	① ② ③ ④ ⑤	39	① ② ③ ④ ⑤	59	① ② ③ ④ ⑤	79	① ② ③ ④ ⑤	99	① ② ③ ④ ⑤	119	① ② ③ ④ ⑤		
20	① ② ③ ④ ⑤	40	① ② ③ ④ ⑤	60	① ② ③ ④ ⑤	80	① ② ③ ④ ⑤	100	① ② ③ ④ ⑤	120	① ② ③ ④ ⑤		

성명 (필적감정용)		
필 적 등 등		

교시 기재란	
(1)교시	● ② ③
문제지 형별 기재	A형 ●

선 택 과 목 1

선 택 과 목 2

수험번호

0	1	3	2	9	8	0	1
●	⓪	⓪	⓪	⓪	⓪	●	⓪
①	①	①	①	①	①	①	●
②	②	②	●	②	②	②	②
③	③	●	③	③	③	③	③
④	④	④	④	④	④	④	④
⑤	⑤	⑤	⑤	⑤	⑤	⑤	⑤
⑥	⑥	⑥	⑥	⑥	⑥	⑥	⑥
⑦	⑦	⑦	⑦	⑦	⑦	⑦	⑦
⑧	⑧	⑧	⑧	●	⑧	⑧	⑧
⑨	⑨	⑨	⑨	⑨	●	⑨	⑨

감독위원 확인
감 독 날 인

─────── (예 시) ───────

마킹주의

바르게 마킹 : ●

잘못 마킹 : ⊗ ⊙ ⊘ ◑ ⊕ ⊙ ●

수험자 유의사항

1. 시험 중에는 통신기기(휴대전화·소형 무전기 등) 및 전자기기(초소형 카메라 등)를 소지하거나 사용할 수 없습니다.
2. 부정행위 예방을 위해 시험문제지에도 수험번호와 성명을 반드시 기재하시기 바랍니다.
3. 시험시간이 종료되면 즉시 답안작성을 멈춰야 하며, 종료시간 이후 계속 답안을 작성하거나 감독위원의 답안카드 제출지시에 불응할 때에는 당해 시험이 무효처리 됩니다.
4. 기타 감독위원의 정당한 지시에 불응하여 타 수험자의 시험에 방해가 될 경우 퇴실조치 될 수 있습니다.

답안카드 작성 시 유의사항

답안카드 기재·마킹 시에는 반드시 검은색 사인펜을 사용해야 합니다.

1. 답안카드 기재·마킹 시에는 반드시 검은색 사인펜을 사용해야 합니다.
2. 답안카드를 잘못 작성했을 시에는 카드를 교체하거나 수정테이프를 사용하여 수정할 수 있습니다.
   그러나 불완전한 수정처리로 인해 발생하는 전산자동판독불가 등 불이익은 수험자의 귀책사유입니다.
   - 수정테이프 이외의 수정액, 스티커 등은 사용 불가
   - 답안카드 왼쪽(성명·수험번호 등)을 제외한 '답안란'만 수정테이프로 수정 가능
3. 성명란은 수험자 본인의 성명을 정자체로 기재합니다.
4. 교시 기재란은 해당교시를 기재하고 해당 란에 마킹합니다.
5. 시험문제지 형별기재란에 표시된 형별(A형 공통)을 확인합니다.
6. 수험번호란은 숫자로 기재하고 아래 해당번호에 마킹합니다.
7. 시험문제지 형별 및 수험번호 등 마킹착오로 인한 불이익은 전적으로 수험자의 귀책사유입니다.
8. 감독위원의 날인이 없는 답안카드는 무효처리 됩니다.
9. 상단과 우측의 검은색 띠(███) 부분은 낙서를 금지합니다.
10. 답안카드의 채점은 전산 판독결과에 따르며, 마킹누락, 마킹착오, 마킹중복 등으로 판독결과상 해당답이 복수로 판독될 경우 그 문항은 0점 처리됩니다.

부정행위 처리규정

시험 중 다음과 같은 행위를 하는 자는 당해 시험을 무효처리하고 자격별 관련 규정에 따라 일정기간 동안 시험에 응시할 수 있는 자격을 정지합니다.

1. 시험과 관련된 대화, 답안카드 교환, 다른 수험자의 답안·문제지를 보고 답안 작성, 대리시험을 치르거나 치르게 하는 행위, 시험문제 내용과 관련된 물건을 휴대하거나 이를 주고받는 행위
2. 시험장 내외로부터 도움을 받아 답안을 작성하는 행위, 공인어학성적 및 응시자격서류를 허위기재하여 제출하는 행위
3. 통신기기(휴대전화·소형 무전기 등) 및 전자기기(초소형 카메라 등)를 휴대하거나 사용하는 행위
4. 다른 수험자와 성명 및 수험번호를 바꾸어 작성·제출하는 행위
5. 기타 부정 또는 불공정한 방법으로 시험을 치르는 행위

국가전문자격시험 답안카드

( )년도 ( )제( )차

수험자
여러분의
기입하시기 바랍니다.

성 명 (필적감정용)

교시 기재란
( )교시 ① ② ③

문제지 형별 기재
A형 Ⓐ

선 택 과 목 1

선 택 과 목 2

수 험 번 호
⓪ ① ② ③ ④ ⑤ ⑥ ⑦ ⑧ ⑨
⓪ ① ② ③ ④ ⑤ ⑥ ⑦ ⑧ ⑨
⓪ ① ② ③ ④ ⑤ ⑥ ⑦ ⑧ ⑨
⓪ ① ② ③ ④ ⑤ ⑥ ⑦ ⑧ ⑨
⓪ ① ② ③ ④ ⑤ ⑥ ⑦ ⑧ ⑨
⓪ ① ② ③ ④ ⑤ ⑥ ⑦ ⑧ ⑨
⓪ ① ② ③ ④ ⑤ ⑥ ⑦ ⑧ ⑨
⓪ ① ② ③ ④ ⑤ ⑥ ⑦ ⑧ ⑨

감독위원 확인
㉑

답안 마킹란 (1~125번, 각 ① ② ③ ④ ⑤)

마킹주의

바르게 마킹 : ●
잘못 마킹 : ⊗ ◐ ⊘ ◯ ⦶ ⊖ ◑ ◉

──── (예 시) ────→

성명 (필적감정용)	
노	필 도 양 적 양

교시 기재란	
(1)교시	② ③ ●
문제지 형별 기재	A형 ●
선 택 과 목 1	
선 택 과 목 2	

수 험 번 호								
0	1	3	2	9	8	0	2	1
⓪	⓪	⓪	⓪	⓪	●	⓪	●	⓪
●	①	①	①	①	①	●	①	●
②	②	●	②	②	②	②	②	②
③	③	③	●	③	③	③	③	③
④	④	④	④	④	④	④	④	④
⑤	⑤	⑤	⑤	⑤	⑤	⑤	⑤	⑤
⑥	⑥	⑥	⑥	⑥	⑥	⑥	⑥	⑥
⑦	⑦	⑦	⑦	⑦	⑦	⑦	⑦	⑦
⑧	⑧	⑧	⑧	●	⑧	⑧	⑧	⑧
⑨	⑨	⑨	⑨	⑨	⑨	⑨	⑨	⑨

감독위원 확인	
날 인	감 독 확 인

수험자 유의사항

1. 시험 중에는 통신기기(휴대전화·소형 무전기 등) 및 전자기기(초소형 카메라 등)를 소지하거나 사용할 수 없습니다.
2. 부정행위 예방을 위해 시험문제지에도 수험번호와 성명을 반드시 기재하시기 바랍니다.
3. 시험시간이 종료되면 즉시 답안작성을 멈춰야 하며, 종료시간 이후 계속 답안을 작성하거나 감독위원의 답안카드 제출지시에 불응할 때에는 당해 시험이 무효처리 됩니다.
4. 기타 감독위원의 정당한 지시에 불응하여 타 수험자의 시험에 방해가 될 경우 퇴실조치 될 수 있습니다.

답안카드 작성 시 유의사항

1. 답안카드 기재·마킹 시에는 반드시 검은색 사인펜을 사용해야 합니다.
2. 답안카드를 잘못 작성했을 시에는 카드를 교체하거나 수정테이프를 사용하여 수정할 수 있습니다.
   그러나 불완전한 수정처리로 인해 발생하는 전산자동판독불가 등 불이익은 수험자의 귀책사유입니다.
   - 수정테이프 이외의 수정액, 스티커 등은 사용 불가
   - 답안카드 왼쪽(성명·수험번호 등)을 제외한 '답안란'만 수정테이프로 수정 가능
3. 성명란은 수험자 본인의 성명을 정자체로 기재합니다.
4. 교시 기재란은 해당교시를 기재하고 해당 란에 마킹합니다.
5. 시험문제지 형별기재란에 표시된 형별(A형 공통)을 확인합니다.
6. 수험번호란은 숫자로 기재하고 아래 해당번호에 마킹합니다.
7. 시험문제지 형별 및 수험번호 등 마킹사오류로 인한 불이익은 전적으로 수험자의 귀책사유입니다.
8. 감독위원의 날인이 없는 답안카드는 무효처리 됩니다.
9. 상단과 우측의 검은색 띠(▮▮▮) 부분은 낙서를 금지합니다.
10. 답안카드의 채점은 전산 판독결과에 따르며, 마킹누락, 마킹착오, 불완전한 마킹 등은 수험자의 귀책사유에 해당하므로 이의제기를 하더라도 받아들여지지 않습니다.

부정행위 처리규정

시험 중 다음과 같은 행위를 하는 자는 당해 시험을 무효처리하고 자격별 관련 규정에 따라 일정기간 동안 시험에 응시할 수 있는 자격을 정지합니다.
1. 시험과 관련된 대화, 답안카드 교환, 다른 수험자의 답안·문제지를 보고 답안 작성, 대리시험을 치르거나 치르게 하는 행위, 시험문제 내용과 관련된 물건을 휴대하거나 이를 주고받는 행위
2. 시험장 내외로부터 도움을 받아 답안을 작성하는 행위, 공인어학성적 및 응시자격서류를 허위기재하여 제출하는 행위
3. 통신기기(휴대전화·소형 무전기 등) 및 전자기기(초소형 카메라 등)를 작성·제출하는 행위
4. 다른 수험자와 성명 및 수험번호를 바꾸어 작성·제출하는 행위
5. 기타 부정 또는 불공정한 방법으로 시험을 치르는 행위

( )년도 ( )제( )차 국가전문자격시험 답안카드

성 명
(필적감정용)

교시 기재란	A형
( )교시 ① ② ③	Ⓐ
문제지 형별 기재	

선 택 과 목 1

선 택 과 목 2

수 험 번 호
⑩ ① ② ③ ④ ⑤ ⑥ ⑦ ⑧ ⑨
⑩ ① ② ③ ④ ⑤ ⑥ ⑦ ⑧ ⑨
⑩ ① ② ③ ④ ⑤ ⑥ ⑦ ⑧ ⑨
⑩ ① ② ③ ④ ⑤ ⑥ ⑦ ⑧ ⑨
⑩ ① ② ③ ④ ⑤ ⑥ ⑦ ⑧ ⑨
⑩ ① ② ③ ④ ⑤ ⑥ ⑦ ⑧ ⑨
⑩ ① ② ③ ④ ⑤ ⑥ ⑦ ⑧ ⑨

감독위원 확인
㊞

1	① ② ③ ④ ⑤	21	① ② ③ ④ ⑤	41	① ② ③ ④ ⑤	61	① ② ③ ④ ⑤	81	① ② ③ ④ ⑤	101	① ② ③ ④ ⑤	121	① ② ③ ④ ⑤
2	① ② ③ ④ ⑤	22	① ② ③ ④ ⑤	42	① ② ③ ④ ⑤	62	① ② ③ ④ ⑤	82	① ② ③ ④ ⑤	102	① ② ③ ④ ⑤	122	① ② ③ ④ ⑤
3	① ② ③ ④ ⑤	23	① ② ③ ④ ⑤	43	① ② ③ ④ ⑤	63	① ② ③ ④ ⑤	83	① ② ③ ④ ⑤	103	① ② ③ ④ ⑤	123	① ② ③ ④ ⑤
4	① ② ③ ④ ⑤	24	① ② ③ ④ ⑤	44	① ② ③ ④ ⑤	64	① ② ③ ④ ⑤	84	① ② ③ ④ ⑤	104	① ② ③ ④ ⑤	124	① ② ③ ④ ⑤
5	① ② ③ ④ ⑤	25	① ② ③ ④ ⑤	45	① ② ③ ④ ⑤	65	① ② ③ ④ ⑤	85	① ② ③ ④ ⑤	105	① ② ③ ④ ⑤	125	① ② ③ ④ ⑤
6	① ② ③ ④ ⑤	26	① ② ③ ④ ⑤	46	① ② ③ ④ ⑤	66	① ② ③ ④ ⑤	86	① ② ③ ④ ⑤	106	① ② ③ ④ ⑤		
7	① ② ③ ④ ⑤	27	① ② ③ ④ ⑤	47	① ② ③ ④ ⑤	67	① ② ③ ④ ⑤	87	① ② ③ ④ ⑤	107	① ② ③ ④ ⑤		
8	① ② ③ ④ ⑤	28	① ② ③ ④ ⑤	48	① ② ③ ④ ⑤	68	① ② ③ ④ ⑤	88	① ② ③ ④ ⑤	108	① ② ③ ④ ⑤		
9	① ② ③ ④ ⑤	29	① ② ③ ④ ⑤	49	① ② ③ ④ ⑤	69	① ② ③ ④ ⑤	89	① ② ③ ④ ⑤	109	① ② ③ ④ ⑤		
10	① ② ③ ④ ⑤	30	① ② ③ ④ ⑤	50	① ② ③ ④ ⑤	70	① ② ③ ④ ⑤	90	① ② ③ ④ ⑤	110	① ② ③ ④ ⑤		
11	① ② ③ ④ ⑤	31	① ② ③ ④ ⑤	51	① ② ③ ④ ⑤	71	① ② ③ ④ ⑤	91	① ② ③ ④ ⑤	111	① ② ③ ④ ⑤		
12	① ② ③ ④ ⑤	32	① ② ③ ④ ⑤	52	① ② ③ ④ ⑤	72	① ② ③ ④ ⑤	92	① ② ③ ④ ⑤	112	① ② ③ ④ ⑤		
13	① ② ③ ④ ⑤	33	① ② ③ ④ ⑤	53	① ② ③ ④ ⑤	73	① ② ③ ④ ⑤	93	① ② ③ ④ ⑤	113	① ② ③ ④ ⑤		
14	① ② ③ ④ ⑤	34	① ② ③ ④ ⑤	54	① ② ③ ④ ⑤	74	① ② ③ ④ ⑤	94	① ② ③ ④ ⑤	114	① ② ③ ④ ⑤		
15	① ② ③ ④ ⑤	35	① ② ③ ④ ⑤	55	① ② ③ ④ ⑤	75	① ② ③ ④ ⑤	95	① ② ③ ④ ⑤	115	① ② ③ ④ ⑤		
16	① ② ③ ④ ⑤	36	① ② ③ ④ ⑤	56	① ② ③ ④ ⑤	76	① ② ③ ④ ⑤	96	① ② ③ ④ ⑤	116	① ② ③ ④ ⑤		
17	① ② ③ ④ ⑤	37	① ② ③ ④ ⑤	57	① ② ③ ④ ⑤	77	① ② ③ ④ ⑤	97	① ② ③ ④ ⑤	117	① ② ③ ④ ⑤		
18	① ② ③ ④ ⑤	38	① ② ③ ④ ⑤	58	① ② ③ ④ ⑤	78	① ② ③ ④ ⑤	98	① ② ③ ④ ⑤	118	① ② ③ ④ ⑤		
19	① ② ③ ④ ⑤	39	① ② ③ ④ ⑤	59	① ② ③ ④ ⑤	79	① ② ③ ④ ⑤	99	① ② ③ ④ ⑤	119	① ② ③ ④ ⑤		
20	① ② ③ ④ ⑤	40	① ② ③ ④ ⑤	60	① ② ③ ④ ⑤	80	① ② ③ ④ ⑤	100	① ② ③ ④ ⑤	120	① ② ③ ④ ⑤		

수험자 여러분의 합격을 기원합니다.

절취선

수험자 유의사항

1. 시험 중에는 통신기기(휴대전화·소형 무전기 등) 및 전자기기(휴대전화·소형 무전기 등)를 소지하거나 사용할 수 없습니다.
2. 부정행위 예방을 위해 시험문제지에도 수험번호와 성명을 반드시 기재하시기 바랍니다.
3. 시험시간이 종료되면 즉시 답안작성을 멈춰야 하며, 종료시간 이후 계속 답안을 작성하거나 감독위원의 답안카드 제출지시에 불응할 때에는 당해 시험이 무효처리 됩니다.
4. 기타 감독위원의 정당한 지시에 불응하여 타 수험자의 시험에 방해가 될 경우 퇴실조치 될 수 있습니다.

답안카드 작성 시 유의사항

1. 답안카드 기재·마킹 시에는 반드시 검은색 사인펜을 사용해야 합니다.
2. 답안카드를 잘못 작성했을 시에는 카드를 교체하거나 수정테이프를 사용하여 수정할 수 있습니다.
   그러나 불완전한 수정처리로 인해 발생하는 전산자동판독불가 등 불이익은 수험자의 귀책사유입니다.
   - 수정테이프 이외의 수정액, 스티커 등은 사용 불가
   - 답안카드 왼쪽(성명·수험번호 등)을 제외한 '답안란'만 수정테이프로 수정 가능
3. 성명란은 수험자 본인의 성명을 정자체로 기재합니다.
4. 교시 기재란은 해당교시를 기재하고 해당 란에 마킹합니다.
5. 시험문제지 형별기재란에 해당 형별을(A형 공통)을 확인합니다.
6. 수험번호란은 숫자로 기재하고 아래 해당번호에 마킹합니다.
7. 시험문제지 형별 및 수험번호 등 마킹착오으로 인한 불이익은 전적으로 수험자의 귀책사유입니다.
8. 감독위원의 날인이 없는 답안카드는 무효처리 됩니다.
9. 상단과 우측의 검은색 띠(▓▓) 부분은 낙서를 금지합니다.
10. 답안카드의 채점은 전산 판독결과에 따르며, 마킹누락, 마킹착오, 불완전한 마킹 등은 수험자의 귀책사유에 해당하므로 이의제기를 하더라도 받아들여지지 않습니다.

부정행위 처리규정

시험 중 다음과 같은 행위를 하는 자는 당해 시험을 무효처리하고 자격별 관련 규정에 따라 일정기간 동안 시험에 응시할 수 있는 자격을 정지합니다.
1. 시험과 관련된 대화, 답안카드 교환, 다른 수험자의 답안·문제지를 보고 답안 작성, 대리시험을 치르거나 치르게 하는 행위, 시험문제 내용과 관련된 물건을 휴대하거나 이를 주고받는 행위
2. 시험장 내외로부터 도움을 받아 답안을 작성하는 행위, 공인어학성적 및 응시자격서류를 허위기재하여 제출하는 행위
3. 통신기기(휴대전화·소형 무전기 등) 및 전자기기(휴대전화·소형 무전기 등)를 이용하여 답안을 작성하거나 전송하는 행위
4. 다른 수험자와 성명 및 수험번호를 바꾸어 작성·제출하는 행위
5. 기타 부정 또는 불공정한 방법으로 시험을 치르는 행위

✂ 절취선

(　　　　)년도 (　　　　　　　) 제(　　)차 국가전문자격시험 답안카드

성 명 (필적감정용)

교시 기재란			
(　)교시	①	②	③

문제지 형별 기재	A형
	Ⓐ

선 택 과 목 1

선 택 과 목 2

수 험 번 호							
⓪	⓪	⓪	⓪	⓪	⓪	⓪	⓪
①	①	①	①	①	①	①	①
②	②	②	②	②	②	②	②
③	③	③	③	③	③	③	③
④	④	④	④	④	④	④	④
⑤	⑤	⑤	⑤	⑤	⑤	⑤	⑤
⑥	⑥	⑥	⑥	⑥	⑥	⑥	⑥
⑦	⑦	⑦	⑦	⑦	⑦	⑦	⑦
⑧	⑧	⑧	⑧	⑧	⑧	⑧	⑧
⑨	⑨	⑨	⑨	⑨	⑨	⑨	⑨

감독위원 확인
㉑

1	①②③④⑤	21	①②③④⑤	41	①②③④⑤	61	①②③④⑤	81	①②③④⑤	101	①②③④⑤	121	①②③④⑤
2	①②③④⑤	22	①②③④⑤	42	①②③④⑤	62	①②③④⑤	82	①②③④⑤	102	①②③④⑤	122	①②③④⑤
3	①②③④⑤	23	①②③④⑤	43	①②③④⑤	63	①②③④⑤	83	①②③④⑤	103	①②③④⑤	123	①②③④⑤
4	①②③④⑤	24	①②③④⑤	44	①②③④⑤	64	①②③④⑤	84	①②③④⑤	104	①②③④⑤	124	①②③④⑤
5	①②③④⑤	25	①②③④⑤	45	①②③④⑤	65	①②③④⑤	85	①②③④⑤	105	①②③④⑤	125	①②③④⑤
6	①②③④⑤	26	①②③④⑤	46	①②③④⑤	66	①②③④⑤	86	①②③④⑤	106	①②③④⑤		
7	①②③④⑤	27	①②③④⑤	47	①②③④⑤	67	①②③④⑤	87	①②③④⑤	107	①②③④⑤		
8	①②③④⑤	28	①②③④⑤	48	①②③④⑤	68	①②③④⑤	88	①②③④⑤	108	①②③④⑤		
9	①②③④⑤	29	①②③④⑤	49	①②③④⑤	69	①②③④⑤	89	①②③④⑤	109	①②③④⑤		
10	①②③④⑤	30	①②③④⑤	50	①②③④⑤	70	①②③④⑤	90	①②③④⑤	110	①②③④⑤		
11	①②③④⑤	31	①②③④⑤	51	①②③④⑤	71	①②③④⑤	91	①②③④⑤	111	①②③④⑤		
12	①②③④⑤	32	①②③④⑤	52	①②③④⑤	72	①②③④⑤	92	①②③④⑤	112	①②③④⑤		
13	①②③④⑤	33	①②③④⑤	53	①②③④⑤	73	①②③④⑤	93	①②③④⑤	113	①②③④⑤		
14	①②③④⑤	34	①②③④⑤	54	①②③④⑤	74	①②③④⑤	94	①②③④⑤	114	①②③④⑤		
15	①②③④⑤	35	①②③④⑤	55	①②③④⑤	75	①②③④⑤	95	①②③④⑤	115	①②③④⑤		
16	①②③④⑤	36	①②③④⑤	56	①②③④⑤	76	①②③④⑤	96	①②③④⑤	116	①②③④⑤		
17	①②③④⑤	37	①②③④⑤	57	①②③④⑤	77	①②③④⑤	97	①②③④⑤	117	①②③④⑤		
18	①②③④⑤	38	①②③④⑤	58	①②③④⑤	78	①②③④⑤	98	①②③④⑤	118	①②③④⑤		
19	①②③④⑤	39	①②③④⑤	59	①②③④⑤	79	①②③④⑤	99	①②③④⑤	119	①②③④⑤		
20	①②③④⑤	40	①②③④⑤	60	①②③④⑤	80	①②③④⑤	100	①②③④⑤	120	①②③④⑤		

수험자
여러분의
합격을
기원합니다.

성 명 (필적감정용)			
	뭉	기	뭉
	똥	뭉	똥

교시 기재란		
(	)교시	② ③
	●	
		A형
문제지 형별 기재		●

선 택 과 목 1

선 택 과 목 2

수 험 번 호							
0	1	3	2	9	8	0	1
⓪	●	⓪	⓪	⓪	⓪	●	⓪
①	①	①	①	①	①	①	●
②	②	②	●	②	②	②	②
③	③	●	③	③	③	③	③
④	④	④	④	④	④	④	④
⑤	⑤	⑤	⑤	⑤	⑤	⑤	⑤
⑥	⑥	⑥	⑥	⑥	⑥	⑥	⑥
⑦	⑦	⑦	⑦	⑦	⑦	⑦	⑦
⑧	⑧	⑧	⑧	●	●	⑧	⑧
⑨	⑨	⑨	⑨	⑨	⑨	⑨	⑨

감독위원 확인
기 뭉 동
홍 길 동

─── (예 시) ───

마 킹 주 의

바르게 마킹 : ●
잘못 마킹 : ⊗ ⊙ ⊘ ◐ ⊖ ◑ ●

수험자 유의사항

1. 시험 중에는 통신기기(휴대전화·소형 무전기 등) 및 전자기기(초소형 카메라 등)를 소지하거나 사용할 수 없습니다.
2. 부정행위 예방을 위해 시험문제지에도 수험번호와 성명을 반드시 기재하시기 바랍니다.
3. **시험시간이 종료되면 즉시 답안작성을 멈춰야** 하며, 종료시간 이후 계속 답안을 작성하거나 감독위원의 답안카드 제출지시에 불응할 때에는 당해 시험이 무효처리 됩니다.
4. 기타 감독위원의 정당한 지시에 불응하여 타 수험자의 시험에 방해가 될 경우 퇴실조치 될 수 있습니다.

답안카드 작성 시 유의사항

1. 답안카드 기재·마킹 시에는 반드시 **검은색 사인펜**을 사용해야 합니다.
2. 답안카드를 잘못 작성했을 시에는 카드를 교체하거나 수정테이프를 사용하여 수정할 수 있습니다.
   그러나 불완전한 수정처리로 인해 발생하는 전산자동판독불가 등 불이익은 수험자의 귀책사유입니다.
   - 수정테이프 이외의 수정액, 스티커 등은 사용 불가
   - 답안카드 왼쪽(성명·수험번호 등)을 제외한 '답안란'만 수정테이프로 수정 가능
3. 성명란은 수험자 본인의 성명을 정자체로 기재합니다.
4. 교시 기재란은 해당교시를 기재하고 해당 란에 마킹합니다.
5. 시험문제지 형별기재란에 표기된 형별(A형)을 확인합니다.
6. 수험번호란은 숫자로 기재하고 아래 해당번호에 마킹합니다.
7. 시험문제지 형별 및 수험번호 등 마킹착오로 인한 불이익은 전적으로 수험자의 귀책사유입니다.
8. 감독위원의 날인이 없는 답안카드는 무효처리 됩니다.
9. 상단과 우측의 검은색 띠(Ⅲ) 부분은 낙서를 금지합니다.
10. 답안카드의 채점은 전산 판독결과에 따르며, 마킹누락, 마킹착오, 불완전한 마킹 등은 수험자의 귀책사유에 해당하므로 이의제기를 하더라도 받아들여지지 않습니다.

부정행위 처리규정

시험 중 다음과 같은 행위를 하는 자는 당해 시험을 무효처리하고 자격별 관련 규정에 따라 일정기간 동안 시험에 응시할 수 있는 자격을 정지합니다.

1. 시험과 관련된 대화, 답안카드 교환, 다른 수험자의 답안·문제지를 보고 답안 작성, 대리시험을 치르거나 치르게 하는 행위, 시험문제 내용과 관련된 물건을 휴대하거나 이를 주고받는 행위
2. 시험장 내외로부터 도움을 받아 답안을 작성하는 행위, 공인어학성적 및 응시자격서류를 허위기재하여 제출하는 행위
3. 통신기기(휴대전화·소형 무전기 등) 및 전자기기(초소형 카메라 등)를 휴대하거나 사용하는 행위
4. 다른 수험자와 성명 및 수험번호를 바꾸어 작성·제출하는 행위
5. 기타 부정 또는 불공정한 방법으로 시험을 치르는 행위

국가전문자격시험 답안카드

( )년도 ( )제( )차

성명 (필적감정용)

교시 기재란
( )교시 ① ② ③

문제지 형별 기재
A형 Ⓐ

선 택 과 목 1

선 택 과 목 2

수험번호

수험번호									
⓪ ① ② ③ ④ ⑤ ⑥ ⑦ ⑧ ⑨									
⓪ ① ② ③ ④ ⑤ ⑥ ⑦ ⑧ ⑨									
⓪ ① ② ③ ④ ⑤ ⑥ ⑦ ⑧ ⑨									
⓪ ① ② ③ ④ ⑤ ⑥ ⑦ ⑧ ⑨									
⓪ ① ② ③ ④ ⑤ ⑥ ⑦ ⑧ ⑨									
⓪ ① ② ③ ④ ⑤ ⑥ ⑦ ⑧ ⑨									
⓪ ① ② ③ ④ ⑤ ⑥ ⑦ ⑧ ⑨									

감독위원 확인
(인)

수험자 여러분의 합격을 기원합니다.

문항	답	문항	답	문항	답	문항	답	문항	답	문항	답	문항	답
1	① ② ③ ④ ⑤	21	① ② ③ ④ ⑤	41	① ② ③ ④ ⑤	61	① ② ③ ④ ⑤	81	① ② ③ ④ ⑤	101	① ② ③ ④ ⑤	121	① ② ③ ④ ⑤
2	① ② ③ ④ ⑤	22	① ② ③ ④ ⑤	42	① ② ③ ④ ⑤	62	① ② ③ ④ ⑤	82	① ② ③ ④ ⑤	102	① ② ③ ④ ⑤	122	① ② ③ ④ ⑤
3	① ② ③ ④ ⑤	23	① ② ③ ④ ⑤	43	① ② ③ ④ ⑤	63	① ② ③ ④ ⑤	83	① ② ③ ④ ⑤	103	① ② ③ ④ ⑤	123	① ② ③ ④ ⑤
4	① ② ③ ④ ⑤	24	① ② ③ ④ ⑤	44	① ② ③ ④ ⑤	64	① ② ③ ④ ⑤	84	① ② ③ ④ ⑤	104	① ② ③ ④ ⑤	124	① ② ③ ④ ⑤
5	① ② ③ ④ ⑤	25	① ② ③ ④ ⑤	45	① ② ③ ④ ⑤	65	① ② ③ ④ ⑤	85	① ② ③ ④ ⑤	105	① ② ③ ④ ⑤	125	① ② ③ ④ ⑤
6	① ② ③ ④ ⑤	26	① ② ③ ④ ⑤	46	① ② ③ ④ ⑤	66	① ② ③ ④ ⑤	86	① ② ③ ④ ⑤	106	① ② ③ ④ ⑤		
7	① ② ③ ④ ⑤	27	① ② ③ ④ ⑤	47	① ② ③ ④ ⑤	67	① ② ③ ④ ⑤	87	① ② ③ ④ ⑤	107	① ② ③ ④ ⑤		
8	① ② ③ ④ ⑤	28	① ② ③ ④ ⑤	48	① ② ③ ④ ⑤	68	① ② ③ ④ ⑤	88	① ② ③ ④ ⑤	108	① ② ③ ④ ⑤		
9	① ② ③ ④ ⑤	29	① ② ③ ④ ⑤	49	① ② ③ ④ ⑤	69	① ② ③ ④ ⑤	89	① ② ③ ④ ⑤	109	① ② ③ ④ ⑤		
10	① ② ③ ④ ⑤	30	① ② ③ ④ ⑤	50	① ② ③ ④ ⑤	70	① ② ③ ④ ⑤	90	① ② ③ ④ ⑤	110	① ② ③ ④ ⑤		
11	① ② ③ ④ ⑤	31	① ② ③ ④ ⑤	51	① ② ③ ④ ⑤	71	① ② ③ ④ ⑤	91	① ② ③ ④ ⑤	111	① ② ③ ④ ⑤		
12	① ② ③ ④ ⑤	32	① ② ③ ④ ⑤	52	① ② ③ ④ ⑤	72	① ② ③ ④ ⑤	92	① ② ③ ④ ⑤	112	① ② ③ ④ ⑤		
13	① ② ③ ④ ⑤	33	① ② ③ ④ ⑤	53	① ② ③ ④ ⑤	73	① ② ③ ④ ⑤	93	① ② ③ ④ ⑤	113	① ② ③ ④ ⑤		
14	① ② ③ ④ ⑤	34	① ② ③ ④ ⑤	54	① ② ③ ④ ⑤	74	① ② ③ ④ ⑤	94	① ② ③ ④ ⑤	114	① ② ③ ④ ⑤		
15	① ② ③ ④ ⑤	35	① ② ③ ④ ⑤	55	① ② ③ ④ ⑤	75	① ② ③ ④ ⑤	95	① ② ③ ④ ⑤	115	① ② ③ ④ ⑤		
16	① ② ③ ④ ⑤	36	① ② ③ ④ ⑤	56	① ② ③ ④ ⑤	76	① ② ③ ④ ⑤	96	① ② ③ ④ ⑤	116	① ② ③ ④ ⑤		
17	① ② ③ ④ ⑤	37	① ② ③ ④ ⑤	57	① ② ③ ④ ⑤	77	① ② ③ ④ ⑤	97	① ② ③ ④ ⑤	117	① ② ③ ④ ⑤		
18	① ② ③ ④ ⑤	38	① ② ③ ④ ⑤	58	① ② ③ ④ ⑤	78	① ② ③ ④ ⑤	98	① ② ③ ④ ⑤	118	① ② ③ ④ ⑤		
19	① ② ③ ④ ⑤	39	① ② ③ ④ ⑤	59	① ② ③ ④ ⑤	79	① ② ③ ④ ⑤	99	① ② ③ ④ ⑤	119	① ② ③ ④ ⑤		
20	① ② ③ ④ ⑤	40	① ② ③ ④ ⑤	60	① ② ③ ④ ⑤	80	① ② ③ ④ ⑤	100	① ② ③ ④ ⑤	120	① ② ③ ④ ⑤		

마킹주의

바르게 마킹 : ●

잘못 마킹 : ⊗ ⊙ ⊘ ◐ ⊖ ◑

──────── (예 시) ────────

성명 (필적감정용)	필 적 확 인

교시 기재란		
(1)교시	② ③	
문제지 형별 기재	A형	●

선 택 과 목 1

선 택 과 목 2

수험번호

(OMR 마킹 그리드: 각 자리 0~9)

감독위원 확인	감 독 서 명 날 인

수험자 유의사항

1. 시험 중에는 통신기기(휴대전화·소형 무전기 등) 및 전자기기(초소형 카메라 등)를 소지하거나 사용할 수 없습니다.
2. 부정행위 예방을 위해 시험문제지에도 수험번호와 성명을 반드시 기재하시기 바랍니다.
3. **시험시간이 종료되면 즉시 답안작성을 멈춰야** 하며, 종료시간 이후 계속 답안을 작성하거나 감독위원의 답안카드 제출지시에 불응할 때에는 당해 시험이 무효처리 됩니다.
4. 기타 감독위원의 정당한 지시에 불응하여 타 수험자의 시험에 방해가 될 경우 퇴실조치 될 수 있습니다.

답안카드 작성 시 유의사항

1. 답안카드 기재·마킹 시에는 반드시 검은색 사인펜을 사용해야 합니다.
2. 답안카드를 잘못 작성했을 시에는 카드를 교체하거나 수정테이프를 사용하여 수정할 수 있습니다.
   그러나 불완전한 수정처리로 인해 발생하는 전산자동판독불가 등 불이익은 수험자의 귀책사유입니다.
   - 수정테이프 이외의 수정액, 스티커 등은 사용 불가
   - 답안카드 좌측(성명·수험번호 등)을 제외한 '답안란'만 수정테이프로 수정 가능
3. 성명란은 수험자 본인의 성명을 정자체로 기재합니다.
4. 교시 기재란은 해당교시를 기재하고 해당 란에 마킹합니다.
5. 시험문제지 형별기재란에 해당 형별을 마킹합니다.
6. 수험번호란은 숫자로 기재하고 아래 해당번호에 마킹합니다.
7. 시험문제지 형별 및 수험번호 등 마킹착오로 인한 불이익은 전적으로 수험자의 귀책사유입니다.
8. 감독위원의 날인이 없는 답안카드는 무효처리 됩니다.
9. 상단과 우측의 검은색 띠(▦▦) 부분은 낙서를 금지합니다.
10. 답안카드의 채점은 전산 판독결과에 따르며, 마킹착오, 마킹누락 등으로 인한 불이익은 모두 수험자의 귀책사유에 해당하므로 이의제기를 하더라도 받아들여지지 않습니다.

부정행위 처리규정

시험 중 다음과 같은 행위를 하는 자는 자격별 관련 규정에 따라 당해 시험을 무효처리하고 자격별 관련 규정에 따라 일정기간 동안 시험에 응시할 수 있는 자격을 정지합니다.

1. 시험과 관련된 대화, 답안카드 교환, 다른 수험자의 답안·문제지를 보고 답안 작성, 대리시험을 치르거나 치르게 하는 행위, 시험문제 내용과 관련된 물건을 휴대하거나 이를 주고받는 행위
2. 시험장 내외로부터 도움을 받아 답안을 작성하는 행위, 공인어학성적 및 응시자격서류를 허위기재하여 제출하는 행위
3. 통신기기(휴대전화·소형 무전기 등) 및 전자기기(초소형 카메라 등)를 휴대하거나 사용하는 행위
4. 다른 수험자와 성명 및 수험번호를 바꾸어 작성·제출하는 행위
5. 기타 부정 또는 불공정한 방법으로 시험을 치르는 행위

국가전문자격시험 답안카드

( )년도 ( )제( )차

성 명 (필적감정용)		

교시 기재란	( )교시 ① ② ③
문제지 형별 기재	A형 Ⓐ

선 택 과 목 1	
선 택 과 목 2	

수험번호	⓪ ① ② ③ ④ ⑤ ⑥ ⑦ ⑧ ⑨
	⓪ ① ② ③ ④ ⑤ ⑥ ⑦ ⑧ ⑨
	⓪ ① ② ③ ④ ⑤ ⑥ ⑦ ⑧ ⑨
	⓪ ① ② ③ ④ ⑤ ⑥ ⑦ ⑧ ⑨
	⓪ ① ② ③ ④ ⑤ ⑥ ⑦ ⑧ ⑨
	⓪ ① ② ③ ④ ⑤ ⑥ ⑦ ⑧ ⑨
	⓪ ① ② ③ ④ ⑤ ⑥ ⑦ ⑧ ⑨
	⓪ ① ② ③ ④ ⑤ ⑥ ⑦ ⑧ ⑨

감독위원 확인	㊞

답안 마킹란: 1~125번 (각 문항 ① ② ③ ④ ⑤)

수험자 여러분의 합격을 진심으로 기원합니다.

성명 (필적감정용)	성명	기재	날인

교시 기재란		
(1) 교시	②	③
문제지 형별 기재	A형 ●	

선택 과 목 1

선택 과 목 2

	수 험 번 호						
0	1	3	2	4	8	0	1
⓪	⓪	●	⓪	⓪	⓪	●	⓪
①	●	①	①	①	①	①	●
②	②	②	●	②	②	②	②
③	③	●	③	③	③	③	③
④	④	④	④	●	④	④	④
⑤	⑤	⑤	⑤	⑤	⑤	⑤	⑤
⑥	⑥	⑥	⑥	⑥	⑥	⑥	⑥
⑦	⑦	⑦	⑦	⑦	⑦	⑦	⑦
⑧	⑧	⑧	⑧	⑧	●	⑧	⑧
⑨	⑨	⑨	⑨	⑨	⑨	⑨	⑨

감독위원 확인	기 재	날 인

마킹주의

바르게 마킹 : ●
잘못 마킹 : ⊗ ⊙ ⊘ ◑ ⊖ ⦸

───── (예 시) ─────→

수험자 유의사항

1. 시험 중에는 통신기기(휴대전화·소형 무전기 등) 및 전자기기(초소형 카메라 등)를 소지하거나 사용할 수 없습니다.
2. 부정행위 예방을 위해 시험문제지에도 수험번호와 성명을 반드시 기재하시기 바랍니다.
3. **시험시간이 종료되면 즉시 답안작성을 멈춰야** 하며, 종료시간 이후 계속 답안을 작성하거나 감독위원의 답안카드 제출지시에 불응할 때에는 당해 시험이 무효처리 됩니다.
4. 기타 감독위원의 정당한 지시에 불응하여 타 수험자의 시험에 방해가 될 경우 퇴실조치 될 수 있습니다.

답안카드 작성 시 유의사항

1. 답안카드 기재·마킹 시에는 반드시 검은색 사인펜을 사용해야 합니다.
2. 답안카드를 잘못 작성했을 시에는 카드를 교체하거나 수정테이프를 사용하여 수정할 수 있습니다.
  그러나 불완전한 수정처리로 인해 발생하는 전산자동판독불가 등 불이익은 수험자의 귀책사유입니다.
   - 수정테이프 이외의 수정액, 스티커 등은 사용 불가
   - 답안카드 왼쪽(성명·수험번호 등)을 제외한 '답안란'만 수정테이프로 수정 가능
3. 성명란은 수험자 본인의 성명을 정자체로 기재합니다.
4. 교시 기재란은 해당교시를 기재하고 해당 란에 마킹합니다.
5. 시험문제지 형별기재란에 표시된 형별(A형 공통)을 확인합니다.
6. 수험번호란은 숫자로 기재하고 아래 해당번호에 마킹합니다.
7. 시험문제지 형별 및 수험번호 등 마킹착오로 인한 불이익은 전적으로 수험자의 귀책사유입니다.
8. 감독위원의 날인이 없는 답안카드는 무효처리 됩니다.
9. 상단과 우측의 검은색 띠(┃┃┃) 부분은 낙서를 금지합니다.
10. 답안카드의 채점은 전산 판독결과에 따르며, 마킹누락, 마킹착오, 불완전한 마킹 등은 수험자의 귀책사유에 해당하므로 이의제기를 하더라도 받아들여지지 않습니다.

부정행위 처리규정

시험 중 다음과 같은 행위를 하는 자는 당해 시험을 무효처리하고 자격별 관련 규정에 따라 일정기간 동안 시험에 응시할 수 있는 자격을 정지합니다.

1. 시험과 관련된 대화, 답안카드 교환, 다른 수험자의 답안·문제지를 보고 답안 작성, 대리시험을 치르거나 치르게 하는 행위, 시험문제 내용과 관련된 물건을 휴대하거나 이를 주고받는 행위
2. 시험장 내외로부터 도움을 받아 답안을 작성하는 행위, 공인어학성적 및 응시자격서류를 허위기재하여 제출하는 행위
3. 통신기기(휴대전화·소형 무전기 등) 및 전자기기(초소형 카메라 등)를 휴대하거나 사용하는 행위
4. 다른 수험자와 성명 및 수험번호를 바꾸어 작성·제출하는 행위
5. 기타 부정 또는 불공정한 방법으로 시험을 치르는 행위

국가전문자격시험 답안카드

( ) 년도 ( ) 제( ) 차

문항	① ② ③ ④ ⑤	문항	① ② ③ ④ ⑤	문항	① ② ③ ④ ⑤	문항	① ② ③ ④ ⑤	문항	① ② ③ ④ ⑤	문항	① ② ③ ④ ⑤
1	① ② ③ ④ ⑤	21	① ② ③ ④ ⑤	41	① ② ③ ④ ⑤	61	① ② ③ ④ ⑤	81	① ② ③ ④ ⑤	101	① ② ③ ④ ⑤
2	① ② ③ ④ ⑤	22	① ② ③ ④ ⑤	42	① ② ③ ④ ⑤	62	① ② ③ ④ ⑤	82	① ② ③ ④ ⑤	102	① ② ③ ④ ⑤
3	① ② ③ ④ ⑤	23	① ② ③ ④ ⑤	43	① ② ③ ④ ⑤	63	① ② ③ ④ ⑤	83	① ② ③ ④ ⑤	103	① ② ③ ④ ⑤
4	① ② ③ ④ ⑤	24	① ② ③ ④ ⑤	44	① ② ③ ④ ⑤	64	① ② ③ ④ ⑤	84	① ② ③ ④ ⑤	104	① ② ③ ④ ⑤
5	① ② ③ ④ ⑤	25	① ② ③ ④ ⑤	45	① ② ③ ④ ⑤	65	① ② ③ ④ ⑤	85	① ② ③ ④ ⑤	105	① ② ③ ④ ⑤
6	① ② ③ ④ ⑤	26	① ② ③ ④ ⑤	46	① ② ③ ④ ⑤	66	① ② ③ ④ ⑤	86	① ② ③ ④ ⑤	106	① ② ③ ④ ⑤
7	① ② ③ ④ ⑤	27	① ② ③ ④ ⑤	47	① ② ③ ④ ⑤	67	① ② ③ ④ ⑤	87	① ② ③ ④ ⑤	107	① ② ③ ④ ⑤
8	① ② ③ ④ ⑤	28	① ② ③ ④ ⑤	48	① ② ③ ④ ⑤	68	① ② ③ ④ ⑤	88	① ② ③ ④ ⑤	108	① ② ③ ④ ⑤
9	① ② ③ ④ ⑤	29	① ② ③ ④ ⑤	49	① ② ③ ④ ⑤	69	① ② ③ ④ ⑤	89	① ② ③ ④ ⑤	109	① ② ③ ④ ⑤
10	① ② ③ ④ ⑤	30	① ② ③ ④ ⑤	50	① ② ③ ④ ⑤	70	① ② ③ ④ ⑤	90	① ② ③ ④ ⑤	110	① ② ③ ④ ⑤
11	① ② ③ ④ ⑤	31	① ② ③ ④ ⑤	51	① ② ③ ④ ⑤	71	① ② ③ ④ ⑤	91	① ② ③ ④ ⑤	111	① ② ③ ④ ⑤
12	① ② ③ ④ ⑤	32	① ② ③ ④ ⑤	52	① ② ③ ④ ⑤	72	① ② ③ ④ ⑤	92	① ② ③ ④ ⑤	112	① ② ③ ④ ⑤
13	① ② ③ ④ ⑤	33	① ② ③ ④ ⑤	53	① ② ③ ④ ⑤	73	① ② ③ ④ ⑤	93	① ② ③ ④ ⑤	113	① ② ③ ④ ⑤
14	① ② ③ ④ ⑤	34	① ② ③ ④ ⑤	54	① ② ③ ④ ⑤	74	① ② ③ ④ ⑤	94	① ② ③ ④ ⑤	114	① ② ③ ④ ⑤
15	① ② ③ ④ ⑤	35	① ② ③ ④ ⑤	55	① ② ③ ④ ⑤	75	① ② ③ ④ ⑤	95	① ② ③ ④ ⑤	115	① ② ③ ④ ⑤
16	① ② ③ ④ ⑤	36	① ② ③ ④ ⑤	56	① ② ③ ④ ⑤	76	① ② ③ ④ ⑤	96	① ② ③ ④ ⑤	116	① ② ③ ④ ⑤
17	① ② ③ ④ ⑤	37	① ② ③ ④ ⑤	57	① ② ③ ④ ⑤	77	① ② ③ ④ ⑤	97	① ② ③ ④ ⑤	117	① ② ③ ④ ⑤
18	① ② ③ ④ ⑤	38	① ② ③ ④ ⑤	58	① ② ③ ④ ⑤	78	① ② ③ ④ ⑤	98	① ② ③ ④ ⑤	118	① ② ③ ④ ⑤
19	① ② ③ ④ ⑤	39	① ② ③ ④ ⑤	59	① ② ③ ④ ⑤	79	① ② ③ ④ ⑤	99	① ② ③ ④ ⑤	119	① ② ③ ④ ⑤
20	① ② ③ ④ ⑤	40	① ② ③ ④ ⑤	60	① ② ③ ④ ⑤	80	① ② ③ ④ ⑤	100	① ② ③ ④ ⑤	120	① ② ③ ④ ⑤
										121	① ② ③ ④ ⑤
										122	① ② ③ ④ ⑤
										123	① ② ③ ④ ⑤
										124	① ② ③ ④ ⑤
										125	① ② ③ ④ ⑤

수험자 여러분의 합격을 기원합니다.

성 명 (필적감정용)

교시 기재란
( )교시 ① ② ③

문제지 형별 기재
A형 Ⓐ

선 택 과 목 1

선 택 과 목 2

수 험 번 호
⓪ ① ② ③ ④ ⑤ ⑥ ⑦ ⑧ ⑨
⓪ ① ② ③ ④ ⑤ ⑥ ⑦ ⑧ ⑨
⓪ ① ② ③ ④ ⑤ ⑥ ⑦ ⑧ ⑨
⓪ ① ② ③ ④ ⑤ ⑥ ⑦ ⑧ ⑨
⓪ ① ② ③ ④ ⑤ ⑥ ⑦ ⑧ ⑨
⓪ ① ② ③ ④ ⑤ ⑥ ⑦ ⑧ ⑨
⓪ ① ② ③ ④ ⑤ ⑥ ⑦ ⑧ ⑨

감독위원 확인
(인)

성명 (필적감정용)

필
적
확
인
란

교시 기재란

( ) 교시   ②③
● ②③

문제지 형별 기재   A형 ●

선 택 과 목 1

선 택 과 목 2

수 험 번 호

1	0	8	9	2	1	3	0	1
①	⓪	⓪	⓪	●	⓪	●	●	⓪
●	①	①	①	①	●	①	①	①
②	②	②	②	②	②	②	②	●
③	③	③	③	③	③	●	③	③
④	④	④	④	④	④	④	④	④
⑤	⑤	⑤	⑤	⑤	⑤	⑤	⑤	⑤
⑥	⑥	⑥	⑥	⑥	⑥	⑥	⑥	⑥
⑦	⑦	⑦	⑦	⑦	⑦	⑦	⑦	⑦
⑧	⑧	●	⑧	⑧	⑧	⑧	⑧	⑧
⑨	⑨	⑨	●	⑨	⑨	⑨	⑨	⑨

감독위원 확인

(인)   서명 또는 날인

마킹주의

바르게 마킹 : ●
잘못 마킹 : ⊗ ⊙ ⊘ ◐ ◑

──── (예 시) ────

수험자 유의사항

1. 시험 중에는 통신기기(휴대전화·소형 무전기 등) 및 전자기기(초소형 카메라 등)를 소지하거나 사용할 수 없습니다.
2. 부정행위 예방을 위해 시험문제지에도 수험번호와 성명을 반드시 기재하시기 바랍니다.
3. **시험시간이 종료되면 즉시 답안작성을 멈춰야** 하며, 종료시간 이후 계속 답안을 작성하거나 감독위원의 답안카드 제출지시에 불응할 때에는 당해 시험이 무효처리 됩니다.
4. 기타 감독위원의 정당한 지시에 불응하여 타 수험자의 시험에 방해가 될 경우 퇴실조치 될 수 있습니다.

답안카드 작성 시 유의사항

1. 답안카드 기재·마킹 시에는 반드시 검은색 사인펜을 사용해야 합니다.
2. 답안카드를 잘못 작성했을 시에는 카드를 교체하거나 수정테이프를 사용하여 수정할 수 있습니다.
   그러나 불완전한 수정처리로 인해 발생하는 전산자동판독불가 등 불이익은 수험자의 귀책사유입니다.
   - 수정테이프 이외의 수정액, 스티커 등은 사용 불가
   - 답안카드 왼쪽(성명·수험번호 등)을 제외한 '답안란'만 수정테이프로 수정 가능
3. 성명란은 수험자 본인의 성명을 정자체로 기재합니다.
4. 교시 기재란은 해당교시를 기재하고 해당 란에 마킹합니다.
5. 시험문제지 형별기재란에 해당 형별(A형 공통)을 확인합니다.
6. 수험번호란은 숫자로 기재하고 아래 해당번호에 마킹합니다.
7. 시험문제지 형별 및 수험번호 등 마킹착오로 인한 불이익은 전적으로 수험자의 귀책사유입니다.
8. 감독위원의 날인이 없는 답안카드는 무효처리 됩니다.
9. 상단과 우측의 검은색 띠(▌▌▌) 부분은 낙서를 금지합니다.
10. 답안카드의 채점은 전산 판독결과에 따르며, 마킹누락, 마킹착오, 불완전한 마킹 등은 수험자의 귀책사유에 해당하므로 이의제기를 하더라도 받아들여지지 않습니다.

부정행위 처리규정

시험 중 다음과 같은 행위를 하는 자는 당해 시험을 무효처리하고 자격별 관련 규정에 따라 일정기간 동안 시험에 응시할 수 있는 자격을 정지합니다.
1. 시험과 관련된 대화, 답안카드 교환, 다른 수험자의 답안·문제지를 보고 답안 작성, 대리시험을 치르거나 치르게 하는 행위, 시험문제 내용과 관련된 물건을 휴대하거나 이를 주고받는 행위
2. 시험장 내외로부터 도움을 받아 답안을 작성하는 행위, 공인어학성적 및 응시자격서류를 허위기재하여 제출하는 행위
3. 통신기기(휴대전화·소형 무전기 등) 및 전자기기(초소형 카메라 등)를 휴대하거나 사용하는 행위
4. 다른 수험자와 성명 및 수험번호를 바꾸어 작성·제출하는 행위
5. 기타 부정 또는 불공정한 방법으로 시험을 치르는 행위

국가전문자격시험 답안카드

( )년도 ( )제( )차

성 명 (필적감정용)

교시 기재란
( )교시 ① ② ③

문제지 형별 기재
A형 Ⓐ

선 택 과 목 1

선 택 과 목 2

수 험 번 호
⓪ ① ② ③ ④ ⑤ ⑥ ⑦ ⑧ ⑨
⓪ ① ② ③ ④ ⑤ ⑥ ⑦ ⑧ ⑨
⓪ ① ② ③ ④ ⑤ ⑥ ⑦ ⑧ ⑨
⓪ ① ② ③ ④ ⑤ ⑥ ⑦ ⑧ ⑨
⓪ ① ② ③ ④ ⑤ ⑥ ⑦ ⑧ ⑨
⓪ ① ② ③ ④ ⑤ ⑥ ⑦ ⑧ ⑨
⓪ ① ② ③ ④ ⑤ ⑥ ⑦ ⑧ ⑨
⓪ ① ② ③ ④ ⑤ ⑥ ⑦ ⑧ ⑨

감독위원 확인
⑩

수험자 여러분의 합격을 기원합니다.

성명
(필적감정용)

본인
성명

교시 기재란

( )교시   ② ③

A형

문제지 형별 기재

●

선택과목 1

선택과목 2

수험번호

감독위원 확인

본인
확인
서명

마킹주의

바르게 마킹 : ●

잘못 마킹 : ⊗ ⊙ ⊘ ◎ ⊖ ⊙

──── (예 시) ────

수험자 유의사항

1. 시험 중에는 통신기기(휴대전화·소형 무전기 등) 및 전자기기(초소형 카메라 등)를 소지하거나 사용할 수 없습니다.
2. 부정행위 예방을 위해 시험문제지에도 수험번호와 성명을 반드시 기재하시기 바랍니다.
3. **시험시간이 종료되면 즉시 답안작성을 멈춰야** 하며, 종료시간 이후 계속 답안을 작성하거나 감독위원의 답안카드 제출지시에 불응할 때에는 당해 시험이 무효처리 됩니다.
4. 기타 감독위원의 정당한 지시에 불응하여 타 수험자의 시험에 방해가 될 경우 퇴실조치 될 수 있습니다.

답안카드 작성 시 유의사항

1. 답안카드 기재·마킹 시에는 반드시 검은색 사인펜을 사용해야 합니다.
2. 답안카드를 잘못 작성했을 시에는 카드를 교체하거나 수정테이프를 사용하여 수정할 수 있습니다.
   그러나 불완전한 수정처리로 인해 발생하는 전산자동판독불가 등 불이익은 수험자의 귀책사유입니다.
   - 수정테이프 이외의 수정액, 스티커 등은 사용 불가
   - 답안카드 왼쪽(성명·수험번호 등)을 제외한 '답안란'만 수정테이프로 수정 가능
3. 성명란은 수험자 본인의 성명을 정자체로 기재합니다.
4. 교시 기재란은 해당교시를 기재하고 해당 란에 마킹합니다.
5. 시험문제지 형별기재란에 표기된 형별(A형 공통)을 확인합니다.
6. 수험번호란은 숫자로 기재하고 아래 해당번호에 마킹합니다.
7. 시험문제지 형별 및 수험번호 등 마킹착오로 인한 불이익은 전적으로 수험자의 귀책사유입니다.
8. 감독위원의 날인이 없는 답안카드는 무효처리 됩니다.
9. 상단과 우측의 검은색 검은색 띠(❚❚❚) 부분은 낙서를 금지합니다.
10. 답안카드의 채점은 전산 판독결과에 따르며, 마킹누락, 마킹착오, 불완전한 마킹 등은 수험자의 귀책사유에 해당하므로 이의제기를 하더라도 받아들여지지 않습니다.

부정행위 처리규정

시험 중 다음과 같은 행위를 하는 자는 당해 시험을 무효처리하고 자격별 관련 규정에 따라 일정기간 동안 시험에 응시할 수 있는 자격을 정지합니다.

1. 시험과 관련된 대화, 답안카드 교환, 다른 수험자의 답안·문제지를 보고 답안 작성, 대리시험을 치르거나 치르게 하는 행위, 시험문제 내용과 관련된 물건을 휴대하거나 이를 주고받는 행위
2. 시험장 내외로부터 도움을 받아 답안을 작성하는 행위, 공인어학성적 및 응시자격서류를 허위기재하여 제출하는 행위
3. 통신기기(휴대전화·소형 무전기 등) 및 전자기기(초소형 카메라 등)를 휴대하거나 사용하는 행위
4. 다른 수험자와 성명 및 수험번호를 바꾸어 작성·제출하는 행위
5. 기타 부정한 또는 불공정한 방법으로 시험을 치르는 행위

( )년도 ( )제( )차 국가전문자격시험 답안카드

성명 (필적감정용)	

교시 기재란	
( )교시	① ② ③
문제지 형별 기재	A형 Ⓐ
선택과목 1	
선택과목 2	

수험번호

⓪	①	②	③	④	⑤	⑥	⑦	⑧	⑨
⓪	①	②	③	④	⑤	⑥	⑦	⑧	⑨
⓪	①	②	③	④	⑤	⑥	⑦	⑧	⑨
⓪	①	②	③	④	⑤	⑥	⑦	⑧	⑨
⓪	①	②	③	④	⑤	⑥	⑦	⑧	⑨
⓪	①	②	③	④	⑤	⑥	⑦	⑧	⑨
⓪	①	②	③	④	⑤	⑥	⑦	⑧	⑨

감독위원 확인	
	㉑

답안 마킹표 (1~125번)

번호	보기	번호	보기	번호	보기	번호	보기	번호	보기	번호	보기
1	① ② ③ ④ ⑤	21	① ② ③ ④ ⑤	41	① ② ③ ④ ⑤	61	① ② ③ ④ ⑤	81	① ② ③ ④ ⑤	101	① ② ③ ④ ⑤
2	① ② ③ ④ ⑤	22	① ② ③ ④ ⑤	42	① ② ③ ④ ⑤	62	① ② ③ ④ ⑤	82	① ② ③ ④ ⑤	102	① ② ③ ④ ⑤
3	① ② ③ ④ ⑤	23	① ② ③ ④ ⑤	43	① ② ③ ④ ⑤	63	① ② ③ ④ ⑤	83	① ② ③ ④ ⑤	103	① ② ③ ④ ⑤
4	① ② ③ ④ ⑤	24	① ② ③ ④ ⑤	44	① ② ③ ④ ⑤	64	① ② ③ ④ ⑤	84	① ② ③ ④ ⑤	104	① ② ③ ④ ⑤
5	① ② ③ ④ ⑤	25	① ② ③ ④ ⑤	45	① ② ③ ④ ⑤	65	① ② ③ ④ ⑤	85	① ② ③ ④ ⑤	105	① ② ③ ④ ⑤
6	① ② ③ ④ ⑤	26	① ② ③ ④ ⑤	46	① ② ③ ④ ⑤	66	① ② ③ ④ ⑤	86	① ② ③ ④ ⑤	106	① ② ③ ④ ⑤
7	① ② ③ ④ ⑤	27	① ② ③ ④ ⑤	47	① ② ③ ④ ⑤	67	① ② ③ ④ ⑤	87	① ② ③ ④ ⑤	107	① ② ③ ④ ⑤
8	① ② ③ ④ ⑤	28	① ② ③ ④ ⑤	48	① ② ③ ④ ⑤	68	① ② ③ ④ ⑤	88	① ② ③ ④ ⑤	108	① ② ③ ④ ⑤
9	① ② ③ ④ ⑤	29	① ② ③ ④ ⑤	49	① ② ③ ④ ⑤	69	① ② ③ ④ ⑤	89	① ② ③ ④ ⑤	109	① ② ③ ④ ⑤
10	① ② ③ ④ ⑤	30	① ② ③ ④ ⑤	50	① ② ③ ④ ⑤	70	① ② ③ ④ ⑤	90	① ② ③ ④ ⑤	110	① ② ③ ④ ⑤
11	① ② ③ ④ ⑤	31	① ② ③ ④ ⑤	51	① ② ③ ④ ⑤	71	① ② ③ ④ ⑤	91	① ② ③ ④ ⑤	111	① ② ③ ④ ⑤
12	① ② ③ ④ ⑤	32	① ② ③ ④ ⑤	52	① ② ③ ④ ⑤	72	① ② ③ ④ ⑤	92	① ② ③ ④ ⑤	112	① ② ③ ④ ⑤
13	① ② ③ ④ ⑤	33	① ② ③ ④ ⑤	53	① ② ③ ④ ⑤	73	① ② ③ ④ ⑤	93	① ② ③ ④ ⑤	113	① ② ③ ④ ⑤
14	① ② ③ ④ ⑤	34	① ② ③ ④ ⑤	54	① ② ③ ④ ⑤	74	① ② ③ ④ ⑤	94	① ② ③ ④ ⑤	114	① ② ③ ④ ⑤
15	① ② ③ ④ ⑤	35	① ② ③ ④ ⑤	55	① ② ③ ④ ⑤	75	① ② ③ ④ ⑤	95	① ② ③ ④ ⑤	115	① ② ③ ④ ⑤
16	① ② ③ ④ ⑤	36	① ② ③ ④ ⑤	56	① ② ③ ④ ⑤	76	① ② ③ ④ ⑤	96	① ② ③ ④ ⑤	116	① ② ③ ④ ⑤
17	① ② ③ ④ ⑤	37	① ② ③ ④ ⑤	57	① ② ③ ④ ⑤	77	① ② ③ ④ ⑤	97	① ② ③ ④ ⑤	117	① ② ③ ④ ⑤
18	① ② ③ ④ ⑤	38	① ② ③ ④ ⑤	58	① ② ③ ④ ⑤	78	① ② ③ ④ ⑤	98	① ② ③ ④ ⑤	118	① ② ③ ④ ⑤
19	① ② ③ ④ ⑤	39	① ② ③ ④ ⑤	59	① ② ③ ④ ⑤	79	① ② ③ ④ ⑤	99	① ② ③ ④ ⑤	119	① ② ③ ④ ⑤
20	① ② ③ ④ ⑤	40	① ② ③ ④ ⑤	60	① ② ③ ④ ⑤	80	① ② ③ ④ ⑤	100	① ② ③ ④ ⑤	120	① ② ③ ④ ⑤
										121	① ② ③ ④ ⑤
										122	① ② ③ ④ ⑤
										123	① ② ③ ④ ⑤
										124	① ② ③ ④ ⑤
										125	① ② ③ ④ ⑤

마킹주의

바르게 마킹 : ●
잘못 마킹 : ⊗ ⊙ ◑ ⊕ ⊖ •

(예 시)

성 명 (필적감정용)		
교시 기재란	(1)교시	① ● ② ③
문제지 형별 기재	A형	●
선 택 과 목 1		
선 택 과 목 2		

수험번호 / 감독위원 확인

(수험번호 마킹란: 0~9 숫자, 감독위원 확인 날인란)

수험자 유의사항

1. 시험 중에는 통신기기(휴대전화·소형 무전기 등)를 소지하거나 사용할 수 없습니다.
2. 부정행위 예방을 위해 시험문제지에도 수험번호와 성명을 반드시 기재하시기 바랍니다.
3. 시험시간이 종료되면 즉시 답안작성을 멈춰야 하며, 종료시간 이후 계속 답안을 작성하거나 감독위원의 답안카드 제출지시에 불응할 때에는 당해 시험이 무효처리 됩니다.
4. 기타 감독위원의 정당한 지시에 불응하여 타 수험자의 시험에 방해가 될 경우 퇴실조치 될 수 있습니다.

답안카드 작성 시 유의사항

1. 답안카드 기재·마킹 시에는 반드시 검은색 사인펜을 사용해야 합니다.
2. 답안카드를 잘못 작성했을 시에는 카드를 교체하거나 수정테이프를 사용하여 수정할 수 있습니다.
 그러나 불완전한 수정처리로 인해 발생하는 전산자동판독불가 등 불이익은 수험자의 귀책사유입니다.
 - 수정테이프 이외의 수정액, 스티커 등은 사용 불가
 - 답안카드 왼쪽(성명·수험번호 등)을 제외한 '답안란'만 수정테이프로 수정 가능
3. 성명란은 수험자 본인의 성명을 정자체로 기재합니다.
4. 교시 기재란은 해당교시를 기재하고 해당 란에 마킹합니다.
5. 시험문제지 형별기재란에 표시된 형별(A형)을 확인합니다.
6. 수험번호란은 숫자로 기재하고 아래 해당번호에 마킹합니다.
7. 시험문제지 형별 및 수험번호 등 마킹착오로 인한 불이익은 전적으로 수험자의 귀책사유입니다.
8. 감독위원의 날인이 없는 답안카드는 무효처리 됩니다.
9. 상단과 우측의 검은색 띠(▐▐▐) 부분은 낙서를 금지합니다.
10. 답안카드의 채점은 전산 판독결과에 따르며, 마킹누락, 마킹착오, 불완전한 마킹 등은 수험자의 귀책사유에 해당하므로 이의제기를 하더라도 받아들여지지 않습니다.

부정행위 처리규정

시험 중 다음과 같은 행위를 하는 자는 당해 시험을 무효처리하고 자격별 관련 규정에 따라 일정기간 동안 시험에 응시할 수 있는 자격을 정지합니다.

1. 시험과 관련된 대화, 답안카드 교환, 다른 수험자의 답안·문제지를 보고 답안 작성, 대리시험을 치르거나 치르게 하는 행위, 시험문제 내용과 관련된 물건을 휴대하거나 이를 주고받는 행위
2. 시험장 내외로부터 도움을 받아 답안을 작성하는 행위, 공인어학성적 및 응시자격서류를 허위기재하여 제출하는 행위
3. 통신기기(휴대전화·소형 무전기 등) 및 전자기기(초소형 카메라 등)를 휴대하거나 사용하는 행위
4. 다른 수험자와 성명 및 수험번호를 바꾸어 작성·제출하는 행위
5. 기타 부정 또는 불공정한 방법으로 시험을 치르는 행위

국가전문자격시험 답안카드

( )년도 ( )제( )차

	①	②	③	④	⑤
1	①	②	③	④	⑤
2	①	②	③	④	⑤
3	①	②	③	④	⑤
4	①	②	③	④	⑤
5	①	②	③	④	⑤
6	①	②	③	④	⑤
7	①	②	③	④	⑤
8	①	②	③	④	⑤
9	①	②	③	④	⑤
10	①	②	③	④	⑤
11	①	②	③	④	⑤
12	①	②	③	④	⑤
13	①	②	③	④	⑤
14	①	②	③	④	⑤
15	①	②	③	④	⑤
16	①	②	③	④	⑤
17	①	②	③	④	⑤
18	①	②	③	④	⑤
19	①	②	③	④	⑤
20	①	②	③	④	⑤
21	①	②	③	④	⑤
22	①	②	③	④	⑤
23	①	②	③	④	⑤
24	①	②	③	④	⑤
25	①	②	③	④	⑤
26	①	②	③	④	⑤
27	①	②	③	④	⑤
28	①	②	③	④	⑤
29	①	②	③	④	⑤
30	①	②	③	④	⑤
31	①	②	③	④	⑤
32	①	②	③	④	⑤
33	①	②	③	④	⑤
34	①	②	③	④	⑤
35	①	②	③	④	⑤
36	①	②	③	④	⑤
37	①	②	③	④	⑤
38	①	②	③	④	⑤
39	①	②	③	④	⑤
40	①	②	③	④	⑤
41	①	②	③	④	⑤
42	①	②	③	④	⑤
43	①	②	③	④	⑤
44	①	②	③	④	⑤
45	①	②	③	④	⑤
46	①	②	③	④	⑤
47	①	②	③	④	⑤
48	①	②	③	④	⑤
49	①	②	③	④	⑤
50	①	②	③	④	⑤
51	①	②	③	④	⑤
52	①	②	③	④	⑤
53	①	②	③	④	⑤
54	①	②	③	④	⑤
55	①	②	③	④	⑤
56	①	②	③	④	⑤
57	①	②	③	④	⑤
58	①	②	③	④	⑤
59	①	②	③	④	⑤
60	①	②	③	④	⑤
61	①	②	③	④	⑤
62	①	②	③	④	⑤
63	①	②	③	④	⑤
64	①	②	③	④	⑤
65	①	②	③	④	⑤
66	①	②	③	④	⑤
67	①	②	③	④	⑤
68	①	②	③	④	⑤
69	①	②	③	④	⑤
70	①	②	③	④	⑤
71	①	②	③	④	⑤
72	①	②	③	④	⑤
73	①	②	③	④	⑤
74	①	②	③	④	⑤
75	①	②	③	④	⑤
76	①	②	③	④	⑤
77	①	②	③	④	⑤
78	①	②	③	④	⑤
79	①	②	③	④	⑤
80	①	②	③	④	⑤
81	①	②	③	④	⑤
82	①	②	③	④	⑤
83	①	②	③	④	⑤
84	①	②	③	④	⑤
85	①	②	③	④	⑤
86	①	②	③	④	⑤
87	①	②	③	④	⑤
88	①	②	③	④	⑤
89	①	②	③	④	⑤
90	①	②	③	④	⑤
91	①	②	③	④	⑤
92	①	②	③	④	⑤
93	①	②	③	④	⑤
94	①	②	③	④	⑤
95	①	②	③	④	⑤
96	①	②	③	④	⑤
97	①	②	③	④	⑤
98	①	②	③	④	⑤
99	①	②	③	④	⑤
100	①	②	③	④	⑤
101	①	②	③	④	⑤
102	①	②	③	④	⑤
103	①	②	③	④	⑤
104	①	②	③	④	⑤
105	①	②	③	④	⑤
106	①	②	③	④	⑤
107	①	②	③	④	⑤
108	①	②	③	④	⑤
109	①	②	③	④	⑤
110	①	②	③	④	⑤
111	①	②	③	④	⑤
112	①	②	③	④	⑤
113	①	②	③	④	⑤
114	①	②	③	④	⑤
115	①	②	③	④	⑤
116	①	②	③	④	⑤
117	①	②	③	④	⑤
118	①	②	③	④	⑤
119	①	②	③	④	⑤
120	①	②	③	④	⑤
121	①	②	③	④	⑤
122	①	②	③	④	⑤
123	①	②	③	④	⑤
124	①	②	③	④	⑤
125	①	②	③	④	⑤

수험자 여러분의 합격을 기원합니다.

성명
(필적감정용)

교시 기재란
( )교시   ① ② ③

문제지 형별 기재   A형 Ⓐ

선택과목 1

선택과목 2

수험번호
⓪ ① ② ③ ④ ⑤ ⑥ ⑦ ⑧ ⑨

감독위원 확인
(인)

마킹주의

바르게 마킹 : ●
잘못 마킹 : ⊗, ⊙, ◎, ○, ⊖, •

성명 (필적감정용)		
평		

교시 기재란		
(1) 교시	②	③
A형	●	
문제지 형별 기재		

선 택 과 목 1

선 택 과 목 2

수 험 번 호							
0	1	3	2	4	8	0	1

(OMR 마킹표)

수험자 유의사항

1. 시험 중에는 통신기기(휴대전화·소형 무전기 등) 및 전자기기(휴대전화·소형 무전기 등)를 소지하거나 사용할 수 없습니다.
2. 부정행위 예방을 위해 시험문제지에도 수험번호와 성명을 반드시 기재하시기 바랍니다.
3. 시험시간이 종료되면 즉시 답안작성을 멈춰야 하며, 종료시간 이후 계속 답안을 작성하거나 감독위원의 답안카드 제출지시에 불응할 때에는 당해 시험이 무효처리 됩니다.
4. 기타 감독위원의 정당한 지시에 불응하여 타 수험자의 시험에 방해가 될 경우 퇴실조치 될 수 있습니다.

답안카드 작성 시 유의사항

1. 답안카드 기재·마킹 시에는 반드시 검은색 사인펜을 사용해야 합니다.
2. 답안카드를 잘못 작성했을 시에는 카드를 교체하거나 수정테이프를 사용하여 수정할 수 있습니다.
 그러나 불완전한 수정처리로 인해 발생하는 전산자동판독불가 등 불이익은 수험자의 귀책사유입니다.
 ㅡ 수정테이프 이외의 수정액, 스티커 등은 사용 불가
 ㅡ 답안카드 왼쪽(성명·수험번호 등)을 제외한 '답안란'만 수정테이프로 수정 가능
3. 성명란은 수험자 본인의 성명을 정자체로 기재합니다.
4. 교시 기재란은 해당교시를 기재하고 해당 란에 마킹합니다.
5. 시험문제지 형별기재란에 표시된 형별(A형)과 동일한 형별을 마킹합니다.
6. 수험번호란은 숫자로 기재하고 아래 해당번호에 마킹합니다.
7. 시험문제지 형별 및 수험번호 등 마킹착오으로 인한 불이익은 전적으로 수험자의 귀책사유입니다.
8. 감독위원의 날인이 없는 답안카드는 무효처리 됩니다.
9. 상단과 우측의 검은색 띠(▌▌▌) 부분은 낙서를 금지합니다.
10. 답안카드의 채점은 전산 판독결과에 따르며, 마킹누락, 마킹착오, 불완전한 마킹 등으로 인한 불이익은 수험자의 귀책사유에 해당하므로 이의제기를 하더라도 받아들여지지 않습니다.

부정행위 처리규정

시험 중 다음과 같은 행위를 하는 자는 당해 시험을 무효처리하고 자격별 관련 규정에 따라 일정기간 동안 시험에 응시할 수 있는 자격을 정지합니다.

1. 시험과 관련된 대화, 답안카드 교환, 다른 수험자의 답안·문제지를 보고 답안 작성, 매리시험을 치르거나 치르게 하는 행위, 시험문제 내용과 관련된 물건을 휴대하거나 이를 주고받는 행위
2. 시험장 내외로부터 도움을 받아 답안을 작성하는 행위, 공인어학성적 및 응시자격서류를 허위기재하여 제출하는 행위
3. 통신기기(휴대전화·소형 무전기 등) 및 전자기기(휴대전화·소형 무전기 등)를 휴대하거나 사용하는 행위
4. 다른 수험자와 성명 및 수험번호를 바꾸어 작성·제출하는 행위
5. 기타 부정 또는 불공정한 방법으로 시험을 치르는 행위

감독위원 확인		
기입	확인	서명

국가전문자격시험 답안카드

( )년도 ( )제( )차

성명
(필적감정용)

교시 기재란
( )교시 ① ② ③

문제지 형별 기재
A형 Ⓐ

선택과목 1

선택과목 2

수험번호
⓪	①	②	③	④	⑤	⑥	⑦	⑧	⑨
⓪	①	②	③	④	⑤	⑥	⑦	⑧	⑨
⓪	①	②	③	④	⑤	⑥	⑦	⑧	⑨
⓪	①	②	③	④	⑤	⑥	⑦	⑧	⑨
⓪	①	②	③	④	⑤	⑥	⑦	⑧	⑨
⓪	①	②	③	④	⑤	⑥	⑦	⑧	⑨
⓪	①	②	③	④	⑤	⑥	⑦	⑧	⑨

감독위원 확인
(인)

수험자 여러분의 합격을 기원합니다.

1	① ② ③ ④ ⑤	21	① ② ③ ④ ⑤	41	① ② ③ ④ ⑤	61	① ② ③ ④ ⑤	81	① ② ③ ④ ⑤	101	① ② ③ ④ ⑤	121	① ② ③ ④ ⑤
2	① ② ③ ④ ⑤	22	① ② ③ ④ ⑤	42	① ② ③ ④ ⑤	62	① ② ③ ④ ⑤	82	① ② ③ ④ ⑤	102	① ② ③ ④ ⑤	122	① ② ③ ④ ⑤
3	① ② ③ ④ ⑤	23	① ② ③ ④ ⑤	43	① ② ③ ④ ⑤	63	① ② ③ ④ ⑤	83	① ② ③ ④ ⑤	103	① ② ③ ④ ⑤	123	① ② ③ ④ ⑤
4	① ② ③ ④ ⑤	24	① ② ③ ④ ⑤	44	① ② ③ ④ ⑤	64	① ② ③ ④ ⑤	84	① ② ③ ④ ⑤	104	① ② ③ ④ ⑤	124	① ② ③ ④ ⑤
5	① ② ③ ④ ⑤	25	① ② ③ ④ ⑤	45	① ② ③ ④ ⑤	65	① ② ③ ④ ⑤	85	① ② ③ ④ ⑤	105	① ② ③ ④ ⑤	125	① ② ③ ④ ⑤
6	① ② ③ ④ ⑤	26	① ② ③ ④ ⑤	46	① ② ③ ④ ⑤	66	① ② ③ ④ ⑤	86	① ② ③ ④ ⑤	106	① ② ③ ④ ⑤		
7	① ② ③ ④ ⑤	27	① ② ③ ④ ⑤	47	① ② ③ ④ ⑤	67	① ② ③ ④ ⑤	87	① ② ③ ④ ⑤	107	① ② ③ ④ ⑤		
8	① ② ③ ④ ⑤	28	① ② ③ ④ ⑤	48	① ② ③ ④ ⑤	68	① ② ③ ④ ⑤	88	① ② ③ ④ ⑤	108	① ② ③ ④ ⑤		
9	① ② ③ ④ ⑤	29	① ② ③ ④ ⑤	49	① ② ③ ④ ⑤	69	① ② ③ ④ ⑤	89	① ② ③ ④ ⑤	109	① ② ③ ④ ⑤		
10	① ② ③ ④ ⑤	30	① ② ③ ④ ⑤	50	① ② ③ ④ ⑤	70	① ② ③ ④ ⑤	90	① ② ③ ④ ⑤	110	① ② ③ ④ ⑤		
11	① ② ③ ④ ⑤	31	① ② ③ ④ ⑤	51	① ② ③ ④ ⑤	71	① ② ③ ④ ⑤	91	① ② ③ ④ ⑤	111	① ② ③ ④ ⑤		
12	① ② ③ ④ ⑤	32	① ② ③ ④ ⑤	52	① ② ③ ④ ⑤	72	① ② ③ ④ ⑤	92	① ② ③ ④ ⑤	112	① ② ③ ④ ⑤		
13	① ② ③ ④ ⑤	33	① ② ③ ④ ⑤	53	① ② ③ ④ ⑤	73	① ② ③ ④ ⑤	93	① ② ③ ④ ⑤	113	① ② ③ ④ ⑤		
14	① ② ③ ④ ⑤	34	① ② ③ ④ ⑤	54	① ② ③ ④ ⑤	74	① ② ③ ④ ⑤	94	① ② ③ ④ ⑤	114	① ② ③ ④ ⑤		
15	① ② ③ ④ ⑤	35	① ② ③ ④ ⑤	55	① ② ③ ④ ⑤	75	① ② ③ ④ ⑤	95	① ② ③ ④ ⑤	115	① ② ③ ④ ⑤		
16	① ② ③ ④ ⑤	36	① ② ③ ④ ⑤	56	① ② ③ ④ ⑤	76	① ② ③ ④ ⑤	96	① ② ③ ④ ⑤	116	① ② ③ ④ ⑤		
17	① ② ③ ④ ⑤	37	① ② ③ ④ ⑤	57	① ② ③ ④ ⑤	77	① ② ③ ④ ⑤	97	① ② ③ ④ ⑤	117	① ② ③ ④ ⑤		
18	① ② ③ ④ ⑤	38	① ② ③ ④ ⑤	58	① ② ③ ④ ⑤	78	① ② ③ ④ ⑤	98	① ② ③ ④ ⑤	118	① ② ③ ④ ⑤		
19	① ② ③ ④ ⑤	39	① ② ③ ④ ⑤	59	① ② ③ ④ ⑤	79	① ② ③ ④ ⑤	99	① ② ③ ④ ⑤	119	① ② ③ ④ ⑤		
20	① ② ③ ④ ⑤	40	① ② ③ ④ ⑤	60	① ② ③ ④ ⑤	80	① ② ③ ④ ⑤	100	① ② ③ ④ ⑤	120	① ② ③ ④ ⑤		

성 명 (필적감정용)	
	좋 긓 음 음

교시 기재란	
(1)교시	② ③
문제지 형별 기재	A형 ●

선 택 과 목 1

선 택 과 목 2

수 험 번 호							
0	1	3	2	9	8	0	1
⓪	⓪	⓪	⓪	⓪	●	●	⓪
①	①	①	①	①	①	①	①
②	②	②	②	②	②	②	②
③	③	●	③	③	③	③	③
④	④	④	④	④	④	④	④
⑤	⑤	⑤	⑤	⑤	⑤	⑤	⑤
⑥	●	⑥	●	⑥	⑥	⑥	⑥
⑦	⑦	⑦	⑦	⑦	⑦	⑦	⑦
⑧	⑧	⑧	⑧	⑧	⑧	⑧	⑧
⑨	⑨	⑨	⑨	●	⑨	⑨	⑨

감독위원 확인	
(인)	긓 싫

마킹주의

바르게 마킹 : ●

잘못 마킹 : ⊗ ⊙ ○ ⓞ ⓓ ⓨ ◑

(예 시)

수험자 유의사항

1. 시험 중에는 통신기기(휴대전화·소형 무전기 등) 및 전자기기(초소형 카메라 등)를 소지하거나 사용할 수 없습니다.
2. 부정행위 예방을 위해 시험문제지에도 수험번호와 성명을 반드시 기재하시기 바랍니다.
3. **시험시간이 종료되면 즉시 답안작성을 멈춰야** 하며, 종료시간 이후 계속 답안을 작성하거나 감독위원의 답안카드 제출지시에 불응할 때에는 당해 시험이 무효처리 됩니다.
4. 기타 감독위원의 정당한 지시에 불응하여 타 수험자의 시험에 방해가 될 경우 퇴실조치 될 수 있습니다.

답안카드 작성 시 유의사항

1. 답안카드 기재·마킹 시에는 반드시 검은색 사인펜을 사용해야 합니다.
2. 답안카드를 잘못 작성했을 시에는 카드를 교체하거나 수정테이프를 사용하여 수정할 수 있습니다.
   그러나 불완전한 수정처리로 인해 발생하는 전산자동판독불가 등 불이익은 수험자의 귀책사유입니다.
   - 수정테이프 이외의 수정액, 스티커 등은 사용 불가
   - 답안카드 왼쪽(성명·수험번호 등을 제외한 '답안란'만 수정테이프로 수정 가능
3. 성명란은 수험자 본인의 성명을 정자체로 기재합니다.
4. 교시 기재란은 해당교시를 기재하고 해당 칸에 마킹합니다.
5. 시험문제지 형별기재란에 표시된 형별(A형 공통)을 확인합니다.
6. 수험번호란은 숫자로 기재하고 아래 해당번호에 마킹합니다.
7. 시험문제지 형별 및 수험번호 등 마킹착오로 인한 불이익은 전적으로 수험자의 귀책사유입니다.
8. 감독위원의 날인이 없는 답안카드는 무효처리 됩니다.
9. 상단과 우측의 검은색 띠(▌▌▌) 부분은 낙서를 금지합니다.
10. 답안카드의 채점은 전산 판독결과에 따르며, 마킹누락, 마킹착오, 불완전한 마킹 등은 수험자의 귀책사유에 해당하므로 이의제기를 하더라도 받아들여지지 않습니다.

부정행위 처리규정

시험 중 다음과 같은 행위를 하는 자는 당해 시험을 무효처리하고 자격별 관련 규정에 따라 일정기간 동안 시험에 응시할 수 있는 자격을 정지합니다.
1. 시험과 관련된 대화, 답안카드 교환, 다른 수험자의 답안·문제지를 보고 답안 작성, 대리시험을 치르거나 치르게 하는 행위, 시험문제 내용과 관련된 물건을 휴대하거나 이를 주고받는 행위
2. 시험장 내외로부터 도움을 받아 답안을 작성하는 행위, 공인어학성적 및 응시자격서류를 허위기재하여 제출하는 행위
3. 통신기기(휴대전화·소형 무전기 등) 및 전자기기(초소형 카메라 등)를 이용하여 답안을 작성하거나 제출하는 행위
4. 다른 수험자와 성명 및 수험번호를 바꾸어 작성·제출하는 행위
5. 기타 부정 또는 불공정한 방법으로 시험을 치르는 행위

국가전문자격시험 답안카드

( )년도 ( )제( )차

문번	답란
1	① ② ③ ④ ⑤
2	① ② ③ ④ ⑤
3	① ② ③ ④ ⑤
4	① ② ③ ④ ⑤
5	① ② ③ ④ ⑤
6	① ② ③ ④ ⑤
7	① ② ③ ④ ⑤
8	① ② ③ ④ ⑤
9	① ② ③ ④ ⑤
10	① ② ③ ④ ⑤
11	① ② ③ ④ ⑤
12	① ② ③ ④ ⑤
13	① ② ③ ④ ⑤
14	① ② ③ ④ ⑤
15	① ② ③ ④ ⑤
16	① ② ③ ④ ⑤
17	① ② ③ ④ ⑤
18	① ② ③ ④ ⑤
19	① ② ③ ④ ⑤
20	① ② ③ ④ ⑤

문번	답란
21	① ② ③ ④ ⑤
22	① ② ③ ④ ⑤
23	① ② ③ ④ ⑤
24	① ② ③ ④ ⑤
25	① ② ③ ④ ⑤
26	① ② ③ ④ ⑤
27	① ② ③ ④ ⑤
28	① ② ③ ④ ⑤
29	① ② ③ ④ ⑤
30	① ② ③ ④ ⑤
31	① ② ③ ④ ⑤
32	① ② ③ ④ ⑤
33	① ② ③ ④ ⑤
34	① ② ③ ④ ⑤
35	① ② ③ ④ ⑤
36	① ② ③ ④ ⑤
37	① ② ③ ④ ⑤
38	① ② ③ ④ ⑤
39	① ② ③ ④ ⑤
40	① ② ③ ④ ⑤

문번	답란
41	① ② ③ ④ ⑤
42	① ② ③ ④ ⑤
43	① ② ③ ④ ⑤
44	① ② ③ ④ ⑤
45	① ② ③ ④ ⑤
46	① ② ③ ④ ⑤
47	① ② ③ ④ ⑤
48	① ② ③ ④ ⑤
49	① ② ③ ④ ⑤
50	① ② ③ ④ ⑤
51	① ② ③ ④ ⑤
52	① ② ③ ④ ⑤
53	① ② ③ ④ ⑤
54	① ② ③ ④ ⑤
55	① ② ③ ④ ⑤
56	① ② ③ ④ ⑤
57	① ② ③ ④ ⑤
58	① ② ③ ④ ⑤
59	① ② ③ ④ ⑤
60	① ② ③ ④ ⑤

문번	답란
61	① ② ③ ④ ⑤
62	① ② ③ ④ ⑤
63	① ② ③ ④ ⑤
64	① ② ③ ④ ⑤
65	① ② ③ ④ ⑤
66	① ② ③ ④ ⑤
67	① ② ③ ④ ⑤
68	① ② ③ ④ ⑤
69	① ② ③ ④ ⑤
70	① ② ③ ④ ⑤
71	① ② ③ ④ ⑤
72	① ② ③ ④ ⑤
73	① ② ③ ④ ⑤
74	① ② ③ ④ ⑤
75	① ② ③ ④ ⑤
76	① ② ③ ④ ⑤
77	① ② ③ ④ ⑤
78	① ② ③ ④ ⑤
79	① ② ③ ④ ⑤
80	① ② ③ ④ ⑤

문번	답란
81	① ② ③ ④ ⑤
82	① ② ③ ④ ⑤
83	① ② ③ ④ ⑤
84	① ② ③ ④ ⑤
85	① ② ③ ④ ⑤
86	① ② ③ ④ ⑤
87	① ② ③ ④ ⑤
88	① ② ③ ④ ⑤
89	① ② ③ ④ ⑤
90	① ② ③ ④ ⑤
91	① ② ③ ④ ⑤
92	① ② ③ ④ ⑤
93	① ② ③ ④ ⑤
94	① ② ③ ④ ⑤
95	① ② ③ ④ ⑤
96	① ② ③ ④ ⑤
97	① ② ③ ④ ⑤
98	① ② ③ ④ ⑤
99	① ② ③ ④ ⑤
100	① ② ③ ④ ⑤

문번	답란
101	① ② ③ ④ ⑤
102	① ② ③ ④ ⑤
103	① ② ③ ④ ⑤
104	① ② ③ ④ ⑤
105	① ② ③ ④ ⑤
106	① ② ③ ④ ⑤
107	① ② ③ ④ ⑤
108	① ② ③ ④ ⑤
109	① ② ③ ④ ⑤
110	① ② ③ ④ ⑤
111	① ② ③ ④ ⑤
112	① ② ③ ④ ⑤
113	① ② ③ ④ ⑤
114	① ② ③ ④ ⑤
115	① ② ③ ④ ⑤
116	① ② ③ ④ ⑤
117	① ② ③ ④ ⑤
118	① ② ③ ④ ⑤
119	① ② ③ ④ ⑤
120	① ② ③ ④ ⑤

문번	답란
121	① ② ③ ④ ⑤
122	① ② ③ ④ ⑤
123	① ② ③ ④ ⑤
124	① ② ③ ④ ⑤
125	① ② ③ ④ ⑤

성 명 (필적감정용)

교시 기재란
( )교시 ① ② ③

문제지 형별 기재 A형 Ⓐ

선 택 과 목 1

선 택 과 목 2

수 험 번 호
⓪ ① ② ③ ④ ⑤ ⑥ ⑦ ⑧ ⑨

감독위원 확인
㊞

마킹주의

바르게 마킹 : ●
잘못 마킹 : ⊗ ⊙ ▽ ⊘ ◎ ⊖ ⊙ ◐

(예 시)

성 명 (필적감정용)		
홍	길	동

교시 기재란	
(Ⅰ)교시	● ② ③
문제지 형별 기재	A형 ●

선 택 과 목 1

선 택 과 목 2

수 험 번 호							
0	1	3	2	9	8	0	1
⓪	⓪	⓪	⓪	⓪	⓪	●	⓪
①	●	①	①	①	①	①	●
②	②	②	●	②	②	②	②
③	③	●	③	③	③	③	③
④	④	④	④	④	④	④	④
⑤	⑤	⑤	⑤	⑤	⑤	⑤	⑤
⑥	⑥	⑥	⑥	⑥	⑥	⑥	⑥
⑦	⑦	⑦	⑦	⑦	⑦	⑦	⑦
⑧	⑧	⑧	⑧	●	⑧	⑧	⑧
⑨	⑨	⑨	⑨	⑨	●	⑨	⑨

감독위원 확인
홍 길 동

수험자 유의사항

1. 시험 중에는 통신기기(휴대전화·소형 무전기 등) 및 전자기기(초소형 카메라 등)를 소지하거나 사용할 수 없습니다.
2. 부정행위 예방을 위해 시험문제지에도 수험번호와 성명을 반드시 기재하시기 바랍니다.
3. 시험시간이 종료되면 즉시 답안작성을 멈춰야 하며, 종료시간 이후 계속 답안을 작성하거나 감독위원의 답안카드 제출지시에 불응할 때에는 당해 시험이 무효처리 됩니다.
4. 기타 감독위원의 정당한 지시에 불응하여 타 수험자의 시험에 방해가 될 경우 퇴실조치 될 수 있습니다.

답안카드 작성 시 유의사항

1. 답안카드 기재·마킹 시에는 반드시 검은색 사인펜을 사용해야 합니다.
2. 답안카드를 잘못 작성했을 시에는 카드를 교체하거나 수정테이프를 사용하여 수정할 수 있습니다.
   그러나 불완전한 수정처리로 인해 발생하는 전산자동판독불가 등 불이익은 수험자의 귀책사유입니다.
   - 수정테이프 이외의 수정액, 스티커 등은 사용 불가
   - 답안카드 왼쪽(성명·수험번호 등)을 제외한 '답안란'만 수정테이프로 수정 가능
3. 성명란은 수험자 본인의 성명을 정자체로 기재합니다.
4. 교시 기재란은 해당교시를 기재하고 해당 란에 마킹합니다.
5. 시험문제지 형별기재란에 표시된 형별(A형 공통)을 확인합니다.
6. 수험번호란은 숫자로 기재하고 아래 해당번호에 마킹합니다.
7. 시험문제지 형별 및 수험번호 등 마킹착오로 인한 불이익은 전적으로 수험자의 귀책사유입니다.
8. 감독위원의 날인이 없는 답안카드는 무효처리 됩니다.
9. 상단과 우측의 검은색 띠(∎∎∎) 부분은 낙서를 금지합니다.
10. 답안카드의 채점은 전산 판독결과에 따르며, 마킹착오, 마킹누락 등으로 인한 불이익은 수험자의 귀책사유로 마킹하지 않거나 이중으로 마킹한 경우에는 채점되지 않습니다.

부정행위 처리규정

시험 중 다음과 같은 행위를 하는 자는 당해 시험을 무효처리하고 자격별 관련 규정에 따라 일정기간 동안 시험에 응시할 수 있는 자격을 정지합니다.
1. 시험과 관련된 대화, 답안카드 교환, 다른 수험자의 답안·문제지를 보고 답안 작성, 대리시험을 치르거나 치르게 하는 행위, 시험문제 내용과 관련된 물건을 휴대하거나 이를 주고받는 행위
2. 시험장 내외로부터 도움을 받아 답안을 작성하는 행위, 공인어학성적 및 응시자격서류를 허위기재하여 제출하는 행위
3. 통신기기(휴대전화·소형 무전기 등) 및 전자기기(초소형 카메라 등)를 휴대하거나 사용하는 행위
4. 다른 수험자와 성명 및 수험번호를 바꾸어 작성·제출하는 행위
5. 기타 부정 또는 불공정한 방법으로 시험을 치르는 행위

2025

에듀윌
공인중개사
회차별 기출문제집

2차 공인중개사법령 및 중개실무 | 부동산공법 |
부동산공시법 | 부동산세법

eduwill

한눈에 보는 빠른 정답 CHECK!

제35회

| 1교시 | 문제편 p. 10

제1과목 | 공인중개사법령 및 중개실무

1	⑤	2	①	3	②	4	⑤	5	③
6	③	7	①	8	①	9	②	10	②
11	④	12	②	13	③	14	①	15	④
16	③	17	①	18	②	19	⑤	20	③
21	④	22	④	23	②	24	④	25	⑤
26	②	27	⑤	28	①	29	③	30	③
31	①	32	⑤	33	③	34	⑤	35	④
36	⑤	37	③	38	⑤	39	④	40	②

문제편 p. 26

제2과목 | 부동산공법

41	①	42	②	43	④	44	⑤	45	②
46	③	47	②	48	⑤	49	③	50	②
51	④	52	③	53	②	54	⑤	55	①
56	④	57	③	58	④	59	⑤	60	④
61	⑤	62	①	63	②	64	②	65	⑤
66	②	67	③	68	①	69	②	70	①
71	③	72	①	73	⑤	74	⑤	75	③
76	③	77	④	78	⑤	79	④	80	④

| 2교시 | 문제편 p. 41

제1과목 | 부동산공시법 & 부동산세법

1	③	2	③	3	①	4	⑤	5	②
6	④	7	①	8	④	9	⑤	10	②
11	④	12	⑤	13	④	14	⑤	15	①
16	④	17	③	18	⑤	19	④	20	③
21	④	22	④	23	①	24	⑤	25	④
26	⑤	27	③	28	⑤	29	③	30	②
31	①	32	①	33	①	34	⑤	35	②
36	③	37	③	38	④	39	②	40	④

제34회

| 1교시 | 문제편 p. 57

제1과목 | 공인중개사법령 및 중개실무

1	④	2	①	3	④	4	④	5	②
6	②	7	③	8	①	9	②	10	⑤
11	⑤	12	①	13	④	14	②	15	④
16	⑤	17	①	18	④	19	①	20	①
21	④	22	①	23	⑤	24	①	25	⑤
26	②	27	⑤	28	③	29	④	30	③
31	①	32	①	33	③	34	②	35	④
36	⑤	37	⑤	38	③	39	①	40	④

문제편 p. 73

제2과목 | 부동산공법

41	③	42	④	43	②	44	②	45	⑤
46	③	47	①	48	⑤	49	⑤	50	①
51	④	52	③	53	①	54	②	55	⑤
56	④	57	②	58	④	59	①	60	④
61	③	62	②	63	④	64	①	65	④
66	②	67	⑤	68	③	69	④	70	⑤
71	③	72	①	73	④	74	④	75	①
76	②	77	⑤	78	⑤	79	⑤		

| 2교시 | 문제편 p. 89

제1과목 | 부동산공시법 & 부동산세법

1	①	2	⑤	3	④	4	②	5	①
6	③	7	③	8	⑤	9	②	10	②
11	④	12	①	13	②	14	①	15	③
16	③	17	④	18	①	19	⑤	20	②
21	④	22	②, ⑤	23	②	24	①	25	③
26	④	27	②	28	⑤	29	④	30	②
31	⑤	32	①	33	④	34	④	35	③
36	⑤	37	③	38	③	39	⑤	40	①

제33회

|1교시| 문제편 p. 106

제1과목 | 공인중개사법령 및 중개실무

1	④	2	①	3	⑤	4	①	5	③
6	⑤	7	②	8	⑤	9	③	10	④
11	①	12	③	13	④	14	⑤	15	②
16	②	17	①	18	④	19	③	20	②
21	①	22	②	23	③	24	⑤	25	②
26	④	27	⑤	28	②	29	④	30	③
31	③	32	③	33	①	34	③	35	①
36	①	37	④	38	④	39	⑤	40	③

문제편 p. 124

제2과목 | 부동산공법

41	⑤	42	③	43	②	44	①	45	⑤
46	③	47	①	48	④	49	④	50	⑤
51	①	52	③	53	②	54	③	55	③
56	②	57	③	58	④	59	⑤	60	③
61	④	62	②	63	①	64	⑤	65	⑤
66	②	67	③	68	①	69	①	70	②
71	①	72	⑤	73	②	74	①	75	④
76	③	77	②	78	③	79	④	80	①

|2교시| 문제편 p. 140

제1과목 | 부동산공시법&부동산세법

1	①	2	③	3	①	4	④	5	⑤
6	모두 정답	7	③	8	③	9	③	10	④
11	②	12	①	13	①	14	③	15	②
16	①	17	⑤	18	①	19	②	20	③
21	④	22	④	23	⑤	24	①	25	④
26	④	27	⑤	28	②	29	⑤	30	③
31	②	32	①	33	⑤	34	①	35	③
36	③	37	④	38	②	39	⑤	40	①

제32회

|1교시| 문제편 p. 160

제1과목 | 공인중개사법령 및 중개실무

1	④	2	①	3	③	4	⑤	5	①
6	④	7	④	8	③	9	②	10	③
11	③	12	④	13	①	14	⑤	15	②
16	④	17	⑤	18	④	19	②	20	②
21	①	22	①	23	⑤	24	②	25	⑤
26	④	27	⑤	28	⑤	29	⑤	30	④
31	③	32	③	33	③	34	④	35	④
36	②	37	③	38	①	39	⑤	40	③

문제편 p. 177

제2과목 | 부동산공법

41	②	42	①	43	①	44	④	45	①
46	⑤	47	①	48	④	49	②	50	②
51	⑤	52	②	53	④	54	④	55	②
56	④	57	③	58	⑤	59	①	60	③
61	③	62	①	63	③	64	②	65	②
66	②	67	③	68	③	69	④	70	①
71	③	72	⑤	73	⑤	74	③	75	①
76	⑤	77	②	78	④	79	⑤	80	③

|2교시| 문제편 p. 192

제1과목 | 부동산공시법&부동산세법

1	①	2	③	3	②	4	③	5	⑤
6	④	7	①	8	⑤	9	②	10	②
11	②	12	④	13	①	14	②	15	④
16	⑤	17	③	18	④	19	①	20	③
21	⑤	22	⑤	23	③	24	②	25	②
26	②	27	⑤	28	②	29	②	30	①
31	④	32	⑤	33	③	34	②	35	③
36	②	37	②	38	①	39	⑤	40	④

|1교시| 문제편 p. 210

| 제1과목 | 공인중개사법령 및 중개실무 |

1	④	2	①	3	②	4	③	5	④
6	②	7	③	8	③,④	9	⑤	10	①
11	②	12	③	13	⑤	14	①	15	⑤
16	⑤	17	④	18	①	19	②	20	④
21	④	22	②	23	④	24	⑤	25	④
26	②	27	①	28	③	29	④	30	①
31	②	32	②	33	④	34	⑤	35	①
36	①	37	⑤	38	③	39	②	40	③

문제편 p. 227

| 제2과목 | 부동산공법 |

41	④	42	③	43	③	44	④	45	④
46	①	47	②	48	④	49	①	50	④
51	②	52	⑤	53	④	54	③	55	②
56	④	57	①	58	⑤	59	②	60	①
61	⑤	62	⑤	63	③	64	⑤	65	③
66	④	67	④	68	④	69	⑤	70	③
71	①	72	⑤	73	①	74	④	75	②
76	③	77	①	78	①	79	④		

|2교시| 문제편 p. 242

| 제1과목 | 부동산공시법 & 부동산세법 |

1	②	2	⑤	3	②	4	③	5	③
6	①	7	⑤	8	③	9	④	10	④
11	①	12	①	13	④	14	⑤	15	①
16	④	17	⑤	18	②	19	③	20	①
21	③	22	⑤	23	②	24	②	25	④
26	②	27	①	28	⑤	29	②	30	②
31	①	32	③	33	④	34	②	35	②
36	⑤	37	⑤	38	④	39	④	40	⑤

|1교시| 문제편 p. 261

| 제1과목 | 공인중개사법령 및 중개실무 |

1	③	2	①	3	④	4	⑤	5	④
6	③	7	②	8	④	9	⑤	10	②
11	④	12	①	13	⑤	14	③	15	②
16	④	17	⑤	18	③	19	③	20	⑤
21	④	22	①	23	⑤	24	②	25	④
26	①	27	③	28	⑤	29	⑤	30	③
31	①	32	④	33	③	34	④	35	①
36	③	37	②	38	④	39	②	40	⑤

문제편 p. 277

| 제2과목 | 부동산공법 |

41	③	42	④	43	③	44	②	45	⑤
46	⑤	47	③	48	④	49	④	50	①
51	②	52	①	53	③	54	①	55	④
56	⑤	57	①	58	②	59	①	60	②
61	④	62	④	63	④	64	⑤	65	①
66	④	67	④	68	②	69	②	70	①
71	④	72	②	73	②	74	①	75	④
76	⑤	77	⑤	78	②	79	③	80	③

|2교시| 문제편 p. 291

| 제1과목 | 부동산공시법 & 부동산세법 |

1	①	2	②	3	④	4	④	5	③
6	①	7	③	8	③	9	②	10	⑤
11	④	12	①	13	⑤	14	①	15	③
16	②	17	④	18	③	19	②	20	①
21	①	22	④	23	②	24	④	25	⑤
26	②	27	②	28	⑤	29	①	30	③
31	⑤	32	④	33	②	34	③	35	④
36	⑤	37	④	38	④	39	①		

6개년 회차별 합격 예상 CHECK!

활용 방법	① 각 회별 문제풀이가 끝나면 문제풀이 시간과 점수를 그래프에 기록해보세요.
	② 체크한 내용을 한눈에 비교하고 취약 부분을 확인하세요. 약점을 극복하고 합격을 달성하세요!

회차별 시간 체크 회차별 문제풀이 시간을 그래프에 기록하여 시간을 한눈에 확인하고 관리해보세요!

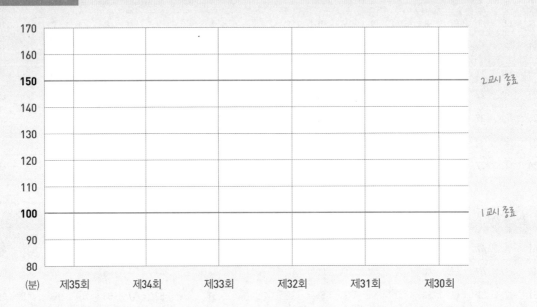

과목별 점수 체크 회차별 합격자 평균 점수를 한눈에 확인하고, 나의 점수를 기록하여 합격점을 확인해보세요!

1교시   〈공인중개사법령 및 중개실무〉

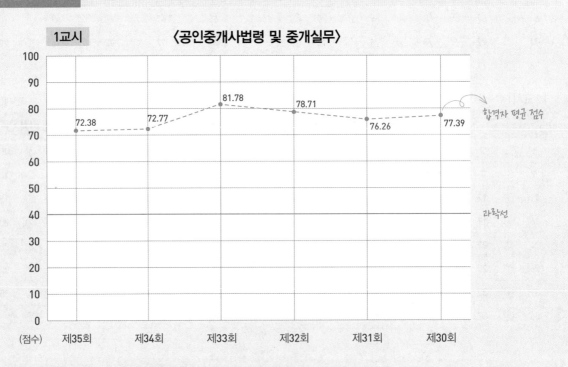

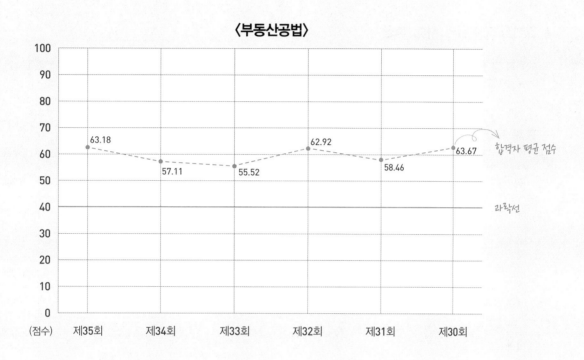

〈부동산공법〉

- 제35회: 63.18
- 제34회: 57.11
- 제33회: 55.52
- 제32회: 62.92
- 제31회: 58.46
- 제30회: 63.67

합격자 평균 점수

과락선

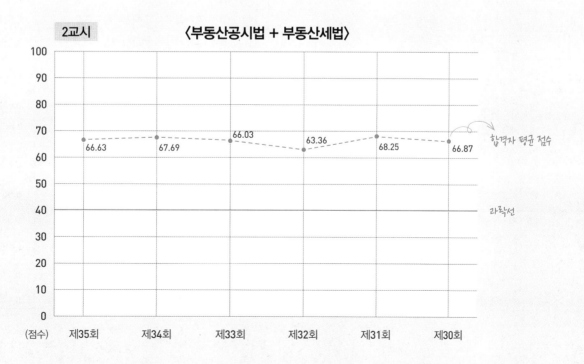

2교시

〈부동산공시법 + 부동산세법〉

- 제35회: 66.63
- 제34회: 67.69
- 제33회: 66.03
- 제32회: 63.36
- 제31회: 68.25
- 제30회: 66.87

합격자 평균 점수

과락선

문제편 ▶ p.10

☑ 시험결과

응시자(명)	과락자(명)	응시자 평균점수(점)	합격자 평균점수(점)
49,520	13,459	52.62	72.38

⇨ **나의 점수:** _____

☑ 임선정 교수님의 시험 총평

제35회 공인중개사법령 및 중개실무 시험의 체감 난도는 높은 편이었습니다. 특히 중개실무 부분은 민법 연계문제가 다수 출제되어 2차 시험만 준비했던 수험생들에게 다소 부담을 주었습니다.

☑ 출제 문항별 영역 > 키워드 & 기본서 연계 페이지

문항	영역 > 키워드	기본서	문항	영역 > 키워드	기본서
1	공인중개사제도 > 공인중개사 정책심의위원회	p.47	21	공인중개사협회 및 교육·보칙·신고센터 등 > 공인중개사협회의 업무	p.240
2	중개업무 > 법인의 겸업가능 범위	p.105	22	부동산 거래신고 등에 관한 법률 > 토지거래허가	p.380
3	중개업무 > 휴업 및 폐업	p.142	23	부동산 거래신고 등에 관한 법률 > 부동산거래계약의 변경신고사항	p.332
4	공인중개사협회 및 교육·보칙·신고센터 등 > 교육	p.250	24	부동산 거래신고 등에 관한 법률 > 주택 임대차계약 신고	p.354
5	중개업무 > 고용인 고용 및 종료신고	p.109	25	부동산 거래신고 등에 관한 법률 > 부동산 거래신고	p.324
6	공인중개사협회 및 교육·보칙·신고센터 등 > 부동산거래질서교란행위	p.262	26	부동산 거래신고 등에 관한 법률 > 외국인등의 국내 부동산 취득규정	p.369
7	중개업무 > 개업공인중개사의 업무 범위	p.102	27	부동산 거래신고 등에 관한 법률 > 토지거래허가	p.380
8	중개사무소 개설등록 및 결격사유 > 중개사무소등록증 등의 게시	p.79	28	부동산 거래신고 등에 관한 법률 > 부동산 거래신고대상	p.324
9	중개사무소 개설등록 및 결격사유 > 결격사유	p.78	29	개별적 중개실무 > 주택임대차보호법	p.571
10	중개계약 및 부동산거래정보망 > 일반중개계약, 전속중개계약	p.156	30	개별적 중개실무 > 민사집행법	p.619
11	중개계약 및 부동산거래정보망 > 거래정보사업자 지정 및 이용	p.165	31	개별적 중개실무 > 매수신청대리	p.632
12	손해배상책임과 반환채무이행보장 > 예치명의자	p.221	32	개별적 중개실무 > 집합건물의 소유 및 관리에 관한 법률	p.652
13	개업공인중개사의 의무 및 책임 > 금지행위	p.180	33	거래계약의 체결 > 매수청구권	–
14	벌칙(행정벌) > 행정형벌	p.310	34	개별적 중개실무 > 임차권등기명령	p.610
15	중개보수 > 중개보수	p.228	35	거래계약의 체결 > 공유재산	p.540
16	지도·감독 및 행정처분 > 업무정지기간	p.290	36	개별적 중개실무 > 등기명의신탁	p.563
17	지도·감독 및 행정처분 > 등록취소	p.282	37	개별적 중개실무 > 주택임대차보호법	p.571
18	공인중개사협회 및 교육·보칙·신고센터 등 > 공인중개사협회의 공제사업	p.240	38	개별적 중개실무 > 상가건물 임대차보호법	p.600
19	개업공인중개사의 의무 및 책임 > 거래계약서의 작성	p.202	39	중개대상물 조사 및 확인 > 분묘기지권	p.473
20	중개대상물 조사 및 확인 > 확인·설명서	p.515	40	중개대상물 조사 및 확인 > 분묘기지권	p.473

정답 및 해설

※ 문항별 난이도가 상, 중, 하로 표시되어 있습니다.
※ 문항별 영역과 키워드를 확인하고, 취약 영역은 이론서를 통해 보충하세요.
영역은 기본서의 CHAPTER와 동일합니다.

---

1   난이도 중   답⑤

| 영 역 | 공인중개사제도

| 키워드 | 공인중개사 정책심의위원회

| 해 설 | ① 공인중개사의 업무에 관한 사항을 심의하기 위하여 국토교통부에 공인중개사 정책심의위원회를 둘 수 있다. 따라서 국무총리 소속으로 한다는 지문은 틀린 지문이 된다.

② 공인중개사 정책심의위원회의 심의사항은 다음과 같다.

> 1. 공인중개사의 시험 등 공인중개사의 자격취득에 관한 사항
> 2. 부동산중개업의 육성에 관한 사항
> 3. 중개보수 변경에 관한 사항
> 4. 손해배상책임의 보장 등에 관한 사항

따라서 손해배상책임의 보장 등에 관한 사항은 심의사항에 해당한다.

③ 국토교통부장관은 위원이 제척사유의 어느 하나에 해당하는 데에도 불구하고 회피하지 아니한 경우에는 해당 위원을 해촉할 수 있다.

④ 공인중개사 정책심의위원회에서 심의한 사항 중 '공인중개사의 시험 등 공인중개사의 자격취득에 관한 사항'의 경우에는 특별시장·광역시장·도지사·특별자치도지사는 이에 따라야 한다.

---

2   난이도 중   답①

| 영 역 | 중개업무

| 키워드 | 법인의 겸업가능 범위

| 해 설 | 법인인 개업공인중개사는 다른 법률에 규정된 경우를 제외하고는 중개업 및 다음에 규정된 업무 외에 다른 업무를 함께 할 수 없다.

> 1. 상업용 건축물 및 주택의 임대관리 등 부동산의 관리대행
> 2. 부동산의 이용·개발 및 거래에 관한 상담
> 3. 개업공인중개사를 대상으로 한 중개업의 경영기법 및 경영정보의 제공
> 4. 상업용 건축물 및 주택의 분양대행
> 5. 그 밖에 중개업에 부수되는 업무로서 대통령령이 정하는 업무인 중개의뢰인의 의뢰에 따른 도배·이사업체의 소개 등 주거이전에 부수되는 용역의 알선
> 6. 「민사집행법」에 의한 경매 및 「국세징수법」, 그 밖의 법령에 의한 공매대상 부동산에 대한 권리분석 및 취득의 알선과 매수신청 또는 입찰신청의 대리

따라서 주택의 임대업은 겸업가능한 업무에 해당하지 않는다.

---

3   난이도 중   답②

| 영 역 | 중개업무

| 키워드 | 휴업 및 폐업

| 해 설 | 개업공인중개사는 국토교통부령으로 정하는 신고서에 중개사무소등록증을 첨부(3개월을 초과하여 휴업하려는 경우, 중개사무소의 개설등록 후 3개월을 초과하여 업무를 개시하지 않는 경우, 폐업하려는 경우)하여 등록관청에 미리 신고하여야 한다. 따라서 휴업기간의 변경신고 시에는 등록증을 첨부하지 아니한다.

| 영 역 | 공인중개사협회 및 교육·보칙·신고센터 등

| 키워드 | 교육

| 해 설 | ㄱ. 실무교육을 받은 개업공인중개사 및 소속공인중개사는 실무교육을 받은 후 2년마다 시·도지사가 실시하는 연수교육을 받아야 한다. 따라서 연수교육의 주체는 등록관청이 될 수 없다.

ㄴ. 개업공인중개사 甲과 해당 중개업무를 수행한 소속공인중개사 乙은 함께 확인·설명서에 서명 및 날인하여야 한다.

ㄷ. 중개사무소의 개설등록을 신청하려는 자(법인의 경우에는 사원·임원을 말하며, 분사무소의 설치신고를 하려는 경우에는 분사무소의 책임자를 말한다)는 등록신청일(분사무소 설치신고의 경우에는 신고일을 말한다) 전 1년 이내에 시·도지사가 실시하는 실무교육(실무수습을 포함한다)을 받아야 한다. 다만, 소속공인중개사로서 고용관계 종료신고 후 1년 이내에 중개사무소의 개설등록을 신청하려는 자는 실무교육 대상에 포함되지 않는다.

| 영 역 | 중개업무

| 키워드 | 고용인 고용 및 종료신고

| 해 설 | ① 등록관청은 중개보조원의 고용신고를 받은 경우 이를 다음 달 10일까지 공인중개사협회에 통보하여야 한다.

② 개업공인중개사는 소속공인중개사 또는 중개보조원을 고용한 경우에는 교육을 받도록 한 후 업무개시 전까지 등록관청에 신고(전자문서에 의한 신고를 포함한다)하여야 한다.

④ 개업공인중개사는 소속공인중개사와의 고용관계가 종료된 때에는 고용관계가 종료된 날부터 10일 이내에 등록관청에 신고하여야 한다.

⑤ 고용신고를 받은 등록관청은 공인중개사자격증을 발급한 시·도지사에게 그 소속공인중개사의 공인중개사 자격 확인을 요청하여야 한다.

| 영 역 | 공인중개사협회 및 교육·보칙·신고센터 등

| 키워드 | 부동산거래질서교란행위

| 해 설 | 개업공인중개사가 중개행위로 인한 손해배상책임을 보장하기 위하여 가입해야 하는 보증보험이나 공제에 가입하지 않은 경우는 부동산거래질서교란행위에 해당하지 않는다.

| 영 역 | 중개업무

| 키워드 | 개업공인중개사의 업무 범위

| 해 설 | 개업공인중개사가 「민사집행법」에 의한 경매대상 부동산에 대하여 매수신청 또는 입찰신청의 대리를 하고자 하는 때에는 대법원규칙으로 정하는 요건을 갖추어 법원에 등록하고 그 감독을 받아야 한다. 따라서 법원에 등록하여야 하는 것은 ㄱ.이 된다.

| 영 역 | 중개사무소 개설등록 및 결격사유

| 키워드 | 중개사무소등록증 등의 게시

| 해 설 | 개업공인중개사는 중개사무소등록증·중개보수표 그 밖에 국토교통부령으로 정하는 다음의 사항을 해당 중개사무소 안의 보기 쉬운 곳에 게시하여야 한다.

1. 중개사무소등록증 원본(법인인 개업공인중개사의 분사무소의 경우에는 분사무소설치 신고확인서 원본을 말한다)
2. 중개보수·실비의 요율 및 한도액표
3. 개업공인중개사 및 소속공인중개사의 공인중개사자격증 원본(해당되는 자가 있는 경우로 한정한다)
4. 보증의 설정을 증명할 수 있는 서류
5. 사업자등록증

따라서 ㄱ. ㄴ.이 게시사항에 해당한다.

9 난이도 중 답②

| 영 역 | 중개사무소 개설등록 및 결격사유

| 키워드 | 결격사유

| 해 설 | 등록관청은 매월 중개사무소등록·행정처분 및 신고 등에 관한 사항을 중개사무소등록·행정처분 등 통지서에 의하여 다음 달 10일까지 공인중개사협회에 통보하여야 한다. 등록관청이 공인중개사협회에 통보하여야 할 사항은 다음과 같다.

> 1. 중개사무소등록증 교부사항
> 2. 분사무소 설치신고사항
> 3. 중개업의 휴·폐업 또는 재개업, 휴업기간의 변경 신고사항
> 4. 중개사무소 이전신고사항
> 5. 소속공인중개사 또는 중개보조원의 고용 및 고용관계 종료신고사항
> 6. 개업공인중개사에 대한 행정처분(등록취소·업무정지)사항

따라서 공인중개사협회가 다음 달 10일까지 시·도지사에게 통보하는 것이 아니라 등록관청이 다음 달 10일까지 공인중개사협회에 통보하여야 한다.

10 난이도 중 답②

| 영 역 | 중개계약 및 부동산거래정보망

| 키워드 | 일반중개계약, 전속중개계약

| 해 설 | 전속중개계약의 유효기간은 3개월로 한다. 다만, 당사자간에 다른 약정이 있는 경우에는 그 약정에 따른다. 따라서 유효기간을 3개월 미만으로 약정한 경우 그 유효기간을 3개월로 한다는 지문은 틀린 지문이 된다.

11 난이도 중 답④

| 영 역 | 중개계약 및 부동산거래정보망

| 키워드 | 거래정보사업자 지정 및 이용

| 해 설 | ① 거래정보사업자로 지정을 받을 수 있는 자는 「전기통신사업법」의 규정에 의한 부가통신사업자로서 국토교통부령으로 정하는 요건을 갖춘 자로 한다. 따라서 부가통신사업자가 아닌 자는 국토교통부령으로 정하는 요건을 갖추어도 거래정보사업자로 지정을 받을 수 없다.

② 거래정보사업자로 지정받으려는 자는 공인중개사 1명 이상을 확보하면 된다. 따라서 거래정보사업자로 지정을 받으려는 자가 공인중개사의 자격을 갖추어야 하는 것은 아니다.

③ 국토교통부장관은 거래정보사업자가 거짓이나 그 밖의 부정한 방법으로 지정을 받은 경우 그 지정을 취소할 수 있다. 따라서 거짓이나 그 밖의 부정한 방법으로 지정을 받은 경우 그 지정 자체가 무효라는 내용은 「공인중개사법」상 규정이 없다.

⑤ 개업공인중개사는 부동산거래정보망에 중개대상물에 관한 정보를 거짓으로 공개하여서는 아니 되며, 공개한 중개대상물의 거래가 완성된 때에는 그 사실을 지체 없이 해당 거래정보사업자에게 통보하여야 한다. 따라서 개업공인중개사는 3개월 이내에 해당 거래정보사업자에게 이를 통보하는 것이 아니라, '지체 없이' 통보하여야 한다.

12 난이도 하 답②

| 영 역 | 손해배상책임과 반환채무이행보장

| 키워드 | 예치명의자

| 해 설 | 「공인중개사법」상 예치명의자가 될 수 있는 자는 다음에 규정된 자로 한정되어 있다.

> 1. 개업공인중개사
> 2. 「은행법」에 따른 은행
> 3. 「보험업법」에 따른 보험회사
> 4. 「자본시장과 금융투자업에 관한 법률」에 따른 신탁업자
> 5. 「우체국예금·보험에 관한 법률」에 따른 체신관서
> 6. 법 제42조의 규정에 따라 공제사업을 하는 자
> 7. 부동산거래계약의 이행을 보장하기 위하여 계약금·중도금 또는 잔금(이하 '계약금등'이라 한다) 및 계약 관련 서류를 관리하는 업무를 수행하는 전문회사

따라서 거래당사자 중 일방은 예치명의자가 될 수 없다.

13 난이도 중   답 ③

| 영　역 | 개업공인중개사의 의무 및 책임

| 키워드 | 금지행위

| 해　설 | 누구든지 시세에 부당한 영향을 줄 목적으로 다음의 방법으로 개업공인중개사등의 업무를 방해해서는 아니 된다(법 제33조 제2항).

> 1. 안내문, 온라인 커뮤니티 등을 이용하여 특정 개업공인중개사등에 대한 중개의뢰를 제한하거나 제한을 유도하는 행위
> 2. 안내문, 온라인 커뮤니티 등을 이용하여 중개대상물에 대하여 시세보다 현저하게 높게 표시·광고 또는 중개하는 특정 개업공인중개사등에게만 중개의뢰를 하도록 유도함으로써 다른 개업공인중개사등을 부당하게 차별하는 행위
> 3. 안내문, 온라인 커뮤니티 등을 이용하여 특정 가격 이하로 중개를 의뢰하지 아니하도록 유도하는 행위
> 4. 정당한 사유 없이 개업공인중개사등의 중개대상물에 대한 정당한 표시·광고행위를 방해하는 행위
> 5. 개업공인중개사등에게 중개대상물을 시세보다 현저하게 높게 표시·광고하도록 강요하거나 대가를 약속하고 시세보다 현저하게 높게 표시·광고하도록 유도하는 행위

따라서 정답은 ㄴ. ㄷ.이 된다.

14 난이도 하   답 ①

| 영　역 | 벌칙(행정벌)

| 키워드 | 행정형벌

| 해　설 | ① 3년 이하의 징역 또는 3천만원 이하의 벌금사유에 해당한다.

②③④⑤ 1년 이하의 징역 또는 1천만원 이하의 벌금사유에 해당한다.

15 난이도 중   답 ④

| 영　역 | 중개보수

| 키워드 | 중개보수

| 해　설 | 중개대상물의 소재지와 중개사무소의 소재지가 다른 경우에는 그 사무소의 소재지를 관할하는 시·도의 조례로 정한 기준에 따라 중개보수를 받아야 한다. 따라서 중개대상물의 소재지를 관할하는 시·도의 조례에서 정한 기준에 따라야 하는 것이 아니다.

16 난이도 중   답 ③

| 영　역 | 지도·감독 및 행정처분

| 키워드 | 업무정지기간

| 해　설 | ③ 업무정지기간 6개월에 해당한다.
①②④⑤ 업무정지기간 3개월에 해당한다.

17 난이도 중   답 ①

| 영　역 | 지도·감독 및 행정처분

| 키워드 | 등록취소

| 해　설 | ① 업무정지사유에 해당한다.
②③④⑤ 등록관청이 중개사무소의 개설등록을 취소하여야 하는 사유에 해당한다.

18 난이도 중   답 ②

| 영　역 | 공인중개사협회 및 교육·보칙·신고센터 등

| 키워드 | 공인중개사협회의 공제사업

| 해　설 | 공제사업의 양도는 공제사업 운영에 관한 개선조치로서 명할 수 있는 사항에 해당하지 않는다.

19 난이도 중   답 ⑤

| 영　역 | 개업공인중개사의 의무 및 책임

| 키워드 | 거래계약서의 작성

| 해　설 | ㄱ. ㄴ. ㄷ. ㄹ. 모두 거래계약서에 기재하여야 하는 사항에 해당한다.

20 난이도 **중**   답 ③

| 영 역 | 중개대상물 조사 및 확인

| 키워드 | 확인·설명서

| 해 설 | 관리비에 관한 사항은 확인·설명서[I]의 관리에 관한 사항에는 포함되지만, 확인·설명서[II]의 관리에 관한 사항에는 포함되지 않는다.

21 난이도 **하**   답 ④

| 영 역 | 공인중개사협회 및 교육·보칙·신고센터 등

| 키워드 | 공인중개사협회의 업무

| 해 설 | 협회는 협회 설립목적을 달성하기 위하여 다음의 업무를 수행할 수 있다.

> 1. 회원의 품위유지를 위한 업무
> 2. 부동산중개제도의 연구·개선에 관한 업무
> 3. 회원의 자질향상을 위한 지도 및 교육·연수에 관한 업무
> 4. 회원의 윤리헌장 제정 및 그 실천에 관한 업무
> 5. 부동산 정보제공에 관한 업무
> 6. 법 제42조의 규정에 따른 공제사업
> 7. 그 밖에 협회의 설립목적 달성을 위하여 필요한 업무

따라서 ㄱ. ㄴ. ㄹ.이 공인중개사협회의 업무에 해당한다.

22 난이도 **중**   답 ④

| 영 역 | 부동산 거래신고 등에 관한 법률

| 키워드 | 토지거래허가

| 해 설 | ① 허가구역이 둘 이상의 시·도의 관할구역에 걸쳐 있는 경우 국토교통부장관이 지정할 수 있다.

② 국토교통부장관 또는 시·도지사는 국토의 이용 및 관리에 관한 계획의 원활한 수립과 집행, 합리적인 토지이용 등을 위하여 토지의 투기적인 거래가 성행하거나 지가(地價)가 급격히 상승하는 지역과 그러한 우려가 있는 지역으로서 대통령령으로 정하는 지역에 대해서는 5년 이내의 기간을 정하여 토지거래계약에 관한 허가구역으로 지정할 수 있다.

③ 허가구역의 지정은 허가구역의 지정을 공고한 날부터 5일 후에 그 효력이 발생한다.

⑤ 허가구역 지정에 관한 공고내용의 통지를 받은 시장·군수 또는 구청장은 지체 없이 그 공고내용을 그 허가구역을 관할하는 등기소의 장에게 통지하여야 하며, 지체 없이 그 사실을 7일 이상 공고하고, 그 공고내용을 15일간 일반이 열람할 수 있도록 하여야 한다.

23 난이도 **중**   답 ②

| 영 역 | 부동산 거래신고 등에 관한 법률

| 키워드 | 부동산거래계약의 변경신고사항

| 해 설 | 공동매수의 경우 매수인 중 일부가 추가되는 경우가 아닌, 매수인 중 일부가 제외되는 경우가 변경신고사항에 해당한다.

24 난이도 **중**   답 ④

| 영 역 | 부동산 거래신고 등에 관한 법률

| 키워드 | 주택 임대차계약 신고

| 해 설 | ④ 임대차계약당사자가 주택 임대차계약을 갱신하는 경우로서 보증금 및 차임의 증감 없이 임대차 기간만 연장하는 계약은 신고사항에 해당하지 않는다.

① 임대차계약당사자가 주택에 대하여 보증금이 6천만원을 초과하거나 월차임이 30만원을 초과하는 주택 임대차계약을 체결한 경우 신고대상이 된다. 따라서 보증금이 6천만원이고 월차임이 30만원으로 임대차계약을 체결한 경우 신고대상이 아니다.

② 임대차계약당사자가 주택에 대하여 보증금이 6천만원을 초과하거나 월차임이 30만원을 초과하는 주택 임대차계약을 체결한 경우 신고대상이 된다. 따라서 보증금이 5천만원이고 월차임이 40만원으로 임대차계약을 체결한 경우 신고대상에 해당한다.

③ 임대차계약당사자 중 일방이 국가등인 경우에는 국가등이 신고하여야 한다. 국가등이 주택 임대차계약을 신고하려는 경우에는 임대차 신고서에 단독으로 서명 또는 날인해 신고관청에 제출해야 한다.

⑤ 주택 임대차계약을 신고하려는 임대차계약당사자는 주택 임대차계약 신고서에 공동으로 서명 또는 날인해 신고관청에 제출해야 한다. 부동산 거래신고제도와는 달리 주택임대차신고제도에서는 개업공인중개사가 개입한 경우 개업공인중개사가 신고하여야 하는 규정은 없다.

---

25 난이도 **상**   답 ⑤

| 영 역 | 부동산 거래신고 등에 관한 법률
| 키워드 | 부동산 거래신고
| 해 설 | 개업공인중개사가 거래계약서를 작성·교부하여 부동산 거래신고를 개업공인중개사가 한 경우에는 개업공인중개사가 30일 이내에 해제등의 신고(공동으로 중개를 한 경우에는 해당 개업공인중개사가 공동으로 신고하는 것을 말한다)를 할 수 있다.

---

26 난이도 **중**   답 ②

| 영 역 | 부동산 거래신고 등에 관한 법률
| 키워드 | 외국인등의 국내 부동산 취득규정
| 해 설 | 외국인등이 상속·경매 그 밖에 다음에 해당하는 계약 외의 원인으로 대한민국 안의 부동산등을 취득한 때에는 부동산등을 취득한 날부터 6개월 이내에 신고관청에 신고하여야 한다.

> 1. 「공익사업을 위한 토지 등의 취득 및 보상에 관한 법률」 및 그 밖의 법률에 따른 환매권의 행사
> 2. 법원의 확정판결
> 3. 법인의 합병
> 4. 건축물의 신축·증축·개축·재축

---

27 난이도 **상**   답 ⑤

| 영 역 | 부동산 거래신고 등에 관한 법률
| 키워드 | 토지거래허가
| 해 설 | ㄱ, ㄴ, ㄷ. 모두 부동산 거래신고 등에 관한 법령상 허가구역 내 토지거래에 대한 허가의 규정이 적용되지 않는다.

---

28 난이도 **하**   답 ①

| 영 역 | 부동산 거래신고 등에 관한 법률
| 키워드 | 부동산 거래신고대상
| 해 설 | 주택의 증여계약은 부동산 거래신고대상에 해당하지 않는다.

---

29 난이도 **상**   답 ④

| 영 역 | 개별적 중개실무
| 키워드 | 주택임대차보호법
| 해 설 | ① 丙이 X주택을 인도받고 그 주소로 동거하는 자녀의 주민등록을 이전하여도 동거가족의 주민등록을 인정하므로 대항력은 인정된다.
② 丙이 부동산임대차 등기를 한 경우 X주택을 인도받고 주민등록의 이전을 하지 않아도 대항력은 인정된다.
③ 乙이 보증금반환채권을 담보하기 위하여 丙에게 전세권을 설정해 준 경우, 乙은 丙의 전세권을 양수한 선의의 제3자에게 연체차임의 공제 주장으로 대항할 수 없다.
⑤ 丙이 임대차계약을 체결한 후 丁이 X주택에 저당권을 설정받았는데, 丁이 채권을 변제받지 못하자 X주택을 경매한 경우 甲의 저당권과 丙의 임차권은 매각으로 소멸한다.

---

30 난이도 **중**   답 ③

| 영 역 | 개별적 중개실무
| 키워드 | 민사집행법
| 해 설 | 「민사집행법」 제92조 제1항의 규정에 의하면 제3자는 권리를 취득할 때에 경매신청 또는 압류가 있다는 것을 알았을 경우 압류에 대항하지 못한다.

> 「민사집행법」 제92조(제3자와 압류의 효력) ① 제3자는 권리를 취득할 때에 경매신청 또는 압류가 있다는 것을 알았을 경우에는 압류에 대항하지 못한다.
> ② 부동산이 압류채권을 위하여 의무를 진 경우에는 압류한 뒤 소유권을 취득한 제3자가 소유권을 취득할 때에 경매신청 또는 압류가 있다는 것을 알지 못하였더라도 경매절차를 계속하여 진행하여야 한다.

31 난이도 중 답①

| 영 역 | 개별적 중개실무

| 키워드 | 매수신청대리

| 해 설 | ② 甲은 매수신청대리 사건카드에 乙에게서 위임받은 사건에 관한 사항을 기재하고 서명날인한 후 이를 5년간 보존해야 한다.

③ 甲은 매수신청대리 대상물에 대한 확인·설명 사항을 서면으로 작성하여 서명날인한 후 그 사본은 사건카드에 철하여 5년간 보존해야 하며 乙에게 교부하여야 한다.

④ 등기사항증명서는 甲이 乙에게 제시할 수 있는 매수신청대리 대상물에 대한 설명의 근거자료에 해당한다.

⑤ 甲이 중개사무소를 이전한 경우 10일 이내에 지방법원장에게 그 사실을 신고해야 한다.

32 난이도 상 답③

| 영 역 | 개별적 중개실무

| 키워드 | 집합건물의 소유 및 관리에 관한 법률

| 해 설 | ① 일부의 구분소유자만이 공용하도록 제공되는 것임이 명백한 공용부분은 구분소유자 전원의 공유에 속하지 않는다.

② 대지의 공유자는 그 대지에 구분소유권의 목적인 1동의 건물이 있을 때에는 그 건물 사용에 필요한 범위의 대지에 대해 분할을 청구할 수 없다.

④ 전유부분이 속하는 1동의 건물의 설치 또는 보전의 흠으로 인하여 다른 자에게 손해를 입힌 경우에는 그 흠은 공용부분에 존재하는 것으로 추정한다.

⑤ 대지사용권을 가지지 아니한 구분소유자가 있을 때에는 그 전유부분의 철거를 청구할 권리를 가진 자는 그 구분소유자에 대하여 구분소유권을 시가(時價)로 매도할 것을 청구할 수 있다.

33 난이도 상 답⑤

| 영 역 | 거래계약의 체결

| 키워드 | 매수청구권

| 해 설 | ㄴ. 차임연체를 이유로 계약을 해지당한 임차인은 지상건물에 대한 매수청구권을 가지지 못한다.

34 난이도 중 답④

| 영 역 | 개별적 중개실무

| 키워드 | 임차권등기명령

| 해 설 | ㄱ. 임차권등기명령의 집행은 소유자 甲에게 송달하기 전에도 집행할 수 있다(주택임대차보호법 제3조의3 제3항, 민사집행법 제292조 제3항).

35 난이도 상 답④

| 영 역 | 거래계약의 체결

| 키워드 | 공유재산

| 해 설 | ㄱ. 공유물의 소수지분권자인 피고가 다른 공유자와 협의하지 않고 공유물의 전부 또는 일부를 독점적으로 점유하는 경우 다른 소수지분권자인 원고가 피고를 상대로 공유물의 인도를 청구할 수는 없다고 보아야 한다. 일부 공유자가 공유물의 전부나 일부를 독점적으로 점유한다면 이는 다른 공유자의 지분권에 기초한 사용·수익권을 침해하는 것이다. 공유자는 자신의 지분권 행사를 방해하는 행위에 대해서 「민법」 제214조에 따른 방해배제청구권을 행사할 수 있고, 공유물에 대한 지분권은 공유자 개개인에게 귀속되는 것이므로 공유자 각자가 행사할 수 있다(대판 전합체 2020.5.21, 2018다287522).

36 난이도 상 답⑤

| 영 역 | 개별적 중개실무

| 키워드 | 등기명의신탁

| 해 설 | 명의신탁약정은 무효이고, 이에 따른 등기로 이루어진 부동산에 관한 물권변동도 무효이다. 그러나 이러한 무효는 제3자에게 대항하지 못한다. 따라서 甲은 丁을 상대로 그 계약의 무효를 주장할 수 없다.

37 난이도 중 답③

| 영 역 | 개별적 중개실무

| 키워드 | 주택임대차보호법

| 해 설 | ① 임차인은 임대인을 대상으로 계약갱신요구권을 1회에 한하여 행사할 수 있다. 이 경우 갱신되는 임대차의 존속기간은 2년으로 본다.
② 임대인은 계약갱신요구권을 행사할 수 없다.
④ 갱신되는 임대차는 전 임대차와 동일한 조건으로 다시 계약된 것으로 본다. 다만, 차임과 보증금은 약정한 차임이나 보증금의 20분의 1의 범위에서 증액할 수 있다.
⑤ 임차인은 임대차기간이 끝나기 6개월 전부터 2개월 전까지의 기간 이내에 계약갱신을 요구할 수 있다.

38 난이도 중 답⑤

| 영 역 | 개별적 중개실무

| 키워드 | 상가건물 임대차보호법

| 해 설 | 건물의 경매 시 환가대금에서 우선변제권에 따른 보증금을 지급받기 위하여 甲은 건물을 양수인에게 인도하였다는 증명을 하여야 한다.

39 난이도 중 답④

| 영 역 | 중개대상물 조사 및 확인

| 키워드 | 분묘기지권

| 해 설 | ㄱ.「장사 등에 관한 법률」의 시행일 이전에 타인의 토지에 분묘를 설치한 다음 20년간 평온·공연하게 그 분묘의 기지를 점유함으로써 분묘기지권을 시효·취득하였더라도 분묘기지권자는 토지소유자가 분묘기지에 관한 지료를 청구하면 그 청구한 날부터의 지료를 지급할 의무가 있다고 보아야 한다(대판 전합체 2021.4.29, 2017다228007).

40 난이도 중 답②

| 영 역 | 중개대상물 조사 및 확인

| 키워드 | 분묘기지권

| 해 설 | ① 개인묘지는 설치 후 30일 이내에 그 사실을 특별자치시장·특별자치도지사·시장·군수·구청장에게 신고하여야 한다.
③ 개인묘지나 가족묘지의 면적은 제한을 받으며, 분묘의 형태는 봉분, 평분 또는 평장으로 하되, 봉분의 높이는 지면으로부터 1m, 평분의 높이는 50cm 이하여야 한다.
④ 공설묘지 및 사설묘지에 설치된 분묘의 설치기간은 30년으로 한다. 다만, 설치기간이 경과한 분묘의 연고자가 시·도지사, 시장·군수·구청장 또는 법인묘지의 설치·관리를 허가받은 자에게 해당 설치기간의 연장을 신청하는 경우에는 1회에 한하여 그 설치기간을 30년으로 하여 연장하여야 한다.
⑤ 분묘의 연고자는 설치기간이 끝난 날부터 1년 이내에 해당 분묘에 설치된 시설물을 철거하고 매장된 유골을 화장 또는 봉안하여야 한다.

문제편 ▶ p.26

☑ **시험결과**

응시자(명)	과락자(명)	응시자 평균점수(점)	합격자 평균점수(점)
49,520	14,198	48.21	63.18

⇨ **나의 점수:** _____

☑ **오시훈 교수님의 시험 총평**

> 제35회 부동산공법 시험은 정답을 찾을 수 없는 난이도 최상(最上)의 문제가 8개, 상(上)의 문제가 8개 정도로 체감 난도가 높았겠으나 중하(中下)의 문제도 24문제 출제되어 꾸준히 반복 학습한다면 답을 찾을 수 있었을 것입니다.

☑ **출제 문항별 영역 > 키워드 & 기본서 연계 페이지**

문항	영역 > 키워드	기본서	문항	영역 > 키워드	기본서
41	국토의 계획 및 이용에 관한 법률 총칙 > 용어의 정의	p.19	61	정비사업 > 정비사업의 시행방법	p.321
42	국토의 계획 및 이용에 관한 법률 총칙 > 용도구역지정	p.24	62	정비사업 > 조합의 설립	p.332
43	도시·군계획 > 도시·군계획	p.38	63	정비사업 > 사업시행계획의 통합심의	–
44	도시·군계획 > 도시·군관리계획의 결정	p.39	64	정비사업 > 손실보상 협의	p.366
45	용도지역·용도지구·용도구역 > 특별건축구역	p.109	65	주택법 총칙 > 기간시설	p.549
46	도시·군계획시설사업의 시행 > 도시·군계획시설	p.117	66	주택의 건설 > 사업계획의 승인	p.572
47	개발행위의 허가 등 > 개발행위허가	p.156	67	주택법 총칙 > 수직증축형 리모델링의 허용 요건	p.552
48	용도지역·용도지구·용도구역 > 용도지역	p.56	68	주택의 건설 > 주택의 건설	p.593
49	개발행위의 허가 등 > 기반시설부담구역	p.175	69	주택의 건설 > 사전방문	–
50	용도지역·용도지구·용도구역 > 개발진흥지구	p.98	70	주택의 공급 > 입주자저축	p.598
51	개발행위의 허가 등 > 개발밀도관리구역	p.172	71	주택의 공급 > 주택공급에 관한 규칙으로 정하는 사항	–
52	개발행위의 허가 등 > 성장관리계획구역	p.161	72	건축법 총칙 > 대수선	p.429
53	도시개발사업 > 동의자 수 산정 방법	p.236	73	건축물의 대지와 도로 > 대지의 조경	p.476
54	도시개발사업 > 도시개발사업의 시행자	p.231	74	건축물의 대지와 도로 > 공개공지등	p.477
55	도시개발사업 > 토지상환채권	p.248	75	건축물의 건축 > 건축물 안전영향평가	p.462
56	도시개발사업 > 환지방식	p.260	76	건축물의 건축 > 건축허가 제한	p.452
57	도시개발사업 > 도시개발사업조합	p.236	77	건축물의 구조 및 재료 > 건축물의 마감재료 등	p.492
58	도시개발사업 > 도시개발사업의 시행방식	p.246	78	건축물의 구조 및 재료 > 내진능력을 공개하여야 하는 건축물	p.485
59	도시 및 주거환경정비법 총칙 > 토지등소유자	p.298	79	농지의 보전 > 농지의 타용도 일시사용신고	p.685
60	기본계획 수립 및 정비구역 지정 > 임대주택 및 주택규모별 건설비율	p.304	80	농지법 총칙 > 농지를 농축산물 생산시설의 부지로 사용할 경우	p.647

정답 및 해설

※ 문항별 난이도가 상, 중, 하로 표시되어 있습니다.
※ 문항별 영역과 키워드를 확인하고, 취약 영역은 이론서를 통해 보충하세요.
영역은 기본서의 CHAPTER와 동일합니다.

---

41 난이도 **상** 답 ①

| 영 역 | 국토의 계획 및 이용에 관한 법률 총칙
| 키워드 | 용어의 정의
| 해 설 | ② 성장관리계획구역에서의 난개발을 방지하고 계획적인 개발을 유도하기 위하여 수립하는 계획은 '성장관리계획'이다.
③ 자전거전용도로는 '기반시설'에 해당한다.
④ 지구단위계획구역의 지정에 관한 계획은 '도시·군관리계획'에 해당한다.
⑤ '개발밀도관리구역'은 기반시설을 설치하기 곤란한 지역을 대상으로 지정한다.

---

42 난이도 **상** 답 ②

| 영 역 | 국토의 계획 및 이용에 관한 법률 총칙
| 키워드 | 용도구역지정
| 해 설 | 농림지역에서 「수도법」에 따른 상수원보호구역을 지정하는 경우 국토교통부장관의 승인을 받지 아니한다.

---

43 난이도 **상** 답 ④

| 영 역 | 도시·군계획
| 키워드 | 도시·군계획
| 해 설 | ① 도시·군기본계획의 내용이 광역도시계획의 내용과 다를 때에는 광역도시계획의 내용이 우선한다.
② 도시·군기본계획의 수립권자가 생활권계획을 따로 수립한 때에는 해당 계획이 수립된 생활권에 대해서는 도시·군기본계획이 수립된 것으로 본다.
③ 시장·군수는 미리 지방의회의 의견을 들어 수립한 도시·군기본계획의 경우 도지사는 관계 행정기관의 장과 협의한 후 지방도시계획위원회의 심의를 거쳐야 해당 계획을 승인할 수 있다.
⑤ 광역도시계획이나 도시·군기본계획을 수립할 때 도시·군관리계획을 함께 입안할 수 있다.

---

44 난이도 **중** 답 ⑤

| 영 역 | 도시·군계획
| 키워드 | 도시·군관리계획의 결정
| 해 설 | ① 도시·군관리계획 결정의 효력은 지형도면을 고시한 날부터 발생한다.
② 수산자원보호구역이나 시가화조정구역의 지정에 관한 도시·군관리계획 결정 당시 이미 사업에 착수한 자는 특별시장·광역시장·특별자치시장·특별자치도지사·시장 또는 군수에게 도시·군관리계획의 고시일부터 3월 이내에 신고하고 그 사업이나 공사를 계속할 수 있다.
③ 국토교통부장관(수산자원보호구역의 경우 해양수산부장관)이나 도지사는 도시·군관리계획을 직접 입안한 경우에는 관계 특별시장·광역시장·특별자치시장·특별자치도지사·시장 또는 군수의 의견을 들어 직접 지형도면을 작성할 수 있다.
④ 시장·군수가 입안한 지구단위계획의 수립에 관한 도시·군관리계획은 시장·군수가 직접 결정한다.

---

45 난이도 **상** 답 ②

| 영 역 | 용도지역·용도지구·용도구역
| 키워드 | 특별건축구역
| 해 설 | 복합용도구역 또는 도시혁신구역으로 지정된 지역은 「건축법」 제69조에 따른 특별건축구역으로 지정된 것으로 본다.

46 난이도 하 답 ③

| 영 역 | 도시 · 군계획시설사업의 시행

| 키워드 | 도시 · 군계획시설

| 해 설 | ① 도시 · 군계획시설 결정의 고시일부터 10년 이내에 도시 · 군계획시설사업이 시행되지 않아도 그 사업의 실시계획인가나 그에 상당하는 절차가 진행된 경우에는 그 토지의 매수를 청구할 수 없다.
② 공동구가 설치된 경우 가스관, 하수도관은 공동구협의회의 심의를 거쳐야 공동구에 수용할 수 있다.
④ 시설결정의 고시일부터 20년이 지날 때까지 시설사업이 시행되지 아니하는 경우 그 시설결정은 20년이 되는 날의 다음 날에 효력을 잃는다.
⑤ 시설결정의 고시일부터 10년 이내에 시설사업이 시행되지 아니하는 경우 그 도시 · 군계획시설 부지로 되어 있는 토지의 소유자는 해당 도시 · 군계획시설에 대한 도시 · 군관리계획 입안권자에게 토지의 도시 · 군계획시설 결정 해제를 위한 도시 · 군관리계획 입안을 신청할 수 있다.

47 난이도 중 답 ②

| 영 역 | 개발행위의 허가 등

| 키워드 | 개발행위허가

| 해 설 | ① 도시 · 군계획사업(다른 법률에 따라 도시 · 군계획사업을 의제한 사업을 포함)에 의한 행위는 개발행위허가를 받지 않아도 된다.
③ 허가를 받은 건축물의 연면적을 5% 범위에서 축소하려는 경우에는 허가권자에게 미리 변경허가를 받지 않고 통지하여야 한다.
④ 허가의 신청이 있는 경우 특별한 사유가 없으면 15일(도시계획위원회의 심의를 거쳐야 하거나 관계 행정기관의 장과 협의를 하여야 하는 경우에는 심의 또는 협의기간을 제외) 이내에 허가 또는 불허가의 처분을 하여야 한다.
⑤ 국토교통부장관이 지구단위계획구역으로 지정된 지역에 대하여 허가의 제한을 연장하려면 중앙도시계획위원회의 심의를 거치지 아니하고 한 차례만 2년 이내의 기간 동안 개발행위허가의 제한을 연장할 수 있다.

48 난이도 하 답 ⑤

| 영 역 | 용도지역 · 용도지구 · 용도구역

| 키워드 | 용도지역

| 해 설 | ① 용도지역은 토지를 경제적 · 효율적으로 이용하고 공공복리의 증진을 도모하기 위하여 서로 중복되지 아니하게 지정할 수 있다.
② 용도지역은 필요한 경우, 도시 · 군관리계획으로 결정할 수 있다.
③ 주민은 자연녹지지역 · 계획관리지역 또는 생산관리지역에 산업 · 유통개발진흥지구를 지정하여 줄 것을 내용으로 하는 도시 · 군관리계획의 입안을 제안할 수 있다.
④ 바다인 공유수면의 매립구역이 둘 이상의 용도지역과 이웃하고 있는 경우 그 매립구역이 속할 용도지역은 도시 · 군관리계획 결정으로 지정하여야 한다.

49 난이도 하 답 ③

| 영 역 | 개발행위의 허가 등

| 키워드 | 기반시설부담구역

| 해 설 | ① 공원의 이용을 위하여 필요한 편의시설은 기반시설부담구역에 설치가 필요한 기반시설에 해당한다.
② 기반시설부담구역에서 기존 건축물을 철거하고 신축하는 경우에는 기존 건축물의 건축연면적을 초과하는 건축행위만 기반시설설치비용의 부과대상으로 한다.
④ 기반시설부담구역 내에서 신축된 「건축법 시행령」상의 종교집회장은 기반시설설치비용의 부과대상에서 제외되는 건축물이다.
⑤ 기반시설부담구역으로 지정된 지역에 대해서는 중앙도시계획위원회나 지방도시계획위원회의 심의를 거치지 아니하고 한 차례만 2년 이내의 기간 동안 개발행위허가의 제한을 연장할 수 있다.

| 영 역 | 용도지역·용도지구·용도구역

| 키워드 | 개발진흥지구

| 해 설 | 개발진흥지구는 주거개발진흥지구, 산업·유통개발진흥지구, 관광·휴양개발진흥지구, 복합개발진흥지구, 특정개발진흥지구로 세분하여 지정할 수 있다.

| 영 역 | 개발행위의 허가 등

| 키워드 | 개발밀도관리구역

| 해 설 | 개발밀도관리구역에서는 해당 용도지역에 적용되는 용적률의 최대한도의 50% 범위에서 용적률을 강화하여 적용한다.

| 영 역 | 개발행위의 허가 등

| 키워드 | 성장관리계획구역

| 해 설 | 성장관리계획구역에서는 다음의 구분에 따른 범위에서 성장관리계획으로 정하는 바에 따라 특별시·광역시·특별자치시·특별자치도·시 또는 군의 조례로 정하는 비율까지 건폐율을 완화하여 적용할 수 있다.

1. 계획관리지역: 50% 이하
2. 생산관리지역·농림지역·자연녹지지역 및 생산녹지지역: 30% 이하

| 영 역 | 도시개발사업

| 키워드 | 동의자 수 산정 방법

| 해 설 | ① 도시개발구역의 토지면적을 산정하는 경우: 국공유지를 포함하여 산정할 것

③ 둘 이상 필지의 토지를 소유한 공유자가 동일한 경우: 공유자 여럿을 대표하는 1인을 토지소유자로 볼 것

④ 1필지의 토지소유권을 여럿이 공유하는 경우: 다른 공유자의 동의를 받은 대표공유자 1인을 해당 토지소유자로 볼 것. 단, 「집합건물의 소유 및 관리에 관한 법률」에 따른 구분소유자는 각각을 토지 소유자 1인으로 본다.

⑤ 도시개발구역의 지정이 제안된 후부터 개발계획이 수립되기 전까지의 사이에 토지소유자가 변경된 경우: 기존 토지소유자의 동의서를 기준으로 할 것

| 영 역 | 도시개발사업

| 키워드 | 도시개발사업의 시행자

| 해 설 | 도시개발구역의 토지소유자가 도시개발을 위하여 설립한 조합은 도시개발구역의 전부를 환지방식으로 시행하는 경우에 시행자로 지정된다.

| 영 역 | 도시개발사업

| 키워드 | 토지상환채권

| 해 설 | 토지상환채권은 민간사업시행자가 대통령령으로 정하는 금융기관(은행, 보험회사, 공제조합) 등으로부터 지급보증을 받은 경우에만 발행할 수 있으며, 한국토지주택공사가 토지상환채권을 발행할 경우에는 별도 지급보증 없이 발행할 수 있으므로 보증기관 및 보증의 내용은 발행계획에 포함되지 않는다.

56 난이도 상 답 ④

| 영 역 | 도시개발사업

| 키워드 | 환지방식

| 해 설 | 도시개발사업으로 임차권등의 목적인 토지 또는 지역권에 관한 승역지(承役地)의 이용이 증진되거나 방해를 받아 종전의 임대료·지료, 그 밖의 사용료 등이 불합리하게 되면 당사자는 계약 조건에도 불구하고 장래에 관하여 그 증감을 청구할 수 있다. 도시개발사업으로 건축물이 이전된 경우 그 임대료에 관하여도 또한 같다. 다만, 환지처분이 공고된 날부터 60일이 지나면 임대료·지료, 그 밖의 사용료 등의 증감을 청구할 수 없다.

57 난이도 하 답 ③

| 영 역 | 도시개발사업

| 키워드 | 도시개발사업조합

| 해 설 | ① 조합을 설립하려면 도시개발구역의 토지소유자 7명 이상이 정관을 작성하여 지정권자에게 조합설립의 인가를 받아야 한다.

② 조합이 설립인가를 받은 사항 중 청산에 관한 사항을 변경하려는 경우에는 지정권자로부터 변경인가를 받아야 한다.

④ 조합은 총회의 권한을 대행하게 하기 위하여 대의원회를 둘 수 있다.

⑤ 조합의 임원으로 선임된 자가 금고 이상의 형을 선고받으면 그 다음 날부터 임원의 자격을 상실한다.

58 난이도 하 답 ④

| 영 역 | 도시개발사업

| 키워드 | 도시개발사업의 시행방식

| 해 설 | 지정권자는 도시개발구역지정 이후 다음의 어느 하나에 해당하는 경우에는 도시개발사업의 시행방식을 변경할 수 있다.

1. 도시개발사업의 시행방식을 수용 또는 사용방식에서 전부 환지방식으로 변경하는 경우
2. 도시개발사업의 시행방식을 혼용방식에서 전부 환지방식으로 변경하는 경우
3. 도시개발사업의 시행방식을 수용 또는 사용방식에서 혼용방식으로 변경하는 경우

59 난이도 하 답 ⑤

| 영 역 | 도시 및 주거환경정비법 총칙

| 키워드 | 토지등소유자

| 해 설 | '토지등소유자'란 다음의 어느 하나에 해당하는 자를 말한다. 다만, 「자본시장과 금융투자업에 관한 법률」에 따른 신탁업자가 사업시행자로 지정된 경우 토지등소유자가 정비사업을 목적으로 신탁업자에게 신탁한 토지 또는 건축물에 대하여는 위탁자를 토지등소유자로 본다.

1. 주거환경개선사업 및 재개발사업의 경우에는 정비구역에 위치한 토지 또는 건축물의 소유자 또는 그 지상권자
2. 재건축사업의 경우에는 정비구역에 위치한 건축물 및 그 부속토지의 소유자

60 난이도 상 답 ④

| 영 역 | 기본계획 수립 및 정비구역 지정

| 키워드 | 임대주택 및 주택규모별 건설비율

| 해 설 | 정비계획의 입안권자는 주택수급의 안정과 저소득 주민의 입주기회 확대를 위하여 정비사업으로 건설하는 주택에 대하여 다음의 구분에 따른 범위에서 국토교통부장관이 정하여 고시하는 임대주택 및 주택규모별 건설비율 등을 정비계획에 반영하여야 한다.

1. 「주택법」에 따른 국민주택규모의 주택이 전체 세대수의 100분의 90 이하에서 대통령령으로 정하는 범위
2. 공공임대주택 및 「민간임대주택에 관한 특별법」에 따른 민간임대주택이 전체 세대수 또는 전체 연면적의 100분의 30 이하에서 대통령령으로 정하는 범위

61 난이도 하 답⑤

| 영 역 | 정비사업
| 키워드 | 정비사업의 시행방법
| 해 설 | 재건축사업은 정비구역에서 인가받은 관리처분계획에 따라 건축물을 건설하여 공급하는 방법으로 하며, 건축물을 건설하여 공급하는 경우 주택, 부대시설 및 복리시설을 제외한 건축물(공동주택 외 건축물)은 「국토의 계획 및 이용에 관한 법률」에 따른 준주거지역 및 상업지역에서만 건설할 수 있다.

62 난이도 중 답①

| 영 역 | 정비사업
| 키워드 | 조합의 설립
| 해 설 | ② 재개발사업의 추진위원회가 조합을 설립하려면 토지등소유자의 4분의 3 이상 및 토지면적의 2분의 1 이상의 토지소유자의 동의를 받아야 한다.
③ 토지등소유자가 20인 미만인 경우 토지등소유자는 조합을 설립하지 아니하고 재개발사업을 시행할 수 있다.
④ 조합은 조합설립인가를 받은 때에는 정관으로 정하는 바에 따라 토지등소유자에게 그 내용을 통지하고, 이해관계인이 열람할 수 있도록 하여야 한다.
⑤ 추진위원회는 조합설립에 필요한 동의를 받기 전에 추정분담금 등 대통령령으로 정하는 정보를 토지등소유자에게 제공하여야 한다.

63 난이도 상 답②

| 영 역 | 정비사업
| 키워드 | 사업시행계획의 통합심의
| 해 설 | ① 「경관법」에 따른 경관 심의는 통합심의 대상이다.
③ 통합심의를 거친 경우 해당 사항에 대한 조정 또는 재정을 거친 것으로 본다.
④ 통합심의위원회 위원장과 부위원장은 통합심의위원회의 위원 중에서 정비구역지정권자가 임명하거나 위촉한다.
⑤ 사업시행자는 통합심의를 신청할 수 있다.

64 난이도 중 답②

| 영 역 | 정비사업
| 키워드 | 손실보상 협의
| 해 설 | 사업시행자는 관리처분계획이 인가·고시된 다음 날부터 90일 이내에 다음에서 정하는 자와 토지, 건축물 또는 그 밖의 권리의 손실보상에 관한 협의를 하여야 한다. 다만, 사업시행자는 분양신청기간 종료일의 다음 날부터 협의를 시작할 수 있다.

1. 분양신청을 하지 아니한 자
2. 분양신청기간 종료 이전에 분양신청을 철회한 자
3. 분양신청을 할 수 없는 자
4. 인가된 관리처분계획에 따라 분양대상에서 제외된 자

65 난이도 하 답④

| 영 역 | 주택법 총칙
| 키워드 | 기간시설
| 해 설 | 도로·상하수도·전기시설·통신시설·지역난방시설 등은 기간시설이며, 어린이놀이터는 복리시설에 속한다.

66 난이도 상 답①

| 영 역 | 주택의 건설
| 키워드 | 사업계획의 승인
| 해 설 | 승인받은 사업계획 중 사업계획승인의 조건으로 부과된 사항을 이행함에 따라 발생되는 변경은 경미한 변경에 속하기 때문에 변경승인을 받지 않아도 되지만, 공공시설 설치계획의 변경이 필요한 경우에는 사업계획승인권자로부터 변경승인을 받아야 한다.

67 난이도 하 답 ③

| 영 역 | 주택법 총칙

| 키워드 | 수직증축형 리모델링의 허용 요건

| 해 설 | 수직증축형 리모델링의 허용 요건은 다음에 따른 범위를 말한다.

1. 수직으로 증축하는 행위(이하 '수직증축형 리모델링'이라 한다)의 대상이 되는 기존 건축물의 층수가 15층 이상인 경우: 3개 층
2. 수직증축형 리모델링의 대상이 되는 기존 건축물의 층수가 14층 이하인 경우: 2개 층

68 난이도 하 답 ①

| 영 역 | 주택의 건설

| 키워드 | 주택의 건설

| 해 설 | ② 국토교통부장관이 적정한 주택수급을 위하여 필요하다고 인정하는 경우, 사업주체가 건설하는 주택의 75%(주택조합이나 고용자가 건설하는 주택은 100%) 이하의 범위에서 일정 비율 이상을 국민주택규모로 건설하게 할 수 있다.
③ 「주택법」에 따라 건설사업자로 간주하는 등록사업자는 주택건설사업계획승인을 받은 주택의 건설공사를 시공할 수 있다.
④ 장수명 주택의 인증기준·인증절차 및 수수료 등은 국토교통부령으로 정한다.
⑤ 국토교통부장관은 바닥충격음 성능등급을 인정받은 제품이 인정받은 내용과 다르게 판매·시공한 경우에 해당하면 그 인정을 취소할 수 있다.

69 난이도 상 답 ②

| 영 역 | 주택의 건설

| 키워드 | 사전방문

| 해 설 | 사업주체는 사전방문을 주택공급계약에 따라 정한 입주지정기간 시작일 45일 전까지 2일 이상 실시해야 한다.

70 난이도 중 답 ①

| 영 역 | 주택의 공급

| 키워드 | 입주자저축

| 해 설 | 입주자저축정보를 제공한 입주자저축취급기관의 장은 「금융실명거래 및 비밀보장에 관한 법률」에도 불구하고 입주자저축정보의 제공사실을 명의인에게 통보하지 아니할 수 있다. 다만, 입주자저축정보를 제공하는 입주자저축취급기관의 장은 입주자저축정보의 명의인이 요구할 때에는 입주자저축정보의 제공사실을 통보하여야 한다.

71 난이도 상 답 ③

| 영 역 | 주택의 공급

| 키워드 | 주택공급에 관한 규칙으로 정하는 사항

| 해 설 | ㄴ. 법 제57조에 따른 분양가격 산정방식 등은 「공동주택 분양가격의 산정 등에 관한 규칙」으로 정한다.

| 보충하기 | 주택공급에 관한 규칙으로 정하는 사항

1. 법 제54조에 따른 주택의 공급
2. 법 제56조에 따른 입주자저축
3. 법 제60조에 따른 견본주택의 건축기준
4. 법 제65조 제5항에 따른 입주자자격 제한

72 난이도 하 답 ①

| 영 역 | 건축법 총칙

| 키워드 | 대수선

| 해 설 | 보를 증설 또는 해체하거나 3개 이상 수선 또는 변경하는 경우 대수선에 해당한다.

73 난이도 하 답 ⑤

| 영 역 | 건축물의 대지와 도로

| 키워드 | 대지의 조경

| 해 설 | 연면적의 합계가 1천500m² 미만인 물류시설은 대지의 조경 등의 조치를 하지 아니할 수 있지만, 주거지역 또는 상업지역에 건축하는 경우에는 하여야 한다.

74 난이도 상   답 ③

| 영　역 | 건축물의 대지와 도로

| 키워드 | 공개공지등

| 해　설 | ① 노후 산업단지의 정비가 필요하다고 인정되어 지정·공고된 지역에는 공개공지등을 설치하여야 한다.

② 공개공지는 필로티의 구조로 설치할 수 있다.

④ 공개공지등에는 건축조례로 정하는 바에 따라 연간 60일 이내의 기간 동안 주민들을 위한 문화행사를 열거나 판촉활동을 할 수 있다.

⑤ 울타리나 담장 등 시설의 설치 또는 출입구의 폐쇄 등을 통하여 공개공지등의 출입을 제한하는 행위를 하여서는 아니 된다.

75 난이도 상   답 ⑤

| 영　역 | 건축물의 건축

| 키워드 | 건축물 안전영향평가

| 해　설 | ① 허가권자는 초고층 건축물 또는 16층 이상이고 연면적이 10만m² 이상인 건축물에 대하여 건축허가를 하기 전에 건축물의 구조, 지반 및 풍환경 등이 건축물의 건축안전과 인접 대지의 안전에 미치는 영향 등을 평가하는 건축물 안전영향평가를 안전영향평가기관에 의뢰하여 실시하여야 한다.

② 안전영향평가기관은 안전영향평가를 의뢰받은 날부터 30일 이내에 안전영향평가 결과를 허가권자에게 제출하여야 한다. 다만, 부득이한 경우에는 20일의 범위에서 그 기간을 한 차례만 연장할 수 있다.

③ 건축물 안전영향평가 결과는 건축위원회의 심의를 거쳐 확정된다.

④ 허가권자는 안전영향평가에 대한 심의 결과 및 안전영향평가 내용을 지방자치단체의 공보에 게시하는 방법에 따라 즉시 공개하여야 한다.

76 난이도 하   답 ③

| 영　역 | 건축물의 건축

| 키워드 | 건축허가 제한

| 해　설 | ① 특별시장·광역시장·도지사는 지역계획에 특히 필요하다고 인정하면 허가받은 건축물의 착공을 제한할 수 있다.

② 국토교통부장관이나 시·도지사는 건축허가를 제한하려는 경우에는 주민의견을 청취한 후 건축위원회의 심의를 거쳐야 한다.

④ 건축허가를 제한하는 경우 국토교통부장관은 제한 목적기간 등을 상세하게 정하여 허가권자에게 통보하여야 하며, 통보를 받은 허가권자는 지체 없이 이를 공고하여야 한다.

⑤ 특별시장·광역시장·도지사는 시장·군수·구청장의 건축허가를 제한한 경우 즉시 국토교통부장관에게 보고하여야 하며, 보고를 받은 국토교통부장관은 제한 내용이 지나치다고 인정하면 해제를 명할 수 있다.

77 난이도 상   답 ④

| 영　역 | 건축물의 구조 및 재료

| 키워드 | 건축물의 마감재료 등

| 해　설 | 대통령령으로 정하는 용도 및 규모의 건축물의 벽, 반자, 지붕(반자가 없는 경우에 한정한다) 등 내부의 마감재료는 방화에 지장이 없는 재료로 하되, 「실내공기질 관리법」 제5조 및 제6조에 따른 실내공기질 유지기준 및 권고기준을 고려하고 관계 중앙행정기관의 장과 협의하여 국토교통부령으로 정하는 기준에 따른 것이어야 한다.

78 난이도 중 답 ⑤

| 영 역 | 건축물의 구조 및 재료

| 키워드 | 내진능력을 공개하여야 하는 건축물

| 해 설 | 국가적 문화유산으로 보존할 가치가 있는 것으로 문화체육관광부령이 아닌 국토교통부령으로 정하는 건축물이 건축허가 대상 건축물로서 내진능력을 공개하여야 하는 건축물에 해당한다.

| 보충하기 | 건축물의 내진능력 공개

다음의 어느 하나에 해당하는 건축물을 건축하고자 하는 자는 사용승인을 받는 즉시 건축물이 지진 발생 시에 견딜 수 있는 능력(이하 '내진능력'이라 함)을 공개하여야 한다. 다만, 구조안전 확인 대상 건축물이 아니거나 내진능력 산정이 곤란한 건축물로서 대통령령으로 정하는 건축물은 공개하지 아니한다.

1. 층수가 2층[주요구조부인 기둥과 보를 설치하는 건축물로서 그 기둥과 보가 목재인 목구조 건축물(이하 '목구조 건축물'이라 함)의 경우에는 3층] 이상인 건축물
2. 연면적이 $200m^2$(목구조 건축물의 경우에는 $500m^2$) 이상인 건축물
3. 높이가 13m 이상인 건축물
4. 처마높이가 9m 이상인 건축물
5. 기둥과 기둥 사이의 거리가 10m 이상인 건축물
6. 건축물의 용도 및 규모를 고려한 중요도가 높은 건축물로서 국토교통부령으로 정하는 건축물
7. 국가적 문화유산으로 보존할 가치가 있는 건축물로서 국토교통부령으로 정하는 것

79 난이도 중 답 ⑤

| 영 역 | 농지의 보전

| 키워드 | 농지의 타용도 일시사용신고

| 해 설 | 「전기사업법」상 전기사업을 영위하기 위한 목적으로 「신에너지 및 재생에너지 개발·이용·보급 촉진법」에 따른 태양에너지 발전설비를 설치하는 경우는 농지의 타용도 일시사용허가를 받아야 되는 용도에 해당한다.

80 난이도 상 답 ④

| 영 역 | 농지법 총칙

| 키워드 | 농지를 농축산물 생산시설의 부지로 사용할 경우

| 해 설 | ㄱ. 농림축산식품부령으로 정하는 시설인 연면적 $20m^2$ 이하인 농막인 경우 생산시설의 부지로 사용할 경우 '농지의 전용'으로 보지 않는다.

제35회 부동산공시법

☑ 시험결과(부동산공시법 + 부동산세법)

응시자(명)	과락자(명)	응시자 평균점수(점)	합격자 평균점수(점)
48,932	16,023	48.50	66.63

⇨ 나의 점수: _____

☑ 김민석 교수님의 시험 총평

제35회 시험에서 공간정보의 구축 및 관리 등에 관한 법률은 기존의 출제경향을 크게 벗어나지 않아 무난하게 출제되었습니다. 반면 부동산등기법은 다수의 문제가 기존의 출제경향을 벗어났고, 새로운 유형의 문제가 출제되어 다소 어렵게 출제 되었습니다.

☑ 출제 문항별 영역 > 키워드 & 기본서 연계 페이지

문항	영역 > 키워드	기본서	문항	영역 > 키워드	기본서
1	토지의 이동 및 지적정리 > 변경등기촉탁대상	p.114	13	각종 권리의 등기절차 > 임의적 기록사항	p.304
2	토지의 등록 > 지목의 설정방법	p.31	14	등기절차 총론 > 공동신청	p.214
3	토지의 등록 > 지상경계점등록부 등록사항	p.38	15	등기절차 총론 > 등기필정보의 제공	p.229
4	토지의 등록 > 등록전환 시 지번부여	p.27	16	등기절차 총론 > 사건이 등기할 것이 아닌 경우	p.251
5	토지의 이동 및 지적정리 > 경계점좌표등록부를 갖춰둔 지역의 분할 시 오차처리	p.90	17	각종 권리의 등기절차 > 진정명의회복	p.291
6	토지의 이동 및 지적정리 > 합병제한 사유	p.91	18	각종 권리의 등기절차 > 권리의 변경등기	p.287
7	토지의 이동 및 지적정리 > 등록사항 직권 정정사유	p.103	19	각종 권리의 등기절차 > 환매권자	p.293
8	토지의 등록 > 지목의 구분	p.34	20	각종 권리의 등기절차 > 임차권등기명령에 의한 주택임차권등기의 이전등기	p.309
9	지적공부 및 부동산종합공부 > 지적도 및 임야도의 축척	p.58	21	각종 권리의 등기절차 > 공동저당	p.319
10	지적공부 및 부동산종합공부 > 지적공부 등록사항	p.61	22	각종의 등기절차 > 본등기 후 직권말소 여부	p.367
11	지적공부 및 부동산종합공부 > 지적공부의 복구자료	p.72	23	등기절차 총론 > 관공서의 촉탁등기	p.206
12	토지의 이동 및 지적정리 > 축척변경 절차	p.96	24	각종의 등기절차 > 가등기 종합문제	p.358

정답 및 해설

---

1 난이도 **하**　　　　　　　　　　　　답 ③

| 영 역| 토지의 이동 및 지적정리

| 키워드| 변경등기촉탁대상

| 해 설| 토지의 표시 변경에 관한 등기를 할 필요가 있는 다음의 경우에는 지체 없이 관할 등기관서에 그 등기를 촉탁하여야 한다(법 제89조 제1항). 신규등록의 경우는 아직 부동산등기기록이 개설되기 전이므로 변경등기를 촉탁할 수 없다.

> 1. 토지의 이동정리를 한 경우(단, 신규등록은 제외한다)
> 2. 시·도지사나 대도시 시장의 승인을 받아 지번부여지역의 전부 또는 일부에 대하여 지번을 새로 부여할 때
> 3. 바다로 된 토지를 등록말소하는 경우
> 4. 축척변경을 한 경우
> 5. 등록사항의 오류를 직권으로 정정한 경우
> 6. 행정구역의 개편으로 새로 지번을 부여한 경우

---

2 난이도 **하**　　　　　　　　　　　　답 ③

| 영 역| 토지의 등록

| 키워드| 지목의 설정방법

| 해 설| ③ 토지가 일시적 또는 임시적인 용도로 사용될 때에는 그 용도에 따라 지목을 변경하지 않는데 이를 '일시변경불변의 원칙' 또는 '영속성의 원칙'이라고 한다(영 제59조 제2항).
① 영 제59조 제1항 제1호
② 영 제59조 제1항 제2호
④ 영 제58조 제1호
⑤ 영 제58조 제2호

---

3 난이도 **중**　　　　　　　　　　　　답 ①

| 영 역| 토지의 등록

| 키워드| 지상경계점등록부 등록사항

| 해 설| ① 지적소관청은 토지의 이동에 따라 지상경계를 새로 정한 경우에는 지상경계점등록부를 작성·관리하여야 한다(법 제65조 제2항). 지적공부에 등록된 경계점을 지상에 복원하는 경우는 토지의 이동에 따라 지상경계를 새로 정한 경우가 아니므로 지상경계점등록부를 작성·관리할 필요가 없다.
② 법 제65조 제1항
③ 영 제55조 제2항
④ 법 제65조 제2항 제3호
⑤ 법 제65조 제2항, 규칙 제60조 제2항

---

4 난이도 **중**　　　　　　　　　　　　답 ⑤

| 영 역| 토지의 등록

| 키워드| 등록전환 시 지번부여

| 해 설| 신규등록 및 등록전환의 지번부여방법은 다음과 같다(영 제56조 제3항 제2호).

원칙	그 지번부여지역에서 인접 토지의 본번에 부번을 붙여서 지번을 부여한다.
예외	다음의 어느 하나에 해당하는 경우에는 그 지번부여지역의 최종 본번의 다음 순번부터 본번으로 하여 순차적으로 지번을 부여할 수 있다. ㉠ 대상토지가 당해 지번부여지역의 최종 지번의 토지에 인접하여 있는 경우 ㉡ 대상토지가 이미 등록된 토지와 멀리 떨어져 있어서 등록된 토지의 본번에 부번을 부여하는 것이 불합리한 경우 ㉢ 대상토지가 여러 필지로 되어 있는 경우

| 영 역 | 토지의 이동 및 지적정리

| 키워드 | 경계점좌표등록부를 갖춰둔 지역의 분할 시 오차처리

| 해 설 | 경계점좌표등록부가 있는 지역의 토지분할을 위하여 면적을 정할 때 오차의 처리방법은 다음의 기준에 따른다(영 제19조 제2항).

1. 분할 후 각 필지의 면적합계가 분할 전 면적보다 많은 경우에는 구하려는 끝자리의 다음 숫자가 작은 것부터 순차적으로 버려서 정하되, 분할 전 면적에 증감이 없도록 한다.
2. 분할 후 각 필지의 면적합계가 분할 전 면적보다 적은 경우에는 구하려는 끝자리의 다음 숫자가 큰 것부터 순차적으로 올려서 정하되, 분할 전 면적에 증감이 없도록 한다.

| 영 역 | 토지의 이동 및 지적정리

| 키워드 | 합병제한 사유

| 해 설 | ④ 합병하려는 토지의 소유자가 서로 다른 경우는 합병할 수 없지만, 소유권이전등기 연월일이 서로 다른 경우는 합병제한 사유에 해당하지 않는다(법 제80조 제3항).
①②③⑤ 합병제한 사유에 해당한다(법 제80조 제3항, 영 제66조 제3항).

| 영 역 | 토지의 이동 및 지적정리

| 키워드 | 등록사항 직권 정정사유

| 해 설 | 지적소관청은 다음의 경우에 지적공부의 등록사항에 잘못이 있는지를 직권으로 조사·측량하여 정정할 수 있다(영 제82조 제1항). 연속지적도가 잘못 작성된 경우는 본 규정에 해당하지 않을 뿐만 아니라 연속지적도는 지적공부가 아니므로 직권정정 사유에 해당하지 않는다.

1. 토지이동정리 결의서의 내용과 다르게 정리된 경우
2. 지적도 및 임야도에 등록된 필지가 면적의 증감 없이 경계의 위치만 잘못된 경우
3. 1필지가 각각 다른 지적도나 임야도에 등록되어 있는 경우로서 지적공부에 등록된 면적과 측량한 실제면적은 일치하지만 지적도나 임야도에 등록된 경계가 서로 접합되지 않아 지적도나 임야도에 등록된 경계를 지상의 경계에 맞추어 정정하여야 하는 토지가 발견된 경우
4. 지적공부의 작성 또는 재작성 당시 잘못 정리된 경우
5. 지적측량성과와 다르게 정리된 경우
6. 지적측량적부심사 및 재심사청구에 따른 지적위원회의 의결결과에 따라 지적공부의 등록사항을 정정하여야 하는 경우
7. 지적공부의 등록사항이 잘못 입력된 경우
8. 토지합필의 제한에 위반한 등기의 신청을 각하한 때의 ㄱ 사유의 통지가 있는 경우(지적소관청의 착오로 잘못 합병한 경우만 해당한다)
9. 면적의 단위가 척관법에서 미터법으로의 변경에 따라 면적환산이 잘못된 경우

| 영 역 | 토지의 등록

| 키워드 | 지목의 구분

| 해 설 | 조수·자연유수·모래·바람 등을 막기 위하여 설치된 방조제·방수제·방사제·방파제 등의 부지의 지목은 '제방'이다.

9   난이도 중   답 ⑤

| 영   역 | 지적공부 및 부동산종합공부

| 키워드 | 지적도 및 임야도의 축척

| 해   설 | 지적도면에서 사용할 수 있는 법정축척은 다음과 같다(규칙 제69조 제6항).

1. 지적도: 1/500, 1/600, 1/1,000, 1/1,200, 1/2,400, 1/3,000, 1/6,000
2. 임야도: 1/3,000, 1/6,000

10   난이도 중   답 ②

| 영   역 | 지적공부 및 부동산종합공부

| 키워드 | 지적공부 등록사항

| 해   설 | ① 지목과 면적은 토지대장의 등록사항이지만, 경계는 지적도면의 등록사항이다(법 제72조 참조).

③ 지번과 소유권 지분은 공유지연명부의 등록사항이지만, 지목은 토지(임야)대장과 지적(임야)도의 등록사항이다(법 제72조 참조).

④ 건물의 명칭과 대지권 비율은 대지권등록부의 등록사항이지만, 좌표는 경계점좌표등록부의 등록사항이다(법 제73조 참조).

⑤ 삼각점 및 지적기준점의 위치와 도곽선(圖廓線)과 그 수치는 지적도의 등록사항이지만, 부호 및 부호도는 경계점좌표등록부의 등록사항이다(규칙 제71조 제3항 참조).

11   난이도 중   답 ⑤

| 영   역 | 지적공부 및 부동산종합공부

| 키워드 | 지적공부의 복구자료

| 해   설 | 토지의 표시에 관한 사항을 복구하기 위한 관계 자료는 다음과 같다(영 제61조 제2항, 규칙 제72조).

1. 지적공부의 등본
2. 측량결과도
3. 토지이동정리결의서
4. 토지(건물)등기사항증명서 등 등기사실을 증명하는 서류
5. 지적소관청이 작성하거나 발행한 지적공부의 등록내용을 증명하는 서류
6. 정보관리체계에 따라 복제된 지적공부
7. 법원의 확정판결서 정본 또는 사본

12   난이도 중   답 ⑤

| 영   역 | 토지의 이동 및 지적정리

| 키워드 | 축척변경 절차

| 해   설 | ⑤ 영 제78조 제1항, 규칙 제92조 제1항

① 도시개발사업 등의 시행지역에 있는 토지로서 그 사업 시행에서 제외된 토지의 축척변경을 하는 경우 축척변경위원회의 의결 및 시·도지사 또는 대도시 시장의 승인 없이 축척변경을 할 수 있다(법 제83조 제3항 단서).

② 지적소관청은 시·도지사 또는 대도시 시장으로부터 축척변경 승인을 받았을 때에는 지체 없이 축척변경의 목적, 시행지역 및 시행기간, 축척변경의 시행에 관한 세부계획, 축척변경의 시행에 따른 청산방법, 축척변경의 시행에 따른 토지소유자 등의 협조에 관한 사항을 시·군·구(자치구가 아닌 구를 포함한다) 및 축척변경 시행지역 동·리의 게시판에 다음의 사항을 20일 이상 공고하여 주민이 볼 수 있도록 게시하여야 한다(영 제71조 제1항·제2항).

③ 지적소관청은 축척변경에 관한 측량을 한 결과 측량 전에 비하여 면적의 증감이 있는 경우에는 그 증감면적에 대하여 청산을 하여야 한다. 다만, 토지소유자 '전원'이 청산하지 아니하기로 합의하여 서면으로 제출한 경우는 그러하지 아니하다(영 제75조 제1항).

④ 지적소관청은 청산금을 내야 하는 자가 납부고지를 받은 날부터 1개월 이내에 청산금에 관한 이의신청을 하지 아니하고 납부고지를 받은 날부터 6개월 이내에 청산금을 내지 아니하면 「지방행정제재·부과금의 징수 등에 관한 법률」의 예에 따라 징수할 수 있다(영 제76조 제5항).

| 영 역 | 각종 권리의 등기절차

| 키워드 | 임의적 기록사항

| 해 설 | ② 등기관이 승역지의 등기기록에 지역권설정의 등기를 할 때에는 일반적인 등기사항 외에 다음의 사항을 기록하여야 한다(법 제70조).

---

1. 지역권설정의 목적
2. 범위
3. 요역지
4. 등기원인에 그 약정이 있는 경우 「민법」 제292조 제1항 단서, 제297조 제1항 단서 또는 제298조의 약정
5. 승역지의 일부에 지역권설정의 등기를 할 때에는 그 부분을 표시한 도면의 번호

〈주의〉 지역권의 '지료'및 '존속기간'은 등기사항이 아니다.

---

① 법 제69조
③ 법 제72조 제1항
④ 법 제74조
⑤ 법 제75조 제1항

| 영 역 | 등기절차 총론

| 키워드 | 공동신청

| 해 설 | ⑤ 변제로 인한 피담보채권의 소멸에 의해 근저당권설정등기의 말소등기는 근저당권설정자를 등기권리자로 하고 근저당권자를 등기의무자로 해서 공동으로 신청한다.
① 소유권보존등기의 말소등기는 보존등기명의인이 단독으로 신청한다(법 제23조 제2항).
② 법인의 합병으로 인한 포괄승계에 따른 등기는 합병 후 법인이 단독으로 신청한다(법 제23조 제3항).
③ 등기명의인표시의 경정등기는 등기명의인이 단독으로 신청한다(법 제23조 제6항).
④ 수용으로 인한 소유권이전등기는 토지를 수용한 사업시행자가 단독으로 신청한다(법 제99조 제1항).

| 영 역 | 등기절차 총론

| 키워드 | 등기필정보의 제공

| 해 설 | ① 등기필정보의 제공은 공동신청 또는 승소한 등기의무자의 단독신청에 의하여 권리에 관한 등기를 신청하는 경우로 한정하므로(규칙 제43조 제1항 제7호), 등기원인을 증명하는 정보가 등기절차의 인수를 명하는 판결인 경우, 승소한 등기의무자는 등기신청 시 등기필정보를 제공하여야 한다.
⑤ 규칙 제46조 제8항

| 영 역 | 등기절차 총론

| 키워드 | 사건이 등기할 것이 아닌 경우

| 해 설 | ㄱ, ㄴ, ㄷ. 법 제29조 제2호 '사건이 등기할 것이 아닌 경우'는 다음과 같다.

---

1. 등기능력 없는 물건 또는 권리에 대한 등기를 신청한 경우
2. 법령에 근거가 없는 특약사항의 등기를 신청한 경우
3. 구분건물의 전유부분과 대지사용권의 분리처분금지에 위반한 등기를 신청한 경우
4. 농지를 전세권설정의 목적으로 하는 등기를 신청한 경우
5. 저당권을 피담보채권과 분리하여 양도하거나, 피담보채권과 분리하여 다른 채권의 담보로 하는 등기를 신청한 경우
6. 일부 지분에 대한 소유권보존등기를 신청한 경우
7. 공동상속인 중 일부가 자신의 상속지분만에 대한 상속등기를 신청한 경우
8. 관공서 또는 법원의 촉탁으로 실행되어야 할 등기를 신청한 경우
9. 이미 보존등기된 부동산에 대하여 다시 보존등기를 신청한 경우
10. 그 밖에 신청취지 자체에 의하여 법률상 허용될 수 없음이 명백한 등기를 신청한 경우

ㄹ. 소유권 외의 권리가 등기되어 있는 건물에 대한 멸실등기의 신청이 있는 경우에 등기관은 그 권리의 등기명의인에게 1개월 이내의 기간을 정하여 그 기간까지 이의를 진술하지 아니하면 멸실등기를 한다는 뜻을 알려야 한다.

다만, 건축물대장에 건물멸실의 뜻이 기록되어 있거나 소유권 외의 권리의 등기명의인이 멸실등기에 동의한 경우에는 그러하지 아니하다(법 제45조 제1항). 즉, 소유권 외의 권리가 등기되어 있는 일반건물에 대해 멸실등기를 신청한 경우, 등기관은 일정한 절차를 거쳐서 멸실등기를 하여야 한다(법 제45조 제2항 참조).

---

17 난이도 상 　　　　　　　　답 ③

| 영　역 | 각종 권리의 등기절차
| 키워드 | 진정명의회복
| 해　설 | ㄱ. 진정명의회복을 원인으로 하는 소유권이전등기를 신청하는 경우, 그 신청정보에 등기원인은 진정명의회복으로 기재하고, 등기원인일자는 기재하지 않는다(등기예규 제1631호).
ㄷ. 판결 주문에 따라 등기를 신청하여야 하므로 소유권이전등기청구소송에서 승소확정판결을 받은 자는 그 판결에 따라 소유권이전등기를 신청하여야지 말소등기를 신청할 수는 없다.
ㄴ. 토지거래허가의 대상이 되는 토지에 관하여 진정명의회복을 원인으로 하는 소유권이전등기를 신청하는 경우, 토지거래허가증을 첨부정보로 제공하지 않는다(등기예규 제1631호).

---

18 난이도 중 　　　　　　　　답 ⑤

| 영　역 | 각종 권리의 등기절차
| 키워드 | 권리의 변경등기
| 해　설 | ① 유증으로 인한 소유권이전등기는 상속등기를 생략하고 유증자로부터 직접 수증자 명의로 신청한다(등기예규 제1512호).
② 유증으로 인한 소유권이전등기 신청이 상속인의 유류분을 침해하는 내용인 경우에도 등기관은 이를 수리하여야 한다.

③ 상속재산의 분할은 상속개시된 때에 소급하여 그 효력이 미치므로, 「민법」 제1013조 제2항 규정의 상속재산분할심판에 따른 소유권이전등기는 법정상속분에 따른 상속등기를 거치지 않고 막바로 할 수 있다(1997.9.29, 등기 3402-718 질의회답).
④ 상속등기 경료 전의 상속재산분할협의에 따라 상속등기를 신청하는 경우, 등기원인일자는 '피상속인의 사망일'로 한다. 참고로 상속등기를 경료한 후 상속재산분할협의에 따라 소유권경정등기를 신청하는 경우, 등기원인일자는 '협의가 성립한 날'로 한다(등기예규 제1675호).

---

19 난이도 상 　　　　　　　　답 ②

| 영　역 | 각종 권리의 등기절차
| 키워드 | 환매권자
| 해　설 | ② 환매등기의 경우 매도인이 아닌 제3자를 등기권리자로 하는 환매특약등기를 할 수 없다(1997.7.22, 등기선례 제5-402호).
① 매매로 인한 소유권이전등기의 신청과 환매특약등기의 신청은 반드시 동시에 신청하여야 하고 동일 접수번호로 접수된다.
③ 환매특약등기는 부동산 처분금지의 효력이 인정되지 않으므로, 환매특약등기가 있더라도 매수인은 제3자와 매매계약을 체결하고 그에 따른 소유권이전등기를 신청할 수 있다.
④ 한 필지 전부를 매매의 목적물로 하여 매매계약을 체결함과 동시에 그 목적물 소유권의 일부 지분에 대한 환매권을 보류하는 약정은 「민법」상 환매특약에 해당하지 않으므로 이러한 환매특약등기신청은 할 수 없다(2011.11.22, 부동산등기과－2218 질의회답).
⑤ 환매기간은 임의적 사항으로 등기원인에 그 사항이 정하여져 있는 경우에만 기록한다(법 제53조).

20 난이도 상 답 ③

| 영 역 | 각종 권리의 등기절차
| 키워드 | 임차권등기명령에 의한 주택임차권등기의 이전등기
| 해 설 | ㄱ. 임차권의 이전등기 및 임차물의 전대의 등기는 부기등기의 방법으로 한다(법 제52조 제2호 참조).
ㄷ. 등기예규 제1688호
ㄴ. 임차권등기명령에 의한 주택임차권등기가 마쳐진 경우, 임차권은 존속기간 경과로 이미 소멸한 권리이므로 그 등기에 기초한 임차권이전등기를 할 수 없다.

21 난이도 중 답 ③

| 영 역 | 각종 권리의 등기절차
| 키워드 | 공동저당
| 해 설 | ㄱ. 규칙 제133조 제1항
ㄴ. 규칙 제135조 제1항
ㄷ. 공동저당의 목적이 된 부동산이 5개일 때에는 등기관은 공동담보목록을 전자적으로 작성해야 한다(법 제78조 제2항).

22 난이도 상 답 ④

| 영 역 | 각종의 등기절차
| 키워드 | 본등기 후 직권말소 여부
| 해 설 | ④ 소유권이전등기청구권보전가등기 이후에 마쳐진 저당권설정등기는 소유권이전의 본등기 시, 가등기에 의하여 보전되는 권리인 소유권이전등기청구권을 침해하는 등기이므로 등기관이 직권으로 말소한다(법 제92조 제1항, 규칙 제147조).

①②⑤ 전세권(임차권, 지상권)설정등기청구권보전가등기 이후에 마쳐진 가압류등기나 저당권설정등기는 가등기에 의하여 보전되는 권리인 전세권(임차권, 지상권)설정등기청구권을 침해하는 등기가 아니므로 등기관이 직권으로 말소할 수 없다(규칙 제148조 제2항).
③ 저당권설정등기청구권보전가등기 이후에 마쳐진 소유권이전등기는 저당권설정의 본등기시, 가등기에 의하여 보전되는 권리인 저당권설정등기청구권을 침해하는 등기가 아니므로 등기관이 직권으로 말소할 수 없다(규칙 제148조 제3항).

23 난이도 중 답 ①

| 영 역 | 등기절차 총론
| 키워드 | 관공서의 촉탁등기
| 해 설 | ① 관공서가 체납처분으로 인한 압류등기를 촉탁하는 경우에는 등기명의인 또는 상속인, 그 밖의 포괄승계인을 갈음하여 부동산의 표시, 등기명의인의 표시의 변경, 경정 또는 상속, 그 밖의 포괄승계로 인한 권리이전의 등기를 함께 촉탁할 수 있으므로(법 제96조) 관공서가 상속재산에 대해 체납처분으로 인한 압류등기를 촉탁하는 경우, 상속인을 갈음하여 상속으로 인한 권리이전의 등기를 함께 촉탁할 수 있다.
② 법 제29조 제2호, 규칙 제52조 제8호
③ 법 제85조 제1항
④ 규칙 제155조 제1항
⑤ 법 제22조 제2항

24 난이도 **중** 답 ②

| 영 역 | 각종의 등기절차

| 키워드 | 가등기 종합문제

| 해 설 | ② 소유권이전등기청구권 보전을 위한 가등기가 마쳐진 부동산에 처분금지가처분등기가 된 후 본등기가 이루어진 경우, 그 본등기로 가처분채권자에게 대항할 수 있다. 즉, 본등기가 이루어진 경우 등기관은 처분금지가처분등기를 직권으로 말소한다(법 제92조 제1항, 규칙 제147조 제1항).

① 소유권이전등기청구권 보전을 위한 가등기에 기한 본등기가 경료된 경우, 본등기에 의한 물권변동의 효력은 가등기한 때로 소급하지 않고 본등기한 때 발생한다(대판 1981.5.26, 80다117). 다만, 본등기의 순위는 가등기한 때로 소급한다(법 제91조).

③ 정지조건부청구권을 보전하기 위해서도 가등기를 할 수 있다(법 제88조 참조).

④ 가등기된 소유권이전등기청구권이 양도된 경우, 그 가등기상의 권리의 이전등기를 가등기에 대한 부기등기 형식으로 경료할 수 있다(대판 전합체 1998.11. 19, 98다24105).

⑤ 등기의 추정력은 본등기인 종국등기에만 인정되므로 소유권이전청구권보전가등기가 있다고 하여 소유권이전등기를 청구할 어떤 실체적 법률관계가 존재하는 것으로 추정되는 것은 아니다(대판 1979.5. 22, 79다239 참조).

☑ 시험결과(부동산공시법 + 부동산세법)

응시자(명)	과락자(명)	응시자 평균점수(점)	합격자 평균점수(점)
48,932	16,023	48.50	66.63

⇨ 나의 점수: _____

☑ 한영규 교수님의 시험 총평

제35회 기출문제는 제34회에 이어 조세총론 파트가 상당히 어렵게 출제되었습니다. 양도소득세 계산문제는 최근 몇 년 중 가장 어려운 문제였습니다. 이외의 문제는 비교적 무난하여 난이도 중·하 문제를 실수 없이 풀 수 있는지가 중요했습니다.

☑ 출제 문항별 영역 > 키워드 & 기본서 연계 페이지

문항	영역 > 키워드	기본서
25	조세와 타 채권과의 관계 > 조세우선권	p.57
26	납세의무의 성립·확정·소멸 > 징수권의 소멸시효	p.47
27	종합부동산세 > 주택에 대한 종합부동산세	p.204
28	종합부동산세 > 토지에 대한 종합부동산세	p.212
29	취득세 > 취득세 과세표준	p.95
30	취득세 > 취득세 비과세	p.122
31	취득세 > 취득세 세율	p.100
32	종합소득세 > 부동산임대소득	p.226
33	재산세 > 재산세 납세의무자	p.144
34	재산세 > 재산세 물납	p.160
35	재산세 > 재산세 종합문제	p.141
36	양도소득세 > 이월과세	p.278
37	양도소득세 > 양도소득세 과세대상	p.236
38	양도소득세 > 양도소득세 종합문제	p.236
39	양도소득세 > 국외자산 양도에 대한 양도소득세	p.296
40	양도소득세 > 양도소득과세표준의 계산	p.275

정답 및 해설

25 난이도 상　　　　　　　　　　답 ④

| 영　역 | 조세와 타 채권과의 관계
| 키워드 | 조세우선권
| 해　설 | ④ 국세는 다른 공과금이나 그밖의 채권에 우선하여 징수한다. 그러나 법정기일 전에 전세권 등이 설정된 재산이 양도, 상속 또는 증여된 후 해당 재산이 국세의 강제징수 또는 경매 절차 등을 통하여 매각되어 그 매각금액에서 국세를 징수하는 경우 해당 재산에 설정된 전세권등에 의하여 담보된 채권 또는 임대차보증금반환채권에 대해서는 그러하지 아니한다. 다만, 해당 재산의 직전 보유자가 전세권등의 설정 당시 체납하고 있었던 국세 등을 고려하여 대통령령으로 정하는 방법에 따라 계산한 금액의 범위에서는 국세(법정기일이 전세권등의 설정일보다 빠른 국세로 한정한다)를 우선하여 징수한다(국세기본법 제35조 제1항 제3의2호).
직전보유자가 체납한 국세는 없었고 현재 소유자가 체납한 소득세의 법정기일 전에 전세권이 설정되었기에 전세권이 우선한다(소득세는 당해세에 해당하지 아니한다).
① 과세표준과 세액의 신고에 의하여 납세의무가 확정되는 지방세의 경우 신고한 해당 세액에 대해서는 그 신고일이 법정기일이다(지방세기본법 제71조 제1항 제3호 가목).
② 과세표준과 세액의 신고에 따라 납세의무가 확정되는 국세[중간예납하는 법인세와 예정신고납부하는 부가가치세 및 소득세(소득세법 제105조에 따라 신고하는 경우로 한정한다)를 포함한다]의 경우 신고한 해당 세액의 법정기일은 그 신고일이다(국세기본법 제35조 제2항 제1호).
③ 법정기일 전에 전세권등이 설정된 사실은 다음의 어느 하나에 해당하는 방법으로 증명한다(국세기본법 시행령 제18조 제2항).

> 1. 부동산등기부 등본
> 2. 공증인의 증명
> 3. 질권에 대한 증명으로서 세무서장이 인정하는 것
> 4. 공문서 또는 금융회사 등의 장부상의 증명으로서 세무서장이 인정하는 것

⑤ 지방자치단체의 징수금은 다른 공과금과 그 밖의 채권에 우선하여 징수한다. 다만, 「주택임대차보호법」 제8조 또는 「상가건물 임대차보호법」 제14조가 적용되는 임대차관계에 있는 주택 또는 건물을 매각하여 그 매각금액에서 지방세를 징수하는 경우에는 임대차에 관한 보증금 중 일정액으로서 각 규정에 따라 임차인이 우선하여 변제받을 수 있는 금액에 관한 채권에 대해서는 우선징수하지 아니한다(지방세기본법 제71조 제1항 제4호).

26 난이도 상　　　　　　　　　　답 ⑤

| 영　역 | 납세의무의 성립·확정·소멸
| 키워드 | 징수권의 소멸시효
| 해　설 | ④⑤ 국세 및 지방세징수권을 행사할 수 있는 때는 다음의 날로 한다(국세기본법 제27조 제3항, 지방세기본법 제39조 제3항).

> 1. 과세표준과 세액의 신고로 납세의무가 확정되는 국세 및 지방세의 경우: 신고한 세액에 대해서는 그 법정납부기한의 다음 날
> 2. 과세표준과 세액을 정부 및 지방자치단체의 장이 결정 또는 경정하는 경우: 납세고지한 세액에 대해서는 그 납세고지서에 따른 납부기한의 다음 날

①②③ 가산세를 제외한 국세가 5억원 이상(5억원 미만은 5년), 가산세를 제외한 지방세가 5천만원 이상(5천만원 미만은 5년)인 경우 국세 및 지방세 징수권은 10년 동안 행사하지 아니하면 소멸시효가 완성된다(국세기본법 제27조 제1항, 지방세기본법 제39조 제1항).

27 난이도 상 답 ③

| 영 역 | 종합부동산세

| 키워드 | 주택에 대한 종합부동산세

| 해 설 | ③ 과세기준일(2025.6.1.) 현재는 3주택을 소유하고 있는 개인이기에 2025년도 주택분 종합부동산세액은 3주택 이상을 소유한 경우의 세율을 적용하여 계산한다.

① 「신탁법」 제2조에 따른 수탁자의 명의로 등기된 신탁주택의 경우에는 위탁자가 종합부동산세를 납부할 의무가 있으며, 이 경우 위탁자가 신탁주택을 소유한 것으로 본다(종합부동산세법 제7조 제2항).

② 법인(공익법인 등 제외)이 2주택을 소유한 경우 종합부동산세의 세율은 1천분의 27을 적용한다(종합부동산세법 제9조 제2항 제3호 가목).

④ 신탁주택의 위탁자가 종합부동산세를 체납한 경우 그 위탁자의 다른 재산에 대하여 강제징수하여도 징수할 금액에 미치지 못할 때에는 해당 주택의 수탁자가 신탁주택으로서 종합부동산세를 납부할 의무가 있다(종합부동산세법 제7조의2).

⑤ 공동명의 1주택자인 경우 주택에 대한 종합부동산세의 과세표준은 납세의무자별로 주택의 공시가격을 합산한 금액에서 9억원을 공제한 금액에 100분의 60부터 100분의 100까지의 범위에서 대통령령이 정하는 공정시장가액비율(2025년 100분의 60)을 곱한 금액으로 한다(종합부동산세법 제8조 제1항)(종합부동산세법 제10조의2의 요건 충족 시에는 1인을 납세의무자로 할 수 있다).

28 난이도 중 답 ⑤

| 영 역 | 종합부동산세

| 키워드 | 토지에 대한 종합부동산세

| 해 설 | ⑤ 「종합부동산세법」 제14조 제6항

① 토지분 재산세의 납세의무자로서 종합합산과세대상 토지의 공시가격을 합한 금액이 5억원을 초과하는 자는 종합부동산세를 납부할 의무가 있다(종합부동산세법 제12조 제1항 제1호).

② 토지분 재산세의 납세의무자로서 별도합산과세대상 토지의 공시가격을 합한 금액이 80억원을 초과하는 자는 종합부동산세를 납부할 의무가 있다(종합부동산세법 제12조 제1항 제2호).

③ 토지에 대한 종합부동산세는 종합합산과세대상, 별도합산과세대상으로 구분하여 과세한다(종합부동산세법 제11조).

④ 종합합산과세대상인 토지에 대한 종합부동산세의 과세 표준은 해당 토지의 공시가격을 합산한 금액에서 5억원을 공제한 금액에 100분의 60부터 100분의 100까지의 범위에서 대통령령으로 정하는 공정시장가액비율(2025년 100분의 100)을 곱한 금액으로 한다(종합부동산세법 제13조 제1항).

29 난이도 중 답 ②

| 영 역 | 취득세

| 키워드 | 취득세 과세표준

| 해 설 | ② 상속에 따른 건축물 무상취득의 경우에는 「지방세법」 제4조에 따른 시가표준액을 취득당시가액으로 한다(지방세법 제10조의2 제2항 제1호).

① 교환 시 취득당시가액은 교환을 원인으로 이전받는 부동산등의 시가인정액과 이전하는 부동산등의 시가인정액(상대방에게 추가로 지급하는 금액과 상대방으로부터 승계받는 채무액이 있는 경우 그 금액을 더하고, 상대방으로부터 추가로 지급받는 금액과 상대방에게 승계하는 채무액이 있는 경우 그 금액을 차감한다) 중 높은 가액으로 한다(지방세법 시행령 제18조의4 제1항 제1호 나목).

③ 대물변제 시 취득당시가액은 대물변제액(대물변제액 외에 추가로 지급한 금액이 있는 경우에는 그 금액을 포함한다)을 취득당시가액으로 한다. 다만, 대물변제액이 시가인정액보다 적은 경우 취득당시가액은 시가인정액으로 한다(지방세법 시행령 제18조의4 제1항 제1호 가목).

④ 법인이 아닌 자가 건축물을 건축하여 취득하는 경우로서 사실상 취득가격을 확인할 수 없는 경우에는 시가표준액을 취득당시가액으로 한다(지방세법 제10조의4 제2항).

⑤ 법인이 아닌 자가 건축물을 매매로 승계취득하는 경우에는 그 건축물을 취득하기 위하여 「공인중개사법」에 따른 공인중개사에게 지급한 중개보수를

취득당시가액에 포함하지 아니한다(지방세법 시행령 제18조 제1항).

30 난이도 하   답③

| 영 역 | 취득세

| 키워드 | 취득세 비과세

| 해 설 | 국가에 귀속의 반대급부로 영리법인이 국가 소유의 부동산을 무상으로 양여받는 경우에는 취득세를 부과한다(지방세법 제9조 제2항 제2호).

31 난이도 하   답①

| 영 역 | 취득세

| 키워드 | 취득세 세율

| 해 설 | ㄷ. 공유물의 분할로 인한 취득: 1천분의 23(지방세법 제11조 제1항 제5호)
ㄹ. 매매로 인한 농지 외의 토지 취득: 1천분의 40(지방세법 제11조 제1항 제7호 나목)

32 난이도 중   답①

| 영 역 | 종합소득세

| 키워드 | 부동산임대소득

| 해 설 | ①「소득세법」제70조 제1항·제2항
② 공장재단을 대여하는 사업은 부동산임대업에 해당한다(소득세법 제45조 제2항).
③ 해당 과세기간의 주거용 건물임대업을 제외한 부동산임대업에서 발생한 결손금은 그 과세기간의 종합소득 과세표준을 계산할 때 공제하지 아니한다(소득세법 제45조 제2항).
④「공익사업을 위한 토지 등의 취득 및 보상에 관한 법률」제4조에 따른 공익사업과 관련하여 지역권을 설정함으로써 발생하는 소득은 부동산업에서 발생하는 소득에 해당하지 아니한다(소득세법 제19조 제1항 제12호).
⑤ 사업소득에 부동산임대업에서 발생한 소득이 포함되어 있는 사업자는 그 소득별로 구분하여 회계처리하여야 한다(소득세법 제160조 제4항).

33 난이도 하   답①

| 영 역 | 재산세

| 키워드 | 재산세 납세의무자

| 해 설 | 공부상에 개인 등의 명의로 등재되어 있는 사실상의 종중재산으로 종중소유임을 신고하지 아니하였을 경우: 공부상 소유자(지방세법 제107조 제2항 제3호)

34 난이도 중   답③

| 영 역 | 재산세

| 키워드 | 재산세 물납

| 해 설 | ㄷ. 물납을 허가하는 부동산의 가액은 재산세 과세기준일 현재의 시가로 한다(지방세법 시행령 제115조 제1항).

35 난이도 중   답②

| 영 역 | 재산세

| 키워드 | 재산세 종합문제

| 해 설 | ②「지방세법」제120조 제1항 제4호
① 특별시 지역에서「국토의 계획 및 이용에 관한 법률」에 따라 지정된 주거지역의 대통령령으로 정하는 공장용 건축물의 표준세율은 비례세율(1천분의 5)이다(지방세법 제111조 제1항 제2호 나목).
③ 주택의 토지와 건물소유자가 다를 경우 해당 주택에 대한 세율을 적용할 때 해당 주택의 토지와 건물의 가액을 합산한 과세표준에 세율을 적용한다(지방세법 제113조 제3항).
④ 주택의 재산세로서 해당 연도에 부과할 세액이 20만원 이하인 경우에는 납기를 7월 16일부터 7월 31일까지로 하여 한꺼번에 부과·징수할 수 있다(지방세법 제115조 제1항 제3호 단서).
⑤ 지방자치단체의 장은 과세대상의 누락으로 이미 부과한 재산세액을 변경하여야 할 사유가 발생하여도 수시로 부과·징수할 수 있다(지방세법 제115조 제2항).

| 영 역 | 양도소득세

| 키워드 | 이월과세

| 해 설 | ③ 양도차익 계산 시 乙이 납부하였거나 납부할 증여세 상당액이 있는 경우 양도차익을 한도로 필요경비에 산입한다.

> 「소득세법」 제97조의2(양도소득의 필요경비 계산 특례) ① 거주자가 양도일부터 소급하여 10년 이내에 그 배우자(양도 당시 혼인관계가 소멸된 경우를 포함하되, 사망으로 혼인관계가 소멸된 경우는 제외한다. 이하 이 항에서 같다) 또는 직계존비속으로부터 증여받은 제94조 제1항 제1호에 따른 자산이나 그 밖에 대통령령으로 정하는 자산의 양도차익을 계산할 때 양도가액에서 공제할 필요경비는 제97조 제2항에 따르되, 다음 각 호의 기준을 적용한다.
> 1. 취득가액은 거주자의 배우자 또는 직계존비속이 해당 자산을 취득할 당시의 제97조 제1항 제1호에 따른 금액으로 한다.
> 2. 제97조 제1항 제2호에 따른 필요경비에는 거주자의 배우자 또는 직계존비속이 해당 자산에 대하여 지출한 같은 호에 따른 금액을 포함한다.
> 3. 거주자가 해당 자산에 대하여 납부하였거나 납부할 증여세 상당액이 있는 경우 필요경비에 산입한다.

① 양도차익 계산 시 양도가액에서 공제할 취득가액은 3억원이다.

② 양도차익 계산 시 甲이 지출한 자본적 지출액 5천만원은 양도가액에서 공제할 수 있다.

④ 장기보유특별공제액 계산 및 세율 적용 시 보유기간은 甲의 취득일로부터 양도일까지의 기간으로 한다(소득세법 제95조 제4항, 제104조 제2항 제2호).

⑤ 甲과 乙은 양도소득세에 대하여 연대납세의무는 없다.

| 영 역 | 양도소득세

| 키워드 | 양도소득세 과세대상

| 해 설 | ㄷ. 지역권은 과세대상에 해당하지 않는다(소득세법 제94조).

| 보충하기 | 양도소득세 과세대상

> 양도소득은 개인이 토지, 건물 등 「소득세법」에 열거된 국내 및 국외자산을 일시적으로 양도함으로써 발생하는 소득을 말한다.
> 1. 부동산(토지, 건물)
> 2. 부동산에 관한 권리
>   ㉠ 부동산을 사용할 수 있는 권리: 전세권, 지상권, 등기된 임차권(국내)
>   ㉡ 부동산을 취득할 수 있는 권리: 분양권, 조합원입주권, 상환채권 등
> 3. 기타 부동산 관련 자산
>   ㉠ 특정주식 A(50%, 50%, 50% 요건 충족)
>   ㉡ 특정주식 B(80%, 1주 이상): 골프장, 스키장 등
>   ㉢ 사업용 자산과 함께 양도하는 영업권
>   ㉣ 사업용 자산과 함께 양도하는 이축권
>   ㉤ 특정시설물 이용권 및 회원권
> 4. 주식 관련 자산(대주주양도분, 장외거래분 등)
> 5. 파생상품
> 6. 신탁의 이익을 받을 권리

| 영 역 | 양도소득세

| 키워드 | 양도소득세 종합문제

| 해 설 | ④ 「소득세법」 제102조 제2항

① 부담부증여의 채무액에 해당하는 부분으로 양도로 보는 경우에는 그 양도일이 속하는 달의 말일부터 3개월 이내에 양도소득세를 신고하여야 한다(소득세법 제105조 제1항 제3호).

② 토지를 매매하는 거래당사자가 매매계약서의 거래가액을 실지거래가액과 다르게 적은 경우에는 해당 자산에 대하여 「소득세법」에 따른 양도소득세의 비과세에 관한 규정을 적용할 때, 비과세 받을 세액에서 '비과세에 관한 규정을 적용하지 아니하였을 경우와 양도소득 산출세액'과 '매매계약서의 거래가액과 실지거래가액과의 차액' 중 적은 금액을 뺀다(소득세법 제91조 제2항 제1호).

③ 근무상의 형편으로 인하여 세대전원이 다른 시·군으로 주거를 이전하게 되어 1년 이상 거주한 주택을 양도하는 경우 보유기간 및 거주기간의 제한을 받지 아니하고 양도소득세가 비과세된다(소득세법 시행령 제154조 제1항 제3호).

④ 「소득세법」 제102조 제2항

⑤ 상속받은 주택과 상속개시 당시 보유한 일반주택을 국내에 각각 1개씩 소유한 1세대가 일반주택을 양도하는 경우에는 국내에 1개의 주택을 소유하고 있는 것으로 보아 1세대 1주택 비과세 규정을 적용한다(소득세법 시행령 제155조 제2항).

---

39 난이도 중   답 ②

| 영 역 | 양도소득세

| 키워드 | 국외자산 양도에 대한 양도소득세

| 해 설 | 국외 부동산을 양도하여 발생한 양도차손은 동일한 과세기간에 국내 부동산을 양도하여 발생한 양도소득금액에서 통산할 수 없다.

---

40 난이도 상   답 ④

| 영 역 | 양도소득세

| 키워드 | 양도소득과세표준의 계산

| 해 설 | 1. 양도소득금액을 계산할 때 양도차손이 발생한 자산이 있는 경우에는 「소득세법」 제102조 제1항 각 호별로 해당 자산 외의 다른 자산에서 발생한 양도소득금액에서 그 양도차손을 공제한다(소득세법 제102조 제2항).

2. 양도차손은 다음의 자산의 양도소득금액에서 순차로 공제한다(소득세법 시행령 제167조의2 제1항).

① 양도차손이 발생한 자산과 같은 세율을 적용받는 자산의 양도소득금액

② 양도차손이 발생한 자산과 다른 세율을 적용받는 자산의 양도소득금액. 이 경우 다른 세율을 적용받는 자산의 양도소득금액이 2 이상인 경우에는 각 세율별 양도소득금액의 합계액에서 당해 양도소득금액이 차지하는 비율로 안분하여 공제한다(토지·건물의 경우 2년 미만 보유와 2년 이상 보유 시 적용되는 세율이 다르다).

3. 건물은 보유기간이 1년 8개월이므로 장기보유특별공제를 적용할 수 없다.

4. 양도소득기본공제는 감면소득금액이 있는 경우에는 그 감면소득금액 외의 양도소득금액에서 먼저 공제하고, 감면소득금액 외의 양도소득금액 중에서는 해당 과세기간에 먼저 양도한 자산의 양도소득금액에서부터 순서대로 공제한다(소득세법 제103조 제2항).

구분	건물(주택 아님)	토지A	토지B
양도차익(차손)	15,000,000원	(20,000,000원)	25,000,000원
– 장기보유 특별공제	–	–	(1,500,000원)*
양도소득금액 (양도차손 통산)	15,000,000원	(20,000,000원)	23,500,000원
		3,500,000원	
– 양도소득 기본공제	(2,500,000원)	–	
양도소득 과세표준	12,500,000원	3,500,000원	

* 25,000,000원 × 6% = 1,500,000원

문제편 ▶ p.57

☑ **시험결과**

응시자(명)	과락자(명)	응시자 평균점수(점)	합격자 평균점수(점)
65,705	17,430	52.88	72.77

⇨ **나의 점수:** _____

☑ **임선정 교수님의 시험 총평**

> 제34회 공인중개사법령 및 중개실무 시험은 최근 10년간의 시험 중 가장 어렵게 출제되었습니다. 특히 민법 판례를 중개실무 영역에 다수 출제하여 2차 시험만 보는 수험생의 체감 난도는 더 높았을 것입니다.

☑ **출제 문항별 영역 > 키워드 & 기본서 연계 페이지**

문항	영역 > 키워드	기본서	문항	영역 > 키워드	기본서
1	중개업무 > 법인의 겸업가능 범위	p.105	21	개업공인중개사의 의무 및 책임 > 금지행위	p.180
2	공인중개사제도 > 공인중개사 정책심의위원회	p.47	22	지도·감독 및 행정처분 > 자격정지	p.297
3	공인중개사법령 총칙 > 용어의 정의	p.20	23	지도·감독 및 행정처분 > 효과승계, 위반행위승계	p.292
4	중개업무 > 분사무소의 설치	p.116	24	지도·감독 및 행정처분 > 자격취소	p.296
5	중개사무소 개설등록 및 결격사유 > 법인의 중개사무소 등록기준	p.71	25	공인중개사협회 및 교육·보칙·신고센터 등 > 공인중개사협회, 공제사업	p.240
6	공인중개사법령 총칙 > 중개대상물	p.31	26	중개대상물 조사 및 확인 > 중개대상물 확인·설명서[Ⅰ]	p.515
7	중개업무 > 고용인	p.109	27	개별적 중개실무 > 공인중개사의 매수신청대리인 등록 등에 관한 규칙	p.631
8	중개사무소 개설등록 및 결격사유 > 중개사무소의 개설등록	p.67	28	부동산 거래신고 등에 관한 법률 > 토지거래허가	p.380
9	중개업무 > 휴업 및 폐업	p.142	29	부동산 거래신고 등에 관한 법률 > 주택 임대차계약의 신고	p.354
10	중개업무 > 인장등록	p.138	30	중개대상물 조사 및 확인 > 장사 등에 관한 법률	p.476
11	중개업무 > 중개사무소의 이전신고	p.116	31	부동산 거래신고 등에 관한 법률 > 부동산 거래신고	p.369
12	중개계약 및 부동산거래정보망 > 일반중개계약, 전속중개계약	p.156	32	개별적 중개실무 > 민사집행법	p.619
13	부동산 거래신고 등에 관한 법률 > 부동산 거래신고	p.324	33	부동산 거래신고 등에 관한 법률 > 외국인등의 부동산 취득	p.369
14	개업공인중개사의 의무 및 책임 > 중개대상물 확인·설명의무	p.193	34	부동산 거래신고 등에 관한 법률 > 토지거래허가구역	p.380
15	손해배상책임과 반환채무이행보장 > 업무보증설정	p.210	35	부동산 거래신고 등에 관한 법률 > 포상금	p.412
16	중개업무 > 중개사무소의 명칭	p.116	36	개별적 중개실무 > 집합건물의 소유 및 관리에 관한 법률	p.652
17	공인중개사협회 및 교육·보칙·신고센터 등 > 교육	p.250	37	개별적 중개실무 > 주택임대차보호법	p.571
18	손해배상책임과 반환채무이행보장 > 예치명의자	p.221	38	중개대상물 조사 및 확인 > 분묘기지권	p.473
19	벌칙(행정벌) > 과태료 부과기준	p.314	39	부동산 거래신고 등에 관한 법률 > 토지거래허가구역	p.380
20	중개보수 > 중개보수의 계산	p.228	40	개별적 중개실무 > 명의신탁약정	p.563

정답 및 해설

※ 문항별 난이도가 상, 중, 하로 표시되어 있습니다.
※ 문항별 영역과 키워드를 확인하고, 취약 영역은 이론서를 통해 보충하세요. 영역은 기본서의 CHAPTER와 동일합니다.

1 난이도 중 　　　　　　　　답 ④

| 영　역 | 중개업무

| 키워드 | 법인의 겸업가능 범위

| 해　설 | ㄴ. 누구든지 다른 사람의 성명 또는 상호를 사용하여 중개업무를 하거나 다른 사람의 중개사무소등록증을 양수 또는 대여받아 이를 사용하는 행위를 하여서는 아니 된다. 이를 위반한 자는 등록이 취소되고, 1년 이하의 징역 또는 1천만원 이하의 벌금형에 처해진다.

ㄷ. 공인중개사는 다른 사람에게 자기의 성명을 사용하여 중개업무를 하게 하거나 자기의 공인중개사자격증을 양도 또는 대여하여서는 아니 된다. 이를 위반한 자는 자격이 취소되고 1년 이하의 징역이나 1천만원 이하의 벌금형에 처해진다. 또한 누구든지 자격증의 양도 또는 대여를 알선하여서는 아니 된다.

ㄱ. 법 제14조 겸업내용에 의하면 법인인 개업공인중개사는 상업용 건축물 및 주택의 분양대행업무를 할 수 있으므로 중개업과 함께 주택의 분양대행을 겸업하는 행위는 금지되는 행위에 해당하지 않는다.

2 난이도 중 　　　　　　　　답 ①

| 영　역 | 공인중개사제도

| 키워드 | 공인중개사 정책심의위원회

| 해　설 | 심의위원회 위원장은 국토교통부 제1차관이 되고, 위원은 국토교통부장관이 임명하거나 위촉한다.

3 난이도 하 　　　　　　　　답 ⑤

| 영　역 | 공인중개사법령 총칙

| 키워드 | 용어의 정의

| 해　설 | ① 중개대상물을 거래당사자 간에 교환하는 행위를 알선하는 것이 '중개'에 해당한다.

② '중개업'이란 다른 사람의 의뢰에 의하여 일정한 보수를 받고 중개를 업으로 하는 행위를 말한다. 따라서 다른 사람의 의뢰에 의하여 중개를 하는 경우에 그에 대한 보수를 받지 않았다면 이는 '중개업'에 해당하지 않는다.

③ 개업공인중개사인 법인의 임원으로서 공인중개사인 자가 중개업무를 수행하는 경우 '소속공인중개사'에 해당한다.

④ 공인중개사가 아닌 자로서 개업공인중개사에 소속되어 개업공인중개사의 중개업무와 관련된 단순한 업무를 보조하는 경우에는 '중개보조원'에 해당한다.

4 난이도 중 　　　　　　　　답 ④

| 영　역 | 중개업무

| 키워드 | 분사무소의 설치

| 해　설 | 법인인 개업공인중개사는 대통령령으로 정하는 기준과 절차에 따라 등록관청에 신고하고, 그 관할구역 외의 지역에 분사무소를 둘 수 있다. 법인(중개법인뿐만 아니라 특수법인도 포함한다)은 분사무소를 설치할 수 있으나, 개인인 개업공인중개사에게는 분사무소 설치가 허용되지 않는다.

5 난이도 중 　　　　　　　　답 ②

| 영　역 | 중개사무소 개설등록 및 결격사유

| 키워드 | 법인의 중개사무소 등록기준

| 해　설 | 법인의 등록기준으로 대표자는 공인중개사이어야 하며, 대표자를 제외한 임원 또는 사원(합명회사 또는 합자회사의 무한책임사원을 말함)의 3분의 1 이상은 공인중개사이어야 한다.

6 난이도 하   답②

| 영 역 | 공인중개사법령 총칙
| 키워드 | 중개대상물
| 해 설 | ㄱ. 근저당권이 설정되어 있는 피담보채권은 중개대상물에 해당하지 않는다.
ㄹ. 거래처, 신용 또는 점포 위치에 따른 영업상의 이점 등 무형물은 권리금의 형태로 거래되므로 중개대상물에 해당하지 않는다.

7 난이도 중   답③

| 영 역 | 중개업무
| 키워드 | 고용인
| 해 설 | ① 소속공인중개사 또는 중개보조원의 업무상 행위는 그를 고용한 개업공인중개사의 행위로 본다.
② 개업공인중개사는 소속공인중개사 또는 중개보조원을 고용한 경우에는 업무개시 전까지 등록관청에 신고(전자문서에 의한 신고를 포함한다)하여야 한다.
④ 고용신고를 받은 등록관청은 결격사유 해당 여부와 실무교육 수료 여부를 확인하여야 한다(규칙 제8조 제3항). 따라서 별도로 실무교육 수료확인증을 제출하지 않아도 된다.
⑤ 개업공인중개사는 외국인도 중개보조원으로 고용할 수 있다.

8 난이도 중   답①

| 영 역 | 중개사무소 개설등록 및 결격사유
| 키워드 | 중개사무소의 개설등록
| 해 설 | 「공인중개사법 시행규칙」 별지 제5호 서식(부동산중개사무소 개설등록 신청서)에 의하면 시장·군수·구청장은 「공인중개사법」 제5조 제2항에 따라 공인중개사자격증을 발급한 시·도지사에게 개설등록을 하려는 자(법인의 경우에는 대표자를 포함한 공인중개사인 임원 또는 사원을 말한다)의 공인중개사 자격확인을 요청하여야 하므로 별도의 공인중개사자격증 사본은 제출하지 않는다.

9 난이도 중   답②

| 영 역 | 중개업무
| 키워드 | 휴업 및 폐업
| 해 설 | ㄷ. 「공인중개사법」을 위반하여 업무정지처분을 받고 폐업신고를 한 자로서 업무정지기간이 지나지 아니한 자는 결격사유에 해당하므로 업무정지기간이 지나지 아니한 경우 중개사무소의 개설등록을 할 수 없다.

10 난이도 하   답⑤

| 영 역 | 중개업무
| 키워드 | 인장등록
| 해 설 | 개업공인중개사 및 소속공인중개사는 등록한 인장을 변경한 경우에는 변경일부터 7일 이내에 그 변경된 인장을 등록관청에 등록(전자문서에 의한 등록을 포함한다)하여야 한다(규칙 제9조 제2항).

11 난이도 중   답⑤

| 영 역 | 중개업무
| 키워드 | 중개사무소의 이전신고
| 해 설 | 중개시무소이전신고서를 제출할 때 중개사무소등록증을 첨부하여야 한다.
| 보충하기 | 중개사무소의 이전신고
개업공인중개사는 중개사무소이전신고서(별지 제12호 서식)에 다음의 서류를 첨부하여 등록관청에 제출해야 한다(규칙 제11조 제1항).

> 1. 중개사무소등록증(분사무소의 경우에는 분사무소설치신고확인서를 말한다)
> 2. 건축물대장에 기재된 건물에 중개사무소를 확보(소유·전세·임대차 또는 사용대차 등의 방법에 의하여 사용권을 확보하여야 한다)하였음을 증명하는 서류. 다만, 건축물대장에 기재되지 아니한 건물에 중개사무소를 확보하였을 경우에는 건축물대장 기재가 지연되는 사유를 적은 서류도 함께 내야 한다.

12 난이도 중   답 ②

| 영 역 | 중개계약 및 부동산거래정보망

| 키워드 | 일반중개계약, 전속중개계약

| 해 설 | ① 전속중개계약서의 작성과 달리 甲의 요청에 따라 乙이 일반중개계약서를 작성한 경우 그 계약서를 일정기간동안 보존하여야 하는 내용은 「공인중개사법」상 규정에 없다.

③ 일반중개계약서·전속중개계약서 모두 해당 업무를 소속공인중개사가 수행한 경우라도 소속공인중개사의 서명 또는 날인, 서명 및 날인의무는 「공인중개사법」상 규정에 없다.

④ 전속중개계약의 유효기간은 甲과 乙이 별도로 정한 경우 3개월을 초과할 수 있다.

⑤ 전속중개계약을 체결한 甲이 그 유효기간 내에 스스로 발견한 상대방과 거래한 경우 중개보수의 50%에 해당하는 금액의 범위 안에서 개업공인중개사가 중개행위를 하는 경우 소요된 비용(사회통념에 비추어 상당하다고 인정되는 비용을 말한다)을 지불하여야 한다.

13 난이도 상   답 ④

| 영 역 | 부동산 거래신고 등에 관한 법률

| 키워드 | 부동산 거래신고

| 해 설 | 「부동산 거래신고 등에 관한 법률 시행규칙」 별지 제1호 서식에 의하면 공급계약은 시행사 또는 건축주등이 최초로 부동산을 공급(분양)하는 계약을 말하며, 준공 전과 준공 후 계약 여부에 따라 ∨표시하고, '임대주택 분양전환'은 임대주택사업자(법인으로 한정)가 임대기한이 완료되어 분양전환하는 주택인 경우에 ∨표시한다. 전매는 부동산을 취득할 수 있는 권리의 매매로서, '분양권' 또는 '입주권'에 ∨표시를 한다.

14 난이도 중   답 ②

| 영 역 | 개업공인중개사의 의무 및 책임

| 키워드 | 중개대상물 확인·설명의무

| 해 설 | 甲은 중개대상물에 근저당권이 설정된 경우, '채권최고액'을 조사·확인하여 설명할 의무가 있다.

15 난이도 중   답 ④

| 영 역 | 손해배상책임과 반환채무이행보장

| 키워드 | 업무보증설정

| 해 설 | 甲이 손해배상책임을 보장하기 위한 조치를 이행하지 아니하고 업무를 개시한 경우는 법 제38조 제2항 상대적 등록취소에 해당한다. 이 경우 등록취소가 부과되지 않는다면 6개월의 업무정지사유에 해당한다.

16 난이도 중   답 ⑤

| 영 역 | 중개업무

| 키워드 | 중개사무소의 명칭

| 해 설 | 법 제7638호 부칙 제6조 제2항에 따른 개업공인중개사는 사무소 명칭에 '공인중개사사무소'라는 문자를 사용하여서는 아니 된다(부칙 제6조 제3항). 따라서 '부동산중개'라는 문자를 사용하여야 한다.

17 난이도 중 　　　　　　　답 ③

| 영　역 | 공인중개사협회 및 교육·보칙·신고센터 등
| 키워드 | 교육
| 해　설 | ① 폐업신고 후 1년 이내에 중개사무소의 개설등록을 다시 신청하려는 자는 실무교육을 이수하지 않아도 된다. 따라서 폐업신고 후 400일이 지난 날 중개사무소의 개설등록을 다시 신청하려는 자는 실무교육을 받아야 한다.
② 중개보조원의 직무수행에 필요한 직업윤리에 대한 직무교육시간은 3시간 이상 4시간 이내이므로 5시간은 틀린 지문이 된다.
④ 부동산중개 및 경영실무에 대한 교육은 실무교육과 연수교육의 내용이다. 이 경우 실무교육이라면 28시간 이상 32시간 이내로 하며, 연수교육이라면 12시간 이상 16시간 이내로 한다. 따라서 36시간은 실무교육과 연수교육에 모두 해당하지 않으므로 틀린 지문이 된다.
⑤ 국토교통부장관, 시·도지사 및 등록관청은 부동산 거래질서를 확립하고, 부동산 거래사고로 인한 피해를 방지하기 위하여 부동산 거래사고 예방을 위한 교육을 실시하려는 경우에는 교육일 10일 전까지 교육일시·교육장소 및 교육내용 그 밖에 교육에 필요한 사항을 공고하거나 교육대상자에게 통지하여야 한다.

18 난이도 하 　　　　　　　답 ②

| 영　역 | 손해배상책임과 반환채무이행보장
| 키워드 | 예치명의자
| 해　설 | 「공인중개사법」상 예치명의자가 될 수 있는 자는 다음에 규정된 자로 한정되어 있다(법 제31조 제1항, 영 제27조 제1항).

1. 개업공인중개사
2. 「은행법」에 따른 은행
3. 「보험업법」에 따른 보험회사
4. 「자본시장과 금융투자업에 관한 법률」에 따른 신탁업자

5. 「우체국예금·보험에 관한 법률」에 따른 체신관서
6. 법 제42조의 규정에 따라 공제사업을 하는 자
7. 부동산거래계약의 이행을 보장하기 위하여 계약금·중도금 또는 잔금(이하 '계약금등'이라 한다) 및 계약 관련 서류를 관리하는 업무를 수행하는 전문회사

19 난이도 상 　　　　　　　답 ①

| 영　역 | 벌칙(행정벌)
| 키워드 | 과태료 부과기준
| 해　설 | ① 20만원의 과태료를 부과한다.
②③④⑤ 30만원의 과태료를 부과한다.
| 보충하기 | 과태료금액
「공인중개사법 시행령」 별표 2에 의하면 과태료금액은 다음과 같다.

1. 휴업한 중개업의 재개신고를 하지 않은 경우: 20만원
2. 중개사무소등록증을 게시하지 않은 경우: 30만원
3. 중개사무소의 이전신고를 하지 않은 경우: 30만원
4. 연수교육을 정당한 사유 없이 받지 않은 기간이 50일인 경우: 30만원
5. 손해배상책임의 보장에 관한 사항을 설명하지 않은 경우: 30만원

20 난이도 중 　　　　　　　답 ①

| 영　역 | 중개보수
| 키워드 | 중개보수의 계산
| 해　설 | 계약당사자, 즉 매매계약의 당사자와 임대차계약의 당사자가 동일하므로 매매계약에 관한 거래금액만을 적용하면 된다. 따라서 매매대금이 2억 5천만원이고 중개보수요율이 0.4%이므로 2억 5천만원 × 0.4% = 100만원이 된다.

21 난이도 중 답④

| 영 역 | 개업공인중개사의 의무 및 책임

| 키워드 | 금지행위

| 해 설 | ㄴ. 개업공인중개사의 의무사항이며, 소속공인중개사에게는 금지되는 행위에 해당한다.

ㄷ. 「공인중개사법」 제33조의 금지행위에 해당하며, 이는 개업공인중개사등(개업공인중개사, 소속공인중개사, 중개보조원 및 개업공인중개사인 법인의 임원·사원)에게 적용된다. 따라서 소속공인중개사에게 금지되는 행위에 해당한다.

ㄹ. 법 제33조 제2항 제3호에 해당하는 행위로서 개업공인중개사등에게 금지되는 행위이다.

22 난이도 중 답①

| 영 역 | 지도·감독 및 행정처분

| 키워드 | 자격정지

| 해 설 | ㄱ. 6개월에 해당한다.

ㄴ. ㄷ. ㄹ. 3개월에 해당한다.

| 보충하기 | 자격정지기간

1. 둘 이상의 중개사무소에 소속된 경우: 6개월
2. 인장등록을 하지 아니하거나 등록하지 아니한 인장을 사용한 경우: 3개월
3. 성실·정확하게 중개대상물의 확인·설명을 하지 아니하거나 설명의 근거자료를 제시하지 아니한 경우: 3개월
4. 해당 중개업무를 수행한 경우 중개대상물 확인·설명서에 서명 및 날인을 하지 아니한 경우: 3개월
5. 해당 중개업무를 수행한 경우 거래계약서에 서명 및 날인을 하지 아니한 경우: 3개월
6. 거래계약서에 거래금액 등 거래내용을 거짓으로 기재하거나 서로 다른 둘 이상의 거래계약서를 작성한 경우: 6개월
7. 법 제33조 제1항에 규정된 금지행위를 한 경우: 6개월

23 난이도 상 답⑤

| 영 역 | 지도·감독 및 행정처분

| 키워드 | 효과승계, 위반행위승계

| 해 설 | ① 폐업신고한 개업공인중개사의 중개사무소에 다른 개업공인중개사가 중개사무소를 개설등록한 경우 그 지위는 승계되지 않는다.

② 중개대상물에 관한 정보를 거짓으로 공개한 사유로 행한 업무정지처분의 효과는 그 처분일로부터 1년간 다시 중개사무소의 개설등록을 한 자에게 승계된다.

③ 폐업신고 전의 위반행위에 대한 행정처분이 업무정지에 해당하는 경우로서 폐업기간이 6개월인 경우 재등록 개업공인중개사에게 그 위반행위에 대해서 행정처분을 할 수 있다.

④ 재등록 개업공인중개사에 대하여 폐업신고 전의 업무정지에 해당하는 위반행위를 이유로 행정처분을 할 때 폐업기간과 폐업의 사유 등을 고려하여야 한다.

24 난이도 중 답①

| 영 역 | 지도·감독 및 행정처분

| 키워드 | 자격취소

| 해 설 | 공인중개사의 자격취소처분은 청문을 거쳐 공인중개사자격증을 교부한 시·도지사가 행한다.

25 난이도 하 답⑤

| 영 역 | 공인중개사협회 및 교육·보칙·신고센터 등

| 키워드 | 공인중개사협회, 공제사업

| 해 설 | ① 협회는 총회의 의결내용을 지체 없이 국토교통부장관에게 보고하여야 한다.

② 협회는 매 회계연도 종료 후 3개월 이내에 공제사업 운용실적을 일간신문 또는 협회보에 공시하고 협회의 인터넷 홈페이지에 게시해야 한다.

③ 창립총회에는 서울특별시에서는 100인 이상, 광역시·도 및 특별자치도에서는 각각 20인 이상의 회원이 참여하여야 한다.

④ 책임준비금의 적립비율은 공제사고 발생률 및 공제금 지급액 등을 종합적으로 고려하여 정하되, 공제료 수입액의 100분의 10 이상으로 정한다.

26 난이도 상 답②

| 영 역 | 중개대상물 조사 및 확인
| 키워드 | 중개대상물 확인·설명서[I]
| 해 설 | ㄷ. 실제 권리관계 또는 공시되지 않은 물건의 권리사항은 매도(임대)의뢰인이 고지한 사항(법정지상권, 유치권, 주택임대차보호법에 따른 임대차, 토지에 부착된 조각물 및 정원수, 계약 전 소유권 변동 여부, 도로의 점용허가 여부 및 권리·의무 승계대상 여부 등)을 적는다.

27 난이도 중 답⑤

| 영 역 | 개별적 중개실무
| 키워드 | 공인중개사의 매수신청대리인 등록 등에 관한 규칙
| 해 설 | ① 미등기건물은 매수신청대리의 대상물이 될 수 있다.
② 공유자의 우선매수신고에 따라 차순위매수신고인으로 보게 되는 경우 그 차순위매수신고인의 지위를 포기하는 행위는 매수신청대리권의 범위에 속한다.
③ 소속공인중개사는 매수신청대리인으로 등록할 수 없다. 매수신청대리인으로 등록할 수 있는 자는 법인인 개업공인중개사, 공인중개사인 개업공인중개사이다.
④ 매수신청대리인이 되고자 하는 개업공인중개사는 중개사무소(중개법인의 경우에는 주된 중개사무소를 말한다)가 있는 곳을 관할하는 지방법원의 장에게 매수신청대리인 등록을 하여야 한다.

28 난이도 상 답②

| 영 역 | 부동산 거래신고 등에 관한 법률
| 키워드 | 토지거래허가
| 해 설 | 「건축법 시행령」에 따른 단독주택(다중주택 및 공관은 제외한다)을 취득하여 실제로 이용하는 자가 해당 건축물의 일부를 임대하는 경우는 허가목적대로 이용하지 않아도 된다.

29 난이도 상 답④

| 영 역 | 부동산 거래신고 등에 관한 법률
| 키워드 | 주택 임대차계약의 신고
| 해 설 | ㄱ. 임대차계약당사자는 주택(주택임대차보호법 제2조에 따른 주택을 말하며, 주택을 취득할 수 있는 권리를 포함한다. 이하 같다)에 대하여 보증금이 6천만원을 초과하거나 월차임이 30만원을 초과하는 주택 임대차계약(계약을 갱신하는 경우로서 보증금 및 차임의 증감 없이 임대차기간만 연장하는 계약은 제외한다)을 체결한 경우 임대차계약의 체결일부터 30일 이내에 주택 소재지를 관할하는 신고관청에 공동으로 신고하여야 한다. 임대차계약당사자는 주택 임대차계약의 신고 후 해당 주택 임대차계약의 보증금, 차임 등 임대차가격이 변경되거나 임대차계약이 해제된 때에는 변경 또는 해제가 확정된 날부터 30일 이내에 해당 신고관청에 공동으로 신고하여야 한다. 따라서 보증금이 증액된 경우 공동으로 신고하여야 한다.

30 난이도 중 답③

| 영 역 | 중개대상물 조사 및 확인
| 키워드 | 장사 등에 관한 법률
| 해 설 | 「장사 등에 관한 법률」에 의하면 법인묘지에는 폭 5m 이상의 도로와 그 도로로부터 각 분묘로 통하는 충분한 진출입로를 설치하고, 주차장을 마련하여야 한다.

31 난이도 중 답③

| 영 역 | 부동산 거래신고 등에 관한 법률
| 키워드 | 부동산 거래신고
| 해 설 | 거래당사자는 부동산 거래신고를 한 후 해당 거래계약이 해제, 무효 또는 취소(이하 '해제등'이라 한다)된 경우 해제등이 확정된 날부터 30일 이내에 해당 신고관청에 공동으로 신고하여야 한다.

32 난이도 상   답①

| 영 역 | 개별적 중개실무

| 키워드 | 민사집행법

| 해 설 | 최선순위 전세권자가 배당요구를 하면 우선변제를 받을 수 있다. 이 경우 배당받은 전세권은 매각으로 인해 소멸하게 된다. 따라서 우선변제를 받으려면 배당요구를 하여야 한다.

33 난이도 중   답③

| 영 역 | 부동산 거래신고 등에 관한 법률

| 키워드 | 외국인등의 부동산 취득

| 해 설 | • 외국인이 토지를 매수하는 계약을 체결하면 계약체결일부터 (ㄱ. 30)일 이내에 신고해야 한다.

⇨ 외국인등이 매매계약을 체결한 경우 부동산 거래신고대상이며, 이 경우 계약체결일부터 30일 이내에 신고하여야 한다.

• 외국인이 토지를 증여받는 계약을 체결하면 계약체결일부터 (ㄴ. 60)일 이내에 신고해야 한다.

⇨ 외국인등이 대한민국 안의 부동산등을 취득하는 계약(부동산 거래신고대상 계약을 한 경우는 제외한다)을 체결하였을 때에는 계약체결일부터 60일 이내에 신고관청에 신고하여야 한다.

• 외국인이 토지를 상속받으면 취득일부터 (ㄷ. 6)개월 이내에 신고해야 한다.

⇨ 외국인등이 상속·경매 그 밖에 대통령령으로 정하는 계약 외의 원인으로 대한민국 안의 부동산등을 취득한 때에는 부동산등을 취득한 날부터 6개월 이내에 신고관청에 신고하여야 한다.

34 난이도 상   답③

| 영 역 | 부동산 거래신고 등에 관한 법률

| 키워드 | 토지거래허가구역

| 해 설 | ㄱ. 토지거래허가를 받지 아니하고 체결한 매매계약은 효력이 발생하지 않는다.

ㄷ. 토지거래허가를 받지 아니하여 유동적 무효상태에 있는 계약이라고 하더라도 일단 거래허가신청을 하여 불허되었다면 특별한 사정이 없는 한, 불허된 때로부터는 그 거래계약은 확정적으로 무효가 된다고 보아야 하고, 거래허가신청을 하지 아니하여 유동적 무효인 상태에 있던 거래계약이 확정적으로 무효가 된 경우에는 거래계약이 확정적으로 무효로 됨에 있어서 귀책사유가 있는 자라고 하더라도 그 계약의 무효를 주장하는 것이 신의칙에 반한다고 할 수는 없다(이 경우 상대방은 그로 인한 손해의 배상을 청구할 수는 있다)(대판 1995.2.28, 94다51789).

ㄴ. 「국토의 계획 및 이용에 관한 법률」상 토지거래허가구역 내의 토지에 관한 매매계약은 관할관청으로부터 허가받기 전의 상태에서는 법률상 미완성의 법률행위로서 이른바 유동적 무효의 상태에 있어 그 계약내용에 따른 본래적 효력은 발생하지 아니하므로, 관할관청의 거래허가를 받아 매매계약이 소급하여 유효한 계약이 되기 전까지 양쪽 당사자는 서로 소유권의 이전이나 대금의 지급과 관련하여 어떠한 내용의 이행청구를 할 수 없으며, 일방 당사자는 상대방의 매매계약내용에 따른 채무불이행을 이유로 하여 계약을 해제할 수도 없다(대판 2010.5.13, 2009다92685).

35 난이도 중   답④

| 영 역 | 부동산 거래신고 등에 관한 법률

| 키워드 | 포상금

| 해 설 | ㄴ. 신고관청 또는 허가관청은 신청서가 접수된 날부터 2개월 이내에 포상금을 지급하여야 한다.

ㄷ. 신고관청 또는 허가관청은 하나의 위반행위에 대하여 2명 이상이 각각 신고 또는 고발한 경우에는 최초로 신고 또는 고발한 사람에게 포상금을 지급한다.

36 난이도 상   답 ⑤

| 영 역 | 개별적 중개실무
| 키워드 | 집합건물의 소유 및 관리에 관한 법률
| 해 설 | 일부공용부분의 관리에 관한 사항 중 구분소유자 전원에게 이해관계가 있는 사항과 제29조 제2항의 규약으로써 정한 사항은 구분소유자 전원의 집회결의로써 결정하고, 그 밖의 사항은 그것을 공용하는 구분소유자만의 집회결의로써 결정한다.

37 난이도 중   답 ④

| 영 역 | 개별적 중개실무
| 키워드 | 주택임대차보호법
| 해 설 | ㄴ. 「주택임대차보호법」 제2조 소정의 주거용 건물에 해당하는지 여부는 임대차목적물의 공부상의 표시만을 기준으로 할 것이 아니라, 그 실지용도에 따라서 정하여야 하고 건물의 일부가 임대차의 목적이 되어 주거용과 비주거용으로 겸용되는 경우에는 구체적인 경우에 따라 그 임대차의 목적, 전체 건물과 임대차목적물의 구조와 형태 및 임차인의 임대차목적물의 이용관계, 그리고 임차인이 그곳에서 일상생활을 영위하는지 여부 등을 아울러 고려하여 합목적적으로 결정하여야 한다(대판 1996.3.12, 95다51953).
ㄷ. 임차권등기 없이 우선변제청구권이 인정되는 소액임차인의 소액보증금반환채권은 배당요구가 필요한 배당요구채권에 해당한다(대판 2002.1.22, 2001다70702).

38 난이도 중   답 ③

| 영 역 | 중개대상물 조사 및 확인
| 키워드 | 분묘기지권
| 해 설 | ㄱ. 분묘의 기지인 토지가 분묘의 수호·관리권자 아닌 다른 사람의 소유인 경우에 그 토지소유자가 분묘 수호·관리권자에 대하여 분묘의 설치를 승낙한 때에는 그 분묘의 기지에 관하여 분묘기지권을 설정한 것으로 보아야 한다. 이와 같이 승낙에 의하여 성립하는 분묘기지권의 경우 성립 당시 토지소유자와 분묘의 수호·관리자가 지료 지급의무의 존부나 범위 등에 관하여 약정을 하였다면 그 약정의 효력은 분묘기지의 승계인에 대하여도 미친다(대판 2021.9.16, 2017다271834·271841).
ㄷ. 「장사 등에 관한 법률」 시행일(2001.1.13.) 이후 토지소유자의 승낙 없이 설치한 분묘에 대해서 분묘기지권의 시효취득을 주장할 수 없다(대판 전합체 2021.4.29, 2017다228007).

39 난이도 중   답 ①

| 영 역 | 부동산 거래신고 등에 관한 법률
| 키워드 | 토지거래허가구역
| 해 설 | 허가구역의 지정은 허가구역의 지정을 공고한 날부터 5일 후에 그 효력이 발생한다.

40 난이도 상   답 ④

| 영 역 | 개별적 중개실무
| 키워드 | 명의신탁약정
| 해 설 | ㄴ. X부동산의 소유자가 甲이라면, 명의신탁약정에 기하여 甲에서 乙로 소유권이전등기가 마쳐졌다는 이유만으로 당연히 불법원인급여에 해당한다고 볼 수 없다(대판 전합체 2019.6.20, 2013다218156).
ㄷ. X부동산의 소유자가 丙이고 계약명의신탁이라면, 丙이 그 약정을 안 경우 丙으로부터 소유권이전등기를 마친 乙은 유효하게 소유권을 취득하지 못하며, 소유권이전등기의 효력은 무효이다.

문제편 ▶ p.73

☑ 시험결과

응시자(명)	과락자(명)	응시자 평균점수(점)	합격자 평균점수(점)
65,705	32,003	39.51	57.11

⇨ 나의 점수: _____

☑ 오시훈 교수님의 시험 총평

제34회 부동산공법 시험은 난이도로 분류해보면 상(上)은 12문제, 중(中)은 16문제, 하(下)는 12문제가 출제되었습니다. 상(上) 난이도로 분류되는 문제는 풀 수 없었더라도 50~60점 정도는 맞힐 수 있었던 시험이었습니다.

☑ 출제 문항별 영역 > 키워드 & 기본서 연계 페이지

문항	영역 > 키워드	기본서	문항	영역 > 키워드	기본서
41	개발행위의 허가 등 > 개발행위의 허가	p.156	61	비용부담 등 > 공동구의 설치 및 관리비용	p.383
42	개발행위의 허가 등 > 개발행위 규모의 제한	p.159	62	정비사업 > 조합의 임원	p.340
43	용도지역·용도지구·용도구역 > 복합용도지구	p.99	63	정비사업 > 토지임대부 분양주택	p.375
44	지구단위계획 > 지구단위계획구역의 지정	p.149	64	주택의 공급 > 조정대상지역의 지정기준	p.614
45	도시·군계획 > 도시·군관리계획의 입안제안	p.42	65	주택의 건설 > 주택의 사용검사	p.590
46	지구단위계획 > 도시·군관리계획결정의 실효	p.155	66	주택의 건설 > 조합원	p.564
47	용도지역·용도지구·용도구역 > 용도지구의 분류	p.98	67	주택법 총칙 > 세대구분형 공동주택	p.546
48	개발행위의 허가 등 > 개발밀도관리구역	p.172	68	주택의 건설 > 주택건설사업자	p.553
49	보칙 및 벌칙 등 > 도시계획위원회의 업무	p.186	69	주택법 총칙 > 용어의 정의	p.549
50	보칙 및 벌칙 등 > 타인의 토지에의 출입	p.190	70	주택의 리모델링 > 리모델링	p.622
51	도시·군계획시설사업의 시행 > 도시·군계획시설사업의 시행	p.132	71	건축물의 대지와 도로 > 건축선과 대지	p.480
52	도시개발사업 > 환지계획	p.254	72	특별건축구역·건축협정 및 결합건축 > 건축협정구역	p.521
53	도시개발사업 > 원형지의 공급과 개발	p.250	73	건축물의 건축 > 용도변경	p.470
54	도시개발사업 > 도시개발사업 조합	p.236	74	건축물의 구조 및 재료 > 구조안전 확인서류의 제출이 필요한 건축물	p.484
55	도시개발사업 > 대행가능한 도시개발사업의 범위	p.233	75	건축물의 구조 및 재료 > 건축물 바깥쪽으로의 출구 설치	p.488
56	도시개발계획 및 구역 지정 > 도시개발구역 지정 후 개발계획의 수립	p.219	76	지역 및 지구 안의 건축물 > 건축물의 용적률	p.496
57	도시개발사업 > 청산금	p.266	77	건축물의 대지와 도로 > 공개공지 또는 공개공간	p.477
58	도시 및 주거환경정비법 총칙 > 정비기반시설	p.297	78	농지의 이용 > 농지의 임대 및 무상사용	p.668
59	정비사업 > 분양신청의 통지 및 분양공고	p.363	79	농지의 소유 > 농지의 위탁경영	p.657
60	정비사업 > 조합의 정관 변경	p.342			

정답 및 해설

41 난이도 중 · 답 ③

| 영 역 | 개발행위의 허가 등

| 키워드 | 개발행위의 허가

| 해 설 | ③ 일정 기간 동안 개발행위허가를 제한할 수 있는 대상지역에 지구단위계획구역은 포함된다.
① 녹지지역·관리지역 또는 자연환경보전지역 안에서 「건축법」에 따라 사용승인을 받은 건축물의 울타리 안(적법한 절차에 의하여 조성된 대지에 한한다)에 위치하지 아니한 토지에 물건을 1개월 이상 쌓아놓는 행위가 개발행위허가의 대상이다. 따라서 농림지역에 물건을 1개월 이상 쌓아놓는 행위는 개발행위허가의 대상이 아니다.
② 법 제59조 제2항 제7호
④ 법 제63조 제1항 제5호
⑤ 법 제63조 제1항

42 난이도 상 · 답 ④

| 영 역 | 개발행위의 허가 등

| 키워드 | 개발행위 규모의 제한

| 해 설 | 「환경친화적 자동차의 개발 및 보급 촉진에 관한 법률」에 따른 수소연료공급시설의 설치를 수반하는 경우는 일정한 요건을 충족한 경우 건폐율을 완화하는 대상에는 포함되지만 개발행위 규모의 제한을 받지 않는 대상에는 해당하지 않는다(영 제84조 제6항 제8호 나목).

| 보충하기 | 개발행위허가의 기준 및 규모

> 법 제58조(개발행위허가의 기준) ① 특별시장·광역시장·특별자치시장·특별자치도지사·시장 또는 군수는 개발행위허가의 신청 내용이 다음 각 호의 기준에 맞는 경우에만 개발행위허가 또는 변경허가를 하여야 한다.

> 1. 용도지역별 특성을 고려하여 대통령령으로 정하는 개발행위의 규모에 적합할 것. 다만, 개발행위가 「농어촌정비법」 제2조 제4호에 따른 농어촌정비사업으로 이루어지는 경우 등 대통령령으로 정하는 경우에는 개발행위 규모의 제한을 받지 아니한다.

> 영 제55조(개발행위허가의 규모) ③ 법 제58조 제1항 제1호 단서에서 '개발행위가 「농어촌정비법」 제2조 제4호에 따른 농어촌정비사업으로 이루어지는 경우 등 대통령령으로 정하는 경우'란 다음 각 호의 어느 하나에 해당하는 경우를 말한다.

> 1. 지구단위계획으로 정한 가구 및 획지의 범위 안에서 이루어지는 토지의 형질변경으로서 당해 형질변경과 관련된 기반시설이 이미 설치되었거나 형질변경과 기반시설의 설치가 동시에 이루어지는 경우(①)

> 2. 해당 개발행위가 「농어촌정비법」 제2조 제4호에 따른 농어촌정비사업으로 이루어지는 경우(②)

> 2의2. 해당 개발행위가 「국방·군사시설 사업에 관한 법률」 제2조 제2호에 따른 국방·군사시설사업으로 이루어지는 경우(⑤)

> 3. 초지조성, 농지조성, 영림 또는 토석채취를 위한 경우

> 3의2. 해당 개발행위가 다음 각 목의 어느 하나에 해당하는 경우. 이 경우 특별시장·광역시장·특별자치시장·특별자치도지사·시장 또는 군수는 그 개발행위에 대한 허가를 하려면 시·도도시계획위원회 또는 법 제113조 제2항에 따른 시·군·구도시계획위원회(이하 '시·군·구도시계획위원회'라 한다) 중 대도시에 두는 도시계획위원회의 심의를 거쳐야 하고, 시장(대도시 시장은 제외한다) 또는 군수(특별시장·광역시장의 개발행위허가 권한이 법 제139조 제2항에 따라 조례로 군수 또는 자치구의 구청장에게 위임된 경우에는 그 군수 또는 자치구의 구청장을 포함한다)는 시·도도시계획위원회에 심의를 요청하기 전에 해당 지방자치단체에 설치된 지방도시계획위원회에 자문할 수 있다.

가. 하나의 필지(법 제62조에 따른 준공검사를 신청할 때 둘 이상의 필지를 하나의 필지로 합칠 것을 조건으로 하여 허가하는 경우를 포함하되, 개발행위허가를 받은 후에 매각을 목적으로 하나의 필지를 둘 이상의 필지로 분할하는 경우는 제외한다)에 건축물을 건축하거나 공작물을 설치하기 위한 토지의 형질변경

나. 하나 이상의 필지에 하나의 용도에 사용되는 건축물을 건축하거나 공작물을 설치하기 위한 토지의 형질변경

4. 건축물의 건축, 공작물의 설치 또는 지목의 변경을 수반하지 아니하고 시행하는 토지복원사업(③)

5. 그 밖에 국토교통부령이 정하는 경우

③ 「택지개발촉진법」에 따라 지정된 택지개발지구에서 시행되는 사업이 끝난 후 10년이 지나면 해당 지역은 지구단위계획구역으로 지정하여야 한다.

④ 도시지역 외의 지역에서 지구단위계획구역을 지정하려는 경우 구역 면적의 100분의 50 이상이 계획관리지역으로서 일정한 요건을 갖춘 지역에 지구단위계획구역을 지정할 수 있다.

⑤ 계획관리지역·생산관리지역·농림지역에 위치한 산업·유통개발진흥지구는 지구단위계획구역으로 지정할 수 있다.

---

43 난이도 **하**　　　　답 ②

| 영　역 | 용도지역·용도지구·용도구역

| 키워드 | 복합용도지구

| 해　설 | 시·도지사 또는 대도시 시장은 일반주거지역·일반공업지역(ㄷ)·계획관리지역(ㄹ)에 복합용도지구를 지정할 수 있다(법 제37조 제5항, 영 제31조 제6항).

---

44 난이도 **중**　　　　답 ②

| 영　역 | 지구단위계획

| 키워드 | 지구단위계획구역의 지정

| 해　설 | ② 도시지역 내 복합적인 토지 이용을 증진시킬 필요가 있는 지역으로서 지구단위계획구역을 지정할 수 있는 지역은 일반주거지역, 준주거지역, 준공업지역, 상업지역으로서 일정한 요건을 갖춘 지역이다. 따라서 일반공업지역은 해당하지 않으므로 맞는 지문이다.

① 「산업입지 및 개발에 관한 법률」에 따른 준산업단지에 대하여는 지구단위계획구역을 지정할 수 있다.

---

45 난이도 **하**　　　　답 ⑤

| 영　역 | 도시·군계획

| 키워드 | 도시·군관리계획의 입안제안

| 해　설 | 시가화조정구역(용도구역)의 지정 및 변경에 관한 사항은 주민이 도시·군관리계획의 입안권자에게 그 입안을 제안할 수 있는 사항에 해당하지 않는다.

---

46 난이도 **상**　　　　답 ③

| 영　역 | 지구단위계획

| 키워드 | 도시·군관리계획결정의 실효

| 해　설 | 지구단위계획(주민이 입안을 제안한 것에 한정한다)에 관한 도시·군관리계획결정의 고시일부터 '5'년 이내에 「국토의 계획 및 이용에 관한 법률」 또는 다른 법률에 따라 허가·인가·승인 등을 받아 사업이나 공사에 착수하지 아니하면 그 '5'년이 된 날의 다음 날에 그 지구단위계획에 관한 도시·군관리계획결정은 효력을 잃는다(법 제53조 제2항).

47 난이도 중   답 ①

| 영 역 | 용도지역·용도지구·용도구역

| 키워드 | 용도지구의 분류

| 해 설 | • 집단취락지구: (ㄱ. 개발제한구역) 안의 취락을 정비하기 위하여 필요한 지구
• 복합개발진흥지구: 주거기능, (ㄴ. 공업)기능, 유통·물류기능 및 관광·휴양기능 중 2 이상의 기능을 중심으로 개발·정비할 필요가 있는 지구

48 난이도 하   답 ⑤

| 영 역 | 개발행위의 허가 등

| 키워드 | 개발밀도관리구역

| 해 설 | 기반시설을 설치하거나 그에 필요한 용지를 확보하게 하기 위하여 개발밀도관리구역 외의 지역에 기반시설부담구역을 지정할 수 있다. 개발밀도관리구역이란 개발로 인하여 기반시설이 부족할 것으로 예상되나 기반시설을 설치하기 곤란한 지역을 대상으로 건폐율이나 용적률을 강화하여 적용하기 위하여 지정하는 구역을 말한다. 따라서 동일한 지역에 대해 기반시설부담구역과 개발밀도관리구역을 중복하여 지정할 수 없다.

49 난이도 상   답 ⑤

| 영 역 | 보칙 및 벌칙 등

| 키워드 | 도시계획위원회의 업무

| 해 설 | ㄱ, ㄴ, ㄷ 모두 시·군·구도시계획위원회의 업무에 해당한다(법 제113조 제2항, 영 제110조 제2항 제4호).

50 난이도 중   답 ①

| 영 역 | 보칙 및 벌칙 등

| 키워드 | 타인의 토지에의 출입

| 해 설 | ② 토지의 소유자·점유자 또는 관리인의 동의 없이 타인의 토지를 재료 적치장 또는 임시통로로 일시 사용하려는 행정청이 아닌 사업시행자는 미리 관할 시장 또는 군수의 허가를 받아야 한다.
③ 토지 점유자가 승낙하지 않는 경우에 사업시행자는 시장 또는 군수의 허가를 받더라도 일몰 후에 울타리로 둘러싸인 타인의 토지에 출입할 수 없다.
④ 토지에의 출입에 따라 손실을 입은 자가 보상에 관하여 협의가 성립되지 아니한 경우에는 관할 토지수용위원회에 재결을 신청할 수 있다.
⑤ 사업시행자가 행정청인 경우에는 허가를 받지 아니하고 타인의 토지에 출입할 수 있다.

51 난이도 중   답 ④

| 영 역 | 도시·군계획시설사업의 시행

| 키워드 | 도시·군계획시설사업의 시행

| 해 설 | ① 「도시 및 주거환경정비법」에 따라 도시·군관리계획의 결정이 의제되는 경우에는 해당 도시·군계획시설결정의 고시일부터 2년 이내에 도시·군계획시설에 대하여 단계별 집행계획을 수립할 수 있다(예외). 도시·군계획시설결정의 고시일부터 3개월 이내에 대통령령으로 정하는 바에 따라 재원조달계획, 보상계획 등을 포함하는 단계별 집행계획을 수립하여야 한다(원칙).
② 3년 이내에 시행하는 도시·군계획시설사업은 단계별 집행계획 중 제1단계 집행계획에 포함되어야 한다. 3년 후에 시행하는 도시·군계획시설사업은 제2단계 집행계획에 포함되도록 하여야 한다.
③ 한국토지주택공사가 도시·군계획시설사업의 시행자로 지정을 받으려는 경우 토지소유자 총수의 3분의 2 이상에 해당하는 자의 동의를 받지 않아도 된다.
⑤ 사업시행자는 도시·군계획시설사업 대상시설을 둘 이상으로 분할하여 도시·군계획시설사업을 시행할 수 있다.

52 난이도 중 답③

| 영 역 | 도시개발사업
| 키워드 | 환지계획
| 해 설 |

$$\text{비례율} = \frac{\begin{array}{c}\text{도시개발사업으로 조성된}\\\text{토지·건축물의 평가액 합계}\\ -\text{ 총사업비}\end{array}}{\begin{array}{c}\text{환지 전 토지·}\\\text{건축물의 평가액 합계}\end{array}} \times 100$$

$$\text{비례율} = \frac{1,000억 - 250억}{500억} \times 100$$

$$= \frac{750억}{500억} \times 100 = 150\%$$

53 난이도 중 답①

| 영 역 | 도시개발사업
| 키워드 | 원형지의 공급과 개발
| 해 설 | ② 지정권자는 원형지의 공급을 승인할 때 용적률 등 개발밀도에 관한 이행조건을 붙일 수 있다(법 제25조의2 제5항).

③ 원형지 공급가격은 개발계획이 반영된 원형지의 감정가격과 원형지에 설치한 기반시설 공사비의 합산 금액을 기준으로 시행자와 원형지개발자가 협의하여 결정한다(영 제55조의2 제7항).

④ 원형지개발자는 10년의 범위에서 대통령령으로 정하는 기간 안에는 원형지를 매각할 수 없다. 다만, 원형지개발자가 국가 및 지방자치단체인 경우에는 10년의 범위에서 대통령령으로 정하는 기간 안이라도 원형지를 매각할 수 있다(법 제25조의2 제6항).

⑤ 원형지개발자가 공급받은 토지의 전부를 시행자의 동의 없이 제3자에게 매각하는 경우 시행자는 2회 이상 시정을 요구하여야 하고, 원형지개발자가 시정하지 아니한 경우에는 원형지 공급계약을 해제할 수 있다(법 제25조의2 제8항, 영 제55조의2 제5항).

54 난이도 중 답②

| 영 역 | 도시개발사업
| 키워드 | 도시개발사업 조합
| 해 설 | ㄴ. 조합이 인가를 받은 사항을 변경하려면 지정권자로부터 변경인가를 받아야 한다. 다만, 공고방법을 변경하려는 경우 등 경미한 사항을 변경하려는 경우에는 신고하여야 한다.

ㄷ. 조합장 또는 이사의 자기를 위한 조합과의 계약이나 소송에 관하여는 감사가 조합을 대표한다.

55 난이도 하 답⑤

| 영 역 | 도시개발사업
| 키워드 | 대행가능한 도시개발사업의 범위
| 해 설 | ⑤ 토지상환채권의 발행은 지방자치단체(공공사업시행자)가 「주택법」 제4조에 따른 주택건설사업자 등으로 하여금 대행하게 할 수 있는 사항에 해당하지 않는다.

①②③④ 지방자치단체(공공사업시행자)가 도시개발사업을 효율적으로 시행하기 위하여 필요한 경우에 「주택법」 제4조에 따른 주택건설사업자 등으로 하여금 대행하게 할 수 있는 사항에 해당한다(법 제11조 제11항, 영 제25조의2 제1항).

56 난이도 하 답④

| 영 역 | 도시개발계획 및 구역 지정
| 키워드 | 도시개발구역 지정 후 개발계획의 수립
| 해 설 | 개발계획의 내용 중 '임대주택건설계획 등 세입자 등의 주거 및 생활 안정 대책'은 도시개발구역을 지정한 후에 개발계획에 포함시킬 수 있는 사항에 해당한다.

57 난이도 중 답②

| 영 역 | 도시개발사업
| 키워드 | 청산금
| 해 설 | 토지소유자의 신청에 따라 환지대상에서 제외한 토지에 대하여는 청산금을 교부하는 때에 청산금을 결정할 수 있다(법 제41조 제2항).

난이도 **하**   답⑤

| 영 역 | 도시 및 주거환경정비법 총칙

| 키워드 | 정비기반시설

| 해 설 | 공동으로 사용하는 구판장은 공동이용시설에 해당한다.

난이도 **상**   답①

| 영 역 | 정비사업

| 키워드 | 분양신청의 통지 및 분양공고

| 해 설 | ㄱ. 분양신청의 통지와 분양공고의 공통 포함 사항

ㄴ. 분양공고에만 포함 사항

ㄷ. ㄹ. 분양신청의 통지에만 포함 사항

| 보충하기 | 분양공고 및 분양신청

> 법 제72조(분양공고 및 분양신청) ① 사업시행자는 제50조 제9항에 따른 사업시행계획인가의 고시가 있는 날(사업시행계획인가 이후 시공자를 선정한 경우에는 시공자와 계약을 체결한 날)부터 120일 이내에 다음 각 호의 사항을 토지등소유자에게 통지하고, 분양의 대상이 되는 대지 또는 건축물의 내역 등 대통령령으로 정하는 사항을 해당 지역에서 발간되는 일간신문에 공고하여야 한다. 다만, 토지등소유자 1인이 시행하는 재개발사업의 경우에는 그러하지 아니하다.
> 1. 분양대상자별 종전의 토지 또는 건축물의 명세 및 사업시행계획인가의 고시가 있는 날을 기준으로 한 가격(사업시행계획인가 전에 제81조 제3항에 따라 철거된 건축물은 시장·군수등에게 허가를 받은 날을 기준으로 한 가격)
> 2. 분양대상자별 분담금의 추산액
> 3. 분양신청기간
> 4. 그 밖에 대통령령으로 정하는 사항
> 영 제59조(분양신청의 절차 등) ① 법 제72조 제1항 각 호 외의 부분 본문에서 '분양의 대상이 되는 대지 또는 건축물의 내역 등 대통령령으로 정하는 사항'이란 다음 각 호의 사항을 말한다.
> 1. 사업시행인가의 내용
> 2. 정비사업의 종류·명칭 및 정비구역의 위치·면적
> 3. 분양신청기간 및 장소
> 4. 분양대상 대지 또는 건축물의 내역

> 5. 분양신청자격
> 6. 분양신청방법
> 7. 토지등소유자외의 권리자의 권리신고방법
> 8. 분양을 신청하지 아니한 자에 대한 조치
> 9. 그 밖에 시·도조례로 정하는 사항
> ② 법 제72조 제1항 제4호에서 '대통령령으로 정하는 사항'이란 다음 각 호의 사항을 말한다.
> 1. 제1항 제1호부터 제6호까지 및 제8호의 사항
> 2. 분양신청서
> 3. 그 밖에 시·도조례로 정하는 사항

60

난이도 **하**   답④

| 영 역 | 정비사업

| 키워드 | 조합의 정관 변경

| 해 설 | 청산금의 징수·지급의 방법 및 절차는 조합의 정관을 변경하기 위하여 총회에서 조합원 3분의 2 이상의 찬성을 요하는 사항에 해당하지 않는다. 정관의 기재사항 중 청산금의 징수·지급의 방법 및 절차에 관한 사항을 변경하려는 경우에는 총회를 개최하여 조합원 과반수의 찬성으로 시장·군수등의 인가를 받아야 한다.

난이도 **상**   답③

| 영 역 | 비용부담 등

| 키워드 | 공동구의 설치 및 관리비용

| 해 설 | ③ 규칙 제16조 제4항

① 공동구점용예정자가 부담할 공동구의 설치에 드는 비용의 부담비율은 공동구의 점용예정면적비율에 따른다(규칙 제16조 제2항).

② 공동구의 설치로 인한 보상비용은 공동구의 설치비용에 포함된다(규칙 제16조 제1항 제4호).

④ 공동구 관리비용은 연도별로 산출하여 부과한다(규칙 제17조 제3항).

⑤ 시장·군수등은 필요한 경우 공동구 관리비용을 2회로 분할하여 납부하게 할 수 있다. 이 경우 분할금의 납입기한은 3월 31일과 9월 30일로 한다(규칙 제17조 제4항).

62 | 난이도 하   답 ②

| 영 역 | 정비사업

| 키워드 | 조합의 임원

| 해 설 | ② 조합임원이 결격사유에 해당하게 되어 당연 퇴임한 경우 그가 퇴임 전에 관여한 행위는 그 효력을 잃지 않는다.

① 법 제44조 제3항

63 | 난이도 중   답 ①

| 영 역 | 정비사업

| 키워드 | 토지임대부 분양주택

| 해 설 | 국토교통부장관, 시·도지사, 시장, 군수, 구청장 또는 토지주택공사등은 정비구역에 세입자와 다음의 어느 하나에 해당하는 자의 요청이 있는 경우에는 인수한 재개발임대주택의 일부를 「주택법」에 따른 토지임대부 분양주택으로 전환하여 공급하여야 한다(법 제80조 제2항, 영 제71조 제1항).

> 1. 면적이 (ㄱ. 90)제곱미터 미만의 토지를 소유한 자로서 건축물을 소유하지 아니한 자
> 2. 바닥면적이 (ㄴ. 40)제곱미터 미만의 사실상 주거를 위하여 사용하는 건축물을 소유한 자로서 토지를 소유하지 아니한 자

64 | 난이도 상   답 ①

| 영 역 | 주택의 공급

| 키워드 | 조정대상지역의 지정기준

| 해 설 | 조정대상지역지정직전월부터 소급하여 6개월간의 평균 주택가격상승률이 마이너스 (ㄱ. 1)% 이하인 지역으로서 다음에 해당하는 지역

• 조정대상지역지정직전월부터 소급하여 (ㄴ. 3)개월 연속 주택매매거래량이 직전 연도의 같은 기간보다 (ㄷ. 20)% 이상 감소한 지역

• 조정대상지역지정직전월부터 소급하여 (ㄴ. 3)개월간의 평균 미분양주택(주택법 제15조 제1항에 따른 사업계획승인을 받아 입주자를 모집했으나 입주자가 선정되지 않은 주택을 말한다)의 수가 직전 연도의 같은 기간보다 2배 이상인 지역

65 | 난이도 중   답 ④

| 영 역 | 주택의 건설

| 키워드 | 주택의 사용검사

| 해 설 | ④ 사업주체가 파산 등으로 사용검사를 받을 수 없는 경우에는 해당 주택의 시공을 보증한 자 또는 입주예정자는 사용검사를 받을 수 있다. 사업주체가 파산 등으로 사용검사를 받을 수 없는 경우에 해당 주택의 시공자는 사용검사를 받을 수 있는 자에 해당하지 않는다(법 제49조 제3항 제1호).

※ 비교: 사업주체가 정당한 이유 없이 사용검사를 위한 절차를 이행하지 아니하는 경우에는 해당 주택의 시공을 보증한 자, 해당 주택의 시공자 또는 입주예정자는 사용검사를 받을 수 있다(법 제49조 제3항 제2호).

⑤ 법 제50조 제1항

66 | 난이도 상   답 ②

| 영 역 | 주택의 건설

| 키워드 | 조합원

| 해 설 | ㄱ. ㄴ. ㄹ. 조합원 모집 광고에 포함되어야 하는 내용이다.

ㄷ. 조합원 모집 광고에 포함되어야 하는 내용이 아니다. 조합설립 인가를 받기 전에 조합원을 모집하는 것이므로 조합원 모집 광고에 조합설립 인가일이 포함될 수 없다.

67 | 난이도 상   답 ④

| 영 역 | 주택법 총칙

| 키워드 | 세대구분형 공동주택

| 해 설 | ㄴ. ㄷ. ㄹ. 「공동주택관리법」에 따른 행위의 허가를 받거나 신고를 하고 설치하는 세대구분형 공동주택이 충족하여야 하는 요건에 해당한다.

ㄱ. 「주택법」 제15조에 따른 사업계획의 승인을 받아 건설하는 세대구분형 공동주택의 경우 충족해야 할 요건에 해당하지만, 「공동주택관리법」에 따른 행위의 허가를 받거나 신고를 하고 설치하는 세대구분형 공동주택이 충족하여야 하는 요건에는 해당하지 않는다.

| 영 역 | 주택의 건설
| 키워드 | 주택건설사업자

| 해 설 | ① 「공익법인의 설립·운영에 관한 법률」에 따라 주택건설사업을 목적으로 설립된 공익법인이 연간 20호 이상의 단독주택 건설사업을 시행하려는 경우 국토교통부장관에게 등록하지 않아도 된다(법 제4조 제1항 단서, 제4호).

② 세대수를 증가하는 리모델링주택조합이 그 구성원의 주택을 건설하는 경우에는 등록사업자(지방자치단체·한국토지주택공사 및 지방공사를 포함)와 공동으로 사업을 시행할 수 있다. 이 경우 국가는 공동사업주체의 대상이 아니다(법 제5조 제2항).

④ 국토교통부장관은 등록사업자가 타인에게 등록증을 대여한 경우에는 등록을 말소하여야 한다(법 제8조 제1항 단서, 제5호).

⑤ 영업정지 처분을 받은 등록사업자는 그 처분 전에 사업계획승인을 받은 사업을 계속 수행할 수 있다(법 제9조).

| 영 역 | 주택법 총칙
| 키워드 | 용어의 정의
| 해 설 | 주택에 딸린 자전거보관소는 부대시설에 해당한다(영 제6조 제1호).

| 영 역 | 주택의 리모델링
| 키워드 | 리모델링
| 해 설 | ⑤ 증축하는 리모델링을 하려는 자는 시장·군수·구청장에게 안전진단을 요청하여야 한다(법 제68조 제1항).

④ 법 제70조

| 영 역 | 건축물의 대지와 도로
| 키워드 | 건축선과 대지
| 해 설 | 「건축법」 제2조 제1항 제11호에 따른 소요너비에 못 미치는 너비의 도로인 경우에는 그 중심선으로부터 그 (ㄱ. 소요너비의 2분의 1의 수평거리만큼 물러난 선)을 건축선으로 하되, 그 도로의 반대쪽에 하천이 있는 경우에는 그 하천이 있는 쪽의 도로경계선에서 (ㄴ. 소요너비에 해당하는 수평거리의 선)을 건축선으로 하며, 그 건축선과 도로 사이의 대지면적은 건축물의 대지면적 산정 시 (ㄷ. 제외)한다(법 제46조 제1항, 영 제119조 제1항 제1호).

| 영 역 | 특별건축구역·건축협정 및 결합건축
| 키워드 | 건축협정구역
| 해 설 | 건축협정구역에 건축하는 건축물에 대하여는 법 제42조(대지의 조경), 제55조(건폐율), 제56조(용적률), 제58조(대지 안의 공지), 제60조(건축물의 높이제한) 및 제61조(일조 등의 확보를 위한 건축물의 높이제한)와 「주택법」 제35조(주택건설기준)를 대통령령으로 정하는 바에 따라 완화하여 적용할 수 있다. 다만, 법 제56조(용적률)를 완화하여 적용하는 경우에는 건축위원회의 심의와 「국토의 계획 및 이용에 관한 법률」에 따른 지방도시계획위원회의 심의를 통합하여 거쳐야 한다(법 제77조의13 제6항).

73 난이도 상 답 ④

| 영 역 | 건축물의 건축

| 키워드 | 용도변경

| 해 설 | ④ 같은 시설군 중 같은 용도에 속하는 건축물 상호 간의 용도변경의 경우는 건축물대장 기재내용의 변경을 신청하지 않아도 되지만, 이 경우에도 노래연습장으로 변경하는 경우에는 건축물대장 기재내용의 변경을 신청하여야 한다(법 제19조 제3항 단서, 영 제14조 제4항 단서, 별표 1 제4호 러목).

①② 해당 용도로 쓰는 바닥면적의 합계가 500m²인 자동차영업소(1,000m² 미만)는 제2종 근린생활시설에 해당하고 노래연습장도 제2종 근린생활시설에 해당한다. 500m²인 자동차영업소를 노래연습장으로 변경하는 경우는 제2종 근린생활시설을 제2종 근린생활시설로 변경하는 경우이므로 이는 같은 시설군 중 같은 용도에 속하는 건축물 상호 간의 용도변경에 해당한다. 따라서 허가대상도 아니고 신고대상도 아니다.

③ 甲은 용도변경한 건축물을 사용하려면 B시장의 사용승인을 받지 않아도 된다. 허가나 신고대상인 경우로서 용도변경하려는 부분의 바닥면적의 합계가 100m² 이상인 경우의 사용승인에 관하여는 법 제22조(건축물의 사용승인)를 준용한다. 사례의 경우는 허가대상도 아니고 신고대상도 아니므로 사용승인을 받지 않아도 된다.

⑤ 甲의 건축물에 대한 용도변경을 위한 설계는 건축사가 아니어도 할 수 있다. 허가 대상인 경우로서 용도변경하려는 부분의 바닥면적의 합계가 500m² 이상인 용도변경의 설계에 관하여는 법 제23조(건축사의 설계)를 준용한다. 사례의 경우는 허가대상이 아니므로 용도변경을 위한 설계를 건축사가 아니어도 할 수 있다.

74 난이도 하 답 ③

| 영 역 | 건축물의 구조 및 재료

| 키워드 | 구조안전 확인서류의 제출이 필요한 건축물

| 해 설 | ㄴ. 건축물의 처마높이: 9m 이상

75 난이도 상 답 ①

| 영 역 | 건축물의 구조 및 재료

| 키워드 | 건축물 바깥쪽으로의 출구 설치

| 해 설 | 문화 및 집회시설 중 전시장 및 동·식물원은 건축물로부터 바깥쪽으로 나가는 출구를 설치하여야 하는 건축물에서 제외되는 건축물이다.

> 영 제39조(건축물 바깥쪽으로의 출구 설치) ① 법 제49조 제1항에 따라 다음 각 호의 어느 하나에 해당하는 건축물에는 국토교통부령으로 정하는 기준에 따라 그 건축물로부터 바깥쪽으로 나가는 출구를 설치하여야 한다.
> 1. 제2종 근린생활시설 중 공연장·종교집회장·인터넷컴퓨터게임시설제공업소(해당 용도로 쓰는 바닥면적의 합계가 각각 300제곱미터 이상인 경우만 해당한다)(④)
> 2. 문화 및 집회시설(전시장 및 동·식물원은 제외한다)(①)
> 3. 종교시설
> 4. 판매시설
> 5. 업무시설 중 국가 또는 지방자치단체의 청사(⑤)
> 6. 위락시설(②)
> 7. 연면적이 5천 제곱미터 이상인 창고시설
> 8. 교육연구시설 중 학교
> 9. 장례시설(③)
> 10. 승강기를 설치하여야 하는 건축물

76 난이도 중 답 ②

| 영 역 | 지역 및 지구 안의 건축물

| 키워드 | 건축물의 용적률

| 해 설 | • 용적률 산정 시의 연면적에는 지하층의 면적과 지상층의 주차용으로 쓰는 면적은 제외한다. 따라서 사례의 경우 지상 1층 중 건축물의 부속용도인 주차장 면적 500m²와 지하 3개 층(지하 1층, 2층, 3층)의 면적은 연면적에서 제외되고, 지상 1층 중 제2종 근린생활시설로 사용하는 500m²와 업무시설로 사용하는 지상 10개 층만 연면적에 산입된다.

• 연면적 = (제2종 근린생활시설 500m²) + (업무시설 10개 층 × 각 층의 바닥면적 1,000m²) = 10,500m²

• 용적률 = (연면적÷대지면적) × 100

= (10,500m²÷1,500m²) × 100 = 700%

| 영　역 | 건축물의 대지와 도로

| 키워드 | 공개공지 또는 공개공간

| 해　설 | ① 초등학교는 교육연구시설에 해당하고, 교육연구시설은 공개공지등을 설치하여야 하는 건축물에 해당하지 않는다.

② 판매시설은 공개공지등을 설치하여야 하는 건축물에 해당하지만, 판매시설 중 「농수산물 유통 및 가격안정에 관한 법률」에 따른 농수산물유통시설은 공개공지등을 설치하여야 하는 건축물에 해당하지 않는다.

③ 관망탑은 관광휴게시설에 해당하고, 관광휴게시설은 공개공지등을 설치하여야 하는 건축물에 해당하지 않는다.

④ 「청소년활동진흥법」에 따른 유스호스텔은 수련시설에 해당하고, 수련시설은 공개공지등을 설치하여야 하는 건축물에 해당하지 않는다.

| 보충하기 | 공개공지등의 확보

> 일반주거지역, 준주거지역, 상업지역, 준공업지역의 환경을 쾌적하게 조성하기 위하여 문화 및 집회시설, 종교시설, 판매시설(농수산물 유통 및 가격안정에 관한 법률에 따른 농수산물유통시설은 제외), 운수시설(여객용 시설만 해당), 업무시설 및 숙박시설로서 해당 용도로 쓰는 바닥면적의 합계가 5천m² 이상인 건축물은 일반이 사용할 수 있도록 소규모 휴식시설 등의 공개공지(空地: 공터) 또는 공개공간(공개공지등)을 설치하여야 한다(법 제43조 제1항, 영 제27조의2 제1항).

| 영　역 | 농지의 이용

| 키워드 | 농지의 임대 및 무상사용

| 해　설 | • (ㄱ. 60)세 이상인 농업인이 거주하는 시·군에 있는 소유 농지 중에서 자기의 농업경영에 이용한 기간이 (ㄴ. 5)년이 넘은 농지

• (ㄷ. 3)월 이상의 국외여행으로 인하여 일시적으로 농업경영에 종사하지 아니하게 된 자가 소유하고 있는 농지

| 영　역 | 농지의 소유

| 키워드 | 농지의 위탁경영

| 해　설 | 농업인이 자기 노동력이 부족하여 농작업의 일부를 위탁하는 경우에 위탁경영할 수 있다.

제34회 부동산공시법

문제편 ▶ p.89

☑ 시험결과(부동산공시법 + 부동산세법)

응시자(명)	과락자(명)	응시자 평균점수(점)	합격자 평균점수(점)
64,979	22,253	47.55	67.69

⇨ 나의 점수: _____

☑ 김민석 교수님의 시험 총평

제34회 시험에서 공간정보관리법은 축척변경과 관련된 2문제를 제외하면 전체적으로 무난하게 출제되었습니다. 다만 지적측량에서 평소보다 많은 4문제가 출제되었습니다.
부동산등기법은 출제된 적 없었던 '인감증명 제출'과 '등기필정보의 구성' 등을 정답으로 한 문제들이 출제되면서 전체적으로 난도가 높았습니다.

☑ 출제 문항별 영역 > 키워드 & 기본서 연계 페이지

문항	영역 > 키워드	기본서	문항	영역 > 키워드	기본서
1	지적측량 > 지적측량 의뢰	p.130	13	등기절차 총론 > 등기신청	p.211
2	토지의 이동 및 지적정리 > 착수·변경 및 완료 사실 신고	p.109	14	등기제도 총칙 > 등기할 수 없는 것	p.158
3	토지의 등록 > 지목의 구분	p.32	15	등기제도 총칙 > 등기한 권리의 순위	p.168
4	토지의 등록 > 축척이 600분의 1인 경우	p.43	16	등기절차 총론 > 첨부정보	p.229
5	지적공부 및 부동산종합공부 > 대지권등록부·경계점좌표등록부 공통 등록사항	p.56	17	각종 권리의 등기절차 > 용익권등기	p.306
6	토지의 이동 및 지적정리 > 지적정리 등의 통지시기	p.115	18	각종 권리의 등기절차 > 근저당권등기	p.320
7	지적측량 > 지적삼각보조점성과의 등본 발급기관	p.129	19	각종의 등기절차 > 가등기	p.358
8	토지의 이동 및 지적정리 > 확정공고 포함사항	p.101	20	등기절차 총론 > 이의신청	p.263
9	지적측량 > 중앙지적위원회의 구성 및 회의	p.133	21	등기절차 총론 > 법 제29조 제2호의 위반사유	p.251
10	지적측량 > 지적측량의 측량기간 및 검사기간	p.132	22	등기의 기관과 그 설비 > 구분건물의 등기	p.189
11	토지의 이동 및 지적정리 > 토지대장 등록 기준	p.96	23	각종 권리의 등기절차 > 소유권 종합문제	p.274
12	토지의 등록 > 지상경계점등록부 등록사항	p.38	24	등기절차 총론 > 등기필정보	p.231

정답 및 해설

※ 문항별 난이도가 상, 중, 하로 표시되어 있습니다.
※ 문항별 영역과 키워드를 확인하고, 취약 영역은 이론서를 통해 보충하세요.
영역은 기본서의 CHAPTER와 동일합니다.

---

1 난이도 **하** 답 ①

| 영　역 | **지적측량**

| 키워드 | **지적측량 의뢰**

| 해　설 | 지적측량수행자는 지적측량 의뢰를 받은 때에는 측량기간·측량일자 및 측량수수료 등을 적은 지적측량 수행계획서를 그 다음 날까지 지적소관청에 제출하여야 한다(규칙 제25조 제2항).

---

2 난이도 **중** 답 ⑤

| 영　역 | **토지의 이동 및 지적정리**

| 키워드 | **착수·변경 및 완료 사실 신고**

| 해　설 | 「지적재조사에 관한 특별법」에 따른 지적재조사사업은 토지개발사업 등의 범위에 포함되지 않는다.

토지개발사업 등의 범위(법 제86조, 영 제83조 제1항)
① 「도시개발법」에 따른 도시개발사업
② 「농어촌정비법」에 따른 농어촌정비사업
③ 「주택법」에 따른 주택건설사업
④ 「택지개발촉진법」에 따른 택지개발사업
⑤ 「산업입지 및 개발에 관한 법률」에 따른 산업단지개발사업
⑥ 「도시 및 주거환경정비법」에 따른 정비사업
⑦ 「지역개발 및 지원에 관한 법률」에 따른 지역개발사업
⑧ 「체육시설의 설치·이용에 관한 법률」에 따른 체육시설 설치를 위한 토지개발사업
⑨ 「관광진흥법」에 따른 관광단지 개발사업
⑩ 「공유수면 관리 및 매립에 관한 법률」에 따른 매립사업
⑪ 「항만법」, 「신항만건설촉진법」에 따른 항만개발사업 및 「항만재개발 및 주변지역 발전에 관한 법률」에 따른 항만재개발사업
⑫ 「공공주택 특별법」에 따른 공공주택지구 조성사업
⑬ 「물류시설의 개발 및 운영에 관한 법률」 및 「경제자유구역의 지정 및 운영에 관한 특별법」에 따른 개발사업
⑭ 「철도의 건설 및 철도시설 유지관리에 관한 법률」에 따른 고속철도, 일반철도 및 광역철도 건설사업
⑮ 「도로법」에 따른 고속국도 및 일반국도 건설사업
⑯ 그 밖에 위의 사업과 유사한 경우로서 국토교통부장관이 고시하는 요건에 해당하는 토지개발사업

---

3 난이도 **중** 답 ④

| 영　역 | **토지의 등록**

| 키워드 | **지목의 구분**

| 해　설 | ① 온수·약수·석유류 등을 일정한 장소로 운송하는 송수관·송유관 및 저장시설의 부지는 '광천지'로 하지 않는다.
② 일반 공중의 종교의식을 위하여 예배·법요·설교·제사 등을 하기 위한 교회·사찰·향교 등 건축물의 부지와 이에 접속된 부속시설물의 부지는 '종교용지'로 한다.
③ 자연의 유수(流水)가 있거나 있을 것으로 예상되는 토지는 '하천'으로 한다.
⑤ 일반 공중의 보건·휴양 및 정서생활에 이용하기 위한 시설을 갖춘 토지로서 「국토의 계획 및 이용에 관한 법률」에 따라 공원 또는 녹지로 결정·고시된 토지는 '공원'으로 한다.

4 난이도 중 답②

| 영 역 | 토지의 등록

| 키워드 | 축척이 600분의 1인 경우

| 해 설 | 지적도의 축척이 600분의 1인 지역과 경계점좌표등록부에 등록하는 지역의 토지 면적은 제곱미터 이하 한 자리 단위로 하되, 0.1제곱미터 미만의 끝수가 있는 경우 0.05제곱미터 미만일 때에는 버리고 0.05제곱미터를 초과할 때에는 올리며, 0.05제곱미터일 때에는 구하려는 끝자리의 숫자가 0 또는 짝수이면 버리고 홀수이면 올린다(영 제60조 제1항 제2호). 문제의 경우 끝수가 0.05이고 구하려는 끝자리의 숫자가 4이므로 145.4m²로 등록하여야 한다.

5 난이도 중 답①

| 영 역 | 지적공부 및 부동산종합공부

| 키워드 | 대지권등록부·경계점좌표등록부 공통 등록사항

| 해 설 | ㄱ. ㄷ. 소재와 지번은 모든 지적공부에 공통되는 등록사항이다.

ㄹ. 토지의 고유번호는 지적도면을 제외한 토지대장, 임야대장, 공유지연명부, 대지권등록부, 경계점좌표등록부에 등록한다.

ㄴ. 소유자의 성명 또는 명칭은 대지권등록부의 등록사항이지만, 경계점좌표등록부의 등록사항은 아니다.

ㅁ. 지적도면의 번호는 경계점좌표등록부의 등록사항이지만, 대지권등록부의 등록사항은 아니다.

6 난이도 중 답③

| 영 역 | 토지의 이동 및 지적정리

| 키워드 | 지적정리 등의 통지시기

| 해 설 | • 토지의 표시에 관한 변경등기가 필요하지 아니한 경우: '지적공부'에 등록한 날부터 '7일' 이내
• 토지의 표시에 관한 변경등기가 필요한 경우: 그 '등기완료의 통지서'를 접수한 날부터 '15일' 이내

7 난이도 중 답③

| 영 역 | 지적측량

| 키워드 | 지적삼각보조점성과의 등본 발급기관

| 해 설 | 지적측량기준점성과 또는 그 측량부를 열람하거나 등본을 발급받으려는 자는 지적삼각점성과에 대해서는 특별시장·광역시장·특별자치시장·도지사·특별자치도지사(이하 '시·도지사'라 한다) 또는 지적소관청에 신청하고, 지적삼각보조점성과 및 지적도근점성과에 대해서는 지적소관청에 신청하여야 한다(규칙 제26조 제1항).

8 난이도 상 답⑤

| 영 역 | 토지의 이동 및 지적정리

| 키워드 | 확정공고 포함사항

| 해 설 | 청산금의 납부 및 지급이 완료되었을 때에는 지적소관청은 다음의 사항을 포함하여 지체 없이 축척변경의 확정공고를 하여야 한다(영 제78조 제1항, 규칙 제92조 제1항).

1. 토지의 소재 및 지역명
2. 축척변경 지번별 조서
3. 청산금 조서
4. 지적도의 축척

9 난이도 중 답②

| 영 역 | 지적측량

| 키워드 | 중앙지적위원회의 구성 및 회의

| 해 설 | ㄴ. 영 제21조 제3항

ㄷ. 영 제21조 제4항

ㄱ. 중앙지적위원회의 간사는 국토교통부의 지적업무 담당 공무원 중에서 국토교통부장관이 임명하며, 회의 준비, 회의록 작성 및 회의 결과에 따른 업무 등 중앙지적위원회의 서무를 담당한다(영 제20조 제5항).

ㄹ. 위원장이 중앙지적위원회의 회의를 소집할 때에는 회의 일시·장소 및 심의 안건을 회의 5일 전까지 각 위원에게 서면으로 통지하여야 한다(영 제21조 제5항).

| 영 역 | 지적측량
| 키워드 | 지적측량의 측량기간 및 검사기간
| 해 설 | 지적측량의 측량기간은 '5'일로 하며, 측량검사기간은 '4'일로 한다. 다만, 지적기준점을 설치하여 측량 또는 측량검사를 하는 경우 지적기준점이 15점 이하인 경우에는 '4'일을, 15점을 초과하는 경우에는 '4'일에 15점을 초과하는 '4'점마다 1일을 가산한다(규칙 제25조 제3항).

| 영 역 | 토지의 이동 및 지적정리
| 키워드 | 토지대장 등록 기준
| 해 설 | 지적소관청은 축척변경에 따라 확정된 사항을 지적공부에 등록하는 때에는 다음의 기준에 따라야 한다(규칙 제92조 제2항).

> 1. 토지대장은 확정공고된 축척변경 지번별 조서에 따를 것
> 2. 지적도는 확정측량 결과도 또는 경계점좌표에 따를 것

| 영 역 | 토지의 등록
| 키워드 | 지상경계점등록부 등록사항
| 해 설 | 지적소관청은 토지의 이동에 따라 지상경계를 새로 정한 경우에는 다음의 사항을 등록한 지상경계점등록부를 작성·관리하여야 한다(법 제65조 제2항, 규칙 제60조 제2항).

> 1. 토지의 소재
> 2. 지번
> 3. 경계점표지의 종류 및 경계점 위치
> 4. 경계점 위치 설명도
> 5. 경계점좌표(경계점좌표등록부 시행지역에 한정한다)
> 6. 경계점의 사진 파일
> 7. 공부상 지목과 실제 토지이용 지목

| 영 역 | 등기절차 총론
| 키워드 | 등기신청
| 해 설 | 학교는 하나의 시설물에 불과하여 권리·의무의 주체가 될 수 없으므로 학교 명의로 등기할 수 없고 설립자 명의로 등기를 하여야 한다. 사립대학교는 설립자인 학교법인 명의로 소유권이전등기를 하여야 한다.

| 영 역 | 등기제도 총칙
| 키워드 | 등기할 수 없는 것
| 해 설 | • 「부동산등기법」상 등기할 사항인 권리: 소유권, 지상권, 지역권, 전세권, 임차권, 저당권, 권리질권과 채권담보권(법 제3조). 저당권은 소유권, 지상권, 전세권을 목적으로 설정할 수 있고, 지상이나 지하의 특정 공간을 사용하는 구분지상권은 지상권의 일종으로 등기할 수 있는 권리이다.
• 등기할 수 없는 권리: 점유권, 유치권, 동산질권, 주위토지통행권, 분묘기지권 등

| 영 역 | 등기제도 총칙
| 키워드 | 등기한 권리의 순위
| 해 설 | ③ 말소회복등기는 말소되기 전의 등기와 동일한 순위와 효력을 보유하므로 1번 근저당권등기가 말소되고 2번 근저당권이 설정된 후, 말소된 1번 근저당권등기가 회복되면 2번 근저당권보다 선순위가 된다.
① 등기한 순서는 등기기록 중 같은 구(區)에서 한 등기는 순위번호에 따르고, 다른 구에서 한 등기는 접수번호에 따르므로(법 제4조 제2항) 갑구에 등기한 가압류등기와 을구에 등기한 저당권설정등기 상호 간의 순위는 접수번호에 따른다.

② 부기등기의 순위는 주등기의 순위에 따르므로
(법 제5조) 2번 저당권이 설정된 후 1번 저당권 일
부이전의 부기등기가 이루어진 경우, 배당에 있어
서 그 부기등기가 2번 저당권에 우선한다.

④ 가등기에 의한 본등기를 한 경우 본등기의 순위
는 가등기의 순위에 따르므로(법 제91조), 가등기
후에 제3자 명의의 소유권이전등기가 이루어진 경
우, 가등기에 기한 본등기가 이루어지면 본등기는
제3자 명의 등기에 우선한다.

⑤ 대지권에 대한 등기로서의 효력이 있는 등기와
대지권의 목적인 토지의 등기기록 중 해당 구에 한
등기의 순서는 접수번호에 따르므로 집합건물 착공
전의 나대지에 설정된 근저당권등기는 집합건물을
위한 대지권등기에 우선한다.

---

16 난이도 **상**　　　　　답 ③

| 영　역 | 등기절차 총론
| 키워드 | 첨부정보
| 해　설 | ㄱ. 토지의 표시변경등기를 신청하는 경우
에는 그 변경을 증명하는 토지대장 정보나 임야대장
정보를 첨부정보로서 등기소에 제공하여야 한다(부
동산등기규칙 제72조 제2항).
ㄴ. 매매를 원인으로 소유권이전등기를 신청하는
경우, 등기권리자뿐만 아니라 등기의무자의 주소를
증명하는 정보도 제공하여야 한다(부동산등기규칙
제46조 제1항 제6호).
ㄷ. 상속재산분할협의서 등이 공정증서인 경우에는
인감증명을 제출할 필요가 없다(부동산등기규칙 제
60조 제4항).
ㄹ. 등기원인을 증명하는 정보가 집행력 있는 판결
인 경우에는 제3자의 허가 등을 증명하는 정보를 제
공할 필요가 없다. 다만, 등기원인에 대하여 행정관
청의 허가, 동의 또는 승낙을 받을 것이 요구되는 소
유권이전등기를 신청할 때에는 그 허가, 동의 또는
승낙을 증명하는 서면을 제출하여야 하므로(부동산
등기규칙 제46조 제3항, 부동산등기 특별조치법 제
5조 제1항) 농지에 대한 소유권이전등기를 신청하는
경우, 등기원인을 증명하는 정보가 집행력 있는 판
결인 때에는 농지취득자격증명을 첨부하여야 한다.

---

17 난이도 **중**　　　　　답 ④

| 영　역 | 각종 권리의 등기절차
| 키워드 | 용익권등기
| 해　설 | ④ 공동전세권의 목적 부동산이 5개 이상
인 경우 등기관은 공동전세목록을 작성하여야 한다
(규칙 제128조 제3항).
① 1필 토지 전부에 지상권설정등기를 하더라도 반
드시 지상권 설정의 범위를 기록하여야 한다.
② 요역지의 등기기록에는 승역지, 지역권설정의 목
적, 지역권설정의 범위를 기록하여야 한다(법 제71
조 제1항).
③ 전세권의 존속기간이 만료된 경우, 그 전세권설
정등기를 말소하지 않고는 동일한 범위를 대상으로
하는 다른 전세권설정등기를 할 수 없다.
⑤ 차임이 없이 보증금의 지급만을 내용으로 하는
채권적 전세의 경우, 임차보증금을 임차권설정등기
기록에 기록하여야 한다(1995.12.8, 등기 3402-
854).

---

18 난이도 **상**　　　　　답 ①

| 영　역 | 각종 권리의 등기절차
| 키워드 | 근저당권등기
| 해　설 | ① 채무자의 성명(명칭)과 주소(사무소 소
재지)는 기록하여야 하지만, 주민등록번호는 기록
하지 않는다(법 제75조).
③ 채권최고액을 외국통화로 표시하여 신청정보로
제공한 경우에는 외화표시금액(예 '미화 금 ○○달러')
을 채권최고액으로 기록한다(등기예규 제1816호).

---

19 난이도 **하**　　　　　답 ⑤

| 영　역 | 각종의 등기절차
| 키워드 | 가등기
| 해　설 | 본등기를 하는 경우, 권리변동 과정을 나타
내는 가등기를 말소하지 않고 그대로 둔다.

| 영 역 | 등기절차 총론

| 키워드 | 이의신청

| 해 설 | 등기관의 결정 또는 처분에 이의가 있는 자는 결정 또는 처분을 한 등기관이 속한 관할 지방법원에 이의신청을 할 수 있으나(법 제100조), 이의의 신청은 결정 또는 처분을 한 등기관이 속한 등기소에 이의신청서를 제출하거나 전산정보처리조직을 이용해서 이의신청정보를 보내는 방법으로 한다(법 제101조).

| 영 역 | 등기절차 총론

| 키워드 | 법 제29조 제2호의 위반사유

| 해 설 | ㄴ. 「하천법」상 하천에 대한 지상권설정등기신청: 「하천법」상 하천에 대한 지상권설정등기는 허용되지 않으므로 제2호 위반에 해당한다(등기예규 제1387호).

ㄷ. ㄹ. 법 제29조 제2호 사건이 등기할 것이 아닌 경우에 해당한다.

ㄱ. 위조한 개명허가서를 첨부한 등기명의인 표시변경등기신청: 위조된 첨부정보를 제공한 경우, 그것은 유효한 정보가 아니므로 그 정보를 제공하지 않은 것으로 보아 각하한다(법 제29조 제9호 위반).

| 영 역 | 등기의 기관과 그 설비

| 키워드 | 구분건물의 등기

| 해 설 | ② 전세권이 대지권인 경우에 대지권이라는 뜻의 등기가 되어 있는 토지의 등기기록에는 전세권이전등기, 전세권부저당권설정등기, 그 밖에 이와 관련이 있는 등기를 할 수 없다(법 제61조 제4항, 제5항). 반면, 대지권이라는 뜻의 등기가 되어 있는 토지의 소유권은 전유부분과 일체성이 있는 권리가 아니므로 그 토지에 대한 소유권이전등기나 저당권설정등기는 허용된다.

⑤ 공용부분이라는 뜻을 정한 규약을 폐지한 경우에 공용부분의 취득자는 지체 없이 소유권보존등기를 신청하여야 한다(법 제47조 제2항).

| 영 역 | 각종 권리의 등기절차

| 키워드 | 소유권 종합문제

| 해 설 | 특별자치도지사, 시장, 군수 또는 구청장(자치구의 구청장을 말한다)의 확인에 의하여 건물이 자기의 소유권을 증명하는 자는 자기명의의 보존등기를 신청할 수 있다(법 제65조 제4호). 본 규정은 건물에만 적용되고 토지에는 적용되지 않는다.

| 영 역 | 등기절차 총론

| 키워드 | 등기필정보

| 해 설 | ① 규칙 제106조 제1항

② 법정대리인이 등기를 신청한 경우에는 그 법정대리인에게, 법인의 대표자나 지배인이 신청한 경우에는 그 대표자나 지배인에게, 법인 아닌 사단이나 재단의 대표자나 관리인이 신청한 경우에는 그 대표자나 관리인에게 등기필정보를 통지한다(규칙 제108조 제2항).

③ 등기필정보는 공동신청 또는 승소한 등기의무자의 단독신청에 의하여 권리에 관한 등기를 신청하는 경우로 한정하여 제공한다(규칙 제43조 제1항 제7호).

④ 등기권리자의 채권자가 등기권리자를 대위하여 등기를 신청하여 마친 경우, 등기를 완료한 후 등기명의인을 위한 등기필정보를 작성하여 통지하지 않는다(규칙 제109조 제2항 제4호).

⑤ 등기명의인 또는 그 상속인 그 밖의 포괄승계인은 등기필정보의 실효신고를 할 수 있다(규칙 제110조).

제34회 부동산세법

문제편 ▶ p.98

☑ 시험결과(부동산공시법 + 부동산세법)

응시자(명)	과락자(명)	응시자 평균점수(점)	합격자 평균점수(점)
64,979	22,253	47.55	67.69

⇨ 나의 점수: _____

☑ 한영규 교수님의 시험 총평

제34회 기출문제는 제33회에 이어 조세총론 파트가 상당히 어렵게 출제되었습니다. 계산문제도 2문제가 출제되었습니다. 그 외에는 전반적으로 평이한 난이도라고 할 수 있는 회차였습니다.

☑ 출제 문항별 영역 > 키워드 & 기본서 연계 페이지

문항	영역 > 키워드	기본서
25	납세의무의 성립·확정·소멸 > 부과제척기간	p.45
26	납세의무의 성립·확정·소멸 > 연대납세의무	p.50
27	취득세 > 납세의무자	p.83
28	취득세 > 취득시기	p.89
29	종합부동산세 > 주택분 종합소득세 과세표준	p.205
30	종합부동산세 > 종합부동산세 부과·징수	p.216
31	재산세 > 재산세 세율	p.147
32	재산세 > 재산세 납세절차	p.156
33	등록에 대한 등록면허세 > 등록면허세 비과세	p.136
34	등록에 대한 등록면허세 > 등록면허세 종합문제	p.131
35	종합소득세 > 주택임대에 따른 종합소득세	p.226
36	양도소득세 > 양도 또는 취득시기	p.244
37	양도소득세 > 양도소득세 세율	p.282
38	양도소득세 > 양도소득세 과세대상	p.236
39	양도소득세 > 양도소득세 비과세	p.247
40	양도소득세 > 양도소득과세표준의 계산	p.263

정답 및 해설

---

25 난이도 상   답 ③

| 영   역 | 납세의무의 성립·확정·소멸
| 키워드 | 부과제척기간
| 해   설 | ③ 「국세기본법」 제26조의2 제7항

① 납세자가 「조세범 처벌법」에 따른 사기나 그 밖의 부정한 행위로 종합소득세를 포탈하는 경우(역외거래 제외) 그 국세를 부과할 수 있는 날부터 10년을 부과제척기간으로 한다(국세기본법 제26조의2 제2항 제2호).

② 지방국세청장은 「행정소송법」에 따른 소송에 대한 판결이 확정된 경우 그 판결이 확정된 날부터 1년이 지나기 전까지 경정이나 그 밖에 필요한 처분을 할 수 있다(국세기본법 제26조의2 제6항 제1호).

④ 종합부동산세의 경우 부과제척기간의 기산일은 납세의무가 성립한 날(과세기준일인 6월 1일)이다(국세기본법 시행령 제12조의3 제1항 제2호).

⑤ 납세자가 법정신고기한까지 과세표준신고서를 제출하지 아니한 경우(역외거래 제외)에는 해당 국세를 부과할 수 있는 날부터 7년을 부과제척기간으로 한다(국세기본법 제26조의2 제2항 제1호).

---

26 난이도 상   답 ④

| 영   역 | 납세의무의 성립·확정·소멸
| 키워드 | 연대납세의무
| 해   설 | ④ 「지방세법」 제7조 제7항

① 공유물(공동주택의 공유물은 제외한다), 공동사업 또는 그 공동사업에 속하는 재산에 관계되는 지방자치단체의 징수금은 공유자 또는 공동사업자가 연대하여 납부할 의무를 진다(지방세기본법 제44조 제1항).

② 공동으로 소유한 자산에 대한 양도소득금액을 계산하는 경우에는 해당 자산을 공동으로 소유하는 각 거주자가 납세의무를 진다(소득세법 제2조의2 제5항).

③ 공동사업에 관한 소득금액을 계산하는 경우에는 해당 공동사업자별로 납세의무를 진다. 다만, 주된 공동사업자에게 합산과세되는 경우 그 합산과세되

는 소득금액에 대해서는 주된 공동사업자의 특수관계인은 손익분배비율에 해당하는 그의 소득금액을 한도로 주된 공동사업자와 연대하여 납세의무를 진다(소득세법 제2조의2 제1항).

⑤ 어느 연대채무자에 대하여 소멸시효가 완성한 때에는 그 부담부분에 한하여 다른 연대채무자도 의무를 면한다(지방세기본법 제44조 제5항, 민법 제421조).

---

27 난이도 중   답 ②

| 영   역 | 취득세
| 키워드 | 납세의무자
| 해   설 | 선박, 차량과 기계장비의 종류를 변경하거나 토지의 지목을 사실상 변경함으로써 그 가액이 증가한 경우에는 취득으로 본다. 이 경우 「도시개발법」에 따른 도시개발사업(환지방식만 해당)의 시행으로 토지의 지목이 사실상 변경된 때에는 그 환지계획에 따라 공급되는 환지는 조합원이, 체비지 또는 보류지는 사업시행자가 각각 취득한 것으로 본다(지방세법 제7조 제4항).

---

28 난이도 중   답 ⑤

| 영   역 | 취득세
| 키워드 | 취득시기
| 해   설 | 취득세 납세의무의 성립시기는 과세물건을 취득하는 때이다(지방세기본법 제34조 제1항 제1호). 「도시 및 주거환경정비법」에 따른 재건축조합이 재건축사업을 하거나 「빈집 및 소규모주택 정비에 관한 특례법」에 따른 소규모재건축조합이 소규모재건축사업을 하면서 조합원으로부터 취득하는 토지 중 조합원에게 귀속되지 아니하는 토지를 취득하는 경우에는 「도시 및 주거환경정비법」 또는 「빈집 및 소규모주택 정비에 관한 특례법」에 따른 소유권이전 고시일의 다음 날에 그 토지를 취득한 것으로 본다(지방세법 시행령 제20조 제7항).

| 29 | 난이도 중 | | 답 ④ |

| 영 역 | 종합부동산세

| 키워드 | 주택분 종합소득세 과세표준

| 해 설 | 혼인함으로써 1세대를 구성하는 경우에는 혼인한 날부터 10년 동안은 별도의 신청없이 주택 또는 토지를 소유하는 자와 그 혼인한 자별로 각각 1세대로 본다.

| 보충하기 | 「종합부동산세법」 제8조

「종합부동산세법」 제8조(과세표준) ④ 제1항을 적용할 때 다음 각 호의 어느 하나에 해당하는 경우에는 1세대 1주택자로 본다.

1. 1주택(주택의 부속토지만을 소유한 경우는 제외한다)과 다른 주택의 부속토지(주택의 건물과 부속토지의 소유자가 다른 경우의 그 부속토지를 말한다)를 함께 소유하고 있는 경우

2. 1세대 1주택자가 1주택을 양도하기 전에 다른 주택을 대체취득하여 일시적으로 2주택이 된 경우로서 대통령령으로 정하는 경우

3. 1주택과 상속받은 주택으로서 대통령령으로 정하는 주택을 함께 소유하고 있는 경우

4. 1주택과 주택 소재 지역, 주택 가액 등을 고려하여 대통령령으로 정하는 지방 저가주택을 함께 소유하고 있는 경우

⑤ 제4항 제2호부터 제4호까지의 규정을 적용받으려는 납세의무자는 해당 연도 9월 16일부터 9월 30일까지 대통령령으로 정하는 바에 따라 관할 세무서장에게 신청하여야 한다.

| 30 | 난이도 중 | | 답 ② |

| 영 역 | 종합부동산세

| 키워드 | 종합부동산세 부과 · 징수

| 해 설 | 종합부동산세를 신고납부방식으로 납부하고자 하는 납세의무자는 종합부동산세의 과세표준과 세액을 해당 연도 12월 1일부터 12월 15일까지 대통령령으로 정하는 바에 따라 관할 세무서장에게 신고하여야 한다. 이 경우 관할 세무서장의 결정은 없었던 것으로 본다(종합부동산세법 제16조 제3항).

| 31 | 난이도 중 | | 답 ⑤ |

| 영 역 | 재산세

| 키워드 | 재산세 세율

| 해 설 | ⑤ 지방자치단체의 장은 특별한 재정수요나 재해 등의 발생으로 재산세의 세율 조정이 불가피하다고 인정되는 경우 조례로 정하는 바에 따라 표준세율의 100분의 50의 범위에서 가감할 수 있다. 다만, 가감한 세율은 해당 연도에만 적용한다(지방세법 제111조 제3항).

① 고급선박: 1천분의 50, 고급오락장용 건축물: 1천분의 40

④ 항공기 및 선박(고급선박 제외): 1천분의 3

| 32 | 난이도 하 | | 답 ① |

| 영 역 | 재산세

| 키워드 | 재산세 납세절차

| 해 설 | 주택에 대한 재산세의 경우 해당 연도에 부과 · 징수할 세액의 2분의 1은 매년 7월 16일부터 7월 31일까지, 나머지 2분의 1은 9월 16일부터 9월 30일까지를 납기로 한다. 다만, 해당 연도에 부과할 세액이 20만원 이하인 경우에는 조례로 정하는 바에 따라 납기를 7월 16일부터 7월 31일까지로 하여 한꺼번에 부과 · 징수할 수 있다(지방세법 제115조 제1항 제3호).

| 33 | 난이도 하 | | 답 ④ |

| 영 역 | 등록에 대한 등록면허세

| 키워드 | 등록면허세 비과세

| 해 설 | 국가, 지방자치단체, 지방자치단체조합, 외국정부 및 주한국제기구가 자기를 위하여 받는 등록 또는 면허에 대하여는 등록면허세를 부과하지 아니한다. 다만, 대한민국 정부기관의 등록 또는 면허에 대하여 과세하는 외국정부의 등록 또는 면허의 경우에는 등록면허세를 부과한다(지방세법 제26조 제1항).

34 | 난이도 중 | 답 ④

| 영 역 | 등록에 대한 등록면허세

| 키워드 | 등록면허세 종합문제

| 해 설 | 부동산의 등록에 대한 등록면허세의 과세표준은 조례로 정하는 바에 따라 등록자의 신고에 따른다. 다만, 신고가 없거나 신고가액이 시가표준액보다 적은 경우에는 시가표준액을 과세표준으로 한다(지방세법 제27조 제2항).

35 | 난이도 상 | 답 ③

| 영 역 | 종합소득세

| 키워드 | 주택임대에 따른 종합소득세

| 해 설 | 소형주택은 주택 수에서 제외하므로 2주택자이다. 따라서 임대료부분에 대해서만 총수입금액에 산입한다.

그러므로 총수입금액 = 150만원 × 12개월 = 18,000,000원이 된다.

| 보충하기 | 「소득세법」 제24조, 제25조

> 「소득세법」 제24조(총수입금액의 계산) ① 거주자의 각 소득에 대한 총수입금액(총급여액과 총연금액을 포함)은 해당 과세기간에 수입하였거나 수입할 금액의 합계액으로 한다.
>
> 「소득세법」 제25조(총수입금액 계산의 특례) ① 거주자가 부동산 또는 그 부동산상의 권리 등을 대여하고 보증금·전세금 또는 이와 유사한 성질의 금액(이하 '보증금등'이라 한다)을 받은 경우에는 대통령령으로 정하는 바에 따라 계산한 금액을 사업소득금액을 계산할 때에 총수입금액에 산입(算入)한다. 다만, 주택을 대여하고 보증금등을 받은 경우에는 3주택[주거의 용도로만 쓰이는 면적이 1호(戶) 또는 1세대당 40제곱미터 이하인 주택으로서 해당 과세기간의 기준시가가 2억원 이하인 주택은 2026년 12월 31일까지는 주택 수에 포함하지 아니한다] 이상을 소유하고 해당 주택의 보증금등의 합계액이 3억원을 초과하는 경우를 말하며, 주택 수의 계산 그 밖에 필요한 사항은 대통령령으로 정한다.

36 | 난이도 하 | 답 ⑤

| 영 역 | 양도소득세

| 키워드 | 양도 또는 취득시기

| 해 설 | 완성 또는 확정되지 아니한 자산을 양도 또는 취득한 경우로서 해당 자산의 대금을 청산한 날까지 그 목적물이 완성 또는 확정되지 아니한 경우에는 그 목적물이 완성 또는 확정된 날(소득세법 시행령 제162조 제1항 제8호)

37 | 난이도 중 | 답 ②

| 영 역 | 양도소득세

| 키워드 | 양도소득세 세율

| 해 설 | ① 보유기간이 6개월인 등기된 상가건물: 100분의 50

③ 보유기간이 1년 6개월인 등기된 상가건물: 100분의 40과 기본세율(6%~45%) 중 산출세액이 큰 세율

④ 보유기간이 1년 10개월인 「소득세법」에 따른 조합원입주권: 100분의 60

⑤ 보유기간이 2년 6개월인 「소득세법」에 따른 분양권: 100분의 60

38 | 난이도 하 | 답 ③

| 영 역 | 양도소득세

| 키워드 | 양도소득세 과세대상

| 해 설 | 전세권과 사업에 사용하는 토지 및 건물과 함께 양도하는 영업권이 과세대상이며, 국내자산의 경우 등기되지 않은 부동산임차권과 이축권의 가액을 별도로 평가하여 신고한 경우는 과세대상에 해당하지 아니한다(소득세법 제94조 제1항 제4호).

양도가액	25억원
− 취득가액	− (19억 5천만원)
− 기타필요경비	− (5천만원)
= 양도차익	= 5억원 × (25억원 − 12억원) / 25억원 = 2.6억원
− 장기보유특별공제	− 2.6억원 × 40% = (104,000,000원)
= 양도소득금액	= 156,000,000원
− 양도소득기본공제	− (2,500,000원)
= 양도소득과세표준	= 153,500,000원

39 난이도 하 　　　　답 ⑤

| 영 역 | 양도소득세

| 키워드 | 양도소득세 비과세

| 해 설 | 「소득세법 시행령」 제153조 제1항에 해당하는 농지의 교환 또는 분합(分合)으로 발생하는 소득은 양도소득세를 과세하지 아니한다(소득세법 제89조).

| 보충하기 | 「소득세법 시행령」 제153조

「소득세법 시행령」 제153조(농지의 비과세) ① 법 제89조 제1항 제2호에서 '대통령령으로 정하는 경우'란 다음 각 호의 어느 하나에 해당하는 농지(제4항 각 호의 어느 하나에 해당하는 농지는 제외)를 교환 또는 분합하는 경우로서 교환 또는 분합하는 쌍방 토지가액의 차액이 가액이 큰 편의 4분의 1 이하인 경우를 말한다.
1. 국가 또는 지방자치단체가 시행하는 사업으로 인하여 교환 또는 분합하는 농지
2. 국가 또는 지방자치단체가 소유하는 토지와 교환 또는 분합하는 농지
3. 경작상 필요에 의하여 교환하는 농지. 다만, 교환에 의하여 새로이 취득하는 농지를 3년 이상 농지소재지에 거주하면서 경작하는 경우에 한한다.
4. 「농어촌정비법」·「농지법」·「한국농어촌공사 및 농지관리기금법」 또는 「농업협동조합법」에 의하여 교환 또는 분합하는 농지

---

40 난이도 상 　　　　답 ①

| 영 역 | 양도소득세

| 키워드 | 양도소득과세표준의 계산

| 해 설 | • 실지거래가액이 주어졌으므로 실지거래가액에 의해 계산한다.

• 1세대 1주택인 고가주택에 해당되어 양도가액 중 12억원을 초과하는 부분에 대해서만 과세한다.

• 3년 이상 보유하고 보유기간 중 2년 이상 거주하였으므로 보유기간에 따른 공제율과 거주기간에 대한 공제율을 합산한 장기보유특별공제율을 적용한다.

• 본건 외 2025년에 양도한 자산은 없으므로 양도소득기본공제는 250만원을 적용한다.

문제편 ▶ p.106

☑ 시험결과

응시자(명)	과락자(명)	응시자 평균점수(점)	합격자 평균점수(점)
88,378	18,059	60.78	81.78

⇨ 나의 점수: _____

☑ 임선정 교수님의 시험 총평

> 제33회 시험은 제32회 시험에 비해 다소 쉽게 출제되었습니다. 박스형 문제가 19문제 출제되었는데, 박스 안에 사례지문까지 들어있는 문제들이 다수 있었습니다. 이례적으로 집합건물의 소유 및 관리에 관한 법률에서 제32회에 이어 제33회에서도 1문제가 출제되었으며, 공인중개사법 시행규칙 별지 서식의 기재사항까지 묻는 문제가 3문제나 출제되었습니다.

☑ 출제 문항별 영역 > 키워드 & 기본서 연계 페이지

문항	영역 > 키워드	기본서	문항	영역 > 키워드	기본서
1	공인중개사법령 총칙 > 용어의 정의	p.20	21	지도·감독 및 행정처분 > 자격취소	p.296
2	공인중개사법령 총칙 > 중개대상물	p.31	22	부동산 거래신고 등에 관한 법률 > 토지거래허가	p.380
3	공인중개사제도 > 공인중개사 정책심의위원회	p.47	23	부동산 거래신고 등에 관한 법률 > 부동산정보체계의 관리 대상	p.410
4	공인중개사제도 > 공인중개사 시험제도	p.44	24	부동산 거래신고 등에 관한 법률 > 외국인등의 국내 부동산 취득규정	p.369
5	중개사무소 개설등록 및 결격사유 > 결격사유	p.85	25	부동산 거래신고 등에 관한 법률 > 이행강제금	p.406
6	중개업무 > 중개업무	p.102	26	부동산 거래신고 등에 관한 법률 > 토지거래허가구역	p.380
7	부동산 거래신고 등에 관한 법률 > 부동산 거래신고 등에 관한 법률상 제재	p.417	27	부동산 거래신고 등에 관한 법률 > 부동산 거래신고 등에 관한 법령상 외국인 정의	p.322
8	중개계약 및 부동산거래정보망 > 일반중개계약, 전속중개계약	p.156	28	부동산 거래신고 등에 관한 법률 > 토지거래허가	p.380
9	중개대상물 조사 및 확인 > 확인·설명서[Ⅱ](비주거용 건축물)	p.523	29	개별적 중개실무 > 부동산 실권리자명의 등기에 관한 법률	p.561
10	중개보수 > 중개보수	p.228	30	개별적 중개실무 > 민사집행법	p.619
11	손해배상책임과 반환채무이행보장 > 각종 기간	p.210	31	개별적 중개실무 > 상가건물 임대차보호법	p.600
12	개업공인중개사의 의무 및 책임 > 거래계약서의 작성	p.202	32	개별적 중개실무 > 주택임대차보호법	p.571
13	지도·감독 및 행정처분 > 등록취소	p.282	33	중개대상물 조사 및 확인 > 확인·설명서	p.515
14	중개계약 및 부동산거래정보망 > 거래정보사업자 지정취소사유	p.171	34	중개계약 및 부동산거래정보망 > 전속중개계약서	p.160
15	벌칙(행정벌) > 행정형벌	p.310	35	개별적 중개실무 > 공인중개사의 매수신청대리인 등록 등에 관한 규칙	p.632
16	공인중개사협회 및 교육·보칙·신고센터 등 > 공제사업	p.240	36	개별적 중개실무 > 집합건물의 소유 및 관리에 관한 법률	p.652
17	중개보수 > 중개보수 지급시기	p.228	37	중개계약 및 부동산거래정보망 > 일반중개계약서	p.156
18	지도·감독 및 행정처분 > 효과승계, 위반행위승계	p.292	38	중개보수 > 중개보수	p.228
19	중개사무소 개설등록 및 결격사유 > 등록기준	p.71	39	부동산 거래신고 등에 관한 법률 > 부동산 거래신고	p.324
20	공인중개사협회 및 교육·보칙·신고센터 등 > 포상금 지급사유	p.256	40	중개대상물 조사 및 확인 > 분묘기지권	p.473

정답 및 해설

※ 문항별 난이도가 상, 중, 하로 표시되어 있습니다.
※ 문항별 영역과 키워드를 확인하고, 취약 영역은 이론서를 통해 보충하세요.
  영역은 기본서의 CHAPTER와 동일합니다.

---

1 난이도 **중**   답 ④

| 영 역 | 공인중개사법령 총칙

| 키워드 | 용어의 정의

| 해 설 | 소속공인중개사는 개업공인중개사에 소속된 공인중개사(개업공인중개사인 법인의 사원 또는 임원으로서 공인중개사인 자를 포함)로서 중개업무를 수행하거나 개업공인중개사의 중개업무를 보조하는 자를 말한다. 따라서 개업공인중개사인 법인의 사원 또는 임원으로서 공인중개사인 자는 소속공인중개사에 해당한다.

---

2 난이도 **중**   답 ①

| 영 역 | 공인중개사법령 총칙

| 키워드 | 중개대상물

| 해 설 | ㄷ. 아파트의 분양예정자로 선정될 수 있는 지위를 의미하는 데 불과한 입주권은 중개대상물이 될 수 없다(대판 1991.4.23, 90도1287). 그러나 특정 동·호수에 대하여 피분양자로 선정되거나 분양계약이 체결되지 아니하였다고 하더라도 아파트 전체의 건축이 완료됨으로써 분양대상이 될 세대 등이 객관적으로 존재하여 분양 목적물로의 현실적인 제공 또는 가능한 상태의 입주권은 중개대상물이 될 수 있다(대판 2013.1.24, 2010다16519).
ㄹ. 대토권은 주택이 철거될 경우 일정한 요건 하에 택지개발지구 내에 이주자택지를 공급받을 지위에 불과하고 특정한 토지나 건물 기타 정착물 또는 법 시행령이 정하는 재산권 및 물건에 해당한다고 볼 수 없으므로 중개대상물에 해당하지 않는다고 볼 것이다. 또한 대토권이 중개대상물에서 제외되는 이상 대토권의 매매 등을 알선한 행위가 공제사업자를 상대로 개업공인중개사의 손해배상책임을 물을 수 있는 중개행위에 해당한다고 할 수 없다(대판 2011. 5.26, 2011다23682).

| 보충하기 | 중개대상물이 되기 위한 요건

> 1. 법정중개대상물일 것(토지, 건축물 그 밖의 토지의 정착물, 입목, 공장재단 및 광업재단)
> 2. 사적 소유물로서 거래가 가능한 물건일 것
> 3. 중개행위의 개입이 필요하거나 개입이 가능한 물건일 것

---

3 난이도 **하**   답 ⑤

| 영 역 | 공인중개사제도

| 키워드 | 공인중개사 정책심의위원회

| 해 설 | 공인중개사의 업무에 관한 다음의 사항을 심의하기 위하여 국토교통부에 공인중개사 정책심의위원회를 둘 수 있다(법 제2조의2 제1항).

> 1. 공인중개사의 시험 등 공인중개사의 자격취득에 관한 사항
> 2. 부동산중개업의 육성에 관한 사항
> 3. 중개보수 변경에 관한 사항
> 4. 손해배상책임의 보장 등에 관한 사항

---

4 난이도 **하**   답 ①

| 영 역 | 공인중개사제도

| 키워드 | 공인중개사 시험제도

| 해 설 | 시·도지사는 시험합격자의 결정 공고일로부터 1개월 이내에 시험합격자에 관한 사항을 공인중개사자격증교부대장에 기재한 후 시험합격자에게 공인중개사자격증을 교부하여야 한다(규칙 제3조 제1항).

5 난이도 중   답 ③

| 영 역 | 중개사무소 개설등록 및 결격사유

| 키워드 | 결격사유

| 해 설 | ㄱ. 금고 이상의 실형의 선고를 받고 그 집행이 종료(집행이 종료된 것으로 보는 경우를 포함한다)되거나 집행이 면제된 날부터 3년이 지나지 아니한 자는 결격사유에 해당한다. 따라서 금고 이상의 실형의 선고를 받고 그 집행이 면제된 날부터 2년이 된 자는 결격사유에 해당한다.

ㄷ. 금고 이상의 형의 집행유예를 받고 그 유예기간이 만료된 날부터 2년이 지나지 아니한 자는 결격사유에 해당한다. 따라서 사원 중 금고 이상의 형의 집행유예를 받고 그 유예기간이 만료된 날부터 2년이 지나지 아니한 자가 있는 법인은 결격사유에 해당한다.

| 보충하기 | 등록의 결격사유 등(법 제10조 제1항)

1. 미성년자
2. 피성년후견인 또는 피한정후견인
3. 파산선고를 받고 복권되지 아니한 자
4. 금고 이상의 실형의 선고를 받고 그 집행이 종료(집행이 종료된 것으로 보는 경우를 포함)되거나 집행이 면제된 날부터 3년이 지나지 아니한 자
5. 금고 이상의 형의 집행유예를 받고 그 유예기간이 만료된 날부터 2년이 지나지 아니한 자
6. 이 법을 위반하여 공인중개사의 자격이 취소된 후 3년이 지나지 아니한 자
7. 이 법을 위반하여 공인중개사의 자격이 정지된 자로서 자격정지기간 중에 있는 자
8. 법 제38조 제1항 제2호·제4호부터 제8호까지, 같은 조 제2항 제2호부터 제11호까지에 해당하는 사유로 중개사무소의 개설등록이 취소된 후 3년(제40조 제3항에 따라 등록이 취소된 경우에는 3년에서 같은 항 제1호의 규정에 따른 폐업기간을 공제한 기간)이 지나지 아니한 자
9. 이 법을 위반하여 업무정지처분을 받고 폐업신고를 한 자로서 업무정지기간(폐업에도 불구하고 진행되는 것으로 본다)이 지나지 아니한 자
10. 이 법을 위반하여 업무정지처분을 받은 개업공인중개사인 법인의 업무정지의 사유가 발생한 당시의 사원 또는 임원이었던 자로서 해당 개업공인중개사에 대한 업무정지기간이 지나지 아니한 자
11. 이 법을 위반하여 300만원 이상의 벌금형의 선고를 받고 3년이 지나지 아니한 자
12. 사원 또는 임원 중 위 1. ~ 11.의 어느 하나에 해당하는 자가 있는 법인

6 난이도 중   답 ⑤

| 영 역 | 중개업무

| 키워드 | 중개업무

| 해 설 | ① 소속공인중개사는 중개사무소의 개설등록을 신청할 수 없다.
② 법인인 개업공인중개사는 '중개업'과 '개업공인중개사를 대상으로 한 중개업의 경영기법 및 경영정보의 제공업무'를 함께 할 수 있다.
③ 법인인 개업공인중개사가 등록관청의 관할 구역 외의 지역에 분사무소를 두기 위해서는 부동산중개업 분사무소설치신고서(별지 제9호 서식)를 주된 사무소의 소재지를 관할하는 등록관청에 제출하여야 한다.
④ 개업공인중개사, 소속공인중개사 모두 천막 그 밖에 이동이 용이한 임시 중개시설물을 설치할 수 없다.

7 난이도 중   답 ②

| 영 역 | 부동산 거래신고 등에 관한 법률

| 키워드 | 부동산 거래신고 등에 관한 법률상 제재

| 해 설 | 토지거래허가구역 내에서 허가 또는 변경허가를 받지 아니하고 토지거래계약을 체결하거나, 속임수나 그 밖의 부정한 방법으로 토지거래계약허가를 받은 경우 2년 이하의 징역 또는 계약체결 당시의 개별공시지가에 따른 해당 토지가격의 100분의 30에 해당하는 금액 이하의 벌금사유에 해당한다.

| 8 | 난이도 중 | 답 ⑤ |

| 영 역 | 중개계약 및 부동산거래정보망

| 키워드 | 일반중개계약, 전속중개계약

| 해 설 | ① 전속중개계약은 중개의뢰인이 중개대상물의 중개를 의뢰하기 위해 특정한 개업공인중개사를 정하여 그 개업공인중개사에 한정하여 중개대상물을 중개하도록 하는 계약을 말한다.

② 개업공인중개사가 전속중개계약을 체결한 때에는 중개의뢰인이 비공개를 요청하지 않은 경우, 부동산거래정보망 또는 일간신문에 해당 중개대상물에 관한 정보를 공개해야 한다.

③ 개업공인중개사가 전속중개계약을 체결한 때에는 중개의뢰인에게 2주일에 1회 이상 중개업무 처리상황을 문서로 통지해야 한다.

④ 개업공인중개사가 국토교통부령으로 정하는 전속중개계약서에 의하지 아니하고 전속중개계약을 체결한 행위는 업무정지 사유에 해당한다.

| 9 | 난이도 중 | 답 ③ |

| 영 역 | 중개대상물 조사 및 확인

| 키워드 | 확인·설명서[Ⅱ](비주거용 건축물)

| 해 설 | 비선호시설(1km 이내)의 유무에 관한 사항은 확인·설명서[Ⅰ](주거용 건축물), 확인·설명서[Ⅲ](토지)에는 기재되지만, 확인·설명서[Ⅱ](비주거용 건축물), 확인·설명서[Ⅳ](입목·공장재단·광업재단)에는 기재되지 않는다.

| 10 | 난이도 중 | 답 ④ |

| 영 역 | 중개보수

| 키워드 | 중개보수

| 해 설 | ㄱ. 공인중개사법령상 중개보수 제한 규정들은 공매 대상 부동산 취득의 알선에 대해서도 적용된다.

| 보충하기 | 공매업무 관련 중개보수

> 대법원은 공매도 본질적으로 매매의 성격을 지니고 있어 목적물만 차이가 있을 뿐 「공인중개사법」에서 정하는 매매를 알선하는 것과 차이가 없다고 보아 「공인중개사법」상의 보수 제한 규정의 적용을 받는

다고 한다. 즉, "개업공인중개사는 중개업무에 관하여 중개의뢰인으로부터 소정의 보수를 받는다."라고 정한 「공인중개사법」 제32조 제1항과 중개대상물별로 공인중개사가 중개업무에 관해 중개의뢰인으로부터 받을 수 있는 보수의 한도를 정하는 제32조 제4항, 같은 법 시행규칙 제20조 제1항, 제4항 등 부동산 중개보수 제한에 관한 규정이 공매대상 부동산 취득의 알선에 대해서도 적용된다고 한다(대판 2021.7.29, 2017다243723).

| 11 | 난이도 중 | 답 ① |

| 영 역 | 손해배상책임과 반환채무이행보장

| 키워드 | 각종 기간

| 해 설 | • 개업공인중개사가 공제금으로 손해배상을 한 때에는 '15'일 이내에 공제에 다시 가입해야 한다.

• 개업공인중개사가 등록한 인장을 변경한 경우 변경일부터 '7'일 이내에 그 변경된 인장을 등록관청에 등록해야 한다.

• 개업공인중개사는 중개사무소를 이전한 때에는 이전한 날부터 '10'일 이내에 국토교통부령으로 정하는 바에 따라 등록관청에 이전사실을 신고해야 한다.

| 보충하기 | 손해배상책임의 내용

> 1. 개업공인중개사는 중개행위를 하는 경우 고의 또는 과실로 인하여 거래당사자에게 재산상의 손해를 발생하게 한 때에는 그 손해를 배상할 책임이 있다.
> 2. 개업공인중개사는 자기의 중개사무소를 다른 사람의 중개행위의 장소로 제공함으로써 거래당사자에게 재산상의 손해를 발생하게 한 때에는 그 손해를 배상할 책임이 있다.
> 3. 개업공인중개사는 업무를 개시하기 전에 위 1.과 2.에 따른 손해배상책임을 보장하기 위하여 대통령령으로 정하는 바에 따라 보증보험 또는 공제사업에 따른 공제에 가입하거나 공탁을 하여야 한다.
> 4. 위 3.에 따라 공탁한 공탁금은 개업공인중개사가 폐업 또는 사망한 날부터 3년 이내에는 이를 회수할 수 없다.
> 5. 개업공인중개사는 중개가 완성된 때에는 거래당사자에게 손해배상책임의 보장에 관한 다음의 사항을 설명하고 관계 증서의 사본을 교부하거나 관계 증서에 관한 전자문서를 제공하여야 한다.

    ⊙ 보장금액
    ⓛ 보증보험회사, 공제사업을 행하는 자, 공탁기
       관 및 그 소재지
    ⓒ 보장기간

| 보충하기 | **거래계약서의 필요적 기재사항**

> 1. 거래당사자의 인적사항
> 2. 물건의 표시
> 3. 권리이전의 내용
> 4. 거래금액, 계약금액 및 그 지급일자 등 지급에 관한 사항
> 5. 계약일
> 6. 중개대상물 확인·설명서 교부일자
> 7. 물건의 인도일시
> 8. 계약의 조건이나 기한이 있는 경우에는 그 조건 또는 기한
> 9. 그 밖의 약정내용

---

12 난이도 중   답②

| 영 역 | 개업공인중개사의 의무 및 책임
| 키워드 | 거래계약서의 작성
| 해 설 | ① 국토교통부장관은 개업공인중개사가 작성하는 거래계약서의 표준이 되는 서식을 정하여 그 사용을 권장할 수 있다(영 제22조 제3항). 표준서식 사용 여부는 의무가 아니라 권장사항이므로, 표준서식을 사용하지 아니하였다하여 제재할 수 없다. 따라서 개업공인중개사가 국토교통부장관이 정하는 거래계약서 표준서식을 사용하지 아니한 경우, 시·도지사는 그 자격을 취소해야 한다는 지문은 틀린 지문이 된다.
③ 등록관청은 개업공인중개사가 거래계약서에 거래금액 등 거래내용을 거짓으로 기재하거나 서로 다른 둘 이상의 거래계약서를 작성한 경우에는 등록을 취소할 수 있다(법 제38조 제2항 제7호).
④ 중개행위를 한 소속공인중개사가 거래계약서를 작성하는 경우, 소속공인중개사와 개업공인중개사가 함께 서명 및 날인하여야 한다.
⑤ 개업공인중개사는 중개대상물에 관하여 중개가 완성된 때에는 거래계약서를 작성하여 거래당사자에게 교부하고 5년 동안 그 원본, 사본 또는 전자문서를 보존하여야 한다. 다만, 거래계약서가 공인전자문서센터에 보관된 경우에는 그러하지 아니하다(법 제26조 제1항, 영 제22조 제2항).

---

13 난이도 중   답④

| 영 역 | 지도·감독 및 행정처분
| 키워드 | 등록취소
| 해 설 | 개업공인중개사가 천막 그 밖에 이동이 용이한 임시 중개시설물을 설치한 경우 등록관청은 중개사무소의 개설등록을 취소할 수 있다(법 제38조 제2항 제3호).

---

14 난이도 중   답⑤

| 영 역 | 중개계약 및 부동산거래정보망
| 키워드 | 거래정보사업자 지정취소사유
| 해 설 | 국토교통부장관은 거래정보사업자가 다음의 어느 하나에 해당하는 경우에는 그 지정을 취소할 수 있다(법 제24조 제5항).

> 1. 거짓이나 그 밖의 부정한 방법으로 지정을 받은 경우
> 2. 운영규정의 승인 또는 변경승인을 받지 아니하거나 운영규정을 위반하여 부동산거래정보망을 운영한 경우
> 3. 거래정보사업자가 개업공인중개사로부터 공개를 의뢰받은 중개대상물의 정보 이외의 정보를 부동산거래정보망에 공개하거나, 의뢰받은 내용과 다르게 정보를 공개하거나, 개업공인중개사에 따라 차별적으로 정보를 공개한 경우

4. 정당한 사유 없이 지정받은 날부터 1년 이내에 부동산거래정보망을 설치·운영하지 아니한 경우
5. 개인인 거래정보사업자의 사망 또는 법인인 거래정보사업자의 해산 그 밖의 사유로 부동산거래정보망의 계속적인 운영이 불가능한 경우

---

15 난이도 **하**   답 ②

| 영 역 | 벌칙(행정벌)

| 키워드 | 행정형벌

| 해 설 | 법정 중개보수를 초과하여 수수하는 행위는 1년 이하의 징역 또는 1천만원 이하의 벌금사유에 해당한다(법 제49조 제1항 제10호).

| 보충하기 | 1년 이하의 징역 또는 1천만원 이하의 벌금사유

1. 다른 사람에게 자기의 성명을 사용하여 중개업무를 하게 하거나 공인중개사자격증을 양도·대여한 자 또는 다른 사람의 공인중개사자격증을 양수·대여받은 자, 이를 알선한 자
2. 공인중개사가 아닌 자로서 공인중개사 또는 이와 유사한 명칭을 사용한 자
3. 이중으로 중개사무소의 개설등록을 하거나 둘 이상의 중개사무소에 소속된 자
4. 둘 이상의 중개사무소를 둔 자
5. 임시 중개시설물을 설치한 자
6. 개업공인중개사가 아닌 자로서 '공인중개사사무소', '부동산중개' 또는 이와 유사한 명칭을 사용한 자
7. 개업공인중개사가 아닌 자로서 중개업을 하기 위하여 중개대상물에 대한 표시·광고를 한 자
8. 다른 사람에게 자기의 성명 또는 상호를 사용하여 중개업무를 하게 하거나 중개사무소등록증을 다른 사람에게 양도·대여한 자 또는 다른 사람의 성명·상호를 사용하여 중개업무를 하거나 중개사무소등록증을 양수·대여받은 자, 이를 알선한 자
9. 개업공인중개사로부터 공개를 의뢰받은 중개대상물의 정보에 한정하여 이를 부동산거래정보망에 공개하여야 하며, 의뢰받은 내용과 다르게 정보를 공개하거나 어떠한 방법으로든지 개업공인중개사에 따라 정보가 차별적으로 공개되도록 하여서는 아니 된다는 규정을 위반하여 정보를 공개한 거래정보사업자
10. 이 법 및 다른 법률에 특별한 규정이 있는 경우를 제외하고는 그 업무상 알게 된 비밀을 누설하여서는 아니 되며, 이 규정을 위반하여 업무상 비밀을 누설한 자(단, 이 규정에 위반한 자는 피해자의 명시한 의사에 반하여 벌하지 아니한다)
11. 중개대상물의 매매를 업으로 하는 자
12. 중개사무소의 개설등록을 하지 아니하고 중개업을 영위하는 자인 사실을 알면서 그를 통하여 중개를 의뢰받거나 그에게 자기의 명의를 이용하게 한 자
13. 사례·증여 그 밖의 어떠한 명목으로도 법정보수 또는 실비를 초과하여 금품을 받은 자
14. 해당 중개대상물의 거래상의 중요사항에 관하여 거짓된 언행 그 밖의 방법으로 중개의뢰인의 판단을 그르치게 하는 자
15. 개업공인중개사가 고용할 수 있는 중개보조원의 수가 개업공인중개사와 소속공인중개사를 합한 수의 5배를 초과하여 고용한 경우

---

16 난이도 **중**   답 ②

| 영 역 | 공인중개사협회 및 교육·보칙·신고센터 등

| 키워드 | 공제사업

| 해 설 | 책임준비금의 적립비율은 공제사고 발생률 및 공제금 지급액 등을 종합적으로 고려하여 정하되, 공제료 수입액의 100분의 10 이상으로 정한다(영 제34조 제3호).

| 영 역 | 중개보수

| 키워드 | 중개보수 지급시기

| 해 설 | ① 개업공인중개사의 고의 또는 과실로 인하여 그 거래계약이 무효·취소 또는 해제된 경우에는 개업공인중개사의 중개보수청구권은 소멸한다(법 제32조 제1항). 따라서 개업공인중개사의 과실로 인하여 중개의뢰인 간의 거래행위가 취소된 경우 개업공인중개사는 중개업무에 관하여 중개의뢰인으로부터 소정의 보수를 받을 수 없다.

② 중개대상물의 권리관계 등 확인에 드는 비용은 개업공인중개사가 영수증 등을 첨부하여 매도·임대 그 밖의 권리를 이전하고자 하는 중개의뢰인에게 청구할 수 있다(법 제32조 제2항, 규칙 제20조 제2항).

③ 계약금 등의 반환채무이행보장에 드는 비용은 개업공인중개사가 영수증 등을 첨부하여 매수·임차 그 밖의 권리를 취득하고자 하는 중개의뢰인에게 청구할 수 있다(법 제32조 제2항, 규칙 제20조 제2항).

⑤ 주택 외의 중개대상물의 중개보수에 관하여는 시·도의 조례를 적용하는 것이 아니라 국토교통부령으로 정한다. 즉, 국토교통부령이 정하는 범위 안에서 중개의뢰인과 개업공인중개사가 서로 협의하여 거래당사자 쌍방으로부터 각각 받는다. 따라서 주택 외의 중개대상물의 중개에 대한 보수는 시·도의 조례로 정한다는 지문은 틀린 지문이 된다.

| 영 역 | 지도·감독 및 행정처분

| 키워드 | 효과승계, 위반행위승계

| 해 설 | ㄱ. 폐업신고 전의 개업공인중개사에 대한 업무정지처분 사유나, 과태료처분 사유로 행한 행정처분(업무정지처분, 과태료처분)의 효과는 그 처분일부터 1년간 다시 중개사무소의 개설등록을 한 자(이하 '재등록 개업공인중개사'라 한다)에게 승계된다(법 제40조 제2항). 따라서 "폐업신고 전에 개업공인중개사에게 한 업무정지처분의 효과는 그 처분일부터 1년간 재등록 개업공인중개사에게 승계된다."로 하여야 옳은 지문이 된다.

| 보충하기 | 효과승계 및 위반행위승계

행정처분 효과승계

폐업신고 전의 개업공인중개사에 대한 업무정지처분 사유나, 과태료처분 사유로 행한 행정처분(업무정지처분, 과태료처분)의 효과는 그 처분일부터 1년간 다시 중개사무소의 개설등록을 한 자(이하 '재등록 개업공인중개사'라 한다)에게 승계한다(법 제40조 제2항).

위반행위의 승계

재등록 개업공인중개사에 대하여 폐업신고 전의 제38조 제1항(절대적 등록취소), 같은 조 제2항(임의적 등록취소) 및 제39조 제1항(업무정지를 명할 수 있는 사유)의 위반행위에 대한 행정처분을 할 수 있다. 폐업 전의 위반행위를 사유로 재등록한 개업공인중개사에 대하여 행정처분(등록취소처분·업무정지처분)을 함에 있어서는 폐업기간과 폐업의 사유 등을 고려하여야 한다. 다만, 다음의 어느 하나에 해당하는 경우는 제외한다(법 제40조 제3항·제4항).

1. 폐업신고를 한 날부터 다시 중개사무소의 개설등록을 한 날까지의 기간(폐업기간)이 3년을 초과한 경우
2. 폐업신고 전의 위반행위에 대한 행정처분이 업무정지에 해당하는 경우로서 폐업기간이 1년을 초과한 경우

| 영 역 | 중개사무소 개설등록 및 결격사유

| 키워드 | 등록기준

| 해 설 | ㄷ. 법인의 등록기준은 「상법」상 회사 또는 「협동조합 기본법」에 따른 협동조합(사회적 협동조합은 제외)으로서 자본금이 5천만원 이상이어야 한다. 따라서 자본금 5천만원 이상인 「협동조합 기본법」상 사회적 협동조합은 등록기준에 부합하지 않는다.

| 보충하기 | 법인의 중개사무소 등록기준

1. 「상법」상 회사 또는 「협동조합 기본법」에 따른 협동조합(사회적 협동조합은 제외)으로서 자본금이 5천만원 이상일 것
2. 법 제14조에 규정된 업무만을 영위할 목적으로 설립된 법인일 것

3. 대표자는 공인중개사이어야 하며, 대표자를 제외한 임원 또는 사원(합명회사 또는 합자회사의 무한책임사원을 말한다)의 3분의 1 이상은 공인중개사일 것

4. 대표자, 임원 또는 사원 전원 및 분사무소의 책임자(분사무소를 설치하려는 경우에만 해당)가 실무교육을 받았을 것

5. 건축물대장에 기재된 건물에 중개사무소를 확보할 것

---

20 난이도 중   답 ②

| 영 역 | 공인중개사협회 및 교육·보칙·신고센터 등

| 키워드 | 포상금 지급사유

| 해 설 | ㄱ. ㄷ. 부동산거래질서교란행위가 아니므로 포상금 지급사유에 해당하지 않는다.

| 보충하기 | 포상금 지급사유

등록관청은 다음의 어느 하나에 해당하는 자가 행정기관에 의하여 발각되기 전에 등록관청, 수사기관이나 부동산거래질서교란행위 신고센터에 신고 또는 고발한 자에게 대통령령으로 정하는 바에 따라 포상금을 지급할 수 있다(법 제46조 제1항).

1. 중개사무소의 개설등록을 하지 아니하고 중개업을 한 자

2. 거짓이나 그 밖의 부정한 방법으로 중개사무소의 개설등록을 한 자

3. 중개사무소등록증을 다른 사람에게 양도·대여하거나 다른 사람으로부터 양수·대여받은 자

4. 공인중개사자격증을 다른 사람에게 양도·대여하거나 다른 사람으로부터 양수·대여받은 자

5. 개업공인중개사가 아닌 자는 중개대상물에 대한 표시·광고를 하여서는 아니 된다는 규정을 위반한 자

6. 부당한 이익을 얻거나 제3자에게 부당한 이익을 얻게 할 목적으로 거짓으로 거래가 완료된 것처럼 꾸미는 등 중개대상물의 시세에 부당한 영향을 주거나 줄 우려가 있는 행위를 한 자

7. 단체를 구성하여 특정 중개대상물에 대하여 중개를 제한하거나 단체 구성원 이외의 자와 공동중개를 제한하는 행위를 한 자

8. 안내문, 온라인 커뮤니티 등을 이용하여 특정 개업공인중개사 등에 대한 중개의뢰를 제한하거나 제한을 유도하는 행위를 한 자

9. 안내문, 온라인 커뮤니티 등을 이용하여 중개대상물에 대하여 시세보다 현저하게 높게 표시·광고 또는 중개하는 특정개업공인중개사 등에게만 중개의뢰를 하도록 유도함으로써 다른 개업공인중개사 등을 부당하게 차별하는 행위를 한 자

10. 안내문, 온라인 커뮤니티 등을 이용하여 특정 가격 이하로 중개를 의뢰하지 아니하도록 유도하는 행위를 한 자

11. 정당한 사유 없이 개업공인중개사 등의 중개대상물에 대한 정당한 표시·광고 행위를 방해하는 행위를 한 자

12. 개업공인중개사 등에게 중개대상물을 시세보다 현저하게 높게 표시·광고하도록 강요하거나 대가를 약속하고 시세보다 현저하게 높게 표시·광고하도록 유도하는 행위를 한 자

---

21 난이도 중   답 ①

| 영 역 | 지도·감독 및 행정처분

| 키워드 | 자격취소

| 해 설 | 시·도지사는 공인중개사가 다음의 어느 하나에 해당하는 경우에는 공인중개사자격을 취소하여야 한다(법 제35조 제1항).

1. 부정한 방법으로 공인중개사의 자격을 취득한 경우

2. 공인중개사가 다른 사람에게 자기의 성명을 사용하여 중개업무를 하게 하거나 공인중개사자격증을 양도 또는 대여한 경우

3. 자격정지처분을 받고 그 자격정지기간 중에 중개업무를 행한 경우(다른 개업공인중개사의 소속공인중개사·중개보조원 또는 법인인 개업공인중개사의 사원·임원이 되는 경우를 포함)

4. 이 법 또는 공인중개사의 직무와 관련하여 「형법」 규정을 위반하여 금고 이상의 형(집행유예를 포함)을 선고받은 경우

위 4가지 경우에 이 법을 위반하여 300만원 이상 벌금형의 선고를 받은 경우는 없으므로 자격취소사유가 아니다. 다만, 이 경우는 「공인중개사법」 제10조 결격사유에 해당한다.

| 영 역 | 부동산 거래신고 등에 관한 법률

| 키워드 | 토지거래허가

| 해 설 | 국토교통부장관 또는 시·도지사가 허가구역을 지정할 당시 해당 지역에서의 거래실태 등을 고려하여 다음의 각 구분에 따른 면적으로 하는 것이 타당하지 않다고 인정하여 해당 기준면적의 10% 이상 300% 이하의 범위에서 따로 정하여 공고한 경우에는 그에 따른다. 기준면적에 관한 사항은 다음과 같다.

> 1. 「국토의 계획 및 이용에 관한 법률」에 따른 도시지역: 다음의 세부 용도지역별 구분에 따른 면적
>   ㉠ 주거지역: 60m²
>   ㉡ 상업지역: 150m²
>   ㉢ 공업지역: 150m²
>   ㉣ 녹지지역: 200m²
>   ㉤ 위 ㉠부터 ㉣까지의 구분에 따른 용도지역의 지정이 없는 구역: 60m²
> 2. 도시지역 외의 지역: 250m². 다만, 농지(농지법에 따른 농지를 말한다)의 경우에는 500m²로 하고, 임야의 경우에는 1천m²로 한다.

| 영 역 | 부동산 거래신고 등에 관한 법률

| 키워드 | 부동산정보체계의 관리 대상

| 해 설 | 국토교통부장관은 효율적인 정보의 관리 및 국민편의 증진을 위하여 다음의 정보를 관리할 수 있는 정보체계를 구축·운영할 수 있다(부동산 거래신고 등에 관한 법률 시행령 제19조).

> 1. 부동산 거래신고 정보
> 2. 검증체계 관련 정보
> 3. 주택임대차계약 신고 정보
> 4. 주택임대차계약의 변경 및 해제 신고 정보
> 5. 외국인등의 부동산 취득·보유 신고 자료 및 관련 정보
> 6. 토지거래계약의 허가 관련 정보
> 7. 「부동산등기 특별조치법」에 따른 검인 관련 정보
> 8. 부동산 거래계약 등 부동산거래 관련 정보

| 영 역 | 부동산 거래신고 등에 관한 법률

| 키워드 | 외국인등의 국내 부동산 취득규정

| 해 설 | ① 「자연환경보전법」에 따른 생태·경관보전지역에서 외국인이 토지취득의 허가를 받지 아니하고 체결한 토지취득계약은 무효이다.

② 외국인이 건축물의 신축을 원인으로 대한민국 안의 부동산을 취득한 때에는 부동산등을 취득한 날부터 6개월 이내에 신고관청에 신고하여야 한다.

③ 외국인이 취득하려는 토지가 토지거래허가구역과 「문화유산의 보존 및 활용에 관한 법률」에 따른 지정문화유산과 이를 위한 보호물 또는 보호구역에 있어 토지거래계약허가를 받았으면 토지취득허가는 받지 않아도 된다.

④ 대한민국 국민이 외국인등으로 변경된 경우 해당 부동산등을 계속 보유하려는 경우에는 외국인등으로 변경된 날부터 6개월 이내에 신고관청에 신고하여야 한다.

| 영 역 | 부동산 거래신고 등에 관한 법률

| 키워드 | 이행강제금

| 해 설 | 시장·군수 또는 구청장은 토지의 이용 의무를 이행하지 아니한 자에 대하여는 상당한 기간을 정하여 토지의 이용 의무를 이행하도록 명할 수 있다. 이 경우 이행명령은 문서로 하여야 하며, 이행기간은 '3'개월 이내로 정하여야 한다. 시장·군수 또는 구청장은 이행명령이 정하여진 기간에 이행되지 아니한 경우에는 토지 취득가액의 100분의 10의 범위에서 다음에서 정하는 금액의 이행강제금을 부과한다.

> 1. 토지거래계약허가를 받아 토지를 취득한 자가 당초의 목적대로 이용하지 아니하고 방치한 경우: 토지 취득가액의 100분의 '10'에 상당하는 금액
> 2. 토지거래계약허가를 받아 토지를 취득한 자가 직접 이용하지 아니하고 임대한 경우: 토지 취득가액의 100분의 7에 상당하는 금액

3. 토지거래계약허가를 받아 토지를 취득한 자가 허가관청의 승인 없이 당초의 이용목적을 변경하여 이용하는 경우: 토지 취득가액의 100분의 5에 상당하는 금액
4. 위 1.부터 3.까지에 해당하지 아니하는 경우: 토지 취득가액의 100분의 7에 상당하는 금액

---

26 난이도 **중**   답 ④

| 영 역| 부동산 거래신고 등에 관한 법률

| 키워드| 토지거래허가구역

| 해 설| 허가구역의 지정은 허가구역의 지정을 공고한 날부터 5일 후에 그 효력이 발생한다.

---

27 난이도 **중**   답 ⑤

| 영 역| 부동산 거래신고 등에 관한 법률

| 키워드| 부동산 거래신고 등에 관한 법령상 외국인 정의

| 해 설| 외국인등이란 다음의 어느 하나에 해당하는 개인·법인 또는 단체를 말한다.

1. 대한민국의 국적을 보유하고 있지 아니한 개인
2. 외국의 법령에 따라 설립된 법인 또는 단체
3. 사원 또는 구성원의 2분의 1 이상이 대한민국의 국적을 보유하고 있지 아니한 법인 또는 단체
4. 업무를 집행하는 사원이나 이사 등 임원의 2분의 1 이상이 대한민국의 국적을 보유하고 있지 아니한 법인 또는 단체
5. 대한민국의 국적을 보유하고 있지 아니한 사람이나 외국의 법령에 따라 설립된 법인 또는 단체가 자본금의 2분의 1 이상이나 의결권의 2분의 1 이상을 가지고 있는 법인 또는 단체
6. 외국 정부
7. 대통령령으로 정하는 국제기구
    ㉠ 국제연합과 그 산하기구·전문기구
    ㉡ 정부 간 기구
    ㉢ 준정부 간 기구
    ㉣ 비정부 간 국제기구

---

28 난이도 **중**   답 ②

| 영 역| 부동산 거래신고 등에 관한 법률

| 키워드| 토지거래허가

| 해 설| • 농지에 대하여 토지거래계약허가를 받은 경우에는 「농지법」 제8조에 따른 농지취득자격증명을 받은 것으로 본다.
• 국세 및 지방세의 체납처분 또는 강제집행을 하는 경우에는 '허가구역 내 토지거래에 대한 허가'의 규정을 적용하지 아니한다.
• 시장·군수 또는 구청장은 토지 이용 의무기간이 지난 후에는 이행강제금을 부과할 수 없다.

---

29 난이도 **중**   답 ④

| 영 역| 개별적 중개실무

| 키워드| 부동산 실권리자명의 등기에 관한 법률

| 해 설| ㄱ. 부동산의 위치와 면적을 특정하여 2인 이상이 구분소유하기로 하는 약정을 하고 그 구분소유자의 공유로 등기하는 이른바 상호명의신탁은 「부동산 실권리자명의 등기에 관한 법률」상의 명의신탁약정에 해당하지 않는다. 따라서 그 등기는 「부동산 실권리자명의 등기에 관한 법률」 위반이 아니므로 유효하다.

| 보충하기| 종중, 배우자 및 종교단체에 대한 특례
다음의 어느 하나에 해당하는 경우로서 조세포탈, 강제집행의 면탈(免脫) 또는 법령상 제한의 회피를 목적으로 하지 아니하는 경우에는 명의신탁의 효력이 인정되고, 명의수탁자로의 등기이전도 유효하다.

1. 종중(宗中)이 보유한 부동산에 관한 물권을 종중(종중과 그 대표자를 같이 표시하여 등기한 경우를 포함) 외의 자의 명의로 등기한 경우
2. 배우자 명의로 부동산에 관한 물권을 등기한 경우
3. 종교단체의 명의로 그 산하조직이 보유한 부동산에 관한 물권을 등기한 경우

| 영 역 | 개별적 중개실무

| 키워드 | 민사집행법

| 해 설 | 유치권자는 경락인에 대하여 그 피담보채권의 변제가 있을 때까지 유치목적물인 부동산의 인도를 거절할 수 있을 뿐이고 그 피담보채권의 변제를 청구할 수 없다.

31 난이도 **중** 답③

| 영 역 | 개별적 중개실무

| 키워드 | 상가건물 임대차보호법

| 해 설 | ㄴ. 임차인이 3기의 차임액에 해당하는 금액에 이르도록 차임을 연체한 사실이 있는 경우, 임대인은 임차인의 계약갱신요구를 거절할 수 있다.

| 보충하기 | 갱신요구 거절

임대인은 다음의 경우에 임차인의 갱신요구를 거절할 수 있다.

1. 임차인이 3기의 차임액에 달하도록 차임을 연체한 사실이 있는 경우
2. 임차인이 거짓이나 그 밖의 부정한 방법으로 임차한 경우
3. 서로 합의하여 임대인이 임차인에게 상당한 보상을 제공한 경우
4. 임차인이 임대인의 동의 없이 목적건물의 전부 또는 일부를 전대한 경우
5. 임차인이 임차한 건물의 전부 또는 일부를 고의 또는 중대한 과실로 파손한 경우
6. 임차한 건물의 전부 또는 일부가 멸실되어 임대차의 목적을 달성하지 못할 경우
7. 임대인이 다음의 어느 하나에 해당하는 사유로 목적건물의 전부 또는 대부분을 철거하거나 재건축하기 위해 목적건물의 점유회복이 필요한 경우
   ㉠ 임대차계약 체결 당시 공사시기 및 소요기간 등을 포함한 철거 또는 재건축계획을 임차인에게 구체적으로 고지하고 그 계획에 따르는 경우
   ㉡ 건물이 노후·훼손 또는 일부 멸실되는 등 안전사고의 우려가 있는 경우
   ㉢ 다른 법령에 따라 철거 또는 재건축이 이루어지는 경우

8. 그 밖에 임차인이 임차인으로서의 의무를 현저히 위반하거나 임대차를 계속하기 어려운 중대한 사유가 있는 경우

32 난이도 **중** 답③

| 영 역 | 개별적 중개실무

| 키워드 | 주택임대차보호법

| 해 설 | 임차주택이 경매 또는 공매되었을 경우에 일정보증금액 이하에 해당하는 소액임차인이 경매신청기입등기 전까지 대항요건을 갖춘 경우, 그 소액임차인은 경락된 주택가액(대지가액을 포함)의 2분의 1 범위 안에서 보증금 중 일정금액을 다른 선순위담보권자나 기타 권리자보다 우선하여 변제받을 권리가 있다.

33 난이도 **상** 답①

| 영 역 | 중개대상물 조사 및 확인

| 키워드 | 확인·설명서

| 해 설 | ㄱ. 취득 시 부담할 조세의 종류 및 세율

취득 시 부담할 조세의 종류 및 세율은 중개가 완성되기 전 「지방세법」의 내용을 확인하여 적는다(임대차의 경우에는 제외한다).

ㄴ. 개별공시지가(m^2당) 및 건물(주택)공시가격

거래예정금액 등의 '거래예정금액'은 중개가 완성되기 전 거래예정금액을, '개별공시지가(m^2당)' 및 '건물(주택)공시가격'은 중개가 완성되기 전 공시된 공시지가 또는 공시가격을 적는다[임대차계약의 경우에는 '개별공시지가(m^2당)' 및 '건물(주택)공시가격'을 생략할 수 있다].

34 난이도 **중** 답 ⑤

| 영 역 | 중개계약 및 부동산거래정보망

| 키워드 | 전속중개계약서

| 해 설 | 전속중개계약의 유효기간 내에 중개의뢰인이 스스로 발견한 상대방과 직접 거래를 한 경우에는 중개보수의 50%에 해당하는 금액의 범위 안에서 개업공인중개사가 중개행위를 하는 경우 소요된 비용(사회통념에 비추어 상당하다고 인정되는 비용을 말한다)을 지불하여야 한다.

35 난이도 **중** 답 ①

| 영 역 | 개별적 중개실무

| 키워드 | 공인중개사의 매수신청대리인 등록 등에 관한 규칙

| 해 설 | ㄴ. 甲의 중개사무소 개설등록이 취소된 경우 지방법원장은 매수신청대리인 등록을 취소해야 한다. 지방법원장은 다음의 어느 하나에 해당하는 경우에는 매수신청대리인 등록을 취소하여야 한다.

1. 「공인중개사법」 제10조 제1항의 결격사유에 해당하는 경우
2. 「공인중개사법」, 「공인중개사의 매수신청대리인 등록 등에 관한 규칙」에 따라 폐업신고를 한 경우
3. 「공인중개사법」에 따라 공인중개사자격이 취소된 경우
4. 「공인중개사법」에 따라 중개사무소 개설등록이 취소된 경우
5. 매수신청대리인 등록 당시 등록요건을 갖추지 않았던 경우
6. 등록 당시 매수신청대리인 등록의 결격사유가 있었던 경우

ㄷ. 매수신청대리인 등록이 취소된 경우 3년이 지나지 아니한 자는 매수신청대리인 등록을 할 수 없다. 단, 중개업의 폐업신고 또는 매수신청대리업의 폐업신고에 의한 등록취소는 제외한다(규칙 제6조 제1호). 따라서 중개사무소 폐업신고로 甲의 매수신청대리인 등록이 취소된 경우 3년이 지나지 않아도 甲은 다시 매수신청대리인 등록을 할 수 있다.

36 난이도 **중** 답 ①

| 영 역 | 개별적 중개실무

| 키워드 | 집합건물의 소유 및 관리에 관한 법률

| 해 설 | ② 구분소유자는 그 전유부분이나 공용부분을 보존하거나 개량하기 위하여 필요한 범위에서 다른 구분소유자의 전유부분 또는 자기의 공유에 속하지 아니하는 공용부분의 사용을 청구할 수 있다.
③ 공유자가 공용부분에 관하여 다른 공유자에 대하여 가지는 채권은 그 특별승계인에 대하여도 행사할 수 있다.
④ 대지 위에 구분소유권의 목적인 건물이 속하는 1동의 건물이 있을 때에는 그 대지의 공유자는 그 건물 사용에 필요한 범위의 대지에 대하여 분할을 청구하지 못한다.
⑤ 공용부분에 대한 공유자의 지분은 그가 가지는 전유부분의 처분에 따른다. 즉, 공용부분은 그의 전유부분의 처분에 따르고, 공용부분에 대한 지분권만을 분리하여 처분할 수 없는 것이 원칙이다.

37 난이도 **중** 답 ④

| 영 역 | 중개계약 및 부동산거래정보망

| 키워드 | 일반중개계약서

| 해 설 | 일반중개계약서의 권리취득용(매수·임차 등)의 내용으로는 희망물건의 종류, 취득 희망가격, 희망지역, 그 밖의 희망조건 등이 있다.

| 보충하기 | 권리이전용 기재사항과 권리취득용 기재사항

1. 일반중개계약서의 권리이전용(매도·임대 등)에 기재되는 사항은 다음과 같다.
   ㉠ 소유자 및 등기명의인
   ㉡ 중개대상물의 표시
   ㉢ 권리관계
   ㉣ 거래규제 및 공법상 제한사항
   ㉤ 중개의뢰 금액
   ㉥ 그 밖의 사항
2. 일반중개계약서의 권리취득용(매수·임차 등)에 기재되는 사항은 다음과 같다.
   ㉠ 희망물건의 종류
   ㉡ 취득 희망가격
   ㉢ 희망지역
   ㉣ 그 밖의 희망조건

| 영 역 | 중개보수

| 키워드 | 중개보수

| 해 설 | ㄱ. 실비의 한도 등에 관하여 필요한 사항은 국토교통부령으로 정하는 범위 안에서 시·도의 조례로 정한다(법 제32조 제4항).

ㄹ. 주거용오피스텔로서 다음의 요건을 모두 갖춘 경우 매매·교환은 1천분의 5, 임대차 등은 1천분의 4의 요율범위에서 중개보수를 결정한다.

> 1. 전용면적이 85m² 이하일 것
> 2. 상·하수도 시설이 갖추어진 전용입식 부엌, 전용 수세식 화장실 및 목욕시설(전용수세식 화장실에 목욕시설을 갖춘 경우를 포함)을 갖출 것

| 영 역 | 부동산 거래신고 등에 관한 법률

| 키워드 | 부동산 거래신고

| 해 설 | 최초 공급계약(분양) 또는 전매계약(분양권, 입주권)의 경우 분양가격, 발코니 확장 등 선택비용 및 추가 지불액(프리미엄 등 분양가격을 초과 또는 미달하는 금액)을 각각 적는다. 이 경우 각각의 비용에 부가가치세가 있는 경우 부가가치세를 포함한 금액으로 적는다.

| 영 역 | 중개대상물 조사 및 확인

| 키워드 | 분묘기지권

| 해 설 | ① 분묘기지권은 지상권에 유사한 일종의 물권으로, 그 존속기간에 관하여는 「민법」의 지상권에 관한 규정에 따를 것이 아니라, 당사자 사이에 약정이 있는 등 특별한 사정이 있으면 그에 따를 것이며, 그런 사정이 없는 경우에는 권리자가 분묘의 수호와 봉제사를 계속하고 그 분묘가 존속하고 있는 동안은 분묘기지권은 존속한다(대판 2009.5.14, 2009다1092).

② 「장사 등에 관한 법률」이 시행되기 전에 설치된 분묘의 경우 그 법의 시행 후에도 분묘기지권의 시효취득은 인정된다.

④ 「장사 등에 관한 법률」 시행일 이전에 타인의 토지에 분묘를 설치한 다음 20년간 평온·공연하게 그 분묘의 기지를 점유함으로써 분묘기지권을 시효로 취득하였더라도, 분묘기지권자는 토지소유자가 분묘기지에 관한 지료를 청구하면 그 청구한 날부터의 지료를 지급할 의무가 있다고 보아야 한다(대판 전합체 2021.4.29, 2017다228007).

⑤ 분묘가 멸실되면 분묘기지권은 소멸하는 것이 원칙이지만, 다만 분묘가 멸실된 경우라 하더라도 유골이 존재하여 분묘의 원상회복이 가능하여 일시적인 멸실에 불과한 경우라면 분묘기지권은 소멸하지 아니하고 존속한다(대판 2007.6.28, 2005다44114).

☑ 시험결과

응시자(명)	과락자(명)	응시자 평균점수(점)	합격자 평균점수(점)
88,378	37,792	41.44	55.52

⇨ 나의 점수: _____

☑ 오시훈 교수님의 시험 총평

제33회 시험은 제32회 시험보다 어렵게 출제되었습니다. 난이도 조절을 위해서 난이도 상(上)인 문제가 제32회 시험보다 많이 출제되었는데, 주로 시행령이나 시행규칙의 경미한 내용과 지엽적인 사항을 물어보는 지문이 대부분이기 때문에 시험장에서 수험생이 느끼는 체감 난도는 상당히 높게 출제되었다고 느꼈을 듯합니다. 또한 제32회 시험과 다르게 난이도 중(中)인 문제가 다소 까다롭게 출제되어 답을 선택하는 데 조금은 힘들었을 것으로 생각됩니다.

☑ 출제 문항별 영역 > 키워드 & 기본서 연계 페이지

문항	영역 > 키워드	기본서	문항	영역 > 키워드	기본서
41	용도지역·용도지구·용도구역 > 용도지역의 지정, 용도지구의 분류, 용도지구에서의 건축제한	p.58	61	정비사업 > 분양신청	p.366
42	개발행위의 허가 등 > 개발행위허가의 제한	p.168	62	정비사업 > 조합설립추진위원회	p.331
43	개발행위의 허가 등 > 성장관리계획	p.161	63	정비사업 > 정비사업의 시행방법	p.353
44	개발행위의 허가 등 > 개발행위에 따른 공공시설의 귀속	p.170	64	비용부담 등 > 비용부담	p.382
45	광역도시계획 > 광역계획권의 지정	p.27	65	주택법 총칙 > 아파트형 주택의 요건	p.547
46	보칙 및 벌칙 등 > 도시계획위원회	p.183	66	주택의 건설 > 주택상환사채	p.569
47	용도지역·용도지구·용도구역 > 용도구역의 종류	p.107	67	주택의 건설 > 토지임대부 분양주택	p.594
48	개발행위의 허가 등 > 기반시설의 설치	p.173	68	보칙 및 벌칙 > 주택법상 벌칙	p.633
49	도시·군계획시설사업의 시행 > 기반시설	p.118	69	주택의 공급 > 분양가상한제 적용주택	p.601
50	보칙 및 벌칙 등 > 토지에의 출입	p.190	70	주택의 리모델링 > 리모델링	p.621
51	도시·군계획 > 도시·군기본계획의 승인	p.38	71	보칙 및 벌칙 > 권한의 위임	p.630
52	용도지역·용도지구·용도구역 > 용도지역의 행위제한	p.93	72	건축물의 건축 > 건축물 안전영향평가	p.462
53	도시개발사업 > 토지상환채권	p.248	73	건축물의 구조 및 재료 > 피난 및 소화에 필요한 통로설치	p.489
54	도시개발사업 > 환지처분	p.265	74	건축법 총칙 > 제1종 근린생활시설	p.431
55	도시개발계획 및 구역 지정 > 도시개발구역의 지정권자	p.220	75	특별건축구역·건축협정 및 결합건축 > 결합건축	p.523
56	도시개발사업 > 도시개발사업 조합	p.236	76	특별건축구역·건축협정 및 결합건축 > 특별건축구역	p.510
57	도시개발사업 > 도시개발사업의 시행자	p.231	77	지역 및 지구 안의 건축물 > 면적 등의 산정방법	p.499
58	도시개발계획 및 구역 지정 > 개발계획 수립 시 동의	p.216	78	건축물의 건축 > 사전결정통지	p.450
59	정비사업 > 국민주택규모 주택	p.355	79	농지의 소유 > 농지 소유	p.650
60	정비사업 > 조합의 임원	p.339	80	농지의 보전 > 농지대장	p.697

정답 및 해설

41 난이도 중 답 ⑤

| 영 역 | 용도지역·용도지구·용도구역

| 키워드 | 용도지역의 지정, 용도지구의 분류, 용도지구에서의 건축제한

| 해 설 | ① 시·도지사 또는 대도시 시장은 일반주거지역·일반공업지역·계획관리지역에 복합용도지구를 지정할 수 있다. 유통상업지역은 지정대상에 해당하지 않는다.

② 시·도지사 또는 대도시 시장은 재해의 반복 발생이 우려되는 지역에 대해서는 방재지구의 지정 또는 변경을 도시·군관리계획으로 결정하여야 한다. 특정용도제한지구는 주거 및 교육 환경 보호나 청소년 보호 등의 목적으로 오염물질 배출시설, 청소년 유해시설 등 특정시설의 입지를 제한할 필요가 있는 지구를 말한다.

③ 용도지역·용도지구의 건축제한에 관한 규정은 용도지역·용도지구 안에서의 도시·군계획시설에 대하여는 적용하지 아니한다.

④ 공유수면의 매립목적이 그 매립구역과 이웃하고 있는 용도지역의 내용과 다른 경우 및 그 매립구역이 둘 이상의 용도지역에 걸쳐 있거나 이웃하고 있는 경우, 그 매립구역이 속할 용도지역은 도시·군관리계획 결정으로 지정하여야 한다. 반면, 이와 이웃하고 있는 용도지역으로 지정된 것으로 보는 경우는 공유수면의 매립목적이 그 매립구역과 이웃하고 있는 용도지역의 내용과 같을 때이다.

42 난이도 중 답 ③

| 영 역 | 개발행위의 허가 등

| 키워드 | 개발행위허가의 제한

| 해 설 | ① 「사방사업법」에 따른 사방사업을 위한 개발행위를 허가하려면 중앙도시계획위원회와 지방도시계획위원회의 심의를 거치지 아니한다.

② 토지의 일부가 도시·군계획시설로 지형도면 고시가 된 당해 토지의 분할은 대통령령으로 정하는 경미한 행위에 해당하여 개발행위허가를 받지 아니하고 할 수 있다.

④ 국토교통부장관, 시·도지사, 시장 또는 군수는 기반시설부담구역으로 지정된 지역으로서 도시·군관리계획상 특히 필요하다고 인정되는 지역에 대해서는 중앙도시계획위원회나 지방도시계획위원회의 심의를 거쳐 한 차례만 3년 이내의 기간 동안 개발행위허가를 제한할 수 있다. 다만, 기반시설부담구역에 대해서는 중앙도시계획위원회나 지방도시계획위원회의 심의를 거치지 아니하고 한 차례만 2년 이내의 기간 동안 개발행위허가의 제한을 연장할 수 있다. 따라서 ④의 대상지역에서는 최장 5년간 개발행위허가를 제한할 수 있다.

⑤ 건축물의 건축 또는 공작물의 설치, 토지의 형질 변경, 토석의 채취에 대한 개발행위허가를 받은 자는 그 개발행위를 마치면 국토교통부령으로 정하는 바에 따라 특별시장·광역시장·특별자치시장·특별자치도지사·시장 또는 군수의 준공검사를 받아야 한다. 반면, 토지 분할과 물건적치행위는 준공검사 대상에 해당하지 않는다.

43 난이도 중 답 ②

| 영 역 | 개발행위의 허가 등

| 키워드 | 성장관리계획

| 해 설 | ① 특별시장·광역시장·특별자치시장·특별자치도지사·시장 또는 군수는 녹지지역, 관리지역, 농림지역 및 자연환경보전지역 중 법령에서 규정하는 지역의 전부 또는 일부에 대하여 성장관리계획구역을 지정할 수 있다. 주거지역·상업지역·공업지역은 지정대상에 해당하지 아니한다.

③ 성장관리계획구역 내 '계획관리지역'에서는 125% 이하의 범위에서 성장관리계획으로 정하는 바에 따라 특별시·광역시·특별자치시·특별자치도·시 또는 군의 조례로 정하는 비율까지 용적률을 완화하여 적용할 수 있다.

④ 특별시장·광역시장·특별자치시장·특별자치도지사·시장 또는 군수는 성장관리계획구역을 지정하거나 이를 변경하려면 대통령령으로 정하는 바에 따라 미리 주민과 해당 지방의회의 의견을 들어야 하며, 관계 행정기관과의 협의 및 지방도시계획위

원회의 심의를 거쳐야 한다. 즉, 성장관리계획구역은 도시·군관리계획의 결정사항이 아니다.
⑤ 특별시장·광역시장·특별자치시장·특별자치도지사·시장 또는 군수는 주민의 의견청취에 따른 공고를 한 때에는 성장관리계획구역안을 14일 이상 일반이 열람할 수 있도록 해야 한다.

44 난이도 중   답①

| 영 역 | 개발행위의 허가 등
| 키워드 | 개발행위에 따른 공공시설의 귀속
| 해 설 | ② 개발행위허가를 받은 자가 행정청이 아닌 경우 개발행위로 용도가 폐지되는 공공시설은 「국유재산법」과 「공유재산 및 물품 관리법」에도 불구하고 새로 설치한 공공시설의 설치비용에 상당하는 범위에서 개발행위허가를 받은 자에게 무상으로 양도할 수 있다.
③ 공공시설의 관리청이 불분명한 경우 하천에 대하여는 환경부장관을 관리청으로 본다.
④ 개발행위허가를 받은 자가 행정청이 아닌 경우 개발행위허가를 받은 자는 관리청에 귀속되거나 그에게 양도될 공공시설에 관하여 개발행위가 끝나기 전에 그 시설의 관리청에 그 종류와 토지의 세목을 통지하여야 하고, 준공검사를 한 특별시장·광역시장·특별자치시장·특별자치도지사·시장 또는 군수는 그 내용을 해당 시설의 관리청에 통보하여야 한다. 이 경우 공공시설은 준공검사를 받음으로써 그 시설을 관리할 관리청과 개발행위허가를 받은 자에게 각각 귀속되거나 양도된 것으로 본다.
⑤ 개발행위허가를 받은 자가 행정청인 경우 개발행위허가를 받은 자는 그에게 귀속된 공공시설의 처분으로 인한 수익금을 도시·군계획사업 외의 목적에 사용하여서는 아니 된다.

45 난이도 중   답⑤

| 영 역 | 광역도시계획
| 키워드 | 광역계획권의 지정
| 해 설 | ① 광역계획권이 둘 이상의 도의 관할 구역에 걸쳐 있는 경우, 해당 도지사들이 공동으로 지정하는 게 아니라 국토교통부장관이 지정할 수 있다.
② 광역계획권이 하나의 도의 관할 구역에 속하여 있는 경우, 국토교통부장관과 공동으로 지정하는 게 아니라 도지사가 지정할 수 있다.

③ 국토교통부장관은 광역계획권을 지정하거나 변경하려면 관계 시·도지사, 시장 또는 군수의 의견을 들은 후 중앙도시계획위원회의 심의를 거쳐야 한다.
④ 도지사가 광역계획권을 지정하거나 변경하려면 관계 중앙행정기관의 장, 관계 시·도지사, 시장 또는 군수의 의견을 들은 후 지방도시계획위원회의 심의를 거쳐야 한다.

46 난이도 상   답③

| 영 역 | 보칙 및 벌칙 등
| 키워드 | 도시계획위원회
| 해 설 | ① 도시·군관리계획과 관련된 심의를 하게 하거나 자문에 응하게 하기 위하여 시·군(광역시의 관할 구역에 있는 군을 포함) 또는 구에 각각 시·군·구도시계획위원회를 둔다.
② 분과위원회의 심의는 중앙도시계획위원회의 심의로 본다. 다만, 중앙도시계획위원회에서 위임하는 사항은 중앙도시계획위원회가 분과위원회의 심의를 중앙도시계획위원회의 심의로 보도록 하는 경우만 해당한다. 그러므로 위임하는 모든 심의를 중앙도시계획위원회 심의로 보지 아니한다.
④ 중앙도시계획위원회 및 지방도시계획위원회의 회의록의 공개는 열람 또는 사본을 제공하는 방법으로 한다.
⑤ 특별시장·광역시장·특별자치시장·특별자치도지사·시장 또는 군수는 성장관리계획구역을 지정하거나 이를 변경하려면 대통령령으로 정하는 바에 따라 미리 주민과 해당 지방의회의 의견을 들어야 하며, 관계 행정기관과의 협의 및 지방도시계획위원회의 심의를 거쳐야 한다.

47 난이도 상   답①

| 영 역 | 용도지역·용도지구·용도구역
| 키워드 | 용도구역의 종류
| 해 설 | 농업·임업 또는 어업을 영위하는 자는 관리용 건축물로서 기존 관리용 건축물의 면적을 포함하여 $33m^2$ 이하인 것을 건축하는 행위를 허가받아 할 수 있다.

| 영 역 | 개발행위의 허가 등

| 키워드 | 기반시설의 설치

| 해 설 | 기반시설부담구역의 지정고시일부터 1년이 되는 날까지 기반시설설치계획을 수립하지 아니하면 그 1년이 되는 날의 다음 날에 기반시설부담구역의 지정은 해제된 것으로 본다.

| 영 역 | 도시·군계획시설사업의 시행

| 키워드 | 기반시설

| 해 설 | 광장 중 건축물부설광장도 포함된다.

| 보충하기 | 기반시설의 설치

지상·수상·공중·수중 또는 지하에 기반시설을 설치하려면 그 시설의 종류·명칭·위치·규모 등을 미리 도시·군관리계획으로 결정하여야 한다. 다만, 용도지역·기반시설의 특성 등을 고려하여 대통령령으로 정하는 도시지역 또는 지구단위계획구역에서 다음의 기반시설을 설치하고자 하는 경우에는 그러하지 아니하다.

1. 주차장, 차량 검사 및 면허시설, 공공공지, 열공급설비, 방송·통신시설, 시장·공공청사·문화시설·공공필요성이 인정되는 체육시설·연구시설·사회복지시설·공공직업 훈련시설·청소년수련시설·저수지·방화설비·방풍설비·방수설비·사방설비·방조설비·장사시설·종합의료시설·빗물저장 및 이용시설·폐차장
2. 「도시공원 및 녹지 등에 관한 법률」의 규정에 의하여 점용허가대상이 되는 공원 안의 기반시설
3. 그 밖에 국토교통부령으로 정하는 다음의 시설
   ① 공항 중 「공항시설법 시행령」의 규정에 의한 도심공항터미널
   ② 여객자동차터미널 중 전세버스운송사업용 여객자동차터미널
   ③ 광장 중 건축물부설광장(ㄱ)
   ④ 전기공급설비(발전시설, 옥외에 설치하는 변전시설 및 지상에 설치하는 전압 15만 4천볼트 이상의 송전선로는 제외)

⑤ 다음의 학교
   • 「유아교육법」에 따른 유치원
   • 「장애인 등에 대한 특수교육법」에 따른 특수학교
   • 「초·중등교육법」에 따른 대안학교
   • 「고등교육법」에 따른 방송대학·통신대학 및 방송통신대학(ㄹ)
⑥ 다음의 어느 하나에 해당하는 도축장
   • 대지면적이 500m² 미만인 도축장(ㄴ)
   • 「산업입지 및 개발에 관한 법률」에 따른 산업단지 내에 설치하는 도축장
⑦ 폐기물처리 및 재활용시설 중 재활용시설(ㄷ)

| 영 역 | 보칙 및 벌칙 등

| 키워드 | 토지에의 출입

| 해 설 | 국토교통부장관, 시·도지사, 시장 또는 군수나 도시·군계획시설사업의 시행자는 다음의 행위를 하기 위하여 필요하면 타인의 토지에 출입하거나 타인의 토지를 재료 적치장 또는 임시통로로 일시 사용할 수 있으며, 특히 필요한 경우에는 나무, 흙, 돌, 그 밖의 장애물을 변경하거나 제거할 수 있다(법 제130조 제1항).

1. 도시·군계획, 광역도시·군계획에 관한 기초조사
2. 개발밀도관리구역(ㄱ), 기반시설부담구역(ㄴ) 및 제67조 제4항에 따른 기반시설설치계획에 관한 기초조사
3. 지가의 동향 및 토지거래의 상황에 관한 조사
4. 도시·군계획시설사업에 관한 조사·측량 또는 시행

| 영 역 | 도시·군계획

| 키워드 | 도시·군기본계획의 승인

| 해 설 | 시장 또는 군수는 도시·군기본계획의 승인을 받으려면 도시·군기본계획안에 다음의 서류를 첨부하여 도지사에게 제출하여야 한다(영 제17조).

1. 기초조사 결과
2. 공청회개최 결과
3. 법 제21조에 따른 해당 시·군의 의회의 의견청취 결과

4. 해당 시·군에 설치된 지방도시계획위원회의 자문을 거친 경우에는 그 결과
5. 법 제22조의2 제2항에 따른 관계 행정기관의 장과의 협의 및 도의 지방도시계획위원회의 심의에 필요한 서류

---

52 난이도 하 답 ③

| 영 역 | 용도지역·용도지구·용도구역

| 키워드 | 용도지역의 행위제한

| 해 설 | 용도지역에서 용적률의 최대한도는 관할 구역의 면적과 인구 규모, 용도지역의 특성 등을 고려하여 다음의 범위에서 대통령령으로 정하는 기준에 따라 특별시·광역시·특별자치시·특별자치도·시 또는 군의 조례로 정한다(법 제78조 제1항).

용도지역		용적률
도시지역	주거지역	500% 이하
	상업지역	1,500% 이하
	공업지역	400% 이하
	녹지지역	100% 이하
관리지역	보전관리지역	80% 이하
	생산관리지역	80% 이하
	계획관리지역	100% 이하
농림지역		80% 이하
자연환경보전지역		80% 이하

---

53 난이도 상 답 ②

| 영 역 | 도시개발사업

| 키워드 | 토지상환채권

| 해 설 | ① 민간시행자는 대통령령으로 정하는 금융기관 등으로부터 지급보증을 받은 경우에만 이를 발행할 수 있다. 그러나 지방공사는 공공시행자에 해당하므로 지급보증을 받지 아니하고 발행할 수 있다.
③ 토지상환채권을 이전하는 경우 취득자는 그 성명과 주소를 토지상환채권원부에 기재하여 줄 것을 요청하여야 하며, 취득자의 성명과 주소가 토지상환채권에 기재되지 아니하면 취득자는 발행자 및 그 밖의 제3자에게 대항하지 못한다.
④ 토지상환채권의 발행계획에는 다음의 사항이 포함되어야 한다.

1. 시행자의 명칭
2. 토지상환채권의 발행총액
3. 토지상환채권의 이율
4. 토지상환채권의 발행가액 및 발행시기
5. 상환대상지역 또는 상환대상토지의 용도
6. 토지가격의 추산방법
7. 보증기관 및 보증의 내용(민간시행자가 발행하는 경우에만 해당)

⑤ 시행자는 토지소유자가 원하면 토지등의 매수대금의 일부를 지급하기 위하여 대통령령으로 정하는 바에 따라 사업 시행으로 조성된 토지·건축물로 상환하는 채권(토지상환채권)을 발행할 수 있다.

---

54 난이도 하 답 ③

| 영 역 | 도시개발사업

| 키워드 | 환지처분

| 해 설 | 시행자는 지정권자에 의한 준공검사를 받은 경우(지정권자가 시행자인 경우에는 공사완료 공고가 있는 때)에는 60일 이내에 환지처분을 하여야 한다.

---

55 난이도 하 답 ③

| 영 역 | 도시개발계획 및 구역 지정

| 키워드 | 도시개발구역의 지정권자

| 해 설 | 국토교통부장관은 다음의 어느 하나에 해당하면 도시개발구역을 지정할 수 있다(법 제3조 제3항).

1. 국가가 도시개발사업을 실시할 필요가 있는 경우
2. 관계 중앙행정기관의 장이 요청하는 경우
3. 공공기관의 장 또는 정부출연기관의 장이 대통령령으로 정하는 규모(30만m²) 이상으로서 국가계획과 밀접한 관련이 있는 도시개발구역의 지정을 제안하는 경우
4. 관계 시·도지사 또는 대도시 시장의 협의가 성립되지 아니하는 경우
5. 그 밖에 대통령령(천재지변, 그 밖의 사유로 인하여 도시개발사업을 긴급하게 할 필요가 있는 경우)으로 정하는 경우

56 | 난이도 하 | 답 ②

| 영　역 | 도시개발사업

| 키워드 | 도시개발사업 조합

| 해　설 | 조합이 인가를 받은 사항을 변경하려면 지정권자로부터 변경인가를 받아야 한다. 다만, 대통령령으로 정하는 경미한 사항을 변경하려는 경우(주된 사무소의 소재지를 변경하려는 경우나 공고방법을 변경하려는 경우)에는 신고하여야 한다.

57 | 난이도 하 | 답 ②

| 영　역 | 도시개발사업

| 키워드 | 도시개발사업의 시행자

| 해　설 | 도시개발사업의 시행자는 다음의 자 중에서 지정권자가 지정한다. 한국부동산원은 시행자에 해당하지 아니한다.

| 보충하기 | 도시개발사업 시행자의 지정

도시개발사업의 시행자는 다음의 자 중에서 지정권자가 지정한다(법 제11조 제1항).

1. 국가나 지방자치단체(①)
2. 대통령령으로 정하는 공공기관
   ㉠ 「한국토지주택공사법」에 따른 한국토지주택공사
   ㉡ 「한국수자원공사법」에 따른 한국수자원공사(③)
   ㉢ 「한국농어촌공사 및 농지관리기금법」에 따른 한국농어촌공사
   ㉣ 「한국관광공사법」에 따른 한국관광공사(④)
   ㉤ 「한국철도공사법」에 따른 한국철도공사
   ㉥ 「혁신도시 조성 및 발전에 관한 특별법」에 따른 매입공공기관
3. 대통령령으로 정하는 정부출연기관
   ㉠ 「국가철도공단법」에 따른 국가철도공단(역세권의 개발 및 이용에 관한 법률에 따른 역세권개발사업을 시행하는 경우에만 해당)
   ㉡ 「제주특별자치도 설치 및 국제자유도시 조성을 위한 특별법」에 따른 제주국제자유도시개발센터
4. 「지방공기업법」에 따라 설립된 지방공사(⑤)

58 | 난이도 상 | 답 ④

| 영　역 | 도시개발계획 및 구역 지정

| 키워드 | 개발계획 수립 시 동의

| 해　설 | 법 제4조 제4항 후단에서 '대통령령으로 정하는 경미한 사항의 변경'이란 개발계획을 변경하는 경우로서 다음 각 호에 해당하는 경우를 제외한 경우를 말한다.

1. 환지방식을 적용하는 지역의 면적 변경이 다음의 어느 하나에 해당하는 경우
   가. 편입되는 토지의 면적이 종전 환지방식이 적용되는 면적의 100분의 5 이상인 경우(경미한 사항이 여러 차례 변경된 경우에는 누적하여 산정한다)
   나. 제외되는 토지의 면적이 종전 환지방식이 적용되는 면적의 100분의 '10' 이상인 경우
   다. 편입 또는 제외되는 면적이 각각 '3'만m² 이상인 경우
   라. 토지의 편입이나 제외로 인하여 환지방식이 적용되는 면적이 종전보다 100분의 '10' 이상 증감하는 경우
   〈 이하 생략 〉

59 | 난이도 중 | 답 ⑤

| 영　역 | 정비사업

| 키워드 | 국민주택규모 주택

| 해　설 | 시·도지사 및 시장·군수·구청장이 국민주택규모 주택을 인수할 수 없는 경우에는 시·도지사는 국토교통부장관에게 인수자 지정을 요청해야 한다.

60 | 난이도 중 | 답 ③

| 영　역 | 정비사업

| 키워드 | 조합의 임원

| 해　설 | 조합장이 아닌 조합임원은 대의원이 될 수 없다.

61 난이도 중   답 ④

| 영 역 | 정비사업

| 키워드 | 분양신청

| 해 설 | • 분양신청을 하지 아니한 토지등소유자가 있는 경우 사업시행자는 관리처분계획이 인가·고시된 다음 날부터 '90'일 이내에 그 자와 토지, 건축물 또는 그 밖의 권리의 손실보상에 관한 협의를 하여야 한다.

• 위 협의가 성립되지 아니하면 사업시행자는 그 기간의 만료일 다음 날부터 '60'일 이내에 수용재결을 신청하거나 매도청구소송을 제기하여야 한다.

62 난이도 상   답 ②

| 영 역 | 정비사업

| 키워드 | 조합설립추진위원회

| 해 설 | 추진위원회는 다음의 사항을 조합설립인가 신청일 60일 전까지 추진위원회 구성에 동의한 토지등소유자에게 등기우편으로 통지하여야 한다(영 제29조 제1항, 제30조 제2항).

1. 조합설립에 대한 동의철회(반대의 의사표시를 포함) 및 방법
2. 다음에 따른 조합설립 동의서에 포함되는 사항
   ㉠ 건설되는 건축물의 설계의 개요
   ㉡ 공사비 등 정비사업비용에 드는 비용(이하 '정비사업비'라 한다)
   ㉢ 정비사업비의 분담기준
   ㉣ 사업 완료 후 소유권의 귀속에 관한 사항
   ㉤ 조합 정관

63 난이도 상   답 ①

| 영 역 | 정비사업

| 키워드 | 정비사업의 시행방법

| 해 설 | 토지등소유자 전체회의는 신탁업자가 사업시행자인 경우에 한정한다. 시장·군수등, 토지주택공사등 또는 신탁업자가 단독으로 정비사업을 시행하는 경우 다음의 사항을 포함하는 시행규정을 작성하여야 한다.

1. 정비사업의 종류 및 명칭
2. 정비사업의 시행연도 및 시행방법(④)
3. 비용부담 및 회계
4. 토지등소유자의 권리·의무(②)
5. 정비기반시설 및 공동이용시설의 부담
6. 공고·공람 및 통지의 방법(⑤)
7. 토지 및 건축물에 관한 권리의 평가방법(③)
8. 관리처분계획 및 청산(분할징수 또는 납입에 관한 사항을 포함). 다만, 수용의 방법으로 시행하는 경우는 제외한다.
9. 시행규정의 변경
10. 사업시행계획서의 변경
11. 토지등소유자 전체회의(신탁업자가 사업시행자인 경우로 한정)
12. 그 밖에 시·도 조례로 정하는 사항

64 난이도 상   답 ⑤

| 영 역 | 비용부담 등

| 키워드 | 비용부담

| 해 설 | 시장·군수등은 시장·군수등이 아닌 사업시행자가 시행하는 정비사업의 정비계획에 따라 설치되는 다음의 시설에 대하여는 그 건설에 드는 비용의 전부 또는 일부를 부담할 수 있다.

1. 도시·군계획시설 중 대통령령으로 정하는 주요 정비기반시설 및 공동이용시설(도로, 상·하수도, 공원, 공용주차장, 공동구, 녹지, 하천, 공공공지, 광장)
2. 임시거주시설

| 영　역 | 주택법 총칙

| 키워드 | 아파트형 주택의 요건

| 해　설 | '도시형 생활주택'이란 300세대 미만의 국민주택규모에 해당하는 주택으로서 「국토의 계획 및 이용에 관한 법률」에 따른 도시지역에 건설하는 다음의 주택을 말한다.

> 아파트형 주택은 다음의 요건을 모두 갖춘 아파트를 말한다.
> 1. 세대별 주거전용면적은 국민주택규모일 것(ㄱ)
> 2. 세대별로 독립된 주거가 가능하도록 욕실 및 부엌을 설치할 것(ㄴ)
> 3. 지하층에는 세대를 설치하지 아니할 것(ㄷ)

| 영　역 | 주택의 건설

| 키워드 | 주택상환사채

| 해　설 | ① 등록사업자는 자본금·자산평가액 및 기술인력 등이 대통령령으로 정하는 다음의 기준에 모두 맞고 금융기관 또는 주택도시보증공사의 보증을 받은 경우에만 주택상환사채를 발행할 수 있다.

> 1. 법인으로서 자본금이 5억원 이상일 것
> 2. 「건설산업기본법」 제9조에 따라 건설업 등록을 한 자일 것
> 3. 최근 3년간 연평균 주택건설 실적이 300호 이상일 것

③ 주택상환사채를 발행하려는 자는 주택상환사채 발행계획을 수립하여 국토교통부장관의 승인을 받아야 한다.

④ 주택상환사채는 액면 또는 할인의 방법으로 발행한다.

⑤ 주택상환사채는 기명증권(記名證券)으로 하고, 사채권자의 명의변경은 취득자의 성명과 주소를 사채원부에 기록하는 방법으로 하며, 취득자의 성명을 채권에 기록하지 아니하면 사채발행자 및 제3자에게 대항할 수 없다.

| 영　역 | 주택의 건설

| 키워드 | 토지임대부 분양주택

| 해　설 | ① 토지임대부 분양주택의 토지에 대한 임대차기간은 40년 이내로 한다.

② 이 경우 토지임대부 분양주택 소유자의 75% 이상이 계약갱신을 청구하는 경우 40년의 범위에서 이를 갱신할 수 있다.

④ 토지임대부 분양주택을 공급받은 자는 전매제한기간이 지나기 전에 대통령령으로 정하는 바에 따라 한국토지주택공사에 해당 주택의 매입을 신청할 수 있다.

⑤ 토지임대료는 월별 임대료를 원칙으로 한다.

| 영　역 | 보칙 및 벌칙

| 키워드 | 주택법상 벌칙

| 해　설 | ① 관계 공무원으로 하여금 사업장에 출입하여 필요한 검사에 따른 검사 등을 거부·방해 또는 기피한 자는 1년 이하의 징역 또는 1천만원 이하의 벌금에 처한다.

② 품질점검단의 점검을 위반하여 점검에 따르지 아니하거나 기피 또는 방해한 자는 2천만원 이하의 과태료 부과 대상자이다.

③ 임원, 직원, 발기인 겸직금지를 위반하여 겸직한 자는 1천만원 이하의 과태료 부과 대상자이다.

④ 분양가상한제 적용주택 등의 거주실태 조사에 따른 서류 등의 제출을 거부하거나 해당 주택의 출입·조사 또는 질문을 방해하거나 기피한 자는 300만원 이하의 과태료 부과 대상자이다.

⑤ 품질점검단의 조치명령을 위반하여 조치명령을 이행하지 아니한 자는 500만원 이하의 과태료 부과 대상자이다.

| **69** 난이도 중 | 답 ① |

| 영 역 | 주택의 공급

| 키워드 | 분양가상한제 적용주택

| 해 설 | ㄴ. 분양가격은 택지비와 건축비로 구성되는데, 토지임대부 분양주택의 경우에는 건축비만 해당된다.

ㄷ. 사업주체는 분양가상한제 적용주택으로서 공공택지에서 공급하는 주택에 대하여 입주자모집 승인을 받았을 때에는 입주자모집공고에 택지비, 공사비, 간접비, 그 밖에 국토교통부령으로 정하는 비용에 대하여 분양가격을 공시하여야 한다. 즉, 간접비도 공시해야 하는 분양가격에 포함된다.

| **70** 난이도 중 | 답 ② |

| 영 역 | 주택의 리모델링

| 키워드 | 리모델링

| 해 설 | ① '리모델링'이란 건축물의 노후화 억제 또는 기능 향상 등을 위한 대수선, 일부 증축의 어느 하나에 해당하는 행위를 말한다.
③ 주택단지 전체를 리모델링하고자 하는 경우 주택단지 전체의 구분소유자와 의결권의 각 3분의 2 이상의 결의 및 각 동의 구분소유자와 의결권의 각 과반수의 결의가 필요하다.
④ 공동주택(부대시설과 복리시설을 포함)의 입주자·사용자 또는 관리주체가 공동주택을 리모델링하려고 하는 경우에는 시장·군수·구청장의 허가를 받아야 한다.
⑤ 리모델링주택조합 설립에 동의한 자로부터 건축물을 취득한 자는 리모델링주택조합 설립에 동의한 것으로 본다.

| **71** 난이도 상 | 답 ① |

| 영 역 | 보칙 및 벌칙

| 키워드 | 권한의 위임

| 해 설 | 국토교통부장관은 법 제89조 제1항에 따라 다음의 권한을 시·도지사에게 위임한다(영 제90조). 주택건설사업의 등록은 국토교통부장관에게 등록하여야 하며, 위임사항에 해당하지 않는다(법 제4조 제1항).

1. 법 제8조에 따른 주택건설사업자 및 대지조성사업자의 등록말소 및 영업의 정지(②, ⑤)
2. 법 제15조 및 제16조에 따른 사업계획의 승인·변경승인·승인취소 및 착공신고의 접수. 다만, 다음의 어느 하나에 해당하는 경우는 제외한다.
   ㉠ 영 제27조 제3항 제1호의 경우 중 택지개발사업을 추진하는 지역 안에서 주택건설사업을 시행하는 경우
   ㉡ 영 제27조 제3항 제3호에 따른 주택건설사업을 시행하는 경우. 다만, 착공신고의 접수는 시·도지사에게 위임한다.
3. 법 제49조에 따른 사용검사 및 임시사용승인(③, ④)
4. 법 제51조 제2항 제1호에 따른 새로운 건설기술을 적용하여 건설하는 공업화주택에 관한 권한
5. 법 제93조에 따른 보고·검사
6. 법 제96조 제1호 및 제2호에 따른 청문

| **72** 난이도 상 | 답 ⑤ |

| 영 역 | 건축물의 건축

| 키워드 | 건축물 안전영향평가

| 해 설 | 법 제13조의2 제1항에 따라 허가권자로부터 안전영향평가를 의뢰받은 기관(안전영향평가기관)은 다음의 항목을 검토하여야 한다.

1. 해당 건축물에 적용된 설계기준 및 하중의 적정성(①)
2. 해당 건축물의 하중저항시스템의 해석 및 설계의 적정성(②)
3. 지반조사 방법 및 지내력(地耐力) 산정결과의 적정성(③)
4. 굴착공사에 따른 지하수위 변화 및 지반 안전성에 관한 사항(④)
5. 그 밖에 건축물의 안전영향평가를 위하여 국토교통부장관이 필요하다고 인정하는 사항

73 난이도 상 답②

| 영 역 | 건축물의 구조 및 재료

| 키워드 | 피난 및 소화에 필요한 통로설치

| 해 설 | 건축물의 대지 안에는 그 건축물 바깥쪽으로 통하는 주된 출구와 지상으로 통하는 피난계단 및 특별피난계단으로부터 도로 또는 공지(공원, 광장, 그 밖에 이와 비슷한 것으로서 피난 및 소화를 위하여 해당 대지의 출입에 지장이 없는 것을 말한다)로 통하는 통로를 다음의 기준에 따라 설치하여야 한다.

1. 통로의 너비는 다음 각 목의 구분에 따른 기준에 따라 확보할 것
   가. 단독주택: 유효 너비 '0.9'm 이상
   나. 바닥면적의 합계가 '500'm² 이상인 문화 및 집회시설, 종교시설, 의료시설, 위락시설 또는 장례시설: 유효 너비 '3'm 이상
   다. 그 밖의 용도로 쓰는 건축물: 유효 너비 '1.5'm 이상
   〈 이하 생략 〉

74 난이도 상 답⑤

| 영 역 | 건축법 총칙

| 키워드 | 제1종 근린생활시설

| 해 설 | ① 문화 및 집회시설(영 제3조의5 [별표 1]), 제2종 근린생활시설(500m² 미만)
② 제2종 근린생활시설(영 제3조의5 [별표 1]), 제1종 근린생활시설(1,000m² 미만)
③ 운동시설(영 제3조의5 [별표 1]), 제1종 근린생활시설(500m² 미만)
④ 공공업무시설(영 제3조의5 [별표 1]), 제1종 근린생활시설(1,000m² 미만)

75 난이도 중 답④

| 영 역 | 특별건축구역·건축협정 및 결합건축

| 키워드 | 결합건축

| 해 설 | 다음의 어느 하나에 해당하는 지역에서 대지 간의 최단거리가 100m 이내의 범위에서 대통령령으로 정하는 범위에 있는 2개의 대지의 건축주가 서로 합의한 경우 2개의 대지를 대상으로 결합건축을 할 수 있다.

1. 「국토의 계획 및 이용에 관한 법률」 제36조에 따라 지정된 상업지역(①)
2. 「역세권의 개발 및 이용에 관한 법률」 제4조에 따라 지정된 역세권개발구역(②)
3. 「도시 및 주거환경정비법」 제2조에 따른 정비구역 중 주거환경개선사업의 시행을 위한 구역
4. 그 밖에 도시 및 주거환경 개선과 효율적인 토지 이용이 필요하다고 대통령령으로 정하는 다음의 지역
   ㉠ 건축협정구역(③)
   ㉡ 특별건축구역
   ㉢ 리모델링활성화구역(⑤)
   ㉣ 「도시재생 활성화 및 지원에 관한 특별법」에 따른 도시재생활성화지역
   ㉤ 「한옥 등 건축자산의 진흥에 관한 법률」에 따른 건축자산진흥구역

76 난이도 상 답③

| 영 역 | 특별건축구역·건축협정 및 결합건축

| 키워드 | 특별건축구역

| 해 설 | 특별건축구역에 건축하는 건축물에 대하여는 다음의 사항을 적용하지 아니할 수 있다(법 제73조 제1항).

1. 제42조(대지의 조경), 제55조(건폐율), 제56조(용적률), 제58조(대지 안의 공지), 제60조(건축물의 높이 제한) 및 제61조(일조 등의 확보를 위한 건축물의 높이 제한)
2. 「주택법」 제35조 중 대통령령으로 정하는 규정

77 난이도 중   답 ②

| 영 역 | 지역 및 지구 안의 건축물

| 키워드 | 면적 등의 산정방법

| 해 설 | ② 지하주차장의 경사로의 면적은 건축면적에 산입하지 않는다.

① 공동주택으로서 지상층에 설치한 기계실, 전기실, 어린이놀이터, 조경시설 및 생활폐기물 보관시설의 면적은 바닥면적에 산입하지 않는다.

③ 태양열을 주된 에너지원으로 이용하는 주택의 건축면적과 단열재를 구조체의 외기측에 설치하는 단열공법으로 건축된 건축물의 건축면적은 건축물의 외벽 중 내측 내력벽의 중심선을 기준으로 한다.

④ 연면적은 하나의 건축물 각 층의 바닥면적의 합계로 하되, 용적률을 산정할 때에는 다음에 해당하는 면적은 제외한다(영 제119조 제1항 제4호).

1. 지하층의 면적
2. 지상층의 주차용(해당 건축물의 부속용도인 경우만 해당)으로 쓰는 면적
3. 초고층 건축물과 준초고층 건축물에 설치하는 피난안전구역의 면적
4. 건축물의 경사지붕 아래에 설치하는 대피공간의 면적

⑤ 지하층은 건축물의 층수에 산입하지 아니하고, 층의 구분이 명확하지 아니한 건축물은 그 건축물의 높이 4m마다 하나의 층으로 보고 그 층수를 산정하며, 건축물이 부분에 따라 그 층수가 다른 경우에는 그중 가장 많은 층수를 그 건축물의 층수로 본다.

78 난이도 중   답 ③

| 영 역 | 건축물의 건축

| 키워드 | 사전결정통지

| 해 설 | 사전결정통지를 받은 경우에는 다음의 허가를 받거나 신고 또는 협의를 한 것으로 본다.

1. 「국토의 계획 및 이용에 관한 법률」 제56조에 따른 개발행위허가(ㄷ)
2. 「산지관리법」 제14조와 제15조에 따른 산지전용허가와 산지전용신고, 같은 법 제15조의2에 따른 산지 일시 사용허가·신고. 다만, 보전산지인 경우에는 도시지역만 해당된다.
3. 「농지법」 제34조, 제35조 및 제43조에 따른 농지전용허가·신고 및 협의(ㄱ)
4. 「하천법」 제33조에 따른 하천점용허가(ㄴ)

79 난이도 중   답 ④

| 영 역 | 농지의 소유

| 키워드 | 농지 소유

| 해 설 | 주말·체험영농을 하려고 농업진흥지역 외의 농지를 소유하는 경우에 농업경영에 이용하거나 이용할 자가 아니더라도 농지를 소유할 수 있다.

80 난이도 상   답 ①

| 영 역 | 농지의 보전

| 키워드 | 농지대장

| 해 설 | 농지대장(農地臺帳)은 모든 농지에 대해 필지별로 작성한다.

문제편 ▶ p.140

☑ **시험결과(부동산공시법 + 부동산세법)**

응시자(명)	과락자(명)	응시자 평균점수(점)	합격자 평균점수(점)
87,296	32,576	46.89	66.03

⇨ **나의 점수:** _____

☑ **김민석 교수님의 시험 총평**

> 제33회 시험을 한마디로 말하면, "생각보다 쉬웠다."입니다. 공간정보의 구축 및 관리 등에 관한 법률은 '축척변경'에서 만 3문제를 평이하게 출제하였고 CHAPTER 02 토지의 등록에서는 2문제만 출제하여 예전과 다른 모습을 보였습니다. 한편, 부동산등기법은 제32회 시험과 다르게 박스형 문제를 1문제만 출제하였고, 대부분의 문제가 기출문제를 벗 어나지 않아 정답을 고르는 데 어려움이 크지 않았습니다.

☑ **출제 문항별 영역 > 키워드 & 기본서 연계 페이지**

문항	영역 > 키워드	기본서	문항	영역 > 키워드	기본서
1	지적공부 및 부동산종합공부 > 대지권등록부의 등록사항	p.56	13	등기절차 총론 > 소유권이전등기의 신청정보	p.229
2	토지의 이동 및 지적정리 > 청산금에 대한 이의신청	p.101	14	등기절차 총론 > 등기신청인	p.210
3	토지의 등록 > 토지이동현황 조사계획	p.25	15	등기의 기관과 그 설비 > 전산이기된 등기부	p.194
4	토지의 등록 > 지목의 구분	p.32	16	등기절차 총론 > 대위신청	p.221
5	지적공부 및 부동산종합공부 > 부동산종합공부의 등록사항	p.75	17	각종 권리의 등기절차 > 거래가액 기록	p.283
6	지적공부 및 부동산종합공부 > 지적전산자료의 이용 등	p.68	18	각종 권리의 등기절차 > 소유권보존등기	p.274
7	토지의 이동 및 지적정리 > 축척변경 절차	p.96	19	각종의 등기절차 > 부기등기하는 경우	p.356
8	지적측량 > 지적기준점성과의 보관 및 열람	p.129	20	각종 권리의 등기절차 > 환매특약등기	p.293
9	지적측량 > 지적측량 대상	p.130	21	각종의 등기절차 > 가등기 종합문제	p.358
10	토지의 이동 및 지적정리 > 토지소유자의 정리	p.113	22	각종 권리의 등기절차 > 전세권등기	p.306
11	토지의 이동 및 지적정리 > 축척변경 절차	p.97	23	각종의 등기절차 > 본등기 후 직권말소 여부	p.367
12	지적공부 및 부동산종합공부 > 지적공부의 복구자료	p.72	24	각종 권리의 등기절차 > 신탁원부 기록의 변경등기	p.298

정답 및 해설

※ 문항별 난이도가 상, 중, 하로 표시되어 있습니다.
※ 문항별 영역과 키워드를 확인하고, 취약 영역은 이론서를 통해 보충하세요.
영역은 기본서의 CHAPTER와 동일합니다.

1 난이도 중 답 ①

| 영 역 | 지적공부 및 부동산종합공부

| 키워드 | 대지권등록부의 등록사항

| 해 설 | 대지권등록부에는 다음의 사항을 등록하여야한다(법 제71조 제3항, 규칙 제68조 제4항). ①의 지목은 토지대장, 임야대장, 지적도, 임야도에 등록한다.

1. 토지의 소재
2. 지번
3. 소유자의 성명 또는 명칭, 주소 및 주민등록번호
4. 토지소유자가 변경된 날과 그 원인
5. 소유권 지분
6. 토지의 고유번호
7. 집합건물별 대지권등록부의 장번호
8. 건물의 명칭
9. 전유부분의 건물표시
10. 대지권 비율

2 난이도 하 답 ③

| 영 역 | 토지의 이동 및 지적정리

| 키워드 | 청산금에 대한 이의신청

| 해 설 | • 납부고지되거나 수령통지된 청산금에 관하여 이의가 있는 자는 납부고지 또는 수령통지를 받은 날부터 '1개월 이내'에 지적소관청에 이의신청을 할 수 있다(영 제77조 제1항).
• 이의신청을 받은 지적소관청은 '1개월 이내'에 축척변경위원회의 심의·의결을 거쳐 그 인용(認容)여부를 결정한 후 지체 없이 그 내용을 이의신청인에게 통지하여야 한다(영 제77조 제2항).

3 난이도 하 답 ①

| 영 역 | 토지의 등록

| 키워드 | 토지이동현황 조사계획

| 해 설 | 지적소관청은 토지의 이동현황을 직권으로 조사·측량하여 토지의 지번·지목·면적·경계 또는 좌표를 결정하려는 때에는 토지이동현황 조사계획을 수립하여야 한다. 이 경우 토지이동현황 조사계획은 '시·군·구'별로 수립하되, 부득이한 사유가 있는 때에는 '읍·면·동'별로 수립할 수 있다(규칙 제59조 제1항).

4 난이도 중 답 ④

| 영 역 | 토지의 등록

| 키워드 | 지목의 구분

| 해 설 | ① 온수·약수·석유류 등을 일정한 장소로 운송하는 송수관·송유관 및 저장시설의 부지는 '광천지'에서 제외한다(영 제58조 제6호).
② 사과·배·밤·호두·귤나무 등 과수류를 집단적으로 재배하는 토지의 지목은 '과수원'이지만, 이에 접속된 주거용 건축물의 부지의 지목은 '대'로 한다(영 제58조 제3호).
③ 학교용지·공원·종교용지 등 다른 지목으로 된 토지에 있는 유적·고적·기념물 등을 보호하기 위하여 구획된 토지는 '사적지'에서 제외한다(영 제58조 제26호).
⑤ 교통 운수를 위하여 일정한 궤도 등의 설비와 형태를 갖추어 이용되는 토지와 이에 접속된 역사·차고·발전시설 및 공작창 등 부속시설물의 부지의 지목은 '철도용지'이다(영 제58조 제15호).

| 보충하기 | 물과 관련있는 지목

종류	내용
하천	• 자연의 유수(流水)가 있거나 있을 것으로 예상되는 토지
구거	• 자연의 유수(流水)가 있거나 있을 것으로 예상되는 소규모 수로부지 • 용수 또는 배수를 위하여 일정한 형태를 갖춘 인공적인 수로·둑
유지	• 물이 고이거나 상시적으로 물을 저장하고 있는 댐·저수지·연못 등의 토지 • 연·왕골 등이 자생하는 배수가 잘 되지 아니하는 토지
답	• 물을 상시적으로 직접 이용하여 벼·연·미나리 등의 식물을 주로 재배하는 토지
전	• 물을 상시적으로 이용하지 않고 곡물·원예작물 등의 식물을 재배하는 토지
수도용지	• 물을 정수하여 공급하기 위한 취수·저수·정수·송수 및 배수 시설의 부지
광천지	• 지하에서 온수·약수·석유류 등이 용출되는 용출구와 그 유지에 사용되는 부지 • 온수·약수·석유류 등을 일정한 장소로 운송하는 송수관·송유관 및 저장시설의 부지는 광천지로 하지 않는다.

| 영 역 | 지적공부 및 부동산종합공부

| 키워드 | 부동산종합공부의 등록사항

| 해 설 | 부동산종합공부의 등록사항은 다음과 같다 (법 제76조의3).

1. 토지의 표시와 소유자에 관한 사항: 「공간정보의 구축 및 관리 등에 관한 법률」에 따른 지적공부의 내용
2. 건축물의 표시와 소유자에 관한 사항(토지에 건축물이 있는 경우만 해당한다): 「건축법」 제38조에 따른 건축물대장의 내용
3. 토지의 이용 및 규제에 관한 사항: 「토지이용규제 기본법」 제10조에 따른 토지이용계획확인서의 내용
4. 부동산의 가격에 관한 사항: 「부동산 가격공시에 관한 법률」 제10조에 따른 개별공시지가, 같은 법 제16조, 제17조 및 제18조에 따른 개별주택가격 및 공동주택가격 공시내용
5. 그 밖에 부동산의 효율적 이용과 부동산과 관련된 정보의 종합적 관리·운영을 위하여 필요한 사항으로서 부동산의 권리에 관한 사항: 「부동산등기법」 제48조에 따른 부동산의 권리에 관한 사항

| 영 역 | 지적공부 및 부동산종합공부

| 키워드 | 지적전산자료의 이용 등

| 해 설 | 본 문제에 관한 지적전산자료 이용 시 국토교통부장관 등의 승인 절차는 법률 제14936호(2017. 10.24. 일부 개정)에 의하여 이미 폐지되어 유효한 문제라고 할 수 없으므로 '모두 정답'으로 처리하였다.

| 영 역 | 토지의 이동 및 지적정리

| 키워드 | 축척변경 절차

| 해 설 | 지적소관청은 축척변경에 관한 측량을 완료하였을 때에는 '시행공고일 현재'의 지적공부상의 면적과 측량 후의 면적을 비교하여 그 변동사항을 표시한 축척변경 '지번별 조서'를 작성하여야 한다 (영 제73조).

| 영 역 | 지적측량

| 키워드 | 지적기준점성과의 보관 및 열람

| 해 설 | ① 지적삼각보조점성과 및 지적도근점성과를 열람하거나 등본을 발급받으려는 자는 지적소관청에 신청하여야 한다(규칙 제26조 제1항).

② 토지소유자 및 이해관계인 등 지적측량을 의뢰하려는 자는 지적측량 의뢰서(전자문서로 된 의뢰서를 포함한다)에 의뢰 사유를 증명하는 서류(전자문서를 포함한다)를 첨부하여 지적측량수행자에게 제출하여야 한다(규칙 제25조 제1항).

④ 지적측량수행자는 지적측량 의뢰를 받은 때에는 측량기간, 측량일자 및 측량 수수료 등을 적은 지적측량 수행계획서를 그 다음 날까지 지적소관청에 제출하여야 한다(규칙 제25조 제2항).

⑤ 지적측량 의뢰인과 지적측량수행자가 서로 합의하여 따로 기간을 정하는 경우에는 그 기간에 따르되, 전체 기간의 4분의 3은 측량기간으로, 전체 기간의 4분의 1은 측량검사기간으로 본다(규칙 제25조 제4항).

| 영 역 | 지적측량

| 키워드 | 지적측량 대상

| 해 설 | 지적현황측량이란 지상건축물 등의 현황을 '지적도 및 임야도에 등록된 경계'와 대비하여 표시하는 데에 필요한 경우 실시하는 측량을 말한다.

| 보충하기 | 지적측량 대상

지적측량은 다음의 어느 하나에 해당하는 경우에 실시한다(법 제23조 제1항).

1. 기초측량: 지적기준점을 정하는 경우
2. 검사측량: 지적측량수행자가 실시한 지적측량성과를 검사하는 경우
3. 다음의 어느 하나에 해당하는 경우로서 측량을 할 필요가 있는 경우
   ㉠ 복구측량: 지적공부의 전부 또는 일부가 멸실된 경우 이를 복구하는 경우
   ㉡ 신규등록측량: 토지를 신규등록하는 경우
   ㉢ 등록전환측량: 토지를 등록전환하는 경우
   ㉣ 분할측량: 토지를 분할하는 경우

ⓜ 등록말소측량: 바다가 된 토지의 등록을 말소하는 경우

ⓗ 축척변경측량: 축척을 변경하는 경우

ⓢ 등록사항정정측량: 지적공부의 등록사항을 정정하는 경우

ⓞ 지적확정측량: 도시개발사업 등의 시행지역에서 토지의 이동이 있는 경우

ⓩ 지적재조사측량: 「지적재조사에 관한 특별법」에 따른 지적재조사사업에 따라 토지의 이동이 있는 경우

4. 경계복원측량: 경계점을 지상에 복원하는 경우

5. 지적현황측량: 지상건축물 등의 현황을 지적도 및 임야도에 등록된 경계와 대비하여 표시하는 데에 필요한 경우

---

10 난이도 **하** 답 ④

| 영 역 | 토지의 이동 및 지적정리

| 키워드 | 토지소유자의 정리

| 해 설 | 지적공부에 등록된 토지소유자의 변경사항은 등기관서에서 등기한 것을 증명하는 등기필증, 등기완료통지서, 등기사항증명서 또는 등기관서에서 제공한 등기전산정보자료에 따라 정리한다. 다만, '신규등록'하는 토지의 소유자는 '지적소관청'이 직접 조사하여 등록한다(법 제88조 제1항).

---

11 난이도 **하** 답 ②

| 영 역 | 토지의 이동 및 지적정리

| 키워드 | 축척변경 절차

| 해 설 | 축척변경을 신청하는 토지소유자는 축척변경 사유를 적은 신청서에 토지소유자 '3분의 2 이상'의 동의서를 첨부하여 지적소관청에 제출하여야 한다(영 제69조, 규칙 제85조).

---

12 난이도 **상** 답 ①

| 영 역 | 지적공부 및 부동산종합공부

| 키워드 | 지적공부의 복구자료

| 해 설 | '지적측량 의뢰서'는 지적공부의 복구자료에 해당하지 않는다. 지적공부의 복구자료는 다음과 같다(규칙 제72조).

1. 지적공부의 등본(②)
2. 측량결과도
3. 토지이동정리 결의서(③)
4. 토지(건물) 등기사항증명서 등 등기사실을 증명하는 서류
5. 지적소관청이 작성하거나 발행한 지적공부의 등록내용을 증명하는 서류(⑤)
6. 정보관리체계에 따라 복제된 지적공부
7. 법원의 확정판결서 정본 또는 사본(④)

---

13 난이도 **중** 답 ②

| 영 역 | 등기절차 총론

| 키워드 | 소유권이전등기의 신청정보

| 해 설 | ②③ 토지의 표시에 관한 사항으로 소재, 지번, 지목, 면적을 제공하여야 한다. 표시번호는 토지의 표시에 해당하지 않으므로 신청정보의 내용으로 제공하지 않는다.

① 등기권리자의 등기필정보가 아니라 등기의무자의 등기필정보를 제공하여야 한다.

④ 신청인이 법인인 경우에 그 대표자의 성명과 주소는 제공하지만, 주민등록번호는 제공하지 않는다.

⑤ 대리인에 의하여 등기를 신청하는 경우에 그 대리인의 성명과 주소는 제공하지만, 주민등록번호는 제공하지 않는다.

| 보충하기 | 등기 신청 시 등기소에 제공하여야 하는 사항

등기를 신청하는 경우에는 다음의 사항을 신청정보의 내용으로 등기소에 제공하여야 한다(규칙 제43조 제1항).

1. 부동산의 표시에 관한 사항(토지의 경우: 소재, 지번, 지목, 면적)
2. 신청인의 성명(또는 명칭), 주소(또는 사무소 소재지) 및 주민등록번호(또는 부동산등기용등록번호)
3. 신청인이 법인인 경우에는 그 대표자의 성명과 주소
4. 대리인에 의하여 등기를 신청하는 경우에는 그 성명과 주소
5. 등기원인과 그 연월일
6. 등기의 목적
7. 등기필정보. 다만, 공동신청 또는 승소한 등기의무자의 단독신청에 의하여 권리에 관한 등기를 신청하는 경우로 한정한다.
8. 등기소의 표시
9. 신청연월일

14 난이도 상 답 ③

| 영 역 | 등기절차 총론

| 키워드 | 등기신청인

| 해 설 | ㄴ. 채권자가 채무자를 대위하여 등기신청을 하는 경우, 대위권자인 채권자가 등기신청인이 된다.

15 난이도 상 답 ②

| 영 역 | 등기의 기관과 그 설비

| 키워드 | 전산이기된 등기부

| 해 설 | 등기부(폐쇄등기부를 포함한다)는 대법원규칙으로 정하는 장소인 중앙관리소에 보관·관리하여야 한다(규칙 제10조 제1항), 전쟁·천재지변이나 그 밖에 이에 준하는 사태를 피하기 위한 경우 외에는 그 장소 밖으로 옮기지 못하므로(법 제14조 제3항) 법원의 명령 또는 촉탁이 있거나 법관이 발부한 영장에 의하여 압수하는 경우라도 등기부의 이동은 허용되지 않는다. 다만, 신청서나 그 밖의 부속서류에 대하여는 법원의 명령 또는 촉탁이 있거나 법관이 발부한 영장에 의하여 압수하는 경우에는 그러하지 아니하다(법 제14조 제4항).

16 난이도 상 답 ①

| 영 역 | 등기절차 총론

| 키워드 | 대위신청

| 해 설 | 상속인이 상속포기를 할 수 있는 기간 내라도 상속인의 채권자가 대위권을 행사하여 상속등기를 신청할 수 있다. 이와 관련하여 판례는 "상속인이 한정승인 또는 포기를 할 수 있는 기간 내에 채권자가 상속인을 대위하여 상속등기를 하였다 하여 상속인의 한정승인 또는 포기할 수 있는 권한에는 아무런 영향도 미치는 것이 아니므로 채권자의 대위권행사에 의한 상속등기를 거부할 수 없다."고 하였다(대결 1964.4.3, 63마54).

17 난이도 중 답 ⑤

| 영 역 | 각종 권리의 등기절차

| 키워드 | 거래가액 기록

| 해 설 | 등기관이 거래가액을 등기할 때에는 다음의 구분에 따른 방법으로 한다(규칙 제125조).

1. 매매목록의 제공이 필요 없는 경우: 등기기록 중 갑구의 '권리자 및 기타사항란'에 거래가액을 기록하는 방법
2. 매매목록이 제공된 경우: 거래가액과 부동산의 표시를 기록한 매매목록을 전자적으로 작성하여 번호를 부여하고 등기기록 중 갑구의 '권리자 및 기타사항란'에 그 매매목록의 번호를 기록하는 방법

18 난이도 하 답 ①

| 영 역 | 각종 권리의 등기절차

| 키워드 | 소유권보존등기

| 해 설 | 등기관이 소유권보존등기를 할 때에는 등기원인과 그 연월일을 기록하지 아니한다(법 제64조).

| 보충하기 | 소유권보존등기 신청인

미등기의 토지 또는 건물에 관한 소유권보존등기는 다음의 어느 하나에 해당하는 자가 신청할 수 있다(법 제65조).

1. 토지대장, 임야대장 또는 건축물대장에 최초의 소유자로 등록되어 있는 자 또는 그 상속인, 그 밖의 포괄승계인
2. 확정판결에 의하여 자기의 소유권을 증명하는 자
3. 수용으로 인하여 소유권을 취득하였음을 증명하는 자
4. 특별자치도지사, 시장, 군수 또는 구청장(자치구의 구청장을 말한다)의 확인에 의하여 자기의 소유권을 증명하는 자(건물의 경우로 한정한다)

19 난이도 하 답 ②

| 영 역 | 각종의 등기절차

| 키워드 | 부기등기하는 경우

| 해 설 | 등기관이 다음의 등기를 할 때에는 부기등기로 하여야 한다(법 제52조).

1. 소유권 외의 권리의 이전등기
2. 소유권 외의 권리를 목적으로 하는 권리에 관한 등기
3. 소유권 외의 권리에 대한 처분제한 등기
4. 환매특약등기
5. 권리소멸약정등기

6. 공유물 분할금지의 약정등기
7. 등기명의인표시의 변경이나 경정의 등기
8. 권리의 변경이나 경정의 등기. 다만, 등기상 이해관계 있는 제3자의 승낙이 없는 경우에는 주등기로 실행한다.
9. 일부말소회복등기

①④⑤는 표제부에 실행하는 등기로서 주등기로 등기한다.

---

20 난이도 **하** 답③

| 영 역 | 각종 권리의 등기절차
| 키워드 | 환매특약등기
| 해 설 | 환매특약등기의 신청정보는 소유권이전등기의 신청정보와 별개로 작성하여 동시에 신청하여야 한다. 소유권이전등기를 마친 후에 환매특약등기를 신청한 경우 법 제29조 제2호 '사건이 등기할 것이 아닌 경우'에 해당하여 각하된다.

---

21 난이도 **중** 답④

| 영 역 | 각종의 등기절차
| 키워드 | 가등기 종합문제
| 해 설 | ① 가등기명의인은 단독으로 가등기의 말소를 신청할 수 있다(법 제93조 제1항).
② 가등기의무자는 가등기명의인의 승낙을 받아 단독으로 가등기의 말소를 신청할 수 있다(법 제93조 제2항).
③ 가등기의무자가 가등기에 협력하지 않는 경우 가등기권리자는 가등기를 명하는 부동산의 소재지를 관할하는 지방법원의 가처분명령이 있을 때에는 단독으로 가등기를 신청할 수 있다(법 제89조, 제90조 제1항).
⑤ 가등기에 의한 본등기 신청의 등기의무자는 가등기를 할 때의 소유자이며, 가등기 후에 제3자에게 소유권이 이전된 경우에도 가등기의무자는 변동되지 않는다(등기예규 제1632호).

---

22 난이도 **상** 답④

| 영 역 | 각종 권리의 등기절차
| 키워드 | 전세권등기
| 해 설 | 전세권의 목적인 범위가 건물의 일부로서 특정 층 전부인 경우에는 전세권설정등기 신청서에 그 도면을 첨부정보로 등기소에 제공할 필요가 없다(등기선례 제200707-4호). 특정 층 전부를 목적으로 전세권을 설정한 경우 그 범위가 명확하므로 도면으로 범위를 설명할 필요가 없기 때문이다.

---

23 난이도 **중** 답⑤

| 영 역 | 각종의 등기절차
| 키워드 | 본등기 후 직권말소 여부
| 해 설 | 등기관이 소유권이전등기청구권보전 가등기에 의하여 소유권이전의 본등기를 한 경우에는 가등기 후 본등기 전에 마쳐진 등기 중 다음의 등기를 제외하고는 모두 직권으로 말소한다(규칙 제147조 제1항).

1. 해당 가등기상 권리를 목적으로 하는 가압류등기나 가처분등기
2. 가등기 전에 마쳐진 가압류에 의한 강제경매개시결정등기
3. 가등기 전에 마쳐진 담보가등기, 전세권 및 저당권에 의한 임의경매개시결정등기
4. 가등기권자에게 대항할 수 있는 주택임차권등기, 주택임차권설정등기, 상가건물임차권등기, 상가건물임차권설정등기

---

24 난이도 **중** 답⑤

| 영 역 | 각종 권리의 등기절차
| 키워드 | 신탁원부 기록의 변경등기
| 해 설 | 법원은 다음의 어느 하나에 해당하는 재판을 한 경우 지체 없이 신탁원부 기록의 변경등기를 등기소에 촉탁하여야 한다(법 제85조 제1항).

1. 수탁자 해임의 재판
2. 신탁관리인의 선임 또는 해임의 재판
3. 신탁 변경의 재판

☑ 시험결과(부동산공시법 + 부동산세법)

응시자(명)	과락자(명)	응시자 평균점수(점)	합격자 평균점수(점)
87,296	32,576	46.89	66.03

⇨ **나의 점수:** _____

☑ 한영규 교수님의 시험 총평

PART 1 조세총론 부분에서 출제된 2문제는 난도가 상당히 높았으며 PART 3 국세 부분에서도 예년에 비해 종합소득세 2문제, 계산문제가 2문제 출제되는 등 다소 난도가 높은 편이었습니다. 이에 비해 양도소득세 문제는 학습 시 난이도에 비해서는 평이한 문제가 주로 출제되었습니다. 앞으로 종합부동산세 문제는 주택 부분 위주로, 양도소득세 문제는 계산구조를 중심으로 전체적인 흐름에 중점을 두어 학습하시기를 바랍니다. 전체적으로 지엽적인 내용보다는 종합형 문제 스타일, 사례 위주, 개념의 이해도를 묻는 문제가 출제되는 경향을 보이고 있습니다.

☑ 출제 문항별 영역 > 키워드 & 기본서 연계 페이지

문항	영역 > 키워드	기본서
25	조세의 불복제도 > 조세의 불복절차	p.65
26	조세의 기초이론 > 서류의 송달	p.34
27	재산세 > 주택의 재산세	p.143
28	재산세 > 재산세 종합문제	p.141
29	종합부동산세 > 주택에 대한 종합부동산세	p.205
30	종합부동산세 > 종합부동산세 종합문제	p.200
31	종합소득세 > 부동산임대소득	p.226
32	양도소득세 > 양도차익의 계산	p.263
33	양도소득세 > 양도소득세 납세절차	p.289
34	양도소득세 > 부당행위계산부인	p.280
35	취득세 > 취득세 납세절차	p.124
36	종합소득세 > 부동산임대소득	p.226
37	등록에 대한 등록면허세 > 등록면허세 종합문제	p.131
38	양도소득세 > 양도소득세 부과 및 징수	p.294
39	양도소득세 > 1세대 1주택 비과세 특례	p.255
40	취득세 > 취득세 종합문제	p.76

정답 및 해설

25 난이도 상　　　　　　　　　　답 ④

| 영　역 | 조세의 불복제도

| 키워드 | 조세의 불복절차

| 해　설 | ㄴ. 이의신청인은 신청 금액이 2천만원 미만인 경우에는 그의 배우자, 4촌 이내의 혈족 또는 그의 배우자의 4촌 이내 혈족을 대리인으로 선임할 수 있다(지방세기본법 제93조 제2항).
ㄷ. 보정기간은 결정기간에 포함하지 아니한다(지방세기본법 제95조 제3항).
ㄱ. 통고처분은 이의신청 또는 심판청구의 대상이 되는 처분에 포함되지 아니한다(지방세기본법 제89조 제2항 제2호).
ㄹ. 이의신청을 거치지 아니하고 바로 심판청구를 할 수 있다(지방세기본법 제91조 제3항).

26 난이도 상　　　　　　　　　　답 ②

| 영　역 | 조세의 기초이론

| 키워드 | 서류의 송달

| 해　설 | ② 기한을 정하여 납세고지서, 납부통지서, 독촉장 또는 납부최고서를 송달하였더라도 서류가 도달한 날부터 7일 이내에 납부기한이 되는 경우 지방자치단체의 징수금의 납부기한은 해당 서류가 도달한 날부터 14일이 지난 날로 한다(지방세기본법 제31조 제1항 제2호).
① 납세의 고지와 독촉에 관한 서류는 연대납세의무자 모두에게 각각 송달하여야 한다(지방세기본법 제28조 제2항 단서).
③ 납세관리인이 있을 때에는 납세의 고지와 독촉에 관한 서류는 그 납세관리인의 주소 또는 영업소에 송달한다(지방세기본법 제28조 제4항).
④ 송달할 장소에서 서류를 송달받아야 할 자를 만나지 못하였을 때에는 그의 사용인, 그 밖의 종업원 또는 동거인으로서 사리를 분별할 수 있는 사람에게 서류를 송달할 수 있으며, 서류의 송달을 받아야 할 자 또는 그의 사용인, 그 밖의 종업원 또는 동거인으로서 사리를 분별할 수 있는 사람이 정당한 사유 없이 서류의 수령을 거부하면 송달할 장소에 서류를 둘 수 있다(지방세기본법 제30조 제3항).
⑤ 서류송달을 받아야 할 자의 주소 또는 영업소가 분명하지 아니한 경우에는 서류의 주요 내용을 공고한 날부터 14일이 지나면 서류의 송달이 된 것으로 본다(지방세기본법 제33조 제1항).

27 난이도 중　　　　　　　　　　답 ⑤

| 영　역 | 재산세

| 키워드 | 주택의 재산세

| 해　설 | ㄱ. 1동(棟)의 건물이 주거와 주거 외의 용도로 사용되고 있는 경우에는 주거용으로 사용되는 부분만을 주택으로 본다(지방세법 제106조 제2항 제1호).
ㄴ. 1구(構)의 건물이 주거와 주거 외의 용도로 사용되고 있는 경우 주거용으로 사용되는 면적이 전체의 100분의 50 이상인 경우에는 주택으로 본다(지방세법 제106조 제2항 제2호).
ㄷ. 주택의 부속토지의 경계가 명백하지 아니한 경우에는 그 주택의 바닥면적의 10배에 해당하는 토지를 주택의 부속토지로 한다(지방세법 시행령 제105조).

28 난이도 중　　　　　　　　　　답 ②

| 영　역 | 재산세

| 키워드 | 재산세 종합문제

| 해　설 | ② 국가, 지방자치단체 또는 지방자치단체조합이 1년 이상 공용 또는 공공용으로 사용(1년 이상 사용할 것이 계약서 등에 의하여 입증되는 경우를 포함한다)하는 재산에 대하여는 재산세를 부과하지 아니한다. 다만, 다음의 어느 하나에 해당하는 경우에는 재산세를 부과한다(지방세법 제109조 제2항).

1. 유료로 사용하는 경우
2. 소유권의 유상이전을 약정한 경우로서 그 재산을 취득하기 전에 미리 사용하는 경우

① 재산세 과세기준일 현재 공부상에 개인 등의 명의로 등재되어 있는 사실상의 종중재산으로서 종중소유임을 신고하지 아니하였을 때에는 공부상 소유자는 재산세를 납부할 의무가 있다(지방세법 제107조 제2항 제3호).

③ 재산세 과세기준일 현재 소유권의 귀속이 분명하지 아니하여 사실상의 소유자를 확인할 수 없는 경우에는 그 사용자가 재산세를 납부할 의무가 있다(지방세법 제107조 제3항).

④ 재산세의 납기는 토지의 경우 매년 9월 16일부터 9월 30일까지이며, 건축물의 경우 매년 7월 16일부터 7월 31일까지이다(지방세법 제115조 제1항).

⑤ 재산세의 납기에도 불구하고 지방자치단체의 장은 과세대상 누락, 위법 또는 착오 등으로 인하여 이미 부과한 세액을 변경하거나 수시부과하여야 할 사유가 발생하면 수시로 부과·징수할 수 있다(지방세법 제115조 제2항).

29 난이도 중　　　　　　　답 ⑤

| 영　역 | 종합부동산세

| 키워드 | 주택에 대한 종합부동산세

| 해　설 | ⑤ 「종합부동산세법」 제7조 제1항

① 납세의무자가 법인(단, 법령이 정한 공익법인등에 해당하지 아니함) 또는 법인으로 보는 단체인 경우 과세표준에 다음에 따른 세율을 적용하여 계산한 금액을 주택분 종합부동산세액으로 한다(종합부동산세법 제9조 제2항).

1. 2주택 이하를 소유한 경우: 1천분의 27
2. 3주택 이상을 소유한 경우: 1천분의 50

② 종합부동산세의 납세의무자가 개인 또는 법인으로 보지 아니하는 단체인 경우에는 「소득세법」 제6조의 규정을 준용하여 납세지를 정한다(종합부동산세법 제4조 제1항).

「소득세법」 제6조(납세지) ① 거주자의 소득세 납세지는 그 주소지로 한다. 다만, 주소지가 없는 경우에는 그 거소지로 한다.

② 비거주자의 소득세 납세지는 제120조에 따른 국내사업장의 소재지로 한다. 다만, 국내사업장이 둘 이상 있는 경우에는 주된 국내사업장의 소재지로 하고, 국내사업장이 없는 경우에는 국내원천소득이 발생하는 장소로 한다.

③ 납세지가 불분명한 경우에는 대통령령으로 정하는 바에 따라 납세지를 결정한다.

③ 과세표준 합산의 대상에 포함되지 않는 주택을 보유한 납세의무자는 해당 연도 9월 16일부터 9월 30일까지 관할 세무서장에게 해당 주택의 보유현황을 신고하여야 한다(종합부동산세법 제8조 제5항).

④ 종합부동산세 과세대상 1세대 1주택자로서 과세기준일 현재 해당 주택을 12년 보유한 자의 보유기간별 세액공제에 적용되는 공제율은 100분의 40이다(종합부동산세법 제9조 제8항).

30 난이도 중　　　　　　　답 ④

| 영　역 | 종합부동산세

| 키워드 | 종합부동산세 종합문제

| 해　설 | ④ 종합부동산세를 신고납부방식으로 납부하고자 하는 납세의무자는 종합부동산세의 과세표준과 세액을 해당 연도 12월 1일부터 12월 15일까지 관할 세무서장에게 신고하여야 한다(종합부동산세법 제16조 제3항).

① 종합합산과세대상인 토지에 대한 종합부동산세의 세액은 과세표준에 1%~3%의 세율을 적용하여 계산한 금액으로 한다(종합부동산세법 제14조 제1항).

② 관할 세무서장은 종합부동산세로 납부하여야 할 세액이 250만원을 초과하는 경우에는 대통령령으로 정하는 바에 따라 그 세액의 일부를 납부기한이 지난 날부터 6개월 이내에 분납하게 할 수 있다(종합부동산세법 제20조).

③ 관할 세무서장은 종합부동산세를 징수하려면 납부고지서에 주택 및 토지로 구분한 과세표준과 세액을 기재하여 납부기간 개시 5일 전까지 발급하여야 한다(종합부동산세법 제16조 제2항).

⑤ 별도합산과세대상인 토지에 대한 종합부동산세의 세액은 과세표준에 0.5%~0.7%의 세율을 적용하여 계산한 금액으로 한다(종합부동산세법 제14조 제4항).

31 난이도 상 답②

| 영 역 | 종합소득세

| 키워드 | 부동산임대소득

| 해 설 | 1. 임대료수입: 1,000,000 × 12개월(2025. 1.1.~12.31.) = 12,000,000원

2. 간주임대료수입: [(5억원 × 365) – (2억원 × 365)] × 1/365 × 6% – 수입이자 1,000,000원 = 17,000,000원

3. 임대료수입 + 간주임대료수입: 29,000,000원

* 간주임대료 계산 시 임대용 부동산의 건설비상당액의 적수를 차감하는데 이는 임대용 부동산의 매입, 건설비(토지가액은 제외)를 말한다(소득세법 시행령 제53조 제5항 제2호).

* 유가증권처분이익은 해당 임대사업부분에서 발생한 수입이자와 할인료 및 배당금에 해당하지 아니하므로 보증금 등에 세율을 곱한 금액에서 차감하지 아니한다.

| 보충하기 | **총수입금액의 계산**

다음 금액의 합계액으로 한다.

1. 임대료: 해당 과세기간에 수입하였거나 수입할 금액의 합계액으로 한다.
2. 관리비: 관리비 중 전기료, 수도료 등의 공공요금의 명목으로 징수한 금액이 포함되어 있는 경우에는 공공요금 납입액을 초과하는 금액만 총수입금액에 포함한다.
3. 간주임대료: 일반적인 간주임대료(주택임대 외) 계산식은 다음과 같다.

> (해당 과세기간의 보증금등의 적수 – 임대용 부동산의 건설비 상당액의 적수) × 1/365(윤년의 경우에는 366) × 정기예금이자율 – 해당 과세기간의 해당 임대사업부분에서 발생한 수입이자와 할인료 및 배당금의 합계액

단, 주택을 대여하고 보증금 등을 받은 경우에는 3주택[주거의 용도로만 쓰이는 면적이 1호(戶) 또는 1세대당 40m² 이하인 주택으로서 해당 과세기간의 기준시가가 2억원 이하인 주택은 2026년 12월 31일까지는 주택 수에 포함하지 아니한다] 이상을 소유하고 해당 주택의 보증금 등의 합계액이 3억원을 초과하는 경우를 말하며, 주택 수의 계산 그 밖에 필요한 사항은 대통령령으로 정한다.

4. 보험차익: 사업과 관련하여 해당 사업용 자산의 손실로 취득하는 보험차익은 총수입금액에 포함한다.

---

32 난이도 중 답①

| 영 역 | 양도소득세

| 키워드 | 양도차익의 계산

| 해 설 |

양도가액	67,000,000원
– 취득가액	– 42,000,000원
– 자본적 지출액 및 양도비용	– 4,000,000원
= 양도차익	= 21,000,000원
– 장기보유특별공제	– 0원
= 양도소득금액	= 21,000,000원
– 양도소득기본공제	– 2,500,000원
= 과세표준	= 18,500,000원

* 실지거래가액을 기준으로 양도차익을 산정하는 것이 원칙이다.

* 보유기간 3년 이상의 경우에만 장기보유특별공제를 적용한다.

33 난이도 중 답⑤

| 영 역 | 양도소득세

| 키워드 | 양도소득세 납세절차

| 해 설 | ⑤ 납세의무자가 법정신고기한까지 양도소득세의 과세표준신고를 하지 아니한 경우(부정행위로 인한 무신고는 제외)에는 그 무신고납부세액의 100분의 20을 곱한 금액을 가산세로 한다(국세기본법 제47조의2 제1항 제2호).

① 건물을 신축하고 그 취득일부터 5년 이내에 양도하는 경우로서 감정가액을 취득가액으로 하는 경우에는 그 감정가액의 100분의 5에 해당하는 금액을 양도소득 결정세액에 가산한다(소득세법 제114조의2 제1항).

② 양도소득세는 물납을 신청할 수 없다.

③ 양도소득세 예정신고 시 세액공제제도는 없다.

④ 납부할 세액이 2천만원 이하인 때에는 1천만원을 초과하는 금액을 분할납부할 수 있다(소득세법 시행령 제175조 제1호).

| 영 역 | 양도소득세

| 키워드 | 부당행위계산부인

| 해 설 | 증여자에게 양도소득세가 과세되는 경우에는 당초 증여받은 자산에 대해서는 「상속세 및 증여세법」의 규정에도 불구하고 증여세를 부과하지 아니한다(소득세법 제101조 제3항).

| 영 역 | 취득세

| 키워드 | 취득세 납세절차

| 해 설 | ③ 신고·납부기한 이내에 재산권과 그 밖의 권리의 취득·이전에 관한 사항을 공부에 등기하거나 등록(등재 포함)하려는 경우에는 등기 또는 등록 신청서를 등기·등록관서에 접수하는 날까지 취득세를 신고·납부하여야 한다(지방세법 제20조 제4항).

① 취득세의 징수는 신고납부의 방법으로 한다(지방세법 제18조).

② 상속으로 취득세 과세물건을 취득한 자는 상속개시일이 속하는 달의 말일부터 6개월(외국에 주소를 둔 상속인이 있는 경우에는 9개월) 이내에 산출한 세액을 신고하고 납부하여야 한다(지방세법 제20조 제1항).

④ 취득세 과세물건을 취득한 후에 그 과세물건이 중과세율의 적용대상이 되었을 때에는 중과세율을 적용하여 산출한 세액에서 이미 납부한 세액(가산세 제외)을 공제한 금액을 세액으로 하여 신고·납부하여야 한다(지방세법 제20조 제2항).

⑤ 법인의 취득당시가액을 증명할 수 있는 장부가 없는 경우 지방자치단체의 장은 그 산출된 세액의 100분의 10을 징수하여야 할 세액에 가산한다(지방세법 제22조의2 제2항).

| 영 역 | 종합소득세

| 키워드 | 부동산임대소득

| 해 설 | ③④ 거주자가 부동산 또는 그 부동산상의 권리 등을 대여하고 보증금·전세금 또는 이와 유사한 성질의 금액(보증금 등)을 받은 경우에는 대통령령으로 정하는 바에 따라 계산한 금액을 사업소득금액을 계산할 때에 총수입금액에 산입(算入)한다. 다만, 주택을 대여하고 보증금 등을 받은 경우에는 3주택[주거의 용도로만 쓰이는 면적이 1호(戶) 또는 1세대당 40m² 이하인 주택으로서 해당 과세기간의 기준시가가 2억원 이하인 주택은 2026년 12월 31일까지는 주택 수에 포함하지 아니한다] 이상을 소유하고 해당 주택의 보증금 등의 합계액이 3억원을 초과하는 경우를 말한다(소득세법 제25조 제1항).

① 부동산임대업에서 발생한 결손금은 종합소득과세표준을 계산할 때 공제하지 아니한다. 다만, 주거용 건물 임대업의 경우에는 그러하지 아니하다(소득세법 제45조 제2항).

② 부동산임대업(주거용 건물 임대업 제외)에서 발생한 결손금은 종합소득과세표준을 계산할 때 공제할 수 없으며 다음 과세기간으로 이월한다. 그러므로 사업소득에 부동산임대업에서 발생한 소득이 포함되어 있는 사업자는 그 소득별로 구분하여 회계처리하여야 하며 부동산임대업에서 발생한 이월결손금은 부동산임대업의 소득금액에서 공제한다(소득세법 제45조 제2항·제3항, 제160조 제4항).

⑤ 해당 과세기간에 분리과세 주택임대소득이 있는 거주자(종합소득과세표준이 없거나 결손금이 있는 거주자 포함)는 그 종합소득과세표준을 그 과세기간의 다음 연도 5월 1일부터 5월 31일까지 신고하여야 한다(소득세법 제70조 제2항).

| 영 역 | 등록에 대한 등록면허세

| 키워드 | 등록면허세 종합문제

| 해 설 | ④ 특별징수의무자가 징수하였거나 징수할 세액을 기한까지 납부하지 아니하거나 부족하게 납부하더라도 특별징수의무자에게 가산세는 부과하지 아니한다(지방세법 제31조 제4항).

① 채권금액으로 과세액을 정하는 경우에 일정한 채권금액이 없을 때에는 채권의 목적이 된 것의 가액 또는 처분의 제한의 목적이 된 금액을 그 채권금액으로 본다(지방세법 제27조 제4항).

② 같은 채권의 담보를 위하여 설정하는 둘 이상의 저당권을 등록하는 경우에는 이를 하나의 등록으로

보아 그 등록에 관계되는 재산을 처음 등록하는 등록관청 소재지를 납세지로 한다(지방세법 제25조 제1항 제17호).
③ 부동산 등기에 대한 등록면허세의 납세지가 분명하지 아니한 경우에는 등록관청 소재지를 납세지로 한다(지방세법 제25조 제1항 제18호).
⑤ 지방자치단체의 장은 채권자대위자의 부동산의 등기에 대한 등록면허세 신고납부가 있는 경우 납세의무자에게 그 사실을 즉시 통보하여야 한다(지방세법 제30조 제6항).

38 난이도 상 답②

| 영 역 | 양도소득세

| 키워드 | 양도소득세 부과 및 징수

| 해 설 | ② 양도소득 과세표준과 세액을 결정 또는 경정한 경우 관할 세무서장이 결정한 양도소득 총결정세액이 이미 납부한 확정신고세액을 초과할 때에는 그 초과하는 세액을 해당 거주자에게 알린 날부터 30일 이내에 징수한다(소득세법 제116조 제2항).
①⑤ 납세지 관할 세무서장은 과세기간별로 확정신고납부세액 등이 양도소득 총결정세액을 초과할 때에는 그 초과하는 세액을 환급하거나 다른 국세 및 강제징수비에 충당하여야 한다(소득세법 제117조).
③ 부담부증여의 채무액에 해당하는 부분으로서 양도로 보는 경우에는 그 양도일이 속하는 달의 말일부터 3개월 이내에 예정신고를 하여야 한다(소득세법 제105조 제1항 제3호).
④ 양도소득세 납세의무의 확정은 납세의무자의 신고에 의하는 것을 원칙으로 한다(국세기본법 제22조 제2항 제1호).

39 난이도 중 답⑤

| 영 역 | 양도소득세

| 키워드 | 1세대 1주택 비과세 특례

| 해 설 | • 영농의 목적으로 취득한 귀농주택으로서 수도권 밖의 지역 중 면지역에 소재하는 주택과 일반주택을 국내에 각각 1개씩 소유하고 있는 1세대가 귀농주택을 취득한 날부터 '5'년 이내에 일반주택을 양도하는 경우에는 국내에 1개의 주택을 소유하고 있는 것으로 보아 제154조 제1항을 적용한다(소득세법 시행령 제155조 제7항).

• 취학 등 부득이한 사유로 취득한 수도권 밖에 소재하는 주택과 일반주택을 국내에 각각 1개씩 소유하고 있는 1세대가 부득이한 사유가 해소된 날부터 '3'년 이내에 일반주택을 양도하는 경우에는 국내에 1개의 주택을 소유하고 있는 것으로 보아 제154조 제1항을 적용한다(소득세법 시행령 제155조 제8항).
• 1주택을 보유하는 자가 1주택을 보유하는 자와 혼인함으로써 1세대가 2주택을 보유하게 되는 경우 혼인한 날부터 '10'년 이내에 먼저 양도하는 주택은 이를 1세대 1주택으로 보아 제154조 제1항을 적용한다(소득세법 시행령 제155조 제5항).

40 난이도 중 답①

| 영 역 | 취득세

| 키워드 | 취득세 종합문제

| 해 설 | ① 건축물 중 부대설비에 속하는 부분으로서 그 주체구조부와 하나가 되어 건축물로서의 효용가치를 이루고 있는 것에 대하여는 주체구조부 취득자 외의 자가 가설한 경우에도 주체구조부의 취득자가 함께 취득한 것으로 본다(지방세법 제7조 제3항).
② 세대별 소유주택 수에 따른 중과세율을 적용함에 있어 주택으로 재산세를 과세하는 오피스텔(2025년 취득)은 해당 오피스텔을 소유한 자의 주택 수에 가산한다(지방세법 제13조의3 제4호).
③ 납세의무자가 토지의 지목을 사실상 변경한 후 산출세액에 대한 신고를 하지 아니하고 그 토지를 매각하는 경우에는 중가산세를 적용하지 아니한다(지방세법 시행령 제37조).
④ 임시흥행장, 공사현장사무소 등(사치성 재산은 제외) 임시건축물의 취득에 대하여는 취득세를 부과하지 아니한다. 다만, 존속기간이 1년을 초과하는 경우에는 취득세를 부과한다(지방세법 제9조 제5항).
⑤ 취득가액이 50만원 이하일 때에는 취득세를 부과하지 아니한다. 토지나 건축물을 취득한 자가 그 취득한 날부터 1년 이내에 그에 인접한 토지나 건축물을 취득한 경우에는 각각 그 전후의 취득에 관한 토지나 건축물의 취득을 1건의 토지 취득 또는 1구의 건축물 취득으로 보아 면세점을 적용한다(지방세법 제17조).

제32회 공인중개사법령 및 중개실무

☑ 시험결과

응시자(명)	과락자(명)	응시자 평균점수(점)	합격자 평균점수(점)
92,569	23,646	56.49	78.71

⇨ **나의 점수:** _____

☑ 임선정 교수님의 시험 총평

제32회 시험은 제31회 시험에 비해 체감 난도가 10점 이상은 높을 정도로 어렵게 출제되었습니다. 응시인원이 40만명이 넘어가는 상황에서의 시험이었기에 더욱 그러한 듯합니다. 특히, 박스형 문제가 16문제 출제되었으며, 박스 안에 사례지문까지 들어있는 문제들이 다수 있었습니다. 그러므로 단순한 암기보다는 내용을 파악하여 사례 문제로 접근해야 문제를 풀어낼 수 있었을 것입니다.

☑ 출제 문항별 영역 > 키워드 & 기본서 연계 페이지

문항	영역 > 키워드	기본서	문항	영역 > 키워드	기본서
1	공인중개사법령 총칙 > 중개대상물	p.31	21	지도·감독 및 행정처분 > 효과승계	p.292
2	공인중개사제도 > 공인중개사 정책심의위원회	p.47	22	개별적 중개실무 > 주택임대차보호법	p.571
3	개별적 중개실무 > 등기명의신탁	p.563	23	지도·감독 및 행정처분 > 자격취소	p.296
4	중개대상물 조사 및 확인 > 분묘기지권	p.473	24	지도·감독 및 행정처분 > 등록취소	p.282
5	중개업무 > 표시·광고 의무	p.132	25	지도·감독 및 행정처분 > 등록취소	p.282
6	개별적 중개실무 > 전유부분과 대지사용권	p.652	26	손해배상책임과 반환채무이행보장 > 업무보증 설정	p.210
7	중개업무 > 고용인 고용 및 종료신고	p.109	27	공인중개사협회 및 교육·보칙·신고센터 등 > 공인중개사협회	p.240
8	중개업무 > 중개사무소 명칭	p.130	28	공인중개사협회 및 교육·보칙·신고센터 등 > 포상금 지급대상	p.256
9	중개사무소 개설등록 및 결격사유 > 개설등록	p.85	29	지도·감독 및 행정처분 > 업무정지사유	p.286
10	중개업무 > 법인의 겸업가능 범위	p.102	30	지도·감독 및 행정처분 > 자격정지	p.297
11	개업공인중개사의 의무 및 책임 > 중개대상물의 확인·설명사항, 전속중개계약 체결 시 정보공개사항	p.195	31	벌칙(행정벌) > 과태료 부과대상자	p.314
12	개별적 중개실무 > 매수신청 대리	p.632	32	부동산 거래신고 등에 관한 법률 > 포상금 지급대상	p.412
13	거래계약의 체결 > 전자계약	p.550	33	중개업무 > 중개사무소의 설치	p.116
14	중개계약 및 부동산거래정보망 > 거래정보사업자지정대장	p.168	34	부동산 거래신고 등에 관한 법률 > 부동산 거래신고	p.324
15	손해배상책임과 반환채무이행보장 > 업무보증 설정	p.210	35	부동산 거래신고 등에 관한 법률 > 주택임대차계약 신고	p.354
16	중개업무 > 중개사무소의 이전	p.125	36	개업공인중개사의 의무 및 책임 > 반의사불벌죄	p.192
17	중개업무 > 휴업·폐업·재개·변경신고	p.142	37	부동산 거래신고 등에 관한 법률 > 외국인등의 국내 부동산 취득규정	p.369
18	중개업무 > 간판 철거사유	p.130	38	부동산 거래신고 등에 관한 법률 > 토지거래계약허가	p.407
19	중개실무 총설 및 중개의뢰접수 > 용어의 정의	p.446	39	부동산 거래신고 등에 관한 법률 > 토지거래허가	p.380
20	부동산 거래신고 등에 관한 법률 > 행정형벌	p.417	40	부동산 거래신고 등에 관한 법률 > 토지거래허가구역	p.380

정답 및 해설

1 난이도 하　　　답④

| 영　역 | 공인중개사법령 총칙

| 키워드 | 중개대상물

| 해　설 | 중개대상물이 되기 위한 요건은 다음과 같다.

> 1. 법정중개대상물일 것(토지, 건축물 그 밖의 토지의 정착물, 입목, 공장재단 및 광업재단)
> 2. 사적 소유물로서 거래가 가능한 물건일 것
> 3. 중개행위의 개입이 필요하거나 개입이 가능한 물건일 것

따라서 위의 요건을 모두 충족한 중개대상물은 '지목(地目)이 양어장인 토지'이다.

2 난이도 중　　　답①

| 영　역 | 공인중개사제도

| 키워드 | 공인중개사 정책심의위원회

| 해　설 | ㄷ. 위원장은 국토교통부 제1차관이 된다.
ㄹ. 위원장이 부득이한 사유로 직무를 수행할 수 없을 때에는 위원장이 미리 지명한 위원이 그 직무를 대행한다.

| 보충하기 | 정책심의위원회의 구성

> 1. 위원장: 국토교통부 제1차관
> 2. 위원: 국토교통부장관이 임명, 위촉
>   ㉠ 국토교통부의 4급 이상 또는 이에 상당하는 공무원이나 고위 공무원단에 속하는 일반직 공무원
>   ㉡ 「고등교육법」에 따른 학교에서 부교수 이상의 직(職)에 재직하고 있는 사람
>   ㉢ 변호사 또는 공인회계사의 자격이 있는 사람
>   ㉣ 공인중개사협회에서 추천하는 사람
>   ㉤ 공인중개사 자격시험의 시행에 관한 업무를 위탁받은 기관의 장이 추천하는 사람
>   ㉥ 「비영리민간단체 지원법」에 따라 등록한 비영리민간단체에서 추천한 사람
>   ㉦ 「소비자 기본법」에 따라 등록한 소비자단체 또는 한국소비자원의 임직원으로 재직하고 있는 사람
>   ㉧ 그 밖에 부동산·금융 관련 분야에 학식과 경험이 풍부한 사람

3 난이도 상　　　답③

| 영　역 | 개별적 중개실무

| 키워드 | 등기명의신탁

| 해　설 | ㄱ. 3자 간의 등기명의신탁(중간생략형 명의신탁)이므로, 甲이 丙 명의로 마쳐준 소유권이전등기는 무효이다.

ㄴ. 甲과 乙의 매매계약은 유효하고, 丙이 제3자에게 X토지를 처분한 것은 아니므로 乙은 丙을 상대로 매매대금 상당의 부당이득반환청구권을 행사할 수 없다.

| 보충하기 | 3자 간의 등기명의신탁의 내용

> 1. 내용: 명의신탁자가 원소유자(매도인)로부터 부동산을 매수하면서 명의신탁약정에 기초하여 명의수탁자의 명의를 빌어 이전등기를 하는 형태를 말한다.
> 2. 효력
>   ㉠ 명의신탁약정 및 수탁자로의 소유권이전등기는 무효이므로, 소유권은 원소유자인 매도인에게 귀속된다.
>   ㉡ 명의신탁자는 명의수탁자를 상대로 이전등기를 청구할 수 없으며, 또한 신탁자는 원소유자에 대하여 매매대금의 반환을 청구할 수 없다. 다만, 원소유자와 명의신탁자 간의 매매계약은 유효하므로 신탁자는 원소유자를 대위하여 수탁자 명의의 이전등기의 말소를 청구한 후 원소유자를 상대로 매매계약에 기한 소유권이전등기를 청구할 수 있다. 물론, 이 과정에서 명의신탁사실이 밝혀지게 되어 신탁자와 수탁자 모두 형사처벌의 대상이 된다.

4 난이도 중　　　답⑤

| 영　역 | 중개대상물 조사 및 확인

| 키워드 | 분묘기지권

| 해　설 | 甲이 자기 소유 토지에 분묘를 설치한 후 그 토지를 乙에게 양도하면서 분묘를 이장하겠다는 특약을 하지 않음으로써 甲이 분묘기지권을 취득한 경우, 특별한 사정이 없는 한 甲은 분묘의 기지에 대한 토지사용의 대가로서 지료를 지급하여야 한다.

해당 지문은 양도형 분묘기지권에 관한 지문이다. 또한 대법원은 "자기 소유 토지에 분묘를 설치한 사람이 토지를 양도하면서 분묘를 이장하겠다는 특약을 하지 않음으로써 분묘기지권을 취득한 경우, 분묘기지권자는 분묘기지권이 성립한 때부터 토지소유자에게 그 분묘의 기지에 대한 토지사용의 대가로서 지료를 지급할 의무가 있다."고 판시하였다(대판 2021.5.27, 2020다295892).

5 난이도 중   답 ①

| 영 역 | 중개업무

| 키워드 | 표시·광고 의무

| 해 설 | 개업공인중개사는 의뢰받은 중개대상물에 대하여 표시·광고를 하려면 중개사무소, 개업공인중개사에 관한 사항으로서 다음의 사항을 명시하여야 하며, 중개보조원에 관한 사항은 명시해서는 아니 된다(법 제18조의2 제1항, 영 제17조의2 제1항).

> 1. 중개사무소의 명칭, 소재지, 연락처 및 등록번호
> 2. 개업공인중개사의 성명(법인인 경우에는 대표자의 성명)

따라서 소속공인중개사에 관한 사항을 명시해야 한다는 규정은 「공인중개사법」상 규정이 없는 내용이며, 중개보조원에 관한 사항은 명시해서는 아니 된다.

6 난이도 중   답 ④

| 영 역 | 개별적 중개실무

| 키워드 | 전유부분과 대지사용권

| 해 설 | 「집합건물의 소유 및 관리에 관한 법률」에 의하면 다음과 같다.

> 제20조(전유부분과 대지사용권의 일체성) ① 구분소유자의 대지사용권은 그가 가지는 전유부분의 처분에 따른다.
> ② 구분소유자는 그가 가지는 전유부분과 분리하여 대지사용권을 처분할 수 없다. 다만, 규약으로써 달리 정한 경우에는 그러하지 아니하다.
> ③ 제2항 본문의 분리처분금지는 그 취지를 등기하지 아니하면 선의(善意)로 물권을 취득한 제3자에게 대항하지 못한다.
> ④ 제2항 단서의 경우에는 제3조 제3항을 준용한다.

따라서 제20조 제2항의 단서에 의하면, 규약으로 달리 정한 경우에는 대지사용권은 전유부분과 분리하여 처분할 수 있다.

7 난이도 중   답 ④

| 영 역 | 중개업무

| 키워드 | 고용인 고용 및 종료신고

| 해 설 | 개업공인중개사는 중개보조원을 고용한 경우에는 시·도지사 또는 등록관청이 실시하는 직무교육을 받도록 한 후 업무개시 전까지 등록관청에 신고하여야 한다(규칙 제8조 제1항).

| 보충하기 | 실무교육·연수교육·직무교육·거래사고 예방교육

구분	실무교육	연수교육	직무교육	거래사고 예방교육
실시 권자	시·도지사	시·도지사	시·도지사, 등록관청	국토교통부장관, 시·도지사, 등록관청
대상 교육자	① 등록을 신청하는 공인중개사 ② 법인의 사원·임원(대표자를 포함) ③ 분사무소 책임자 ④ 소속공인중개사	① 실무교육을 받은 개업공인중개사 ② 실무교육을 받은 소속공인중개사	중개보조원	개업공인중개사등
교육 시기	등록신청일·분사무소 설치 신고일·고용신고일 전 1년 이내	실무교육을 받은 후 2년마다	고용신고일 전 1년 이내	규정 없음
교육 시간	28시간 이상 32시간 이하	12시간 이상 16시간 이하	3시간 이상 4시간 이하	규정 없음

8 난이도 **중**   답③

| 영 역 | 중개업무

| 키워드 | 중개사무소 명칭

| 해 설 | 개업공인중개사가 아닌 자가 '부동산중개'라는 명칭을 사용한 경우, 1년 이하의 징역 또는 1천만원 이하의 벌금에 해당한다(법 제49조 제1항 제6호).

9 난이도 **중**   답②

| 영 역 | 중개사무소 개설등록 및 결격사유

| 키워드 | 개설등록

| 해 설 | ㄱ. 피성년후견인 또는 피한정후견인은 법 제10조 결격사유에 해당하므로 중개사무소의 개설등록을 할 수 없다. 하지만 피특정후견인은 결격사유에 해당하지 아니하므로 중개사무소의 등록을 할 수 있다.

ㄷ. 자본금이 5천만원 이상인 「협동조합 기본법」상 사회적 협동조합은 중개사무소의 등록을 할 수 없다. 「협동조합 기본법」상 협동조합도 자본금이 5천만원 이상인 경우 등록이 가능하지만 사회적 협동조합은 제외된다(영 제13조 제1항 제2호 가목).

10 난이도 **하**   답③

| 영 역 | 중개업무

| 키워드 | 법인의 겸업가능 범위

| 해 설 | 법 제14조에서 규정하고 있는 법인인 개업공인중개사의 겸업가능한 업무는 다음과 같다.

1. 중개업
2. 상업용 건축물 및 주택의 임대관리 등 부동산의 관리대행
3. 부동산의 이용·개발 및 거래에 관한 상담
4. 개업공인중개사를 대상으로 한 중개업의 경영기법 및 경영정보의 제공
5. 상업용 건축물 및 주택의 분양대행

6. 그 밖에 중개업에 부수되는 업무로서 대통령령이 정하는 업무인 중개의뢰인의 의뢰에 따른 도배·이사업체의 소개 등 주거이전에 부수되는 용역의 알선
7. 「민사집행법」에 의한 경매 및 「국세징수법」 그 밖의 법령에 의한 공매대상 부동산에 대한 권리분석 및 취득의 알선과 매수신청 또는 입찰신청의 대리

11 난이도 **중**   답③

| 영 역 | 개업공인중개사의 의무 및 책임

| 키워드 | 중개대상물의 확인·설명사항, 전속중개계약 체결 시 정보공개사항

| 해 설 | ㄹ. 취득 시 부담해야 할 조세의 종류와 세율은 중개대상물의 확인·설명사항에 해당하며, 전속중개계약에 따라 부동산거래정보망에 공개해야 할 중개대상물에 관한 정보에는 해당하지 않는다.

12 난이도 **중**   답④

| 영 역 | 개별적 중개실무

| 키워드 | 매수신청대리

| 해 설 | 매수신청 대리업무에 관한 보수의 지급시기는 매수신청인과 매수신청대리인의 약정에 따르며, 약정이 없을 때에는 매각대금의 지급기한일로 한다.

| 보충하기 | 매수신청대리인의 업무범위

1. 매수신청 보증의 제공
2. 입찰표의 작성 및 제출
3. 차순위매수신고
4. 매수신청의 보증을 돌려줄 것을 신청하는 행위
5. 공유자의 우선매수신고
6. 임차인의 임대주택 우선매수신고
7. 공유자 또는 임대주택 임차인의 우선매수신고에 따라 차순위매수신고인으로 보게 되는 경우 그 차순위매수신고인의 지위를 포기하는 행위

13 난이도 중 답②

| 영 역 | 거래계약의 체결

| 키워드 | 전자계약

| 해 설 | 「전자문서 및 전자거래 기본법」에 따른 공인
전자문서센터에 보관된 경우 종이로 된 중개대상물
확인·설명서, 거래계약서는 별도로 보관하지 않아도
된다.

14 난이도 상 답⑤

| 영 역 | 중개계약 및 부동산거래정보망

| 키워드 | 거래정보사업자지정대장

| 해 설 | 거래정보사업자지정대장에 기재되는 사항
은 ①②③④ 및 사무소 소재지, 지정자 주소이다.
따라서 「공인중개사법 시행규칙」 별지 제18호 서식
인 거래정보사업자지정대장에 「전기통신사업법」에
따른 부가통신사업자번호는 기재되지 않는다.

| 보충하기 | 거래정보사업자지정대상에 기재할 사항(규칙
제15조 제3항)

1. 지정 번호 및 지정 연월일
2. 상호 또는 명칭 및 대표자의 성명
3. 사무소의 소재지
4. 주된 컴퓨터설비의 내역
5. 전문자격자의 보유에 관한 사항

15 난이도 중 답②

| 영 역 | 손해배상책임과 반환채무이행보장

| 키워드 | 업무보증 설정

| 해 설 | 「공인중개사법」 제30조 제1항에 의하면 '개
업공인중개사는 중개행위를 하는 경우 고의 또는 과
실로 인하여 거래당사자에게 재산상의 손해를 발생
하게 한 때에는 그 손해를 배상할 책임이 있다'고 규
정하고 있다. 따라서 비재산적 손해에 관하여는 「공
인중개사법」상 손해배상책임보장규정이 없다.

| 보충하기 | 손해배상책임의 내용

1. 개업공인중개사는 중개행위를 하는 경우 고의 또는
   과실로 인하여 거래당사자에게 재산상의 손해를 발
   생하게 한 때에는 그 손해를 배상할 책임이 있다.
2. 개업공인중개사는 자기의 중개사무소를 다른 사
   람의 중개행위의 장소로 제공함으로써 거래당사
   자에게 재산상의 손해를 발생하게 한 때에는 그
   손해를 배상할 책임이 있다.
3. 개업공인중개사는 업무를 개시하기 전에 위 1.과
   2.에 따른 손해배상책임을 보장하기 위하여 대통
   령령으로 정하는 바에 따라 보증보험 또는 공제
   사업에 따른 공제에 가입하거나 공탁을 하여야
   한다.
4. 위 3.에 따라 공탁한 공탁금은 개업공인중개사가
   폐업 또는 사망한 날부터 3년 이내에는 이를 회
   수할 수 없다.
5. 개업공인중개사는 중개가 완성된 때에는 거래당
   사자에게 손해배상책임의 보장에 관한 다음의 사
   항을 설명하고 관계 증서의 사본을 교부하거나
   관계 증서에 관한 전자문서를 제공하여야 한다.
   ㉠ 보장금액
   ㉡ 보증보험회사, 공제사업을 행하는 자, 공탁기
      관 및 그 소재지
   ㉢ 보장기간

16 난이도 중 답③

| 영 역 | 중개업무

| 키워드 | 중개사무소의 이전

| 해 설 | ㄴ. 중개사무소를 등록관청의 관할 지역
내로 이전한 경우로서, 등록관청이 이전신고를 받
은 경우 중개사무소등록증에 변경사항만을 기재한
후 7일 이내에 등록증을 교부할 수 있다.

ㄷ. 개업공인중개사가 이전신고를 할 때 중개사무
소이전신고서(별지 제12호 서식)에 다음의 서류를
첨부하여 신고하여야 한다.

1. 중개사무소등록증(분사무소의 경우에는 분사무소
   설치신고확인서)
2. 건축물대장에 기재된 건물에 중개사무소를 확보
   (소유·전세·임대차 또는 사용대차 등의 방법에
   의하여 사용권을 확보하여야 한다)하였음을 증명
   하는 서류

17 난이도 중 답⑤

| 영 역 | 중개업무

| 키워드 | 휴업·폐업·재개·변경신고

| 해 설 | ① 개업공인중개사는 3개월을 초과하는 휴업을 하려는 경우 등록관청에 그 사실을 신고하여야 한다. 따라서 3개월의 휴업을 하는 경우 등록관청에 신고하지 않아도 된다.

② 개업공인중개사가 6개월을 초과하여 휴업을 할 수 있는 사유는 취학, 질병으로 인한 요양, 징집으로 인한 입영에 한하는 것이 아니라 임신 또는 출산 그 밖에 부득이한 사유가 있는 경우에도 가능하다.

③ 개업공인중개사가 휴업신고를 하려면 휴업신고서에 등록증을 첨부하여 등록관청에 제출하여야 한다. 하지만 휴업기간변경신고서에 등록증을 첨부하지는 않는다.

④ 휴업기간 변경신고, 재개신고는 전자문서에 의한 신고를 할 수 있다.

18 난이도 하 답④

| 영 역 | 중개업무

| 키워드 | 간판 철거사유

| 해 설 | 개업공인중개사는 다음의 어느 하나에 해당하는 경우에는 지체 없이 사무소의 간판을 철거하여야 한다(법 제21조의2 제1항).

> 1. 등록관청에 중개사무소의 이전사실을 신고한 경우
> 2. 등록관청에 폐업사실을 신고한 경우
> 3. 중개사무소의 개설등록 취소처분을 받은 경우

19 난이도 중 답②

| 영 역 | 중개실무 총설 및 중개의뢰접수

| 키워드 | 용어의 정의

| 해 설 | ② 판례에 의하면, 이행업무라 하더라도 거래계약을 알선한 개업공인중개사가 계약 체결 후에도 중도금 및 잔금의 지급, 목적물의 인도와 같은 거래당사자의 이행의 문제에 관여함으로써 계약상 의무가 원만하게 이행되도록 주선할 것이 예정되어 있는 때에는 그러한 개업공인중개사의 행위는 객관적·외형적으로 보아 사회통념상 거래의 알선·중개를 위한 행위로서 중개행위의 범주에 포함된다고 한다(대판 2007.2.8, 2005다55008).

① 중개행위에 해당하는지 여부는 개업공인중개사의 행위를 객관적으로 보아 사회통념상 거래의 알선·중개를 위한 행위라고 인정되는지 여부에 의하여 결정하여야 한다(대판 2005.10.7, 2005다32197).

③ 소속공인중개사는 자신의 중개사무소 개설등록을 신청할 수 없다.

④ 개업공인중개사는 거래계약서를 작성하는 경우 거래계약서에 서명 및 날인하여야 한다.

⑤ 국토교통부장관이 거래계약서의 표준서식을 정하고 있지 않다. 만약 정하고 있다고 하더라도 거래계약서 표준서식 사용 여부는 임의사항이므로, 이를 사용하지 않은 경우의 제재는 「공인중개사법」상 규정이 없다.

20 난이도 상 답②

| 영 역 | 부동산 거래신고 등에 관한 법률

| 키워드 | 행정형벌

| 해 설 | ② 외국인등이 허가를 받지 아니하고 토지취득계약을 체결하거나 부정한 방법으로 허가를 받아 토지취득계약을 체결한 경우: 2년 이하의 징역 또는 2천만원 이하의 벌금사유에 해당한다.

① 토지거래허가구역 안에서 허가 없이 토지거래계약을 체결한 경우: 2년 이하의 징역 또는 계약 체결 당시의 개별공시지가에 따른 해당 토지가격의 100분의 30에 해당하는 금액 이하의 벌금사유에 해당한다.

③ 토지거래허가구역 안에서 속임수나 그 밖의 부정한 방법으로 토지거래계약허가를 받은 경우: 2년 이하의 징역 또는 계약 체결 당시의 개별공시지가에 따른 해당 토지가격의 100분의 30에 해당하는 금액 이하의 벌금사유에 해당한다.

④ 부동산매매계약을 체결한 거래당사자가 그 실제 거래가격을 거짓으로 신고한 경우: 취득가액의 100분의 10 이하에 상당하는 금액의 과태료사유에 해당한다.

⑤ 부동산매매계약을 체결한 후 신고 의무자가 아닌 자가 거짓으로 부동산 거래신고를 한 경우: 취득가액의 100분의 10 이하에 상당하는 금액의 과태료 사유에 해당한다.

21 | 난이도 상 | 답①

| 영 역 | 지도·감독 및 행정처분

| 키워드 | 효과승계

| 해 설 | ㄴ. 전속중개계약서에 의하지 않고 전속중개계약을 체결한 경우 업무정지사유에 해당한다. 이 경우 폐업신고 전의 위반행위에 대한 행정처분이 업무정지에 해당하는 경우로서 폐업기간이 1년을 초과하는 경우 업무정지처분을 할 수 없다. 따라서 2020.9.1. 폐업신고를 하였다가 2021.10.1. 다시 중개사무소의 개설등록을 하였다면 폐업기간이 1년을 초과한 경우이므로 업무정지처분을 할 수 없다.

ㄷ. 다른 사람에게 자기의 상호를 사용하여 중개업무를 하게 한 경우 등록취소사유에 해당한다. 이 경우 폐업신고를 한 날부터 다시 중개사무소의 개설등록을 한 날까지의 기간(폐업기간)이 3년을 초과한 경우 등록취소처분을 할 수 없다. 따라서 2018.9.5. 폐업신고를 하였다가 2021.10.5. 다시 중개사무소의 개설등록을 하였다면, 폐업기간이 3년을 초과한 경우이므로 등록관청은 개설등록취소처분을 할 수 없다.

22 | 난이도 하 | 답①

| 영 역 | 개별적 중개실무

| 키워드 | 주택임대차보호법

| 해 설 | 주택임대차는 그 기간의 정함이 없거나 기간을 2년 미만으로 정한 임대차는 그 기간을 2년으로 본다. 다만, 임차인은 2년 미만으로 정한 기간의 유효함을 주장할 수 있다. 따라서 임차인 乙과 임대인 丙이 임대차기간을 2년 미만으로 정한다면 임차인 乙은 그 임대차기간이 유효함을 주장할 수 있다.

23 | 난이도 하 | 답⑤

| 영 역 | 지도·감독 및 행정처분

| 키워드 | 자격취소

| 해 설 | 시·도지사는 공인중개사가 다음의 어느 하나에 해당하는 경우에는 공인중개사자격을 취소하여야 한다(법 제35조 제1항).

---

1. 부정한 방법으로 공인중개사의 자격을 취득한 경우
2. 공인중개사가 다른 사람에게 자기의 성명을 사용하여 중개업무를 하게 하거나 공인중개사자격증을 양도 또는 대여한 경우
3. 자격정지처분을 받고 그 자격정지기간 중에 중개업무를 행한 경우(다른 개업공인중개사의 소속공인중개사·중개보조원 또는 법인인 개업공인중개사의 사원·임원이 되는 경우를 포함)
4. 이 법을 위반하여 금고 이상의 형의 선고를 받은 경우(집행유예를 포함)

따라서 ㄱ. ㄴ. ㄷ. 모두 공인중개사 자격의 취소사유에 해당된다.

24 | 난이도 중 | 답②

| 영 역 | 지도·감독 및 행정처분

| 키워드 | 등록취소

| 해 설 | • 등록관청은 개업공인중개사가 최근 '1'년 이내에 이 법에 의하여 '2'회 이상 업무정지처분을 받고 다시 업무정지처분에 해당하는 행위를 한 경우에는 중개사무소의 개설등록을 취소하여야 한다.

• 금고 이상의 실형의 선고를 받고 그 집행이 종료(집행이 종료된 것으로 보는 경우를 포함한다)되거나 집행이 면제된 날부터 '3'년이 지나지 아니한 자는 중개사무소의 개설등록을 할 수 없다.

• 중개행위와 관련된 손해배상책임을 보장하기 위하여 이 법에 따라 공탁한 공탁금은 개업공인중개사가 폐업한 날부터 '3'년 이내에는 회수할 수 없다.

25 난이도 중 답⑤

| 영 역 | 지도·감독 및 행정처분

| 키워드 | 등록취소

| 해 설 | ㄱ, ㄴ, ㄷ, ㄹ. 모두 절대적 등록취소사유에 해당된다. 등록관청은 개업공인중개사가 다음의 어느 하나에 해당하는 경우에는 중개사무소의 개설등록을 취소하여야 한다(법 제38조 제1항).

1. 개인인 개업공인중개사가 사망하거나 개업공인중개사인 법인이 해산한 경우
2. 거짓이나 그 밖의 부정한 방법으로 중개사무소의 개설등록을 한 경우
3. 등록 등의 결격사유에 해당하게 된 경우. 다만, 법인의 사원 또는 임원이 결격사유에 해당하는 경우로서 그 사유가 발생한 날부터 2개월 이내에 그 사유를 해소한 경우에는 그러하지 아니하다.
4. 이중으로 중개사무소의 개설등록을 한 경우
5. 개업공인중개사가 다른 개업공인중개사의 소속공인중개사·중개보조원 또는 개업공인중개사인 법인의 사원·임원이 된 경우
6. 다른 사람에게 자기의 성명 또는 상호를 사용하여 중개업무를 하게 하거나 중개사무소등록증을 양도 또는 대여한 경우
7. 업무정지기간 중에 중개업무를 하거나 자격정지처분을 받은 소속공인중개사로 하여금 자격정지기간 중에 중개업무를 하게 한 경우
8. 최근 1년 이내에 이 법에 의하여 2회 이상 업무정지처분을 받고 다시 업무정지처분에 해당하는 행위를 한 경우
9. 개업공인중개사가 고용할 수 있는 중개보조원의 수가 개업공인중개사와 소속공인중개사를 합한 수의 5배를 초과하여 고용한 경우

26 난이도 상 답④

| 영 역 | 손해배상책임과 반환채무이행보장

| 키워드 | 업무보증 설정

| 해 설 | ④ 「공인중개사법 시행규칙」 별지 제25호 서식인 손해배상책임보증 변경신고서의 내용 중 '보증'란에는 '변경 후 보증내용'을 기재한다.

① 개업공인중개사는 중개업무를 개시하기 전에 손해배상책임을 보장하기 위한 수단으로 업무보증을 설정하여 그 증명서류를 갖추어 등록관청에 신고하여야 한다(영 제24조 제2항 본문). 증명서류라 함은 보증보험증서 사본, 공제증서 사본, 공탁증서 사본 등을 말하며 전자문서를 포함한다(규칙 제18조 제2항).
② 보증을 한 보증보험회사, 공제사업자 또는 공탁기관이 보증사실을 등록관청에 직접 통보한 경우에는 신고를 생략할 수 있다(영 제24조 제2항).
③ 업무보증을 설정한 개업공인중개사가 그 보증을 다른 보증으로 변경하고자 하는 경우에는 이미 설정한 보증의 효력이 있는 기간 중에 다른 보증을 설정하고 그 증명서류를 갖추어 등록관청에 신고하여야 한다(영 제25조 제1항).
⑤ 보증보험에 가입하여 보증을 설정하고, 보증보험금으로 손해배상을 한 때에는 다시 새로운 보증보험에 가입하거나 공제 또는 공탁으로 재보증 설정을 하여야 한다. 부족한 돈을 보충하며 채워 넣는 보전의 방법으로는 재보증 설정을 할 수 없다. 보전은 공탁의 경우에 쓸 수 있는 재보증 방법이다.

27 난이도 하 답③

| 영 역 | 공인중개사협회 및 교육·보칙·신고센터 등

| 키워드 | 공인중개사협회

| 해 설 | 부동산 정보제공에 관한 업무는 협회의 설립목적을 달성하기 위한 협회의 업무에 해당한다.

| 보충하기 | 협회 설립목적을 달성하기 위한 협회의 업무 (영 제31조)

1. 회원의 품위유지를 위한 업무
2. 부동산중개제도의 연구·개선에 관한 업무
3. 회원의 자질향상을 위한 지도 및 교육·연수에 관한 업무
4. 회원의 윤리헌장 제정 및 그 실천에 관한 업무
5. 부동산 정보제공에 관한 업무
6. 법 제42조의 규정에 따른 공제사업. 이 경우 공제사업은 비영리사업으로서 회원 간의 상호부조를 목적으로 한다.
7. 그 밖에 협회의 설립목적 달성을 위하여 필요한 업무

28 난이도 하 | 답 ⑤

| 영 역 | 공인중개사협회 및 교육·보칙·신고센터 등

| 키워드 | 포상금 지급대상

| 해 설 | 등록관청은 다음의 어느 하나에 해당하는 자가 행정기관에 의하여 발각되기 전에 등록관청, 수사기관이나 부동산거래질서교란행위 신고센터에 신고 또는 고발한 자에게 대통령령으로 정하는 바에 따라 포상금을 지급할 수 있다(법 제46조 제1항).

1. 중개사무소의 개설등록을 하지 아니하고 중개업을 한 자
2. 거짓이나 그 밖의 부정한 방법으로 중개사무소의 개설등록을 한 자
3. 중개사무소등록증을 다른 사람에게 양도·대여하거나 다른 사람으로부터 양수·대여받은 자
4. 공인중개사자격증을 다른 사람에게 양도·대여하거나 다른 사람으로부터 양수·대여받은 자
5. 개업공인중개사가 아닌 자는 중개대상물에 대한 표시·광고를 하여서는 아니 된다는 규정을 위반한 자
6. 부당한 이익을 얻거나 제3자에게 부당한 이익을 얻게 할 목적으로 거짓으로 거래가 완료된 것처럼 꾸미는 등 중개대상물의 시세에 부당한 영향을 주거나 줄 우려가 있는 행위를 한 자
7. 단체를 구성하여 특정 중개대상물에 대하여 중개를 제한하거나 단체 구성원 이외의 자와 공동중개를 제한하는 행위를 한 자
8. 안내문, 온라인 커뮤니티 등을 이용하여 특정 개업공인중개사 등에 대한 중개의뢰를 제한하거나 제한을 유도하는 행위를 한 자
9. 안내문, 온라인 커뮤니티 등을 이용하여 중개대상물에 대하여 시세보다 현저하게 높게 표시·광고 또는 중개하는 특정개업공인중개사 등에게만 중개의뢰를 하도록 유도함으로써 다른 개업공인중개사 등을 부당하게 차별하는 행위를 한 자
10. 안내문, 온라인 커뮤니티 등을 이용하여 특정 가격 이하로 중개를 의뢰하지 아니하도록 유도하는 행위를 한 자
11. 정당한 사유 없이 개업공인중개사 등의 중개대상물에 대한 정당한 표시·광고 행위를 방해하는 행위를 한 자
12. 개업공인중개사 등에게 중개대상물을 시세보다 현저하게 높게 표시·광고하도록 강요하거나 대

가를 약속하고 시세보다 현저하게 높게 표시·광고하도록 유도하는 행위를 한 자

따라서 ⑤ 개업공인중개사로서 중개의뢰인과 직접 거래를 한 자는 포상금 지급대상이 아니다.

29 난이도 중 | 답 ⑤

| 영 역 | 지도·감독 및 행정처분

| 키워드 | 업무정지사유

| 해 설 | ㄱ, ㄴ, ㄷ, ㄹ 모두 업무정지사유에 해당한다.

ㄱ. 부동산거래정보망에 중개대상물에 관한 정보를 거짓으로 공개한 경우: 업무정지(법 제39조 제1항 제4호)

ㄴ. 거래당사자에게 교부해야 하는 중개대상물 확인·설명서를 교부하지 않은 경우: 업무정지(법 제39조 제1항 제6호)

ㄷ. 거래당사자에게 교부해야 하는 거래계약서를 적정하게 작성·교부하지 않은 경우: 업무정지(법 제39조 제1항 제8호)

ㄹ. 해당 중개대상물의 거래상의 중요사항에 관하여 거짓된 언행으로 중개의뢰인의 판단을 그르치게 하는 행위를 한 경우: 등록취소 또는 업무정지(법 제39조 제1항 제11호)

| 보충하기 | 업무정지사유(법 제39조 제1항)

1. 결격사유에 해당하는 자를 소속공인중개사 또는 중개보조원으로 둔 경우(다만, 그 사유가 발생한 날부터 2개월 이내에 그 사유를 해소한 경우에는 그러하지 않음)
2. 개업공인중개사가 인장등록을 하지 아니하거나 등록하지 아니한 인장을 사용한 경우
3. 전속중개계약을 체결한 때에 전속중개계약서에 의하지 아니하고 전속중개계약을 체결하거나 전속중개계약서를 보존하지 아니한 경우
4. 개업공인중개사가 중개대상물에 관한 정보를 거짓으로 공개하거나 거래정보사업자에게 공개를 의뢰한 중개대상물의 거래가 완성된 사실을 해당 거래정보사업자에게 통보하지 아니한 경우
5. 개업공인중개사가 중개가 완성되어 거래계약서를 작성하는 때에 중개대상물 확인·설명서를 교부하지 아니하거나 보존하지 아니한 경우

6. 개업공인중개사가 작성된 중개대상물 확인·설명서에 서명 및 날인을 하지 아니한 경우

7. 개업공인중개사가 중개가 완성된 때에 적정하게 거래계약서를 작성·교부하지 아니하거나 보존하지 아니한 경우

8. 개업공인중개사가 작성된 거래계약서에 서명 및 날인을 하지 아니한 경우

9. 개업공인중개사가 감독관청의 그 업무에 관한 사항의 보고, 자료의 제출, 조사 또는 검사를 거부·방해 또는 기피하거나 그 밖의 명령을 이행하지 아니하거나 거짓으로 보고 또는 자료제출을 한 경우

10. 개업공인중개사가 상대적 등록취소 사유 중 어느 하나에 해당하는 경우

11. 최근 1년 이내에 「공인중개사법」에 의하여 2회 이상 업무정지 또는 과태료의 처분을 받고 다시 과태료의 처분에 해당하는 행위를 한 경우

12. 그 밖에 「공인중개사법」 또는 「공인중개사법」에 의한 명령이나 처분을 위반한 경우

13. 개업공인중개사가 조직한 사업자 단체 또는 그 구성원인 개업공인중개사가 「독점규제 및 공정거래에 관한 법률」을 위반하여 시정조치 또는 과징금을 받은 경우

14. 부칙 제6조 제2항에 규정된 개업공인중개사가 업무지역의 범위를 위반하여 중개행위를 한 경우

30　난이도 하　　답 ④

| 영　역 | 지도·감독 및 행정처분
| 키워드 | 자격정지
| 해　설 | 시·도지사는 공인중개사가 소속공인중개사로서 업무를 수행하는 기간 중에 다음의 어느 하나에 해당하는 경우에는 6개월의 범위 안에서 기간을 정하여 그 자격을 정지할 수 있다(법 제36조 제1항).

1. 둘 이상의 중개사무소에 소속된 경우
2. 인장등록을 하지 아니하거나 등록하지 아니한 인장을 사용한 경우

3. 성실·정확하게 중개대상물의 확인·설명을 하지 아니하거나 설명의 근거자료를 제시하지 아니한 경우

4. 해당 중개업무를 수행한 경우 중개대상물 확인·설명서에 서명 및 날인을 하지 아니한 경우

5. 해당 중개업무를 수행한 경우 거래계약서에 서명 및 날인을 하지 아니한 경우

6. 거래계약서에 거래금액 등 거래내용을 거짓으로 기재하거나 서로 다른 둘 이상의 거래계약서를 작성한 경우

7. 「공인중개사법」 제33조 제1항에 규정된 금지행위를 한 경우(중개의뢰인과의 직접 거래 등)

따라서 「공인중개사법」을 위반하여 징역형의 선고를 받은 경우는 포함되지 않으며, 이는 자격취소사유에 해당한다(법 제35조 제1항 제4호).

31　난이도 중　　답 ①

| 영　역 | 벌칙(행정벌)
| 키워드 | 과태료 부과대상자
| 해　설 | ① 중개대상물의 거래상의 중요사항에 관해 거짓된 언행으로 중개의뢰인의 판단을 그르치게 한 경우: 「공인중개사법」 제38조 제2항 제9호에 해당하므로 상대적 등록취소사유에 해당하며, 동법 제49조 제1항 제10호에 따라 1년 이하의 징역 또는 1천만원 이하의 벌금에 처하는 사유에 해당한다.

② 휴업신고에 따라 휴업한 중개업을 재개하면서 등록관청에 그 사실을 신고하지 않은 경우: 100만원 이하의 과태료(법 제51조 제3항 제4호)

③ 중개대상물에 관한 권리를 취득하려는 중개의뢰인에게 해당 중개대상물의 권리관계를 성실·정확하게 확인·설명하지 않은 경우: 500만원 이하의 과태료(법 제51조 제2항 제1의6호)

④ 인터넷을 이용하여 중개대상물에 대한 표시·광고를 하면서 중개대상물의 종류별로 가격 및 거래형태를 명시하지 않은 경우: 100만원 이하의 과태료(법 제51조 제3항 제2의2호)

⑤ 연수교육을 정당한 사유 없이 받지 않은 경우: 500만원 이하의 과태료(법 제51조 제2항 제5의2호)

| 영 역 | 부동산 거래신고 등에 관한 법률

| 키워드 | 포상금 지급대상

| 해 설 | 시장·군수 또는 구청장은 다음의 어느 하나에 해당하는 자를 관계 행정기관이나 수사기관에 신고하거나 고발한 자에게 예산의 범위에서 포상금을 지급할 수 있다(동법 제25조의2 제1항).

1. 부동산등의 실제 거래가격을 거짓으로 신고한 자 (신고의무자가 아닌 자가 거짓으로 신고를 한 경우를 포함)
2. 신고대상에 해당하는 계약을 체결하지 아니하였음에도 불구하고 거짓으로 부동산 거래신고를 한 자
3. 신고 후 해당 계약이 해제등이 되지 아니하였음에도 불구하고 거짓으로 부동산거래의 해제등 신고를 한 자
4. 주택임대차계약의 신고, 변경 및 해제신고 규정을 위반하여 주택임대차계약의 보증금·차임 등 계약금액을 거짓으로 신고한 자
5. 토지거래허가 또는 변경허가를 받지 아니하고 토지거래계약을 체결한 자 또는 거짓이나 그 밖의 부정한 방법으로 토지거래계약허가를 받은 자
6. 토지거래계약허가를 받아 취득한 토지에 대하여 허가받은 목적대로 이용하지 아니한 자

따라서 ㄴ. ㄹ.은 포상금 지급사유에 해당하지 않으며, 동법에서 규정하고 있는 500만원 이하의 과태료 사유에 해당한다(동법 제28조 제2항 제2호, 제3호).

| 영 역 | 중개업무

| 키워드 | 중개사무소의 설치

| 해 설 | 분사무소는 주된 사무소의 소재지가 속한 시·군·구를 제외한 시·군·구별로 설치하되, 시·군·구별로 1개소를 초과할 수 없다(영 제15조 제1항).

| 보충하기 | 설치요건

1. 주된 사무소의 소재지가 속한 시·군·구를 제외한 시·군·구별로 설치할 것
2. 시·군·구별로 1개소만 설치할 것
3. 분사무소에는 공인중개사를 책임자로 둘 것. 다만, 특수법인의 분사무소의 경우에는 그러하지 아니하다.

| 영 역 | 부동산 거래신고 등에 관한 법률

| 키워드 | 부동산 거래신고

| 해 설 | ㄱ. 법인 외의 자가 투기과열지구 또는 조정대상지역에 소재하는 주택을 매수하는 경우 금액에 상관없이 입주할지 여부를 신고해야 한다.
ㄷ. 「부동산 거래신고 등에 관한 법률 시행령」 제3조 제1항의 규정에 따라 매수인 중 국가등(丁)이 포함되어 있는 경우, 그 주택에 입주할지 여부는 신고사항이 아니다. 하지만 국가등(丁)이 매도인이므로 그 주택에 입주할지 여부는 신고사항이다.

| 보충하기 | 주택 – 자금조달계획서 및 입주계획서

1. 자금계획서, 입주계획서
　㉠ 규제지역(투기, 조정) ⇨ 모든 거래(개인, 법인)
　㉡ 비규제지역 ┌ 개인 ⇨ 6억원 이상
　　　　　　　 └ 법인 ⇨ 모든 거래
2. 증빙서류 ⇨ 투기과열지구 ⇨ 모든 거래(개인, 법인)
※ 매수인 중 국가 등이 포함되어 있는 경우는 제외

| 영 역 | 부동산 거래신고 등에 관한 법률

| 키워드 | 주택임대차계약 신고

| 해 설 | 임대차계약당사자는 주택(주택임대차보호법 제2조에 따른 주택을 말하며, 주택을 취득할 수 있는 권리를 포함한다)에 대하여 보증금이 '6'천만원을 초과하거나 월차임이 '30'만원을 초과하는 주택임대차계약을 체결한 경우 그 보증금 또는 차임 등을 임대차계약의 체결일부터 '30'일 이내에 주택 소재지를 관할하는 신고관청에 공동으로 신고하여야 한다(부동산 거래신고 등에 관한 법률 제6조의2 제1항).

36 난이도 하 답②

| 영 역 | 개업공인중개사의 의무 및 책임

| 키워드 | 반의사불벌죄

| 해 설 | 개업공인중개사등이 업무상 알게 된 비밀을 누설한 경우에는 피해자의 고소가 없다 하더라도 1년 이하의 징역 또는 1천만원 이하의 벌금형에 처해진다. 다만, 피해자의 명시적인 불처벌의사표시가 있는 경우에는 처벌할 수 없다. 이를 '반의사불벌죄'라고 한다.

37 난이도 중 답③

| 영 역 | 부동산 거래신고 등에 관한 법률

| 키워드 | 외국인등의 국내 부동산 취득규정

| 해 설 | ㄷ. 외국인등이 취득하려는 토지가 「군사기지 및 군사시설 보호법」에 따른 군사기지 및 군사시설 보호구역 안의 토지인 경우 토지취득계약을 체결하기 전에 신고관청으로부터 토지취득허가를 받아 취득 가능하다.

| 보충하기 | 외국인등이 토지취득허가를 받아야 하는 내용

내용	위반 시 제재	방법
1. 허가대상 토지 　㉠ 군사기지 및 군사시설 보호구역 　㉡ 지정문화유산, 천연기념물 등과 이를 위한 보호물 또는 보호구역 　㉢ 생태·경관보전지역 　㉣ 야생생물 특별보호구역 2. 시·군·구청장은 허가신청을 받은 날부터 30일, 15일 이내에 허가·불허가처분을 하여야 함 (군사기지 등 국방목적 위한 토지는 30일 이내) 3. 토지거래허가 규정을 위반하여 체결한 토지취득계약은 그 효력이 발생하지 않음	2년 이하의 징역 또는 2천만원 이하의 벌금	방문 / 전자문서 중 선택

38 난이도 상 답①

| 영 역 | 부동산 거래신고 등에 관한 법률

| 키워드 | 토지거래계약허가

| 해 설 | 시장·군수 또는 구청장은 토지의 이용의무를 이행하지 아니한 자에 대하여는 상당한 기간을 정하여 토지의 이용의무를 이행하도록 명할 수 있

다. 이 경우 이행명령은 문서로 하여야 하며, 이행기간은 3개월 이내로 정하여야 한다. 시장·군수 또는 구청장은 이행명령이 정하여진 기간에 이행되지 아니한 경우에는 토지 취득가액의 100분의 10의 범위에서 다음에서 정하는 금액의 이행강제금을 부과한다. 따라서 과태료 부과사유는 아니다.

> 1. 토지거래계약허가를 받아 토지를 취득한 자가 당초의 목적대로 이용하지 아니하고 방치한 경우: 토지 취득가액의 100분의 10에 상당하는 금액
> 2. 토지거래계약허가를 받아 토지를 취득한 자가 직접 이용하지 아니하고 임대한 경우: 토지 취득가액의 100분의 7에 상당하는 금액
> 3. 토지거래계약허가를 받아 토지를 취득한 자가 허가관청의 승인 없이 당초의 이용목적을 변경하여 이용하는 경우: 토지 취득가액의 100분의 5에 상당하는 금액
> 4. 위 1.부터 3.까지에 해당하지 아니하는 경우: 토지 취득가액의 100분의 7에 상당하는 금액

39 난이도 상 답⑤

| 영 역 | 부동산 거래신고 등에 관한 법률

| 키워드 | 토지거래허가

| 해 설 | ① 토지거래허가구역의 지정은 지정을 공고한 날부터 5일 후에 효력이 발생한다.

② 토지거래허가구역의 지정 당시 국토교통부장관 또는 시·도지사가 따로 정하여 공고하지 않은 경우, 「국토의 계획 및 이용에 관한 법률」에 따른 도시지역 중 녹지지역 안의 200m² 이하 면적의 토지거래계약에 관하여는 허가가 필요 없다.

③ 토지거래계약을 허가받은 자는 대통령령으로 정하는 사유가 있는 경우 외에는 토지 취득일부터 5년의 범위에서 대통령령으로 정하는 기간에 그 토지를 허가받은 목적대로 이용해야 한다.

④ 허가받은 목적대로 토지를 이용하지 않았음을 이유로 이행강제금 부과처분을 받은 자가 시장·군수·구청장에게 이의를 제기하려면 그 처분을 고지받은 날부터 30일 이내에 해야 한다.

| 영   역 | 부동산 거래신고 등에 관한 법률
| 키워드 | 토지거래허가구역
| 해   설 | ③ 허가구역으로 지정한 때에 공고되는 내용은 다음과 같다.

---

1. 토지거래계약에 관한 허가구역의 지정기간
2. 허가구역 내 토지의 소재지·지번·지목·면적 및 용도지역(국토의 계획 및 이용에 관한 법률에 따른 용도지역을 말한다)
3. 허가구역에 대한 축척 5만분의 1 또는 2만5천분의 1의 지형도
4. 허가 면제 대상 토지면적
5. 허가대상자, 허가대상 용도와 지목

따라서 허가구역 지정의 공고에는 허가구역에 대한 축척 5만분의 1 또는 2만5천분의 1의 지형도가 포함되어야 하므로 옳은 지문이 된다.

① 시·도지사는 법령의 제정·개정 또는 폐지나 그에 따른 고시·공고로 인하여 토지이용에 대한 행위제한이 완화되거나 해제되는 지역을 허가구역으로 지정할 수 있다.

② 토지의 투기적인 거래 성행으로 지가가 급격히 상승하는 등의 특별한 사유가 있으면 5년 이내의 기간을 정하여 허가구역을 지정할 수 있다.

④ 국토교통부장관 또는 시·도지사는 허가구역을 지정한 때에는 공고내용을 국토교통부장관은 시·도지사를 거쳐 시장·군수 또는 구청장에게 통지하고, 시·도지사는 국토교통부장관, 시장·군수 또는 구청장에게 통지하여야 한다. 통지를 받은 시장·군수 또는 구청장은 지체 없이 그 공고내용을 그 허가구역을 관할하는 등기소의 장에게 통지하여야 하며, 지체 없이 그 사실을 7일 이상 공고하고, 그 공고내용을 15일간 일반이 열람할 수 있도록 하여야 한다.

⑤ 토지거래허가처분에 이의가 있는 자는 그 처분을 받은 날부터 1개월 이내에 시장·군수 또는 구청장에게 이의를 신청할 수 있다. 하지만 허가구역 지정에 이의가 있는 경우 동법에서는 이의신청제도를 두고 있지 않다.

제32회 부동산공법

문제편 ▶ p.177

☑ **시험결과**

응시자(명)	과락자(명)	응시자 평균점수(점)	합격자 평균점수(점)
92,569	40,418	43.33	62.92

⇨ **나의 점수:** _____

☑ **오시훈 교수님의 시험 총평**

> 제32회 시험은 제31회 시험보다 쉽게 출제되었습니다. 주로 난이도 중(中)인 문제가 쉽게 출제되어서 고득점은 아니지만, 평균점수가 많이 올라가는 시험유형이었습니다.

☑ **출제 문항별 영역 > 키워드 & 기본서 연계 페이지**

문항	영역 > 키워드	기본서	문항	영역 > 키워드	기본서
41	광역도시계획 > 광역도시계획	p.29	61	비용부담 등 > 공공재개발사업	p.387
42	도시·군계획 > 도시·군기본계획	p.35	62	정비사업 > 관리처분계획 등	p.364
43	도시·군계획시설사업의 시행 > 도시·군계획시설	p.117	63	정비사업 > 정비사업의 시행	p.322
44	도시·군계획 > 도시·군관리계획	p.50	64	비용부담 등 > 청산금 및 비용부담	p.383
45	지구단위계획 > 지구단위계획구역과 지구단위계획	p.146	65	주택의 공급 > 분양가상한제 적용주택	p.619
46	개발행위의 허가 등 > 개발행위에 따른 공공시설등의 귀속	p.170	66	주택법 총칙 > 주택단지	p.550
47	개발행위의 허가 등 > 기반시설의 설치	p.172	67	주택법 총칙 > 주택 용어의 정의	p.549
48	개발행위의 허가 등 > 성장관리계획구역	p.161	68	주택의 공급 > 투기과열지구	p.612
49	용도지역·용도지구·용도구역 > 시가화조정구역	p.106	69	주택의 건설 > 사업계획승인	p.572
50	도시·군계획시설사업의 시행 > 도시·군계획시설사업	p.133	70	주택의 건설 > 주택상환사채 납입금 사용용도	p.569
51	국토의 계획 및 이용에 관한 법률 총칙 > 기반시설의 종류	p.19	71	주택의 공급 > 공급질서 교란행위	p.610
52	용도지역·용도지구·용도구역 > 용적률의 최대한도	p.93	72	건축법 총칙 > 특수구조 건축물의 특례	p.426
53	도시개발계획 및 구역 지정 > 도시개발구역의 지정권자	p.219	73	건축법 총칙 > 완화적용	p.440
54	도시개발사업 > 수용 또는 사용방식	p.246	74	건축물의 건축 > 건축허가의 제한	p.452
55	도시개발사업 > 환지방식	p.254	75	건축물의 건축 > 건축신고	p.453
56	비용부담 등 > 도시개발채권	p.276	76	건축물의 건축 > 건축물대장	p.473
57	도시개발계획 및 구역 지정 > 개발행위 대상	p.226	77	특별건축구역·건축협정 및 결합건축 > 특별건축구역	p.510
58	보칙 및 벌칙 > 벌금 부과	p.282	78	건축법 총칙 > 건축분쟁전문위원회	p.442
59	도시 및 주거환경정비법 총칙 > 주거환경개선사업	p.295	79	농지의 소유 > 농지취득자격증명	p.653
60	정비사업 > 대의원회가 대행할 수 없는 상황	p.330	80	농지의 이용 > 대리경작자의 지정	p.666

정답 및 해설

---

41 난이도 중 답 ②

| 영 역 | 광역도시계획
| 키워드 | 광역도시계획
| 해 설 | 광역계획권이 같은 도의 관할 구역에 속하여 있는 경우 관할 시장 또는 군수가 공동으로 광역도시계획을 수립하여야 한다.

---

42 난이도 중 답 ①

| 영 역 | 도시·군계획
| 키워드 | 도시·군기본계획
| 해 설 | 「수도권정비계획법」에 의한 수도권에 속하지 아니하고 광역시와 경계를 같이하지 아니한 시로서 인구 10만명 이하인 시는 도시·군기본계획을 수립하지 아니할 수 있다.
| 보충하기 | 도시·군기본계획의 수립권자와 대상지역

원칙	특별시장·광역시장·특별자치시장·특별자치도지사·시장 또는 군수는 관할 구역에 대하여 도시·군기본계획을 수립하여야 한다(법 제18조 제1항).
예외	시 또는 군의 위치, 인구의 규모, 인구감소율 등을 고려하여 다음의 시 또는 군은 도시·군기본계획을 수립하지 아니할 수 있다(법 제18조 제1항 단서). ㉠「수도권정비계획법」의 규정에 의한 수도권에 속하지 아니하고 광역시와 경계를 같이하지 아니한 시 또는 군으로서 인구 10만명 이하인 시 또는 군 ㉡ 관할 구역 전부에 대하여 광역도시계획이 수립되어 있는 시 또는 군으로서 당해 광역도시계획에 도시·군기본계획의 내용이 모두 포함되어 있는 시 또는 군

---

43 난이도 중 답 ①

| 영 역 | 도시·군계획시설사업의 시행
| 키워드 | 도시·군계획시설
| 해 설 | 도시·군계획시설 부지의 매수의무자가 지방자치단체인 경우에만 도시·군계획시설채권을 발행하여 그 대금을 지급할 수 있다.

---

44 난이도 중 답 ④

| 영 역 | 도시·군계획
| 키워드 | 도시·군관리계획
| 해 설 | 도시·군관리계획 결정의 효력은 지형도면을 고시한 날부터 발생한다.

---

45 난이도 중 답 ①

| 영 역 | 지구단위계획
| 키워드 | 지구단위계획구역과 지구단위계획
| 해 설 | 지구단위계획이 수립되어 있는 지구단위계획구역에서 건축물을 건축 또는 용도변경하거나 공작물을 설치하려면 그 지구단위계획에 맞게 하여야 하지만, 공사기간 중 이용하는 공사용 가설건축물은 그러하지 아니하다.

---

46 난이도 중 답 ⑤

| 영 역 | 개발행위의 허가 등
| 키워드 | 개발행위에 따른 공공시설등의 귀속
| 해 설 | 개발행위허가를 받은 자가 행정청인 경우 개발행위로 용도가 폐지되는 공공시설은 개발행위허가를 받은 자에게 무상으로 귀속된다. 개발행위허가를 받은 자가 행정청이 아닌 경우 개발행위로 용도가 폐지되는 공공시설은 새로 설치한 공공시설의 설치비용에 상당하는 범위에서 개발행위허가를 받은 자에게 무상으로 양도할 수 있다.

47 난이도 중 답④

| 영 역 | 개발행위의 허가 등

| 키워드 | 기반시설의 설치

| 해 설 | ① 시장 또는 군수가 개발밀도관리구역을 변경하는 경우 관할 지방도시계획위원회의 심의를 거쳐야 한다.
② 기반시설부담구역의 지정고시일부터 1년이 되는 날까지 기반시설설치계획을 수립하지 아니하면 그 1년이 되는 날의 다음 날에 기반시설부담구역의 지정은 해제된 것으로 본다.
③ 시장 또는 군수는 기반시설설치비용 납부의무자가 지방자치단체로부터 건축허가를 받은 날부터 2개월 이내에 기반시설설치비용을 부과하여야 한다.
⑤ 기반시설설치비용 납부의무자는 사용승인 신청 시까지 그 비용을 내야 한다.

48 난이도 하 답③

| 영 역 | 개발행위의 허가 등

| 키워드 | 성장관리계획구역

| 해 설 | 특별시장·광역시장·특별자치시장·특별자치도지사·시장 또는 군수는 녹지지역, 관리지역, 농림지역 및 자연환경보전지역의 전부 또는 일부에 대하여 성장관리계획구역을 지정할 수 있다. 따라서 주거지역은 성장관리계획구역을 지정할 수 없다.

49 난이도 중 답②

| 영 역 | 용도지역·용도지구·용도구역

| 키워드 | 시가화조정구역

| 해 설 | ① 시가화조정구역은 도시지역과 그 주변지역의 무질서한 시가화를 방지하고 계획적·단계적인 개발을 도모하기 위하여 시·도지사가 도시·군관리계획으로 결정하여 지정하는 용도구역이다.
③ 시가화유보기간이 끝나면 국토교통부장관 또는 시·도지사는 이를 고시하여야 하고, 시가화조정구역 지정 결정은 시가화유보기간이 끝난 날의 다음 날부터 그 효력을 잃는다.

④ 공익상 그 구역 안에서의 사업시행이 불가피한 것으로서 관계 중앙행정기관의 장의 요청에 의하여 국토교통부장관이 시가화조정구역의 지정목적 달성에 지장이 없다고 인정한 도시·군계획사업은 시가화조정구역에서 시행할 수 있다.
⑤ 시가화조정구역에서 입목의 벌채, 조림, 육림 행위는 허가를 받아 할 수 있다.

50 난이도 중 답②

| 영 역 | 도시·군계획시설사업의 시행

| 키워드 | 도시·군계획시설사업

| 해 설 | 도시·군계획시설사업이 같은 도의 관할 구역에 속하는 둘 이상의 시 또는 군에 걸쳐 시행되는 경우에는 관할 도지사가 시행자를 정한다.

51 난이도 중 답⑤

| 영 역 | 국토의 계획 및 이용에 관한 법률 총칙

| 키워드 | 기반시설의 종류

| 해 설 | 보건위생시설에는 장사시설·도축장·종합의료시설이 있으며, 폐기물처리 및 재활용시설은 환경기초시설에 해당한다.

52 난이도 중 답②

| 영 역 | 용도지역·용도지구·용도구역

| 키워드 | 용적률의 최대한도

| 해 설 | 용도지역별 용적률의 최대한도는 다음과 같다.
ㄱ. 근린상업지역: 900% 이하
ㄴ. 준공업지역: 400% 이하
ㄷ. 준주거지역: 500% 이하
ㄹ. 보전녹지지역: 80% 이하
ㅁ. 계획관리지역: 100% 이하

53 난이도 하 답 ④

| 영 역 | 도시개발계획 및 구역 지정
| 키워드 | 도시개발구역의 지정권자
| 해 설 | 원칙적으로 시·도지사 또는 대도시 시장, 예외적으로 국토교통부장관은 계획적인 도시개발이 필요하다고 인정되는 때에는 도시개발구역을 지정할 수 있다.

54 난이도 중 답 ④

| 영 역 | 도시개발사업
| 키워드 | 수용 또는 사용방식
| 해 설 | ① 도시개발사업을 시행하는 지방자치단체는 도시개발구역지정 이후 그 시행방식을 수용 또는 사용방식에서 혼용방식으로 변경할 수 있다.
② 도시개발사업을 시행하는 정부출연기관이 아닌 민간사업시행자가 그 사업에 필요한 토지를 수용하려면 사업대상 토지면적의 3분의 2 이상에 해당하는 토지를 소유하고 토지소유자 총수의 2분의 1 이상에 해당하는 자의 동의를 받아야 한다.
③ 도시개발사업을 시행하는 공공기관은 토지상환채권을 발행할 수 있다.
⑤ 원형지개발자의 선정은 수의계약의 방법으로 한다. 다만, 학교나 공장 등의 부지로 직접 사용하는 자에 해당하는 원형지개발자의 선정은 경쟁입찰의 방식으로 한다.

55 난이도 중 답 ②

| 영 역 | 도시개발사업
| 키워드 | 환지방식
| 해 설 | 시행자는 토지면적의 규모를 조정할 특별한 필요가 있으면 면적이 넓은 토지는 그 면적을 줄여서 환지를 정할 수 있지만, 환지 대상에서 제외할 수는 없다. 시행자는 토지면적의 규모를 조정할 특별한 필요가 있으면 면적이 작은 토지는 환지대상에서 제외할 수 있다.

56 난이도 중 답 ④

| 영 역 | 비용부담 등
| 키워드 | 도시개발채권
| 해 설 | ① 「국토의 계획 및 이용에 관한 법률」에 따른 개발행위허가를 받은 자 중 토지의 형질변경허가를 받은 자는 도시개발채권을 매입하여야 한다.
② 도시개발채권의 이율은 채권의 발생 당시의 국채·공채 등의 금리와 특별회계의 상황 등을 고려하여 해당 시·도의 조례로 정한다.
③ 도시개발채권을 발행하려는 시·도지사는 행정안전부장관의 승인을 받은 후 채권의 발행총액 등을 공고하여야 한다.
⑤ 도시개발채권은 시·도의 조례로 정하는 바에 따라 시·도지사가 발행하며, 행정안전부장관의 승인을 받아야 한다.

57 난이도 중 답 ①

| 영 역 | 도시개발계획 및 구역 지정
| 키워드 | 개발행위 대상
| 해 설 | 도시개발구역에서 허가를 받아야 할 개발행위는 「건축법」에 따른 건축물의 용도변경을 포함한 건축물의 건축, 공작물의 설치, 공유수면의 매립을 포함한 토지의 형질변경, 토석의 채취, 토지분할(토지의 합병 ×), 물건을 쌓아놓는 행위, 죽목의 벌채 및 식재 등이다.

58 난이도 상 답 ⑤

| 영 역 | 보칙 및 벌칙
| 키워드 | 벌금 부과
| 해 설 | 보안관리 및 부동산투기 방지대책을 위반하여 미공개정보를 목적 외로 사용하거나 타인에게 제공 또는 누설한 자는 5년 이하의 징역 또는 그 위반행위로 얻은 재산상 이익 또는 회피한 손실액의 3배 이상 5배 이하에 상당하는 벌금에 처한다. 다만, 얻은 이익 또는 회피한 손실액이 없거나 산정하기 곤란한 경우 또는 그 위반행위로 얻은 재산상 이익의 5배에 해당하는 금액이 10억원 이하인 경우에는 벌금의 상한액을 10억원으로 한다.

59 | 난이도 **하** | 답 ①

| 영 역 | 도시 및 주거환경정비법 총칙

| 키워드 | 주거환경개선사업

| 해 설 | 정비사업의 종류 중 주거환경개선사업에 대한 내용이다.

| 보충하기 | 정비사업 종류

재건축 사업	정비기반시설은 양호하나 노후·불량건축물에 해당하는 공동주택이 밀집한 지역에서 주거환경을 개선하기 위한 사업
공공재 건축사업	시장·군수등 또는 토지주택공사등이 재건축사업의 시행자나 재건축사업의 대행자일 것
재개발 사업	정비기반시설이 열악하고 노후·불량건축물이 밀집한 지역에서 주거환경을 개선하거나 상업지역·공업지역 등에서 도시기능의 회복 및 상권활성화 등을 위하여 도시환경을 개선하기 위한 사업
공공 재개발 사업	특별자치시장, 특별자치도지사, 시장, 군수, 자치구의 구청장 또는 토지주택공사등이 주거환경개선사업의 시행자, 재개발사업의 시행자나 재개발사업의 대행자일 것

60 | 난이도 **중** | 답 ③

| 영 역 | 정비사업

| 키워드 | 대의원회가 대행할 수 없는 상황

| 해 설 | 조합총회의 의결사항 중 사업완료로 인한 조합의 해산은 대의원회가 대행할 수 있지만, 조합임원의 해임, 정비사업비의 변경, 정비사업전문관리업자의 선정 및 변경 등은 대의원회가 대행할 수 없는 사항이다.

61 | 난이도 **상** | 답 ③

| 영 역 | 비용부담 등

| 키워드 | 공공재개발사업

| 해 설 | 정비계획의 입안권자가 정비구역의 지정권자에게 공공재개발사업 예정구역 지정을 신청한 경우 지방도시계획위원회는 '신청일'부터 '30'일 이내에 심의를 완료해야 한다. 다만, '30'일 이내에 심의를 완료할 수 없는 정당한 사유가 있다고 판단되는 경우에는 심의기간을 '30'일의 범위에서 한 차례 연장할 수 있다.

62 | 난이도 **중** | 답 ①

| 영 역 | 정비사업

| 키워드 | 관리처분계획 등

| 해 설 | ② 분양신청기간의 연장은 20일의 범위에서 한 차례만 할 수 있다.

③ 같은 세대에 속하지 아니하는 3명이 1토지를 공유한 경우에는 1주택만 공급하여야 한다.

④ 조합원 5분의 1 이상이 관리처분계획인가 신청이 있은 날부터 15일 이내에 관리처분계획의 타당성 검증을 요청한 경우 시장·군수등은 대통령령으로 정하는 공공기관에 타당성 검증을 요청하여야 한다.

⑤ 시장·군수등은 정비구역에서 면적이 90m^2 미만의 토지를 소유한 자로서 건축물을 소유하지 아니한 자의 요청이 있는 경우에는 인수한 임대주택의 일부를 「주택법」에 따른 토지임대부 분양주택으로 전환하여 공급하여야 한다.

63 | 난이도 **상** | 답 ⑤

| 영 역 | 정비사업

| 키워드 | 정비사업의 시행

| 해 설 | ① 세입자의 세대수가 토지등소유자의 3분의 1에 해당(2분의 1 이하에 해당)하는 경우 시장·군수등은 토지주택공사등을 주거환경개선사업 시행자로 지정하기 위해서는 세입자의 동의절차를 거치지 않을 수 있다.

② 재개발사업은 토지등소유자가 20인 미만인 경우에는 토지등소유자가 직접 시행할 수 있다.

③ 재건축사업 추진위원회가 구성승인을 받은 날부터 3년 이내에 조합설립인가를 신청하지 아니한 경우 시장·군수등이 직접 시행할 수 있다.

④ 조합설립추진위원회가 아닌 조합은 토지등소유자의 수가 200인인 경우(100명 초과에 해당하는 경우) 5명 이상의 이사를 두어야 한다.

64 난이도 중　　　　　답②

| 영　역 | 비용부담 등

| 키워드 | 청산금 및 비용부담

| 해　설 | ① 청산금을 징수할 권리는 소유권 이전고시일의 다음 날부터 5년간 행사하지 아니하면 소멸한다.

③ 청산금을 지급받을 자가 받기를 거부한 때에는 사업시행자는 그 청산금을 공탁할 수 있다.

④ 시장·군수등인 사업시행자는 부과금을 체납하는 자가 있는 때에는 지방세체납처분의 예에 따라 부과·징수할 수 있으며, 시장·군수등이 아닌 사업시행자는 시장·군수등에게 부과금의 징수를 위탁할 수 있다.

⑤ 국가 또는 지방자치단체는 토지임대부 분양주택을 공급받는 자에게 해당 공급비용의 전부 또는 일부를 보조 또는 융자할 수 있다.

65 난이도 상　　　　　답②

| 영　역 | 주택의 공급

| 키워드 | 분양가상한제 적용주택

| 해　설 | 공공택지 외의 택지에서 건설·공급되는 주택의 분양가격이 인근지역주택매매가격의 80% 이상 100% 미만이고 보유기간이 3년 이상 4년 미만인 경우: 매입비용의 '25'%에 인근지역주택매매가격의 '75'%를 더한 금액으로 한다.

66 난이도 하　　　　　답③

| 영　역 | 주택법 총칙

| 키워드 | 주택단지

| 해　설 | 폭 20m 이상인 일반도로로 분리된 토지는 각각 별개의 주택단지로 본다.

| 보충하기 | 주택단지

'주택단지'란 주택건설사업계획 또는 대지조성사업계획의 승인(법 제15조)을 받아 주택과 그 부대시설 및 복리시설을 건설하거나 대지를 조성하는 데 사용되는 일단의 토지를 말한다. 다만, 다음으로 분리된 토지는 각각 별개의 주택단지로 본다.

1. 철도·고속도로·자동차전용도로
2. 폭 20m 이상인 일반도로
3. 폭 8m 이상인 도시·군계획예정도로
4. 「도로법」에 따른 일반국도·특별시도·광역시도 또는 지방도

67 난이도 중　　　　　답②

| 영　역 | 주택법 총칙

| 키워드 | 주택 용어의 정의

| 해　설 | ㄱ. 주택에 딸린 「건축법」에 따른 건축설비는 부대시설에 해당한다.

ㄴ. 300세대 미만의 국민주택규모의 단지형 다세대주택은 도시형 생활주택에 해당한다.

68 난이도 중　　　　　답①

| 영　역 | 주택의 공급

| 키워드 | 투기과열지구

| 해　설 | • 투기과열지구로 지정하는 날이 속하는 달의 바로 전 달(이하 '투기과열지구지정직전월')부터 소급하여 주택공급이 있었던 '2'개월 동안 해당 지역에서 공급되는 주택의 월별 평균 청약경쟁률이 모두 5대 1을 초과하였거나 국민주택규모 주택의 월별 평균 청약경쟁률이 모두 '10'대 1을 초과한 곳

• 투기과열지구지정직전월의 '주택분양실적'이 전 달보다 30% 이상 감소하여 주택공급이 위축될 우려가 있는 곳

69 난이도 중　　　　　답④

| 영　역 | 주택의 건설

| 키워드 | 사업계획승인

| 해　설 | 사업주체는 사업계획승인을 받은 날부터 5년 이내에 공사를 착수하여야 한다.

70 난이도 중　　　　　　　　　　　답 ①

| 영　역 | 주택의 건설

| 키워드 | 주택상환사채 납입금 사용용도

| 해　설 | 주택상환사채의 납입금이 사용될 수 있는 용도는 택지의 구입 및 조성, 주택건설자재의 구입, 건설공사비에의 충당, 그 밖에 주택상환을 위하여 필요한 비용으로서 국토교통부장관의 승인을 받은 비용에의 충당으로만 사용될 수 있다.

71 난이도 중　　　　　　　　　　　답 ③

| 영　역 | 주택의 공급

| 키워드 | 공급질서 교란행위

| 해　설 | ㄱ. 주택을 공급받을 수 있는 조합원 지위의 상속은 공급받거나 공급받게 할 수 있다.

ㄴ. 입주자저축증서의 저당은 공급받거나 공급받게 할 수 있다.

72 난이도 상　　　　　　　　　　　답 ③

| 영　역 | 건축법 총칙

| 키워드 | 특수구조 건축물의 특례

| 해　설 | ① 건축 공사현장 안전관리 예치금에 관한 규정을 강화하여 적용할 수 없다.

② 대지의 조경에 관한 규정을 변경하여 적용할 수 없다.

④ 기둥과 기둥 사이의 거리(기둥의 중심선 사이의 거리를 말한다)가 20m 이상인 건축물은 특수구조 건축물로서 건축물 내진등급의 설정에 관한 규정을 강화하여 적용할 수 있다.

⑤ 특수구조 건축물을 건축하려는 건축주는 착공신고를 하기 전에 허가권자에게 해당 건축물의 구조안전에 관하여 지방건축위원회의 심의를 신청하여야 한다.

73 난이도 상　　　　　　　　　　　답 ⑤

| 영　역 | 건축법 총칙

| 키워드 | 완화적용

| 해　설 | 수면 위에 건축하는 건축물 등 대지의 범위를 설정하기 곤란한 경우 '대지의 안전, 토지 굴착 부분에 대한 조치 등, 대지의 조경, 공개공지등의 확보, 대지와 도로의 관계, 도로의 지정·폐지 또는 변경, 건축선의 지정, 건축선에 따른 건축제한, 건축물의 건폐율, 건축물의 용적률, 대지의 분할 제한, 건물의 높이 제한, 일조 등의 확보를 위한 건축물의 높이 제한'은 허가권자에게 완화적용을 요청할 수 있지만, 건축물 내진등급의 설정은 완화적용을 요청할 수 없다.

74 난이도 중　　　　　　　　　　　답 ③

| 영　역 | 건축물의 건축

| 키워드 | 건축허가의 제한

| 해　설 | ① 국방, 「국가유산기본법」에 따른 국가유산의 보존 또는 국민경제를 위하여 특히 필요한 경우 주무부장관이 요청하면 국토교통부장관은 허가권자의 건축허가를 제한할 수 있다.

② 지역계획을 위하여 특히 필요한 경우 도지사는 시장 또는 군수의 건축허가를 제한할 수 있다.

④ 시·도지사가 건축허가를 제한하는 경우에는 「토지이용규제 기본법」에 따라 주민의견을 청취한 후 건축위원회의 심의를 거쳐야 한다.

⑤ 국토교통부장관은 건축허가를 제한하는 경우 제한 목적·기간, 대상 건축물의 용도와 대상 구역의 위치·면적·경계 등을 상세하게 정하여 허가권자에게 통보하여야 하며, 통보를 받은 허가권자는 지체 없이 이를 공고하여야 한다.

| 영　역 | 건축물의 건축

| 키워드 | 건축신고

| 해　설 | ② 건축신고를 한 甲이 공사시공자를 변경하려면 B시장에게 신고를 하여야 한다.

③ 안전영향평가 대상은 허가대상 건축물 중 초고층 건축물 또는 연면적이 10만㎡ 이상이고 16층 이상인 건축물에 해당되기 때문에, 신고대상 건축물은 안전영향평가를 실시할 필요가 없다.

④ 건축신고를 한 甲이 신고일부터 1년 이내에 공사에 착수하지 아니하면 그 신고의 효력은 없어진다.

⑤ 건축신고를 한 甲은 건축물의 공사가 끝난 후 사용승인을 받은 후에 건축물을 사용할 수 있다.

| 영　역 | 건축물의 건축

| 키워드 | 건축물대장

| 해　설 | 특별자치시장·특별자치도지사 또는 시장·군수·구청장은 건축물의 소유·이용 및 유지·관리 상태를 확인하거나 건축정책의 기초 자료로 활용하기 위하여 '사용승인서를 내준 경우, 건축허가 또는 건축신고 대상 건축물 외의 건축물의 공사가 끝난 후 기재요청이 있는 경우, 「집합건물의 소유 및 관리에 관한 법률」에 따른 건축물대장의 신규등록 신청이 있는 경우, 법 시행일 전에 법령 등에 적합하게 건축되고 유지·관리된 건축물의 소유자가 그 건축물의 건축물관리대장이나 그 밖에 이와 비슷한 공부를 법 제38조에 따른 건축물대장에 옮겨 적을 것을 신청한 경우'에 해당하면 건축물대장에 건축물과 그 대지의 현황 및 국토교통부령으로 정하는 건축물의 구조내력에 관한 정보를 적어서 보관하고 이를 지속적으로 정비하여야 한다.

| 영　역 | 특별건축구역·건축협정 및 결합건축

| 키워드 | 특별건축구역

| 해　설 | ① 국토교통부장관은 국가가 국제행사 등을 개최하는 지역의 사업구역을 특별건축구역으로 지정할 수 있다.

③ 특별건축구역에서의 건축기준의 특례사항은 국가나 지방자치단체가 건축하는 건축물에 적용한다.

④ 특별건축구역에서는 '공원의 설치, 부설주차장의 설치, 미술작품의 설치'는 개별 건축물마다 적용하지 아니하고 특별건축구역 전부 또는 일부를 대상으로 통합하여 적용할 수 있다.

⑤ 특별건축구역을 지정한 경우에는 「국토의 계획 및 이용에 관한 법률」에 따른 도시·군관리계획의 결정(용도지역·지구·구역의 지정 및 변경은 제외)이 있는 것으로 본다.

| 영　역 | 건축법 총칙

| 키워드 | 건축분쟁전문위원회

| 해　설 | 건축등과 관련된 '건축관계자와 해당 건축물의 건축등으로 피해를 입은 인근주민 간의 분쟁, 관계전문기술자와 인근주민 간의 분쟁, 건축관계자와 관계전문기술자 간의 분쟁, 건축관계자 간의 분쟁, 인근주민 간의 분쟁, 관계전문기술자 간의 분쟁'의 조정(調停) 및 재정(裁定)을 하기 위하여 국토교통부에 건축분쟁전문위원회를 둔다.

| 영 역 | 농지의 소유

| 키워드 | 농지취득자격증명

| 해 설 | 주말·체험영농을 하려고 농업진흥지역 외의 농지를 소유하는 경우는 농지취득자격증명을 발급받아야만 농지를 취득할 수 있다.

| 보충하기 | 농지취득자격증명 발급대상의 예외

다음의 어느 하나에 해당하면 농지취득자격증명을 발급받지 아니하고 농지를 취득할 수 있다.

1. 국가나 지방자치단체가 농지를 소유하는 경우
2. 상속(상속인에게 한 유증을 포함)으로 농지를 취득하여 소유하는 경우
3. 담보농지를 취득하여 소유하는 경우
4. 농지전용협의를 마친 농지를 소유하는 경우
5. 다음의 규정에 따라 농지를 취득하여 소유하는 경우
   ㉠ 한국농어촌공사가 농지를 취득하여 소유하는 경우
   ㉡ 「농어촌정비법」에 따라 농지를 취득하여 소유하는 경우
   ㉢ 「공유수면 관리 및 매립에 관한 법률」에 따라 매립농지를 취득하여 소유하는 경우
   ㉣ 토지수용으로 농지를 취득하여 소유하는 경우
   ㉤ 농림축산식품부장관과 협의를 마치고 「공익사업을 위한 토지 등의 취득 및 보상에 관한 법률」에 따라 농지를 취득하여 소유하는 경우
6. 농업법인의 합병으로 농지를 취득하는 경우
7. 공유농지의 분할로 농지를 취득하는 경우
8. 시효의 완성으로 농지를 취득하는 경우
9. 농지이용증진사업 시행계획에 따라 농지를 취득하는 경우

| 영 역 | 농지의 이용

| 키워드 | 대리경작자의 지정

| 해 설 | ① 지력의 증진이나 토양의 개량·보전을 위하여 필요한 기간 동안 휴경하는 농지에 대하여는 대리경작자를 지정할 수 없다.

② 대리경작자 지정은 유휴농지를 경작하려는 농업인 또는 농업법인의 신청이 있을 때 지정할 수 있고, 직권으로도 지정할 수 있다.

④ 대리경작 기간은 따로 정하지 아니하면 3년으로 한다.

⑤ 농지 소유권자나 농지 임차권자를 대신할 대리경작자를 지정할 수 있다.

문제편 ▶ p.192

☑ **시험결과(부동산공시법 + 부동산세법)**

응시자(명)	과락자(명)	응시자 평균점수(점)	합격자 평균점수(점)
91,558	38,051	44.42	63.36

⇨ **나의 점수:** _____

☑ **김민석 교수님의 시험 총평**

제32회 시험을 한마디로 말하면, "공간정보의 구축 및 관리 등에 관한 법률은 쉬웠고, 부동산등기법은 지나치게 어려워서 변별력이 있는 시험은 아니었다."입니다. 공간정보의 구축 및 관리 등에 관한 법률은 CHAPTER 04 토지의 이동 및 지적정리에서 1문제만 출제됐는데, 수험생에게 가장 부담이 되는 부분이어서 상대적으로 쉽게 느껴질 수 있었습니다. 반면, 부동산등기법은 지엽적인 부분을 다수 출제하여 예전보다 체감 난도가 높았다고 할 수 있습니다.

☑ **출제 문항별 영역 > 키워드 & 기본서 연계 페이지**

문항	영역 > 키워드	기본서	문항	영역 > 키워드	기본서
1	토지의 등록 > 지상 경계의 결정기준	p.37	13	등기절차 총론 > 관공서의 촉탁등기	p.206
2	지적측량 > 지적측량 대상	p.125	14	등기절차 총론 > 단독신청	p.216
3	지적공부 및 부동산종합공부 > 임야도의 축척	p.58	15	등기절차 총론 > 등기의 당사자능력	p.212
4	토지의 등록 > 지목의 구분	p.32	16	등기절차 총론 > 검인 대상	p.236
5	지적공부 및 부동산종합공부 > 지적도면의 등록사항	p.58	17	각종 권리의 등기절차 > 거래가액	p.282
6	지적측량 > 지적측량 적부심사 절차	p.136	18	각종 권리의 등기절차 > 전세권등기	p.306
7	토지의 등록 > 토지이동현황 조사계획	p.26	19	각종 권리의 등기절차 > 공동저당	p.319
8	지적공부 및 부동산종합공부 > 공유지연명부, 대지권등록부의 등록사항	p.54	20	등기의 기관과 그 설비 > 등기부 종합문제	p.180
9	지적측량 > 지적측량 의뢰	p.130	21	각종 권리의 등기절차 > 환매특약등기의 등기사항	p.293
10	토지의 이동 및 지적정리 > 축척변경위원회의 구성	p.102	22	각종의 등기절차 > 가등기 종합문제	p.358
11	지적공부 및 부동산종합공부 > 부동산종합공부 종합문제	p.74	23	등기제도 총칙 > 등기의 효력	p.168
12	지적공부 및 부동산종합공부 > 지적공부의 보존	p.64	24	각종 권리의 등기절차 > 신탁등기	p.295

정답 및 해설

※ 문항별 난이도가 상, 중, 하로 표시되어 있습니다.
※ 문항별 영역과 키워드를 확인하고, 취약 영역은 이론서를 통해 보충하세요.
영역은 기본서의 CHAPTER와 동일합니다.

---

1 난이도 **하**   답①

| 영 역 | 토지의 등록

| 키워드 | 지상 경계의 결정기준

| 해 설 | ② 공유수면매립지의 토지 중 제방 등을 토지에 편입하여 등록하는 경우: 바깥쪽 어깨부분
③ 도로·구거 등의 토지에 절토(땅깎기)된 부분이 있는 경우: 그 경사면의 상단부
④ 토지가 해면 또는 수면에 접하는 경우: 최대만조위 또는 최대만수위가 되는 선
⑤ 연접되는 토지 간에 높낮이 차이가 없는 경우: 그 구조물 등의 중앙

---

2 난이도 **하**   답③

| 영 역 | 지적측량

| 키워드 | 지적측량 대상

| 해 설 | 지적현황측량이란 지상건축물 등의 현황을 지적도 및 임야도에 등록된 경계와 대비하여 표시하는 데에 필요한 경우 실시하는 측량을 말한다(영 제18조).

---

3 난이도 **중**   답②

| 영 역 | 지적공부 및 부동산종합공부

| 키워드 | 임야도의 축척

| 해 설 | 지적도면의 축척은 다음의 구분에 따른다(규칙 제69조 제6항).

1. 지적도: 1/500, 1/600, 1/1,000, 1/1,200, 1/2,400, 1/3,000, 1/6,000
2. 임야도: 1/3,000, 1/6,000

---

4 난이도 **중**   답③

| 영 역 | 토지의 등록

| 키워드 | 지목의 구분

| 해 설 | 물이 고이거나 상시적으로 물을 저장하고 있는 댐·저수지·소류지·호수·연못 등의 토지의 지목은 '유지'이지만(영 제58조 제19호), 물을 상시적으로 직접 이용하여 연·왕골 등의 식물을 주로 재배하는 토지는 '답'으로 한다(영 제58조 제2호).

---

5 난이도 **상**   답⑤

| 영 역 | 지적공부 및 부동산종합공부

| 키워드 | 지적도면의 등록사항

| 해 설 | 지적도 및 임야도에는 다음의 사항을 등록하여야 한다(법 제72조, 규칙 제69조 제2항).

1. 토지의 소재
2. 지번
3. 지목
4. 경계
5. 지적도면의 색인도
6. 지적도면의 제명 및 축척
7. 도곽선(圖廓線)과 그 수치
8. 좌표에 의하여 계산된 경계점 간의 거리(경계점좌표등록부를 갖춰 두는 지역으로 한정한다)
9. 삼각점 및 지적기준점의 위치
10. 건축물 및 구조물 등의 위치

제32회 정답 및 해설 **129**

6 난이도 중 답 ④

| 영 역 | 지적측량

| 키워드 | 지적측량 적부심사 절차

| 해 설 | ④ 「공간정보의 구축 및 관리 등에 관한 법률」 제29조 제5항

① 지적측량 적부심사청구를 받은 '시·도지사'는 30일 이내에 다툼이 되는 지적측량의 경위 및 그 성과, 해당 토지에 대한 토지이동 및 소유권 변동 연혁, 해당 토지 주변의 측량기준점, 경계, 주요 구조물 등 현황 실측도를 조사하여 지방지적위원회에 회부하여야 한다(법 제29조 제2항).

② 지적측량 적부심사청구를 회부받은 지방지적위원회는 부득이한 경우가 아닌 경우 그 심사청구를 회부받은 날부터 '60일' 이내에 심의·의결하여야 한다(법 제29조 제3항 본문).

③ 지적측량 적부심사청구를 회부받은 지방지적위원회는 부득이한 경우에 심의기간을 해당 지적위원회의 의결을 거쳐 '30일' 이내에서 한 번만 연장할 수 있다(법 제29조 제3항 단서).

⑤ 의결서를 받은 자가 지방지적위원회의 의결에 불복하는 경우에는 그 의결서를 받은 날부터 90일 이내에 '국토교통부장관'을 거쳐 중앙지적위원회에 재심사를 청구할 수 있다(법 제29조 제6항).

7 난이도 하 답 ①

| 영 역 | 토지의 등록

| 키워드 | 토지이동현황 조사계획

| 해 설 | 지적공부에 등록하는 지번·지목·면적·경계 또는 좌표는 토지의 이동이 있을 때 토지소유자의 신청을 받아 지적소관청이 결정한다. 다만, 신청이 없으면 지적소관청이 직권으로 조사·측량하여 결정할 수 있다(법 제64조 제2항). 지적소관청은 토지의 이동현황을 직권으로 조사·측량하여 토지의 지번·지목·면적·경계 또는 좌표를 결정하려는 때에는 '토지이동현황 조사계획'을 수립하여야 한다(규칙 제59조 제1항).

8 난이도 중 답 ⑤

| 영 역 | 지적공부 및 부동산종합공부

| 키워드 | 공유지연명부, 대지권등록부의 등록사항

| 해 설 | ㄱ, ㄴ, ㄷ, ㄹ, ㅁ 모두 공유지연명부와 대지권등록부의 공통 등록사항이다.

| 보충하기 | 공유지연명부와 대지권등록부의 등록사항
공유지연명부와 대지권등록부 등록사항은 다음과 같다.

공유지연명부	대지권등록부
1. 토지의 소재	1. 토지의 소재
2. 지번	2. 지번
3. 소유자의 성명(또는 명칭)·주소·주민등록번호	3. 소유자의 성명(또는 명칭)·주소·주민등록번호
4. 토지소유자가 변경된 날과 그 원인	4. 토지소유자가 변경된 날과 그 원인
5. 소유권 지분	5. 소유권 지분
6. 토지의 고유번호	6. 토지의 고유번호
7. 필지별 공유지연명부의 장번호	7. 집합건물별 대지권등록부의 장번호
	8. 건물의 명칭
	9. 전유부분의 건물표시
	10. 대지권 비율

9 난이도 중 답 ②

| 영 역 | 지적측량

| 키워드 | 지적측량 의뢰

| 해 설 | 토지소유자 등 이해관계인은 「공간정보의 구축 및 관리 등에 관한 법률」 제23조 제1항의 사유로 지적측량을 할 필요가 있는 경우에는 지적측량수행자에게 지적측량을 의뢰하여야 한다. 다만, 지적측량성과를 검사하기 위한 검사측량과 지적재조사사업에 따라 토지의 이동이 있는 경우 실시하는 지적재조사측량은 지적측량 의뢰의 대상에서 제외된다(법 제24조 제1항).

10 난이도 **중** 답 ②

| 영 역 | **토지의 이동 및 지적정리**

| 키워드 | **축척변경위원회의 구성**

| 해 설 | 축척변경위원회는 '5명' 이상 10명 이하의 위원으로 구성하되, 위원의 2분의 1 이상을 토지소유자로 하여야 한다. 이 경우 그 축척변경 시행지역의 토지소유자가 '5명' 이하일 때에는 토지소유자 전원을 위원으로 위촉하여야 한다(영 제79조 제1항). 위원장은 위원 중에서 '지적소관청'이 지명한다(영 제79조 제2항).

11 난이도 **중** 답 ⑤

| 영 역 | **지적공부 및 부동산종합공부**

| 키워드 | **부동산종합공부 종합문제**

| 해 설 | 부동산종합공부를 열람하거나 부동산종합공부 기록사항의 전부 또는 일부에 관한 증명서(=부동산종합증명서)를 발급받으려는 자는 '지적소관청이나 읍·면·동의 장'에게 신청할 수 있다(법 제76조의4).

12 난이도 **상** 답 ④

| 영 역 | **지적공부 및 부동산종합공부**

| 키워드 | **지적공부의 보존**

| 해 설 | ㄹ. 부책으로 된 토지대장·임야대장 및 공유지연명부는 지적공부 보관상자에 넣어 보관하고, 카드로 된 토지대장·임야대장·공유지연명부·대지권등록부 및 경계점좌표등록부는 100장 단위로 바인더(binder)에 넣어 보관하여야 한다(규칙 제66조 제1항).

13 난이도 **중** 답 ①

| 영 역 | **등기절차 총론**

| 키워드 | **관공서의 촉탁등기**

| 해 설 | 「부동산등기법」 제29조 제11호는 그 등기명의인이 등기신청을 하는 경우에 적용되는 규정이므로, 관공서가 등기촉탁을 하는 경우에는 등기기록과 대장상의 부동산의 표시가 부합하지 아니하더라도 그 등기촉탁을 수리하여야 한다(등기예규 제1810호).

14 난이도 **상** 답 ②

| 영 역 | **등기절차 총론**

| 키워드 | **단독신청**

| 해 설 | ㄱ. 가등기명의인은 단독으로 가등기의 말소등기를 신청할 수 있다(법 제93조 제1항).

ㄴ. 수용으로 인한 소유권이전등기는 등기권리자가 단독으로 신청할 수 있으므로(법 제99조 제1항), 한국토지주택공사는 등기권리자로서 소유권이전등기를 단독으로 신청할 수 있다.

ㄷ. 근저당권의 채권최고액을 감액하는 근저당권자의 변경등기는 근저당권설정자와 근저당권자가 공동으로 신청한다.

ㄹ. 포괄유증을 원인으로 하는 수증자의 소유권이전등기는 수증자를 등기권리자로 하고 상속인 또는 유언집행자를 등기의무자로 하여 공동으로 신청한다.

15 난이도 **중** 답 ④

| 영 역 | **등기절차 총론**

| 키워드 | **등기의 당사자능력**

| 해 설 | 「민법」상 조합은 법률행위의 주체가 될 수 없으므로, 근저당권설정등기에서 근저당권설정자나 근저당권자 및 채무자가 될 수 없다.

16 난이도 상   답 ⑤

| 영 역 | 등기절차 총론

| 키워드 | 검인 대상

| 해 설 | 계약을 원인으로 하여 소유권이전등기를 신청하는 때에는 계약의 종류를 불문하고 검인을 받아야 한다. 그 예로는 매매·교환·증여계약서뿐만 아니라 공유물분할협의서, 신탁해지약정서, 명의신탁해지약정서, 양도담보계약서 등이 있다. 반면, 법률의 규정(경매, 진정명의회복, 수용 등)인 경우는 검인의 대상이 아니다.

17 난이도 중   답 ③

| 영 역 | 각종 권리의 등기절차

| 키워드 | 거래가액

| 해 설 | ㄱ. 공유물분할금지약정이 등기된 부동산에 대하여 그 약정상 금지기간 동안에는 공유물의 분할이 허용되지 않지만, 소유권의 일부인 지분을 이전하는 것은 허용된다.
ㄹ. 공유물분할금지약정이 등기된 경우, 그 약정의 변경등기는 공유자 전원이 공동으로 신청한다.

18 난이도 상   답 ④

| 영 역 | 각종 권리의 등기절차

| 키워드 | 전세권등기

| 해 설 | ④ 건물전세권이 법정갱신된 이후 전세권을 목적으로 저당권을 설정하기 위해서는 우선 존속기간에 대한 변경등기를 선행하여야 한다. 존속기간 연장의 변경등기를 하지 않으면 전세권에 대한 저당권을 설정할 수 없다.
② 등기원인(=계약)에 존속기간의 약정이 있는 경우에 존속기간을 기록하여야 한다.

19 난이도 상   답 ①

| 영 역 | 각종 권리의 등기절차

| 키워드 | 공동저당

| 해 설 | 등기관이 1개 또는 여러 개의 부동산에 관한 권리를 목적으로 하는 저당권설정의 등기를 한 후 동일한 채권에 대하여 다른 1개 또는 여러 개의 부동산에 관한 권리를 목적으로 하는 저당권설정의 등기를 할 때에는 공동담보 목적으로 새로 추가되는 부동산의 등기기록에는 그 등기의 '끝부분'에 공동담보라는 뜻을 기록하고 종전에 등기한 부동산의 등기기록에는 해당 등기에 '부기등기'로 그 뜻을 기록하여야 한다(규칙 제135조 제3항).

20 난이도 중   답 ③

| 영 역 | 등기의 기관과 그 설비

| 키워드 | 등기부 종합문제

| 해 설 | 누구든지 수수료를 내고 대법원규칙으로 정하는 바에 따라 폐쇄한 등기기록에 기록되어 있는 사항의 전부 또는 일부의 열람과 이를 증명하는 등기사항증명서의 발급을 청구할 수 있다(법 제20조 제3항).

21 난이도 중   답 ⑤

| 영 역 | 각종 권리의 등기절차

| 키워드 | 환매특약등기의 등기사항

| 해 설 | 등기관이 환매특약의 등기를 할 때에는 매수인이 지급한 대금과 매매비용을 기록하여야 한다. 다만, 환매기간은 등기원인에 그 사항이 정하여져 있는 경우에만 기록한다(법 제53조).

| 영 역 | 각종의 등기절차

| 키워드 | 가등기 종합문제

| 해 설 | 등기관이 소유권이전등기청구권보전 가등기에 의하여 소유권이전의 본등기를 한 경우에는 가등기 후 본등기 전에 마쳐진 등기 중 다음의 등기를 제외하고는 모두 직권으로 말소한다.

1. 해당 가등기상 권리를 목적으로 하는 가압류등기나 가처분등기
2. 가등기 전에 마쳐진 가압류에 의한 강제경매개시결정등기
3. 가등기 전에 마쳐진 담보가등기, 전세권 및 저당권에 의한 임의경매개시결정등기
4. 가등기권자에게 대항할 수 있는 주택임차권등기, 주택임차권설정등기, 상가건물임차권등기, 상가건물임차권설정등기

| 영 역 | 등기제도 총칙

| 키워드 | 등기의 효력

| 해 설 | ③ 전 소유자가 사망한 이후에 그 명의로 신청되어 경료된 소유권이전등기는 원인무효의 등기라고 볼 것이어서 그 등기의 추정력을 인정할 여지가 없으므로(대판 2004.9.3, 2003다3157), 사망자 명의의 신청으로 마쳐진 이전등기에 대해서는 그 등기의 무효를 주장하는 자가 현재의 실체관계와 부합하지 않음을 증명할 책임이 있는 것이 아니라 그 등기의 유효를 주장하는 자가 입증책임을 부담한다.

④ 가등기에는 실체법상의 권리가 인정되지 않으므로 가등기만으로는 제3자에 대한 권리행사가 인정되지 않는다.

⑤ 폐쇄된 등기기록은 현재 등기로서 효력이 없는 것으로 경정등기를 실행할 이익이 없다.

| 영 역 | 각종 권리의 등기절차

| 키워드 | 신탁등기

| 해 설 | ㄴ. 규칙 제143조

ㄷ. 「부동산등기법」 제85조의2

ㄱ. 법원이 신탁 변경의 재판을 한 경우 지체 없이 신탁원부 기록의 변경등기를 등기소에 촉탁하여야 한다(법 제85조 제1항).

ㄹ. 신탁등기의 신청은 해당 부동산에 관한 권리의 설정등기, 보존등기, 이전등기 또는 변경등기의 신청과 동시에 하여야 한다(법 제82조 제1항). 다만, 수익자나 위탁자가 수탁자를 대위하여 신탁등기를 신청하는 경우에는 동시신청 규정을 적용하지 않는다(법 제82조 제2항 단서).

문제편 ▶ p.202

☑ 시험결과(부동산공시법 + 부동산세법)

응시자(명)	과락자(명)	응시자 평균점수(점)	합격자 평균점수(점)
91,558	38,051	44.42	63.36

⇨ **나의 점수:** _____

☑ 한영규 교수님의 시험 총평

> 전반적으로 무난한 난이도의 시험이었습니다. 제31회 시험에 비해 재산세의 비중이 줄고 종합부동산세의 비중이 높아진 것이 큰 특징이었습니다. 세율문제가 1문제 출제되었는데, 과세표준을 알아야 풀 수 있는 상당히 난이도가 있는 문제였습니다. 또한 시가표준액에 대해 묻는 문제가 출제되어 이 부분도 수험생들의 어려움이 있었으리라 생각됩니다. 이외에는 평이하였습니다.

☑ 출제 문항별 영역 > 키워드 & 기본서 연계 페이지

문항	영역 > 키워드	기본서
25	취득세 > 취득세 종합문제	p.76
26	양도소득세 > 미등기양도 시 불이익	p.287
27	취득세 > 취득세 납세의무	p.83
28	재산세 > 재산세 세율	p.147
29	재산세 > 물납재산의 평가	p.161
30	취득세 > 시가표준액	p.96
31	등록에 대한 등록면허세 > 등록면허세 종합문제	p.131
32	양도소득세 > 양도소득세 종합문제	p.236
33	종합부동산세 > 재산세와 종합부동산세	p.203
34	종합부동산세 > 주택에 대한 종합부동산세	p.204
35	종합부동산세 > 토지에 대한 종합부동산세	p.212
36	양도소득세 > 양도차익의 계산	p.267
37	양도소득세 > 양도 또는 취득시기	p.244
38	양도소득세 > 국외양도자산	p.296
39	양도소득세 > 미등기양도제외자산	p.288
40	양도소득세 > 이월과세	p.278

정답 및 해설

※ 문항별 난이도가 상, 중, 하로 표시되어 있습니다.
※ 문항별 영역과 키워드를 확인하고, 취약 영역은 이론서를 통해 보충하세요.
    영역은 기본서의 CHAPTER와 동일합니다.

---

25 난이도 **중**　　　　　답 ②

| 영　역 | 취득세

| 키워드 | 취득세 종합문제

| 해　설 | 취득세 과세물건을 취득한 후에 그 과세물건이 중과세율의 적용대상이 되었을 때에는 취득한 날부터 60일 이내에 중과세율을 적용하여 산출한 세액에서 이미 납부한 세액(가산세 제외)을 공제한 금액을 신고하고 납부하여야 한다(지방세법 제20조 제2항).

---

26 난이도 **하**　　　　　답 ②

| 영　역 | 양도소득세

| 키워드 | 미등기양도 시 불이익

| 해　설 | ㄷ. 미등기양도 시 저율의 필요경비 개산공제를 적용한다(0.3% 등).

---

27 난이도 **상**　　　　　답 ⑤

| 영　역 | 취득세

| 키워드 | 취득세 납세의무

| 해　설 | ① 토지의 지목을 사실상 변경함으로써 그 가액이 증가한 경우에는 취득으로 본다(지방세법 제7조 제4항).
② 상속회복청구의 소에 의한 법원의 확정판결에 의하여 특정 상속인이 당초 상속분을 초과하여 취득하게 되는 재산가액은 상속분이 감소한 상속인으로부터 증여받아 취득한 것으로 보지 아니한다(지방세법 제7조 제13항 제2호).
③ 권리의 이전이나 행사에 등기 또는 등록이 필요한 부동산을 직계존속과 서로 교환한 경우에는 유상으로 취득한 것으로 본다(지방세법 제7조 제11항 제3호).
④ 증여로 인한 승계취득의 경우 해당 취득물건을 등기·등록하지 아니하고 취득일부터 취득일이 속하는 달의 말일부터 3개월 이내에 공증받은 공정증서에 의하여 계약이 해제된 사실이 입증되는 경우에는 취득한 것으로 보지 아니한다(지방세법 시행령 제20조 제1항 제2호).

---

28 난이도 **상**　　　　　답 ④

| 영　역 | 재산세

| 키워드 | 재산세 세율

| 해　설 | ④ 1천분의 2.5
① 1천분의 2
② 1천분의 2
③ 1천분의 0.7
⑤ 1천분의 1.5

---

29 난이도 **상**　　　　　답 ③

| 영　역 | 재산세

| 키워드 | 물납재산의 평가

| 해　설 | 재산세 물납신청을 받은 시장·군수·구청장이 물납을 허가하는 경우 물납을 허가하는 부동산의 가액은 과세기준일 현재의 시가로 한다(지방세법 시행령 제115조 제1항).

---

30 난이도 **중**　　　　　답 ①

| 영　역 | 취득세

| 키워드 | 시가표준액

| 해　설 | ㄴ, ㄷ. 시가표준액은 국토교통부장관이 결정 또는 산정한 가격이 아니라 특별자치시장·특별자치도지사·시장·군수 또는 구청장이 산정한다.

| 보충하기 | 「지방세법」 제4조

> 「지방세법」 제4조(부동산 등의 시가표준액) ① 이 법에서 적용하는 토지 및 주택에 대한 시가표준액은 「부동산 가격공시에 관한 법률」에 따라 공시된 가액(價額)으로 한다. 다만, 개별공시지가 또는 개별주택가격이 공시되지 아니한 경우에는 특별자치시장·특별자치도지사·시장·군수 또는 구청장(자치구의 구청장을 말한다. 이하 같다)이 같은 법에 따라 국토교통부장관이 제공한 토지가격비준표 또는 주택가격비준표를 사용하여 산정한 가액으로 하고, 공동주택가격이 공시되지 아니한 경우에는 대통령령으로 정하는 기준에 따라 특별자치시장·특별자치도지사·시장·군수 또는 구청장이 산정한 가액으로 한다.

제32회 정답 및 해설　**135**

| 영 역 | 등록에 대한 등록면허세
| 키워드 | 등록면허세 종합문제
| 해 설 | ① 과세표준은 3억원이다(지방세법 제28조 제1항 제1호 다목 4).
② 표준세율은 전세보증금의 1천분의 2이다(지방세법 제28조 제1항 제1호 다목 4).
③ 납부세액은 60만원(3억원의 1천분의 2)이다(지방세법 제28조 제1항 제1호 다목 4).
⑤ 납세지는 甲의 부동산 소재지이다(지방세법 제25조 제1항 제1호).

| 영 역 | 양도소득세
| 키워드 | 양도소득세 종합문제
| 해 설 | 양도소득세의 예정신고만으로도 甲의 양도소득세 납세의무가 확정된다(국세기본법 제22조 제2항 제1호).

| 영 역 | 종합부동산세
| 키워드 | 재산세와 종합부동산세
| 해 설 | 甲의 주택분 종합부동산세액의 결정세액은 주택분 종합부동산세액에서 다음의 산식에 따라 산정한 재산세액을 공제하여 계산한다(종합부동산세법 시행령 제4조의3 제1항).

「지방세법」 제112조 제1항 제1호에 따라 주택분 재산세로 부과된 세액의 합계액	×	(법 제8조 제1항에 따른 주택분 종합부동산세의 과세표준 × 「지방세법 시행령」 제109조 제2호에 따른 공정시장가액비율) × 「지방세법」 제111조 제1항 제3호에 따른 표준세율
		주택을 합산하여 주택분 재산세 표준세율로 계산한 재산세 상당액

| 영 역 | 종합부동산세
| 키워드 | 주택에 대한 종합부동산세
| 해 설 | ① 과세기준일 현재 세대원 중 1인과 그 배우자만이 공동으로 1주택을 소유하고 해당 세대원 및 다른 세대원이 다른 주택을 소유하지 아니한 경우 9월 16일부터 9월 30일까지 신청한 경우 공동명의 1주택자를 해당 1주택에 대한 납세의무자로 한다(종합부동산세법 제10조의2 제1항·제2항).
③ 1세대가 일반 주택과 합산배제 신고한 임대주택을 각각 1채씩 소유한 경우 해당 일반 주택에 그 주택소유자가 과세기준일 현재 그 주택에 주민등록이 되어 있고 실제로 거주하고 있는 경우에 1세대 1주택자에 해당한다(종합부동산세법 시행령 제2조의3 제2항).
④ 1세대 1주택자는 주택의 공시가격을 합산한 금액에서 12억원을 공제한 금액에 공정시장가액비율을 곱한 금액을 과세표준으로 한다(종합부동산세법 제8조 제1항 제1호).
⑤ 1세대 1주택자에 대하여는 주택분 종합부동산세 산출세액에서 소유자의 연령과 주택 보유기간에 따른 공제액을 공제율 합계 100분의 80의 범위에서 중복하여 공제한다(종합부동산세법 제9조 제5항).

| 영 역 | 종합부동산세
| 키워드 | 토지에 대한 종합부동산세
| 해 설 | ① 재산세 과세대상 중 분리과세대상 토지는 종합부동산세 과세대상이 아니다(종합부동산세법 제12조).
② 관할 세무서장은 종합부동산세로 납부하여야 할 세액이 250만원을 초과하는 경우에는 대통령령으로 정하는 바에 따라 그 세액의 일부를 납부기한이 지난 날부터 6개월 이내에 분납하게 할 수 있다(종합부동산세법 제20조).

④ 납세자에게 부정행위가 없으며 특례제척기간에 해당하지 않는 경우 원칙적으로 납세의무 성립일부터 5년이 지나면 종합부동산세를 부과할 수 없다(국세기본법 제26조의2 제1항).
⑤ 별도합산과세대상인 토지의 과세표준 금액에 대하여 해당 과세대상 토지의 토지분 재산세로 부과된 세액(지방세법 제111조 제3항에 따라 가감조정된 세율이 적용된 경우에는 그 세율이 적용된 세액, 같은 법 제122조에 따라 세부담 상한을 적용받은 경우에는 그 상한을 적용받은 세액을 말한다)은 토지분 별도합산세액에서 이를 공제한다(종합부동산세법 제14조 제6항).

---

36 난이도 상 | 답 ②

| 영 역 | 양도소득세
| 키워드 | 양도차익의 계산
| 해 설 |

1. 양도가액   5억원

   취득가액   (−) 2억 5천만원(5억원 × $\frac{2억원}{4억원}$)

   기타 필요경비 (−) 6백만원(2억원 × 3%)

   양도차익   (=)2억 4천4백만원

2. 양도가액   5억원
   취득가액   0원
   기타 필요경비 (−) 2억 6천만원
   양도차익   (=) 2억 4천만원

위 1.과 2.의 방법 중 선택 가능하며, 양도차익을 최소화하는 방향은 위 2. 방법에 의한 2억 4천만원이다.

---

37 난이도 중 | 답 ①

| 영 역 | 양도소득세
| 키워드 | 양도 또는 취득시기
| 해 설 | 「도시개발법」에 따라 교부받은 토지의 면적이 환지처분에 의한 권리면적보다 증가 또는 감소된 경우: 환지처분의 공고가 있은 날의 다음 날(소득세법 시행령 제162조 제1항 제9호)

---

38 난이도 중 | 답 ①

| 영 역 | 양도소득세
| 키워드 | 국외양도자산
| 해 설 | 국외자산 양도 시에는 기준시가의 산정 규정을 준용하지 않는다. 따라서 필요경비개산공제를 적용할 수 없다.

---

39 난이도 중 | 답 ⑤

| 영 역 | 양도소득세
| 키워드 | 미등기양도제외자산
| 해 설 | ㄱ, ㄴ, ㄷ 모두 미등기로 보지 아니한다(소득세법 시행령 제168조 제1항).

---

40 난이도 상 | 답 ④

| 영 역 | 양도소득세
| 키워드 | 이월과세
| 해 설 | ① 이월과세를 적용하는 경우 거주자가 배우자로부터 증여받은 자산에 대하여 납부한 증여세를 필요경비에 산입한다(소득세법 제97조의2 제1항).
② 이월과세를 적용받은 자산의 보유기간은 증여한 배우자가 그 자산을 취득한 날부터 기산한다(소득세법 제95조 제4항).
③ 거주자가 양도일부터 소급하여 10년 이내에 그 배우자(양도 당시 사망으로 혼인관계가 소멸된 경우 제외)로부터 증여받은 토지를 양도할 경우에 이월과세를 적용한다(소득세법 제97조의2 제1항).
⑤ 이월과세를 적용하여 계산한 양도소득결정세액이 이월과세를 적용하지 않고 계산한 양도소득결정세액보다 적은 경우에는 이월과세를 적용하지 아니한다(소득세법 제97조의2 제2항 제3호).

문제편 ▶ p.210

☑ 시험결과

응시자(명)	과락자(명)	응시자 평균점수(점)	합격자 평균점수(점)
75,206	24,713	51.42	76.26

⇨ 나의 점수: _____

☑ 임선정 교수님의 시험 총평

제31회 시험은 제30회 시험에 비해 틀린 것을 찾는 부정형 문제보다는 옳은 것을 찾는 긍정형 문제가 다수 출제되었습니다. 즉, 단순히 그 문제의 답만 알아도 되는 것이 아니라 전반적인 내용을 파악하여야만 풀 수 있는 문제들이 출제되었습니다. 또한, 박스형 문제도 여전히 다수 출제되어 지문의 내용을 정확하게 알아야 답을 구할 수 있었습니다.

☑ 출제 문항별 영역 > 키워드 & 기본서 연계 페이지

문항	영역 > 키워드	기본서	문항	영역 > 키워드	기본서
1	개업공인중개사의 의무 및 책임 > 확인·설명	p.193	21	공인중개사협회 및 교육·보칙·신고센터 등 > 교육	p.250
2	중개사무소 개설등록 및 결격사유 > 개설등록	p.67	22	벌칙(행정벌) > 과태료 부과대상자 및 부과기관	p.307
3	중개사무소 개설등록 및 결격사유 > 결격사유	p.85	23	중개계약 및 부동산거래정보망 > 거래정보사업자의 지정요건	p.165
4	공인중개사법령 총칙 > 중개대상물	p.31	24	지도·감독 및 행정처분 > 자격취소사유·자격정지사유	p.296
5	지도·감독 및 행정처분 > 자격취소사유	p.296	25	벌칙(행정벌) > 행정형벌	p.310
6	중개업무 > 법인의 겸업가능 범위	p.105	26	부동산 거래신고 등에 관한 법률 > 이행강제금	p.406
7	중개업무 > 분사무소의 설치	p.119	27	부동산 거래신고 등에 관한 법률 > 외국인등의 부동산 취득	p.369
8	중개업무 > 분사무소의 설치신고 및 폐업신고	p.120	28	부동산 거래신고 등에 관한 법률 > 토지거래허가구역	p.380
9	중개업무 > 인장등록	p.138	29	지도·감독 및 행정처분 > 효과승계, 위반행위승계	p.292
10	중개업무 > 중개사무소 명칭	p.116	30	중개업무 > 고용인 고용 및 종료신고	p.109
11	중개업무 > 표시·광고	p.132	31	개별적 중개실무 > 계약명의신탁	p.565
12	중개사무소 개설등록 및 결격사유 > 중개사무소등록증 등의 게시	p.79	32	개별적 중개실무 > 상가건물 임대차보호법	p.600
13	중개업무 > 중개사무소의 이전	p.125	33	개별적 중개실무 > 주택임대차보호법	p.571
14	중개업무 > 휴업 및 폐업	p.142	34	중개계약 및 부동산거래정보망 > 일반중개계약서와 전속중개계약서	p.156
15	개업공인중개사의 의무 및 책임 > 거래계약서의 작성	p.202	35	부동산 거래신고 등에 관한 법률 > 부동산 거래신고	p.324
16	손해배상책임과 반환채무이행보장 > 업무보증의 설정 및 보전규정	p.214	36	개별적 중개실무 > 경매절차	p.618
17	중개업무 > 업무상 책임	p.111	37	개별적 중개실무 > 매수신청대리	p.632
18	중개보수 > 중개보수	p.228	38	중개대상물 조사 및 확인 > 확인·설명서	p.515
19	개업공인중개사의 의무 및 책임 > 금지행위	p.180	39	중개보수 > 중개보수 계산	p.231
20	중개계약 및 부동산거래정보망 > 지정취소사유	p.171	40	부동산 거래신고 등에 관한 법률 > 부동산 거래신고	p.324

정답 및 해설

1 난이도 중 답 ④

| 영 역 | 개업공인중개사의 의무 및 책임

| 키워드 | 확인·설명

| 해 설 | ① 중개보조원은 중개대상물에 관한 확인·설명의무는 없으며, 확인·설명의무는 개업공인중개사에게 있다(법 제25조 제1항).

② 소속공인중개사의 정의에서 '개업공인중개사인 법인의 사원 또는 임원으로서 공인중개사인 자를 포함한다'라고 규정하고 있으므로 '소속공인중개사는 그 소속 개업공인중개사인 법인의 임원이 될 수 있다'로 고쳐야 옳은 내용이 된다.

③ 외국인도 자격시험에 응시하여 공인중개사가 될 수 있다.

⑤ 「공인중개사법 시행령」 제21조 제1항에서 규정하고 있는 확인·설명사항에는 토지이용계획, 공법상의 거래규제 및 이용제한에 관한 사항이 있다. 따라서 토지이용계획은 주거용 건축물 매매계약의 중개의뢰를 받은 개업공인중개사가 확인·설명해야 할 사항에 포함된다.

| 보충하기 | 확인·설명사항

1. 중개대상물의 종류·소재지·지번·지목·면적·용도·구조 및 건축연도 등 중개대상물에 관한 기본적인 사항
2. 소유권·전세권·저당권·지상권 및 임차권 등 중개대상물의 권리관계에 관한 사항
3. 거래예정금액·중개보수 및 실비의 금액과 그 산출내역
4. 토지이용계획, 공법상 거래규제 및 이용제한에 관한 사항
5. 수도·전기·가스·소방·열공급·승강기 및 배수 등 시설물의 상태
6. 벽면·바닥면 및 도배의 상태
7. 일조·소음·진동 등 환경조건
8. 도로 및 대중교통수단과의 연계성, 시장·학교와의 근접성 등 입지조건
9. 중개대상물에 대한 권리를 취득함에 따라 부담하여야 할 조세의 종류 및 세율

| 보충하기 | 주택 임대차 중개의 경우에만 확인·설명해야 하는 사항

1. 관리비 금액과 그 산출내역
2. 「주택임대차보호법」에 따른 임대인의 정보제시의무 및 같은 법에 따른 보증금 중 일정액의 보호에 관한 사항
3. 「주민등록법」에 따른 전입세대확인서의 열람 또는 교부에 관한 사항
4. 「민간임대주택에 관한 특별법」에 따른 임대보증금에 대한 보증에 관한 사항(중개대상물인 주택이 같은 법에 따른 민간임대주택인 경우만 해당)

2 난이도 중 답 ①

| 영 역 | 중개사무소 개설등록 및 결격사유

| 키워드 | 개설등록

| 해 설 | ② 법인의 등록기준은 「상법」상 회사 또는 「협동조합 기본법」에 따른 협동조합(사회적 협동조합은 제외)으로서 자본금이 5천만원 이상이어야 한다. 따라서 자본금이 1천만원 이상인 「협동조합 기본법」상 협동조합은 개설등록을 할 수 없다.

③ 합명회사가 개설등록을 하려면 대표자는 공인중개사이어야 하고, 대표자를 제외한 임원 또는 사원의 3분의 1 이상이 공인중개사이어야 한다.

④ 공인중개사나 법인이 개설등록을 할 수 있으므로 법인 아닌 사단은 개설등록을 할 수 없다.

⑤ 중개사무소를 확보하려면 소유·전세·임대차 또는 사용대차 등의 방법에 의하여 사용권을 확보하여야 한다. 따라서 개설등록을 하려면 소유권에 의하여 사무소의 사용권을 확보하여야 하는 것은 아니다.

| 영 역 | 중개사무소 개설등록 및 결격사유

| 키워드 | 결격사유

| 해 설 | ㄴ. 피성년후견인과 피한정후견인은 결격사유에 해당하지만, 피특정후견인은 결격사유에 해당하지 않는다.

ㄹ. 법인의 해산으로 등록이 취소되어도 3년의 결격사유기간의 규정은 적용되지 않으므로, 중개사무소 개설등록이 취소된 후 3년이 지나지 않은 경우라도 중개사무소의 개설등록이 가능하다.

| 영 역 | 공인중개사법령 총칙

| 키워드 | 중개대상물

| 해 설 | ㄴ. 판례에 의하면, 영업용 건물의 영업시설·비품 등 유형물이나 거래처, 신용, 영업상의 노하우 또는 점포위치에 따른 영업상의 이점 등 무형의 재산적 가치는 중개대상물이라고 할 수 없다(대판 2009.1.15, 2008도9427).

| 보충하기 | 중개대상물 내용

1.

구분	중개대상물	중개사무소
미등기 건축물	○	○
무허가 건축물	○	×

2. ┌ 분양권 ○ ⇨ 판례 ⇨ 장래 건축물 ○
　 └ 입주권
　　　 ㉠ 입주자로 선정된 지위 ⇨ 중개대상 ×
　　　 ㉡ 건축 완료 ⇨ 현실적 제공(판례) ⇨ 중개대상 ○
3. 대토권 ⇨ 지위, 특정되지 않았으므로 ⇨ 중개대상 ×
4. 세차장 구조물(self) ⇨ 판례 ⇨ 건축물(지붕, 기둥과 주벽) ×
5. 권리금 ⇨ 판례 ⇨ 중개대상 ×
6. 무체재산권 ⇨ 중개대상 ×

| 영 역 | 지도·감독 및 행정처분

| 키워드 | 자격취소사유

| 해 설 | 공인중개사가 다른 사람에게 자기의 성명을 사용하여 중개업무를 하게 하거나 다른 사람에게 자격증을 양도 또는 대여한 경우, 자격취소사유에 해당한다.

| 영 역 | 중개업무

| 키워드 | 법인의 겸업가능 범위

| 해 설 | ㄱ. 분양대행은 상업용 건축물 및 주택의 경우 겸업이 가능하다. 따라서 주택용지는 분양대행의 대상이 아니다.

ㄷ. 부동산의 이용·개발 및 거래에 관한 상담업무는 겸업가능한 업무에 해당한다. 하지만 금융의 알선은 겸업가능한 업무에 해당하지 않는다.

ㄹ. 「민사집행법」에 의한 경매 및 「국세징수법」, 그 밖의 법령에 의한 공매대상 부동산에 대한 권리분석 및 취득의 알선과 매수신청 또는 입찰신청의 대리업무는 겸업가능한 업무에 해당한다. 하지만 동산은 겸업가능한 업무에 해당하지 않는다.

| 보충하기 | 중개법인의 업무(겸업)

1. 중개업
2. 상업용 건축물 및 주택의 임대관리 등 부동산의 관리대행
3. 부동산의 이용·개발 및 거래에 관한 상담 ⇨ 컨설팅
4. 개업공인중개사를 대상으로 한 중개업의 경영기법 및 경영정보의 제공 ⇨ 프랜차이즈
5. 상업용 건축물 및 주택의 분양대행
6. 그 밖에 중개업에 부수되는 업무로서 대통령령이 정하는 업무인 중개의뢰인의 의뢰에 따른 도배·이사업체의 소개 등 주거이전에 부수되는 용역의 알선
7. 「민사집행법」에 의한 경매 및 「국세징수법」, 그 밖의 법령에 의한 공매대상 부동산에 대한 권리분석 및 취득의 알선과 매수신청 또는 입찰신청의 대리

7 난이도 중 답 ③

| 영 역 | 중개업무

| 키워드 | 분사무소의 설치

| 해 설 | ① 분사무소는 주된 사무소의 소재지가 속한 시·군·구를 제외한 시·군·구별로 설치가 가능하다. 따라서 군(郡)에 주된 사무소가 설치된 경우 동일 군(郡)에 분사무소를 둘 수 없다.

② 법인인 개업공인중개사가 분사무소를 설치하고자 하는 경우에는 인가를 받는 것이 아니라 신고하여야 한다.

④ 다른 법률의 규정에 따라 중개업을 할 수 있는 법인의 분사무소에는 공인중개사를 책임자로 두지 않아도 된다.

⑤ 분사무소의 책임자인 공인중개사는 시·도지사가 실시하는 실무교육을 받아야 한다.

8 난이도 중 답 ③, ④

| 영 역 | 중개업무

| 키워드 | 분사무소의 설치신고 및 폐업신고

| 해 설 | ③ 분사무소의 설치신고를 하는 경우 제출되어야 하는 서류는 다음과 같다.

1. 분사무소 설치신고서
2. 분사무소 책임자의 실무교육의 수료확인증 사본
3. 보증의 설정을 증명할 수 있는 서류
4. 건축물대장에 기재된 건물에 분사무소를 확보(소유·전세·임대차 또는 사용대차 등의 방법에 의하여 사용권을 확보하여야 함)하였음을 증명하는 서류

④ 주된 사무소는 중개사무소의 개설등록을 하므로 중개사무소등록증 원본을 첨부하여 폐업신고를 하여야 한다. 하지만 분사무소의 경우 중개사무소의 개설등록을 하는 것이 아니라 설치신고를 하므로 등록증과는 무관하다. 따라서 중개사무소등록증 원본 또는 사본이 첨부되어야 하는 경우에 해당하지 않는다.

9 난이도 중 답 ⑤

| 영 역 | 중개업무

| 키워드 | 인장등록

| 해 설 | ① 개업공인중개사 및 소속공인중개사는 업무개시 전에 중개행위에 사용할 인장을 등록하여야 한다. 하지만 중개보조원은 인장등록의무가 없다.

② 개업공인중개사가 등록한 인장을 변경한 경우 변경일부터 7일 이내에 그 변경된 인장을 등록관청에 등록(전자문서에 의한 등록을 포함)하면 된다.

③ 분사무소에서 사용할 인장은 주된 사무소의 등록관청에 등록해야 한다.

④ 분사무소에서 사용할 인장은 「상업등기규칙」에 따라 법인의 대표자가 보증하는 인장을 등록할 수 있으며, 「상업등기규칙」에 따른 인감증명서의 제출로 갈음한다.

10 난이도 중 답 ①

| 영 역 | 중개업무

| 키워드 | 중개사무소 명칭

| 해 설 | ② 공인중개사가 중개사무소의 개설등록을 하지 않은 경우, 그 사무소에 '공인중개사사무소' 또는 '부동산중개'라는 명칭을 사용할 수 없다.

③ 공인중개사인 개업공인중개사가 관련 법령에 따른 옥외광고물을 설치하는 경우, 중개사무소등록증에 표기된 개업공인중개사(법인의 경우에는 대표자, 법인 분사무소의 경우에는 신고확인서에 기재된 책임자)의 성명을 표기하여야 한다.

④ 중개사무소 개설등록을 하지 않은 공인중개사가 '부동산중개'라는 명칭을 사용한 경우, 등록관청은 그 명칭이 사용된 간판 등의 철거를 명할 수 있다.

⑤ 개업공인중개사가 의뢰받은 중개대상물에 대하여 표시·광고를 하려는 경우, 다음의 사항을 명시하여야 한다.

1. 중개사무소의 명칭, 소재지, 연락처 및 등록번호
2. 개업공인중개사의 성명(법인인 경우에는 대표자의 성명)

| 영　역 | 중개업무

| 키워드 | 표시·광고

| 해　설 | ① 개업공인중개사가 의뢰받은 중개대상물에 대하여 표시·광고를 하는 경우 중개보조원에 관한 사항은 명시해서는 아니 된다.

③ 중개대상물의 내용을 사실과 다르게 거짓으로 표시·광고한 자를 신고한 자는 포상금 지급대상에 포함되지 않는다. 다음의 사람을 신고할 경우 포상금을 지급한다.

> 1. 중개사무소의 개설등록을 하지 아니하고 중개업을 한 자
> 2. 거짓이나 그 밖의 부정한 방법으로 중개사무소의 개설등록을 한 자
> 3. 중개사무소등록증을 다른 사람에게 양도·대여하거나 다른 사람으로부터 양수·대여받은 자
> 4. 공인중개사자격증을 다른 사람에게 양도·대여하거나 다른 사람으로부터 양수·대여받은 자
> 5. 개업공인중개사가 아닌 자는 중개대상물에 대한 표시·광고를 하여서는 아니 된다는 규정을 위반한 자
> 6. 부당한 이익을 얻거나 제3자에게 부당한 이익을 얻게 할 목적으로 거짓으로 거래가 완료된 것처럼 꾸미는 등 중개대상물의 시세에 부당한 영향을 주거나 줄 우려가 있는 행위를 한 자
> 7. 단체를 구성하여 특정 중개대상물에 대하여 중개를 제한하거나 단체 구성원 이외의 자와 공동중개를 제한하는 행위를 한 자
> 8. 안내문, 온라인 커뮤니티 등을 이용하여 특정 개업공인중개사등에 대한 중개의뢰를 제한하거나 제한을 유도하는 행위를 한 자
> 9. 안내문, 온라인 커뮤니티 등을 이용하여 중개대상물에 대하여 시세보다 현저하게 높게 표시·광고 또는 중개하는 특정 개업공인중개사등에게만 중개의뢰를 하도록 유도함으로써 다른 개업공인중개사등을 부당하게 차별하는 행위를 한 자
> 10. 안내문, 온라인 커뮤니티 등을 이용하여 특정 가격 이하로 중개를 의뢰하지 아니하도록 유도하는 행위를 한 자
> 11. 정당한 사유 없이 개업공인중개사등의 중개대상물에 대한 정당한 표시·광고 행위를 방해하는 행위를 한 자
> 12. 개업공인중개사등에게 중개대상물을 시세보다 현저하게 높게 표시·광고하도록 강요하거나 대가를 약속하고 시세보다 현저하게 높게 표시·광고하도록 유도하는 행위를 한 자

④ 인터넷을 이용하여 표시·광고를 하는 경우 다음의 사항을 명시하여야 한다.

> 1. 중개사무소의 명칭, 소재지, 연락처 및 등록번호
> 2. 개업공인중개사의 성명(법인인 경우에는 대표자의 성명)
> 3. 소재지
> 4. 면적
> 5. 가격
> 6. 중개대상물 종류
> 7. 거래 형태
> 8. 건축물 및 그 밖의 토지의 정착물인 경우에는 다음의 사항
>   ㉠ 총 층수
>   ㉡ 「건축법」 또는 「주택법」 등 관련 법률에 따른 사용승인·사용검사·준공검사 등을 받은 날
>   ㉢ 해당 건축물의 방향, 방의 개수, 욕실의 개수, 입주가능일, 주차대수 및 관리비

⑤ 인터넷을 이용한 중개대상물의 표시·광고 모니터링 업무 수탁 기관은 기본계획서에 따라 분기별로 기본 모니터링 업무를 수행한다.

| 영　역 | 중개사무소 개설등록 및 결격사유

| 키워드 | 중개사무소등록증 등의 게시

| 해　설 | ①② 실무교육 관련 수료증 원본, 사본은 게시사항에 해당하지 않는다.

④ 공인중개사자격증은 원본을 게시하여야 한다.

⑤ 분사무소설치신고확인서 원본을 게시하여야 한다.

13 난이도 중 답⑤

| 영 역 | 중개업무

| 키워드 | 중개사무소의 이전

| 해 설 | ① 중개사무소 이전신고를 받은 등록관청은 그 내용이 적합한 경우, 중개사무소등록증을 재교부하여야 한다.
② 건축물대장에 기재되지 않은 건물에 중개사무소를 확보한 경우, 건축물대장의 기재가 지연된 사유를 적은 서류도 함께 제출해야 한다.
③ 중개사무소 이전신고를 하지 않은 경우 과태료 부과대상이다.
④ 분사무소 이전신고는 이전한 날부터 10일 이내에 주된 사무소의 소재지를 관할하는 등록관청에 하면 된다.

14 난이도 중 답①

| 영 역 | 중개업무

| 키워드 | 휴업 및 폐업

| 해 설 | 폐업신고 전의 개업공인중개사에 대하여 위반행위를 사유로 행한 업무정지처분의 효과는 처분일부터 1년간 다시 개설등록을 한 자에게 승계된다.

15 난이도 중 답⑤

| 영 역 | 개업공인중개사의 의무 및 책임

| 키워드 | 거래계약서의 작성

| 해 설 | 개업공인중개사가 거래계약서에 거래금액 등 거래내용을 거짓으로 기재하거나 서로 다른 둘 이상의 계약서를 작성한 경우 상대적 등록취소사유에 해당한다. 따라서 ⑤ 지문은 "개업공인중개사가 하나의 거래계약에 대하여 서로 다른 둘 이상의 거래계약서를 작성한 경우, 등록관청은 중개사무소의 개설등록을 취소할 수 있다."로 고쳐야 맞는 지문이 된다.

16 난이도 중 답⑤

| 영 역 | 손해배상책임과 반환채무이행보장

| 키워드 | 업무보증의 설정 및 보전규정

| 해 설 | 개업공인중개사가 보증보험금·공제금 또는 공탁금으로 손해배상을 한 때에는 15일 이내에 보증보험 또는 공제에 다시 가입하거나 공탁금 중 부족하게 된 금액을 보전하여야 한다.

17 난이도 중 답④

| 영 역 | 중개업무

| 키워드 | 업무상 책임

| 해 설 | 乙의 중개행위가 금지행위에 해당하여 乙이 징역형의 선고를 받은 경우, 甲에게는 양벌규정에 의하여 해당 조(條)에 규정된 벌금형을 과한다. 다만, 甲이 그 위반행위를 방지하기 위하여 해당 업무에 관하여 상당한 주의와 감독을 게을리하지 아니한 경우에는 그러하지 아니하다.

18 난이도 중 답③

| 영 역 | 중개보수

| 키워드 | 중개보수

| 해 설 | 판례에 따르면, 甲이 중개보수 산정에 관한 지방자치단체의 조례를 잘못 해석하여 법정 한도를 초과한 중개보수를 받은 경우 「공인중개사법」 제33조의 금지행위에 해당한다(대판 2005.5.27, 2004도62).

19 난이도 중 답②

| 영 역 | 개업공인중개사의 의무 및 책임

| 키워드 | 금지행위

| 해 설 | 부동산의 매매를 중개한 개업공인중개사가 해당 부동산을 다른 개업공인중개사의 중개를 통하여 임차한 행위는 중개의뢰인과 직접 거래계약을 한 것이 아니므로, 금지행위 중 직접 거래에 해당하지 않는다.

20 난이도 중 답④

| 영 역 | 중개계약 및 부동산거래정보망

| 키워드 | 지정취소사유

| 해 설 | ㄷ. 정당한 사유 없이 지정받은 날부터 1년 이내에 부동산거래정보망을 설치·운영하지 아니한 경우, 거래정보사업자의 지정취소사유에 해당한다.

21 난이도 중 답④

| 영 역 | 공인중개사협회 및 교육·보칙·신고센터 등
| 키워드 | 교육
| 해 설 | ① 중개사무소 개설등록을 신청하려는 법인의 공인중개사가 아닌 사원도 실무교육 대상이다. 법인의 등록기준으로 대표자, 임원 또는 사원 및 분사무소의 책임자는 실무교육을 받아야 한다.
② 개업공인중개사가 되려는 자의 실무교육시간은 28시간 이상 32시간 이하이다.
③ 중개보조원이 받는 교육은 직무교육이며, 교육내용에는 중개보조원의 직무수행에 필요한 직업윤리 등이 포함된다.
⑤ 소속공인중개사는 2년마다 시·도지사가 실시하는 연수교육을 받아야 한다.

22 난이도 중 답②

| 영 역 | 벌칙(행정벌)
| 키워드 | 과태료 부과대상자 및 부과기관
| 해 설 | ㄹ. 공인중개사자격이 취소된 자로 공인중개사자격증을 반납하지 아니한 자 – 시·도지사
ㅁ. 중개사무소 개설등록이 취소된 자로 중개사무소 등록증을 반납하지 아니한 자 – 등록관청
| 보충하기 | 과태료부과권자

구분	종류	대상자	처분권자
행정 질서벌	500만원 이하 과태료	거래정보사업자, 협회, 정보통신서비스 제공자	국토교통부 장관
		개업공인중개사, 소속공인중개사 (연수교육의무 위반)	시·도지사
		개업공인중개사 (확인·설명의무 위반)	등록관청
		개업공인중개사, 중개보조원	등록관청
	100만원 이하 과태료	공인중개사 (자격증 반납 위반)	시·도지사
		개업공인중개사 (등록증 반납 위반 등)	등록관청

23 난이도 중 답④

| 영 역 | 중개계약 및 부동산거래정보망
| 키워드 | 거래정보사업자의 지정요건
| 해 설 | 거래정보사업자의 지정요건은 다음과 같다.

> 1. 부동산거래정보망의 가입·이용신청을 한 '개업공인중개사'의 수가 500명 이상이고 '2'개 이상의 특별시·광역시·도 및 특별자치도(이하 '시·도'라 한다)에서 각각 '30'인 이상의 '개업공인중개사'가 가입·이용신청을 하였을 것
> 2. 정보처리기사 1명 이상을 확보할 것
> 3. 공인중개사 '1'명 이상을 확보할 것
> 4. 부동산거래정보망의 가입자가 이용하는 데 지장이 없는 정도로서 국토교통부장관이 정하는 용량 및 성능을 갖춘 컴퓨터 설비를 확보할 것

24 난이도 중 답⑤

| 영 역 | 지도·감독 및 행정처분
| 키워드 | 자격취소사유·자격정지사유
| 해 설 | ㄱ. ㄴ. ㄷ. ㄹ. 모두 옳은 내용이다.
| 보충하기 | 공인중개사의 자격취소사유와 소속공인중개사의 자격정지사유

> 1. 공인중개사의 자격취소사유
>   ㉠ 부정한 방법으로 공인중개사의 자격을 취득한 경우
>   ㉡ 공인중개사가 다른 사람에게 자기의 성명을 사용하여 중개업무를 하게 하거나 공인중개사자격증을 양도 또는 대여한 경우
>   ㉢ 자격정지처분을 받고 그 자격정지기간 중에 중개업무를 행한 경우(다른 개업공인중개사의 소속공인중개사·중개보조원 또는 법인인 개업공인중개사의 사원·임원이 되는 경우를 포함)
>   ㉣ 이 법 또는 공인중개사의 직무와 관련하여 「형법」규정을 위반하여 금고이상형(집행유예를 포함)을 선고받은 경우
> 2. 소속공인중개사의 자격정지사유
>   ㉠ 둘 이상의 중개사무소에 소속된 경우
>   ㉡ 인장등록을 하지 아니하거나 등록하지 아니한 인장을 사용한 경우

ⓒ 성실·정확하게 중개대상물의 확인·설명을 하지 아니하거나 설명의 근거자료를 제시하지 아니한 경우

ⓔ 해당 중개업무를 수행한 경우 중개대상물 확인·설명서에 서명 및 날인을 하지 아니한 경우

ⓜ 해당 중개업무를 수행한 경우 거래계약서에 서명 및 날인을 하지 아니한 경우

ⓗ 거래계약서에 거래금액 등 거래내용을 거짓으로 기재하거나 서로 다른 둘 이상의 거래계약서를 작성한 경우

ⓢ 「공인중개사법」 제33조 제1항 각 호 소정의 금지행위를 한 경우(중개의뢰인과의 직접 거래 등)

⑤ 시장·군수 또는 구청장은 최초의 이행명령이 있었던 날을 기준으로 1년에 한 번씩 그 이행명령이 이행될 때까지 반복하여 이행강제금을 부과·징수할 수 있다.

---

25 난이도 중　　　　　　답④

| 영　역 | 벌칙(행정벌)

| 키워드 | 행정형벌

| 해　설 | ㅁ. 중개대상물이 존재하지 않아서 거래할 수 없는 중개대상물을 광고한 개업공인중개사는 부당한 표시·광고행위를 한 것이며, 이 경우 500만원 이하의 과태료 부과대상이 된다.

---

26 난이도 중　　　　　　답②

| 영　역 | 부동산 거래신고 등에 관한 법률

| 키워드 | 이행강제금

| 해　설 | ① 이행명령은 문서로 하여야 하며, 이행기간은 3개월 이내로 정하여야 한다.

③ 이행강제금 부과처분에 불복하는 경우 이의를 제기할 수 있으며, 이의를 제기하려는 경우에는 부과처분을 고지받은 날부터 30일 이내에 하여야 한다(법 제18조 제6항, 영 제16조 제7항).

④ 시장·군수 또는 구청장은 이행명령을 받은 자가 그 명령을 이행하는 경우 새로운 이행강제금의 부과를 즉시 중지하되, 명령을 이행하기 전에 이미 부과된 이행강제금은 징수하여야 한다.

---

27 난이도 중　　　　　　답①

| 영　역 | 부동산 거래신고 등에 관한 법률

| 키워드 | 외국인등의 부동산 취득

| 해　설 | ㄴ. 외국인등이 대한민국 안의 부동산에 대한 매매계약을 체결하였을 때에는 계약체결일부터 30일 이내에 신고관청에 부동산 거래신고를 하여야 한다.

ㄷ. 외국인이 상속으로 대한민국 안의 부동산을 취득한 때에는 부동산을 취득한 날부터 6개월 이내에 신고관청에 신고하여야 한다.

ㄹ. 외국인등이 취득하려는 토지가 다음의 어느 하나에 해당하는 구역·지역 등에 있으면 토지취득계약을 체결하기 전에 신고관청으로부터 토지취득의 허가를 받아야 한다. 따라서 「수도법」에 따른 상수원보호구역에 있는 토지를 취득하려는 경우는 허가대상에 포함되지 않는다.

1. 「군사기지 및 군사시설 보호법」에 따른 군사기지 및 군사시설 보호구역, 그 밖에 국방목적을 위하여 외국인등의 토지취득을 특별히 제한할 필요가 있는 지역으로서 국방목적상 필요한 섬 지역으로서 국방부장관 또는 국가정보원장의 요청이 있는 경우에 국토교통부장관이 관계 중앙행정기관의 장과 협의한 후 중앙도시계획위원회의 심의를 거쳐 고시하는 지역

2. 「문화유산의 보존 및 활용에 관한 법률」에 따른 지정문화유산과 이를 위한 보호물 또는 보호구역

3. 「자연유산의 보존 및 활용에 관한 법률」에 따라 지정된 천연기념물등과 이를 위한 보호물 또는 보호구역

4. 「자연환경보전법」에 따른 생태·경관보전지역

5. 「야생생물 보호 및 관리에 관한 법률」에 따른 야생생물 특별보호구역

28 난이도 중 답③

| 영 역 | 부동산 거래신고 등에 관한 법률

| 키워드 | 토지거래허가구역

| 해 설 | ① 국토교통부장관 또는 시·도지사는 토지의 투기적인 거래가 성행하거나 지가가 급격히 상승하는 지역과 그러한 우려가 있는 지역에 대해서는 5년 이내의 기간을 정하여 토지거래계약에 관한 허가구역으로 지정할 수 있다.

② 국토교통부장관 또는 시·도지사는 허가구역을 지정하려면 「국토의 계획 및 이용에 관한 법률」에 따른 중앙도시계획위원회 또는 시·도도시계획위원회의 심의를 거쳐야 한다. 다만, 지정기간이 끝나는 허가구역을 계속하여 다시 허가구역으로 지정하려면 중앙도시계획위원회 또는 시·도도시계획위원회의 심의 전에 미리 시·도지사(국토교통부장관이 허가구역을 지정하는 경우만 해당한다) 및 시장·군수 또는 구청장의 의견을 들어야 한다.

④ 허가구역의 지정은 허가구역의 지정을 공고한 날부터 5일 후에 그 효력이 발생한다.

⑤ 「국토의 계획 및 이용에 관한 법률」에 따른 도시지역 중 주거지역의 경우 60㎡ 이하의 토지에 대해서는 토지거래계약허가가 면제된다.

29 난이도 상 답④

| 영 역 | 지도·감독 및 행정처분

| 키워드 | 효과승계, 위반행위승계

| 해 설 | ① 甲이 중개사무소를 폐업하고자 하는 경우, 등록관청에 미리 신고하여야 한다.

② 甲이 폐업 사실을 신고하고 중개사무소 간판을 철거하지 않은 것은 과태료처분대상에 해당하지 않는다. 등록관청은 개업공인중개사가 간판을 철거하지 않는 경우에는 「행정대집행법」에 따라 대집행을 할 수 있다.

③ 업무정지처분의 효과는 처분일로부터 1년간 다시 중개사무소의 개설등록을 한 자에게 승계되므로, 甲이 공인중개사법령 위반으로 2019.2.8. 1개월의 업무정지처분을 받았으나 2019.7.1. 폐업신고를 하였다가 2019.12.11. 다시 중개사무소 개설등록을 한 경우, 종전의 업무정지처분의 효과는 승계된다.

⑤ 폐업신고를 한 날부터 다시 중개사무소의 개설등록을 한 날까지의 기간(폐업기간)이 3년을 초과한 경우 등록취소처분을 할 수 없다. 하지만 甲이 공인중개사법령 위반으로 2018.2.5. 등록취소처분에 해당하는 행위를 하였으나 2018.3.6. 폐업신고를 하였다가 2020.10.16. 다시 중개사무소 개설등록을 한 경우, 폐업기간이 3년을 초과하지 아니하였으므로 종전의 위반행위에 대한 등록취소처분을 할 수 있다.

30 난이도 중 답①

| 영 역 | 중개업무

| 키워드 | 고용인 고용 및 종료신고

| 해 설 | ㄴ. 乙에 대한 고용신고를 받은 등록관청은 乙의 실무교육 수료 여부를 확인하여야 한다.

ㄷ. 甲은 乙의 업무개시 전까지 등록관청에 고용신고(전자문서에 의한 신고를 포함)를 하여야 한다.

31 난이도 상 답②

| 영 역 | 개별적 중개실무

| 키워드 | 계약명의신탁

| 해 설 | 丙이 甲에게 소유권이전등기를 할 때 비로소 A와 甲 사이의 명의신탁약정 사실을 알게 된 경우라면 X토지의 소유자는 甲이다. 丙은 A와 甲 사이의 명의신탁약정이 있다는 사실을 모르고 계약을 체결한 것이 되기 때문이다. 甲과 거래계약을 체결하는 당시에 A와 甲 사이의 명의신탁약정 사실을 모르고 계약한 경우이므로 등기이전의 효과는 유효이며, 이 경우 X토지의 소유자는 甲이 된다(대판 2018.4.10, 2017다257715 참조).

32 난이도 상 답 ②

| 영 역 | 개별적 중개실무

| 키워드 | 상가건물 임대차보호법

| 해 설 | 서울특별시는 보증금이 9억원 이하인 경우 「상가건물 임대차보호법」이 적용된다. 하지만 문제에 제시된 사례는 서울특별시 소재 X상가건물로서 보증금이 10억원인 경우이다. 따라서 이 경우는 「상가건물 임대차보호법」이 적용되지 않는다. 즉, 확정일자를 받은 경우라도 우선변제권은 취득하지 못한다.

| 보충하기 | 보증금을 초과하는 임대차에 대하여도 적용되는 경우

1. 차임 및 보증금의 증감청구: 보증금을 초과하는 임대차는 5% 초과 금지규정이 적용되지 않는다.
2. 권리금 보호규정: 보증금을 초과하는 임대차의 경우도 권리금 관련 규정은 적용된다.
3. 차임연체와 해지: 3기에 달하는 차임연체 시 계약해지가 가능하다.
4. 임차인의 계약갱신요구권: 보증금을 초과한 임대차의 경우도 10년을 넘지 않는 범위 내에서 인정된다.
5. 대항력: 양수인은 전 임대인의 지위를 승계한다.
6. 표준계약서 작성: 법무부장관은 국토교통부장관과 협의를 거쳐 상가건물 임대차 표준계약서를 정하여 그 사용을 권장할 수 있다.
7. 폐업으로 인한 임차인의 해지권(상가건물 임대차보호법 제11조의2)
   ㉠ 임차인은 「감염병의 예방 및 관리에 관한 법률」에 따른 집합제한 또는 금지조치(운영시간을 제한한 조치를 포함한다)를 총 3개월 이상 받음으로써 발생한 경제사정의 변동으로 폐업한 경우에는 임대차계약을 해지할 수 있다.
   ㉡ 위 ㉠에 따른 해지는 임대인이 계약해지의 통고를 받은 날부터 3개월이 지나면 효력이 발생한다.

33 난이도 중 답 ⑤

| 영 역 | 개별적 중개실무

| 키워드 | 주택임대차보호법

| 해 설 | ① 丙은 임차권등기명령 신청서에 신청의 취지와 이유를 적어야 하며, 임차권등기의 원인이 된 사실을 소명하여야 한다.

② 丙은 임차권등기명령의 신청 및 그에 따른 임차권등기와 관련하여 소요된 비용을 乙에게 청구할 수 있다.

③ 임차권등기명령의 집행에 따른 임차권등기를 마치면 丙은 대항력과 우선변제권을 모두 유지한다.

④ 임차권등기명령의 집행에 따른 임차권등기 후에 丙이 주민등록을 서울특별시로 이전한 경우에도 대항력은 유지된다.

| 보충하기 | 임차권등기명령의 신청서에 기재되는 사항

1. 신청의 취지 및 이유
2. 임대차의 목적인 주택(임대차의 목적이 주택의 일부분인 경우에는 해당 부분의 도면을 첨부한다)
3. 임차권등기의 원인이 된 사실(임차인이 대항력을 취득하였거나 우선변제권을 취득한 경우에는 그 사실)
4. 그 밖에 대법원규칙으로 정하는 사항

34 난이도 중 답 ③

| 영 역 | 중개계약 및 부동산거래정보망

| 키워드 | 일반중개계약서와 전속중개계약서

| 해 설 | 개업공인중개사의 중개업무 처리상황에 대한 통지의무는 전속중개계약서의 개업공인중개사의 의무사항에 포함되며, 일반중개계약서의 개업공인중개사의 의무사항에는 포함되지 않는다.

35 난이도 중 답 ①

| 영 역 | 부동산 거래신고 등에 관한 법률

| 키워드 | 부동산 거래신고

| 해 설 | ② 주택의 실제 거래가격에 관계없이 매수인이 단독으로 서명 또는 날인한 자금조달계획 및 입주계획을 제출해야 한다.

③ 부동산거래계약 신고서의 물건별 거래가격란에 발코니 확장 등 선택비용에 대한 내용을 기재하여야 한다.

④ 부동산거래계약 신고서를 작성할 때 건축물의 면적은 집합건축물의 경우 전용면적을 적고, 그 밖의 건축물의 경우 연면적을 적는다.

⑤ 개업공인중개사가 거짓으로 부동산거래계약 신고서를 작성하여 신고한 경우는 벌금형 부과사유가 아니다. 이 경우는 취득가액의 100분의 10 이하에 상당하는 금액의 과태료 부과대상이 된다.

| 영 역 | 개별적 중개실무

| 키워드 | 경매절차

| 해 설 | 매각 대상 부동산에 경매개시결정의 기입 등기가 마쳐진 후 취득한 유치권은 매수인에게 인수되지 않는다. 따라서 경락인은 유치권으로 담보하는 채권을 변제할 책임이 없다.

| 보충하기 | 권리분석

소멸주의	인수주의
저당권·근저당·압류·가압류·담보가등기	유치권·법정지상권·분묘기지권
말소기준권리보다 앞서 설정된 전세권, 대항력 있는 임차권 중 배당 요구의 종기까지 배당 요구를 한 전세권, 임차권	배당을 요구하였으나 보증금이 전액 변제되지 아니한 대항력 있는 임차인은 인수됨
말소기준권리보다 뒤에 설정된 용익물권 등 ㉠ 지상권 ㉡ 임차권 ㉢ 주택의 인도 + 전입 신고한 주택임차권 ㉣ 가등기, 가처분등기, 환매등기	말소기준권리보다 앞서 설정된 용익물권 등 ㉠ 지상권 ㉡ 임차권 ㉢ 주택의 인도 + 전입 신고한 주택임차권 ㉣ 가등기, 가처분등기, 환매등기
경매개시결정등기보다 늦게 경료된 위의 용익물권 등 ㉠ 지상권 ㉡ 임차권 ㉢ 주택의 인도 + 전입 신고한 주택임차권 ㉣ 가등기, 가처분등기, 환매등기	경매개시결정등기보다 앞선 위의 용익물권 등(단, 그보다 앞선 담보물권이 없어야 함) ㉠ 지상권 ㉡ 임차권 ㉢ 주택의 인도 + 전입 신고한 주택임차권 ㉣ 가등기, 가처분등기, 환매등기

| 영 역 | 개별적 중개실무

| 키워드 | 매수신청대리

| 해 설 | 甲이 매수신청대리 업무의 정지처분을 받을 수 있는 기간은 1개월 이상 2년 이하이다.

| 영 역 | 중개대상물 조사 및 확인

| 키워드 | 확인·설명서

| 해 설 | ㄴ. 비선호시설은 확인·설명서[Ⅰ](주거용 건축물), 확인·설명서[Ⅲ](토지)에는 기재되지만, 확인·설명서[Ⅱ](비주거용 건축물), 확인·설명서[Ⅳ](입목·광업재단·공장재단)에는 기재되지 않는다.
ㄹ. 환경조건(일조량·소음)은 확인·설명서[Ⅰ](주거용 건축물)에만 기재된다.

| 영 역 | 중개보수

| 키워드 | 중개보수 계산

| 해 설 | ㄴ. 주택의 면적이 3분의 1인 건축물은 주택 이외의 중개대상물에 해당한다. 따라서 甲은 거래금액의 1천분의 9 이내에서 협의로 중개보수를 받아야 한다.
ㄹ. 주택 이외의 중개대상물에 관한 중개보수 규정을 적용한다.

| 보충하기 | 중개보수

1. 주택 ⇨ 일반, 고급 ⇨ 국토교통부령으로 정하는 범위 내 ⇨ 시·도 조례(사무소)
2. 오피스텔
   ㉠ 주거용 ⇨ 0.5%(매매·교환), 0.4%(임대차 등)(85m² 이하, 상·하수도 시설 ⇨ 전용입식 부엌, 전용수세식 화장실, 목욕시설)
   ㉡ 업무용 ⇨ 0.9% 이내 협의
3. 이외(토지·상가 등) ⇨ 0.9% 이내 협의

| 영 역 | 부동산 거래신고 등에 관한 법률

| 키워드 | 부동산 거래신고

| 해 설 | ① 부동산매매계약을 체결한 경우 거래당사자는 거래계약의 체결일부터 30일 이내에 신고관청에 공동으로 신고하여야 한다.

② 「주택법」에 따라 지정된 조정대상지역에 소재하는 주택으로서 실제 거래가격이 5억원이고, 매수인이 국가인 경우 국가가 실제 거래가격 등을 신고하여야 한다.

④ 개업공인중개사가 거래계약서를 작성·교부한 경우에는 해당 개업공인중개사가 신고하여야 한다.

⑤ 부동산 거래계약을 신고하려는 개업공인중개사는 부동산거래계약 신고서에 서명 또는 날인하여 관할 신고관청에 제출하여야 한다.

문제편 ▶ p.227

☑ **시험결과**

응시자(명)	과락자(명)	응시자 평균점수(점)	합격자 평균점수(점)
75,206	34,513	41.31	58.46

⇨ 나의 점수: _____

☑ **오시훈 교수님의 시험 총평**

> 제31회 시험은 상(上)난이도가 10문제, 중(中)난이도가 24문제, 하(下)난이도가 6문제 출제되었습니다. 다른 해보다는 수험생들이 느끼는 체감도는 어렵게 느껴질 수 있는 난해한 문제들이 많았습니다.

☑ **출제 문항별 영역 > 키워드 & 기본서 연계 페이지**

문항	영역 > 키워드	기본서	문항	영역 > 키워드	기본서
41	광역도시계획 > 광역도시계획	p.33	61	정비사업 > 관리처분계획에 따른 처분	p.373
42	용도지역·용도지구·용도구역 > 용도지구의 분류	p.98	62	정비사업 > 주민대표회의 등	p.346
43	개발행위의 허가 등 > 기반시설을 유발하는 시설	p.179	63	정비사업 > 사업계획서 포함사항	p.347
44	도시·군계획 > 도시·군관리계획의 결정	p.35	64	주택의 건설 > 주택상환사채	p.569
45	보칙 및 벌칙 등 > 청문	p.194	65	주택의 리모델링 > 공동주택의 리모델링	p.621
46	용도지역·용도지구·용도구역 > 자연취락지구	p.103	66	주택법 총칙 > 용어의 정의	p.545
47	도시·군계획시설사업의 시행 > 공동구	p.119	67	주택의 건설 > 주택건설사업자 등	p.553
48	도시·군계획 > 도시·군기본계획	p.38	68	주택의 건설 > 지역주택조합 설립인가	p.564
49	개발행위의 허가 등 > 개발행위허가의 기준	p.159	69	주택의 건설 > 주택의 감리자	p.587
50	개발행위의 허가 등 > 성장관리계획	p.161	70	주택의 건설 > 사업계획승인	p.553
51	개발행위의 허가 등 > 기반시설부담구역	p.176	71	건축물의 대지와 도로 > 대지와 조경	p.476
52	도시개발사업 > 환지방식	p.232	72	특별건축구역·건축협정 및 결합건축 > 건축협정	p.518
53	도시개발사업 > 실시계획	p.240	73	건축법 총칙 > 용어의 정의	p.425
54	도시개발사업 > 도시개발조합	p.236	74	건축물의 건축 > 용도변경	p.470
55	도시개발계획 및 구역 지정 > 도시개발구역의 지정해제	p.228	75	건축물의 건축 > 허가대상 건축물	p.458
56	도시개발사업 > 총회의 권한 대행	p.239	76	지역 및 지구 안의 건축물 > 면적 등의 산정방법	p.502
57	비용부담 등 > 비용부담	p.271	77	건축물의 건축 > 가설건축물	p.455
58	정비사업 > 공사완료에 따른 조치	p.377	78	농지의 보전 > 농업진흥지역	p.673
59	기본계획 수립 및 정비구역 지정 > 정비계획	p.311	79	농지의 이용 > 농지의 임대차	p.668
60	정비사업 > 조합설립인가를 받기 위한 동의	p.332			

정답 및 해설

※ 문항별 난이도가 상, 중, 하로 표시되어 있습니다.
※ 문항별 영역과 키워드를 확인하고, 취약 영역은 이론서를 통해 보충하세요.
  영역은 기본서의 PART와 동일합니다.

---

41   난이도 중   답 ④

| 영 역 | 광역도시계획

| 키워드 | 광역도시계획

| 해 설 | 국토교통부장관은 직접 광역도시계획을 수립 또는 변경하거나 승인하였을 때에는 관계 중앙행정기관의 장과 시·도지사에게 관계 서류를 송부하여야 하며, 관계 서류를 받은 시·도지사가 대통령령으로 정하는 바에 따라 그 내용을 공고하고 일반이 열람할 수 있도록 하여야 한다.

---

42   난이도 중   답 ③

| 영 역 | 용도지역·용도지구·용도구역

| 키워드 | 용도지구의 분류

| 해 설 | ① 복합용도지구: 지역의 토지이용 상황, 개발 수요 및 주변 여건 등을 고려하여 효율적이고 복합적인 토지이용을 도모하기 위하여 특정시설의 입지를 완화할 필요가 있는 지구
② 주거개발진흥지구: 주거기능을 중심으로 개발·정비할 필요가 있는 지구
④ 관광·휴양개발진흥지구: 관광·휴양기능을 중심으로 개발·정비할 필요가 있는 지구
⑤ 특정개발진흥지구: 주거기능, 공업기능, 유통·물류기능 및 관광·휴양기능 외의 기능을 중심으로 특정한 목적을 위하여 개발·정비할 필요가 있는 지구

---

43   난이도 상   답 ③

| 영 역 | 개발행위의 허가 등

| 키워드 | 기반시설을 유발하는 시설

| 해 설 | 녹지지역·관리지역·농림지역 및 자연환경보전지역(상업지역 ×)에 설치하는 「농수산물 유통 및 가격안정에 관한 법률」에 따른 농수산물집하장은 기반시설을 유발하는 시설에서 제외되는 건축물이다.

---

44   난이도 중   답 ④

| 영 역 | 도시·군계획

| 키워드 | 도시·군관리계획의 결정

| 해 설 | 국토교통부장관이나 시·도지사는 국방상 또는 국가안전보장상 기밀을 지켜야 할 필요가 있다고 인정되면(관계 중앙행정기관의 장이 요청할 때만 해당된다) 그 도시·군관리계획의 전부 또는 일부에 대하여 협의 및 심의 절차를 생략할 수 있다.

---

45   난이도 중   답 ④

| 영 역 | 보칙 및 벌칙 등

| 키워드 | 청문

| 해 설 | ㄴ. 청문을 하여야 하는 경우에 해당하지 않는다.

| 보충하기 | 청문의 실시사유

국토교통부장관, 시·도지사, 시장·군수 또는 구청장은 다음의 어느 하나에 해당하는 처분을 하려면 청문을 실시하여야 한다.

> 1. 개발행위허가의 취소
> 2. 도시·군계획시설사업의 시행자 지정의 취소
> 3. 도시·군계획시설사업의 실시계획인가의 취소

---

46   난이도 상   답 ①

| 영 역 | 용도지역·용도지구·용도구역

| 키워드 | 자연취락지구

| 해 설 | 도축장은 동물 및 식물관련시설이라 가능하고, 마을회관과 한의원은 제1종 근린생활시설이라 가능하며, 단독주택도 허용된다. 단, 장례시설은 불가능하기 때문에 동물 전용의 장례식장은 건축할 수 없다.

제31회 정답 및 해설 151

| 영 역 | 도시·군계획시설사업의 시행

| 키워드 | 공동구

| 해 설 | ㄷ. 공동구를 설치하여야 하는 지역에 해당되지 않는다.

| 보충하기 | 공동구의 의무적 설치대상

다음에 해당하는 지역·지구·구역 등(이하 '지역등')이 200만㎡를 초과하는 경우에는 해당 지역등에서 개발사업을 시행하는 사업시행자는 공동구를 설치하여야 한다(법 제44조 제1항, 영 제35조의2).

> 1. 「도시개발법」에 따른 도시개발구역
> 2. 「택지개발촉진법」에 따른 택지개발지구
> 3. 「경제자유구역의 지정 및 운영에 관한 특별법」에 따른 경제자유구역
> 4. 「도시 및 주거환경정비법」에 따른 정비구역
> 5. 「공공주택 특별법」에 따른 공공주택지구
> 6. 「도청이전을 위한 도시건설 및 지원에 관한 특별법」에 따른 도청이전신도시

| 영 역 | 도시·군계획

| 키워드 | 도시·군기본계획

| 해 설 | 시장 또는 군수는 도시·군기본계획을 수립하거나 변경하려면 대통령령으로 정하는 바에 따라 도지사의 승인을 받아야 한다. 또한 도지사는 도시·군기본계획을 승인하려면 관계 행정기관의 장과 협의한 후 지방도시계획위원회의 심의를 거쳐야 한다.

| 영 역 | 개발행위의 허가 등

| 키워드 | 개발행위허가의 기준

| 해 설 | 일반적인 개발행위 허가기준이 아닌 「국토의 계획 및 이용에 관한 법률 시행령」 [별표 1]의2에서 정하고 있는 세부적인 개발행위 허가기준이므로, 이 내용 전부를 암기하기보다는 개발행위의 허가기준에서 자금에 관한 내용은 적용되지 않는다는 것만 기억하면 문제를 손쉽게 풀 수 있다.

| 영 역 | 개발행위의 허가 등

| 키워드 | 성장관리계획

| 해 설 | ㄱ. 기반시설의 배치와 규모에 관한 사항은 성장관리계획에 포함된다.

| 영 역 | 개발행위의 허가 등

| 키워드 | 기반시설부담구역

| 해 설 | 기반시설부담구역에서 기반시설설치비용의 부과대상인 건축행위는 제2조 제20호에 따른 시설로서 '200'㎡(기존 건축물의 연면적을 포함한다)를 초과하는 건축물의 신축·증축 행위로 한다. 다만, 기존 건축물을 철거하고 신축하는 경우에는 기존 건축물의 건축 연면적을 초과하는 건축행위만 부과대상으로 한다.

| 영 역 | 도시개발사업

| 키워드 | 환지방식

| 해 설 | 행정청이 아닌 시행자가 인가받은 환지계획의 내용 중 종전 토지의 합필 또는 분필로 환지명세가 변경되는 경우에는 환지계획을 변경하더라도 변경인가를 받을 필요가 없다.

| 영 역 | 도시개발사업

| 키워드 | 실시계획

| 해 설 | 고시된 실시계획의 내용 중 「국토의 계획 및 이용에 관한 법률」에 따라 도시·군관리계획으로 결정하여야 하는 사항이 종전에 도시·군관리계획으로 결정된 사항에 저촉되면 고시 내용에 저촉되는 사항은 고시된 내용으로 변경된 것으로 본다. 즉, 기존 계획의 내용은 폐지되는 것이 아니라 실시계획의 내용으로 변경간주가 되는 것이다.

| 영 역| 도시개발사업

| 키워드| 도시개발조합

| 해 설| ① 도시개발구역의 토지소유자가 미성년자인 경우에는 조합의 조합원이 될 수 있다.

② 조합원은 보유토지의 면적과 관계없는 평등한 의결권을 가지며, 공유 토지의 경우에는 공유자별로 있는 것이 아니라 대표공유자 1인에게 의결권이 있다.

④ 조합설립의 인가를 신청하려면 해당 도시개발구역의 토지면적의 3분의 2 이상에 해당하는 토지소유자와 그 구역의 토지소유자 총수의 2분의 1 이상의 동의를 받아야 한다.

⑤ 토지소유자가 조합설립인가 신청에 동의하였더라도 이후 조합설립인가의 신청 전에 그 동의를 철회하면 그 토지소유자는 동의자 수에서 제외한다.

| 영 역| 도시개발계획 및 구역 지정

| 키워드| 도시개발구역의 지정해제

| 해 설| • 도시개발구역이 지정·고시된 날부터 '2'년이 되는 날까지 개발계획을 수립·고시하지 아니하는 경우에는 그 '2'년이 되는 날의 다음 날에 해제된 것으로 본다(단, 도시개발구역의 면적이 330만m² 이상인 경우에는 5년으로 한다).

• 개발계획을 수립·고시한 날부터 '3'년이 되는 날까지 실시계획 인가를 신청하지 아니하는 경우에는 그 '3'년이 되는 날의 다음 날에 해제된 것으로 본다 (단, 도시개발구역의 면적이 330만m² 이상인 경우에는 '5'년으로 한다).

| 영 역| 도시개발사업

| 키워드| 총회의 권한 대행

| 해 설| 대의원회는 총회의 의결사항 중 정관의 변경, 개발계획의 수립 및 변경(경미한 변경은 제외), 환지계획(경미한 변경은 제외)의 작성, 조합임원(조합장, 이사, 감사)의 선임, 조합의 합병 또는 해산에 관한 사항만 총회의 권한을 대행할 수 없으며, 환지예정지의 지정은 총회의 권한을 대행할 수 있다.

| 영 역| 비용부담 등

| 키워드| 비용부담

| 해 설| ㄴ. 설치비용은 설치의무자가 부담하지만, 전기시설·가스공급시설 또는 지역 난방시설 중 도시개발구역 안의 전기시설을 사업시행자가 지중선로로 설치할 것을 요청하는 경우에는 전기를 공급하는 자와 지중에 설치할 것을 요청하는 자가 각각 2분의 1의 비율로 그 설치비용을 부담한다. 다만, 전부 환지방식으로 도시개발사업을 시행하는 경우에는 전기시설을 공급하는 자가 3분의 2, 지중에 설치할 것을 요청하는 자가 3분의 1의 비율로 부담한다.

ㄷ. 지정권자인 시행자는 그가 시행한 사업으로 이익을 얻는 시·도에 도시개발사업에 든 비용의 일부를 부담시킬 수 있다.

| 영 역 | 정비사업

| 키워드 | 공사완료에 따른 조치

| 해 설 | ㄴ. 준공인가에 따른 정비구역의 해제는 조합의 존속에 영향을 주지 아니한다.

ㄷ. 정비사업에 관하여 소유권의 이전고시가 있은 날부터 등기가 있을 때까지는 저당권 등의 다른 등기를 하지 못한다.

| 보충하기 | 준공인가 등에 따른 정비구역의 해제

> 1. 정비구역의 지정은 준공인가의 고시가 있은 날(관리처분계획을 수립하는 경우에는 이전고시가 있은 때)의 다음 날에 해제된 것으로 본다. 이 경우 지방자치단체는 해당 지역을 「국토의 계획 및 이용에 관한 법률」에 따른 지구단위계획으로 관리하여야 한다.
> 2. 정비구역의 해제는 조합의 존속에 영향을 주지 아니한다.

| 영 역 | 기본계획 수립 및 정비구역 지정

| 키워드 | 정비계획

| 해 설 | 특별시장·광역시장·특별자치시장·특별자치도지사·시장·군수 또는 구청장은 정비구역 지정을 위하여 직접 정비계획을 입안하는 경우 '주민 또는 산업의 현황, 토지 및 건축물의 이용과 소유현황, 도시·군계획시설 및 정비기반시설의 설치현황, 정비구역 및 주변지역의 교통상황, 토지 및 건축물의 가격과 임대차 현황, 정비사업의 시행계획 및 시행방법 등에 대한 주민의 의견' 등을 조사·확인하여야 한다. 관계 중앙행정기관의 장의 의견은 시장·군수가 정비구역 지정을 위하여 직접 정비계획을 입안하는 경우 조사·확인하여야 하는 사항으로 명시되어 있지 않다.

| 영 역 | 정비사업

| 키워드 | 조합설립인가를 받기 위한 동의

| 해 설 | • 재개발사업의 추진위원회(추진위원회를 구성하지 아니하는 경우에는 토지등소유자)가 조합을 설립하려면 토지등소유자의 '4분의 3' 이상 및 토지면적의 '2분의 1' 이상의 토지소유자의 동의를 받아 일정한 서류를 첨부하여 시장·군수등의 인가를 받아야 한다.

• 재건축사업의 추진위원회가 조합을 설립하려는 경우 주택단지가 아닌 지역이 정비구역에 포함된 때에는 주택단지가 아닌 지역의 토지 또는 건축물 소유자의 '4분의 3' 이상 및 토지면적의 '3분의 2' 이상의 토지소유자의 동의를 받아야 한다.

| 영 역 | 정비사업

| 키워드 | 관리처분계획에 따른 처분

| 해 설 | 조합이 재개발사업의 시행으로 건설된 재개발임대주택의 인수를 요청하는 경우 시·도지사 또는 시장, 군수, 구청장이 우선하여 인수하여야 하며, 시·도지사 또는 시장, 군수, 구청장이 예산·관리인력의 부족 등 부득이한 사정으로 인수하기 어려운 경우에는 국토교통부장관에게 토지주택공사등을 인수자로 지정할 것을 요청할 수 있다.

| 영 역 | 정비사업

| 키워드 | 주민대표회의 등

| 해 설 | 상가세입자는 사업시행자가 건축물의 철거의 사항에 관하여 시행규정을 정하는 때에 의견을 제시할 수 있다.

63 난이도 **상**   답 ③

| 영 역 | 정비사업

| 키워드 | 사업계획서 포함사항

| 해 설 | 재개발·재건축사업의 사업시행자는 정비계획에 따라 '토지이용계획, 정비기반시설 및 공동이용시설의 설치계획, 임시거주시설을 포함한 주민이주대책, 세입자의 주거 및 이주대책, 사업시행기간 동안 정비구역 내 가로등 설치, 폐쇄회로 텔레비전 설치 등 범죄예방대책, 건축물의 높이 및 용적률 등에 관한 건축계획, 교육시설의 교육환경 보호에 관한 계획' 등을 작성하여 사업시행계획에 포함하여야 한다. 하지만 이 중 임대주택의 건설계획은 재개발사업의 사업시행계획서에는 포함되지만 재건축사업의 사업시행계획서에는 포함되지 않는 사항이다.

64 난이도 **중**   답 ⑤

| 영 역 | 주택의 건설

| 키워드 | 주택상환사채

| 해 설 | 등록사업자의 등록이 말소된 경우에도 등록사업자가 발행한 주택상환사채의 효력에는 영향을 미치지 아니한다.

65 난이도 **중**   답 ③

| 영 역 | 주택의 리모델링

| 키워드 | 공동주택의 리모델링

| 해 설 | 사업비에 관한 사항은 세대수가 증가되는 리모델링을 하는 경우 수립하여야 하는 권리변동계획에 포함되어야 한다.

66 난이도 **중**   답 ②

| 영 역 | 주택법 총칙

| 키워드 | 용어의 정의

| 해 설 | ① 「건축법 시행령」에 따른 다중생활시설은 '준주택'에 해당한다.

③ '간선시설'이란 도로·상하수도·전기시설·가스시설·통신시설·지역난방시설 등을 말하는 것이 아니라, 해당 시설 중에서 단지 안과 밖을 연결하는 시설을 말한다.

④ 방범설비는 '부대시설'에 해당한다.

⑤ 주민공동시설은 '복리시설'에 해당한다.

| 보충하기 | 준주택

주택 외의 건축물과 그 부속토지로서 주거시설로 이용가능한 시설 등을 말하며, 그 범위와 종류는 대통령령으로 정한다(법 제2조 제4호, 영 제4조).

1. 기숙사
2. 다중생활시설
3. 노인복지주택
4. 오피스텔

67 난이도 **상**   답 ②

| 영 역 | 주택의 건설

| 키워드 | 주택건설사업자 등

| 해 설 | ㄱ. 한국토지주택공사는 공공사업주체에 해당하므로 등록하지 않는 사업주체에 해당한다.

ㄴ. 주택조합(세대수를 증가하지 아니하는 리모델링주택조합은 제외)이 그 구성원의 주택을 건설하는 경우에는 대통령령으로 정하는 바에 따라 등록사업자(지방자치단체·한국토지주택공사 및 지방공사를 포함)와 공동으로 사업을 시행할 수 있다. 이 경우 주택조합과 등록사업자를 공동사업주체로 본다. 즉, 세대수를 증가하는 리모델링주택조합이라 하였으므로 등록사업자와 공동으로 사업을 시행할 수 있다.

| 영 역 | 주택의 건설

| 키워드 | 지역주택조합 설립인가

| 해 설 | 조합원의 탈퇴 등으로 조합원 수가 주택건설 예정 세대수의 50% 미만이 되어야 충원이 가능한데, 60%면 50% 미만이 아니므로 충원이 불가능하다.

| 영 역 | 주택의 건설

| 키워드 | 주택의 감리자

| 해 설 | ㄱ. 사업계획승인권자는 감리자가 업무수행 중 위반 사항이 있음을 알고도 묵인한 경우 그 감리자에 대하여 1년의 범위에서 감리업무의 지정을 제한할 수 있다.

| 영 역 | 주택의 건설

| 키워드 | 사업계획승인

| 해 설 | ㄴ. 등록사업자는 동일한 규모의 주택을 대량으로 건설하려는 경우에는 국토교통부장관에게 주택의 형별로 표본설계도서를 작성·제출하여 승인을 받을 수 있다. 즉, 시·도지사가 아니라 국토교통부장관이다.

| 영 역 | 건축물의 대지와 도로

| 키워드 | 대지와 조경

| 해 설 | 연면적의 합계가 1,500m² 미만인 물류시설은 조경 등의 조치를 하지 않지만, 주거지역과 상업지역에서는 규모에 관계없이 무조건 조경 등의 조치를 하여야 한다.

| 영 역 | 특별건축구역·건축협정 및 결합건축

| 키워드 | 건축협정

| 해 설 | ① 해당 지역의 토지 또는 건축물의 소유자, 지상권자 전원이 합의를 해야 건축협정의 체결이 가능하며, 지상권자가 반대하면 체결이 불가능하다.

② 건축협정 체결 대상 토지가 둘 이상의 특별자치시 또는 시·군·구에 걸치는 경우에는 건축협정 체결 대상 토지면적의 과반(過半)이 속하는 건축협정인가권자에게 인가를 신청할 수 있다.

③ 협정체결자 또는 건축협정운영회의 대표자는 인가받은 사항을 변경하려면 국토교통부령으로 정하는 바에 따라 변경인가를 받아야 한다.

④ 협정체결자 또는 건축협정운영회의 대표자는 건축협정을 폐지하려는 경우에는 협정체결자 과반수의 동의를 받아 국토교통부령으로 정하는 바에 따라 건축협정인가권자의 인가를 받아야 한다.

| 보충하기 | 건축협정 대상자 및 대상지역

토지 또는 건축물의 소유자, 지상권자 등 대통령령으로 정하는 자(이하 '소유자등')는 전원의 합의로 다음의 어느 하나에 해당하는 지역 또는 구역에서 건축물의 건축·대수선 또는 리모델링에 관한 협정(이하 '건축협정')을 체결할 수 있으며, 이 경우 둘 이상의 토지를 소유한 자가 1인인 경우에도 그 토지 소유자는 해당 토지의 구역을 건축협정 대상지역으로 하는 건축협정을 정할 수 있다. 이 경우 그 토지 소유자 1인을 건축협정 체결자로 본다(법 제77조의 4 제1항·제2항).

1. 「국토의 계획 및 이용에 관한 법률」에 따라 지정된 지구단위계획구역
2. 「도시 및 주거환경정비법」에 따른 주거환경개선사업을 시행하기 위하여 지정·고시된 정비구역
3. 「도시재정비 촉진을 위한 특별법」에 따른 존치지역
4. 「도시재생 활성화 및 지원에 관한 특별법」에 따른 도시재생활성화지역
5. 그 밖에 시·도지사 및 시장·군수·구청장이 도시 및 주거환경개선이 필요하다고 인정하여 해당 지방자치단체의 조례로 정하는 구역

73 난이도 하 답 ①

| 영 역 | 건축법 총칙

| 키워드 | 용어의 정의

| 해 설 | ② '고층건축물'에 해당하려면 건축물의 층수가 30층 이상이거나 높이가 120m 이상이어야 한다.

③ 건축물이 천재지변으로 전부 멸실된 경우 그 대지에 종전 규모보다 연면적의 합계를 늘려 건축물을 다시 축조하는 것은 '신축'에 해당한다.

④ 건축물의 내력벽을 해체하지 않고 같은 대지의 다른 위치로 옮기는 것은 '이전'에 해당한다.

⑤ 기존 건축물이 있는 대지에서 건축물의 내력벽을 증설하여 건축면적을 늘리는 것은 '증축'에 해당한다.

74 난이도 중 답 ③

| 영 역 | 건축물의 건축

| 키워드 | 용도변경

| 해 설 | 신고대상 중 바닥면적의 합계가 100m² 이상은 사용승인에 관한 규정을 적용하게 되므로, 甲이 바닥면적의 합계 1천m²의 부분에 대해서만 숙박시설에서 업무시설로 용도를 변경하는 경우에도 신고대상이므로 사용승인을 받아야 한다.

75 난이도 상 답 ②

| 영 역 | 건축물의 건축

| 키워드 | 허가대상 건축물

| 해 설 | 甲이 건축허가를 받은 경우에는 해당 대지를 조성하기 위해 높이 5m의 옹벽을 축조하려면 따로 공작물 축조신고를 하지 않아도 신고한 것으로 본다.

76 난이도 중 답 ③

| 영 역 | 지역 및 지구 안의 건축물

| 키워드 | 면적 등의 산정방법

| 해 설 | ① 공동주택으로서 지상층에 설치한 생활폐기물 보관시설의 면적은 바닥면적에 산입하지 않는다.

② 지하층에 설치한 기계실, 전기실의 면적은 용적률을 산정할 때 연면적에 산입하지 않는다.

④ 건축물의 층고는 방의 바닥구조체 윗면으로부터 위층 바닥구조체의 윗면까지의 높이로 한다.

⑤ 건축물이 부분에 따라 그 층수가 다른 경우에는 그중 가장 많은 층수를 그 건축물의 층수로 본다.

77 난이도 상 답 ①

| 영 역 | 건축물의 건축

| 키워드 | 가설건축물

| 해 설 | ㄴ. 견본주택의 존치기간은 가설건축물로서 3년 이내이고, 공사용 가설건축물의 경우가 공사완료일까지이다.

ㄷ. 견본주택은 층수에 상관없이 공사감리자를 지정하지 않는다.

78 난이도 하 답 ①

| 영 역 | 농지의 보전

| 키워드 | 농업진흥지역

| 해 설 | 농업진흥지역의 지정은 「국토의 계획 및 이용에 관한 법률」에 따른 녹지지역·관리지역·농림지역 및 자연환경보전지역을 대상으로 한다. 다만, 특별시의 녹지지역은 제외한다.

79 난이도 중 답 ④

| 영 역 | 농지의 이용

| 키워드 | 농지의 임대차

| 해 설 | 임대차기간은 3년 이상으로 하여야 하지만, 농지의 임차인이 농작물의 재배시설로서 비닐하우스를 설치한 농지의 임대차기간은 5년 이상으로 하여야 한다.

문제편 ▶ p.242

☑ 시험결과(부동산공시법 + 부동산세법)

응시자(명)	과락자(명)	응시자 평균점수(점)	합격자 평균점수(점)
74,195	33,615	43.84	68.25

⇨ 나의 점수: _____

☑ 김민석 교수님의 시험 총평

제31회 시험에서 공간정보의 구축 및 관리 등에 관한 법률은 자주 출제되지 않았던 2문제가 포함되어 있어 조금 어려운 편이었지만, 준비한 부분을 크게 벗어나지 않았습니다. 부동산등기법은 CHAPTER 01부터 CHAPTER 05의 내용을 포함한 종합형 문제가 많이 출제되어 특정 부분만 선별하여 공부한 수험생에게는 다소 어렵게 느껴질 수 있었지만, 대체적으로 예년 시험의 출제경향을 유지하였습니다.

☑ 출제 문항별 영역 > 키워드 & 기본서 연계 페이지

문항	영역 > 키워드	기본서	문항	영역 > 키워드	기본서
1	지적공부 및 부동산종합공부 > 지적공부의 보존 및 관리방법	p.64	13	등기절차 총론 > 채권자대위권에 의한 등기신청	p.221
2	지적공부 및 부동산종합공부 > 대장(토지·임야대장, 공유지연명부, 대지권등록부) 등의 등록사항	p.51	14	등기절차 총론(종합형) > 상속인에 의한 등기신청(매도하고 사망한 경우)	p.219
3	토지의 등록 > 지목의 구분	p.32	15	각종 권리의 등기절차(종합형) > 재결수용, 공매, 경정등기	p.289
4	토지의 이동 및 지적정리 > 축척변경의 시행공고 내용	p.96	16	등기절차 총론 > 등기권리자와 등기의무자	p.214
5	지적공부 및 부동산종합공부 > 지적공부의 복구 및 복구절차	p.72	17	각종 권리의 등기절차 > 소유권보존등기 및 소유권의 일부이전등기	p.274
6	토지의 이동 및 지적정리 > 등록전환 시 면적의 오차	p.88	18	각종 권리의 등기절차 > 용익권등기	p.305
7	토지의 등록 > 지목의 구분(도로)	p.33	19	각종의 등기절차(종합형) > 권리의 변경등기	p.336
8	지적측량 > 중앙지적위원회의 심의·의결사항	p.135	20	등기의 기관과 그 설비(종합형) > 규약 폐지	p.190
9	토지의 이동 및 지적정리 > 토지개발사업 시행지역의 토지이동 신청	p.108	21	등기절차 총론 > 등기관의 처분에 대한 이의	p.263
10	토지의 이동 및 지적정리 > 등록사항의 정정 대상토지	p.105	22	각종의 등기절차 > 가등기 종합문제	p.358
11	토지의 이동 및 지적정리 > 축척변경의 확정공고 시점	p.101	23	각종 권리의 등기절차 > 근저당권등기	p.320
12	지적측량 > 지적기준점성과의 열람 및 등본 발급	p.129	24	각종 권리의 등기절차 > 신탁등기	p.295

정답 및 해설

---

1 난이도 **중**   답 ②

| 영 역 | 지적공부 및 부동산종합공부

| 키워드 | 지적공부의 보존 및 관리방법

| 해 설 | 지적공부는 다음의 어느 하나에 해당하는 경우에는 청사 밖으로 지적공부를 반출할 수 있다(법 제69조 제1항 단서).

> 1. 천재지변이나 그 밖에 이에 준하는 재난을 피하기 위하여 필요한 경우
> 2. 관할 시·도지사 또는 대도시 시장의 승인을 받은 경우

---

2 난이도 **중**   답 ⑤

| 영 역 | 지적공부 및 부동산종합공부

| 키워드 | 대장(토지·임야대장, 공유지연명부, 대지권등록부) 등의 등록사항

| 해 설 | ① 경계는 지적도면(＝지적도 및 임야도)에 등록한다.
② 건축물 및 구조물 등의 위치는 지적도면에 등록한다.
③ 토지의 이동사유는 토지대장 및 임야대장에 등록한다.
④ 지목은 토지(임야)대장 및 지적도면에 등록한다.

---

3 난이도 **중**   답 ②

| 영 역 | 토지의 등록

| 키워드 | 지목의 구분

| 해 설 | ① 변전소, 송신소, 수신소 부지의 지목은 '잡종지'이지만, 지하에서 석유류 등이 용출되는 용출구(湧出口)와 그 유지(維持)에 사용되는 부지의 지목은 '광천지'이다(영 제58조 제6호).

③ 갈대밭, 실외에 물건을 쌓아두는 부지의 지목은 '잡종지'이지만, 산림 및 원야(原野)를 이루고 있는 암석지·자갈땅·모래땅·황무지 등의 토지의 지목은 '임야'이다(영 제58조 제5호).
④ 공항·항만시설 부지의 지목은 '잡종지'이지만, 물건 등을 보관하거나 저장하기 위하여 독립적으로 설치된 보관시설물의 부지의 지목은 '창고용지'이다(영 제58조 제13호).
⑤ 도축장, 쓰레기처리장, 오물처리장의 지목은 '잡종지'이지만, 일반 공중의 위락·휴양 등에 적합한 시설물을 종합적으로 갖춘 야영장·식물원 등의 토지의 지목은 '유원지'이다(영 제58조 제24호).

---

4 난이도 **상**   답 ③

| 영 역 | 토지의 이동 및 지적정리

| 키워드 | 축척변경의 시행공고 내용

| 해 설 | 지적소관청은 시·도지사 또는 대도시 시장으로부터 축척변경 승인을 받은 때에는 지체 없이 시·군·구(자치구가 아닌 구를 포함한다) 및 축척변경 시행지역 동·리의 게시판에 다음의 사항을 20일 이상 공고하여 주민이 볼 수 있도록 게시하여야 한다(영 제71조 제1항·제2항).

> 1. 축척변경의 목적, 시행지역 및 시행기간
> 2. 축척변경의 시행에 관한 세부계획
> 3. 축척변경의 시행에 따른 청산방법
> 4. 축척변경의 시행에 따른 토지소유자 등의 협조에 관한 사항

5 난이도 상 　답③

| 영　역 | 지적공부 및 부동산종합공부

| 키워드 | 지적공부의 복구 및 복구절차

| 해　설 | 토지의 표시에 관한 사항의 복구자료는 다음에 해당하는 것들이므로 측량신청서 및 측량준비도는 복구자료에 해당하지 않는다(영 제61조 제2항, 규칙 제72조).

| 보충하기 | 토지의 표시에 관한 사항의 복구자료(영 제61조 제2항, 규칙 제72조)

1. 지적공부의 등본
2. 측량결과도
3. 토지이동정리 결의서
4. 토지(건물) 등기사항증명서 등 등기사실을 증명하는 서류
5. 지적소관청이 작성하거나 발행한 지적공부의 등록내용을 증명하는 서류
6. 정보관리체계에 따라 복제된 지적공부
7. 법원의 확정판결서 정본 또는 사본

6 난이도 하 　답①

| 영　역 | 토지의 이동 및 지적정리

| 키워드 | 등록전환 시 면적의 오차

| 해　설 | 등록전환에 따른 면적을 정함에 있어 임야대장의 면적과 등록전환될 면적의 차이가 허용범위 이내인 경우에는 등록전환될 면적을 등록전환 면적으로 결정하고, 허용범위를 초과하는 때에는 임야대장의 면적 또는 임야도의 경계를 지적소관청이 직권으로 정정하여야 한다(영 제19조 제1항 제1호).

7 난이도 중 　답⑤

| 영　역 | 토지의 등록

| 키워드 | 지목의 구분(도로)

| 해　설 | 교통 운수를 위하여 일정한 궤도 등의 설비와 형태를 갖추어 이용되는 토지와 이에 접속된 역사·차고·발전시설 및 공작창 등 부속시설물의 부지의 지목은 '철도용지'이다(영 제58조 제15호).

8 난이도 상 　답③

| 영　역 | 지적측량

| 키워드 | 중앙지적위원회의 심의·의결사항

| 해　설 | 지적재조사 기본계획의 수립 및 변경에 관한 사항은 중앙지적재조사위원회의 심의·의결사항이다(지적재조사에 관한 특별법 제28조 제2항).

| 보충하기 | 중앙지적위원회의 심의·의결사항

다음의 사항을 심의·의결하기 위하여 국토교통부에 중앙지적위원회를 둔다(법 제28조 제1항).

1. 지적 관련 정책 개발 및 업무 개선 등에 관한 사항
2. 지적측량기술의 연구·개발 및 보급에 관한 사항
3. 지적측량 적부심사에 대한 재심사(再審査)
4. 지적기술자의 양성에 관한 사항
5. 지적기술자의 업무정지 처분 및 징계요구에 관한 사항

9 난이도 중 　답④

| 영　역 | 토지의 이동 및 지적정리

| 키워드 | 토지개발사업 시행지역의 토지이동 신청

| 해　설 | •「도시개발법」에 따른 도시개발사업, 「농어촌정비법」에 따른 농어촌정비사업 등의 사업시행자는 그 사업의 착수·변경 및 완료 사실을 '지적소관청'에 신고하여야 한다(법 제86조 제1항).

• 도시개발사업 등 토지개발사업의 시행자는 그 사업의 착수·변경 또는 완료 사실을 그 사유가 발생한 날부터 '15일' 이내에 지적소관청에 신고하여야 한다(법 제86조 제1항, 영 제83조 제2항).

10 난이도 상 　답④

| 영　역 | 토지의 이동 및 지적정리

| 키워드 | 등록사항의 정정 대상토지

| 해　설 | 등록사항 정정 대상토지에 대한 대장을 열람하게 하거나 등본을 발급하는 때에는 '등록사항 정정 대상토지'라고 적은 부분을 흑백의 반전(反轉)으로 표시하거나 '붉은색'으로 적어야 한다(규칙 제94조 제2항).

11 난이도 중 답①

|영 역|토지의 이동 및 지적정리

|키워드|축척변경의 확정공고 시점

|해 설|청산금의 납부 및 지급이 완료된 때에는 지적소관청은 다음의 사항을 포함하여 지체 없이 축척변경의 확정공고를 하여야 한다(영 제78조 제1항, 규칙 제92조 제1항).

1. 토지의 소재 및 지역명
2. 축척변경 지번별 조서
3. 청산금 조서
4. 지적도의 축척

12 난이도 중 답①

|영 역|지적측량

|키워드|지적기준점성과의 열람 및 등본 발급

|해 설|지적측량기준점성과 또는 그 측량부를 열람하거나 등본을 발급받으려는 자는 지적삼각점성과에 대해서는 특별시장·광역시장·특별자치시장·도지사·특별자치도지사(이하 '시·도지사'라 한다) 또는 지적소관청에 신청하고, 지적삼각보조점성과 및 지적도근점성과에 대해서는 지적소관청에 신청하여야 한다(규칙 제26조 제1항).

|보충하기|지적기준점성과의 관리 및 열람

구분	지적기준점의 성과 관리	열람 및 등본 발급
지적삼각점	시·도지사	시·도지사, 지적소관청
지적삼각보조점	지적소관청	지적소관청
지적도근점		

13 난이도 상 답④

|영 역|등기절차 총론

|키워드|채권자대위권에 의한 등기신청

|해 설|ㄴ. 채권자대위등기신청에서는 대위채권자 甲이 신청인이 되어 채무자(= 등기권리자) 乙 명의의 등기를 신청한다.

14 난이도 중 답④

|영 역|등기절차 총론(종합형)

|키워드|상속인에 의한 등기신청(매도하고 사망한 경우)

|해 설|④ 甲이 그 소유 부동산을 乙에게 매도하고 사망한 경우, 甲의 단독상속인 丙은 丙 명의의 상속등기를 하지 않고 甲으로부터 직접 乙로의 이전등기를 신청할 수 있다. 이 경우 丙이 등기의무자가 되고 乙이 등기권리자가 되어 乙명의 등기를 공동으로 신청한다. 이를 상속인에 의한 등기신청이라고 한다(법 제27조 참조).

① 저당권부채권에 대한 질권의 설정등기를 저당권에 대한 부기등기로 실행할 수 있다.

② 등기기록 중 다른 구(區)에서 한 등기 상호간의 등기한 권리의 순위는 접수번호에 따른다(법 제4조 제2항).

③ 대표자가 있는 법인 아닌 재단에 속하는 부동산의 등기에 관하여는 그 재단을 등기권리자 또는 등기의무자로 한다(법 제26조 제1항).

⑤ 구분건물로서 그 대지권의 변경이나 소멸이 있는 경우에는 구분건물의 소유권의 등기명의인은 1동의 건물에 속하는 다른 구분건물의 소유권의 등기명의인을 대위하여 그 등기를 신청할 수 있다(법 제41조 제3항).

15 난이도 중 답①

|영 역|각종 권리의 등기절차(종합형)

|키워드|재결수용, 공매, 경정등기

|해 설|ㄴ. 재결수용으로 인한 소유권이전등기를 하는 경우에 등기관은 그 부동산을 위하여 존재하는 지역권의 등기를 직권으로 말소할 수 없다(법 제99조 제4항 단서).

ㄹ. 등기 후 등기사항에 변경이 생겨 등기와 실체관계의 일부가 일치하지 않을 때는 변경등기를 신청하여야 한다.

| 영 역 | 등기절차 총론

| 키워드 | 등기권리자와 등기의무자

| 해 설 | 절차법상의 등기권리자란 신청한 등기가 실행됨으로써 등기기록상 권리의 취득 또는 기타의 이익을 받는 자를 말하고, 절차법상의 등기의무자란 등기가 실행됨으로써 등기기록상 권리의 상실 또는 기타의 불이익을 받는 자를 말한다.

ㄱ. 甲 소유로 등기된 토지에 설정된 乙 명의의 근저당권을 丙에게 이전하는 등기를 신청하는 경우, 丙이 등기권리자가 되고 乙이 등기의무자가 되어 공동으로 근저당권이전등기를 신청한다.

ㄷ. 채무자 甲에서 乙로 소유권이전등기가 이루어졌으나 甲의 채권자 丙이 등기원인이 사해행위임을 이유로 그 소유권이전등기의 말소판결을 받은 경우, 丙은 甲을 대위하여 乙 명의의 소유권이전등기의 말소등기를 신청할 수 있는데, 이 경우 절차법상의 등기권리자는 甲이다. 즉, 乙 명의의 소유권이전등기가 말소됨으로써 甲이 소유권의 등기명의인이 되므로 甲이 절차법상 등기권리자가 된다.

ㄴ. 甲에서 乙로, 乙에서 丙으로 순차로 소유권이전등기가 이루어졌으나 乙 명의의 등기가 원인무효임을 이유로 甲이 丙을 상대로 丙 명의의 등기 말소를 명하는 확정판결을 얻은 경우, 甲은 乙을 대위하여 丙 명의의 소유권이전등기의 말소등기를 신청할 수 있는데, 이 경우 乙이 절차법상의 등기권리자가 된다.

| 영 역 | 각종 권리의 등기절차

| 키워드 | 소유권보존등기 및 소유권의 일부이전등기

| 해 설 | ㄱ. 등기관이 소유권보존등기를 할 때에는 등기원인과 그 연월일을 기록하지 아니한다(법 제64조).

| 영 역 | 각종 권리의 등기절차

| 키워드 | 용익권등기

| 해 설 | ② 등기관이 승역지에 지역권설정의 등기를 하였을 때에는 직권으로 요역지의 등기기록에 다음의 사항을 기록하여야 한다(법 제71조 제1항).

> 1. 순위번호
> 2. 등기목적
> 3. 승역지
> 4. 지역권설정의 목적
> 5. 범위
> 6. 등기연월일

③ 임대차 차임지급시기에 관한 약정이 있는 경우, 임차권등기에 이를 기록하지 않더라도 그 약정에 대하여 제3자에게 대항할 수 없을 뿐이지 임차권등기는 유효하다.

| 영 역 | 각종의 등기절차(종합형)

| 키워드 | 권리의 변경등기

| 해 설 | 권리의 변경등기는 등기상 이해관계 있는 제3자가 존재하지 않거나, 등기상 이해관계 있는 제3자가 있더라도 그 자의 승낙이 있는 경우에는 부기등기로 하여야 한다. 반면, 등기상 이해관계 있는 제3자가 있으나 그 자의 승낙이나 이에 대항할 수 있는 재판의 등본이 없는 경우에는 그 이해관계인의 등기보다 후순위가 되는 주등기로 하여야 한다(법 제52조 제5호).

20 난이도 중 답①

| 영 역 | 등기의 기관과 그 설비(종합형)

| 키워드 | 규약 폐지

| 해 설 | 공용부분이라는 뜻을 정한 규약을 폐지한 경우에 공용부분의 취득자는 지체 없이 소유권보존등기를 신청하여야 한다(법 제47조 제2항). 등기관이 공용부분 취득자의 신청에 따라 소유권보존등기를 하였을 때에는 공용부분이라는 뜻의 등기를 말소하는 표시를 하여야 한다(규칙 제104조 제5항).

21 난이도 중 답③

| 영 역 | 등기절차 총론

| 키워드 | 등기관의 처분에 대한 이의

| 해 설 | ㄱ. 등기관의 결정 또는 처분에 대한 이의에는 집행정지의 효력이 없다(법 제104조).

ㄴ. 등기관의 결정 또는 처분 시에 주장되거나 제출되지 아니한 새로운 사실이나 새로운 증거방법을 근거로 이의신청을 할 수는 없다(법 제102조).

ㄹ. 등기관은 이의가 이유 없다고 인정하면 이의신청일로부터 3일 이내에 의견을 붙여 이의신청서 또는 이의신청정보를 관할 지방법원에 보내야 한다(법 제103조 제2항).

22 난이도 중 답⑤

| 영 역 | 각종의 등기절차

| 키워드 | 가등기 종합문제

| 해 설 | 가등기권리자는 가등기를 명하는 부동산의 소재지를 관할하는 지방법원의 가처분명령이 있을 때에는 단독으로 가등기를 신청할 수 있다(법 제89조, 제90조 제1항).

23 난이도 상 답②

| 영 역 | 각종 권리의 등기절차

| 키워드 | 근저당권등기

| 해 설 | ② 피담보채권의 변제기는 저당권의 등기사항은 될 수 있지만, 근저당권의 등기사항에는 해당하지 않는다.

① 근저당권의 약정된 존속기간은 등기사항에 속한다(법 제75조 제2항).

③ 저당권설정등기에서 이자나 위약금은 등기하였을 경우에 한하여 저당권에 의해 담보되지만, 근저당권설정등기에서 이자, 위약금, 지연배상액 등은 등기사항이 아니라 채권최고액에 포함되어 있다.

④ 1번 근저당권의 채권자가 여러 명인 경우, 그 근저당권설정등기의 채권최고액은 단일하게 기재한다.

⑤ 근저당권자는 등기절차에 협력하지 아니한 근저당권설정자를 피고로 하여 등기절차의 이행을 명하는 확정판결을 받은 경우, 단독으로 근저당권설정등기를 신청할 수 있다.

24 난이도 중 답③

| 영 역 | 각종 권리의 등기절차

| 키워드 | 신탁등기

| 해 설 | ① 수익자나 위탁자는 수탁자를 대위하여 신탁등기를 신청할 수 있다(법 제82조 제2항).

② 신탁등기의 말소등기는 수탁자가 단독으로 신청할 수 있다(법 제87조 제3항).

④ 신탁재산에 속한 권리가 이전, 변경 또는 소멸됨에 따라 신탁재산에 속하지 아니하게 된 경우 신탁등기의 말소신청은 신탁된 권리의 이전등기, 변경등기 또는 말소등기의 신청과 동시에 하여야 한다(법 제87조 제1항).

⑤ 위탁자와 수익자의 합의로 적법하게 수탁자를 해임함에 따라 수탁자의 임무가 종료된 경우, 신수탁자는 단독으로 신탁재산에 속하는 부동산에 관한 권리이전등기를 신청할 수 있다(법 제83조 제2호).

제31회 부동산세법

문제편 ▶ p.253

☑ **시험결과(부동산공시법 + 부동산세법)**

응시자(명)	과락자(명)	응시자 평균점수(점)	합격자 평균점수(점)
74,195	33,615	43.84	68.25

⇨ 나의 점수: _____

☑ **한영규 교수님의 시험 총평**

기존에 출제되지 않던 양도소득세 감면액을 구하는 상당히 어려운 문제가 출제되었으나 이의제기를 통해 모두 정답 처리가 되었습니다. 또한 조세총론 부분에서 1문제가 출제되었는데 용어의 정의를 묻는, 기존의 출제경향과는 차이가 있는 문제였으며 처음으로 지역자원시설세에 대한 문제도 1문제 출제되었습니다. 이외에는 전반적으로 평이한 문제가 출제되었습니다.

☑ **출제 문항별 영역 > 키워드 & 기본서 연계 페이지**

문항	영역 > 키워드	기본서
25	재산세 > 재산세 과세표준과 세율	p.146
26	재산세 > 재산세 과세대상 및 납세의무자	p.142
27	재산세 > 재산세 부과·징수	p.156
28	양도소득세 > 양도차익 계산	p.275
29	양도소득세 > 양도소득세 감면세액	-
30	양도소득세 > 양도소득 신고·납부	p.289
31	조세의 기초이론 > 용어의 정의	p.23
32	양도소득세 > 국외자산에 대한 양도소득세	p.296
33	[기타] 지역자원시설세 > 지역자원시설세 종합문제	-
34	양도소득세 > 양도차익 계산특례(고가주택)	p.276
35	등록에 대한 등록면허세 > 등록면허세 과세표준과 세율	p.135
36	취득세 > 취득세 종합문제	p.76
37	등록에 대한 등록면허세 > 등록면허세 종합문제	p.131
38	종합소득세 > 부동산 임대소득	p.226
39	종합부동산세 > 종합부동산세 종합문제	p.200
40	등록에 대한 등록면허세 > 취득세와 등록면허세 납세절차	p.137

정답 및 해설

※ 문항별 난이도가 상, 중, 하로 표시되어 있습니다.
※ 문항별 영역과 키워드를 확인하고, 취약 영역은 이론서를 통해 보충하세요.
영역은 기본서의 CHAPTER와 동일합니다.

---

25 난이도 중 답 ④

| 영 역 | 재산세

| 키워드 | 재산세 과세표준과 세율

| 해 설 | ㄱ. 지방자치단체의 장은 조례로 정하는 바에 따라 표준세율의 100분의 50의 범위에서 가감할 수 있으며, 가감한 세율은 해당 연도에만 적용한다 (지방세법 제111조 제3항).

---

26 난이도 중 답 ①

| 영 역 | 재산세

| 키워드 | 재산세 과세대상 및 납세의무자

| 해 설 | ② 토지에 대한 재산세 과세대상은 종합합산과세대상, 별도합산과세대상 및 분리과세대상으로 구분한다. 주택은 주택별로 과세한다(지방세법 제106조 제1항).
③ 국가, 지방자치단체 및 지방자치단체조합이 선수금을 받아 조성하는 매매용 토지로서 사실상 조성이 완료된 토지의 사용권을 무상으로 받은 자가 있는 경우에는 그 자를 매수계약자로 본다. 즉, 납세의무가 있다(지방세법 시행령 제106조 제2항).
④ 주택 부속토지의 경계가 명백하지 아니한 경우 그 주택의 바닥면적의 10배에 해당하는 토지를 주택의 부속토지로 한다(지방세법 시행령 제105조).
⑤ 재산세 과세대상인 건축물의 범위에서 주택은 제외한다(지방세법 제104조 제3호).

---

27 난이도 중 답 ③

| 영 역 | 재산세

| 키워드 | 재산세 부과·징수

| 해 설 | • 토지의 재산세 납기는 매년 9월 16일부터 9월 30일까지이다(지방세법 제115조 제1항 제1호).
• 재산세는 관할 지방자치단체의 장이 세액을 산정하여 보통징수의 방법으로 부과·징수한다(지방세법 제116조 제1항).

---

28 난이도 상 답 ⑤

| 영 역 | 양도소득세

| 키워드 | 양도차익 계산

| 해 설 | ① 부동산에 관한 권리의 양도로 발생한 양도차손은 토지의 양도에서 발생한 양도소득금액에서 공제할 수 있다(소득세법 제102조 제2항).
② 양도일부터 소급하여 10년 이내에 그 배우자로부터 증여받은 토지의 양도차익을 계산할 때 그 증여받은 토지에 대하여 납부한 증여세는 양도가액에서 공제할 필요경비에 산입한다(소득세법 97조의2 제1항 제3호).
③ 취득원가에 현재가치할인차금이 포함된 양도자산의 보유기간 중 사업소득금액 계산 시 필요경비로 산입한 현재가치할인차금상각액은 양도차익을 계산할 때 양도가액에서 공제할 필요경비에 산입할 수 없다(소득세법 시행령 제163조 제2항).
④ 특수관계인에게 증여한 자산에 대해 증여자인 거주자에게 양도소득세가 과세되는 경우 당초 증여받은 자산에 대해서는 증여세를 부과하지 아니한다 (소득세법 제101조 제3항).

제31회 정답 및 해설 **165**

29 난이도 상 　　　　　답②

| 영　역 | 양도소득세

| 키워드 | 양도소득세 감면세액

| 해　설 | 양도소득세 감면세액은 다음과 같다(소득세법 제90조).

> 양도소득세 감면액 $= A \times \dfrac{(B-C)}{D} \times E$
>
> A: 「소득세법」 제104조에 따른 양도소득 산출세액
> B: 감면대상 양도소득금액
> C: 「소득세법」 제103조 제2항에 따른 양도소득기본공제
> D: 「소득세법」 제92조에 따른 양도소득 과세표준
> E: 「소득세법」 또는 다른 조세에 관한 법률에서 정한 감면율

양도소득 과세표준이 20,000,000원이면 양도소득금액은 22,500,000원이며, 감면대상 양도소득금액이 7,500,000원이라고 주어졌으므로 감면대상 외 소득금액은 15,000,000원이 된다. 양도소득기본공제는 감면 외 소득금액에서 우선 공제한다.

따라서 1천만원 $\times \dfrac{(750만원 - 기본공제\ 0)}{2천만원}$ = 375만원

이므로, 375만원 × 50% = 1,875,000원
(기본공제는 감면 외 소득금액에서 우선 공제했으므로 감면액 산정 시 감면대상 양도소득금액에서 차감할 기본공제액은 없음)

30 난이도 상 　　　　　답②

| 영　역 | 양도소득세

| 키워드 | 양도소득 신고·납부

| 해　설 | 거주자가 예정신고를 할 때에는 산출세액에서 「조세특례제한법」이나 그 밖의 법률에 따른 감면세액을 뺀 세액을 대통령령으로 정하는 바에 따라 납세지 관할 세무서, 한국은행 또는 체신관서에 납부하여야 한다. 예정신고납부를 하는 경우 수시부과세액이 있을 때에는 이를 공제하여 납부한다(소득세법 제106조).

31 난이도 중 　　　　　답①

| 영　역 | 조세의 기초이론

| 키워드 | 용어의 정의

| 해　설 | '특별징수'란 지방세를 징수할 때 편의상 징수할 여건이 좋은 자로 하여금 징수하게 하고 그 징수한 세금을 납부하게 하는 것을 말한다(지방세기본법 제2조 제1항 제20호). '보통징수'란 세무공무원이 납세고지서를 납세자에게 발급하여 지방세를 징수하는 것을 말한다(지방세기본법 제2조 제1항 제19호).

32 난이도 중 　　　　　답③

| 영　역 | 양도소득세

| 키워드 | 국외자산에 대한 양도소득세

| 해　설 | 국외자산의 양도가액은 그 자산의 양도 당시의 실지거래가액으로 한다. 다만, 양도 당시의 실지거래가액을 확인할 수 없는 경우에는 양도자산이 소재하는 국가의 양도 당시 현황을 반영한 시가에 따르되, 시가를 산정하기 어려울 때에는 그 자산의 종류, 규모, 거래상황 등을 고려하여 대통령령으로 정하는 방법에 따른다(소득세법 제118조의3 제1항).

33 난이도 상 　　　　　답④

| 영　역 | [기타] 지역자원시설세

| 키워드 | 지역자원시설세 종합문제

| 해　설 | 재산세가 비과세되는 건축물에 대해서는 소방분 지역자원시설세를 부과하지 않는다.

| 보충하기 | 「지방세법」 제145조 비과세

> 「지방세법」 제145조(비과세) ① 다음 각 호의 어느 하나에 해당하는 경우에는 특정자원분 지역자원시설세 및 특정시설분 지역자원시설세를 부과하지 아니한다.
> 1. 국가, 지방자치단체 및 지방자치단체조합이 직접 개발하여 이용하는 경우
> 2. 국가, 지방자치단체 및 지방자치단체조합에 무료로 제공하는 경우
> ② 제109조에 따라 재산세가 비과세되는 건축물과 선박에 대해서는 소방분 지역자원시설세를 부과하지 아니한다.

34 | 난이도 상 | 답②

| 영 역 | 양도소득세

| 키워드 | 양도차익 계산특례(고가주택)

| 해 설 | '고가주택'이란 양도 당시 실지거래가액이 12억원을 초과하는 주택을 말한다(소득세법 제89조 제1항 제3호).

35 | 난이도 중 | 답②

| 영 역 | 등록에 대한 등록면허세

| 키워드 | 등록면허세 과세표준과 세율

| 해 설 | 가처분(저당권에 관련됨): 채권금액의 1천분의 2

36 | 난이도 중 | 답⑤

| 영 역 | 취득세

| 키워드 | 취득세 종합문제

| 해 설 | ⑤ 「지방세법」 제17조 제2항

① 국가 또는 지방자치단체(다른 법률에서 국가 또는 지방자치단체로 의제되는 법인은 제외), 「지방자치법」에 따른 지방자치단체조합, 외국정부 및 주한 국제기구의 취득에 대해서는 취득세를 부과하지 아니한다. 다만, 대한민국 정부기관의 취득에 대하여 과세하는 외국정부의 취득에 대해서는 취득세를 부과한다(지방세법 제9조 제1항).

② 토지의 지목변경에 따른 취득은 토지의 지목이 사실상 변경된 날과 공부상 변경된 날 중 빠른 날을 취득일로 본다. 다만, 토지의 지목변경일 이전에 사용하는 부분에 대해서는 그 사실상의 사용일을 취득일로 본다(지방세법 시행령 제20조 제10항).

③ 국가가 취득세 과세물건을 매각하면 매각일부터 30일 이내에 지방자치단체의 장에게 신고하여야 한다(지방세법 제19조).

④ 법인이 아닌 자가 건축물을 건축하여 취득하는 경우로서 사실상 취득가격을 확인할 수 없는 경우의 취득당시가액은 시가표준액으로 한다(지방세법 제10조의4 제2항).

37 | 난이도 중 | 답⑤

| 영 역 | 등록에 대한 등록면허세

| 키워드 | 등록면허세 종합문제

| 해 설 | ⑤ 「지방세법」 제25조 제1항 제1호·제18호

① 지방자치단체의 장은 등록면허세의 세율을 표준세율의 100분의 50의 범위에서 가감할 수 있다(지방세법 제28조 제6항).

② 등록 당시에 자산재평가 또는 감가상각 등의 사유로 그 가액이 달라진 경우에는 변경된 가액을 과세표준으로 한다(지방세법 제27조 제3항 단서).

③ 등록면허세 과세표준은 조례로 정하는 바에 따라 등록자의 신고에 따른다. 다만, 신고가 없거나 신고가액이 시가표준액보다 적은 경우에는 시가표준액을 과세표준으로 한다(지방세법 제27조 제2항).

④ 지목이 묘지인 토지의 등록은 등록면허세 비과세대상이다(지방세법 제26조 제2항 제3호).

38 | 난이도 중 | 답④

| 영 역 | 종합소득세

| 키워드 | 부동산 임대소득

| 해 설 | ① 국외에 소재하는 주택의 임대소득은 주택 수에 관계없이 과세할 수 있다.

② 「공익사업을 위한 토지 등의 취득 및 보상에 관한 법률」에 따른 공익사업과 관련하여 지역권을 대여함으로써 발생하는 소득은 기타소득으로 과세한다.

③ 부동산임대업에서 발생하는 사업소득의 납세지는 주소지 또는 거소지로 한다.

⑤ 주거용 건물 임대업에서 발생한 결손금은 종합소득 과세표준을 계산할 때 공제할 수 있다.

39 난이도 중   답 ④

| 영 역 | 종합부동산세

| 키워드 | 종합부동산세 종합문제

| 해 설 | 종합합산과세대상인 토지의 과세표준 금액에 대하여 해당 과세대상 토지의 토지분 재산세로 부과된 세액(지방세법 제111조 제3항에 따라 가감 조정된 세율이 적용된 경우에는 그 세율이 적용된 세액, 같은 법 제122조에 따라 세부담 상한을 적용받은 경우에는 그 상한을 적용받은 세액을 말한다)은 토지분 종합합산세액에서 이를 공제한다(종합부동산세법 제14조 제3항).

40 난이도 상   답 ⑤

| 영 역 | 등록에 대한 등록면허세

| 키워드 | 취득세와 등록면허세 납세절차

| 해 설 | ⑤ 「지방세법 시행령」 제38조

① 상속으로 취득세 과세물건을 취득한 자는 상속개시일이 속하는 달의 말일부터 6개월 이내에 과세표준과 세액을 신고·납부하여야 한다(지방세법 제20조 제1항).

② 취득세 과세물건을 취득한 후 중과세 대상이 되었을 때에는 중과세율을 적용하여 산출한 세액에서 이미 납부한 세액(가산세 제외)을 공제한 금액을 세액으로 하여 신고·납부하여야 한다(지방세법 제20조 제2항).

③ 지목변경으로 인한 취득세 납세의무자가 신고를 하지 아니하고 매각하는 경우 중가산세를 적용하지 아니한다(지방세법 시행령 제37조 제3호).

④ 신고의무를 다하지 아니한 경우에도 등록면허세 산출세액을 등록을 하기 전까지 납부하였을 때에는 신고를 하고 납부한 것으로 본다. 이 경우 가산세를 부과하지 아니한다(지방세법 제30조 제4항).

☑ 시험결과

응시자(명)	과락자(명)	응시자 평균점수(점)	합격자 평균점수(점)
74,001	14,965	59.28	77.39

⇨ 나의 점수: _____

☑ 임선정 교수님의 시험 총평

제30회 시험은 예년에 비해 중개실무 부분에서 사례 문제가 많이 출제되면서 다소 까다로웠지만, 공인중개사법령과 부동산 거래신고 등에 관한 법률에서 쉽게 출제되어 열심히 공부했다면 충분히 좋은 점수를 얻을 수 있었습니다. 이번 제30회 시험을 통해 알 수 있듯이, 단순한 암기만으로 고득점을 받을 수 있는 쉬운 과목은 아닌 것 같습니다.

☑ 출제 문항별 영역 > 키워드 & 기본서 연계 페이지

문항	영역 > 키워드	기본서	문항	영역 > 키워드	기본서
1	공인중개사법령 총칙 > 용어의 정의	p.20	21	공인중개사협회 및 교육·보칙·신고센터 등 > 협회 설립절차	p.240
2	중개사무소 개설등록 및 결격사유 > 결격사유	p.85	22	지도·감독 및 행정처분 > 자격정지	p.297
3	공인중개사제도 > 부정행위자	p.44	23	공인중개사협회 및 교육·보칙·신고센터 등 > 공제사업	p.240
4	공인중개사법령 총칙 > 중개대상물	p.31	24	지도·감독 및 행정처분 > 자격취소	p.296
5	중개업무 > 중개사무소의 설치 등	p.116	25	공인중개사협회 및 교육·보칙·신고센터 등 > 포상금	p.256
6	공인중개사협회 및 교육·보칙·신고센터 등 > 공인중개사협회	p.240	26	벌칙(행정벌) > 과태료	p.314
7	중개업무 > 인장등록	p.138	27	부동산 거래신고 등에 관한 법률 > 외국인등의 부동산 취득	p.369
8	공인중개사제도 > 공인중개사 정책심의위원회	p.47	28	부동산 거래신고 등에 관한 법률 > 매수청구	p.401
9	중개업무 > 법인의 겸업가능 범위	p.105	29	부동산 거래신고 등에 관한 법률 > 포상금	p.412
10	중개업무 > 고용인 고용 및 종료신고	p.109	30	부동산 거래신고 등에 관한 법률 > 이행강제금	p.406
11	중개업무 > 표시·광고 의무	p.132	31	중개대상물 조사 및 확인 > 법정지상권	p.471
12	개업공인중개사의 의무 및 책임 > 확인·설명, 확인·설명서	p.193	32	부동산 거래신고 등에 관한 법률 > 정정신청	p.350
13	중개계약 및 부동산거래정보망 > 부동산거래정보망의 지정 및 이용	p.165	33	개별적 중개실무 > 경매절차	p.618
14	개업공인중개사의 의무 및 책임 > 금지행위	p.180	34	개별적 중개실무 > 상가건물 임대차보호법	p.600
15	중개업무 > 휴업 및 폐업	p.142	35	중개대상물 조사 및 확인 > 분묘기지권, 장사 등에 관한 법률	p.473
16	손해배상책임과 반환채무이행보장 > 반환채무이행 보장제도	p.220	36	개별적 중개실무 > 부동산 실권리자명의 등기에 관한 법률	p.561
17	중개계약 및 부동산거래정보망 > 전속중개계약 체결 시 정보공개사항	p.160	37	개별적 중개실무 > 주택임대차보호법	p.571
18	공인중개사협회 및 교육·보칙·신고센터 등 > 수수료 납부사유	p.260	38	거래계약의 체결 > 전자계약	p.550
19	중개계약 및 부동산거래정보망 > 일반중개계약서	p.156	39	부동산 거래신고 등에 관한 법률 > 부동산 거래신고	p.324
20	지도·감독 및 행정처분 > 절대적 등록취소사유	p.282	40	부동산 거래신고 등에 관한 법률 > 부동산 거래신고	p.324

정답 및 해설

1 난이도 중 　　　　　　　답 ③

| 영 역 | 공인중개사법령 총칙

| 키워드 | 용어의 정의

| 해 설 | 무등록 중개업자에게 중개를 의뢰한 거래당사자는 무등록 중개업자의 중개행위에 대하여 무등록 중개업자와 공동정범으로 처벌되지 않는다.

| 보충하기 | 무등록 중개업자에게 중개를 의뢰한 행위의 위법 여부

> 「공인중개사법」에서 '중개'는 중개행위자가 아닌 거래당사자 사이의 거래를 알선하는 것이고, '중개업'은 거래당사자로부터 의뢰를 받아 중개를 업으로 행하는 것이므로, 중개를 의뢰하는 거래당사자, 즉 중개의뢰인과 중개를 의뢰받아 거래를 알선하는 중개업자는 서로 구별되어 동일인일 수 없고, 결국 중개는 그 개념상 중개의뢰에 대응하여 이루어지는 별개의 행위로서 서로 병존하며 중개의뢰행위가 중개행위에 포함되어 흡수될 수 없다. 따라서 비록 거래당사자가 무등록 중개업자에게 중개를 의뢰하거나 미등기 부동산의 전매에 대하여 중개를 의뢰하였다고 하더라도, 「공인중개사법」 제48조 제1호, 제9조와 제48조 제3호, 제33조 제1항 제7호의 처벌규정들이 중개행위를 처벌 대상으로 삼고 있을 뿐이므로 그 중개의뢰행위 자체는 위 처벌규정들의 처벌 대상이 될 수 없으며, 또한 위와 같이 중개행위가 중개의뢰행위에 대응하여 서로 구분되어 존재하여야 하는 이상, 중개의뢰인의 중개의뢰행위를 무등록중개업자의 중개행위와 동일시하여 중개행위에 관한 공동정범 행위로 처벌할 수도 없다(대판 2013.6.27, 2013도3246).

2 난이도 중 　　　　　　　답 ①

| 영 역 | 중개사무소 개설등록 및 결격사유

| 키워드 | 결격사유

| 해 설 | 「공인중개사법」을 위반하여 300만원 이상의 벌금형의 선고를 받고 3년이 지나지 아니한 자는 결격사유에 해당한다(법 제10조 제1항 제11호). 따라서 「공인중개사법」을 위반하여 200만원의 벌금형의 선고를 받고 3년이 지나지 아니한 자는 결격사유에 해당하지 않는다.

3 난이도 중 　　　　　　　답 ④

| 영 역 | 공인중개사제도

| 키워드 | 부정행위자

| 해 설 | ① 국토교통부장관이 직접 공인중개사자격시험의 시험문제를 출제하거나 시험을 시행하려는 경우에는 심의위원회의 의결을 미리 거쳐야 한다(영 제3조).
② 공인중개사자격증의 재교부를 신청하는 자는 재교부신청서를 자격증을 교부한 시·도지사에게 제출하여야 한다(규칙 제3조 제2항).
③ 시·도지사는 공인중개사시험의 합격자에게 공인중개사자격증을 교부해야 한다(규칙 제3조 제1항).
⑤ 시험시행기관장은 시험을 시행하려는 때에는 예정 시험일시·시험방법 등 시험시행에 관한 개략적인 사항을 매년 2월 말일까지 일간신문, 관보, 방송 중 하나 이상에 공고하고, 인터넷 홈페이지 등에도 이를 공고해야 한다(영 제7조 제2항).

| 보충하기 | 부정행위자

> 시험시행기관장은 시험에서 부정한 행위를 한 응시자에 대하여는 그 시험을 무효로 하고, 그 처분이 있은 날부터 5년간 시험응시자격을 정지한다. 시험에서 부정행위를 한 자는 5년간 응시자격이 정지될 뿐 등록 등의 결격사유를 구성하는 것은 아니므로, 중개보조원이나 법인인 개업공인중개사의 임원·사원으로 중개업무에는 종사할 수 있다.

4 난이도 하 답⑤

| 영 역 | 공인중개사법령 총칙

| 키워드 | 중개대상물

| 해 설 | ㄱ. 채굴되지 아니한 광물의 채굴할 권리는 국가가 부여한다. 따라서 미채굴광물은 토지소유자라 하더라도 소유권의 효력이 미치지 못한다.

ㄴ. 온천권을 토지소유권과 독립되는 물권이나 준물권으로 볼만한 관습이 있음을 인정할 만한 증거가 없는 데다가, 온천수도 지하수의 일종이고 온천수의 용출 및 인수에 관한 시설이 그 토지 위의 건물에 상용되는 것인 이상, 그 토지 및 건물과 함께 운명을 같이하는 종물로서 그 토지와 건물의 소유권을 취득한 자는 온천수와 그 용출 및 인수시설에 관한 지배권도 아울러 취득한다.

ㄷ. 금전채권은 (구)「공인중개사법」제3조, 같은 법 시행령 제2조에서 정한 중개대상물이 아니다. 금전채권 매매계약을 중개한 것은 (구)「공인중개사법」이 규율하고 있는 중개행위에 해당하지 않으므로, (구)「공인중개사법」이 규정하고 있는 중개수수료의 한도액은 금전채권 매매계약의 중개행위에는 적용되지 않는다(대판 2019.7.11, 2017도13559).

ㄹ. 점유에 관하여 학설상 이견의 여지는 있지만, 일반적으로 중개의 대상이 되지 않는 것으로 본다. 점유 내지 점유권은 '점유하는 사실'로 취득하는 것이므로 중개의 대상이 아니라고 본다.

5 난이도 중 답④

| 영 역 | 중개업무

| 키워드 | 중개사무소의 설치 등

| 해 설 | 개업공인중개사는 등록관청의 관할 구역 외의 지역에 있는 중개대상물을 중개할 수 있다.

| 보충하기 | 업무지역의 범위

> 법인 및 공인중개사인 개업공인중개사는 전국에 소재한 중개대상물에 대하여 중개업을 할 수 있다. 법 부칙 제6조 제2항에 규정된 개업공인중개사의 업무지역은 해당 사무소가 소재하는 특별시·광역시·도 관할 구역으로 하며, 그 관할 구역 안에 있는 중개대상물에 한하여 중개행위를 할 수 있다. 다만, 부동산 거래정보망에 가입하고 이를 이용하여 중개하는 경우 해당 정보망에 공개된 관할 구역 외의 중개대상물에 대하여도 중개할 수 있다(법 부칙 제6조 제6항).

6 난이도 중 답③

| 영 역 | 공인중개사협회 및 교육·보칙·신고센터 등

| 키워드 | 공인중개사협회

| 해 설 | ① 협회는 비영리사업으로서 회원 간의 상호부조를 목적으로 공제사업을 할 수 있다(법 제42조 제1항, 영 제31조 제6호).

② 협회는 총회의 의결내용을 지체 없이 국토교통부장관에게 보고하여야 한다(영 제32조 제1항).

④ 협회의 고유업무(영 제31조), 수탁업무에는 개업공인중개사에 대한 행정제재처분의 부과와 집행의 업무를 할 수 있다는 규정이 없다.

⑤ 협회는 협회의 설립목적을 달성하기 위하여 다음의 업무를 수행할 수 있다(영 제31조). 이 경우 협회는 부동산 정보제공에 관한 업무를 수행할 수 있다.

> 1. 회원의 품위유지를 위한 업무
> 2. 부동산중개제도의 연구·개선에 관한 업무
> 3. 회원의 자질향상을 위한 지도 및 교육·연수에 관한 업무
> 4. 회원의 윤리헌장 제정 및 그 실천에 관한 업무
> 5. 부동산 정보제공에 관한 업무
> 6. 법 제42조의 규정에 따른 공제사업. 이 경우 공제사업은 비영리사업으로서 회원 간의 상호부조를 목적으로 한다.
> 7. 그 밖에 협회의 설립목적 달성을 위하여 필요한 업무

7 난이도 중 답②

| 영 역 | 중개업무

| 키워드 | 인장등록

| 해 설 | 소속공인중개사가 인장등록을 하지 아니하거나 등록하지 아니한 인장을 중개행위에 사용한 경우, 시·도지사는 6개월의 범위 안에서 기간을 정하여 그 자격을 정지할 수 있다(법 제36조 제1항 제2호).

| 영 역 | 공인중개사제도

| 키워드 | 공인중개사 정책심의위원회

| 해 설 | 심의위원회의 위원장이 부득이한 사유로 직무를 수행할 수 없을 때에는 위원장이 미리 지명한 위원이 그 직무를 대행한다(영 제1조의4 제2항).

| 보충하기 | 정책심의위원회

> 1. 위원장은 심의위원회를 대표하고, 심의위원회의 업무를 총괄한다.
> 2. 위원장이 부득이한 사유로 직무를 수행할 수 없을 때에는 위원장이 미리 지명한 위원이 그 직무를 대행한다.
> 3. 위원장은 심의위원회의 회의를 소집하고, 그 의장이 된다.
> 4. 심의위원회의 회의는 재적위원 과반수의 출석으로 개의(開議)하고, 출석위원 과반수의 찬성으로 의결한다.
> 5. 위원장은 심의위원회의 회의를 소집하려면 회의 개최 7일 전까지 회의의 일시, 장소 및 안건을 각 위원에게 통보하여야 한다. 다만, 긴급하게 개최하여야 하거나 부득이한 사유가 있는 경우에는 회의 개최 전날까지 통보할 수 있다.
> 6. 위원장은 심의에 필요하다고 인정하는 경우 관계 전문가를 출석하게 하여 의견을 듣거나 의견 제출을 요청할 수 있다.

| 영 역 | 중개업무

| 키워드 | 법인의 겸업가능 범위

| 해 설 | ㄱ, ㄴ, ㄷ, ㄹ. 모두 법인인 개업공인중개사가 겸업가능한 업무에 해당한다.

| 영 역 | 중개업무

| 키워드 | 고용인 고용 및 종료신고

| 해 설 | 개업공인중개사는 소속공인중개사 또는 중개보조원과의 고용관계가 종료된 때에는 고용관계가 종료된 날부터 10일 이내에 등록관청에 신고하여야 한다(규칙 제8조 제4항).

| 영 역 | 중개업무

| 키워드 | 표시·광고 의무

| 해 설 | ㄷ. 소속공인중개사의 성명은 명시해야 하는 사항에 포함되지 않는다.

| 보충하기 | 표시·광고 시 명시사항

개업공인중개사가 의뢰받은 중개대상물에 대하여 표시·광고를 하려면 중개사무소, 개업공인중개사에 관한 사항으로서 다음의 사항을 명시하여야 한다. 중개보조원에 관한 사항은 명시해서는 아니 된다(법 제18조의2 제1항, 영 제17조의2 제1항).

> 1. 중개사무소의 명칭, 소재지, 연락처 및 등록번호
> 2. 개업공인중개사의 성명(법인인 경우에는 대표자의 성명)

| 영 역 | 개업공인중개사의 의무 및 책임

| 키워드 | 확인·설명, 확인·설명서

| 해 설 | ② 2명의 개업공인중개사가 공동중개한 경우 중개대상물 확인·설명서에는 공동중개한 개업공인중개사 모두 서명 및 날인하여야 한다.

③ 개업공인중개사는 중개대상물에 대한 확인·설명을 중개가 완성되기 전에 매수인·임차인 등 권리를 취득하고자 하는 중개의뢰인에게 하여야 한다.

④ 중개보조원은 확인·설명의무가 없다. 확인·설명의무는 개업공인중개사에게 있다.

⑤ 개업공인중개사는 중개대상물 확인·설명서를 작성하여 거래당사자에게 교부하고 3년 동안 그 원본, 사본 또는 전자문서를 보존하여야 한다. 다만, 확인·설명사항이 공인전자문서센터에 보관된 경우에는 그러하지 아니하다(법 제25조 제3항, 영 제21조 제4항).

| 영　역 | 중개계약 및 부동산거래정보망
| 키워드 | 부동산거래정보망의 지정 및 이용
| 해　설 | 거래정보사업자는 개업공인중개사로부터 공개를 의뢰받은 중개대상물의 정보를 개업공인중개사에 따라 차별적으로 공개하여서는 아니 된다.

| 보충하기 | 거래정보사업자는 개업공인중개사로부터 공개를 의뢰받은 중개대상물의 정보에 한하여 이를 부동산거래정보망에 공개하여야 하며, 의뢰받은 내용과 다르게 정보를 공개하거나 어떠한 방법으로든지 개업공인중개사에 따라 정보가 차별적으로 공개되도록 하여서는 아니 된다(법 제24조 제4항). 이를 위반한 경우 1년 이하의 징역 또는 1천만원 이하의 벌금형에 해당한다(법 제49조 제1항 제8호).

14 난이도 **중** 　　　　　　　　　　　　　　답 ③

| 영　역 | 개업공인중개사의 의무 및 책임
| 키워드 | 금지행위
| 해　설 | ① 중개대상물의 매매를 업으로 하는 행위는 「공인중개사법」 제33조 제1항 제1호에 해당하는 금지행위이다. 이 경우 금지행위는 개업공인중개사, 소속공인중개사, 중개보조원, 법인의 임원 또는 사원(개업공인중개사등)에게 적용된다.
② 개업공인중개사가 거래당사자 쌍방을 대리하는 행위는 「공인중개사법」 제33조 제1항 제6호에 해당하는 금지행위이다.
④⑤ 「공인중개사법」 제33조 제1항 제6호에서 금지하고 있는 중개의뢰인과 직접 거래는 개업공인중개사, 소속공인중개사, 중개보조원, 법인의 임원 또는 사원에게 적용된다.

15 난이도 **중** 　　　　　　　　　　　　　　답 ②

| 영　역 | 중개업무
| 키워드 | 휴업 및 폐업
| 해　설 | 「공인중개사법 시행규칙」 별지 제13호 서식에서 정하고 있는 부동산중개업 휴업·폐업·재개·휴업기간 변경신고서의 내용 중, 휴업의 경우 휴업기간을 기재하며 폐업의 경우 폐업일을 기재한다.

16 난이도 **중** 　　　　　　　　　　　　　　답 ④

| 영　역 | 손해배상책임과 반환채무이행보장
| 키워드 | 반환채무이행 보장제도
| 해　설 | 개업공인중개사는 거래의 안전을 보장하기 위하여 필요하다고 인정하는 경우에는 거래계약의 이행이 완료될 때까지 계약금·중도금 또는 잔금을 개업공인중개사 또는 다음의 어느 하나에 해당하는 자의 명의로 금융기관, 공제사업을 하는 자, 신탁업자 등에게 예치하도록 거래당사자에게 권고할 수 있다(법 제31조 제1항, 영 제27조 제1항).

> 1. 「은행법」에 따른 은행
> 2. 「보험업법」에 따른 보험회사
> 3. 「자본시장과 금융투자업에 관한 법률」에 따른 신탁업자
> 4. 「우체국예금·보험에 관한 법률」에 따른 체신관서
> 5. 법 제42조의 규정에 따라 공제사업을 하는 자
> 6. 부동산 거래계약의 이행을 보장하기 위하여 계약금·중도금 또는 잔금 및 계약 관련 서류를 관리하는 업무를 수행하는 전문회사

17 난이도 **상** 　　　　　　　　　　　　　　답 ①

| 영　역 | 중개계약 및 부동산거래정보망
| 키워드 | 전속중개계약 체결 시 정보공개사항
| 해　설 | ㄹ. 도로 및 대중교통수단과의 연계성, 시장·학교 등과의 근접성, 지형 등 입지조건, 일조·소음·진동 등 환경조건은 공개해야 하는 정보에 해당한다(영 제20조 제2항 제4호).
ㄱ. ㄴ. 임차인의 성명, 저당권자의 주소 등 인적사항에 관한 정보를 개업공인중개사는 공개하여서는 아니 된다(영 제20조 제2항 제5호 단서).
ㄷ. 전속중개계약을 체결한 개업공인중개사는 중개대상물의 거래예정금액 및 공시지가를 공개하여야 한다. 다만, 임대차계약의 경우에는 공시지가를 공개하지 아니할 수 있다(영 제20조 제2항 제7호). 따라서 공개해야 하는 정보에 X부동산의 공시지가는 포함되지 않는다.

| 보충하기 | 전속중개계약 체결 시 공개사항

1. 중개대상물의 종류, 소재지, 지목 및 면적, 건축물의 용도·구조 및 건축연도 등 중개대상물을 특정하기 위하여 필요한 사항(기본적 사항)
2. 소유권, 전세권, 저당권, 지상권 및 임차권 등 중개대상물의 권리관계에 관한 사항. 다만, 각 권리자의 주소·성명 등 인적사항에 관한 정보는 공개하여서는 아니 된다.
3. 공법상의 이용제한 및 거래규제에 관한 사항
4. 벽면 및 도배의 상태
5. 수도·전기·가스·소방·열공급·승강기설비, 오수·폐수·쓰레기 처리시설 등의 상태
6. 도로 및 대중교통수단과의 연계성, 시장·학교 등과의 근접성, 지형 등 입지조건, 일조·소음·진동 등 환경조건
7. 거래예정금액 및 공시지가. 다만, 임대차의 경우에는 공시지가를 공개하지 아니할 수 있다.

---

18 난이도 하 답③

| 영 역 | 공인중개사협회 및 교육·보칙·신고센터 등
| 키워드 | 수수료 납부사유
| 해 설 | ㄱ. ㄷ. ㄹ.은 조례가 정하는 바에 따라 수수료를 납부해야 하는 경우에 해당한다. 하지만 ㄴ.의 경우 국토교통부장관이 시행하는 공인중개사자격시험에 응시하고자 하는 자는 국토교통부장관이 결정·공고하는 수수료를 납부하여야 한다(법 제47조 제1항 후단).

| 보충하기 | 지방자치단체의 조례로 정하는 수수료

다음의 어느 하나에 해당하는 자는 해당 지방자치단체의 조례로 정하는 바에 따라 수수료를 납부하여야 한다(법 제47조 제1항).

1. 시·도지사가 시행하는 공인중개사자격시험에 응시하는 자
2. 공인중개사자격증의 재교부를 신청하는 자
3. 중개사무소의 개설등록을 신청하는 자
4. 중개사무소등록증의 재교부를 신청하는 자
5. 분사무소설치의 신고를 하는 자
6. 분사무소설치신고확인서의 재교부를 신청하는 자

---

19 난이도 중 답③

| 영 역 | 중개계약 및 부동산거래정보망
| 키워드 | 일반중개계약서
| 해 설 | ㄴ. ㄷ. 권리취득용(매수·임차 등)에 기재하는 사항이다.
ㄱ. ㄹ. 권리이전용(매도·임대 등)에 기재하는 사항이다.

---

20 난이도 중 답⑤

| 영 역 | 지도·감독 및 행정처분
| 키워드 | 절대적 등록취소사유
| 해 설 | 공인중개사법령을 위반하여 둘 이상의 중개사무소를 둔 경우 등록관청은 중개사무소의 개설등록을 취소할 수 있다(법 제38조 제2항 제2호).

---

21 난이도 중 답④

| 영 역 | 공인중개사협회 및 교육·보칙·신고센터 등
| 키워드 | 협회 설립절차
| 해 설 | 공인중개사협회를 설립하고자 하는 때에는 발기인이 작성하여 서명·날인한 정관에 대하여 회원 '600'인 이상이 출석한 창립총회에서 출석한 회원 과반수의 동의를 얻어 국토교통부장관의 설립인가를 받아야 한다(영 제30조 제1항). 창립총회에는 서울특별시에서는 '100'인 이상, 광역시·도 및 특별자치도에서는 각각 '20'인 이상의 회원이 참여하여야 한다(영 제30조 제2항).

22 난이도 중 답①

| 영 역 | 지도·감독 및 행정처분

| 키워드 | 자격정지

| 해 설 | 고객을 위하여 거래내용에 부합하는 동일한 거래계약서를 4부 작성한 경우는 자격정지사유에 해당하지 않는다.

23 난이도 중 답⑤

| 영 역 | 공인중개사협회 및 교육·보칙·신고센터 등

| 키워드 | 공제사업

| 해 설 | 협회는 매년도의 공제사업 운용실적을 매 회계연도 종료 후 3개월 이내에 일간신문 또는 협회보에 공시하고 협회의 인터넷 홈페이지에 게시해야 한다(영 제35조).

| 보충하기 | 공제사업관련 중요내용

책임준비금	공제료 수입액의 100분의 10 이상으로 정하여야 한다.
회계	다른 회계와 구분하여 별도의 회계로 관리하여야 한다.
운용실적	운용실적을 회계연도 종료 후 3개월 이내에 공시해야 한다.
시정명령	국토교통부장관은 협회가 공제사업의 건전성을 해할 우려가 있다고 인정되는 경우 시정을 명할 수 있다.
조사·검사	금융감독원장은 국토교통부장관의 요청이 있는 경우 공제사업에 관하여 조사 또는 검사를 할 수 있다.
운영위원회	공제사업에 관한 사항을 심의하고 그 업무집행을 감독하기 위하여 협회에 운영위원회를 둔다.
개선명령	국토교통부장관은 협회의 공제사업 운영이 적정하지 아니하거나 자산 상황이 불량하다고 인정하면 개선명령 등의 조치를 명할 수 있다.
재무건전성 기준	지급여력비율은 100분의 100 이상을 유지하여야 한다.
징계·해임 등	국토교통부장관은 협회의 임원이 공제사업을 건전하게 운영하지 못할 우려가 있는 경우 그 임원에 대한 징계·해임, 시정명령을 할 수 있다.

24 난이도 중 답②

| 영 역 | 지도·감독 및 행정처분

| 키워드 | 자격취소

| 해 설 | ① 공인중개사의 자격취소처분은 그 공인중개사자격증을 교부한 시·도지사가 행한다(영 제29조 제1항).

③ 자격취소처분을 하고자 하는 시·도지사는 청문을 실시하여야 한다(법 제35조 제2항).

④ 공인중개사의 자격이 취소된 자는 자격취소처분을 받은 날부터 7일 이내에 그 공인중개사자격증을 교부한 시·도지사에게 공인중개사자격증을 반납하여야 한다(법 제35조 제3항, 규칙 제21조).

⑤ 자격증의 분실 등의 사유로 공인중개사자격증을 반납할 수 없는 자는 자격증반납을 대신하여 그 이유를 기재한 사유서를 시·도지사에게 제출하여야 한다(법 제35조 제4항).

25 난이도 중 답④

| 영 역 | 공인중개사협회 및 교육·보칙·신고센터 등

| 키워드 | 포상금

| 해 설 | ① 포상금은 1건당 50만원으로 한다(영 제36조의2 제1항).

② 검사가 신고사건에 대하여 기소유예의 결정을 한 경우에는 포상금을 지급한다(영 제36조의2 제2항).

③ 포상금의 지급에 소요되는 비용 중 국고에서 보조할 수 있는 비율은 100분의 50 이내로 한다(영 제36조의2 제3항).

⑤ 등록관청은 하나의 사건에 대하여 2건 이상의 신고 또는 고발이 접수된 경우, 공동으로 신고한 것이 아니면 최초로 신고 또는 고발한 자에게 포상금을 지급한다(규칙 제28조 제4항).

| 영 역 | 벌칙(행정벌)

| 키워드 | 과태료

| 해 설 | ① 공제업무의 개선명령을 이행하지 않은 경우: 500만원 이하의 과태료

② 휴업한 중개업의 재개신고를 하지 않은 경우: 100만원 이하의 과태료

③ 중개사무소의 이전신고를 하지 않은 경우: 100만원 이하의 과태료

④ 중개사무소등록증을 게시하지 않은 경우: 100만원 이하의 과태료

⑤ 휴업기간의 변경신고를 하지 않은 경우: 100만원 이하의 과태료

| 영 역 | 부동산 거래신고 등에 관한 법률

| 키워드 | 외국인등의 부동산 취득

| 해 설 | ① 국제연합의 전문기구가 경매로 대한민국 안의 부동산등을 취득한 때에는 부동산등을 취득한 날부터 6개월 이내에 신고관청에 신고하여야 한다.

② 외국인등이 상가건물 등 임대차계약을 체결하는 경우 신고대상이 되지 않는다.

④ 외국인등의 토지거래 허가신청서를 받은 신고관청은 신청서를 받은 날부터 15일 이내에 허가 또는 불허가 처분을 하여야 한다. 단, 「군사기지 및 군사시설 보호법」에 따른 군사기지 및 군사시설 보호구역은 30일 이내에 허가 또는 불허가 처분을 하여야 한다.

⑤ 외국인등이 법원의 확정판결로 대한민국 안의 부동산등을 취득한 때에는 6개월 이내에 신고관청에 신고하여야 한다.

| 영 역 | 부동산 거래신고 등에 관한 법률

| 키워드 | 매수청구

| 해 설 | 매수청구를 받은 시장·군수 또는 구청장은 국가, 지방자치단체, 한국토지주택공사, 다음에서 정하는 공공기관 또는 공공단체 중에서 매수할 자를 지정하여, 매수할 자로 하여금 예산의 범위에서 공시지가를 기준으로 하여 해당 토지를 매수하게 하여야 한다. 따라서 ㄴ. ㄷ. ㅁ.은 다음의 기관에 해당하지 않는다.

1. 「한국농수산식품유통공사법」에 따른 한국농수산식품유통공사
2. 「대한석탄공사법」에 따른 대한석탄공사
3. 「한국토지주택공사법」에 따른 한국토지주택공사
4. 「한국관광공사법」에 따른 한국관광공사
5. 「한국농어촌공사 및 농지관리기금법」에 따른 한국농어촌공사
6. 「한국도로공사법」에 따른 한국도로공사
7. 「한국석유공사법」에 따른 한국석유공사
8. 「한국수자원공사법」에 따른 한국수자원공사
9. 「한국전력공사법」에 따른 한국전력공사
10. 「한국철도공사법」에 따른 한국철도공사

| 영 역 | 부동산 거래신고 등에 관한 법률

| 키워드 | 포상금

| 해 설 | ① 포상금의 지급에 드는 비용은 시·군이나 구의 재원으로 충당한다.

②③ 다음의 어느 하나에 해당하는 경우에는 포상금을 지급하지 아니할 수 있다.

1. 공무원이 직무와 관련하여 발견한 사실을 신고하거나 고발한 경우
2. 해당 위반행위를 하거나 위반행위에 관여한 자가 신고하거나 고발한 경우
3. 익명이나 가명으로 신고 또는 고발하여 신고인 또는 고발인을 확인할 수 없는 경우

④ 부동산등의 거래가격을 신고하지 않은 자는 포상금 지급대상에 포함되지 않는다. 포상금사유는 다음과 같다.

1. 부동산등의 실제 거래가격을 거짓으로 신고한 자 (신고의무자가 아닌 자가 거짓으로 신고를 한 경우를 포함)
2. 신고대상에 해당하는 계약을 체결하지 아니하였음에도 불구하고 거짓으로 부동산 거래신고를 한 자
3. 신고 후 해당 계약이 해제등이 되지 아니하였음에도 불구하고 거짓으로 부동산거래의 해제등 신고를 한 자
4. 주택임대차계약의 신고, 변경 및 해제신고 규정을 위반하여 주택임대차계약의 보증금·차임 등 계약금액을 거짓으로 신고한 자
5. 토지거래허가 또는 변경허가를 받지 아니하고 토지거래계약을 체결한 자 또는 거짓이나 그 밖의 부정한 방법으로 토지거래계약허가를 받은 자
6. 토지거래계약허가를 받아 취득한 토지에 대하여 허가받은 목적대로 이용하지 아니한 자

---

30 난이도 중   답 ③

| 영　역 | 부동산 거래신고 등에 관한 법률
| 키워드 | 이행강제금
| 해　설 | ① 시장·군수 또는 구청장은 최초의 이행명령이 있었던 날을 기준으로 1년에 한 번씩 그 이행명령이 이행될 때까지 반복하여 이행강제금을 부과·징수할 수 있다.
② 시장·군수 또는 구청장은 토지의 이용 의무기간이 지난 후에는 이행강제금을 부과할 수 없다.
④ 토지거래계약허가를 받아 토지를 취득한 자가 직접 이용하지 아니하고 임대한 경우에는 토지 취득가액의 100분의 7에 상당하는 금액을 이행강제금으로 부과한다.
⑤ 이행강제금 부과처분을 받은 자가 시장·군수 또는 구청장에게 이의를 제기하려는 경우에는 부과처분을 고지받은 날부터 30일 이내에 하여야 한다.

---

31 난이도 중   답 ①

| 영　역 | 중개대상물 조사 및 확인
| 키워드 | 법정지상권
| 해　설 | ㄷ. 동일인 소유의 토지와 그 토지상에 건립되어 있는 건물 중 어느 하나만이 타에 처분되어 토지와 건물의 소유자를 각 달리하게 된 경우에는

관습상의 법정지상권이 성립한다고 할 것이나, 건물소유자가 토지소유자와 사이에 건물의 소유를 목적으로 하는 토지임대차계약을 체결한 경우에는 관습상의 법정지상권을 포기한 것으로 봄이 상당하다 (대판 1992.10.27, 92다3984).
ㄹ. "자기의 소유의 건물을 위하여 그 기지소유자 '甲'의 대지 위에 법정지상권을 취득한 '乙'은 그 사용에 있어서 어떠한 제한이나 하자도 없는 타인 소유의 토지를 직접적으로 완전하게 사용하고 있다고 할 수 있고 이 경우에 '乙'이 '甲'에게 지급하여야 할 지료는 아무런 제한 없이 '甲' 소유의 토지를 사용함으로써 얻는 이익에 상당하는 대가가 되어야 하고 건물이 건립되어 있는 것을 전제로 한 임료상당 금액이 되어서는 안 된다(대판 1975.12.23, 75다2066)."라고 판시하고 있으므로, 건물소유자는 대지소유자에게 지료를 지급하여야 한다.

---

32 난이도 중   답 ②

| 영　역 | 부동산 거래신고 등에 관한 법률
| 키워드 | 정정신청
| 해　설 | 개업공인중개사의 성명·주소는 정정신청사항에 포함되지 않는다.
| 보충하기 | 정정신청 사유
거래당사자 또는 개업공인중개사는 부동산거래계약 신고내용 중 다음의 어느 하나에 해당하는 사항이 잘못 기재된 경우에는 신고관청에 신고내용의 정정을 신청할 수 있다.

1. 거래당사자의 주소·전화번호 또는 휴대전화번호
2. 거래 지분 비율
3. 개업공인중개사의 전화번호·상호 또는 사무소 소재지
4. 거래대상 건축물의 종류
5. 거래대상 부동산등(부동산을 취득할 수 있는 권리에 관한 계약의 경우에는 그 권리의 대상인 부동산)의 지목, 면적, 거래 지분 및 대지권 비율

| 영 역 | 개별적 중개실무

| 키워드 | 경매절차

| 해 설 | ① 입찰에 참가하는 자는 법원에서 정한 최저매각가격의 10분의 1에 해당하는 금액을 매수보증금으로 제공하여야 한다. 따라서 최저매각가격이 1억원이므로 매수보증금은 1천만원이다.

② 최고가 매수신고를 한 사람이 2명인 때에는 법원은 그 2명을 상대로 다시 입찰하게 하여 최고가 매수인을 결정한다.

③ 다른 사람과 동일한 금액으로 최고가 매수신고를 하여 다시 입찰하는 경우, 전의 입찰가격에 못 미치는 가격으로는 입찰하여 매수할 수 없다.

⑤ 차순위 매수신고인의 경우 최고가 매수신고인(매수인)이 대금납부기한 이내에 대금을 납부한 경우, 즉시 매수신청의 보증을 돌려줄 것을 신청할 수 있다.

| 영 역 | 개별적 중개실무

| 키워드 | 상가건물 임대차보호법

| 해 설 | ① 乙의 연체차임액이 300만원에 이르는 경우 甲은 계약을 해지할 수 있다. 임차인의 연체차임액이 3기에 달하는 경우 임대인은 계약을 해지할 수 있으므로, 연체차임액이 200만원이 아니라 300만원이 되어야 한다.

② 차임 또는 보증금의 감액에 관하여는 동법상 제한이 없으므로 감액이 있은 후 1년 이내에 다시 감액을 할 수 있다.

③ 임대인이 임대차기간 만료 전 6개월부터 1개월까지의 기간 내에 임차인에 대하여 갱신거절의 통지 또는 조건의 변경에 대한 통지를 하지 아니한 경우에는 그 기간이 만료된 때에 전 임대차와 동일한 조건으로 다시 임대차한 것으로 본다.

④ 보증금 5천만원, 월차임 100만원이므로, 이를 환산하면 환산보증금은 1억 5천만원이다. 따라서 임차인은 소액임차인에 해당하지 않으므로 선순위 저당권자보다 우선하여 변제받을 수 없다.

| 영 역 | 중개대상물 조사 및 확인

| 키워드 | 분묘기지권, 장사 등에 관한 법률

| 해 설 | 분묘가 1995년에 설치되었다면 「장사 등에 관한 법률」이 2001년에 시행되었기 때문에 분묘기지권을 시효취득할 수 있다.

| 보충하기 | 「장사 등에 관한 법률」상 분묘기지권

> 「장사 등에 관한 법률」은 매장, 화장 및 개장에 관한 사항 등을 규정함으로써 국토의 효율적인 이용에 이바지하기 위하여 2001년 1월 13일부터 설치하는 장사시설에 관하여 적용되는 법이다. 동법이 시행되기 전에 설치된 묘지는 동법이 적용되지 않는다. 따라서 분묘가 1995년에 설치된 경우 동법이 적용되지 않으므로 분묘기지권을 시효취득할 수 있다(대판 전합체 2017.1.19, 2013다17292).

| 영 역 | 개별적 중개실무

| 키워드 | 부동산 실권리자명의 등기에 관한 법률

| 해 설 | ㄱ. 조세포탈, 강제집행의 면탈 또는 법령상 제한의 회피를 목적으로 하지 않은 경우 명의신탁의 효력이 인정되고 그 등기이전도 유효가 되는 경우는 다음과 같다.

> 1. 종중(宗中)이 보유한 부동산에 관한 물권을 종중(종중과 그 대표자를 같이 표시하여 등기한 경우를 포함) 외의 자의 명의로 등기한 경우
> 2. 배우자 명의로 부동산에 관한 물권을 등기한 경우
> 3. 종교단체의 명의로 그 산하조직이 보유한 부동산에 관한 물권을 등기한 경우

甲과 丙 간의 약정은 위 세 가지 내용에 해당하지 않으므로 명의신탁약정 및 그 등기는 무효이다.

ㄹ. 명의신탁약정 및 수탁자로의 소유권이전등기는 무효이므로 소유권은 원소유자인 乙에게 귀속된다. 따라서 丙은 소유권을 취득하지 못한다. 또한 甲은 丙이 X부동산을 제3자에게 처분한 경우가 아니므로 丙에게 부당이득반환청구권을 행사할 수 없다.

37 난이도 중 답 ②

| 영 역 | 개별적 중개실무

| 키워드 | 주택임대차보호법

| 해 설 | ① 임차인 乙이 대항력을 가지는 날짜는 2019년 6월 4일 0시이다. 그런데 저당권자인 丙은 2019년 6월 3일에 근저당권을 설정하였으므로 임차인 乙보다 앞선다. 따라서 임차인 乙은 매수인에 대하여 임차권으로 대항할 수 없다.

③ 문제에서 임차보증금액이 주어지지 아니하였고 乙이 대항요건과 확정일자인을 갖추었으므로 乙은 丁보다 우선하여 보증금 전액을 배당받을 수 있다.

④ X주택이 경매로 매각된 후 乙이 우선변제권 행사로 보증금을 반환받기 위해서는 X주택을 먼저 매수인에게 인도하여야 한다.

⑤ X주택에 대해 乙이 집행권원을 얻어 강제경매를 신청한 경우, 배당요구를 하지 않아도 배당받을 채권자에 해당한다.

38 난이도 중 답 ④

| 영 역 | 거래계약의 체결

| 키워드 | 전자계약

| 해 설 | ① 국토교통부장관은 부동산거래 및 주택임대차의 계약·신고·허가·관리 등의 업무와 관련된 정보체계를 구축·운영할 수 있다.

② 전자인증의 방법으로 신분을 증명할 수 있다.

③ 정보처리시스템을 통하여 전자계약증서에 확정일자 부여를 신청할 수 있다.

⑤ 서면으로 작성하여 보존하지 않아도 된다.

| 보충하기 | 전자계약 절차

1. 계약서 작성(공인중개사)
2. 계약서 확인 및 서명(계약자)
3. 계약확정(공인중개사 서명)
4. 실거래가/확정일자 자동신고(전자계약시스템)
5. 계약서 공인전자문서보관소 보관(전자계약시스템)

39 난이도 중 답 ②

| 영 역 | 부동산 거래신고 등에 관한 법률

| 키워드 | 부동산 거래신고

| 해 설 | 「택지개발촉진법」에 따라 공급된 토지의 임대차계약은 부동산 거래신고의 대상이 되지 않는다.

| 보충하기 | 부동산 거래신고의 대상인 계약

1. 부동산의 매매계약
2. 「택지개발촉진법」, 「주택법」 등 다음의 법률에 따른 부동산에 대한 공급계약
   ㉠ 「건축물의 분양에 관한 법률」
   ㉡ 「공공주택 특별법」
   ㉢ 「도시개발법」
   ㉣ 「도시 및 주거환경정비법」
   ㉤ 「빈집 및 소규모주택 정비에 관한 특례법」
   ㉥ 「산업입지 및 개발에 관한 법률」
   ㉦ 「주택법」
   ㉧ 「택지개발촉진법」
3. 다음의 어느 하나에 해당하는 지위의 매매계약
   ㉠ 「택지개발촉진법」, 「주택법」 등에 따른 부동산에 대한 공급계약을 통하여 부동산을 공급받는 자로 선정된 지위
   ㉡ 「도시 및 주거환경정비법」에 따른 관리처분계획의 인가 및 「빈집 및 소규모주택 정비에 관한 특례법」에 따른 사업시행계획인가로 취득한 입주자로 선정된 지위

40 난이도 중 답 ⑤

| 영 역 | 부동산 거래신고 등에 관한 법률

| 키워드 | 부동산 거래신고

| 해 설 | ① 개업공인중개사가 거래계약서를 작성·교부한 경우 개업공인중개사는 30일 이내에 부동산 거래신고를 하여야 한다.

② 소속공인중개사는 개업공인중개사를 대신하여 부동산 거래신고를 할 수 있지만, 중개보조원은 불가능하다.

③ 「지방공기업법」에 따른 지방공사와 개인이 매매계약을 체결한 경우, 즉 거래당사자 중 일방이 국가 및 지방자치단체, 공공기관인 경우(국가등)에는 국가등이 신고하여야 한다.

④ 거래대상 부동산의 공법상 거래규제 및 이용제한에 관한 사항은 부동산거래계약 신고서의 기재사항에 포함되지 않는다.

| 보충하기 | **부동산 거래신고사항 중 공통신고사항**

1. 거래당사자의 인적사항
2. 계약 체결일, 중도금 지급일 및 잔금 지급일
3. 거래대상 부동산등(부동산을 취득할 수 있는 권리에 관한 계약의 경우에는 그 권리의 대상인 부동산을 말한다)의 소재지·지번·지목 및 면적
4. 거래대상 부동산등의 종류(부동산을 취득할 수 있는 권리에 관한 계약의 경우에는 그 권리의 종류를 말한다)
5. 실제 거래가격
6. 계약의 조건이나 기한이 있는 경우에는 그 조건 또는 기한
7. 개업공인중개사가 거래계약서를 작성·교부한 경우에는 다음의 사항
   ㉠ 개업공인중개사의 인적사항
   ㉡ 개업공인중개사가 개설등록한 중개사무소의 상호·전화번호 및 소재지

문제편 ▶ p.277

☑ **시험결과**

응시자(명)	과락자(명)	응시자 평균점수(점)	합격자 평균점수(점)
74,001	25,139	47.32	63.67

⇨ 나의 점수: _____

☑ **오시훈 교수님의 시험 총평**

제30회 시험은 상(上)난이도가 10문제, 중(中)난이도가 27문제, 하(下)난이도가 3문제 출제되었습니다. 다른 해보다는 중(中)난이도가 많이 출제되었고, 수험생들이 어렵게 느낄 수 있는 난해한 문제들이 많았으며, 다른 해에 비해서 도시 및 주거환경정비법이 쉽게 출제되었습니다.

☑ **출제 문항별 영역 > 키워드 & 기본서 연계 페이지**

문항	영역 > 키워드	기본서	문항	영역 > 키워드	기본서
41	개발행위의 허가 등 > 기반시설부담구역 지정	p.173	61	정비사업 > 분양공고의 내용	p.363
42	도시·군계획 > 입안제안	p.42	62	기본계획 수립 및 정비구역 지정 > 도시·주거환경정비기본계획	p.310
43	개발행위의 허가 등 > 개발행위허가 절차 등	p.156	63	정비사업 > 조합총회의 소집요건	p.342
44	국토의 계획 및 이용에 관한 법률 총칙 > 지구단위계획	p.19	64	기본계획 수립 및 정비구역 지정 > 기본계획 수립 및 정비구역 지정	p.314
45	개발행위의 허가 등 > 개발밀도관리구역 지정	p.175	65	주택법 총칙 > 주택 용어의 정의	p.545
46	도시·군계획시설사업의 시행 > 취락지구에 대한 지원	p.145	66	주택의 건설 > 지역주택조합 설립인가신청 서류	p.558
47	용도지역·용도지구·용도구역 > 용적률의 최대한도	p.93	67	주택의 공급 > 주거정책심의위원회 심의사항	p.613
48	도시·군계획시설사업의 시행 > 도시·군계획시설	p.127	68	주택의 건설 > 주택건설사업계획승인	p.572
49	용도지역·용도지구·용도구역 > 제3종 일반주거지역	p.61	69	주택의 공급 > 사용검사 후 매도청구	p.609
50	용도지역·용도지구·용도구역 > 용도지구와 그 세분	p.97	70	보칙 및 벌칙 > 청문을 하여야 하는 처분	p.632
51	개발행위의 허가 등 > 기반시설부담구역	p.176	71	주택의 건설 > 공사의 착수기간 연장	p.584
52	국토의 계획 및 이용에 관한 법률 총칙 > 용도지구	p.18	72	건축물의 건축 > 허가권자의 사전결정통지	p.458
53	도시개발계획 및 구역 지정 > 도시개발구역의 지정	p.215	73	건축법 총칙 > 건축민원전문위원회	p.441
54	도시개발사업 > 도시개발사업의 시행자	p.232	74	건축물의 건축 > 건축공사현장 안전관리 예치금	p.461
55	도시개발사업 > 환지방식	p.265	75	건축물의 건축 > 건축허가 대상	p.454
56	도시개발사업 > 도시개발사업의 범위	p.234	76	건축법 총칙 > 건축법을 적용받지 않는 건축물	p.439
57	도시개발사업 > 도시개발사업방식	p.245	77	건축법 총칙 > 신고대상 공작물	p.438
58	도시개발사업 > 수용 또는 사용방식	p.247	78	특별건축구역·건축협정 및 결합건축 > 결합건축협정	p.524
59	정비사업 > 정비사업의 시행	p.321	79	농지법 총칙 > 농지	p.647
60	비용부담 등 > 비용의 부담	p.383	80	농지의 소유 > 농지의 위탁경영	p.657

정답 및 해설

41 난이도 중 답 ③

| 영   역 | 개발행위의 허가 등
| 키워드 | 기반시설부담구역 지정
| 해   설 | 법령의 개정으로 인하여 행위 제한이 완화되는 지역에 대하여는 기반시설부담구역으로 지정하여야 한다.

42 난이도 중 답 ④

| 영   역 | 도시·군계획
| 키워드 | 입안제안
| 해   설 | 산업·유통개발진흥지구의 지정 및 변경에 관한 사항은 입안제안의 대상에 해당한다.

43 난이도 중 답 ③

| 영   역 | 개발행위의 허가 등
| 키워드 | 개발행위허가 절차 등
| 해   설 | ① 재해복구를 위한 응급조치로서 공작물의 설치를 하려는 자는 허가를 받지 아니하고 할 수 있다.
② 국가나 지방자치단체의 개발행위에 대하여는 이행보증금을 예치하게 하지 아니한다.
④ 개발행위허가를 받은 자가 행정청이 아닌 경우, 새로 설치한 공공시설은 그 시설을 관리할 관리청에 무상으로 귀속되며, 개발행위로 인하여 용도가 폐지되는 공공시설은 새로 설치한 공공시설의 설치비용에 상당하는 범위 안에서 개발행위허가를 받은 자에게 무상으로 이를 양도할 수 있다.
⑤ 개발행위허가를 받은 자가 행정청인 경우, 개발행위로 용도가 폐지되는 공공시설은 개발행위허가를 받은 자에게 전부 무상으로 귀속된다.

44 난이도 하 답 ②

| 영   역 | 국토의 계획 및 이용에 관한 법률 총칙
| 키워드 | 지구단위계획
| 해   설 | 지구단위계획은 도시·군계획 수립 대상지역의 일부에 대하여 토지이용을 합리화하고 그 기능을 증진시키며 미관을 개선하고 양호한 환경을 확보하며, 그 지역을 체계적·계획적으로 관리하기 위하여 수립하는 도시·군관리계획을 말한다.

45 난이도 상 답 ⑤

| 영   역 | 개발행위의 허가 등
| 키워드 | 개발밀도관리구역 지정
| 해   설 | 기반시설부담구역과 달리 개발밀도관리구역 지정 시에는 주민의 의견을 따로 듣지 아니한다.

46 난이도 상 답 ⑤

| 영   역 | 도시·군계획시설사업의 시행
| 키워드 | 취락지구에 대한 지원
| 해   설 | 국가나 지방자치단체는 대통령령으로 정하는 바에 따라 취락지구 주민의 생활 편익과 복지 증진 등을 위한 사업을 시행하거나 그 사업을 지원할 수 있다(법 제105조). 대통령령으로 정하는 지원할 수 있는 사업은 다음과 같다(시행령 제107조).

1. 집단취락지구: 개발제한구역의 지정 및 관리에 관한 특별조치법령에서 정하는 바에 의한다.
2. 자연취락지구
   ㉠ 자연취락지구 안에 있거나 자연취락지구에 연결되는 도로·수도공급설비·하수도 등의 정비
   ㉡ 어린이놀이터·공원·녹지·주차장·학교·마을회관 등의 설치·정비
   ㉢ 쓰레기처리장·하수처리시설 등의 설치·개량
   ㉣ 하천정비 등 재해방지를 위한 시설의 설치·개량
   ㉤ 주택의 신축·개량

47 난이도 중 답 ③

| 영 역 | 용도지역·용도지구·용도구역

| 키워드 | 용적률의 최대한도

| 해 설 | 용도지역별 용적률의 최대한도는 다음과 같다.

③ 준주거지역: 500% 이하

① 제1종 전용주거지역: 100% 이하

② 제3종 일반주거지역: 300% 이하

④ 일반공업지역: 350% 이하

⑤ 준공업지역: 400% 이하

48 난이도 중 답 ⑤

| 영 역 | 도시·군계획시설사업의 시행

| 키워드 | 도시·군계획시설

| 해 설 | 도시·군계획시설 결정이 고시된 도시·군계획시설에 대하여 그 고시일부터 '20'년이 지날 때까지 그 시설의 설치에 관한 도시·군계획시설사업이 시행되지 아니하는 경우 그 도시·군계획시설 결정은 그 고시일부터 '20'년이 '되는 날의 다음 날'에 그 효력을 잃는다.

49 난이도 상 답 ④

| 영 역 | 용도지역·용도지구·용도구역

| 키워드 | 제3종 일반주거지역

| 해 설 | 위험물저장 및 처리시설 중 액화가스 취급소·판매소는 제3종 일반주거지역 안에서 도시·군계획조례가 정하는 바에 의하여 건축할 수 있는 건축물에 해당한다.

| 보충하기 | 제3종 일반주거지역

제3종 일반주거지역에서 건축할 수 있는 건축물은 다음과 같다(영 제71조 제1항 제5호 관련).

1. 건축할 수 있는 건축물: 단독주택, 공동주택, 제1종 근린생활시설, 종교시설, 교육연구시설 중 유치원·초등학교·중학교 및 고등학교, 노유자시설

2. 도시·군계획조례가 정하는 바에 의하여 건축할 수 있는 건축물: 제2종 근린생활시설(단란주점 및 안마시술소는 제외), 문화 및 집회시설(관람장은 제외), 판매시설 중 소매시장 및 상점(일반

게임제공업의 시설은 제외)에 해당하는 것으로서 당해 용도에 쓰이는 바닥면적의 합계가 2천m² 미만인 것과 기존의 도매시장 또는 소매시장을 재건축하는 경우로서 인근의 주거환경에 미치는 영향, 시장의 기능회복 등을 고려하여 도시·군계획조례가 정하는 경우에는 당해 용도에 쓰이는 바닥면적의 합계의 4배 이하 또는 대지면적의 2배 이하인 것, 의료시설(격리병원은 제외), 교육연구시설 중 유치원·초등학교·중학교 및 고등학교에 해당하지 아니하는 것, 수련시설, 운동시설, 업무시설로서 그 용도에 쓰이는 바닥면적의 합계가 3천m² 이하인 것, 공장, 창고시설, 위험물저장 및 처리시설 중 주유소·석유판매소·액화가스 취급소 및 판매소·도료류 판매소·「대기환경보전법」에 따른 저공해자동차의 연료공급시설·시내버스차고지에 설치하는 액화석유가스충전소 및 고압가스충전·저장소, 자동차관련시설 중 「여객자동차 운수사업법」, 「화물자동차운수사업법」 및 「건설기계관리법」에 따른 차고 및 주기장과 주차장 및 세차장, 동물 및 식물관련시설 중 작물재배사, 종묘배양시설, 화초 및 분재 등의 온실, 식물과 관련된 작물재배사·종묘배양시설·화초 및 분재 등의 온실과 비슷한 것, 교정시설, 국방·군사시설, 방송통신시설, 발전시설, 야영장 시설

50 난이도 중 답 ①

| 영 역 | 용도지역·용도지구·용도구역

| 키워드 | 용도지구와 그 세분

| 해 설 | ㄴ. 방재지구 – 자연방재지구, 시가지방재지구

ㄷ. 경관지구 – 자연경관지구, 시가지경관지구, 특화경관지구

ㄹ. 취락지구 – 집단취락지구, 자연취락지구

| 영 역 | 개발행위의 허가 등
| 키워드 | 기반시설부담구역
| 해 설 | ③ 관광휴게시설(1.9)

① 단독주택(0.7)

② 장례시설(0.7)

④ 제2종 근린생활시설(1.6)

⑤ 비금속 광물제품 제조공장(1.3)

| 영 역 | 국토의 계획 및 이용에 관한 법률 총칙
| 키워드 | 용도지구
| 해 설 | '용도지구'란 토지의 이용 및 건축물의 용도·건폐율·용적률·높이 등에 대한 '용도지역'의 제한을 강화하거나 완화하여 적용함으로써 '용도지역'의 기능을 증진시키고 경관·안전 등을 도모하기 위하여 도시·군관리계획으로 결정하는 지역을 말한다.

| 영 역 | 도시개발계획 및 구역 지정
| 키워드 | 도시개발구역의 지정
| 해 설 | ① 대도시 시장은 계획적인 도시개발이 필요하다고 인정되는 때에는 직접 도시개발구역을 지정할 수 있다.
② 도시개발사업이 필요하다고 인정되는 지역이 둘 이상의 도의 행정구역에 걸치는 경우에는 관계 시·도지사, 대도시 시장이 협의하여 도시개발구역을 지정할 자를 정한다.
④ 도시개발구역을 둘 이상의 사업시행지구로 분할할 수 있는 경우는 지정권자가 도시개발사업의 효율적인 추진을 위하여 필요하다고 인정하는 경우로서 분할 후 각 사업시행지구의 면적이 각각 1만㎡ 이상인 경우로 한다.
⑤ 자연녹지지역에서 도시개발구역을 지정한 이후 도시개발사업의 계획을 수립할 수 있다.

| 영 역 | 도시개발사업
| 키워드 | 도시개발사업의 시행자
| 해 설 | 도시개발법령상 지정권자가 '도시개발구역 전부를 환지방식으로 시행하는 도시개발사업'을 '지방자치단체의 장이 집행하는 공공시설에 관한 사업'과 병행하여 시행할 필요가 있다고 인정하는 경우, 국가를 이 도시개발사업의 시행자로 지정할 수는 없다.

| 영 역 | 도시개발사업
| 키워드 | 환지방식
| 해 설 | ① 시행자는 지정권자에 의한 준공검사를 받은 경우(지정권자가 시행자인 경우에는 공사완료 공고가 있는 때)에는 60일 이내에 환지처분을 하여야 한다.
② 도시개발구역이 2 이상의 환지계획구역으로 구분되는 경우에는 환지계획구역별로 사업비 및 보류지를 책정하여야 한다.
③ 도시개발구역에 있는 조성토지등의 가격평가는 감정가격으로 한다.
④ 환지 예정지가 지정되면 종전의 토지의 소유자와 임차권자 등은 환지 예정지 지정의 효력발생일부터 환지처분이 공고되는 날까지 환지 예정지나 해당 부분에 대하여 종전과 같은 내용의 권리를 행사할 수 있으나 종전의 토지는 사용하거나 수익할 수 없다.

| 영 역 | 도시개발사업
| 키워드 | 도시개발사업의 범위
| 해 설 | 국가나 지방자치단체, 대통령령이 정하는 공공기관, 대통령령이 정하는 정부출연기관, 「지방공기업법」에 따라 설립된 지방공사에 해당하는 자는 도시개발사업을 효율적으로 시행하기 위하여 필요한 경우에는 도시개발사업의 범위인 실시설계·조성된 토지의 분양·기반시설공사 또는 부지조성공사를 주택건설사업자 등으로 하여금 대행하게 할 수 있다.

57 난이도 중 답①

| 영 역 | 도시개발사업

| 키워드 | 도시개발사업방식

| 해 설 | ② 계획적이고 체계적인 도시개발 등 집단적인 택지의 조성과 공급이 필요한 경우에는 수용 또는 사용방식으로 정하여야 하며, 다른 시행방식에 의할 수 없다.

③ 도시개발구역지정 이후에도 도시개발사업의 시행방식을 변경할 수 있다.

④ 시행자는 도시개발사업의 시행방식을 토지등을 수용 또는 사용하는 방식, 환지방식 또는 이를 혼용하는 방식 중에서 정할 수 있다. 다만, 사업의 용이성·규모 등을 고려하여 필요하면 국토교통부장관이 정하는 기준에 따라 도시개발사업의 시행방식을 정할 수 있다.

⑤ 대통령령으로 정하는 바에 따라 시행규정을 작성하여야 한다.

58 난이도 중 답②

| 영 역 | 도시개발사업

| 키워드 | 수용 또는 사용방식

| 해 설 | ① 「지방공기업법」에 따라 설립된 지방공사가 시행자인 경우에는 토지소유자 동의 없이도 도시개발사업에 필요한 토지등을 수용하거나 사용할 수 있다.

③ 지정권자가 아닌 시행자는 조성토지등을 공급받거나 이용하려는 자로부터 지정권자의 승인을 받아야 해당 대금의 전부 또는 일부를 미리 받을 수 있다.

④ 원형지의 면적은 도시개발구역 전체 토지면적의 3분의 1 이내로 한정한다.

⑤ 공공용지가 아닌 조성토지등의 공급은 경쟁입찰의 방법에 따르는 것이 원칙이다.

59 난이도 중 답①

| 영 역 | 정비사업

| 키워드 | 정비사업의 시행

| 해 설 | ② 조합설립인가 후 시장·군수등이 토지주택공사등을 사업시행자로 지정·고시한 때에는 그 고시일 다음 날에 조합설립인가가 취소된 것으로 본다.

③ 조합은 명칭에 '정비사업조합'이라는 문자를 사용하여야 한다.

④ 조합장이 자기를 위하여 조합과 소송을 할 때에는 감사가 조합을 대표한다.

⑤ 재건축사업을 하는 정비구역에서 건축물을 건설하여 공급하는 경우 주택, 부대시설 및 복리시설을 제외한 건축물(공동주택의 건축물)은 「국토의 계획 및 이용에 관한 법률」에 따른 준주거지역 및 상업지역에서만 공동주택 외 건축물을 건설할 수 있다.

60 난이도 중 답②

| 영 역 | 비용부담 등

| 키워드 | 비용의 부담

| 해 설 | 국가 또는 지방자치단체는 시장·군수등이 아닌 사업시행자가 시행하는 정비사업에 드는 비용의 일부를 보조 또는 융자하거나 융자를 알선할 수 있다.

| 보충하기 | 보조 및 융자

> 1. 국가 또는 지방자치단체는 시장·군수등이 아닌 사업시행자가 시행하는 정비사업에 드는 비용의 일부를 보조 또는 융자하거나 융자를 알선할 수 있다.
> 2. 국가 또는 지방자치단체는 토지임대부 분양주택을 공급받는 자에게 해당 공급비용의 전부 또는 일부를 보조 또는 융자할 수 있다.

61 난이도 중 답④

| 영 역 | 정비사업

| 키워드 | 분양공고의 내용

| 해 설 | '사업시행인가의 내용, 정비사업의 종류·명칭 및 정비구역의 위치·면적, 분양신청기간 및 장소, 분양대상 대지 또는 건축물의 내역, 분양신청자격, 분양신청방법, 토지등소유자 외의 권리자의 권리신고방법, 분양을 신청하지 아니한 자에 대한 조치, 그 밖에 시·도 조례로 정하는 사항'은 분양공고에 포함되어야 할 사항이지만, 분양대상자별 분담금의 추산액은 토지등소유자에게 분양통지 시 포함되어야 할 사항에 해당된다.

62 난이도 상　　　　답 ④

| 영　역 | 기본계획 수립 및 정비구역 지정

| 키워드 | 도시·주거환경정비기본계획

| 해　설 | 구체적으로 명시된 정비예정구역의 면적을 20% 미만의 범위에서 변경하는 경우 도시·주거환경정비기본계획을 변경할 때 지방의회의 의견청취를 생략할 수 있다.

63 난이도 중　　　　답 ④

| 영　역 | 정비사업

| 키워드 | 조합총회의 소집요건

| 해　설 | • 정관의 기재사항 중 조합임원의 권리·의무·보수·선임방법·변경 및 해임에 관한 사항을 변경하기 위한 총회의 경우는 조합원 '10'분의 1 이상 또는 대의원 3분의 2 이상의 요구로 조합장이 소집한다.

• 총회를 소집하려는 자는 총회가 개최되기 '7'일 전까지 회의 목적·안건·일시 및 장소를 정하여 조합원에게 통지하여야 한다.

64 난이도 중　　　　답 ⑤

| 영　역 | 기본계획 수립 및 정비구역 지정

| 키워드 | 기본계획 수립 및 정비구역 지정

| 해　설 | 정비구역에서 이동이 쉽지 아니한 물건을 1개월 이상 쌓아놓는 행위를 하려는 자는 시장·군수등의 허가를 받아야 한다. 허가받은 사항을 변경하려는 때에도 또한 같다.

65 난이도 중　　　　답 ①

| 영　역 | 주택법 총칙

| 키워드 | 주택 용어의 정의

| 해　설 | ② '단독주택'에는 「건축법 시행령」에 따른 단독주택, 다중주택 및 다가구주택이 포함된다.

③ 기숙사는 준주택에 해당한다.

④ '주택'이란 세대의 구성원이 장기간 독립된 주거생활을 할 수 있는 구조로 된 건축물의 전부 또는 일부를 말하며, 그 부속토지를 포함한다.

⑤ 주택단지에 딸린 어린이놀이터, 근린생활시설, 유치원, 주민운동시설은 '복리시설'에 해당하며, 지역난방공급시설은 기간시설에 해당한다.

66 난이도 하　　　　답 ②

| 영　역 | 주택의 건설

| 키워드 | 지역주택조합 설립인가신청 서류

| 해　설 | 조합원의 동의를 받은 정산서는 해산인가신청서에 포함되는 내용이다.

| 보충하기 | 지역주택조합의 설립·변경 또는 해산의 인가를 받으려는 자는 신청서에 다음의 구분에 따른 서류를 첨부하여 주택건설대지를 관할하는 특별자치시장, 특별자치도지사, 시장·군수 또는 구청장(이하 '시장·군수·구청장'이라 한다)에게 제출하여야 한다.

1. 창립총회 회의록
2. 조합장선출동의서
3. 조합원 전원이 자필로 연명(連名)한 조합규약
4. 조합원 명부
5. 사업계획서
6. 해당 주택건설대지의 80% 이상에 해당하는 토지의 사용권원을 확보하였음을 증명하는 서류
7. 해당 주택건설대지의 15% 이상에 해당하는 토지의 소유권을 확보하였음을 증명하는 서류
8. 그 밖에 국토교통부령으로 정하는 서류

67 난이도 상　　　　답 ④

| 영　역 | 주택의 공급

| 키워드 | 주거정책심의위원회 심의사항

| 해　설 | ㄱ. 국토교통부장관이 임대주택의 인수자를 지정하는 경우에는 주거정책심의위원회 심의를 거치지 아니한다.

68 난이도 중 답②

| 영 역 | 주택의 건설

| 키워드 | 주택건설사업계획승인

| 해 설 | 주택건설사업을 시행하려는 자는 전체 세대수가 600세대 이상인 주택단지는 해당 주택단지를 공구별로 분할하여 주택을 건설·공급할 수 있다.

69 난이도 중 답②

| 영 역 | 주택의 공급

| 키워드 | 사용검사 후 매도청구

| 해 설 | ④ 제1항에 따라 매도청구를 하려는 경우에는 해당 토지의 면적이 주택단지 전체 대지 면적의 '5'% 미만이어야 한다.

⑤ 제1항에 따른 매도청구의 의사표시는 실소유자가 해당 토지 소유권을 회복한 날부터 '2'년 이내에 해당 실소유자에게 송달되어야 한다.

| 보충하기 | 사용검사 후 매도청구 등

1. 주택(복리시설을 포함)의 소유자들은 주택단지 전체 대지에 속하는 일부의 토지에 대한 소유권이전등기 말소소송 등에 따라 제49조의 사용검사(동별 사용검사를 포함)를 받은 이후에 해당 토지의 소유권을 회복한 자(이하 '실소유자'라 한다)에게 해당 토지를 시가로 매도할 것을 청구할 수 있다.
2. 주택의 소유자들은 대표자를 선정하여 위 1.에 따른 매도청구에 관한 소송을 제기할 수 있다. 이 경우 대표자는 주택의 소유자 전체의 4분의 3 이상의 동의를 받아 선정한다.
3. 위 2.에 따른 매도청구에 관한 소송에 대한 판결은 주택의 소유자 전체에 대하여 효력이 있다.
4. 위 1.에 따른 매도청구를 하려는 경우에는 해당 토지의 면적이 주택단지 전체 대지 면적의 5% 미만이어야 한다.
5. 위 1.에 따른 매도청구의 의사표시는 실소유자가 해당 토지 소유권을 회복한 날부터 2년 이내에 해당 실소유자에게 송달되어야 한다.
6. 주택의 소유자들은 위 1.에 따른 매도청구로 인하여 발생한 비용의 전부를 사업주체에게 구상(求償)할 수 있다.

70 난이도 상 답①

| 영 역 | 보칙 및 벌칙

| 키워드 | 청문을 하여야 하는 처분

| 해 설 | 국토교통부장관 또는 지방자치단체의 장은 '주택건설사업 등의 등록말소, 주택조합의 설립인가 취소, 사업계획승인의 취소, 공동주택 리모델링 행위허가의 취소' 중 어느 하나에 해당하는 처분을 하려면 청문을 하여야 한다.

71 난이도 상 답④

| 영 역 | 주택의 건설

| 키워드 | 공사의 착수기간 연장

| 해 설 | 해당 사업시행지에 대한 소유권 분쟁(소송절차가 진행 중인 경우만 해당)으로 인하여 공사착수가 지연되는 경우에 사업주체의 신청을 받아 그 사유가 없어진 날부터 1년의 범위에서 공사의 착수기간을 연장할 수 있다.

72 난이도 중 답②

| 영 역 | 건축물의 건축

| 키워드 | 허가권자의 사전결정통지

| 해 설 | ㄷ. 보전산지의 경우 도시지역만 「산지관리법」 제14조에 의한 산지전용허가가 의제된다.

73 난이도 상 답②

| 영 역 | 건축법 총칙

| 키워드 | 건축민원전문위원회

| 해 설 | 건축민원전문위원회가 위원회에 출석하게 하여 의견을 들을 수 있는 자는 신청인, 허가권자의 업무담당자, 이해관계자 또는 참고인이다.

74 난이도 중 답 ①

| 영 역 | 건축물의 건축
| 키워드 | 건축공사현장 안전관리 예치금
| 해 설 | 허가권자는 연면적이 '1천'm² 이상인 건축물로서 해당 지방자치단체의 조례로 정하는 건축물에 대하여는 착공신고를 하는 건축주에게 장기간 건축물의 공사현장이 방치되는 것에 대비하여 미리 미관 개선과 안전관리에 필요한 비용을 건축공사비의 '1%'의 범위에서 예치하게 할 수 있다.

75 난이도 상 답 ④

| 영 역 | 건축물의 건축
| 키워드 | 건축허가 대상
| 해 설 | 문화 및 집회시설 중 공연장의 경우 허가권자는 구분지상권자를 건축주로 보고 구분지상권이 설정된 부분을 대지로 보아 건축허가를 할 수 있다.
| 보충하기 | 구분지상권 설정
국가나 지방자치단체가 소유한 대지의 지상 또는 지하 여유공간에 구분지상권을 설정하여 주민편의시설 등 대통령령으로 정하는 '제1종 근린생활시설, 제2종 근린생활시설(총포판매소, 장의사, 다중생활시설, 제조업소, 단란주점, 안마시술소 및 노래연습장은 제외), 문화 및 집회시설(공연장 및 전시장으로 한정), 의료시설, 교육연구시설, 노유자시설, 운동시설, 업무시설(오피스텔은 제외)'의 시설을 설치하고자 하는 경우 허가권자는 구분지상권자를 건축주로 보고 구분지상권이 설정된 부분을 건축물의 대지로 보아 건축허가를 할 수 있다.

76 난이도 중 답 ⑤

| 영 역 | 건축법 총칙
| 키워드 | 건축법을 적용받지 않는 건축물
| 해 설 | ㄱ, ㄴ, ㄷ, ㄹ 모두 「건축법」의 적용을 받지 않는 건축물에 속한다.

| 보충하기 | 「건축법」 전부를 적용하지 않는 건축물

1. 컨테이너를 이용한 간이창고(산업집적활성화 및 공장설립에 관한 법률에 따른 공장의 용도로만 사용되는 건축물의 대지 안에 설치하는 것으로서 이동이 쉬운 것만 해당)
2. 고속도로 통행료 징수시설
3. 「문화유산의 보존 및 활용에 관한 법률」에 따른 지정문화유산이나 임시지정문화유산 또는 「자연유산의 보존 및 활용에 관한 법률」에 따라 지정된 천연기념물 등이나 임시지정천연기념물, 임시지정명승, 임시지정시·도자연유산, 임시자연유산자료
4. 철도나 궤도의 선로부지에 있는 다음의 시설
   ㉠ 운전보안시설
   ㉡ 철도선로의 위나 아래를 가로지르는 보행시설
   ㉢ 플랫폼
   ㉣ 해당 철도 또는 궤도사업용 급수(給水)·급탄(給炭) 및 급유(給油)시설
5. 「하천법」에 따른 하천구역 내의 수문조작실

77 난이도 중 답 ⑤

| 영 역 | 건축법 총칙
| 키워드 | 신고대상 공작물
| 해 설 | 장식탑은 높이 4m를 넘을 경우 신고대상 공작물에 해당된다.

78 난이도 상 답 ③

| 영 역 | 특별건축구역·건축협정 및 결합건축
| 키워드 | 결합건축협정
| 해 설 | 결합건축을 하고자 하는 건축주가 건축허가를 신청할 때 결합건축협정서에 명시하여야 하는 사항은 '결합건축 대상 대지의 위치 및 용도지역, 결합건축협정서를 체결하는 자의 성명, 주소 및 생년월일(법인이나 법인이 아닌 사단이나 재단 및 외국인의 경우에는 부동산등기법에 따라 부여된 등록번호), 조례로 정한 용적률과 결합건축으로 조정되어 적용되는 대지별 용적률, 결합건축 대상 대지별 건축계획서'이다.

| 영 역 | 농지법 총칙

| 키워드 | 농지

| 해 설 | ㄴ. 조경 또는 관상용 수목과 그 묘목 등에 해당하는 다년생식물 재배지로 이용되는 토지는 농지에 해당한다. 다만, 조경목적으로 식재한 것은 제외된다.

| 보충하기 | 농지에 해당하는 토지

1. 전·답, 과수원, 그 밖에 법적 지목(地目)을 불문하고 실제로 농작물 경작지 또는 다음의 다년생식물 재배지로 이용되는 토지
   ㉠ 목초·종묘·인삼·약초·잔디 및 조림용 묘목
   ㉡ 과수·뽕나무·유실수 그 밖의 생육기간이 2년 이상인 식물
   ㉢ 조경 또는 관상용 수목과 그 묘목(조경목적으로 식재한 것은 제외)
2. 농작물의 경작지 또는 다년생식물 재배지로 이용하고 있는 토지의 개량시설
   ㉠ 유지(溜池: 웅덩이), 양·배수시설, 수로, 농로, 제방
   ㉡ 그 밖에 농지의 보전이나 이용에 필요한 시설로서 농림축산식품부령으로 정하는 시설
3. 농작물의 경작지 또는 다년생식물 재배지에 설치하는 농축산물 생산시설의 부지
   ㉠ 고정식온실·버섯재배사 및 비닐하우스와 농림축산식품부령으로 정하는 그 부속시설
   ㉡ 축사·곤충사육사와 농림축산식품부령으로 정하는 그 부속시설
   ㉢ 간이퇴비장
   ㉣ 농막·간이저온저장고 및 간이액비저장조 중 농림축산식품부령으로 정하는 시설

| 영 역 | 농지의 소유

| 키워드 | 농지의 위탁경영

| 해 설 | ㄱ. 과수를 가지치기 또는 열매솎기, 재배관리 및 수확하는 농작업에 1년 중 30일 이상을 직접 종사하는 경우 소유 농지를 위탁경영할 수 있다.
ㄴ. 3개월 이상의 국외 여행 중인 경우에만 소유 농지를 위탁경영할 수 있다.

제30회 부동산공시법

문제편 ▶ p.291

☑ 시험결과(부동산공시법 + 부동산세법)

응시자(명)	과락자(명)	응시자 평균점수(점)	합격자 평균점수(점)
72,993	26,251	48.24	66.87

⇨ 나의 점수: _____

☑ 김민석 교수님의 시험 총평

> 제30회 부동산공시법 시험은 제29회 시험에 비해 평이하게 출제되었습니다. 공간정보의 구축 및 관리 등에 관한 법률은 기출문제의 범위에서 벗어난 문제가 없어 어렵지 않게 고득점이 가능했을 것입니다. 부동산등기법 또한 등기권리자·등기의무자와 이의신청에 관한 2문제를 제외하고는 기출문제와 유사한 유형으로 출제되었습니다.

☑ 출제 문항별 영역 > 키워드 & 기본서 연계 페이지

문항	영역 > 키워드	기본서	문항	영역 > 키워드	기본서
1	토지의 등록 > 지목의 구분	p.32	13	등기절차 총론 > 등기권리자, 등기의무자	p.214
2	지적측량 > 중앙지적위원회의 심의·의결사항	p.135	14	등기절차 총론 > 각하사유	p.251
3	토지의 등록 > 지상경계점등록부 등록사항	p.38	15	등기절차 총론 > 등기필정보의 제공 및 작성·통지	p.256
4	토지의 이동 및 지적정리 > 바다로 된 토지의 등록말소 및 회복등록	p.95	16	등기절차 총론 > 등기 종합문제	p.224
5	토지의 이동 및 지적정리 > 축척변경위원회의 구성 및 회의	p.102	17	각종의 등기절차 > 가등기 종합문제	p.358
6	지적공부 및 부동산종합공부 > 지적공부 및 부동산종합공부	p.66	18	각종 권리의 등기절차 > 수용으로 인한 등기	p.289
7	토지의 이동 및 지적정리 > 등록사항의 직권정정 사유	p.103	19	각종 권리의 등기절차 > 합유등기	p.282
8	토지의 등록 > 면적의 끝수처리	p.43	20	등기절차 총론 > 이의신청 요건	p.267
9	토지의 이동 및 지적정리 > 토지개발사업 시행지역의 토지이동 신청	p.109	21	각종 권리의 등기절차 > 소유권보존등기 종합문제	p.274
10	지적측량 > 지적측량 대상	p.125	22	각종의 등기절차 > 부기등기 하는 경우	p.356
11	토지의 등록 > 지목의 부호 표기	p.35	23	각종 권리의 등기절차 > 저당권등기	p.314
12	토지의 이동 및 지적정리 > 합병 종합문제	p.91	24	각종 권리의 등기절차 > 공유등기	p.282

정답 및 해설

※ 문항별 난이도가 상, 중, 하로 표시되어 있습니다.
※ 문항별 영역과 키워드를 확인하고, 취약 영역은 이론서를 통해 보충하세요.
영역은 기본서의 CHAPTER와 동일합니다.

1 난이도 하 　　　답 ①

| 영　역 | 토지의 등록
| 키워드 | 지목의 구분
| 해　설 | 물이 고이거나 상시적으로 물을 저장하고 있는 댐·저수지·소류지·호수·연못 등의 토지와 연·왕골 등이 자생하는 배수가 잘 되지 아니하는 토지의 지목은 '유지'로 한다(영 제58조 제19호).

2 난이도 하 　　　답 ②

| 영　역 | 지적측량
| 키워드 | 중앙지적위원회의 심의·의결사항
| 해　설 | 다음의 사항을 심의·의결하기 위하여 국토교통부에 중앙지적위원회를 둔다(법 제28조 제1항).

1. 지적 관련 정책 개발 및 업무 개선 등에 관한 사항
2. 지적측량기술의 연구·개발 및 보급에 관한 사항
3. 지적측량 적부심사에 대한 재심사(再審査)
4. 지적기술자의 양성에 관한 사항
5. 지적기술자의 업무정지 처분 및 징계요구에 관한 사항

3 난이도 중 　　　답 ④

| 영　역 | 토지의 등록
| 키워드 | 지상경계점등록부 등록사항
| 해　설 | 지적소관청은 토지의 이동에 따라 지상 경계를 새로 정한 경우에는 지상경계점등록부를 작성·관리하여야 한다(법 제65조 제2항).

4 난이도 중 　　　답 ④

| 영　역 | 토지의 이동 및 지적정리
| 키워드 | 바다로 된 토지의 등록말소 및 회복등록
| 해　설 | 지적소관청은 토지소유자가 등록말소 신청을 하도록 통지를 받은 날부터 90일 이내에 등록말소 신청을 하지 아니하면 등록을 말소한다(법 제82조 제2항).

5 난이도 중 　　　답 ③

| 영　역 | 토지의 이동 및 지적정리
| 키워드 | 축척변경위원회의 구성 및 회의
| 해　설 | ㄴ. 축척변경위원회는 5명 이상 10명 이하의 위원으로 구성하되, 위원의 2분의 1 이상을 토지소유자로 하여야 한다. 이 경우 그 축척변경 시행지역의 토지소유자가 5명 이하일 때에는 토지소유자 전원을 위원으로 위촉하여야 한다(영 제79조 제1항).

6 난이도 상 　　　답 ①

| 영　역 | 지적공부 및 부동산종합공부
| 키워드 | 지적공부 및 부동산종합공부
| 해　설 | 지적공부를 열람하거나 그 등본을 발급받으려는 자는 해당 지적소관청에 그 열람 또는 발급을 신청하여야 한다. 다만, 정보처리시스템을 통하여 기록·저장된 지적공부(지적도 및 임야도는 제외한다)를 열람하거나 그 등본을 발급받으려는 경우에는 특별자치시장, 시장·군수 또는 구청장이나 읍·면·동의 장에게 신청할 수 있다(법 제75조 제1항).

7 난이도 중 답 ③

| 영 역 | 토지의 이동 및 지적정리

| 키워드 | 등록사항의 직권정정 사유

| 해 설 | ㄱ. ㄹ. 현행법상 지적공부의 등록사항에 잘못이 있는 경우 지적소관청이 직권으로 조사·측량하여 정정할 수 있는 경우는 법정되어 있다(영 제82조 제1항).

ㄴ. 지적도 및 임야도에 등록된 필지가 면적의 증감 없이 경계의 위치만 잘못된 경우는 직권으로 정정할 수 있지만, 지적도에 등록된 필지의 경계가 지상 경계와 일치하지 않아 면적의 증감이 있는 경우는 이에 해당하지 않는다.

ㄷ. 지적측량성과와 다르게 정리된 경우는 직권으로 정정할 수 있지만, 측량 준비 파일과 다르게 정리된 경우는 이에 해당하지 않는다.

| 보충하기 | 지적소관청이 지적공부의 등록사항에 잘못이 있는 지를 직권으로 조사·측량하여 정정할 수 있는 경우(영 제82조 제1항)

1. 토지이동정리 결의서의 내용과 다르게 정리된 경우
2. 지적도 및 임야도에 등록된 필지가 면적의 증감 없이 경계의 위치만 잘못된 경우
3. 1필지가 각각 다른 지적도나 임야도에 등록되어 있는 경우로서 지적공부에 등록된 면적과 측량한 실제 면적은 일치하지만 지적도나 임야도에 등록된 경계가 서로 접합되지 않아 지적도나 임야도에 등록된 경계를 지상의 경계에 맞추어 정정하여야 하는 토지가 발견된 경우
4. 지적공부의 작성 또는 재작성 당시 잘못 정리된 경우
5. 지적측량성과와 다르게 정리된 경우
6. 지적측량적부심사 및 재심사청구에 따른 지적위원회의 의결결과에 따라 지적공부의 등록사항을 정정하여야 하는 경우
7. 지적공부의 등록사항이 잘못 입력된 경우
8. 토지합필의 제한에 위반한 등기의 신청을 각하한 때의 그 사유의 통지가 있는 경우(지적소관청의 착오로 잘못 합병한 경우만 해당한다)
9. 면적의 단위가 척관법에서 미터법으로의 변경에 따라 면적환산이 잘못된 경우

8 난이도 중 답 ③

| 영 역 | 토지의 등록

| 키워드 | 면적의 끝수처리

| 해 설 | 지적도의 축척이 600분의 1인 지역과 경계점좌표등록부에 등록하는 지역의 토지면적은 1필지의 면적이 $0.1m^2$ 미만일 때에는 $0.1m^2$로 한다(영 제60조 제1항 제2호 단서).

9 난이도 상 답 ②

| 영 역 | 토지의 이동 및 지적정리

| 키워드 | 토지개발사업 시행지역의 토지이동 신청

| 해 설 | 「도시개발법」에 따른 도시개발사업, 「농어촌정비법」에 따른 농어촌정비사업, 그 밖에 대통령령으로 정하는 토지개발사업에 따른 토지의 이동은 토지의 형질변경 등의 공사가 준공된 때에 이루어진 것으로 본다(법 제86조 제3항).

10 난이도 중 답 ⑤

| 영 역 | 지적측량

| 키워드 | 지적측량 대상

| 해 설 | 지적측량을 실시하여야 하는 경우는 「공간정보의 구축 및 관리 등에 관한 법률」 제23조에서 법정하고 있다. ㄱ.은 신규등록측량, ㄴ.은 복구측량, ㄷ.은 지적재조사측량, ㄹ.은 바다가 된 토지의 등록말소측량을 실시하여야 하는 경우이다.

11 난이도 하 답 ④

| 영 역 | 토지의 등록

| 키워드 | 지목의 부호 표기

| 해 설 | 지목을 지적도면에 표기할 때 '공장용지 - 장, 주차장 - 차, 유원지 - 원, 하천 - 천'을 제외한 24가지 지목은 첫 번째 글자로 부호를 표기한다(규칙 제64조 참조). 이에 의하면 '① 광천지 - 광, ② 공장용지 - 장, ③ 유원지 - 원, ⑤ 도로 - 도' 라고 표기하여야 한다.

12 난이도 중 답 ⑤

| 영 역 | 토지의 이동 및 지적정리

| 키워드 | 합병 종합문제

| 해 설 | 토지소유자는 「주택법」에 따른 공동주택의 부지, 도로, 제방, 하천, 구거, 유지, 그 밖에 대통령령으로 정하는 토지로서 합병하여야 할 토지가 있으면 그 사유가 발생한 날부터 60일 이내에 지적소관청에 합병을 신청하여야 한다(법 제80조 제2항).

13 난이도 상 답 ⑤

| 영 역 | 등기절차 총론

| 키워드 | 등기권리자, 등기의무자

| 해 설 | 부동산이 甲 ⇨ 乙 ⇨ 丙으로 매도되었으나 등기명의가 甲에게 남아 있어 丙이 乙을 대위하여 乙 명의의 소유권이전등기를 신청하는 경우, 乙 명의의 소유권이전등기를 하는 것이므로 절차법상 등기권리자는 乙이 된다. 한편, 丙은 乙을 대위하여 甲에게 소유권이전등기청구권을 행사하므로 실체법상의 등기권리자가 된다.

14 난이도 중 답 ⑤

| 영 역 | 등기절차 총론

| 키워드 | 각하사유

| 해 설 | 「부동산등기법」 제29조 제2호에서 '사건이 등기할 것이 아닌 경우'란 다음의 어느 하나에 해당하는 경우를 말한다(규칙 제52조).

> 1. 등기능력 없는 물건 또는 권리에 대한 등기를 신청한 경우
> 2. 법령에 근거가 없는 특약사항의 등기를 신청한 경우
> 3. 구분건물의 전유부분과 대지사용권의 분리처분금지에 위반한 등기를 신청한 경우
> 4. 농지를 전세권설정의 목적으로 하는 등기를 신청한 경우
> 5. 저당권을 피담보채권과 분리하여 양도하거나, 피담보채권과 분리하여 다른 채권의 담보로 하는 등기를 신청한 경우
> 6. 일부지분에 대한 소유권보존등기를 신청한 경우
> 7. 공동상속인 중 일부가 자신의 상속지분만에 대한 상속등기를 신청한 경우
> 8. 관공서 또는 법원의 촉탁으로 실행되어야 할 등기를 신청한 경우
> 9. 이미 보존등기된 부동산에 대하여 다시 보존등기를 신청한 경우
> 10. 그 밖에 신청취지 자체에 의하여 법률상 허용될 수 없음이 명백한 등기를 신청한 경우

15 난이도 상 답 ③

| 영 역 | 등기절차 총론

| 키워드 | 등기필정보의 제공 및 작성·통지

| 해 설 | 등기소는 등기필정보가 멸실 또는 분실되더라도 그 사유를 불문하고 이를 재교부하지 않는다. 등기의무자의 등기필정보가 없을 때에는 다음과 같은 방법으로 등기필정보의 제공에 갈음할 수 있다(법 제51조).

> 1. 등기의무자 또는 그 법정대리인이 등기소에 출석하여 등기관으로부터 등기의무자 등임을 확인받는 경우
> 2. 등기신청인의 대리인(변호사나 법무사만을 말한다)이 등기의무자 등으로부터 위임받았음을 확인한 경우
> 3. 신청서(위임에 의한 대리인이 신청하는 경우에는 그 권한을 증명하는 서면을 말한다) 중 등기의무자 등의 작성부분에 관하여 공증을 받은 경우

16 난이도 중 답 ②

| 영 역 | 등기절차 총론

| 키워드 | 등기 종합문제

| 해 설 | 대리인은 본인의 허락이 없으면 본인을 위하여 자기와 법률행위를 하거나 동일한 법률행위에 관하여 당사자 쌍방을 대리하지 못한다. 그러나 채무의 이행은 할 수 있다(민법 제124조). 등기신청행위는 '채무의 이행'에 준하는 것으로 해석하므로 乙이 甲의 위임을 받은 경우 그의 대리인으로서 소유권이전등기를 신청할 수 있다.

| 영 역 | 각종의 등기절차

| 키워드 | 가등기 종합문제

| 해 설 | 하나의 가등기에 관하여 여러 사람의 가등기권리자가 있는 경우에, 가등기권리자 모두가 공동의 이름으로 본등기를 신청하거나, 그중 일부의 가등기권리자가 자기의 가등기 지분에 관하여 본등기를 신청할 수 있지만, 일부의 가등기권리자가 공유물보존행위에 준하여 가등기 전부에 관한 본등기를 신청할 수는 없다(등기예규 제1632호).

| 영 역 | 각종 권리의 등기절차

| 키워드 | 수용으로 인한 등기

| 해 설 | ㄴ. 수용으로 인한 소유권이전등기신청서에 등기원인은 토지수용으로, 그 연월일은 수용의 재결일을 기재하지 않고 '수용의 개시일'을 기재해야 한다.
ㄷ. 농지취득자격증명은 '법률행위'에 의한 소유권이전등기를 신청하는 경우 제공하는 것을 원칙으로 하므로, 법률의 규정(수용, 진정명의회복 등)에 의한 등기신청 시에는 제공을 요하지 않는다(등기예규 제1635호).

| 영 역 | 각종 권리의 등기절차

| 키워드 | 합유등기

| 해 설 | 합유등기에 있어서는 등기부상 각 합유자의 지분을 표시하지 아니한다(등기예규 제911호).

| 영 역 | 등기절차 총론

| 키워드 | 이의신청 요건

| 해 설 | 소유권이전등기의 기록명령이 있은 후 그 기록명령에 따른 등기 전에 제3자 명의로 저당권등기가 되어 있는 경우라도 소유권이전등기를 기록할 수 있다.

| 보충하기 | 기록명령에 따른 등기를 할 수 없는 경우
등기신청의 각하결정에 대한 이의신청에 따라 관할 지방법원이 그 등기의 기록명령을 하였더라도 다음의 어느 하나에 해당하는 경우에는 그 기록명령에 따른 등기를 할 수 없다(규칙 제161조 제1항).

1. 권리이전등기의 기록명령이 있었으나, 그 기록명령에 따른 등기 전에 제3자 명의로 권리이전등기가 되어 있는 경우
2. 지상권, 지역권, 전세권 또는 임차권의 설정등기의 기록명령이 있었으나, 그 기록명령에 따른 등기 전에 동일한 부분에 지상권, 전세권 또는 임차권의 설정등기가 되어 있는 경우
3. 말소등기의 기록명령이 있었으나, 그 기록명령에 따른 등기 전에 등기상 이해관계인이 발생한 경우
4. 등기관이 기록명령에 따른 등기를 하기 위하여 신청인에게 첨부정보를 다시 등기소에 제공할 것을 명령하였으나, 신청인이 이에 응하지 아니한 경우

| 영 역 | 각종 권리의 등기절차

| 키워드 | 소유권보존등기 종합문제

| 해 설 | 등기관이 소유권보존등기를 할 때에는 등기원인과 그 연월일을 기록하지 아니한다(법 제64조).

22 난이도 중 　　　　　　　　　답 ④

| 영　역 | 각종의 등기절차

| 키워드 | 부기등기 하는 경우

| 해　설 | 법 제52조에서 부기등기 하는 경우를 법정하고 있는데, ①②③⑤의 경우가 이에 해당한다. ④의 저당부동산의 저당권 실행을 위한 경매개시결정등기는 소유권을 경매하는 것이므로, 갑구에 주등기로 실행한다.

| 보충하기 | 부기등기 하는 경우

등기관이 다음의 등기를 할 때에는 부기등기로 하여야 한다(법 제52조).

1. 소유권 외의 권리의 이전등기(예 전세권이전등기, 가등기상의 권리의 이전등기 등)
2. 소유권 외의 권리를 목적으로 하는 권리에 관한 등기(예 전세권부 근저당권설정등기, 전전세권등기, 권리질권등기 등)
3. 소유권 외의 권리에 대한 처분제한 등기(예 전세권에 대한 가압류나 가처분등기 등)
4. 환매특약등기
5. 권리소멸약정등기
6. 공유물 분할금지의 약정등기
7. 등기명의인표시의 변경이나 경정의 등기
8. 권리의 변경이나 경정의 등기. 다만, 등기상 이해관계 있는 제3자의 승낙이 없는 경우에는 주등기로 실행한다.
9. 일부말소회복등기

23 난이도 중 　　　　　　　　　답 ③

| 영　역 | 각종 권리의 등기절차

| 키워드 | 저당권등기

| 해　설 | ① 저당권설정등기의 경우 채권액 또는 채권의 평가액, 채무자의 표시는 필요적 기록사항이지만, 변제기는 임의적 기록사항이다(규칙 제131조).
② 등기관이 동일한 채권에 관하여 5개 이상의 부동산에 관한 권리를 목적으로 하는 저당권설정의 등기를 할 때에는 공동담보목록을 작성하여야 한다(법 제78조 제2항).

④ 등기관이 일정한 금액을 목적으로 하지 아니하는 채권을 담보하기 위한 저당권설정의 등기를 할 때에는 그 채권의 평가액을 기록하여야 한다(법 제77조).

⑤ 등기관이 공동저당의 대위등기를 할 때에는 「부동산등기법」 제48조에서 규정한 사항 외에 매각 부동산, 매각대금, 선순위 저당권자가 변제받은 금액을 기록하여야 한다(법 제80조 제1항).

24 난이도 중 　　　　　　　　　답 ⑤

| 영　역 | 각종 권리의 등기절차

| 키워드 | 공유등기

| 해　설 | ① 미등기부동산의 공유자 중 1인은 전체 부동산에 대하여 공유자 전원 명의의 소유권보존등기를 신청할 수 있다.
② 공유자 중 1인의 지분포기로 인한 소유권이전등기는 지분을 포기한 공유자를 등기의무자로 하고 다른 공유자를 등기권리자로 하여 공동으로 신청한다.
③ 등기된 공유물 분할금지기간 약정을 갱신하는 경우, 이에 대한 변경등기는 공유자 전원이 공동으로 신청하여야 한다.
④ 공유지분에 대한 전세권설정등기는 허용되지 않는다.

문제편 ▶ p.300

☑ 시험결과(부동산공시법 + 부동산세법)

응시자(명)	과락자(명)	응시자 평균점수(점)	합격자 평균점수(점)
72,993	26,251	48.24	66.87

⇨ **나의 점수:** _____

☑ 한영규 교수님의 시험 총평

> 조세총론 부분이 3문제가 출제되었으나 난이도는 평이했습니다. 하지만 기존의 출제되지 않았던 기준시가를 묻는 문제 및 농지에 관한 문제, 부담부증여 시 양도소득세에 대한 문제가 출제되어 수험생들이 느끼는 난도는 높았으리라 생각됩니다.

☑ 출제 문항별 영역 > 키워드 & 기본서 연계 페이지

문항	영역 > 키워드	기본서
25	조세의 기초이론 > 조세의 분류	p.33
26	조세의 불복제도 > 지방세 불복제도	p.65
27	조세와 타 채권과의 관계 > 당해세	p.57
28	취득세 > 취득의 시기	p.89
29	취득세 > 취득세 비과세	p.122
30	재산세 > 재산세 세율	p.147
31	재산세 > 재산세 비과세 대상	p.154
32	재산세 > 재산세 종합문제	p.141
33	등록에 대한 등록면허세 > 등록면허세 종합문제	p.131
34	양도소득세 > 양도소득세 세율	p.282
35	양도소득세 > 기준시가	p.266
36	양도소득세 > 부담부증여 시 양도소득세 계산	p.277
37	양도소득세 > 농지 양도 시 과세문제	p.248
38	양도소득세 > 국외자산에 대한 양도소득세	p.296
39	종합부동산세 > 종합부동산세 종합문제	p.200

정답 및 해설

25 난이도 하   답 ⑤

| 영 역 | 조세의 기초이론

| 키워드 | 조세의 분류

| 해 설 | • 농어촌특별세: 모든 단계

• 지방교육세: 취득·보유단계

• 개인지방소득세: 보유·양도단계

• 소방분 지역자원시설세: 보유단계

| 보충하기 | 부동산 활동별 조세

취득단계	보유단계	양도단계
① 취득세 ② 등록면허세 ③ 상속세 및 증여세 ④ 농어촌특별세 ⑤ 지방교육세 ⑥ 부가가치세 ⑦ 지방소비세 ⑧ 인지세 등	① 재산세 ② 소방분 지역자 원시설세 ③ 종합부동산세 ④ 종합소득세 (임대업 등) ⑤ 지방소득세 ⑥ 농어촌특별세 ⑦ 지방교육세 ⑧ 부가가치세 ⑨ 지방소비세	① 양도소득세 ② 종합소득세 (부동산매매업 등) ③ 지방소득세 ④ 농어촌특별세 ⑤ 부가가치세 ⑥ 지방소비세 ⑦ 인지세 등

26 난이도 상   답 ③

| 영 역 | 조세의 불복제도

| 키워드 | 지방세 불복제도

| 해 설 | 이의신청은 임의절차이므로 이의신청을 거치지 않고 심판청구를 제기할 수 있다(지방세기본법 제91조 제3항).

| 보충하기 | 불복절차상 유의사항

1. 심사청구, 심판청구는 중복해서 신청하지 못한다. 이의신청은 임의절차이다.
2. 과태료, 통고처분 등은 불복대상이 아니다.
3. 불복절차는 처분집행에 영향을 미치지 아니한다. 단, 이의신청, 심판청구 결정처분이 있는 날부터 30일까지 공매처분 보류가 가능하다(지방세기본법 제99조).
4. 천재지변, 화재 등의 사유 발생 시 사유가 소멸된 날부터 14일까지 청구기한 연장이 가능하다.

5. 대리인: 신청 또는 청구 금액이 2천만원 미만(국세 5천만원 미만)인 경우에는 그의 배우자, 4촌 이내의 혈족 또는 그의 배우자의 4촌 이내 혈족을 대리인으로 선임할 수 있다.
6. 각하·기각·인용
   ㉠ 각하: 심리하지 아니한다.
   ㉡ 기각: 청구의 이유가 없다(과세관청 승).
   ㉢ 인용: 청구의 이유가 있다(청구인 승).

27 난이도 중   답 ②

| 영 역 | 조세와 타 채권과의 관계

| 키워드 | 당해세

| 해 설 | 종합부동산세, 소방분 지역자원시설세가 해당한다.

| 보충하기 | 배당순서

순위	내용
0순위	강제집행비, 체납처분비 등
1순위	소액보증금, 최종 3개월분 임금, 3년간 퇴직금, 재해보상금
2순위 (당해세)	상속세 및 증여세, 재산세, 종합부동산세, 소방분 지역자원시설세, 이에 부가되는 부가세, 가산세, 가산금 등
3순위	설정일과 법정기일이 빠른 순

1. 특히, 취득세와 종합소득세는 당해세에 해당하지 아니한다.
2. 당해세 법정기일 이전에 전세권 설정 또는 확정일자를 받은 주택임차보증금은 당해세의 우선 징수 순서에 대신하여 변제될 수 있음(즉, 당해세 배당금액 만큼 주택임차보증금이 우선 배당받음). 이로 인해 다른 채권의 배당금액에는 영향을 미치지 아니함

28 난이도 하 답 ⑤

| 영 역 | 취득세

| 키워드 | 취득의 시기

| 해 설 | 관계 법령에 따라 매립·간척 등으로 토지를 원시취득하는 경우에는 공사준공인가일을 취득일로 본다. 다만, 공사준공인가일 전에 사용승낙·허가를 받거나 사실상 사용하는 경우에는 사용 승낙일·허가일 또는 사실상 사용일 중 빠른 날을 취득일로 본다(지방세법 시행령 제20조 제8항).

29 난이도 중 답 ①

| 영 역 | 취득세

| 키워드 | 취득세 비과세

| 해 설 | ② 형제간에 부동산을 상호 교환한 경우: 유상승계취득에 해당한다.

③ 직계존속으로부터 거주하는 주택을 증여받은 경우: 무상승계취득에 해당한다.

④ 파산선고로 인하여 처분되는 부동산을 취득한 경우: 취득세 과세대상에 해당한다.

⑤ 「주택법」에 따른 주택조합이 해당 조합원용으로 조합주택용 부동산을 취득한 경우: 취득세 과세대상에 속하며, 조합원이 납세의무를 진다.

30 난이도 중 답 ③

| 영 역 | 재산세

| 키워드 | 재산세 세율

| 해 설 | ㄱ. 별도합산과세대상 토지: 1천분의 2~1천분의 4(초과누진세율)

ㄹ. 주택: 1천분의 1 ~ 1천분의 4 또는 1천분의 0.5 ~1천분의 3.5(초과누진세율)

ㄴ. 분리과세대상 토지: 1천분의 0.7, 1천분의 2, 1천분의 40(비례세율)

ㄷ. 광역시(군지역은 제외) 지역에서 「국토의 계획 및 이용에 관한 법률」과 그 밖의 관계 법령에 따라 지정된 주거지역의 대통령령으로 정하는 공장용 건축물: 1천분의 5(비례세율)

| 보충하기 | 1세대 1주택에 대한 특례세율

대통령령으로 정하는 1세대 1주택으로 시가표준액이 9억원 이하인 주택에 대해서는 다음의 세율을 적용한다.

과세표준	세율
6천만원 이하	1,000분의 0.5
6천만원 초과 1억 5천만원 이하	30,000원 + 6천만원 초과금액의 1,000분의 1
1억 5천만원 초과 3억원 이하	120,000원 + 1억 5천만원 초과금액의 1,000분의 2
3억원 초과	420,000원 + 3억원 초과금액의 1,000분의 3.5

31 난이도 중 답 ⑤

| 영 역 | 재산세

| 키워드 | 재산세 비과세 대상

| 해 설 | ⑤ 「지방세법 시행령」 제108조 제2항 제2호

① 지방자치단체가 1년 이상 공용으로 사용하는 재산으로서 유료로 사용하는 재산은 재산세를 부과한다(지방세법 제109조 제2항 제1호).

② 「한국농어촌공사 및 농지관리기금법」에 따라 설립된 한국농어촌공사가 같은 법에 따라 농가에 공급하기 위하여 소유하는 농지는 재산세 분리과세대상이다(지방세법 시행령 제102조 제1항 제2호 다목).

③ 「공간정보의 구축 및 관리 등에 관한 법률」에 따른 제방으로서 특정인이 전용하는 제방은 비과세대상에 해당하지 아니한다(지방세법 시행령 제108조 제1항 제3호).

④ 「군사기지 및 군사시설 보호법」에 따른 군사기지 및 군사시설 보호구역 중 통제보호구역에 있는 전·답은 비과세대상에 해당하지 아니한다(지방세법 시행령 제108조 제2항 제1호).

32 난이도 하 답④

| 영 역 | 재산세
| 키워드 | 재산세 종합문제
| 해 설 | ① 건축물에 대한 재산세의 납기는 매년 7월 16일에서 7월 31일이다(지방세법 제115조 제1항 제2호).
② 재산세의 과세대상 물건이 토지대장, 건축물대장 등 공부상 등재되지 아니하였거나 공부상 등재현황과 사실상의 현황이 다른 경우에는 사실상의 현황에 따라 재산세를 부과한다. 다만, 재산세의 과세대상 물건을 공부상 등재현황과 달리 이용함으로써 재산세 부담이 낮아지는 경우 등 대통령령으로 정하는 경우에는 공부상 등재현황에 따라 재산세를 부과한다(지방세법 제106조 제3항).
③ 주택에 대한 재산세는 주택별로 세율을 적용한다(지방세법 제113조 제2항).
⑤ 주택에 대한 재산세의 과세표준은 시가표준액의 100분의 60으로 한다(지방세법 시행령 제109조 제1항 제2호).

33 난이도 중 답②

| 영 역 | 등록에 대한 등록면허세
| 키워드 | 등록면허세 종합문제
| 해 설 | 신고의무를 다하지 아니한 경우에도 등록면허세 산출세액을 등록을 하기 전까지 납부하였을 때에는 신고를 하고 납부한 것으로 본다. 이 경우 가산세를 부과하지 아니한다(지방세법 제30조 제4항).

34 난이도 중 답③

| 영 역 | 양도소득세
| 키워드 | 양도소득세 세율
| 해 설 | 거주자가 양도한 1년 미만 보유한 주택 분양권은 100분의 70의 세율을 적용한다(소득세법 제104조 제1항 제3호).

35 난이도 상 답④

| 영 역 | 양도소득세
| 키워드 | 기준시가
| 해 설 | 부동산을 취득할 수 있는 권리에 대한 기준시가는 취득일 또는 양도일까지 납입한 금액과 취득일 또는 양도일 현재의 프리미엄에 상당하는 금액을 합한 금액을 말한다(소득세법 시행령 제165조 제1항).

36 난이도 상 답⑤

| 영 역 | 양도소득세
| 키워드 | 부담부증여 시 양도소득세 계산
| 해 설 | 양도소득세 과세대상에 해당하는 자산과 해당하지 아니하는 자산을 함께 부담부증여하는 경우로서 증여자의 채무를 수증자가 인수하는 경우 채무액은 다음의 계산식에 따라 계산한다(소득세법 시행령 제159조 제2항).

$$채무액 = A \times \frac{B}{C}$$

A: 총채무액
B: 양도소득세 과세대상 자산가액
C: 총증여자산가액

따라서 甲이 X토지와 증여가액(시가) 2억원인 양도소득세 과세대상에 해당하지 않는 Y자산을 함께 乙에게 부담부증여하였다면 乙이 인수한 채무 5천만원은 X토지와 Y자산가액 비율로 안분계산하여야 하므로, X토지에 대한 양도로 보는 금액은 2천5백만원이다.

37 난이도 상 답④

| 영   역 | 양도소득세
| 키워드 | 농지 양도 시 과세문제
| 해   설 | 「국토의 계획 및 이용에 관한 법률」에 따른 개발제한구역에 있는 농지는 비사업용 토지에 해당하지 아니한다(소득세법 시행령 제168조의8 제4항).

38 난이도 중 답④

| 영   역 | 양도소득세
| 키워드 | 국외자산에 대한 양도소득세
| 해   설 | 국외자산은 장기보유특별공제를 적용하지 아니한다.

39 난이도 상 답①

| 영   역 | 종합부동산세
| 키워드 | 종합부동산세 종합문제
| 해   설 | 「자연공원법」에 따라 지정된 공원자연환경지구의 임야는 재산세 분리과세대상으로, 종합부동산세 과세대상이 아니다.

2025

에듀윌 공인중개사
회차별 기출문제집

2차 공인중개사법령 및 중개실무 | 부동산공법 |
부동산공시법 | 부동산세법

고객의 꿈, 직원의 꿈, 지역사회의 꿈을 실현한다

에듀윌 도서몰
book.eduwill.net

• 부가학습자료 및 정오표: 에듀윌 도서몰 > 도서자료실
• 교재 문의: 에듀윌 도서몰 > 문의하기 > 교재(내용, 출간) / 주문 및 배송

에듀윌 부동산 아카데미 강의 듣기

성공 창업의 필수 코스
부동산 창업 CEO 과정

1 튼튼 창업 기초

- 창업 입지 컨설팅
- 중개사무 문서작성
- 성공 개업 실무TIP

2 중개업 필수 실무

- 온라인 마케팅
- 세금 실무
- 토지/상가 실무
- 재개발/재건축

3 실전 Level-Up

- 계약서작성 실습
- 중개영업 실무
- 사고방지 민법실무
- 빌딩 중개 실무
- 부동산경매

4 부동산 투자

- 시장 분석
- 투자 정책

부동산으로 성공하는
컨설팅 전문가 3대 특별 과정

마케팅 마스터

- 데이터 분석
- 블로그 마케팅
- 유튜브 마케팅
- 실습 샘플 파일 제공

디벨로퍼 마스터

- 부동산 개발 사업
- 유형별 절차와 특징
- 토지 확보 및 환경 분석
- 사업성 검토

빅데이터 마스터

- QGIS 프로그램 이해
- 공공데이터 분석 및 활용
- 컨설팅 리포트 작성
- 토지 상권 분석

경매의 神과 함께 '중개'에서
'경매'로 수수료 업그레이드

- 공인중개사를 위한 경매 실무
- 투자 및 중개업 분야 확장
- 고수들만 아는 돈 되는 특수 물권
- 이론(기본) - 이론(심화) -
  임장 3단계 과정
- 경매 정보 사이트 무료 이용

실전 경매의 神
안성선
이주왕
장석태

에듀윌 부동산 아카데미 | uland.eduwill.net
문의 | 온라인 강의 1600-6700, 학원 강의 02)6736-0600

꿈을 현실로 만드는
에듀윌

DREAM

공무원 교육
- 선호도 1위, 신뢰도 1위! 브랜드만족도 1위!
- 합격자 수 2,100% 폭등시킨 독한 커리큘럼

자격증 교육
- 9년간 아무도 깨지 못한 기록 합격자 수 1위
- 가장 많은 합격자를 배출한 최고의 합격 시스템

직영학원
- 검증된 합격 프로그램과 강의
- 1:1 밀착 관리 및 컨설팅
- 호텔 수준의 학습 환경

종합출판
- 온라인서점 베스트셀러 1위!
- 출제위원급 전문 교수진이 직접 집필한 합격 교재

어학 교육
- 토익 베스트셀러 1위
- 토익 동영상 강의 무료 제공

콘텐츠 제휴 · B2B 교육
- 고객 맞춤형 위탁 교육 서비스 제공
- 기업, 기관, 대학 등 각 단체에 최적화된 고객 맞춤형 교육 및 제휴 서비스

부동산 아카데미
- 부동산 실무 교육 1위!
- 상위 1% 고소득 창업/취업 비법
- 부동산 실전 재테크 성공 비법

학점은행제
- 99%의 과목이수율
- 17년 연속 교육부 평가 인정 기관 선정

대학 편입
- 편입 교육 1위!
- 최대 200% 환급 상품 서비스

국비무료 교육
- '5년우수훈련기관' 선정
- K-디지털, 산대특 등 특화 훈련과정
- 원격국비교육원 오픈

에듀윌 교육서비스 **공무원 교육** 9급공무원/소방공무원/계리직공무원 **자격증 교육** 공인중개사/주택관리사/손해평가사/감정평가사/노무사/전기기사/경비지도사/검정고시/소방설비기사/소방시설관리사/사회복지사1급/대기환경기사/수질환경기사/건축기사/토목기사/직업상담사/전기기능사/산업안전기사/건설안전기사/위험물산업기사/위험물기능사/유통관리사/물류관리사/행정사/한국사능력검정/한경TESAT/매경TEST/KBS한국어능력시험·실용글쓰기/IT자격증/국제무역사/무역영어 **어학 교육** 토익 교재/토익 동영상 강의 **세무/회계** 전산세무회계/ERP정보관리사/재경관리사 **대학 편입** 편입 영어·수학/연고대/의약대/경찰대/논술/면접 **직영학원** 공무원학원/소방학원/공인중개사 학원/주택관리사 학원/전기기사 학원/편입학원 **종합출판** 공무원·자격증 수험교재 및 단행본 **학점은행제** 교육부 평가인정기관 원격평생교육원(사회복지사2급/경영학/CPA) **콘텐츠 제휴·B2B 교육** 교육 콘텐츠 제휴/기업 맞춤 자격증 교육/대학취업역량 강화 교육 **부동산 아카데미** 부동산 창업CEO/부동산 경매 마스터/부동산 컨설팅 **주택취업센터** 실무 특강/실무 아카데미 **국비무료 교육(국비교육원)** 전기기능사/전기(산업)기사/소방설비(산업)기사/IT(빅데이터/자바프로그램/파이썬)/게임그래픽/3D프린터/실내건축디자인/웹퍼블리셔/그래픽디자인/영상편집(유튜브) 디자인/온라인 쇼핑몰광고 및 제작(쿠팡, 스마트스토어)/전산세무회계/컴퓨터활용능력/ITQ/GTQ/직업상담사

교육문의 **1600-6700** www.eduwill.net